Richard Neumeister

Lehrbuch der physiologischen Chemie

Richard Neumeister

Lehrbuch der physiologischen Chemie

ISBN/EAN: 9783743327344

Hergestellt in Europa, USA, Kanada, Australien, Japan

Cover: Foto ©berggeist007 / pixelio.de

Manufactured and distributed by brebook publishing software
(www.brebook.com)

Richard Neumeister

Lehrbuch der physiologischen Chemie

Lehrbuch

der

physiologischen Chemie

mit

Berücksichtigung der pathologischen Verhältnisse.

Für Studierende und Aerzte.

Von

Richard Neumeister,

Dr. med. et phil., Privatdozent an der Universität Jena.

Erster Teil.

Die Ernährung.

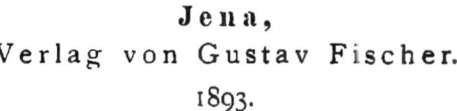

Jena,

Verlag von Gustav Fischer.

1893.

Seinem hochverehrten Lehrer

W. Kühne

in Dankbarkeit gewidmet

vom Verfasser.

Vorwort.

In dem vorliegenden Lehrbuche ist der Versuch gemacht, die physiologische Chemie in zwei Teilen zu behandeln, von denen der eine die Lehre „von der Ernährung", der andere die „von den tierischen Geweben und Flüssigkeiten" umfaßt.

Ich bin mir wohl bewußt, daß auch diese Einteilung des sich nur schwer in ein System fügenden Stoffes in didaktischer Beziehung zu wünschen übrig läßt, indem ein Vorgreifen in Gebiete späterer Kapitel häufig genug nicht zu vermeiden ist.

Der Nachteil ist indessen gering, wenn man erwägt, daß die physiologische Chemie wohl nur selten Gegenstand des Studiums wird, ohne vorherige Kenntnis der allgemeinen Physiologie.

Um dem Zweck dieses Buches zu genügen, mußte in streitigen Fragen eine bestimmte Anschauung vertreten werden, ohne daß abweichende Auffassungen unerwähnt blieben.

Von den in Betracht kommenden Methoden wurden die praktisch wichtigen ausführlich behandelt, die dem Mediziner ferner liegenden dagegen nur insoweit, als es das Verständnis erfordert, so daß bei deren Anwendung die Originalabhandlungen nicht zu entbehren sind.

Jena, im Februar 1893.

R. Neumeister.

Inhaltsverzeichnis.

Dritter Abschnitt.

Die Fermente.

Fünfter Abschnitt.
Die Resorption und die nächsten Schicksale der resorbierten Nährstoffe.

Sechster Abschnitt.
Der Bedarf an Nahrung und die Bedeutung der Nährstoffe für den Organismus.

Einleitung.

Erhaltung von Stoff und Kraft. Das Tier- und Pflanzenleben.

Zwei Gesetze bilden die Grundlage für alle Erkenntnis der unbelebten Natur, nämlich das Gesetz von der Erhaltung der Materie, welches LAVOISIER 1777 durch überzeugende Versuche darlegte, und das Gesetz von der Erhaltung der Kraft, das 1842 von ROBERT MAYER gefunden wurde und später namentlich durch HELMHOLTZ bestätigt ist.

Das Gesetz von der Erhaltung der Materie besagt, daß dieselbe ein für allemal gegeben, dauernd und unvergänglich ist. Denn bei allen chemischen Prozessen wird nie ein Verlust, aber auch nie eine Neuerzeugung von Materie wahrgenommen. Es ist stets die Summe aller Komponenten, die in eine chemische Reaktion eintreten, gleich der Summe aller Komponenten, die aus dieser Reaktion hervorgehen.

Nach dem Gesetz von der Erhaltung der Kraft, der Energie oder besser der Bewegung wird durch die Vorgänge in der Natur die Kraft zwar in verschiedene Formen verwandelt, auch von einem Körper auf andere Körper übertragen, aber quantitativ nie geändert. Einmal können die verschiedenen Formen der lebendigen Kraft in einander übergehen. So kann Massenbewegung umgesetzt werden in Molekularbewegung, also in Wärme, Licht oder Elektrizität, und umgekehrt Molekularbewegung in Massenbewegung. Ferner kann lebendige Kraft oder Arbeit auch übergehen in Spannkraft, das heißt in eine Kraftform, welche momentan an ihrer freien Entfaltung gehindert ist, wie zum Beispiel ein hochgelegener unterstützter Stein oder eine gespannte Uhrfeder. Es bedarf jedoch nur eines Anstoßes, um diese Spannkraft wieder als lebendige Kraft zur Entfaltung zu bringen, sei es als Massenbewegung, als Wärme, Licht oder als Elektrizität. Doch immer wird bei dem Uebergang einer Bewegungsart in andere eine völlige Aequivalenz ihrer Menge wahrgenommen. So erzeugen genau 425 Meterkilogramm Arbeit eine Kalorie Wärme, das heißt eine Wärmemenge, welche die Temperatur von 1 Kilogramm Wasser um 1° C erhöht. Ganz allgemein läßt sich das Gesetz von der Erhaltung der Kraft auch in der Weise ausdrücken, daß in einem nach außen abgeschlossenen System die Summe von potentieller und kinetischer Energie unveränderlich bleibt.

Ein gutes Beispiel für den Uebergang der verschiedenen Energie-formen in einander liefert die Dynamomaschine. Es wird hier durch die Verbrennung der Kohle Wasser in Dampf verwandelt, welcher eine Maschine treibt, die ihrerseits die Dynamomaschine in Bewegung setzt. Hierdurch entsteht ein elektrischer Strom, welcher der Wärme- und Lichtwirkung dient, oder aber zu elektrolytischen Zwecken verwendet werden kann.

Bei der Verbrennung der Kohle wird chemische Spannkraft über-geführt in die lebendige Kraft der Wärme, die sich dem Wasser des Dampfkessels mitteilt. Die Molekularbewegung der hin und her fliegenden Wassergasmoleküle wird dann umgesetzt in die Massenbewegung der Kolbenstange. Durch diese Massenbewegung entsteht die Molekular-bewegung des elektrischen Stromes, welcher dann, bei einer Licht- und Wärmewirkung, in andere Formen der Molekularbewegung übergeht, oder aber, bei seiner Verwendung zur Elektrolyse, die Quelle von neuen Spannkräften wird.

Es fragt sich, ob diese beiden fundamentalen Gesetze der unbe-lebten Natur von der Erhaltung der Materie und der Energie auch für die lebenden Wesen gelten, für die tierischen und pflanzlichen Or-ganismen.

Dies ist in der That der Fall. Tiere und Pflanzen können weder neue Materie, noch neue Kraft in sich selbst erzeugen, diese müssen vielmehr von außen her in die Organismen eintreten. Die letzteren vermögen nur die Materie in spezifischer Weise zu kombinieren und die bereits gegebene Kraft in besonderer Weise umzusetzen, so daß aus ihr jene eigentümlichen Bewegungserscheinungen resultieren, welche wir auf Lebensvorgänge zurückführen.

Nicht zu allen Zeiten wurde das Verhältnis der Organismen zur unbelebten Natur in dieser Weise aufgefaßt. Denn noch in den ersten Decennien dieses Jahrhunderts nahm man an, daß die tierischen und pflanzlichen Organe mit Hilfe einer besonderen Energie, der soge-nannten Lebenskraft, ihre Funktionen erfüllten. So glaubte man, daß die zahlreichen Kohlenstoffverbindungen des Tier- und Pflanzenkörpers nur unter dem Einfluß dieser Kraft sich bilden könnten. Außerhalb der Organismen würde es nie gelingen, diese „organischen Substanzen" darzustellen.

Durch die künstliche Synthese des Harnstoffs aus Ammonium-cyanat durch WÖHLER im Jahre 1829 wurde die Lehre von der Lebens-kraft wesentlich erschüttert. Nach dieser Zeit sind dann eine große Reihe derartiger Stoffe des Tier- und Pflanzenkörpers künstlich darge-stellt worden, so daß wenigstens nach dieser Richtung hin die Annahme einer besonderen Lebensenergie beseitigt ist. Auch auf anderen Ge-bieten der Physiologie sprechen die Thatsachen dafür, daß die Lebens-äußerungen den allgemeinen mechanischen Gesetzen folgen, wie dies zum Beispiel für die Arbeitsleistung und die Wärmeproduktion im Muskel nachgewiesen ist.

Dennoch ist nicht zu leugnen, daß die physiologische Forschung in Bezug auf die mechanische Erklärung der eigentlichen Lebensvorgänge bis jetzt nichts geleistet hat. Deren Getriebe ist viel zu kompliziert, als daß es mit den gegenwärtigen, immerhin |unvollkommenen Hilfs-mitteln einer Untersuchung zugänglich wäre. Es muß uns vorder-hand genügen, die Aufeinanderfolge und die gegenseitigen Beziehungen der Lebenserscheinungen festzustellen, während auf die Erklärung ihres

Kausalzusammenhanges, wenn diesem schon lediglich ein physikalisches oder chemisches Prinzip zu Grunde liegt, vorläufig zu verzichten ist[1])

Bei der Untersuchung, in welcher Weise die anorganische Materie in die Organismen übergeht, kommen lediglich die Pflanzen in Betracht, denn die tierischen Organismen leben nicht direkt von anorganischem Material, sie entnehmen vielmehr ihre Nahrung in letzter Instanz stets dem Pflanzenreiche. Die Existenz der Tiere setzt also diejenige der Pflanzen mit Notwendigkeit voraus.

Das Material zum Aufbau ihres Leibes beziehen die Pflanzen teils durch ihre Blätter aus der Atmosphäre, teils durch ihr Wurzelsystem aus dem Erdboden. Und zwar wird durch die Blätter mit Hilfe des darin abgelagerten Chlorophylls Kohlendioxyd assimiliert, durch die Wurzeln dagegen Wasser und eine Reihe von Mineralsalzen, welche in verschiedener Kombination an Basen: Kali, Kalk, Magnesia, Eisenoxyd und Ammoniak, an Säuren: Salpetersäure, Schwefelsäure, Phosphorsäure, Kieselsäure und Kohlensäure enthalten. Außerdem nimmt jede Pflanze auch Kochsalz auf, aber dasselbe gehört nicht zu ihren notwendigen Nährstoffen.

Die aus den genannten Basen und Säuren resultierenden Salze finden sich im Erdboden durchaus nicht sämtlich in gelöster Form. So ist das neutrale Calciumkarbonat und Calciumphosphat in Wasser ganz unlöslich. Dennoch muß unter Umständen die Pflanze Mittel besitzen, auch diese unlöslichen Salze in Lösung zu bringen. Dies geschieht durch die Absonderung von Kohlendioxyd und gewissen organischen Säuren seitens der feinen Wurzelhaare. Hierdurch werden die neutralen Kalksalze in lösliches, saures Karbonat, beziehungsweise in saures Phosphat übergeführt. So wird es verständlich, daß die Pflanzen selbst in harten Felsboden mit ihren Wurzeln einzudringen vermögen, um sich die darin vorhandenen Nährstoffe anzueignen.

Aus den genannten einfachen Stoffen entstehen in der Pflanze die höchst zusammengesetzten chemischen Verbindungen, welche wir überhaupt kennen, nämlich Proteïnstoffe, Kohlehydrate, Fette, die Alkalisalze organischer Säuren (Oxalsäure, Weinsäure, Apfelsäure, Citronensäure, Gerbsäuren etc.), organische Basen (die sogenannten Pflanzenalkaloïde) und andere mehr. Einen solchen Aufbau von höheren Verbindungen aus niederen bezeichnet man in der Chemie als Synthese. Demnach können wir den Pflanzen synthetische Funktionen zusprechen.

Untersucht man das Nährmaterial der Pflanzen genauer, so ergiebt sich, daß es sehr reich ist an Sauerstoff. Alle die genannten Säuren und Basen sind bis zur äußersten Grenze oxydiert, können also keinen Sauerstoff mehr aufnehmen und sind unverbrennlich. Dagegen sind die organischen Verbindungen des Pflanzenleibes, welche aus jenem Nährmaterial entstehen, verhältnismäßig arm an Sauerstoff, was schon aus der leichten Verbrennlichkeit der pflanzlichen Stoffe hervorgeht. Die Ueberführung von sauerstoffreicher Substanz in sauerstoffarme bezeichnet man in der Chemie als Reduktion. Es spielen sich demnach in den pflanzlichen Organen Reduktionsprozesse ab.

---

1) Vergl. hierüber die Anschauungen von Bunge, Lehrb. der physiol. Chem., 1889, S. 3; sowie namentlich auch Heidenhain, Pflüger's Archiv, Bd. 43, 1888, Supplementb., S. 61.

Mit Rücksicht auf die erörterte synthetische Fähigkeit der Pflanzen kann man somit behaupten, daß ihre Lebensäußerungen auf synthetischen Reduktionsprozessen beruhen.

Bei der Reduktion wird eine eigentümliche Form der Spannkraft, nämlich chemische Affinität erzeugt. Reduziert man zum Beispiel Kaliumoxyd durch Kohle bei Weißglut, so entsteht Kalium neben Kohlendioxyd. Während das Kaliumoxyd als vollkommen oxydierte Substanz keine Verwandtschaft zum Sauerstoff besitzt, ist im Kalium ein Körper entstanden, welcher sich unter gewissen Bedingungen leicht wieder mit Sauerstoff verbindet. Es ist also durch die Reduktion des Kaliumoxyds Spannkraft erzeugt worden. Wo aber Spannkraft entsteht, muß lebendige Kraft verschwinden. Letztere ist in diesem Falle die zugeführte Wärme, denn nur bei höherer Temperatur gelingt es, das Kaliumoxyd durch Kohle zu reduzieren.

Ganz ebenso wird Spannkraft entstehen müssen bei den Reduktionsprozessen, welche in den pflanzlichen Organen sich abspielen. Da aber die Pflanzen diese Spannkraft nicht in sich selbst erzeugen können, fragt es sich, welche von außen eintretende lebendige Kraft es zuwege bringt, daß in den Pflanzen das Kohlendioxyd reduziert wird, so daß aus ihm brennbares Material, also eine Summe von Spannkraft resultiert. Diese lebendige Kraft ist das Sonnenlicht, welches ja physikalisch als die wellenförmige Bewegung eines gasförmigen Mediums, des Lichtäthers, aufgefaßt wird.

Der Stoffwechsel der Tiere bildet in mehrfacher Beziehung einen Gegensatz zu dem der Pflanzen, und dieser Gegensatz ist ein wichtiger Faktor im Haushalt der Natur.

Von den Tieren nähren sich die Pflanzenfresser direkt, die Fleischfresser indirekt von den Pflanzen. Die aufgenommene Nahrung wird im Tierkörper unmittelbar, oder nachdem sie vorübergehend zu Bestandteilen der tierischen Zellen geworden ist, in kleinere Moleküle zersetzt. Diese Spaltung der hoch zusammengesetzten Verbindungen geschieht unter Aufnahme von Sauerstoff aus der Atmosphäre, also unter einer Oxydation, und so entstehen als Endprodukte des tierischen Stoffwechsels wieder jene einfachen Substanzen, welche die Pflanze aus der Atmosphäre und dem Erdboden zu ihrer Nahrung entnimmt, oder wenigstens Verbindungen, welche, wie der Harnstoff, außerhalb des Tierkörpers sehr bald in jene einfachen Pflanzennährstoffe zerfallen. Der Lebensprozeß der Tiere beruht also auf Oxydations- und Spaltungsprozessen.

Es fragt sich, inwiefern diese Oxydations- und Spaltungsprozesse eine Kraftquelle für die tierischen Organismen bilden können.

Was zunächst die Oxydationen betrifft, so wird hier, wie bei den chemischen Vereinigungen, in der größten Mehrzahl [1]) Energie entwickelt.

---

1) Bei chemischen Vereinigungen wird nicht immer Energie entwickelt. Namentlich ist bekannt, daß beim Zusammentreten von Jod und Wasserstoff zu Jodwasserstoffsäure im Gegenteil Wärme gebunden wird. Ebenso erfolgt die Bildung des Chlorstickstoffs, Jodstickstoffs, sowie des Chloroxyds unter Energieaufnahme. Diese Thatsache läßt sich dahin erklären, daß derartige Verbindungen mehr Energie enthalten als ihre Komponenten (endothermische Verbindungen). Die Affinitäten der beiden Atome im Jodmolekül einerseits und der beiden Atome im Wasserstoffmolekül andererseits sind stärkere, als die Affinitäten des Jods zum

Die starken chemischen Affinitäten des Kohlenstoffs und des Sauerstoffs zu einander, welche nichts anderes sind als Spannkräfte, verschwinden und setzen sich in lebendige Kraft um. Es entsteht hierbei genau so viel kinetische Energie, als in den grünen Pflanzenzellen nötig war, den Kohlenstoff des Kohlendioxyds vom Sauerstoff zu trennen.

Weniger einfach als bei den Oxydationsprozessen liegt die Frage bei den Spaltungen. Wir mußten bereits feststellen, daß bei jedem Reduktionsprozeß, welcher ja nur den besonderen Fall einer Spaltung vorstellt, keineswegs lebendige Kraft erzeugt, sondern im Gegenteil lebendige Kraft verbraucht wird. Denn wir sahen, daß zur Trennung des Kaliums vom Sauerstoff die Zuführung einer bedeutenden Wärmemenge nötig war. In der That wird auch im allgemeinen bei der Spaltung chemischer Verbindungen lebendige Kraft umgesetzt in Spannkraft.

Indessen giebt es von dieser Regel doch gewisse, wenn auch nur scheinbare Ausnahmen. Es existieren Spaltungprozesse, bei denen im ganzen beträchtliche Spannkraft verschwindet und lebendige Kraft erzeugt wird. Gerade die Spaltungen der Nährstoffe in den Organismen sind dieser Art. Das bekannteste Beispiel einer solchen Spaltung bildet der Zerfall des Traubenzuckers in Alkohol und Kohlendioxyd unter der Einwirkung des Hefepilzes, wobei eine bedeutende Wärmeentwicklung wahrzunehmen ist. Um diese Entwicklung von Energie zu verstehen, muß man zunächst feststellen, daß es sich bei allen derartigen Spaltungsprozessen um große Moleküle organischer Substanzen handelt. In diesen Molekülen sind Sauerstoffatome von Kohlenstoffatomen durch gleichzeitig vorhandene Wasserstoff- oder auch Stickstoffatome räumlich getrennt, wiewohl die Anziehung des Sauerstoffs zum Kohlenstoff bedeutend größer ist, als zum Wasserstoff oder Stickstoff. Wenn nun durch eine äußere Einwirkung der wenig stabile Zustand des Moleküls gestört wird, so können die stärkeren Affinitäten des Sauerstoffs und des Kohlenstoffs zur Geltung kommen. Durch ihre Absättigung wird

Wasserstoff. Daher entstehen derartige Verbindungen niemals direkt aus ihren Elementen, sondern nur unter gewissen äußeren Bedingungen. Sie sind weniger stabil als ihre Komponenten und zerfallen leicht in dieselben unter Freiwerden von Wärme.

Abgesehen von diesen endothermischen Verbindungen giebt es ferner eine große Reihe von chemischen Vereinigungen, welche ebenfalls unter einer Aufnahme von Energie zustande kommen. Es sind dies jene oben erwähnten Synthesen, welche die Pflanzen im ausgedehnten Maße zuwege bringen. Diese Prozesse sind indessen nur äußerlich als chemische Vereinigungen aufzufassen. Dem Wesen nach handelt es sich bei ihnen um eine Trennung chemischer Affinitäten, um partielle Reduktionsprozesse, welche unter gleichzeitiger Aufnahme von Wasser, Stickstoff, Schwefel oder Phosphor vor sich gehen und daher ihren Charakter nicht klar hervortreten lassen. Das einfachste Beispiel einer solchen Synthese bildet die Entstehung der Oxalsäure in den Pflanzen, welche nur unter einer Abspaltung von Sauerstoff aus dem Kohlendioxyd erfolgen kann:

$$2\ CO_2 + H_2O - O = \begin{matrix} COOH \\ | \\ COOH \end{matrix}.$$

Aehnlich liegen die Verhältnisse bei der Synthese aller organischen Säuren, der Kohlehydrate und der Proteïnsubstanzen.

ein Teil der im großen Molekül aufgespeicherten Spannkräfte verbraucht, welche sich daher in lebendige Kraft umsetzen müssen. Die aus dem ursprünglichen Molekül hervorgehenden neuen Atomvereinigungen stellen dann mehrere kleinere, aber fester gefügte Moleküle dar, welche in ihrer Gesamtheit stets eine geringere Verbrennungswärme besitzen, als die entsprechende Gewichtsmenge der Muttersubstanz. Die Energieentwicklung bei diesen Spaltungsprozessen im Organismus ist also eigentlich nur auf die Synthese der neuen Atomkombinationen zurückzuführen.

Wir haben also das Resultat, daß sowohl bei den Oxydationen als auch bei den Spaltungsvorgängen, durch welche die Zersetzung der Nahrungsstoffe im Tierkörper zustande kommt, lebendige Kraft disponibel wird, welche sich als Wärme, Muskelbewegung oder wohl auch als Elektrizität äußern kann. Daß bei diesem Wandel der Kraft auch im Tierkörper eine Aequivalenz ihrer Menge stattfindet, ist durch annähernde Berechnungen mehrerer Forscher erwiesen worden [1].

Es geht somit der Stoff und die an ihm haftende Energie, ohne Verlust zu erleiden, einen vollendeten Kreislauf ein. Er tritt aus der unbelebten Welt in die Pflanze, um von dort in den Tierkörper zu gelangen. Am Ende aber wird die gesamte organisierte Materie wieder zu den einfachen Pflanzennährstoffen.

Der älteren Anschauung von JUSTUS VON LIEBIG folgend, haben wir angenommen, daß der Stoffwechsel von Tier und Pflanze einen völlig durchgreifenden Gegensatz bilde. Indessen ist diese Lehre allmählich modifiziert worden.

Es steht nämlich fest, daß in allen Pflanzen neben den allerdings weit überwiegenden synthetischen Reduktionsprozessen unter Energieverbrauch auch Spaltungs- und Oxydationsvorgänge unter Wärmebildung stattfinden. Letztere Umsetzungen sind in den lediglich protoplasmahaltigen, nicht grünen Teilen der Pflanzenzelle unter allen Umständen die ausschließlichen, während die chlorophyllhaltigen Teile sich verschieden verhalten, je nachdem sie vom Sonnenlichte getroffen werden oder sich im Dunkeln befinden. Bei der Belichtung vollzieht sich hier mit Hilfe des grünen Chlorophylls im großen Maßstabe die Reduktion des Kohlendioxyds und die Synthese der Kohlehydrate, wobei also lebendige Kraft in Spannkraft übergeführt wird. Im Dunkeln atmen dagegen auch die chlorophyllhaltigen wie die rein protoplasmatischen Teile der Pflanzenzellen und wie die Tiere. Sie vollführen, wenn auch in spärlicher Weise, gewisse Oxydationen und Spaltungen und setzen Spannkraft um in Wärme.

Noch mehr hat der Unterschied zwischen Tieren und Pflanzen sich verwischt durch das Studium des Stoffwechsels der Pilze, welche in Bezug auf ihre Ernährungsweise in der That Uebergangsformen bilden zwischen dem Tier- und Pflanzenreich. Den Pilzen fehlt das Chlorophyll, und sie vermögen deshalb das Kohlendioxyd ebensowenig zu assimilieren, wie die Tiere. Den zu ihrem Leben nötigen Kohlenstoff nehmen sie, wie die tierischen Organismen, in der Form organischer Nahrung

---

1) DESPRETZ, Ann. d. chim. et d. phys., Bd. 26, 1824, S. 337. DULONG, Ann. d. chim. et d. phys., Série III, Bd. 1, 1841, S. 440 und Bd. 8, 1843, S. 180. HELMHOLTZ, Encykl. Wörterb. d. mediz. Wissenschaften, Art. „Wärme", und Fortschritte der Physik, dargest. von der Berlin. physik. Gesellsch., 1845, S. 346.

auf, nämlich als Cellulose, Zucker, Eiweiß oder dergleichen. Wir finden deshalb die Pilze als Parasiten lebend auf anderen Organismen, oder viel häufiger noch als Saprophyten auf deren abgestorbenen Leibern. Aus dieser Ernährungsweise der Pilze wird die Thatsache verständlich, daß sie, im Gegensatz zu den grünen Pflanzen, das Sonnenlicht entbehren können. Dagegen vermögen die Pilze, gleich allen übrigen Pflanzen, die Nährsalze, namentlich auch die Nitrate und Phosphate, aus dem Erdboden aufzunehmen und synthetisch zu verwenden.

Mangelt also allen Pilzen die reduzierende Eigenschaft der grünen Pflanzen gänzlich, so zeigen doch die höheren Pilze in Bezug auf ausgedehnte synthetische Fähigkeit durchaus noch pflanzlichen Charakter. Sie ernähren sich zwar mit fertigen Kohlehydraten und Eiweißstoffen, aber dieselben werden unter Zuhilfenahme von stickstoff- und phosphorhaltigen Nährsalzen, je nach Bedarf, zu anderen Verbindungen, namentlich auch zu Fetten und mannigfaltigen Proteïnsubstanzen umgeformt.

Die niederen Pilze dagegen, welche Gährungen veranlassen, wie die bereits genannte Hefe und die Bakterien, vollführen synthetische Reduktionsprozesse nur insoweit, als dieselben zum Aufbau ihres winzigen Leibes erforderlich sind. Ihre Hauptthätigkeit entwickeln sie in der fortgesetzten Aufnahme höherer organischer Verbindungen, welche sie aber keineswegs wie die höheren Pilze in ihrem Innern aufspeichern, sondern gleich den Tieren zersetzen, um die Zersetzungsprodukte in demselben Verhältnis, als die Nahrungsaufnahme erfolgt, wieder nach außen abzugeben. Sie führen hierbei Spannkraft über in lebendige Kraft und gleichen also in Bezug auf ihren Stoffwechsel durchaus den Tieren.

Ganz entsprechend diesen Verhältnissen des pflanzlichen Lebens, finden auch in den tierischen Organismen nicht lediglich Spaltungs- und Oxydationsprozesse, sondern auch synthetische Reduktionsvorgänge unter Aufnahme von Energie [1]) statt, wie namentlich in den letzten beiden Decennien vielfache Beobachtungen ergeben haben. Letztere beziehen sich allerdings im wesentlichen nur auf Umformungen organischer Stoffe unter Bindung schwächerer Affinitäten. Dennoch stehen einige derartige Prozesse den synthetischen Vorgängen in den Pflanzenzellen an Kompliziertheit wenig nach.

Wir müssen also schließen, daß der Gegensatz zwischen dem tierischen und dem pflanzlichen Stoffwechsel lediglich als ein quantitativer erscheint, indem bei den Tieren, unter Umsetzung von Spannkraft, die Oxydations- und Spaltungsprozesse, bei den Pflanzen dagegen unter Umsetzung von lebendiger Kraft die Reduktions- und synthetischen Prozesse in den Vordergrund treten.

---

1) Vergl. die Anmerk. S. 5.

Erster Abschnitt.

Ueber die chemischen Prozesse in den tierischen Zellen und über die Zellenbestandteile.

Die tierischen Organe sind Gruppen von Elementen, welche wir als Zellen bezeichnen. In diesen Zellen vollziehen sich alle wesentlichen Lebensvorgänge.

Die vitalen Leistungen der Zellen können sehr mannigfaltige sein. Während aber die verschiedenen Funktionen bei den höheren Tieren besonderen Organen überwiesen sind, vereinigt bei den niedrigsten Formen eine einzige Zelle die Fähigkeit der Empfindung, Bewegung, der gesamten Ernährung und der Fortpflanzung.

Diese vielseitigen Funktionen der tierischen Zellen sind bei weitem zum größten Teil begründet in einer Umsetzung der in den Nährstoffen aufgespeicherten Spannkraft in lebendige Kraft. Wir sahen, daß ein derartiger Kräftewechsel entweder auf Spaltungs- oder Oxydationsprozessen beruhen kann. Zum kleineren Teil müssen indessen als ursächliche Vorgänge für manche Zellleistungen auch synthetische Prozesse mit Erzeugung von Spannkraft betrachtet werden, die namentlich für die Zwecke der Ernährung und der Fortpflanzung zustande kommen.

Alle tierischen Organe werden vom Blute und von der Lymphe durchströmt. Es fragt sich, ob diese Flüssigkeiten an den Leistungen der Organismen teilnehmen, oder ob sie lediglich nur als Transportmittel für die Nährstoffe und Ausscheidungsprodukte dienen. Ersteres müßte angenommen werden, wenn auch in diesen Säften Spaltungs- und Oxydationsprozesse nachgewiesen werden könnten. A priori wäre es denkbar, daß die tierischen Zellen ihre Energie lediglich aus den Spaltungen der Nährstoffe schöpften, während die Spaltungsprodukte erst nach ihrer Beförderung in die Blutbahn eine Oxydation erführen, um für den Organismus als Wärmequelle zu dienen.

Aber die Versuche haben ergeben, daß weder das Blut, noch die Lymphe an und für sich oxydierende Eigenschaften besitzen [1]), während

---

1) Vgl. hierüber die Ausführungen von PFLÜGER, Ueber die Diffusion des Sauerstoffs, den Ort und die Gesetze der Oxydationsprozesse im tierischen Organismus, Pflüger's Arch., Bd. 6, 1872, S. 43, sowie von HOPPE-SEYLER, Ueber den Ort der Zersetzung von Eiweiß- und anderen Nährstoffen im tierischen Organismus, Pflüger's Arch., Bd. 7, 1873, S. 407.

sich andererseits die oxydierende Fähigkeit der Gewebe bei Gegenwart von Blut experimentell feststellen läßt. Man bedient sich zu diesem Nachweis der künstlichen Durchblutung von Organen, einer Methode, die namentlich von C. Ludwig ausgebildet worden ist [1].

Nicht nur pflanzliche, sondern auch tierische Teile überleben den Gesamtorganismus. Muskel und Nerven sind noch längere Zeit nach dem Tode der Tiere erregbar. Die inneren Organe, die Drüsen und Schleimhäute überleben bei zweckmäßiger Behandlung noch bedeutend länger, als Muskel und Nerven, welche namentlich bei den Warmblütern bald ihre Erregbarkeit verlieren. Besonders lange bleiben die tierischen Teile lebend, wenn sie vom frischen Blut des betreffenden Individuums oder eines anderen derselben Species unter möglichster Innehaltung der natürlichen Verhältnisse durchströmt werden.

Eine solche künstliche Durchblutung überlebender Teile wird so ausgeführt, daß man das Tier aus der Carotis verbluten läßt und unmittelbar nach dem Tode desselben in die Hauptarterie und in die Hauptvene des betreffenden Organs Kanülen einbindet, alle übrigen Gefäße aber verschließt. Das Organ wird am besten im Kadaver belassen, welcher sich in einem Bade von 0,5-proz. Kochsalz und konstanter Körpertemperatur befindet. Die beiden Kanülen sind mit Gummischläuchen versehen, die zu einem künstlichen Kreislauf vereinigt werden, welcher ebenfalls auf Körpertemperatur gehalten wird. In vollendeter Form ist ein das Herz vertretendes Pumpwerk eingeschaltet, der Blutdruck durch ein Manometer zu erkennen und beliebig regulierbar. Während die Kanülen in die Gefäße gebunden und der Apparat fertiggestellt wird, läßt man mittlerweile das Blut des getöteten Tieres defibrinieren und mit etwa dem gleichen Volumen auf Körpertemperatur gebrachter 0,5-proz. Kochsalzlösung verdünnen. Weder durch das Verdünnen mit der Kochsalzlösung, noch durch das Defibrinieren wird das Blut in seinen Lebenseigenschaften wesentlich alteriert.

Die Verwendung der Durchblutungsmethode zur Entscheidung unserer Frage beruht nun auf der Thatsache, daß die neutralen Salze der meisten organischen Säuren der Fettreihe, wie der Milchsäure, der Essigsäure, der Ameisensäure, wenn man dieselben auf dem natürlichen Wege durch den Darm oder künstlich direkt in die Blutbahn bringt, schnell oxydiert werden, um als Karbonate im Harn zu erscheinen. Würde diese Oxydation der organischen Säuren im Blute selbst stattfinden, so ist nicht einzusehen, warum sie dort nicht auch außerhalb des Körpers eintreten sollte. Man hat deshalb frisch aus den Gefäßen entnommenes defibriniertes Blut mit den Salzen leicht oxydabler organischer Säuren, z. B. mit ameisensaurem Ammon, versetzt. Eine Abnahme desselben aber wurde nie bemerkt. Das Blut vermag die Ameisensäure nicht zu Kohlensäure zu oxydieren. Leitet man dagegen Blut, welches einem hungernden Hunde entnommen wurde, mit ameisensaurem Ammon versetzt, durch die lebensfrische Leber des betreffenden Tieres, indem man den künstlichen Kreislauf in die Pfortader eintreten läßt, so verschwindet das ameisensaure Salz, und es bildet sich aus ihm

---

1) C. Ludwig und Schmidt, Arbeiten aus der physiol. Anstalt zu Leipzig, 1868, I. Bunge und Schmiedeberg, Arch. f. experim. Pathol., Bd. 6, S. 233. Max von Frey und Max Gruber, Arch. f. Anat. und Physiol., 1885, S. 519.

Harnstoff, welcher sich durch Alkohol aus der Blutflüssigkeit extrahieren läßt [1]).

Bei dieser Umwandelung des ameisensauren Ammons spielen sich offenbar zwei Vorgänge ab, nämlich eine Oxydation und eine Synthese. Zunächst wird das Ammoniumformiat durch eine Oxydation in das Karbonat übergeführt:

$$2\,HCOO\,(NH_4) + O_2 = CO\begin{smallmatrix}ONH_4\\ONH_4\end{smallmatrix} + CO_2 + H_2O.$$

Das Ammoniumkarbonat geht dann durch einen Prozeß, welchen man zu den Synthesen rechnen muß, nämlich durch die direkte Bindung des Kohlenstoffs an Stickstoff unter Austritt von Wasser, in Harnstoff über:

$$CO\begin{smallmatrix}ONH_4\\ONH_4\end{smallmatrix} = CO\begin{smallmatrix}NH_2\\NH_2\end{smallmatrix} + 2\,H_2O.$$

Wie diese Oxydation des ameisensauren Ammons in den Leberzellen zustande kommt, entzieht sich vorläufig einer Erklärung. Ebenso werden in den Zellen des lebenden Organismus die Eiweißstoffe, Kohlehydrate und Fette der Nahrung verbrannt, obgleich außerhalb der Zellen sowohl freier, als auch der an Hämoglobin gebundene Sauerstoff bei Körpertemperatur völlig indifferent sind gegen alle die genannten Nährstoffe.

Diese Oxydationen in den tierischen Zellen lassen sich augenscheinlich mit gewissen, durch niedere Organismen veranlaßten Oxydationsvorgängen vergleichen.

Wir kennen als die Endprodukte der Fäulnis aller organischen Stoffe Kohlendioxyd, Wasser und Ammoniak. Befinden sich aber faulende organische Substanzen in einem porösen Erdboden und enthält dieser zugleich Karbonate der Alkalien oder alkalische Erden, so entweicht der Stickstoff dieser Stoffe nicht als gasförmiges Ammoniak, sondern letzteres wird schnell zu salpetriger und weiter zu Salpetersäure oxydiert, welche unter Freiwerden von Kohlendioxyd an die Alkalien beziehungsweise alkalischen Erden gebunden wird, indem sich Kali- oder Kalksalpeter bildet. Es fragt sich, wie durch die Thätigkeit der Fäulnisbakterien diese Oxydation des Stickstoffs, welcher so geringe Verwandtschaft zum Sauerstoff besitzt, zustande kommt.

Eine noch auffälligere energische Oxydation wird durch Bakterien hervorgerufen bei jenem Vorgang, welcher die sogenannte Selbstentzündung des Heues veranlaßt. Wird dasselbe, bevor es trocken geworden ist, zu Haufen aufgeschichtet und zusammengepreßt, so kommt es infolge der Einwirkung von Mikroorganismen innerhalb der Heu-

---

1) W. von Schröder, Arch. f. exp. Pathol. u. Pharmak., Bd. 19, 1885, S. 373, und dessen frühere Arbeiten. W. Salomon, Virchow's Archiv, Bd. 97, 1884, S. 149. Schon Scheremetjewski hat gezeigt, daß beim Zusatz von milchsaurem Alkali zu Blut, welches durch ein überlebendes Organ geleitet wird, Sauerstoff fester gebunden und Kohlensäure gebildet wird, während das Blut diese Einwirkung nicht zeigt, wenn es, mit Natriumlaktat versetzt, sich selbst überlassen bleibt. Vgl. Scheremetjewski, Arbeiten aus dem physiol. Institut zu Leipzig, 1868, S. 1, sowie J. J. Müller, Ber. d. Königl. Sächs. Ges. d. Wissensch., Juli 1868.

Auch mit anderen Substanzen sind derartige Oxydationsversuche ausgeführt worden. Vgl. O. Schmiedeberg, Arch. f. exper. Pathol. u. Pharmak., Bd. 14, 1881, S. 288.

masse regelmäßig zu eigentümlichen Gärungsprozessen, wobei bereits eine bedeutende Wärmeentwickelung wahrgenommen wird. Wirft man jetzt das Heu auseinander, wodurch die Luft schnell Zutritt gewinnt, so erfolgt oft eine so energische Oxydation, daß die Entzündungstemperatur des Heues erreicht wird und dasselbe mit heller Flamme verbrennt.

Sowohl die Salpeterbildung und die Selbstentzündung des Heues, als auch die Verbrennung in den tierischen Zellen kommt vielleicht dadurch zustande, daß durch die Zellthätigkeit zunächst Spaltungen hoch zusammengesetzter organischer Moleküle veranlaßt werden, wobei neben schwerer verbrennlichen Spaltungsprodukten auch sehr leicht oxydable Stoffe, wie namentlich Wasserstoff in statu nascendi entstehen, welch letzterer bei einigen Gärungsprozessen in der That nachweisbar ist. Wird diesen leicht verbrennbaren Spaltungsprodukten Sauerstoff zugeführt, so vereinigt sich derselbe energisch mit ihnen, wobei das andere Atom des Sauerstoffmoleküls disponibel wird und als nascierender Sauerstoff aktive Eigenschaft erlangt, infolgedessen er auch weniger leicht oxydable Stoffe, wie die übrigen Spaltungsprodukte, zu oxydieren vermag [1]).

Daß in der That auch in den tierischen Zellen leicht oxydable Substanzen in allen Geweben vorkommen, läßt sich nach den Untersuchungen von P. Ehrlich leicht feststellen, wenn man gewisse Farbstoffe, die durch Reduktion entfärbt werden, wie etwa Methylen- oder Alizarinblau, Tieren ins Blut spritzt. Tötet man letztere unmittelbar nach der Einspritzung, so findet man die Gewebe in ihrer natürlichen Farbe, nach einiger Zeit aber werden sie blau, indem der atmosphärische Sauerstoff den Farbstoff regeneriert [2]).

Dennoch ist zu bemerken, daß der gegebene Erklärungsversuch viel zu wenig gestützt ist, um nicht als Hypothese gelten zu müssen, namentlich ist gar nicht einzusehen, warum die Zellen selbst gegen den aktiven Sauerstoff resistent sind.

Auch ist von Gaglio darauf hingewiesen worden, daß weder eingeführte Oxalsäure, noch das Kohlenoxyd im tierischen Organismus im geringsten eine Oxydation erfahren, wiewohl beide Substanzen durch aktiven Sauerstoff sehr leicht in Kohlensäure übergeführt werden [3]).

Bedurfte es bei den Säugetieren des Versuches, um die Zellen als die Stätten zu erkennen, in denen sich die tierischen Oxydationsprozesse abspielen, so ergiebt sich dies für die Zellen der Insekten schon aus dem anatomischen Befund. Diese Tiere, deren Blut kein Hämoglobin enthält, atmen dementsprechend nicht durch Lungen, sondern es tritt bei ihnen der atmosphärische Sauerstoff durch ein unendlich fein verzweigtes Tracheensystem direkt in die Gewebe ein. Untersuchungen, namentlich von Kupffer, haben ergeben, daß die feinsten Ausläufer

---

1) Hoppe-Seyler, Zeitschr. f. physiol. Chem., Bd. 10, 1886, S. 38 und frühere Abhandlungen desselben, namentlich auch „Ueber Gährungsprozesse", Zeitschr. f. physiol. Chem., Bd. 2, 1878, S. 25.

2) P. Ehrlich, Zur biologischen Verwertung des Methylenblaus, Med. Centralbl., 1885, S. 113. Vgl. auch P. Ehrlich, Das Sauerstoffbedürfnis des Organismus, Berlin 1885.

3) G. Gaglio, Ueber die Nichtoxydierbarkeit von Kohlenoxyd und Oxalsäure im tierischen Organismus, Ann. di chim. e di farmacol., 4, 1887, S. 156.

dieser Luftröhrchen bis in die einzelnen Zellen hineinführen [1]). Die Sauerstoffaufnahme der Zellen erfolgt also bei diesen Tieren ohne Vermittelung des Blutes, und dennoch zeigen manche Insekten eine Respirationsenergie, welche, auf gleiche Zeit und gleiche Gewichtsmenge bezogen, die des Menschen weit übertrifft. Besonders fördernd waren nach dieser Richtung die Untersuchungen von Max Schultze über die Leuchtorgane von Lampyris spendidula [2]). Er fand, daß feine Tracheenenden direkt zu den Zellen hinführen, welche die Phosphorescenz veranlassen. Diese Zellen enthalten jene Substanz, welche so energisch den atmosphärischen Sauerstoff aufnimmt, daß die Lichterscheinung entsteht. Die Phosphorescenz dauert selbst im zerschnittenen Organ noch fort, verschwindet aber sogleich beim Ausschluß des Sauerstoffes. Ueber die Natur des leuchtenden Stoffes ist nichts bekannt. Eine ähnlich sich verhaltende Verbindung, das sogenannte Lophin, ist künstlich aus dem ihm isomeren Hydrobenzamid durch Erhitzen des letzteren auf 120° mit nachfolgender Destillation gewonnen worden. Schüttelt man das Lophin mit verdünntem Alkali unter Zutritt von Luft, so zersetzt es sich unter starker Phosphorescenzerscheinung, indem gleichzeitig eine Spaltung unter Wasseraufnahme und Oxydation erfolgt. Es entsteht hierbei Benzoësäure und Ammoniak: $C_{21}H_{18}N_2 + 3H_2O + O_3 = 3C_7H_6O_2 + 2NH_3$. Es ist nicht unmöglich, daß die Substanz in den Leuchtzellen zum Lophin Beziehungen hat.

Im Gegensatz zu den Insekten, lassen sich bei den höheren Tieren die Wege des Sauerstoffs nur bis in die Lungenalveolen verfolgen. Das Sauerstoffgas diffundiert dann durch die Alveolarwandungen ins Blut, um hier mit dem Hämoglobin der roten Blutkörperchen eine lockere chemische Verbindung einzugehen. Bei den höheren Tieren sind also die roten Blutkörperchen die Transportmittel, durch welche der Sauerstoff aus den Lungenalveolen bis in die Gewebe befördert wird. Geschieht nun, den mitgeteilten Durchblutungsversuchen und den Verhältnissen bei den Insekten entsprechend, die Oxydation auch bei den höheren Tieren lediglich in den Zellen, so muß offenbar der hierzu nötige Sauerstoff sich in den Kapillaren von dem Blutfarbstoff trennen, um durch die Kapillarwandungen in die Zellen hinein zu diffundieren. Daß nun in der That eine solche Dissociation des Sauerstoff-Hämoglobins in der Blutbahn stattfindet, haben einige Befunde mit Sicherheit ergeben.

Die beiden Nabelarterien führen bekanntlich das dunkle sauerstoffarme Blut des Fötus durch den Nabelstrang zur Placenta, wo sich dieselben in die Chorionzotten auflösen. Die Zotten flottieren in den intervillösen Räumen der Decidua, welche durch eine Erweiterung der Schleimhautkapillaren entstanden sind. In diese Ausbuchtungen der Decidua, welche von seiten der Mutter direkten arteriellen Zufluß und venösen Abfluß besitzen, muß man sich die Chorionzotten gleichsam eingestülpt denken. So kommt nur eine Berührung der mütterlichen und fötalen Blutgefäße zustande, ohne daß dieselben kommunizieren. Durch die Epithelien und Kapillarwandungen der Chorionzotten findet nun ein endosmotischer Gasaustausch in der Weise statt, daß einerseits aus dem fötalen Blut Kohlendioxyd in die mütterlichen Gefäße diffundiert, während andererseits im mütterlichen Blute frei gewordener Sauerstoff

---

1) Kupffer, Beiträge zur Anat. und Physiol., Festschrift C. Ludwig gewidmet, 1875. Finkler, Pflüger's Arch., Bd. 10, 1875, S. 273.

2) Max Schultze, Archiv f. mikr. Anat., Bd. 1, 1865.

in die fötalen Blutkapillaren hinüberwandert, welche dann ihr hellrotes arterielles Blut, in welchem sich spektroskopisch Oxyhämoglobin nachweisen läßt, durch die Vena umbilicalis in den Fötus zurückfließen lassen [1]). Hieraus folgt, daß im mütterlichen Blute eine Trennung des Sauerstoffs vom Hämoglobin mit Notwendigkeit erfolgen muß. Für eine solche Dissociation des Sauerstoff-Hämoglobins innerhalb der Blutbahn spricht weiter der konstante Gehalt des Speichels an freiem Sauerstoff, welcher nach Untersuchungen von Pflüger von diesem Gase etwa 0,5 Volumenprozente enthält [2]). Dieser Sauerstoff kann kaum einen anderen Ursprung haben, als daß er nach seiner Trennung vom Hämoglobin durch die Wandungen der Blutkapillaren in die Zellen der Speicheldrüsen hineindiffundiert ist. Er wird hier für die Oxydationsvorgänge nicht völlig verbraucht und tritt deshalb mit dem Speichel zu Tage.

Nach den mitgeteilten Befunden kann es also kaum einem Zweifel unterliegen, daß auch bei den höheren Tieren sich in den Zellen der Organe, nicht in den Säften die Oxydationsprozesse vollziehen. Dies ist zudem, wenigstens für die Kaltblüter, von Pflüger [3]) und Oertmann auch direkt bewiesen worden. Diese Forscher haben nämlich gezeigt, daß bei einem Frosch, dessen Blut durch physiologische Kochsalzlösung ersetzt wurde und welcher sich in einer Sauerstoffatmosphäre befand, die Oxydationsprozesse durch diese Entblutung keine Veränderung erleiden, denn der blutleere Frosch zeigte in den ersten 10 bis 20 Stunden denselben Sauerstoffverbrauch und dieselbe Kohlensäureabgabe wie der bluthaltige.

Endlich ist aber doch nicht zu vergessen, daß auch das Blut und die Lymphe lebende Zellen suspendiert enthalten, nämlich die roten und weißen Blutkörperchen. Hieraus erklärt sich die Thatsache, daß auch in diesen Flüssigkeiten, wenn auch in sehr geringem Grade, gewisse Oxydationen nachgewiesen sind. Man hat nämlich gefunden, daß Blut erstickter Tiere, welches stets sauerstofffrei ist, außerhalb des Körpers Sauerstoff aufnimmt, um diesen in Kohlensäure überzuführen [4]). Das Erstickungsblut enthält demnach sehr leicht oxydirbare Verbindungen, offenbar Spaltungsprodukte von Blutkörperchen-Nährstoffen, welche infolge des Sauerstoffmangels während der Erstickung nicht zur Verbrennung gelangten. Solche Produkte sind indessen lediglich in den Blutzellen, niemals im zellfreien Serum nachweisbar [5]), und ihre Menge ist eine minimale [6]).

---

1) Zweifel, Arch. f. Gynäkologie, Bd. 9, 1876, S. 291. N. Zuntz, Ueber die Respiration des Säugetierfötus, Pflüger's Arch., Bd. 14, 1877, S. 605.

2) Pflüger, s. dessen Archiv, Bd. 1, 1868, S. 686. Vergl. auch R. Külz, Ueber den Gasgehalt menschlicher Sekrete, Zeitschr. f. Biol., N. F. Bd. 5, 1887, S. 321.

3) Pflüger, Ueber die physiol. Verbrennung, dessen Arch., Bd. 10, 1875, S. 251, und Oertmann, Ueber den Stoffwechsel entbluteter Frösche, ebendas., Bd. 15, 1877, S. 382.

4) Alex. Schmidt, Verhandl. der Sächs. Gesellsch. d. Wissensch. zu Leipzig, Bd. 19, 1867, S. 99. N. Stroganow, Pflüger's Arch., Bd. 12, 1876, S. 41.

5) Afonassiew, Verhandl. der Sächs. Gesellsch. d. Wissensch. zu Leipzig, Bd. 24, 1872, S. 253.

6) Vergl. Pflüger, Ueber die physiol. Verbrennung, dess. Arch., Bd. 10, 1875.

Sind die Erklärungsversuche der Oxydationswirkung tierischer Zellen keineswegs ausreichend, so muß die spaltende Fähigkeit der Zellen erst vollends rätselhaft erscheinen. Um Eiweißkörper, Kohlehydrate oder Fette außerhalb des Organismus zu spalten, bedarf es so stark wirkender chemischer Agentien, daß jede Zelle hierdurch sofort vernichtet wird.

Daß auch in völlig blutfreien Geweben, ohne jede Gegenwart von Sauerstoff, Spaltungen vor sich gehen, welche als Kraftquelle dienen, wird durch einen bekannten Versuch von HERMANN bewiesen [1]).

Bringt man nämlich einen sorgfältig entbluteten Froschmuskel unter den Rezipienten einer Luftpumpe und evakuiert, bis aller Sauerstoff aus dem Muskel verschwunden ist, so vollführt trotzdem der Muskel im Vacuum auf Reizung seines Nerven eine große Reihe von Zuckungen und arbeitet. Die Quelle dieser Arbeit können Oxydationsvorgänge unmöglich sein. Da aber der Muskel an seine Umgebung reichlich Kohlendioxyd abgiebt und Milchsäure bildet, ist es klar, daß die Arbeitsleistung der Muskelzellen nur in Spaltungsprozessen ihre Quelle haben kann. Der Versuch zeigt zugleich, daß die Spaltungsprozesse unabhängig von den Oxydationsvorgängen in den Zellen sich abspielen, denn im vorliegenden Falle kann der Spaltung die Oxydation keineswegs folgen.

Den Beweis, daß als tierische Kraftquelle lediglich Spaltungsprozesse dienen können, liefern noch einfacher als der HERMANN'sche Versuch jene Tiere, welche in einem nahezu sauerstofffreien Medium leben, nämlich die Darmparasiten der Warmblüter.

Im Darminhalt läßt sich kein Sauerstoff nachweisen, was verständlich wird, wenn man bedenkt, daß hier durch bakterielle Einwirkung beständig nascierender Wasserstoff und Schwefelwasserstoff gebildet werden. Infolgedessen werden in den Darm gebrachte Sulfate zu Sulfiden und Eisenoxyd zu Eisenoxydul reduziert. Durch diese Thatsachen zu einem Versuch angeregt, entzog BUNGE Spulwürmern aus dem Darm einer Katze (Ascaris mystax) den Sauerstoff so vollständig, als es mit den gegenwärtigen Hilfsmitteln überhaupt möglich ist [2]). Er brachte sie ohne jeden Sauerstoffzutritt in kurz vorher ausgekochtes Wasser, welches 1 Proz. Kochsalz und 0,1 Proz. Soda enthielt und in einem Reagenzglase durch ausgekochtes Quecksilber abgesperrt wurde. Die Tiere lebten bei einer Temperatur von 38^0 C 4—5 mal 24 Stunden und führten während dieser Zeit fast ununterbrochen äußerst lebhafte Bewegungen aus, welche ersichtlich nur Spaltungsprozessen ihren Ursprung verdanken konnten.

Daß übrigens die Ascariden nicht gänzlich ohne Sauerstoff leben können, scheint daraus hervorzugehen, daß sie unter denselben Bedingungen, jedoch beim Zutritt von Sauerstoff, länger lebten, nämlich erst am 8.—10. Tage zu Grunde gingen. BUNGE macht darauf aufmerksam, daß die Parasiten im Darm vielleicht durch Anschmiegen an die Darmwand Sauerstoff gewinnen, welcher aus den Geweben der Schleimhaut diffundiert. Indessen ist das Sauerstoffbedürfnis der Darmparasiten sicherlich ein ganz minimales.

Hierher gehört auch ein Versuch von PFLÜGER, welcher fand, daß

---

1) L. HERMANN, Untersuchungen über den Stoffwechsel der Muskeln, Berlin 1867.

2) G. BUNGE, Zeitschr. f. physiol. Chem., Bd. 8, 1883, S. 48.

Frösche, welche sich in einem absolut sauerstofffreien Raum befinden, dennoch 11 Stunden weiterleben und während dieser Zeit Kohlensäure ausatmen [1]).

In den Zellen vollziehen sich endlich auch die Synthesen, denen der Tierkörper fähig ist. Nur von wenigen dieser mannigfaltigen Prozesse kennen wir die Organe, in denen sie zustande kommen. In betreff der meisten Synthesen ergeben nur allgemeine Ueberlegungen, daß sie mit Notwendigkeit im Tierkörper sich vollziehen müssen, während die Zellkomplexe, in denen sie durchgeführt werden, völlig unbekannt sind.

Die Methode, durch welche der Nachweis einer Synthese geschieht, die an ein bestimmtes Organ geknüpft ist, wurde bereits mitgeteilt, es ist diejenige der künstlichen Durchblutung. Wir sahen, daß ameisensaures Ammon, mit lebensfrischem Blut behandelt, unverändert bleibt, daß es dagegen, durch die überlebende Leber eines Hundes geleitet, in Harnstoff übergeht, nachdem hierbei zunächst das ameisensaure Ammon zu Ammoniumkarbonat oxydiert worden ist. Die Harnstoffbildung tritt natürlich auch ein, wenn man zu diesem Versuch direkt Ammoniumkarbonat oder karbaminsaures Ammon verwendet.

Am längsten bekannt ist eine Synthese, welche nach den Versuchen von BUNGE und SCHMIEDEBERG in den ausgeschnittenen Nieren sich vollzieht. Namentlich sind auch hier die Bedingungen genau festgestellt, unter denen dieser Prozeß zustande kommt [2]).

Leitet man nämlich in die Nierenarterie eines Hundes das defibrinierte und verdünnte Blut des getöteten Tieres, zu welchem Benzoësäure und Glykokoll gesetzt wurde, so entsteht in der Niere Hippursäure, welche sowohl im durchgeleiteten Blute, als auch in dem künstlichen Harn, welcher aus dem Ureter fließt, zu finden ist. Dagegen läßt sich in einer Blutprobe, welche nicht durch die Niere geleitet wurde, oder in der anderen direkt untersuchten Niere des Hundes nie eine Spur Hippursäure nachweisen.

Die Synthese erfolgt auch hier unter Austritt von Wasser, indem im Glykokoll für ein Wasserstoffatom der Amidogruppe der Rest der Benzoësäure substituiert wird:

$$C_6H_5 \cdot COOH + NH_2 \cdot CH_2 \cdot COOH =$$

Benzoësäure　　　　　　　Glykokoll

$$NH(C_6H_5 \cdot CO) \cdot CH_2 COOH + H_2O$$

Hippursäure　(Benzoylglykokoll).

Die Bildung der Hippursäure kommt auch dann zu stande, wenn man die Niere und das Blut nicht auf Körpertemperatur hält, sondern auf Zimmertemperatur sich abkühlen läßt. Dagegen muß das Nierengewebe intakt sein. Zerhackt man die Niere und digeriert sie mit der Blutflüssigkeit, so wird nur wenig Hippursäure gebildet [3]); zer-

---

1) PFLÜGER, s. dessen Arch., Bd. 10, 1875, S. 313. Vergl. auch AUBERT, Pflüger's Arch., Bd. 24, 1881, S. 293.

2) BUNGE und SCHMIEDEBERG, Arch. f. exp. Pathol. und Pharmak., Bd. 6, 1876, S. 233. Vergl. auch W. KOCHS, Pflüger's Arch., Bd. 20, 1879, S. 64, und ARTHUR HOFFMANN, Arch. f. exp. Pathol. u. Pharmak., Bd. 7, 1877, S. 239.

3) Ueber die Möglichkeit, auch mittelst zerkleinerter Organe Synthesen zu bewerkstelligen, vergl. KOCHS, Ueber eine Methode zur Bestimmung der Topographie des Chemismus im tierischen Körper, Pflüger's Arch., Bd. 20, 1879, S. 64.

stampft man aber die Niere zu einem Brei, so hat sie unter allen Umständen ihre synthetische Fähigkeit eingebüßt. Hieraus geht hervor, daß die lebenden Zellen die Synthese zustande bringen, nicht etwa ein chemischer Bestandteil derselben. Dagegen tritt auch bei intakter Niere, ohne Gegenwart von sauerstoffhaltigen Blutkörperchen, die Synthese nicht ein. Führt man den Versuch in der Weise durch, daß man von Blutkörperchen freies Serum oder Kohlenoxydblut mit den beiden Komponenten durch die Niere leitet, so wird keine Hippursäure gebildet. Hieraus folgt, daß die Zellen mit Sauerstoff versorgt werden müssen, falls ihre synthetische Fähigkeit nicht Not leiden soll. Endlich ist zu erwähnen, daß ein Zusatz von Chinin zur Blutflüssigkeit den synthetischen Prozeß in auffallender Weise hemmt. Diese Erscheinung steht im besten Einklange mit der Wirkung des Chinins auf den Gesamtorganismus, welche sich in einer Herabsetzung des Stoffwechsels und der Wärmebildung äußert. Bei niederen Tieren, wie den Infusorien, bewirkt dieses Protoplasmagift schon in einer Verdünnung von 1 : 1000 ein Aufhören aller Bewegungserscheinungen, auch die Leukocyten stellen unter diesen Umständen ihre amöboiden Bewegungen ein [1]).

Um die Fähigkeit der tierischen Zellen zu chemischen Vorgängen aller Art zu vervollständigen, kommt noch hinzu, daß die synthetischen Umsetzungen bisweilen mit einer sehr energischen Reduktion verbunden sind. Durch Fütterungsversuche ist festgestellt, daß sich Fette aus den verhältnismäßig sauerstoffreicheren Kohlehydraten im tierischen Organismus bilden können. Diese Umformung kommt jedenfalls nicht direkt, sondern durch eine Reihe verwickelter Vorgänge zustande [2]). Die Kohlehydrate werden zunächst gespalten, dann reduziert und erst aus diesen Reduktionsprodukten erfolgt der synthetische Aufbau der Fette. Daß diese Synthese kein einfacher Vorgang ist, wird klar, wenn man sich erinnert, daß die Kohlehydrate nur eine Vereinigung von 6 Kohlenstoffatomen vorstellen, während in den Säuren der natürlichen Fette 16—18 Kohlenstoffatome verkettet sind.

Somit werden alle denkbaren Arten chemischer Prozesse durch die verschiedenen Formen des Stoffumsatzes in den tierischen Zellen repräsentiert: Spaltungen, Synthesen, Oxydations- und Reduktionsvorgänge.

In Bezug auf die chemische Zusammensetzung zeigen die Zellen im ersten Jugendzustande, ebenso wie hinsichtlich ihrer Form, eine große Uebereinstimmung. Mit der eintretenden Differenzierung der Form und der Ausbildung der Funktionen, ändert sich aber auch die chemische Zusammensetzung, so daß schließlich die Zellen der verschiedenen Organe auch sehr verschiedene Stoffe aufweisen können.

Trotzdem kann man in jeder Zelle gewisse Substanzen vorfinden, welche allen Formelementen gemeinschaftlich sind. Es sind dies die sogenannten p r i m ä r e n Z e l l b e s t a n d t e i l e, an welchen die Lebensbewegung haftet, und andere Bestandteile, die als s e k u n d ä r e bezeichnet werden. Letztere sind am Lebensprozeß unbeteiligt, sie können je nach den Aufgaben der betreffenden Gewebe sehr mannigfaltig und wechselnd sein und vermögen daher den Zellen der verschiedenen Organe einen bestimmten Charakter zu verleihen.

---

1) C. Binz, Arch. f. mikr. Anat., Bd. 3, 1867, S. 383.
2) E. Pflüger, dess. Arch., Bd. 42, S. 144.

Unter den sekundären Zellbestandteilen wären also die sich völlig passiv verhaltenden Stoffwechselprodukte der Zellen und die aufgenommenen Nährmaterialien zu verstehen, wie z. B. einerseits die verschiedenen Enzyme, Pigmente und Albuminoïde, sowie andererseits die Fette und das Glykogen, welch letzteres zwar bei normaler Ernährung in allen entwickelungsfähigen Zellen sich vorfindet, aber doch nur als totes Nährsubstrat für die lebenden Zellbestandteile aufzufassen ist und bei völliger Nahrungsentziehung gänzlich schwinden kann, ohne daß damit das Leben sogleich erlischt.

Hier sollen nur die primären Zellbestandteile kurz betrachtet werden. Die Gesamtheit derselben bildet das Protoplasma und den Zellkern, jene beiden Substanzvereinigungen, durch deren chemisches Ineinandergreifen und Getriebe die Umformungen der Nährstoffe und somit alle vitalen Funktionen resultieren.

Das Protoplasma stellt während des Lebens, abgesehen von oft darin suspendierten Nahrungskörnchen und Flüssigkeitsvakuolen, eine durchsichtige, halbfeste Masse dar, welche sehr reich ist an Wasser (80—85 Proz.) und eine schwach alkalische Reaktion zeigt. Bei weitem die Hauptmasse der Trockensubstanz besteht aus Eiweißkörpern, nämlich aus Albuminen, Globulinen und Vitellin, ferner aus gewissen zusammengesetzten Eiweißkörpern, den phosphorhaltigen Nukleoalbuminen. Die Hauptmasse des Kerns dagegen bilden Nukleïne und noch phosphorreichere Stoffe, die Nukleïnsäuren. In allen entwickelungsfähigen Zellen hat man ferner Lecithine gefunden. Indessen kommt die Hauptbedeutung unter allen primären Zellbestandteilen den genannten Eiweißkörpern zu, denn es scheint bewiesen, daß die Nukleïne und die Lecithine sich im Tierkörper nötigenfalls aus gewissen Spaltungsprodukten der Eiweißstoffe und aus Phosphaten synthetisch bilden können. Wichtig für das Zellleben sind ferner die stets im Protoplasma vorhandenen Mineralstoffe. Es finden sich darin hauptsächlich Kalium-, aber auch Calcium- und Magnesiumphosphat. Bezüglich der Alkalien ist zu bemerken, daß im tierischen Organismus die Kaliumverbindungen sich hauptsächlich in den Zellen, die Natriumverbindungen in den Säften vorfinden. Schließlich enthält die Asche aller Zellen Eisenoxyd. Dies Eisen ist aber in der Zelle keineswegs als Eisensalz vorhanden, sondern in einer organischen Verbindung, in welcher das Eisen an Kohlenstoff gebunden ist. Es findet sich in den eisenhaltigen Nukleïnen.

Stirbt die Zelle aus irgend einem Grunde ab, so wird das Protoplasma trübe und von festerer Konsistenz — es gerinnt. Die Ursache dieser Gerinnung bildet die Zersetzung gewisser flüssiger, noch nicht isolierter komplexer Eiweißstoffe, welche durch unbekannte Einflüsse in einfachere feste Eiweißkörper zerfallen. Die betreffenden Organe selbst werden dabei fest und starr, ein Vorgang, den man allgemein als „Totenstarre" bezeichnet. Zugleich wird infolge der Zersetzung größerer organischer Moleküle in kleinere und der Ausscheidung fester Substanz aus flüssigem Material eine beträchtliche Wärmemenge frei, welche sich als „postmortale Temperatursteigerung" bemerkbar macht. Auch verwandelt sich unmittelbar nach der Gerinnung die schwach alkalische Reaktion des Protoplasmas in eine schwach saure durch das Auftreten von Paramilchsäure.

Zweiter Abschnitt.

Die Nahrungsstoffe.

Die tierischen Zellen besitzen kein konstantes Dasein, sie zerfallen vielmehr nach kürzerer oder längerer Zeit ihres Bestehens. Während die älteren Zellen absterben, werden sie durch Teilung der überlebenden ersetzt. Ein besonders lebhafter Zell- und Stoffwechsel scheint in der Jugend beim wachsenden Organismus stattzufinden. Mit dem Zerfall der älteren Formelemente unterliegt im allgemeinen das Material, welches diese zusammensetzt, der spaltenden und oxydierenden Einwirkung der überlebenden Zellen, es wird also nicht zum Aufbau der letzteren verwendet. Zum Wachstum der jungen Zellen bedarf daher der Organismus der Zufuhr von Baumaterial. Außer diesen Baustoffen für die jungen Zellen müssen ferner Materialien in den Organismus eingeführt werden, durch deren Zerfall und Oxydation Spannkraft in lebendige Kraft übergeführt wird, denn nur aus einem derartigen Kräftewechsel können die tierischen Lebensäußerungen im wesentlichen hervorgehen. Aus diesen Bedürfnissen des Organismus ergiebt sich der Begriff der Nahrung.

Nahrungsstoffe sind diejenigen Materialien, welche entweder dazu dienen, die verbrauchten Bestandteile der Zellen zu ersetzen, oder welche durch ihre Spaltung und Oxydation zu einer Kraftquelle werden für die tierischen Lebensäußerungen. Unsere Nahrungsmittel, welche wir dem Tier- und Pflanzenreich entnehmen, wie das Brot, die Kartoffeln, das Fleisch, sind Gemische dieser Nahrungsstoffe.

Die Einteilung der Nahrungsstoffe kann in zweifacher Weise erfolgen, je nachdem die physiologische Bedeutung, oder aber die chemische Zusammensetzung derselben als Gesichtspunkt dient. Während die physiologische Bedeutung der Nahrungsstoffe in einem besonderen Abschnitt zu behandeln ist, soll hier nur die Einteilung nach chemischen Rücksichten gegeben werden. Die Nahrungsstoffe zerfallen hiernach:
  1) in organische und
  2) in anorganische oder Mineralstoffe (Wasser und Salze).
Die organischen Nahrungsstoffe können wieder sein:
  a) stickstoffhaltige und
  b) stickstofffreie.
Die stickstoffhaltigen sind die Proteïnstoffe, d. h. die echten Eiweißstoffe, die Proteïde und die Albuminoïde, von welch letzteren besonders

die Leimstoffe als Nahrung von Bedeutung sind. Ferner gehören zu dieser Nährstoffgruppe die Nukleïnsäuren und die Lecithine.

Die stickstofffreien Nahrungsstoffe sind die Fette, die Kohlehydrate und endlich die Salze organischer Säuren, welch letztere namentlich für die Ernährung der Herbivoren in Betracht kommen.

Erstes Kapitel.

Die Proteïnstoffe.

Die größte Bedeutung unter allen Nahrungsstoffen besitzen zweifellos die Proteïnstoffe, d. h. die Eiweißkörper und deren nächste Verwandte, die Proteïde und Albuminoïde. Von den Proteïnsubstanzen sind aber wieder die wichtigsten die eigentlichen Eiweißstoffe. Denn letztere bilden bei weitem die Hauptmasse des Tierkörpers und sind ferner notwendige Bestandteile jeder entwickelungsfähigen pflanzlichen Zelle. Sie sollen zunächst abgehandelt werden.

Die in der Natur vorkommenden sogenannten nativen oder genuinen Eiweißkörper zeigen oft ein sehr verschiedenartiges physikalisches und chemisches Verhalten. Es müssen daher zunächst die gemeinsamen Eigenschaften dieser Substanzen hervorgehoben werden, wodurch sie als Eiweißstoffe charakterisiert sind.

Was zunächst ihre Zusammensetzung betrifft, so bestehen sie aus 5 Elementen, welche sich bei den verschiedenen Eiweißstoffen in ihren Gewichtsverhältnissen nicht sehr weit voneinander entfernen. Die Schwankungen bewegen sich etwa innerhalb folgender Grenzen:

Kohlenstoff 50—55 Proz.
Wasserstoff 6,5—7,3 „
Stickstoff 15—17,6 „
Sauerstoff 19—24 „
Schwefel 0,3—2,4 „

Als Mittel aus den meisten Analysen mögen folgende Zahlen gelten:

Kohlenstoff 52 Proz.
Wasserstoff 7 „
Stickstoff 16 „
Sauerstoff 23 „
Schwefel 2 „
100 Proz.

Andere Elemente, als die angeführten, finden sich nicht in eigentlichen Eiweißstoffen, sondern nur in deren Paarlingen. So enthält das Hämatin, welches, mit Eiweiß gepaart, das Hämoglobin bildet, Eisen, und ebenso sind die Nukleïne, welche mit Eiweiß zu den weit verbreiteten Nukleoalbuminen zusammentreten, phosphorhaltig.

Sowohl der Stickstoff, als auch der Schwefel des Eiweißmoleküls sind beide, je in verschiedenartiger Weise, gebunden. Ein Teil des Stickstoffs wird bei der Einwirkung von verdünnter, heißer Kalilauge leicht als gasförmiges Ammoniak eliminiert, während bei weitem die Hauptmenge durch diese Operation nicht entfernt werden kann. Dasselbe Verhalten zeigt der Schwefel. Ein Teil desselben spaltet sich beim Erwärmen der Eiweißkörper mit Kalilauge als Schwefelalkali ab und bildet daher, beim Zusatz von etwas Bleiacetat zur Flüssigkeit, schwarzes

2*

Schwefelblei. Der Rest des Schwefels dagegen läßt sich nur bei der völligen Zerstörung und Oxydation des Eiweißes durch Schmelzen mit Kali und Salpeter als Schwefelsäure nachweisen. Das Eiweißmolekül enthält also mindestens zwei Atome Schwefel [1]).

Allgemein anerkannte Formeln für die Eiweißkörper aufzustellen, ist bisher nicht gelungen, weil die Molekulargrößen derselben nicht mit Sicherheit bestimmbar sind. Es existieren zwar Formeln für einige Eiweißstoffe, welche auf den Analysen von Metallverbindungen dieser Eiweißkörper basieren [2]), aber diese Verbindungen der Eiweißstoffe mit Metallen scheinen nicht konstant zu sein, da die hiernach aufgestellten Formeln bei den verschiedenen Autoren bedeutend differieren. Am meisten verdienen noch Beachtung diejenigen, welche auf der Analyse von Metallverbindungen des krystallisierenden Vitellins beruhen. Grübler berechnete für die Magnesiumverbindung des Vitellins die Molekulargröße 8848 [3]), woraus sich nach einer Ueberlegung von Bunge als Formel des Vitellins konstruieren läßt: $C_{292} H_{481} N_{90} O_{83} S_2$ [4]).

Jedenfalls haben alle diese Bestimmungen für das Molekulargewicht der Eiweißstoffe ungemein hohe Zahlen ergeben. Dieses Resultat scheinen neuere Untersuchungen zu bestätigen, bei denen versucht worden ist, die Raoult'sche Methode, welche auf der Bestimmung der Gefrierpunktserniedrigung basiert, zur Auffindung der Molekulargröße der Eiweißstoffe zu verwenden. Für gereinigtes Eieralbumin fand Sabanejeff die Molekulargröße von 15000 [5]).

Die Eiweißstoffe sind im allgemeinen nicht krystallisierbar. Nur vom Phytovitellin aus Kürbis-, Hanf- und Ricinussamen sowie aus Paranüssen [6]) und neuerdings vom Eieralbumin [7]) ist es gelungen, wohlausgebildete Krystalle zu erhalten. Aber diese Krystalle bestehen nicht aus reinem Eiweiß, sondern enthalten sämtlich mehr oder weniger gewisse Aschenbestandteile.

Die Lösungen aller Eiweißstoffe sind optisch aktiv und drehen die Ebene des polarisierten Lichtes nach links. Da die verschiedenen Eiweiß-

---

1) „Ueber den Schwefel der Eiweißstoffe" liegt eine neuere Untersuchung von Albert Krüger vor, Pflüger's Arch., Bd. 43, 1888, S. 244. Ueber einige Punkte dieser Abhandlung vergl. R. Neumeister, Zeitschr. f. Biol., N. F. Bd. 8, 1890, S. 326—332.

2) E. Harnack, Zeitschr. f. physiol. Chem., Bd. 5, 1881, S. 198. O. Loew, Pflüger's Arch., Bd. 31, 1883, S. 393. Chittenden und Whitehouse, Studies from the Lab. Physiol. Chem. Vale Univ., II, 95.

3) G. Grübler, Journ. f. prakt. Chem., N. F. Bd. 23, 1881, S. 97.

4) Lehrb. der physiol. Chemie, 1889, S. 54.

5) Sabanejeff, Kryoskopische Untersuchungen der Kolloïde, Chem. Centralbl., 1891, S. 10.

6) Maschke, Journ. f. prakt. Chem., A. F. Bd. 74, S. 436, und Bot. Zeitg., 1859, S. 441. Schmiedeberg, Zeitschr. f. physiol. Chem., Bd. 1, 1877, S. 205. Th. Weyl, Zeitschr. f. phys. Chem., Bd. 1, 1877, S. 84. Drechsel, Journ. f. prakt. Chem., N. F. Bd. 19, 1879, S. 331. Grübler, Journ. f. prakt. Chem., N. F., Bd 23, 1881, S. 97. Ritthausen, Journ. f. prakt. Chem., Bd. 25, 1882, S. 130.

7) F. Hofmeister, Zeitschr. f. physiol. Chem., Bd. 14, 1890, S. 165, und Bd. 16, 1892, S. 187. Vergl. auch S. Gabriel, Zeitschr. f. physiol. Chem., Bd. 15, 1891, S. 456.

stoffe spezifische Drehungsexponenten besitzen, ist es möglich, sie in reinen Lösungen hierdurch qualitativ und quantitativ zu bestimmen.

Nach ihrem Verhalten bei der Dialyse gehören die Eiweißstoffe zu den nicht diffusiblen Substanzen, zu den sogenannten Kolloïden Denn in wäßriger Lösung vermögen sie tierische Membranen sehr schwer, sogenannte homogene, aus künstlichem Pergament bestehende Membranen überhaupt nicht zu passieren.

Der physikalische Vorgang der Diffusion beruht auf folgenden Thatsachen [1]). Giebt man in einen unverletzten Schlauch, welcher aus künstlichem Pergament besteht, eine Flüssigkeit, etwa 5-proz. Kochsalzlösung, so geht dieselbe nicht einmal spurweise durch die Wandungen hindurch. Sobald sich aber zu beiden Seiten der Membran miteinander mischbare Flüssigkeiten befinden, etwa auf der einen 5-proz. Kochsalz, auf der anderen aber 10-proz. Kochsalz, eine Natriumsulfatlösung oder reines Wasser, so beginnt, ganz unabhängig von einer etwa vorhandenen Druckdifferenz, eine sogenannte Diffusionsströmung oder Osmose der getrennten Flüssigkeiten, indem die Moleküle der einen durch die Membran hindurch in den Raum, welchen die andere Flüssigkeit einnimmt, eindringen, bis ein völliger Ausgleich stattgefunden hat und der Salzgehalt auf beiden Seiten qualitativ und quantitativ derselbe ist.

Die Geschwindigkeit der entgegengesetzten Diffusionsströme ist eine ungleiche, je nach der Qualität der betreffenden Flüssigkeiten, so daß von der einen Flüssigkeit mehr herüber, als von der anderen hinüber geht, wodurch anfangs bedeutende hydrostatische Druckdifferenzen gesetzt werden können, welche sich erst allmählich ausgleichen. Alle Substanzlösungen diffundieren langsamer gegen reines Wasser, als letzteres gegen die Lösungen. Das Verhältnis der diffundierten Wassermenge zu der gleichzeitig diffundierten Substanzmenge ist für jeden Stoff ein besonderes, man bezeichnet es als endosmotisches Aequivalent. Letzteres bedeutet die Zahl, welche angiebt, welche Gewichtsmenge Wasser ausgetauscht wird gegen 1 g der betreffenden Substanz: $Ae = \dfrac{W}{S}$ (1 g).

Ein sehr niedriges endosmotisches Aequivalent besitzt zum Beispiel das Jodkalium: 1,093, welches demnach sehr schnell diffundiert, während das endosmotische Aequivalent der Eiweißkörper unendlich groß ist, da sie überhaupt von der Osmose ausgeschlossen sind.

GRAHAM, welcher die Erscheinung der Diffusion zuerst näher untersuchte, glaubte, daß alle nicht krystallisierbaren Stoffe auch nicht diffusibel seien und zwar deshalb, weil sie in den Flüssigkeiten sich nicht in eigentlicher Lösung befänden, sondern nur in einem Quellungszustande. GRAHAM teilte dementsprechend auch alle Substanzen ein in Krystalloïde und Kolloïde, von Colla = Leim, weil namentlich die Leimstoffe von der Diffusion ausgeschlossen sind. Außerdem sind nicht diffusibel alle übrigen Proteïnsubstanzen, mit Ausnahme der Peptone. Ferner diffundieren nicht die höheren Kohlehydrate (Polysaccharide). Ebenso verhält sich eine Lösung von Kieselsäure in Salzsäure, sowie eine Lösung von Thonerde in Aluminiumchlorid. Das Einteilungsprinzip GRAHAM's ist indessen nicht haltbar, da es Proteïnsubstanzen giebt, wie das Hämoglobin und das Vitellin, welche wohlausgebildete Krystalle liefern, aber nicht diffundieren, und umgekehrt auch solche, nämlich die Peptone, welche leicht

---

1) A. FICK, Mediz. Physik, 1885, S. 35.

diffundieren, aber nicht zu krystallisieren scheinen. Auch die verbreitete Annahme, daß die sogenannten Kolloïde sich nicht in wirklicher Lösung befänden, ist durchaus willkürlich. Die Ursache, warum gewisse Stoffe diffundieren, andere nicht, ist lediglich darin zu suchen, daß die Moleküle der nicht diffusiblen Substanzen wegen ihrer bedeutenden Größe die feinen Poren der Membranen nicht passieren können.

Die Trennung von Stoffen durch Diffusion oder Dialyse ist eine für physiologische Zwecke sehr häufig angewandte Operation. Man benutzt zu derselben jetzt ausschließlich künstliches Pergament. Denn während die natürlichen Membranen nicht nur kleinste Interstitien besitzen zwischen den Substanzmolekülen, sondern auch zwischen den Gewebselementen, sind die künstlichen, homogenen Membranen nur von den Molekularinterstitien durchsetzt, welche den größeren Molekülen gelöster Stoffe den Durchgang völlig versagen. Es ist klar, daß die Dialyse in ausgezeichneter Weise dazu geeignet ist, Lösungen von Eiweißstoffen salzfrei zu machen. Man dialysiert erst gegen laufendes, dann gegen öfter zu wechselndes destilliertes Wasser, so daß die Eiweißlösung stets mit möglichst reinem Wasser in endosmotischem Verkehr steht. Als Dialysatoren dienen Pergamentschläuche, welche in hohe Cylindergläser gehängt werden, durch welche der schwache Strom einer Wasserleitung geführt wird.

Die Aussalzung der Eiweißkörper. Es giebt eine Reihe organischer Substanzen, welche sich aus ihren wäßrigen, nicht zu konzentrierten Lösungen ausscheiden, wenn gleichzeitig gewisse Salze in gehöriger Menge in die Flüssigkeit eingetragen werden. Das Unlöslichwerden dieser organischen Substanzen wird um so ausgiebiger, je mehr sich der Salzgehalt der Flüssigkeit der Sättigung nähert. Der Vorgang beruht offenbar darauf, daß den organischen Substanzen durch die Salzmenge das zu ihrer Lösung notwenige Wasser entzogen wird. Dennoch hängt diese Fällung nicht lediglich ab von der wasseranziehenden Kraft der betreffenden Salze, vielmehr sind hierbei noch andere, nicht näher bekannte Umstände wirksam [1]). Sind die Substanzlösungen zu konzentriert, so gesteht beim Eintragen der Salze die ganze Masse zu einem dicken Brei, aus welchem sich die ausgesalzenen Substanzen nicht durch Filtration gewinnen lassen. Man muß deshalb verdünntere Lösungen verwenden.

Aussalzbar sind namentlich alle nicht diffusiblen Substanzen, aber auch andere, wie zum Beispiel die Pikrinsäure und die Urate. Am längsten bekannt ist diese Erscheinung von den Seifen, welche in der Technik durch Eintragen von Kochsalz aus ihren Lösungen gewonnen werden. Hierbei setzen sich allerdings die weichen Kaliseifen in die härteren Natronseifen um. Indessen werden die Kaliseifen auch als solche vollkommen aus ihren Lösungen abgeschieden, wenn man sich zum Aussalzen des Kaliumchlorids bedient.

Die einzelnen Eiweißkörper verhalten sich in dieser Beziehung gegen die verschiedenen Salze sehr abweichend, was zur Unterscheidung und Trennung der verschiedenen Eiweißkörper benutzt wird. Manche derselben lassen sich durch Kochsalz oder Magnesiumsulfat nicht aussalzen,

---

1) O. NASSE, Ueber das Aussalzen der Eiweißkörper und anderer kolloider Substanzen, Pflüger's Arch., Bd. 41, S. 504; ferner FRANZ HOFMEISTER und S. LEWITH, Arch. f. exp. Pathol., Bd. 24, 1888, S. 247 sowie Bd. 25, 1888, S. 1.

andere dagegen durch diese Salze mehr oder weniger vollständig. Sehr bemerkenswert ist die Thatsache, daß nicht nur alle Eiweißkörper, sondern die Proteïnsubstanzen überhaupt aus neutralen sowohl, wie aus sauren Flüssigkeiten vollkommen ausgesalzen werden durch die Sättigung ihrer Lösungen mittels Ammoniumsulfat. Eine Ausnahme hiervon bilden allein einige Verdauungsprodukte, nämlich die Peptone und gewisse Deuteroalbumosen, welch letztere wenigstens in geringer Menge in einer gesättigten Ammoniumsulfatlösung auflöslich sind. Mit dem Aussalzen, wenn es bei gewöhnlicher Temperatur vorgenommen wird, ist für die Eiweißkörper durchaus keine Aenderung ihrer Eigenschaften oder Struktur verbunden. Sie sind hiernach unter denselben Verhältnissen wie vorher wieder auflöslich.

Die Alkoholfällung. Da die genuinen Eiweißkörper in Alkohol unlöslich sind, werden sie aus ihren wäßrigen Lösungen durch Zusatz von Alkohol gefällt, und zwar um so leichter, je mehr die Flüssigkeiten gleichzeitig Neutralsalze enthalten. Nach kurzer Einwirkung namentlich verdünnten Alkohols zeigen die gefällten Eiweißkörper keine Veränderung, sie sind nach der Entfernung des Alkohols in reinem oder salzhaltigem Wasser suspendiert, wieder auflöslich. Nach längerer Einwirkung jedoch namentlich starken Alkohols und besonders auch bei gleichzeitiger Gegenwart von Salzen werden die Eiweißstoffe in eigentümlicher Weise verändert, so daß sie nunmehr gegen neutrale Lösungsmittel sich indifferent verhalten. Sie sind in den sogenannten koagulierten Zustand übergegangen.

Die Koagulation durch Erhitzen mit Wasser. Dieselbe Veränderung, wie durch die längere Einwirkung starken Alkohols, erfahren die Eiweißstoffe beim Erhitzen ihrer wäßerigen Lösungen, wodurch sie sich als unlösliche Coagula aus den Flüssigkeiten ausscheiden. Die Koagulation tritt aber nur vollkommen ein in neutralen, noch besser in ganz schwach sauren Flüssigkeiten. Alkalische Eiweißlösungen koagulieren unvollkommen, und bei einem gewissen Gehalt an freiem oder kohlensaurem Alkali wird die Koagulation ganz verhindert. Auch die Gegenwart von viel organischer Säure, etwa von Essigsäure, läßt keine Koagulation zustande kommen. So werden manche Eiweißkörper in der Kälte beim Zusatz einer gewissen Menge Essigsäure aus ihren Lösungen gefällt, um im Ueberschuß der Säure unvollkommen gelöst zu werden. Kocht man nunmehr die stark saure trübe Flüssigkeit, so tritt durchaus keine Koagulation ein, sondern man erhält im Gegenteil eine wasserklare Eiweißlösung. Auch nicht gelöste Eiweißkörper gehen beim Eintragen in siedendes Wasser in den koagulierten Zustand über. Die Koagulationstemperaturen sind für die verschiedenen Eiweißstoffe nicht dieselben und können daher zu ihrer Bestimmung verwendet werden. Indessen schwanken die Koagulationspunkte je nach der Art und Menge der gleichzeitig vorhandenen Salze, sowie nach der Konzentration der Eiweißlösungen. So zeigt die Gerinnungstemperatur des Serumglobulins, welche nach HOPPE-SEYLER bei 72—75° C liegt, je nach dem Gehalt an Eiweiß oder Salz, Schwankungen zwischen 68 und 80° C [1]).

Die Denaturierung der Eiweißstoffe. Durch die Koagulation werden alle Lösungsunterschiede der verschiedenen Eiweiß-

---

1) O. HAMMARSTEN, Pflüger's Arch., Bd. 18, 1878, S. 64. Vergl. hierüber auch LIMBOURG, Zeitschr. f. physiol. Chem., Bd. 13, 1889, S. 458.

körper aufgehoben, denn das koagulierte Eiweiß ist völlig indifferent gegen neutrale Lösungsmittel. Die einzige Möglichkeit, es in Lösung zu bringen, ist, abgesehen von der Verdauung, die Behandlung mit verdünnten Laugen oder konzentrierten organischen, beziehungsweise verdünnten Mineralsäuren in der Wärme. In diesem Falle resultieren alkalische oder saure Eiweißlösungen, welche sich genau so verhalten, wie Lösungen genuiner Eiweißkörper, welche nach dem Zusatz von Lauge oder von viel Essigsäure gekocht wurden und hierdurch vor der Koagulation bewahrt blieben.

Bei der Behandlung der nativen oder koagulierten Eiweißkörper mit starken Säuren oder Laugen in der Wärme, ist in jedem Fall eine wesentliche Veränderung derselben eingetreten. Sowohl die nativen als die koagulierten Eiweißstoffe haben ihre Eigentümlichkeiten verloren. Man bezeichnet die eingetretene Veränderung passend als Denaturierung. Die denaturierten Eiweißkörper zeigen nur noch Unterschiede, je nachdem die Einwirkung einer Lauge oder einer Säure die Ursache ihrer Entstehung war. Im ersteren Falle erhält man sogenanntes Albuminat (Alkalialbuminat), im letzteren Syntonin (Acidalbumin).

Daß das Albuminat sich vom Syntonin in der Zusammensetzung unterscheidet, geht aus dem bereits früher Mitgeteilten hervor. Es fehlt zu dem Albuminat ein Teil des Stickstoffs, sowie auch der leicht abspaltbare Schwefel der nativen Eiweißkörper und des Syntonins.

Das Albuminat und das Syntonin sind in neutralen Flüssigkeiten ganz unlöslich und fallen daher beim Abstumpfen des Alkalis, bezw. der freien Säure in ihren Lösungen aus. Beide Proteïnsubstanzen lösen sich aber leicht in Laugen oder in verdünnter Soda, ebenso in wenig Salzsäure, schwerer in starker Essigsäure. Aus ihren sauren Lösungen werden die denaturierten Eiweißstoffe durch Ammoniumsulfat oder durch Kochsalz vollkommen ausgesalzt.

Völlig gesättigte Laugen oder Eisessig bewirken die Denaturierung aller in hinreichend konzentrierter Lösung vorhandenen Eiweißkörper schon bei Zimmertemperatur. In beiden Fällen kann man beim Zusammenreiben der Reagentien mit der Eiweißlösung das Albuminat, bezw. das Syntonin plötzlich als gallertige Masse entstehen sehen.

Durch verdünnte Säuren geschieht dagegen die Umwandlung der meisten nativen Eiweißkörper namentlich in der Kälte nur sehr langsam, und um so schwieriger, je mehr gleichzeitig Salze in der Flüssigkeit gelöst sind [1]. Nur gewisse Eiweißstoffe der Muskelsubstanz lassen sich auch unter diesen Umständen sehr leicht durch die verdünntesten Säuren in Syntonin überführen.

Die Zersetzungsprodukte der Eiweißstoffe. Durch Einwirkung hochgespannter Wasserdämpfe oder beim anhaltenden Kochen mit verdünnten Mineralsäuren oder Laugen zerfallen die Eiweißkörper unter Hydratation oder Hydrolyse, d. h. unter Aufnahme der Elemente des Wassers. Hierbei entstehen unter der Entwickelung von Ammoniak und Schwefelwasserstoff eine Reihe von Amidosäuren. Da letztere bei allen Eiweißstoffen immer dieselben sind, muß man schließen, daß die verschiedenen Eiweißstoffe zwar aus denselben Atomkomplexen bestehen, aber diese Atomgruppen in verschiedenen Mengenverhältnissen enthalten.

---

1) JOHANSSOHN, Ueber das Verhalten des Serumalbumins zu Säuren und Neutralsalzen, Zeitschr. f. physiol. Chem., Bd. 9, 1885, S. 310.

Regelmäßig finden sich als Endprodukte der Eiweißzersetzung Tyrosin, Leucin und Asparaginsäure.

Das Tyrosin gehört in die Reihe der aromatischen Verbindungen. Es ist eine Amidosäure der Parareihe, nämlich Paraoxyphenylamidopropionsäure (Paraoxyphenyl-Alanin)

$$C_6H_4 \begin{cases} OH \quad 1 \\ CH_2.CH(NH_2).COOH \quad 4 \end{cases}$$

Das Tyrosin läßt sich synthetisch darstellen, es bildet sich bei der Einwirkung von salpetriger Säure auf Paraamidophenyl-Alanin

$$C_6H_4 \begin{cases} NH_2 \quad 1 \\ CH_2.CH(NH_2).COOH \quad 4 \end{cases}$$

wodurch nach der allgemeinen Reaktion von GRIESS die Amidogruppe des Benzolkerns in die Hydroxylgruppe übergeführt wird [1]. Beim Schmelzen des Tyrosins mit Kalihydrat zerfällt es dementsprechend in

Paraoxybenzoësäure $C_6H_4 \begin{cases} OH \quad 1 \\ COOH \quad 4 \end{cases}$, Essigsäure und Ammoniak. Wie

alle aromatischen Verbindungen, in denen ein Wasserstoffatom durch die OH-Gruppe ersetzt ist, giebt das Tyrosin die MILLON'sche Reaktion, d. h. eine schöne Rotfärbung oder einen roten Niederschlag beim längeren Kochen mit Mercurinitrat, welches sehr wenig salpetrige Säure enthält. Die Gegenwart freier Salpetersäure stört die Reaktion. Zur Darstellung des Reagens fügt man zu käuflichem Quecksilberoxydnitrat so lange Wasser, als noch ungelöstes Salz vorhanden ist, fügt auf etwa 250 ccm der Flüssigkeit 3—4 Tropfen rauchender Salpetersäure und hierauf tropfenweise so lange Natriumacetatlösung, bis das Reagens gegen Phenollösung wirksam wird.

Das Tyrosin bildet Büschel oder Garben von seideglänzenden, stark lichtbrechenden Nadeln vom Schmelzpunkt 235 ⁰ C, es ist sehr schwer löslich in kaltem, leichter in heißem Wasser, unlöslich in Alkohol und in Aether, aber löslich in Ammoniak.

Das Leucin ist ein Fettkörper und zwar die Amidosäure der normalen Capronsäure. Das Leucin hat demnach die Zusammensetzung $C_6H_{11}(NH_2)O_2$ oder $CH_3.CH_2.CH_2.CH_2.CH.(NH_2).COOH$, es läßt sich synthetisch aus Bromcapronsäure und Ammoniak darstellen.

Das völlig reine Leucin krystallisiert in schneeweißen, glänzenden Blättchen, gewöhnlich aber bildet es nur mikroskopisch erkennbare, schwach lichtbrechende gelbliche Kugeln, die entweder hyalin oder radial gestreift erscheinen. Das Leucin ist leicht löslich in Wasser, schwer löslich in kaltem, leichter in heißem Alkohol. Es ist optisch aktiv und zwar rechtsdrehend. Erhitzt man aber gewöhnliches Leucin mit Barytwasser auf 170⁰, so geht es in eine optisch unwirksame Modifikation über. Setzt man dieses optisch indifferente Leucin der Einwirkung gewisser Pilze, namentlich des Penicillium glaucum aus, so erhält man wieder ein optisch aktives Leucin, welches aber ebenso viel links dreht (— 17,5), als das gewöhnliche Leucin rechts [2]. Erhitzt

---

1) ERLENMEYER und LIPP, Ber. d. Deutsch. chem. Gesellsch., Bd. 15, S. 1544.

2) E. SCHULZE und E. BOSSHARD, Zeitschr. f. physiol. Chem., Bd. 10, 1886, S. 140.

man Leucin vorsichtig, so sublimiert es unzersetzt in weißen, wolligen Flocken, wird es aber über seinen Schmelzpunkt (170 ° C) schnell erhitzt, so zerfällt es in Kohlendioxyd und Amylamin ($C_5 H_{11} . NH_2$), welch letzteres durch seinen spezifischen Geruch erkennbar ist.

Die Asparaginsäure gehört in die Reihe der zweibasischen Säuren der Fettreihe und ist Amidobernsteinsäure

$$COOH . CH_2 . CH(NH_2) . COOH.$$

Sie ist schwer löslich in kaltem Wasser, unlöslich in absolutem Alkohol. Dagegen löst sich die Asparaginsäure sowie ihr Kupfersalz in heißem Wasser, welch letzteres daraus beim Erkalten in rhombischen Säulen, bezw. in hellblauen Nadeln krystallisiert. Die Asparaginsäure ist optisch aktiv, und zwar linksdrehend.

Die Natur der bisher genannten Zersetzungsprodukte gestattet den Schluß, daß im Eiweißmolekül sowohl Atomgruppen der aromatischen als auch solche der Fettreihe vorhanden sind.

Während Ammoniak, Schwefelwasserstoff und die drei genannten Amidosäuren aus den Eiweißkörpern sich bilden, gleichviel, ob man die Zersetzung derselben durch gespannte Wasserdämpfe, durch siedende Laugen oder Säuren bewirkt, treten bei der andauernden Einwirkung von Alkalien sowohl als auch von Mineralsäuren noch spezifische Produkte auf, welche zum Teil wenigstens durch eine weitere Zersetzung der drei Amidosäuren gebildet werden.

Man beobachtet nämlich beim langen Kochen der Eiweiß-stoffe mit Laugen, neben einer weiteren Ammoniakentwicklung, auch die Entstehung von Kohlensäure, Oxalsäure und Essigsäure [1]), während zugleich ein Entweichen von Phenol, Indol und Skatol bemerkbar wird. Ein besonders reichliches Auftreten von Indol und Skatol erfolgt regelmäßig, wenn die Zersetzung der Eiweißstoffe nicht durch siedende Kalilauge, sondern durch schmelzendes Kalihydrat vorgenommen wird [2]), wobei bekanntlich zugleich eine Oxydationswirkung stattfindet.

Bei der Behandlung der Eiweißstoffe mittels siedender Mineralsäuren scheint deren Zerfall nicht so weit zu gehen, daß Kohlensäure, Oxalsäure und Essigsäure entstehen. Dagegen erhält man beim Kochen der Eiweißstoffe mit Salzsäure unter Zusatz von etwas Zinnchlorür, wodurch Oxydationsvorgänge vermieden werden, Amido-glutarsäure (Glutaminsäure), das nächste Homologe der Asparaginsäure, $COOH . CH(NH_2) . CH_2 . CH_2 . COOH$ [3]), und ferner zwei organische

---

1) Vergl. E. Drechsel, Ladenburg's Handwörterb. d. Chem., Bd. 3, S. 548. Die Zersetzung der Eiweißkörper durch gesättigte Barytlösung von 150 ° C wurde zuerst von Schützenberger untersucht, Ann. de chim. et de phys. (5), Bd. 16, S. 289.

2) W. Kühne, Ber. d. Deutsch. chem. Gesellsch., Bd. 8, 1875, S. 206. Nencki, ebendas., S. 336.

3) Hlasiwetz und Habermann, Ann. Chem. Pharm., Bd. 159, S. 304, und Bd. 169, S. 240. Vergl. auch Ritthausen und Kreusler, Journ. f. prakt. Chem., A. F. Bd. 107, S. 240. L. Radziejewski und E. Salkowski, Ber. d. Deutsch. chem. Gesellsch., Bd. 7, 1874, S. 1050. Vergl. namentlich auch E. Schulze, Untersuchungen über die Amidosäuren, welche bei der Zersetzung der Eiweißstoffe durch Salzsäure und durch Barytwasser ent-stehen, Zeitschr. f. physiol. Chem., Bd. 9, 1885, S. 63.

Basen, welche von DRECHSEL Lysatin und Lysatinin genannt worden
sind [1]).

Diese beiden Substanzen bieten insofern erhebliches Interesse, als
sie zwei anderen Basen, welche im tierischen Organismus verbreitet
sind, homolog scheinen, nämlich dem Kreatin (Guanidinpropionsäure)

$$C(NH) \begin{cases} NH_2 \\ NH.CH_2.CH_2.COOH \end{cases}$$

und seinem Anhydrid, dem Kreatinin. Nur besitzt das Lysatin nicht,
wie das Kreatin, 4 Kohlenstoffatome, sondern deren 6, seine empirische Formel ist $C_6 H_{13} N_3 O_2$. Das Lysatin und Lysatinin lassen sich
aus der sauren Zersetzungsflüssigkeit mittels Phosphorwolframsäure
isolieren und liefern, ganz wie das Kreatin und Kreatinin, bei der
Spaltung mittels siedenden Barytwassers neben anderen Produkten
Harnstoff. Hierdurch ist der Beweis geliefert, daß auch ein Teil des
im Urin ausgeschiedenen Harnstoffs durch einfache Spaltung aus dem
Nahrungseiweiß entstehen kann, was für die Beurteilung des Stoffwechsels
im Tierkörper von Bedeutung erscheint. Die Beobachtung der quantitativen Verhältnisse hat ergeben, daß etwa $1/10$ der Harnstoffmenge,
welche einer gewissen Eiweißmenge entspricht, durch eine derartige
direkte Abspaltung zu gewinnen ist.

In neuester Zeit hat DRECHSEL unter den Produkten, welche bei
der Spaltung des Kaseïns durch siedende Salzsäure entstehen, auch
Diamido-essigsäure $CH(NH_2)_2.COOH$, sowie eine andere Substanz von
der empirischen Zusammensetzung $C_6 H_{14} N_2 O_2$ aufgefunden. Letztere
wird als Lysin bezeichnet und ist wahrscheinlich Diamidocapronsäure.

Man hat endlich auch die Eiweißstoffe unter Zuführung von Oxyda-
tionsmitteln zersetzt. Diese Versuche sind indessen nicht von physio-
logischem Interesse, da die Oxydation des Eiweißes im Tierkörper sich
offenbar gänzlich anders gestaltet. Man erhielt, je nach der Stärke des
angewandten Oxydationsmittels, alle möglichen und oft abweichende
Produkte. Eine Harnstoffbildung ist dabei nie beobachtet worden.

Zu erwähnen ist jedoch, daß es gelungen scheint, die O x y d a t i o n
v o n E i w e i ß o h n e Z e r s e t z u n g mittelst Kaliumpermanganat herbeizuführen. MALY erhielt hierdurch eine sehr sauerstoffreiche Proteïnsubstanz (25 Proz. O), welche den Charakter einer vielbasischen Säure
zeigte. Dieser Oxyprotsäure oder Oxyprotsulfosäure genannte Körper
erinnert sowohl in seiner Zusammensetzung, als auch in seinem allgemeinen chemischen Verhalten noch an seine Muttersubstanz. Der leicht
abspaltbare Schwefel des ursprünglichen Eiweißmoleküls scheint dagegen
in die Gruppe $SO_x H$ verwandelt zu sein, weil die Säure zwar die
ganze Schwefelmenge des Eiweißes noch enthält, aber dennoch heiße
alkalische Bleilösung nicht schwärzt. Die Oxyprotsäure ist gleich den
Eiweißkörpern durch Magensaft verdaulich, bei der Spaltung mit über-
hitztem Barytwasser liefert sie Leucin, aber kein Tyrosin, indem die
aromatischen Gruppen des Moleküls hierbei offenbar zerfallen. Denn

---

1) E. DRECHSEL, Journ. f. prakt. Chem., N. F. Bd. 39, 1889, S. 425,
Ber. d. K. Sächs. Gesellsch. der Wissensch., 1890, Ber. d. Deutsch. chem.
Gesellsch., Bd. 23, 1890, S. 3096. Vergl. auch M. SIEGFRIED, Ber. d.
Deutsch. chem. Gesellsch., Bd. 24, 1891, S. 418.

2) E. DRECHSEL, Arch. f. Anat. u. Physiol., 1891, S. 248 und Ber.
der Königl. Sächs. Ges. der Wissensch., 1892, S. 116.

daß Atomkomplexe aromatischer Natur auch in der Oxyprotsäure enthalten sind, beweist die Entstehung von Benzoësäure bei deren völliger Oxydation mittels eines Chromsäuregemisches [1]).
Durch weitere Oxydation entsteht aus dieser Oxyprotsäure eine Peroxyprotsäure, welche über 34 Proz. Sauerstoff, gegen 22 Proz. der Muttersubstanz enthält, also in ihrer Zusammensetzung vom Eiweiß sehr erheblich abweicht. Dennoch soll auch diese Säure nach Maly das ungespaltene Eiweißmolekül repräsentieren [2]).

Die Reagentien, welche Fällungen der Eiweißstoffe hervorrufen, koagulieren entweder dieselben, oder sie gehen mit den Eiweißkörpern in Wasser unlösliche Verbindungen ein. Die Fällungen der Eiweißstoffe durch Aussalzen oder durch schnell zu entfernenden Alkohol besitzen demnach einen wesentlich anderen Charakter.
Die erste Gruppe der Fällungsmittel bilden eine Reihe von Mineralsäuren. Die nativen Eiweißkörper werden nämlich aus ihren Lösungen mehr oder weniger vollkommen von mäßig konzentrierter Schwefelsäure, Salzsäure oder Salpetersäure durch Koagulation gefällt, wobei zu bemerken ist, daß sich die Eiweißkoagula in einem großen Ueberschuß der Salz- und Schwefelsäure schon in der Kälte unter Syntoninbildung wieder völlig auflösen. Im Gegensatz zur Metaphosphorsäure, welche ebenfalls mit den Eiweißstoffen unlösliche Verbindungen eingeht, koaguliert und fällt die Orthophosphorsäure die Eiweißkörper nur dann, wenn sie sehr konzentriert zur Einwirkung gelangt. Praktisch benutzt man als Fällungsreagens von den genannten Mineralsäuren fast nur die Salpetersäure, weil sie, auch im Ueberschuß zur Flüssigkeit gesetzt, die Eiweißstoffe nicht wieder auflöst. Selbst beim Aufkochen löst sich das durch Salpetersäure ausgefällte Eiweiß nicht in der überschüssigen Säure, oder doch nur sehr unvollkommen.
Neutrale Eiweißlösungen werden weiter gefällt durch die Lösungen der meisten Schwermetallsalze. Als solche sind namentlich zu nennen: Kupfersulfat und Eisenchlorid, welche beide im Ueberschuß das gefällte Eiweiß wieder auflösen, neutrales und basisches Bleiacetat, Platinchlorid und endlich angesäuertes Quecksilberchlorid. Auf der besonders energischen Verwandtschaft des Sublimats zu Eiweißstoffen beruht seine giftige, aber auch seine desinfizierende Eigenschaft. Die Anwendung von Eieralbumin oder Milch als Gegenmittel bei akuten Metallvergiftungen wird hieraus verständlich. Es wird durch die Bildung der unlöslichen Metallalbuminate eine schnelle Resorption der Metalle verhindert, welche außerdem, an Eiweiß gebunden, nicht ätzend auf die Schleimhäute wirken.
Die Fällungen der Eiweißstoffe beim Zusammentreffen mit den Schwermetallsalzen werden durch die Thatsache erklärlich, daß sämtliche Eiweißstoffe, mehr oder weniger ausgeprägt, den Charakter schwacher organischer Säuren besitzen. Sie bilden, unter Verdrängung der betreffenden Säure, mit den Metalloxyden salzartige, in Wasser unlösliche Verbindungen. Die saure Natur des Eiweißkörpers gegenüber den Metalloxyden läßt sich auch daraus erkennen, daß frisch gefälltes Eisenhydroxyd oder Manganhydroxyd von neutralen eiweißhaltigen Flüssigkeiten in gewisser Menge gelöst werden. Es bilden sich hierbei

---

1) R. Maly, Monatshefte f. Chemie, Bd. 6, S. 107.
2) R. Maly, l. c. Bd. 9, S. 255.

zunächst die an und für sich in Wasser unlöslichen Metallalbuminate, welche aber in viel überschüssigem Eiweiß auflöslich sind. In einer derartigen Lösung ist das Eisen nach dem Zusatz von Salzsäure mittels Ferrocyankalium oder Kaliumrhodanid, wie in jedem Eisensalz nachzuweisen. Eine Eisenalbuminat- beziehungsweise Kupferalbuminatlösung läßt sich auch erhalten durch Zugeben von sehr wenig Metallsalz zu einer sehr konzentrierten Eiweißlösung. Aus diesen salzartigen Metallverbindungen werden die nativen Eiweißstoffe ohne Veränderung ihrer Eigenschaften durch einen Strom von Schwefelwasserstoffgas wiedergewonnen.

Die Kupferalbuminate bieten nach den Untersuchungen von HARNACK ein bequemes Mittel, Eiweißkörper darzustellen, welche völlig frei sind von Mineralbestandteilen [1]). Alle nativen Eiweißkörper hinterlassen nämlich beim Verbrennen mehr oder weniger Asche, welche aus Kalk-, Magnesium- oder Alkalisulfat besteht. Während die in der Asche vorhandene Schwefelsäure aus der Oxydation des Schwefels der Eiweißkörper hervorgeht, sind die als Sulfate vorhandenen Basen in unbekannter Weise fest an die nativen Eiweißkörper gebunden, vielleicht so, daß einzelne Wasserstoffatome des Eiweißmoleküls durch Metallatome vertreten sind. Die Metalle lassen sich den nativen Eiweißkörpern nicht einmal durch die Denaturierung mittels Mineralsäuren entziehen. Denn neutralisiert man die sauren Flüssigkeiten, so fällt das Syntonin meist mit demselben Aschengehalt aus, als ihn die Muttersubstanz besaß. Dagegen ist das aus seiner Kupferverbindung durch Säure abgeschiedene Eiweiß völlig frei von basischen Bestandteilen. Zur Darstellung einer derartigen Eiweißsubstanz sammelt man einen Kupferalbuminatniederschlag auf einem Filter, löst ihn in starker Kalilauge und neutralisiert diese Flüssigkeit nach 24 Stunden mittels Salzsäure. Wäscht man den hierdurch entstandenen Eiweißniederschlag auf dem Filter sorgfältig aus, bis alles Kupfer- und Kaliumchlorid entfernt ist, so bemerkt man dabei, daß allmählich eine Lösung des Eiweißes im Waschwasser stattfindet. Man muß daher von vornherein mit ziemlich großen Quantitäten arbeiten, um einen Verlust ertragen und dabei doch die größere Menge des Eiweißes auf dem Filter möglichst vollkommen auswaschen zu können. Ist letzteres geschehen, so hinterläßt der getrocknete Rückstand beim Verbrennen keine Asche. Das aschefreie Albumin gehört offenbar zu den denaturierten Eiweißstoffen [2]), weicht aber in seinen Eigenschaften nicht nur vom Syntonin und Albuminat, sondern auch von allen übrigen Eiweißstoffen ganz auffallend ab. Wiewohl dieser Eiweißstoff aus seiner Lösung in Kalilauge beim Neutralisieren ausfiel, also zunächst wie alle denaturierten Eiweißstoffe in neutralsalzhaltigen Flüssigkeiten unlöslich ist, bildet er, nach dem Auswaschen der Salze in destilliertem Wasser suspendiert, beim Erwärmen leicht eine klare Lösung, welche weder beim Kochen, noch beim Zusatz von viel absolutem Alkohol im geringsten verändert wird. Aus seiner wäßrigen oder alkoholischen Lösung wird aber der Eiweißstoff bei jeder Temperatur sofort gefällt, wenn man etwas Neutralsalz zur Flüssigkeit giebt. Er verhält sich also in Bezug auf seine Unlöslichkeit in neutralsalzhaltigem Wasser, wie die gewöhnlichen denaturierten Eiweißstoffe. Uebrigens wird auch die Löslichkeit des aschefreien Albumins in reinem Wasser doch nur bedingt durch

---

1) E. HARNACK, Ber. d. Deutsch. chem. Gesellsch., Bd. 22, 1889, S. 3046, und Bd. 23, 1890, S. 40 und S. 3745.
2) BR. WERIGO, Pflüger's Arch., Bd. 48, S. 127.

geringe Mengen an dasselbe gebundener Salzsäure. Wird letztere durch Dialyse entfernt, so ist der Eiweißkörper in reinem Wasser unlöslich, gleicht also auch in dieser Beziehung den denaturierten Eiweißstoffen [1]). Man mußte daran denken, ob durch die Einwirkung der starken Lauge das native Eiweiß nicht nur denaturiert, sondern vielleicht auch gespalten würde. Dies ist aber nicht der Fall. Denn das aschefreie Albumin gleicht in seinen Reaktionen unter keinen Umständen den nächsten Spaltungsprodukten der Eiweißstoffe, den Albumosen oder den Peptonen. Es ist ein echter, denaturierter Eiweißkörper.

Das Verhalten des aschefreien Albumins scheint anzudeuten, daß die Neutralsalze, beziehungsweise die an den genuïnen Eiweißstoffen haftenden Basen sowohl bei der Koagulation, als auch bei den Lösungsprozessen der Eiweißkörper irgend eine bedeutungsvolle Rolle spielen, was übrigens auch aus anderen Beobachtungen gefolgert werden muß.

Es folgen nunmehr eine Reihe von s p e z i f i s c h e n F ä l l u n g s -
m i t t e l n , w e l c h e s c h w a c h e S ä u r e n s i n d . Es scheint in den ausfallenden Verbindungen, im Gegensatz zu den Metallalbuminaten, das Eiweiß die Rolle einer Base zu spielen. Eine solche Doppelstellung der Eiweißstoffe kann nicht auffallen, wenn man sich erinnert, daß ein derartiges Verhalten auch andere Substanzen, zum Beispiel das Bleioxyd zeigt. Dasselbe spielt im Bleiacetat die Rolle einer Base, im Bleioxyd-Natron dagegen die Rolle einer schwachen Säure. Die fraglichen Säuren sind auch als Fällungsmittel organischer Basen, namentlich der pflanzlichen und tierischen Alkaloïde bekannt (A l k a l o ï d r e a g e n t i e n). Es sind folgende: G e r b s ä u r e , namentlich nach dem Ansäuern der Eiweißlösung mittels Essigsäure, P i k r i n s ä u r e nach dem Ansäuern mittels Essigsäure, P h o s p h o r w o l f r a m - oder Phosphormolybdänsäure bei Gegenwart einer freien Mineralsäure, J o d w a s s e r s t o f f s ä u r e bei Gegenwart von Jodquecksilber. Man verwendet eine Auflösung von Jodquecksilber in Jodkalium, nachdem die Eiweißlösung mittels Salzsäure angesäuert ist. Endlich gehört hierher die F e r r o c y a n w a s s e r -
s t o f f s ä u r e . Alle Eiweißlösungen werden nämlich gefällt durch Ferrocyankalium nach dem Ansäuern mittels Essigsäure.

Die Fällungen mittels Phosphorwolframsäure, Phosphormolybdänsäure, sowie durch Jodquecksilber-Jodkalium sind vollkommene. Sie dienen daher, neben der Koagulation durch Siedehitze und neben der Alkoholfällung, bisweilen zur Abscheidung der Eiweißkörper aus tierischen Flüssigkeiten.

Hierher gehört auch die T r i c h l o r e s s i g s ä u r e , welche in einer Konzentration von 2—5 Proz. in neuerer Zeit als Fällungsmittel für Eiweißstoffe empfohlen worden ist [2]). In der That kann diese Säure in manchen Fällen zur vollkommenen Abscheidung von Eiweißstoffen verwendet werden. S. FRÄNKEL [3]) gründet hierauf ein Verfahren zur Reingewinnung von Glykogen aus der Lebersubstanz, indem er das zerkleinerte Organ in der Kälte mit einer 2—4-proz. Lösung von Trichlor-

1) STOHMANN und LANGBEIN, Journ. f. prakt. Chem., N. F. Bd. 44, 1891, S. 336. Vergl. auch E. HARNACK, Weitere Studien über das aschefreie Albumin, Ber. der. Deutsch. chem. Gesellsch., Bd. 25, 1892, S. 204.

2) F. OBERMAYER, Wiener mediz. Jahrbücher, 1888, S. 375.

3) S. FRÄNKEL, Studien über Glykogen, Pflüger's Arch., Bd. 52, 1892, S. 125.

essigsäure verreibt und hierauf das in der sauren Lösung befindliche Glykogen abfiltriert. Dagegen ist die Trichloressigsäure in keiner Konzentration geeignet, als absolutes Fällungsmittel der Proteïnsubstanzen überhaupt zu dienen. Milch mit dem gleichen Volumen einer 10-proz. Trichloressigsäure versetzt, liefert allerdings ein vollkommen proteïnstofffreies Filtrat, dagegen ist dies nie der Fall bei der gleichen Behandlung des frischen Eierweißes. Das Filtrat giebt hiernach eine zweifellose Biuretreaktion, herrührend von einer Proteïnsubstanz, welche sich aus der sauren Lösung durch Ammoniumsulfat aussalzen läßt[1].

Die Farbenreaktionen der Eiweißstoffe sind nicht ausschließlich für die Eiweißstoffe charakteristisch. Man muß daher bei der Prüfung auf Eiweiß wenigstens mehrere dieser Proben versuchen.

Die MILLON'sche Probe. Bedeutend weniger intensiv als das Tyrosin und erst nach längerem Kochen geben sämtliche Eiweißstoffe mit dem MILLON'schen Reagens hellrote bis dunkelrote Koagula, nachdem zunächst eine Fällung der Eiweißkörper aus ihren Lösungen durch das Quecksilbersalz erfolgt ist. Ungelöste Eiweißkörper dagegen verwandeln sich bei der gleichen Behandlung direkt in braunrote Flocken. Diese Probe wird zweifellos durch die Gegenwart jenes aromatischen Atomkomplexes im Eiweißmolekül bedingt, welcher bei der Zersetzung des Eiweißes Tyrosin liefert[2].

Die Xanthoproteïnprobe. Mit starker Salpetersäure in der Wärme behandelt, geben sämtliche Eiweißkörper, wie viele andere organische, namentlich auch aromatische Substanzen[3]), gelbe Flocken oder eine gelbe Lösung, infolge der Bildung von Nitroderivaten. Bei manchen Eiweißstoffen tritt diese Erscheinung schon in der Kälte ein. Beim Uebersättigen der salpetersauren Lösung mit Ammoniak wird die Flüssigkeit tief orangegelb. Namentlich letztere Erscheinung macht die Xanthoproteïnreaktion sehr empfindlich.

Die sogenannte Biuretprobe. Setzt man zu einer Eiweißlösung Lauge und dann tropfenweise verdünnte Kupfersulfatlösung (2 Proz.), so bleibt die Flüssigkeit klar, weil die Eiweißstoffe, gleich vielen organischen Substanzen, eine Ausfällung des Kupferhydroxyds durch das Alkali verhindern. Zugleich aber wird die Flüssigkeit schön violett. Bei Gegenwart größerer Eiweißmengen bietet die Ausführung der Reaktion keine Schwierigkeiten, bei geringen Eiweißmengen dagegen hat man zu berücksichtigen, daß zum Eintritt der Violettfärbung die Menge der Kupfersulfatlösung, welche man zur alkalischen Flüssigkeit giebt, in einem ganz bestimmten Verhältnis zur Menge des vorhandenen Eiweißes stehen muß[4]. Es ist um so mehr Kupfer erforderlich, je mehr Eiweiß die Flüssigkeit in Lösung hält. Bei einem Ueberschuß der Kupferlösung jedoch wird die violette Biuretfärbung von der blauen Kupferfarbe übertönt. Die Bezeichnung der Reaktion erklärt sich aus dem Umstande, daß ein Harnstoffderivat, das Biuret, mit Kupferlösung und Natronlauge

1) Diese Substanz ist anscheinend identisch mit dem von mir als „Pseudopepton" beschriebenen Proteïd. Vergl. R. NEUMEISTER, Zeitschr. f. Biol., N. F. Bd. 9, 1890, S. 373.

2) W. KÜHNE, Lehrb. d. physiol. Chem., 1368, S. 110, und O. NASSE, Sitzungsber. der Naturf. Gesellsch. zu Halle, 1879.

3) E. SALKOWSKI, Zeitschr. f. physiol. Chem., Bd. 12, 1888, S. 218.

4) R. NEUMEISTER, Zeitschr. f. Biol., N. F. Bd. 8, 1890, S. 328.

eine sehr ähnliche Farbenerscheinung erzeugt. Dennoch ist zu bemerken, daß bei dieser Farbenreaktion das Biuret stets eine purpur- bis reinrote Flüssigkeit liefert. Dasselbe gilt für die nächsten Spaltungsprodukte der nativen Eiweißstoffe, für die Albumosen und Peptone, sowie auffallenderweise für das Phytovitellin. Alle übrigen Proteïnsubstanzen dagegen lassen hierbei einen blau-violetten Farbenton erkennen. Ob diese Farbenreaktion der Eiweißkörper, mit Bezug auf das gleiche, beziehungsweise ähnliche Verhalten des Biurets, in der That auf eine harnstoffbildende Gruppe des Eiweißmoleküls bezogen werden darf, oder ob beide Farbenerscheinungen nur zufällig übereinstimmen, ist zweifelhaft. Abgesehen vom Biuret, welches in tierischen Flüssigkeiten nicht vorkommt, ist diese Farbenreaktion nur den Proteïnsubstanzen eigen. Bei zweckmäßigem Verfahren kann man mit ihrer Hilfe Eiweißstoffe noch in einer Verdünnung von 1 : 10000 nachweisen [1]).

Die Schwefelprobe. Erwärmt man Eiweißstoffe mit Laugen und etwas Bleisalz (z. B. Bleiacetat), so entsteht, wie bereits vorher erörtert wurde, zunächst eine Braunfärbung und dann ein schwarzer Niederschlag von ausgeschiedenem Schwefelblei.

Die Reaktion von ADAMKIEWICZ [2]). Giebt man in Eisessig möglichst trockenes Eiweiß, löst durch Erwärmen und fügt das halbe Volumen konzentrierter Schwefelsäure hinzu, so entsteht sogleich oder nach einigem Kochen eine violett-rote Färbung der Flüssigkeit.

Die Kochprobe mit Salzsäure. Kocht man Eiweißstoffe etwa 5 Minuten lang mit möglichst konzentrierter Salzsäure, so nimmt die bald eingetretene Lösung einen violetten Farbenton an, welcher bedeutend schöner wird, wenn man vorher das Eiweiß durch heißen Alkohol und dann mittelst Aether völlig entfettet [3]). Die chromophoren Atomgruppen, welche die ADAMKIEWICZ'sche Reaktion, sowie die Kochprobe mittelst Salzsäure zustande kommen lassen, sind unbekannt. Nur scheint festzustehen, daß in beiden Reaktionen durch die Einwirkung der starken Säuren auf Eiweiß Furfurol gebildet wird, welches mit anderen nicht näher bestimmten Spaltungsprodukten des Eiweißmoleküls die Färbungen erzeugt [4]). Im allgemeinen hat sich ergeben, daß bei allen denjenigen Proteïnsubstanzen beide Reaktionen eintreten, welche auch die MILLON'sche Farbenerscheinung zustande kommen lassen und demnach den tyrosinbildenden Atomkomplex enthalten. Trotzdem giebt das Tyrosin an sich weder die ADAMKIEWICZ'sche, noch die Salzsäureprobe. Dagegen ist es bemerkenswert, daß ein Derivat des Skatols (vergl. S. 26), nämlich die Skatolcarbonsäure, die Reaktion von ADAMKIEWICZ sehr schön giebt [5]).

---

1) R. NEUMEISTER, l. c. S. 326.

2) ADAMKIEWICZ, Ber. d. Deutsch. chem. Gesellsch., Bd. 8, S. 161, und Pflüger's Arch., Bd. 9, 1874, S. 157.

3) LEO LIEBERMANN, Chem. Centralbl., 1887, S. 600, und Centralbl. f. d. medic. Wissensch., 1887, Nr. 18.

4) Vergl. L. v. ÚDRÁNSZKY, Ueber Furfurolreaktionen, Zeitschr. f. physiol. Chem., Bd. 12, 1888, S. 395.

5) E. SALKOWSKI, Zeitschr. f. physiol. Chem., Bd. 12, 1888, S. 221.

Einteilung der Eiweißstoffe und specielle Eigenschaften der verschiedenen Eiweißgruppen.

Native oder genuine Eiweißkörper. Die Glieder der einzelnen Gruppen werden namentlich durch die Verschiedenheit ihrer Koagulationstemperaturen, ihrer specifischen Drehungsexponenten, sowie auch durch das Verhalten gegen gewisse Reagentien von einander unterschieden.

Albumine: Serumalbumin, Eieralbumin, Lactalbumin [1]), Muskelalbumin, Pflanzenalbumin (selten) [2]).

Globuline: Fibrinogen (Metaglobulin), Serumglobulin (Paraglobulin), pflanzliche Globuline [3]).

Vitelline: Tierisches Vitellin, Phytovitellin.

Durch fermentative Spaltung eines nativen Eiweißstoffes (des Metaglobulins) entstehend.

Fibrin.

Künstlich veränderte Eiweißkörper.

Denaturierte Eiweißstoffe: Albuminat, Syntonin, HARNACK's aschefreies Albumin.
Koaguliertes Eiweiß.

Albumine. Sie sind auch in völlig salzfreiem Wasser löslich. Man kann die neutralen Lösungen der Albumine mit Kochsalz oder Magnesiumsulfat sättigen, ohne daß hierdurch eine Trübung entstände. Dagegen sind sie, wie alle Proteïnsubstanzen, vollkommen aussalzbar durch Ammoniumsulfat.

Globuline. Sie sind in reinem Wasser ganz unlöslich, lösen sich aber in Wasser bei Gegenwart von Neutralsalzen, besonders leicht in Alkalikarbonatlösungen. Giebt man zu einer so erhaltenen Eiweißlösung einen großen Ueberschuß von Wasser, oder entfernt daraus die Salze durch Dialyse, so fallen die Globuline aus, und zwar in letzterem Falle vollkommen. Sie können dann durch Filtration von etwa gleichzeitig vorhandenen Albuminen getrennt werden. Die Globuline werden durch Kochsalz unvollkommen, durch Magnesiumsulfat bei 30° C dagegen ebenso vollkommen, wie durch Ammoniumsulfat, aus neutralen Flüssigkeiten ausgesalzen. Viele Globuline werden durch Einleiten von Kohlensäure in ihre neutralen Lösungen, oder durch äußerst schwaches Ansäuren mittelst Essigsäure oder anderer organischer Säuren teilweise gefällt, um sich im Ueberschuß dieser Säuren schon in der Kälte mehr oder weniger vollständig zu lösen.

Vitelline. Sie verhalten sich ganz wie die Globuline, nur lassen sie sich durch Kochsalz nicht aussalzen. Sie besitzen zum Teil, wie

---

1) JOHN SEBELIEN, Beitrag zur Kenntnis der Eiweißkörper der Kuhmilch, Zeitschr. f. physiol. Chem., Bd. 9, 1885, S. 445.

2) MARTIN, Journ. of Physiol., Bd. 6, S. 396, und GREEN, Proc. Roy. Soc., Bd. 40, S. 28. CHITTENDEN und OSBORNE, Untersuchung über die Proteïnsubstanzen der Maiskörner, Ref. im Centralbl. f. Physiol., 1892, S. 303.

3) MARTIN, Proc. Physiol. Soc., 1887, p. 8, siehe auch Proc. Roy. Soc. London, Bd. 42, S. 331. CHITTENDEN und OSBORNE a. a. O.

bereits erwähnt, die Eigenschaft, aus ihren Lösungen in Neutralsalzen zu krystallisieren. Auch in der Natur kommen Vitellinkrystalle vor, welche in den Pflanzensamen als Aleurone, in den Eiern der Fische und Amphibien als Dotterplättchen bezeichnet werden. Im Dotter der Vogeleier befindet sich ein Vitellin in loser Verbindung mit Lecithinen und Nucleïnen. Letztere beiden Körper sind phosphorhaltig, keineswegs aber die Vitelline, wie man bisweilen angegeben findet.

Das Fibrin ist im Gegensatz zu den nativen Eiweißstoffen, in neutralen, salzhaltigen Flüssigkeiten unlöslich. Durch Laugen oder Säuren wird es in der Wärme unter Denaturierung gelöst. Das Fibrin steht also in seinen chemischen Eigenschaften dem koagulierten Eiweiß sehr nahe.

Die den eigentlichen Eiweißkörpern nächst verwandten Stoffe (die übrigen Proteïnsubstanzen) lassen sich einteilen in Proteïde, das heißt Verbindungen der Eiweißkörper mit anderen, meist hoch zusammengesetzten Stoffen, und in Albuminoïde, in eiweißähnliche Substanzen.

Proteïde $\left\{ \begin{array}{l} \text{Nukleoalbumine (Verbindungen der Eiweißstoffe mit Nukleïnen): Kaseïn.} \\ \text{Glykoproteïde (Verbindungen der Eiweißstoffe mit Substanzen der Kohlehydratgruppe): Mucine, Mucoïde, Hyalogene.} \\ \text{Hämoglobine (Verbindungen der Eiweißstoffe mit eisenhaltigen Farbstoffen): Hämoglobin, Oxyhämoglobin, Methämoglobin, Kohlenoxydhämoglobin.} \\ \text{Nukleïne (Verbindungen von Eiweiß mit Phosphorsäure oder einer Nukleïnsäure).} \end{array} \right.$

Die Proteïde teilen mit den eigentlichen Eiweißkörpern die Unlöslichkeit in Alkohol, durch den sie gefällt werden. Auch erleiden sie mit sehr wenigen Ausnahmen (Pseudomucin), bei genügend langer Einwirkung des Alkohols, eine Koagulation.

Nukleoalbumine. Die Nukleoalbumine finden sich im Verein mit den besprochenen echten Eiweißstoffen im Protoplasma, aber auch in den Kernen aller tierischen und pflanzlichen Zellen. Das am besten von allen Nukleoalbuminen untersuchte Kaseïn ist ein Hauptbestandteil der Milch. Da die Nukleïne phosphorhaltige Substanzen sind, hinterlassen auch die Nukleoalbumine beim Verbrennen mittels Kali und Salpeter neben Schwefelsäure reichlich Phosphorsäure. Im übrigen aber weicht die quantitative Zusammensetzung mancher Nukleoalbumine, speziell die des Kaseïns, nicht erheblich ab von derjenigen der einfachen Eiweißstoffe, was aus der Thatsache begreiflich wird, daß die im Kaseïn enthaltene Nukleïnsubstanz nur einen geringen Prozentsatz des Gesamtmoleküls ausmacht. Die Nukleoalbumine besitzen bedeutend ausgeprägter, als die einfachen Eiweißstoffe, den Charakter von Säuren [1]). In reinem, salzhaltigem oder angesäuertem Wasser sind sie unlöslich, dagegen werden sie in Wasser löslich unter Bildung salzartiger Produkte beim Zusatz von nur sehr wenig verdünnter Kalilauge oder Kalkwasser. Dasselbe geschieht unter Entwickelung von Kohlensäure, wenn man das Kaseïn mit Kalk- oder Natriumkarbonat in Wasser verreibt. Eine so

---

1) HAMMARSTEN, Zur Kenntnis des Kaseïns und der Wirkung des Labferments, Upsala 1877, S. 20.

erhaltene Kaseïnlösung ist ganz anderer Art, wie die der Albuminate, welche ebenfalls durch Laugen oder Soda in stark alkalisch reagierende Lösungen zu bringen sind, die früher bisweilen mit Kaseïnlösungen verglichen wurden. Denn die kaseïnhaltigen Flüssigkeiten reagieren völlig neutral oder selbst schwach sauer, wenn man etwas weniger Alkali hinzugefügt hat, da das Kaseïn den Charakter einer zweibasischen Säure besitzt [1]). Die Nukleoalbuminverbindungen mit den Alkalien oder der alkalischen Erden sind auch bei der Abwesenheit aller Salze in Wasser löslich und scheiden sich also beim Dialysieren nicht aus. Beim Sieden gerinnt eine solche neutrale oder ganz schwach saure Lösung nicht. Entzieht man aber den Nukleoalbuminen durch Zusatz einer genügenden Säuremenge völlig die Base, mit deren Hilfe sie sich als neutrale oder saure Salze in Lösung befinden, so fallen sie aus der Lösung aus. Suspendiert man die freien Nukleoalbumine in reinem oder angesäuertem Wasser, so tritt beim Kochen Koagulation ein, und eine Lösung dieser Koagula ist nunmehr lediglich unter Denaturierung mittels siedender Säuren oder Laugen möglich. Wie die echten Eiweißstoffe sind die Nukleoalbumine in starker Essigsäure auflöslich. Auch von Salzsäure im Ueberschuß werden sie schon in der Kälte gelöst, wobei je nach der Stärke des Lösungsmittels sogleich oder nach einiger Zeit, namentlich aber beim Erwärmen Denaturierung eintritt. Bei dieser Denaturierung, welche auch durch den Magensaft erfolgt, werden die Nukleoalbumine gespalten in Acidalbumin, beziehungsweise Albuminat und in Nukleïn. Im übrigen geben die Nukleoalbumine sämtliche Fällungs- und Farbenreaktionen der einfachen Eiweißstoffe. Gegen die Sättigung ihrer Lösung mit Magnesiumsulfat und mit Kochsalz verhalten sie sich wie die Globuline.

Um das Verhalten des Kaseïns kennen zu lernen, bedient man sich am besten einer neutralen Lösung von Kaseïn-natron, welche eine opalisierende, aber völlig durchsichtige Flüssigkeit darstellt. Zur Gewinnung derselben wird Milch mit dem vierfachen Volumen Wasser verdünnt und mittels Essigsäure gefällt. Das ausgeschiedene Kaseïn wird auf einem Leinenfilter gesammelt, mit Wasser ausgewaschen und in einer Reibschale unter tropfenweisem Zusatz von sehr verdünnter Natronlauge mit wenig Wasser verrieben, wobei die Reaktion nie alkalisch werden darf, um eine Denaturierung des Kaseïns zu vermeiden. Erhält man beim Filtrieren der neutralen Flüssigkeit durch Papier kein völlig durchsichtiges Filtrat, so ist das Präparat nicht kalkfrei und daher die Fällung mittels Essigsäure, Auswaschen und Auflösung in Natronlauge noch ein zweites Mal zu wiederholen [2]). Die wässrige Lösung des neutralen Kaseïn-natrons hält sich gut in einer verschlossenen Flasche, falls man ein wenig Chloroform hinzufügt.

M u c i n e. Die Mucine sind nur im Tierkörper gefunden worden. Sie werden in größerer Menge abgesondert von den Speicheldrüsen [3]),

---

1) FRIEDRICH SÖLDNER, Die Salze der Milch und ihre Beziehungen zu dem Verhalten des Kaseïns, in NOBBE: Die landwirtschaftl. Versuchsstationen, Bd. 35, S. 351. (Inaug.-Dissert., Erlangen 1888.)

2) Ueber die Reindarstellung des Kaseïns vergl. die Vorschrift von HAMMARSTEN, l. c. S. 7. Siehe auch Zeitschr. f. physiol. Chem., Bd. 7, 1883, S. 252.

3) Ueber das Mucin der Submaxillardrüse siehe LANDWEHR, Zeitschr. f. physiol. Chem., Bd. 5, 1881, S. 371, und HAMMARSTEN, Zeitschr. f. physiol. Chem., Bd. 12, 1887, S. 163.

namentlich auf Reizung des N. sympathicus, von den kleinen Drüsen der Schleimhäute und ferner von der Haut der Schnecken (Schnecken-mucin) [1]). Endlich bilden sie auch einen Bestandteil der Sehnen [2]), des Nabelstranges [3]), sowie die Hüllen der Froscheier [4]). Bei den niederen Tieren finden sich nicht die Mucine selbst, sondern die sogenannten Mucinogene, welche sehr leicht durch die Einwirkung verdünnter Alkalien oder selbst von destilliertem Wasser in Mucine und in eine eiweißartige Substanz zerfallen.

Die Mucine besitzen, wie die Nukleoalbumine, sauren Charakter und sind in reinem Wasser unlöslich, lösen sich aber darin zu neutralen Flüssigkeiten bei Gegenwart von sehr wenig Alkali (z. B. Kalkwasser). Diese Lösungen besitzen eine schleimige, fadenziehende Beschaffenheit und gerinnen beim Sieden nicht. Durch sehr wenig Mineralsäure oder durch Essigsäure werden die Mucinlösungen bei Gegenwart von Salzen unvollkommen oder überhaupt nicht, bei Abwesenheit von Salzen dagegen vollkommen gefällt, und diese Fällung ist im Ueberschuß der Essigsäure unlöslich, was zur Isolierung des Mucins von den Eiweißstoffen benutzt werden kann. Von den Fällungsmitteln der Eiweißstoffe sind gegen Mucinlösungen unwirksam: überschüssige Salpetersäure, sowie Essigsäure und Ferrocyankalium, falls die Essigsäure in salzarmen Lösungen nicht an und für sich schon eine Fällung bewirkt. Dagegen entstehen Mucin-niederschläge durch alle übrigen Fällungsreagentien, also durch Kupfer-sulfat, Gerbsäure etc. Endlich zeigen die Mucine auch sämtliche Farben-reaktionen der Eiweißstoffe.

Durch Kochen mit verdünnten Mineralsäuren, Laugen oder durch kurze Einwirkung gespannter Wasserdämpfe werden die Mucine zersetzt. Es entstehen auf der einen Seite Syntonin oder auch Peptone, auf der anderen Seite Stoffe, welche den Charakter der Kohlehydrate zeigen. Diese der Stärkegruppe zugehörigen Verbindungen werden durch ge-spannte Wasserdämpfe zunächst unzersetzt abgespalten. Und zwar bildet sich hierbei aus dem Mucin der Speicheldrüsen sogenanntes tierisches Gummi, welches durch die Einwirkung siedender Mineral-säuren in einen Zucker zu zerfallen scheint. Auf dieselbe Weise geht aus dem Schneckenmucin ein kolloïdes Kohlehydrat hervor, welches als Achrooglykogen bezeichnet worden ist. Letzteres soll nicht nur bei der Einwirkung siedender Säuren, sondern auch von Ptyalin oder Dia-stase Traubenzucker liefern.

Da die Kohlchydrate stickstofffreie Substanzen sind, muß sich dies in der Zusammensetzung der Mucine geltend machen. In der That enthalten die Mucine nach den sorgfältigsten Analysen etwa nur 11,7—12,3 Proz. Stickstoff. Auch der Kohlenstoff ist geringer als der-jenige der meisten einfachen Eiweißstoffe, er beträgt etwa 48,3—48,8 Proz. Dagegen sind die Mucine viel reicher an Sauerstoff, sie enthalten davon 31,3—33,6 Proz. Der Schwefelgehalt beträgt etwa 0,8 Proz.

---

1) Ueber das Mucin der Weinbergschnecke: LANDWEHR, Zeitschr. f. physiol. Chem., Bd. 6, 1882, S. 74, und Bd. 8, 1884, S. 116.

2) Ueber das Mucin aus der Sehne des Rindes: LOEBISCH, Zeitschr. f. physiol. Chem., Bd. 10, 1886, S. 40.

3) Ueber das Mucin des Nabelstranges: JERNSTRÖM, Maly's Jahres-berichte, Bd. 10, 1880, S. 34.

4) GIACOSA, Zeitschr. f. physiol. Chem., Bd. 7, 1883, S. 40.

Von diesen echten Mucinen weichen in Bezug auf Fällbarkeit und Lösungsverhältnisse ganz bedeutend ab die Mucoïde oder Mucinoïde [1]), wenn sie auch bei der Zersetzung mittels verdünnter siedender Mineralsäuren, ganz wie die Mucine, neben Eiweiß eine reduzierende Substanz liefern. Bei den höheren Tieren scheinen dieselben nur als pathologische Produkte aufzutreten.

Besonders bekannt ist von den Mucoïden das Pseudomucin (Metalbumin), welches man regelmäßig in Ovariencysten findet [2]). Diese Substanz ist in Wasser unter allen Umständen leicht löslich und wird im Gegensatz zu den eigentlichen Mucinen durch Essigsäure nicht gefällt. Die durch Alkohol bewirkte Fällung wird selbst nach langem Stehen unter absolutem Alkohol nicht koaguliert, sondern ist hiernach leicht und vollkommen in Wasser löslich. Bei der Einwirkung gespannter Wasserdämpfe erhielt LANDWEHR [3]) aus dem Metalbumin tierisches Gummi.

Den Mucoïden schließen sich eine Reihe ihrer Natur nach wenig aufgeklärter Stoffe an, welche namentlich bei niederen Tieren als Stütz- und Gerüstsubstanzen sehr verbreitet sind und die KRUKENBERG als Hyalogene zusammengefaßt hat.

Diese in Wasser meist unlöslichen Substanzen zerfallen bei der Einwirkung von verdünnter Kalilauge oder gesättigtem Barytwasser schon in der Kälte einerseits in sogenannte Hyaline, andererseits in eiweißartige, schwefelhaltige, nicht näher untersuchte Körper, welche entweder in der Kalilauge unlöslich sind, oder aber bei der Neutralisation der Flüssigkeit mittels einer Säure ausfallen.

Hyalogene sind enthalten in den Hüllen der Echinococcusblasen [4]), in der Schlangenhaut [5]) und den Spirographishüllen (Spirographin) [6]), in den Wohnröhren von Onuphis tubicola (Onuphin) [7]), in den eßbaren chinesischen Schwalbennestern (Neossin) [8]), in den Gallertschwämmen, namentlich in der Chondrosia reniformis (Chondrosin) [9]), sowie auch in dem Glaskörper der Rinds- und Schweinsaugen [10]).

Wie die Mucine und Mucoïde zeigen auch die Hyalogene die allgemeinen Farbenreaktionen der Eiweißstoffe, welche offenbar an dem

---

1) HAMMARSTEN, Ueber das Vorkommen von Mucoïdsubstanzen in Ascitesflüssigkeiten, Zeitschr. f. physiol. Chem., Bd. 15, 1891, S. 202.

2) HAMMARSTEN, Zeitschr. f. physiol. Chem., Bd. 6, 1882, S. 194, woselbst sich die ältere Litteratur angegeben findet. Vergl. auch LANDWEHR, Zeitschr. f. physiol. Chem., Bd. 8, 1884, S. 114.

3) LANDWEHR, Zeitschr. f. physiol. Chem., Bd. 8, 1884, S. 119 u. 124.

4) A. LÜCKE, Arch. f. pathol. Anat., Bd. 19, 1860, S. 189. KRUKENBERG, Vergleichende physiol. Studien, I. Reihe, V. Abt., 1881, S. 28, und II. Reihe, I. Abt., 1881, S. 57.

5) KRUKENBERG, Ueber die Hyaline, Würzburg 1883, S. 18.

6) KRUKENBERG, Ueber die Hyaline, Würzburg 1883, S. 3, und Zeitschr. f. Biol., N. F. Bd. 4, 1886, S. 269.

7) O. SCHMIEDEBERG, Ueber die chemische Zusammensetzung der Wohnröhren von Onuphis tubicola, Mitt. a. d. Zool. Station zu Neapel, Bd. 3, 1882, S. 373.

8) KRUKENBERG, Zeitschr. f. Biol., N. F. Bd. 4, 1886, S. 264.

9) KRUKENBERG, Zeitschr. f. Biol., N. F. Bd. 4, 1886, S. 266.

10) KRUKENBERG, ebend., S. 267.

albuminoïden Paarling der Hyaline haften. Denn die Hyaline geben
nach ihrer Isolierung von dem albuminoïden Stoff keine Eiweißreaktionen,
sie sind ihrem chemischen Verhalten nach stickstoffhaltige, kolloïde
Kohlehydrate. Bei der Zersetzung durch verdünnte, siedende Mineralsäuren entstehen dann weiter aus den Hyalinen in Alkohol lösliche und
diffusible, zuckerähnliche Produkte, welche alkalische Kupferlösung reduzieren und zum Teil wenigstens Stickstoff enthalten, also höchst wahrscheinlich mit der Amidoglykose oder dem Glykosamin ($C_6H_{11}O_5 . NH_2$)
in Beziehung stehen. Nach KRUKENBERG läßt zum Beispiel das Hyalogen
Spirographin durch die Einwirkung kalter Lauge neben einem eiweißartigen Körper, dem Spirographeïn, das Hyalin Spirographidin entstehen,
welches erst nach seiner Zersetzung durch siedende Mineralsäuren reduzierende Substanzen liefert.

Weiter sind auch nicht mit Eiweiß gepaarte Hyaline, oder wenigstens denselben sehr nahe stehende Stoffe, im Stützgewebe aufgefunden
worden. Diese unterscheiden sich von jenen Hyalinen, welche sich aus
den Hyalogenen abspalten lassen, nicht wesentlich.

In der Grundsubstanz des Knorpels der höheren Tiere findet sich
nämlich neben der leimgebenden Substanz und neben Eiweißkörpern eine
eigentümliche stickstoff- und schwefelhaltige Säure, welche früher als
Chondroïtsäure beschrieben wurde[1]. Wird dieselbe aus ihrer unlöslichen Leimverbindung befreit, so ist sie selbst in Wasser löslich.
SCHMIEDEBERG hat gezeigt, daß die sogenannte Chondroïtsäure eine
gepaarte Aetherschwefelsäure ist. Er nennt sie Chondroïtinschwefelsäure, indem er den Paarling der Schwefelsäure als Chondroïtin bezeichnet[2].

Dieses Chondroïtin ist ein amorpher, in Wasser löslicher, stickstoffhaltiger, kolloïder Kohlehydratabkömmling und somit zu den Hyalinen zu zählen. Bei der Spaltung durch Kochen mit verdünnten
Mineralsäuren liefert das Chondroïtin, neben Essigsäure, ein weniger
hoch, als es selbst, zusammengesetztes stickstoffhaltiges Kohlehydrat,
welches im Gegensatz zum Chondroïtin bereits alkalische Kupferoxyd-
lösung reduziert. Diesen Körper bezeichnet SCHMIEDEBERG als Chondrosin. Beim Kochen mit Barythydrat zerfällt dieses dann weiter in
Glykoronsäure und in Glykosamin. Wahrscheinlich findet die Zersetzung
der genannten Körper im Sinne folgender Gleichungen statt:

$$C_{18}H_{27}NO_{14} + 3H_2O = C_{12}H_{21}NO_{11} + 3CH_3COOH$$

Chondroïtin   Chondrosin

$$C_{12}H_{21}NO_{11} + H_2O = COOH . (CH . OH)_4 . C{_O^H} + C_6H_{11}O_5 . NH_2$$

Chondrosin   Glykoronsäure   Glykosamin.

Eine zweite im freien Zustande vorkommende hyalinartige Substanz

---

1) KRUKENBERG, Chondrin und Chondroïtsäure, Sitzungsber. der
Würzburger physik.-med. Gesellschaft, 1883, und Zeitschr. f. Biol.,
N. F. Bd. 2, 1884, S. 307, wo sich die umfangreiche ältere Litteratur
angegeben findet. Vergl. auch TH. MÖRNER, Skandinav. Arch. f. Physiol.,
Bd. 1, 1889, S. 210.

2) O. SCHMIEDEBERG, Ueber die chem. Zusammensetzung des Knorpels,
Arch. f. experim. Pathol. und Pharm., Bd. 28, 1891, S. 355.

ist das Chitin, welches bei den Arthropoden sehr verbreitet ist [1]). Es bildet bei diesen Tieren sowohl das Außenskelett, z. B. die Krebspanzer, als auch die inneren Stützlamellen und die Scheiden der Nervenfasern. Ferner findet man Chitin bei den Cephalopoden (Sepia, Loligo) [2]) und bei den Brachiopoden. Bei Lingula anatina bildet es den Hauptbestandteil der entkalkten Schale [3]).

Das Chitin zeichnet sich von allen übrigen Hyalinen durch seine Unlöslichkeit aus. Nur durch konzentrierte kalte Salzsäure ist es ziemlich leicht in Lösung zu bringen, und zwar als chlorwasserstoffsaure Verbindung, die sich beim Stehen der Lösung langsam, schnell beim Erwärmen zersetzt, indem das Chitin in Glykosamin und Essigsäure zerfällt [4]):

$$C_{18} H_{30} N_2 O_{12} + 4 H_2 O = 2 (C_6 H_{11} O_5 . NH_2) + 3 CH_3 COOH$$
$$\text{Chitin} \qquad\qquad \text{Glykosamin}$$

Bevor aus dem Chitin diffusibles Glykosamin entsteht, bildet sich eine dem Glykosamin wahrscheinlich polymere, nicht diffusible Verbindung. Sowohl durch seine Zusammensetzung und Reaktionen, als auch namentlich durch seine Zersetzungsprodukte ist das Chitin als stickstoffhaltiges, kolloïdes Kohlehydrat charakterisiert. Durch das Auftreten des Glykosamins unter den Zersetzungsprodukten des Chitins ist die Brücke hergestellt, welche von dem Chitin der niederen Tiere zum Knorpel der höher organisierten Geschöpfe hinüberleitet [5]).

Als besondere Klasse von Nahrungsstoffen werden bisweilen d i e N u k l e ï n e aufgeführt. Chemisch betrachtet, gehören sie zu den

---

1) Krukenberg, Zoolog. Anzeiger, Nr. 199, 1885. Bei vielen Arthropoden und manchen Cephalopoden beteiligt sich am Aufbau des Skeletts nach den Untersuchungen von Ambronn auch ein echtes Kohlehydrat. Diese Substanz giebt alle Reaktionen der Cellulose. A. Ambronn, Mitteilungen aus d. Zoolog. Station zu Neapel, Bd. 9, 1890, S. 475. Ein derartiger Stoff, welcher als Tunicin oder tierische Cellulose beschrieben wird, bildet auch, wie lange bekannt ist, die Grundsubstanz der Tunicatenmäntel. Man erhält das Tunicin als papierähnliche Masse in der ursprünglichen Form der Ascidienmäntel, wenn man letztere successive in mit Wasser verdünnter Salzsäure, starker Kalilauge und endlich nochmals mit Wasser auskocht. Vergl. besonders Schäfer und Hilger, Annal. Chem. Pharm., Bd. 60, S. 312, sowie Franchimont, Ber. d. Deutsch. chem. Gesellsch., Bd. 12, 1879, S. 1938.

2) Krukenberg, Ueber das Konchiolin und über das Vorkommen des Chitins bei Cephalopoden, Ber. d. Deutsch. chem. Gesellsch., Bd. 18, 1885, S. 989.

3) Krukenberg, Zoolog. Anzeiger, Nr. 199, 1885.

4) Krukenberg, Zeitschr. f. Biol., N. F. Bd. 4, 1886, S. 483. Vergl. auch die älteren Arbeiten von G. Ledderhose, Zeitschr. f. physiol. Chem., Bd. 2, 1878, S. 214, und E. Sundwik, Zeitschr. f. physiol. Chem., Bd. 5, 1881, S. 384. Ueber das chemische Verhalten des Glykosamins siehe auch F. Tiemann, Ber. d. Deutsch. chem. Gesellsch., Bd. 17, 1884, S. 241, und Bd. 19, 1886, S. 49, sowie E. Fischer, ebendas., S. 1920.

5) Vergl. O. Schmiedeberg, Ueber die chem. Zusammensetzung des Knorpels, l. c. (Sep.-Abdr.) S. 42.

Proteïden, wenn schon der Paarling des Eiweißstoffes bei ihnen einfache Phosphorsäure sein kann [1]).

Die Nukleïne sind entweder als solche, oder mit Eiweißstoffen zu höheren Proteïden, den Nukleoalbuminen, verbunden im Tier - und Pflanzenkörper sehr verbreitet.

Sie enthalten außer Kohlenstoff, Wasserstoff, Sauerstoff, Stickstoff und Schwefel auch Phosphor in bedeutender Menge. Einige Nukleïne sind ferner eisenhaltig, und nur in diesen eisenhaltigen Nukleïnen scheint uns das Eisen in der Nahrung geboten zu werden [2]). Die quantitative Zusammensetzung der Nukleïne ist von derjenigen der einfachen Eiweißstoffe erheblich abweichend gefunden worden. So ergaben die Analysen von zweifellos eiweißfreien Präparaten folgende Werte:

	Nukleïn aus Eidotter (Hämatogen):	Nukleïn aus Hefe:
C	42,11	40,81
H	6,08	5,38
N	14,73	15,98
O	31,05	31,26
S	0,55	0,38
P	5,19	6,19
Fe	0,29	—

Die Nukleine können als Eiweißkörper betrachtet werden, welche Phosphorsäure in eigentümlicher inniger Bindung enthalten. Die Affinitäten der Phosphorsäure brauchen aber nicht lediglich an Eiweiß gebunden zu sein. Vielmehr findet man gleichzeitig in gewissen Nukleïnen die Phosphorsäure mit einer Reihe von Basen verkettet. Da letztere in ihren quantitativen Verhältnissen zu wechseln scheinen, entstehen eine Reihe von substituierten Phosphorsäuren, welche den Charakter von Aetherphosphorsäuren besitzen und die man, einem Vorschlage von ALTMANN folgend, als „Nukleïnsäuren" bezeichnen kann [3]). Die in den Nukleïnsäuren enthaltenen Basen sind das Adenin, Hypoxanthin (Sarkin), Guanin und Xanthin. Sie werden in ihrer Gesamtheit „Xanthinbasen" oder neuerdings von KOSSEL „Nukleïnbasen" benannt [4]).

Alle nativen Nukleïne besitzen stark sauren Charakter, sind unlöslich in Wasser und in Alkohol, löslich dagegen in Laugen, etwas weniger leicht in verdünnten Lösungen von Alkalikarbonaten und in starker Salzsäure. Durch die Koagulation, welche, wie bei den einfachen Eiweißstoffen, auch durch Alkoholwirkung erfolgen kann, büßen sie ihre Löslichkeit in Soda ein [5]). In verdünnten Säuren jeder Art und in künstlichem Magensaft sind sie völlig unlöslich. Letztere Eigenschaft gestattet es, sie von den Eiweißstoffen mit Leichtigkeit zu trennen. Sämtliche Farbenreaktionen der Eiweißstoffe geben die Nukleïne in ausgesprochener Weise. Die Nukleïne lassen sich in zwei Gruppen teilen:

1) Vergl. KOSSEL, Untersuchungen über die Nukleïne und ihre Spaltungsprodukte, Strassburg 1881 (Zeitschr. f. physiol. Chem., Bd. 3, 4, 5). Ferner Zeitschr. f. physiol. Chem., Bd. 6, 1882, S. 422; Bd. 7, 1882, S. 7; Bd. 10, 1886, S. 248.

2) G. BUNGE, Zeitschr. f. physiol. Chem., Bd. 9, 1884, S. 49.

3) R. ALTMANN, Ueber Nukleïnsäuren, Arch. f. Anat. u. Physiol., 1889, S. 524.

4) KOSSEL, Verhandl. d. physiol. Gesellsch. zu Berlin, 6. Febr. 1890, S. 4.

5) BUNGE, a. a. O. Anmerk. S. 59.

Die erste Gruppe liefert bei der Spaltung durch Hydratation mittels siedender Säuren oder Laugen, neben denaturiertem Eiweiß oder Pepton, lediglich Phosphorsäure (Paranukleïne KOSSEL's). Ein solches Nukleïn enthält das Kaseïn [1]). Aus diesem Nukleoalbumin wird durch künstlichen Magensaft das Nukleïn abgespalten und kann durch wiederholtes Auflösen in verdünntem Alkali mit nachfolgendem Fällen durch schwache Salzsäure rein gewonnen werden. Ferner findet sich ein hierher gehöriges Nukleïn in eigentümlicher lockerer Verbindung mit Vitellin im Dotter der Vogeleier [2]). Um dieses Nukleïn zu isolieren, wird das Eigelb mit Alkohol und Aether vollkommen ausgeschüttelt, wobei die Fette, Lecithine und Farbstoffe in Lösung gehen. Der durch Centrifugieren leicht zu isolierende, entfärbte Rückstand besteht aus Eiweißkörpern und ferner aus jener lockeren Verbindung des Vitellins mit dem Nukleïn [3]). Nur letzteres bleibt bei der folgenden Behandlung mit künstlichem Magensaft zurück, während das Vitellin gleich den übrigen Eiweißstoffen verdaut wird. Dieses Nukleïn des Eidotters ist eisenhaltig und von BUNGE als Hämatogen bezeichnet worden, weil aus ihm das Hämoglobin des jungen Vogels sich bildet [4]).

Die zweite Gruppe der Nukleïne liefert bei der Spaltung, welche schon durch längere Einwirkung von verdünnten Säuren oder Alkalien in der Kälte, oder auch nur durch längeres Kochen mit reinem Wasser eintritt, neben Eiweiß, die Zersetzungsprodukte der in ihnen enthaltenen Nukleïnsäure, also Phosphorsäure und Nukleïnbasen. Derartige Nukleïne (Kernnukleïne) [5]) sind aus den isolierten Zellen des Eiters [6]) und der Hefe [7]) gewonnen worden, indem auch hier die Eiweißstoffe der Zellen durch künstlichen Magensaft verdaut und so entfernt wurden.

Die Nukleïnsäuren kommen vielleicht auch als solche, ohne also mit Eiweiß zu Nukleïnen vereint zu sein, in gewissen Zellen vor.

---

1) HAMMARSTEN, Zeitschr. f. physiol. Chem., Bd. 7, 1882, S. 264—273. Die älteren Arbeiten von LUBAVIN s. Hoppe-Seylers med.-chem. Unters., Hft. 4, 1871, S. 463, Ber. d. Deutsch. chem. Gesellsch., Bd. 10, 1877, S. 2237, und Bd. 12, 1879, S. 1021.

2) MIESCHER, Hoppe-Seyler's med.-chem. Unters., S. 502. WORM-MÜLLER, Pflüger's Arch., Bd. 8, 1874. LUBAVIN, Ber. d. Deutsch. chem. Gesellsch., Bd. 10, 1377, S.. 2238. BUNGE, Zeitschr. f. physiol. Chem., Bd. 9, 1884, S. 49.

3) Diese eigentümliche Verbindung kann nicht zur Klasse der Nukleoalbumine gezählt werden, weil sie weder ausgeprägt sauren Charakter besitzt, noch in ihren Lösungsverhältnissen mit den Nukleoalbuminen übereinstimmt. Besonders bemerkenswert ist ihre Löslichkeit in verdünnten Mineralsäuren (1—2,5 : 1000), in welchem Punkte sie sowohl von den Nukleoalbuminen, als auch vom Vitellin abweicht. In reinem Wasser ist diese Nukleïn-Vitellinverbindung unlöslich, dagegen löst sie sich in Flüssigkeiten, welche etwas Neutralsalz enthalten, um darin, abweichend von den Nukleoalbuminen, beim Erhitzen zu koagulieren.

4) a. a. O. S. 56.

5) KOSSEL, Verhandl. d. physiol. Gesellsch. zu Berlin, Jahrg. 1884/85, S. 27.

6) MIESCHER, Hoppe-Seyler's med.-chem. Unters., Hft. 4, 1871, S. 460.

7) KOSSEL, Zeitschr. f. physiol. Chem., Bd. 3, 1879, S. 284, wo sich die ältere Litteratur angegeben findet, und Bd. 4, 1880, S. 290. LOEW, Pflüger's Arch., Bd. 22, 1880, S. 62.

Eine derartige Säure läßt sich z. B. aus Lachssperma leicht isolieren. Sie ist nicht krystallinisch erhalten worden und besitzt nach MIESCHER folgende prozentische Zusammensetzung: C 36,11, H 5,15, N 13,09, O 36,06 und P 9,59 [1]). Diese Nukleïnsäure zerfällt sehr leicht schon beim Kochen mit Wasser in ihre Komponenten. Bei der Fäulnis liefert sie nur Hypoxanthin und Xanthin neben Phosphorsäure, weil unter diesen Umständen das Adenin in Hypoxanthin und das Guanin in Xanthin übergeht [2]).

Die Nukleïnbasen kommen nicht nur als Bestandteile der Nukleïne und der Nukleïnsäuren, sondern auch im freien Zustande, sowohl in tierischen, als auch in pflanzlichen Geweben vor. Sie sind gut krystallisierende Substanzen und teilen sich in zwei Gruppen. Die erste Gruppe bildet das Adenin und das Hypoxanthin, während die zweite Gruppe das Guanin und das Xanthin umfaßt. Die letzteren beiden Basen sind zweifellos der Harnsäure sehr nahe verwandt, dagegen ist es erst in der neuesten Zeit gelungen, entferntere Beziehungen zur Harnsäuregruppe auch für das Adenin und Hypoxanthin nachzuweisen.

Die einfachste empirische Zusammensetzung von allen Nukleïnbasen besitzt das Adenin: $C_5 H_5 N_5$ [3]). Es ist der Blausäure polymer und liefert beim Schmelzen mit Kalihydrat Cyankalium. Durch salpetrige Säure wird das Adenin oxydiert und ihm gleichzeitig Wasserstoff und Stickstoff entzogen. Hierdurch geht es in Hypoxanthin über:

$$C_5 H_5 N_5 + NOOH = C_5 H_4 N_4 O + N_2 + H_2 O.$$

Adenin   Hypoxanthin

Da durch die Einwirkung salpetriger Säure regelmäßig die Imidogruppe durch ein Sauerstoffatom ersetzt wird, beweist diese Reaktion, daß Adenin als Imidohypoxanthin ($C_5 H_4 N_4 . NH$) zu betrachten ist. Behandelt man Adenin mit Brom, so erhält man nach dem Erhitzen des entstandenen Produktes auf 130 ⁰ Adeninbromid: $C_5 H_4 BrN_5$. Oxydiert man dieses substituierte Adenin mittels Salzsäure und chlorsaurem Kali, so zerfällt es in eine noch nicht bestimmte Säure, Harnstoff, Oxalsäure und in Alloxan, woraus sich Beziehungen des Adenins zur Harnsäure zweifellos ergeben [4]).

Das Guanin [5]) läßt sich durch salpetrige Säure in Xanthin überführen:

$$C_5 H_5 N_5 O + NOOH = C_5 H_4 N_4 O_2 + N_2 + H_2 O.$$

Guanin   Xanthin

Auch hier wird also eine Imidogruppe des Guanins durch ein Sauerstoffatom ersetzt und das Guanin ist demnach Imidoxanthin

---

1) MIESCHER, Verhandl. d. nat. Gesellsch. zu Basel, Bd. 6, 1874, S. 138, und Hoppe-Seyler's med.-chem. Unters., Hft. 4.

2) S. SCHINDLER, Zeitschr. f. physiol. Chem., Bd. 8, 1889, S. 440—442.

3) KOSSEL, Ber. d. Deutsch. chem. Gesellsch., Bd. 18, 1885, S. 79, und Bd. 20, 1887, S. 3356; Zeitschr. f. physiol. Chem., Bd. 10, 1886, S. 250; Bd. 12, 1888, S. 241. KOSSEL und G. THOISS, ebendas., Bd. 13, 1889, S. 395. S. SCHINDLER, Zeitschr. f. physiol. Chem., Bd. 13, 1889, S. 432. G. BRUHNS, Zeitschr. f. physiol. Chem., Bd. 14, 1890, S. 533, G. BRUHNS und KOSSEL, ebendas., Bd. 16, S. 1. M. KRÜGER, ebendas., Bd. 16, 1892, S. 160 und S. 329.

4) M. KRÜGER, a. a. O. S. 337.

5) KOSSEL, Ueber Guanin, Zeitschr. f. physiol. Chem., Bd. 8, 1884, S. 404. Hier findet sich die ältere Litteratur über das Vorkommen dieser Base im Organismus. Vergl. auch A. BAGINSKY, ebendas., S. 395.

($C_5 H_4 N_4 O$. NH). Oxydiert man das Guanin energischer mittels Salzsäure und Kaliumchlorat, so zerfällt es in Guanidin (Imidoharnstoff) und in Parabansäure (Oxalylharnstoff), woraus die nahe Verwandtschaft des Guanins zur Harnsäure hervorgeht:

$$C_5 H_5 N_5 O + O_3 + H_2 O = C(NH) \begin{matrix} NH_2 \\ NH_2 \end{matrix} + \begin{matrix} CO-NH \\ | \quad \quad \rangle CO + CO_2. \\ CO-NH \end{matrix}$$

Guanin   Guanidin   Parabansäure

Dagegen liefert das Xanthin bei der Oxydation mittels Chlorwasser, ganz wie die Harnsäure, neben Harnstoff lediglich Alloxan (Mesoxalylharnstoff:

$$C_5 H_4 N_4 O_2 + O_2 + H_2 O = \begin{matrix} CO-NH \\ CO \quad \quad \rangle CO + CO \begin{matrix} NH_2 \\ NH_2 \end{matrix}. \\ CO-NH \end{matrix}$$

Xanthin.   Alloxan

Das Alloxan geht dann bei weiterer Oxydation in Parabansäure und Kohlensäure über. Für die innigen Beziehungen des Xanthins zur Harnsäure spricht ferner die Thatsache, daß ersteres nur um ein Sauerstoffatom ärmer ist, als die Harnsäure ($C_5 H_4 N_4 O_3$), und ferner der Umstand, daß sowohl das Xanthin, als auch das Guanin eine der Murexidprobe sehr ähnliche Reaktion geben. Sie hinterlassen beim Abdampfen mit Salpetersäure, wie die Harnsäure, einen gelben Rückstand, der sich aber beim Zusatz von Natronlauge nicht blau, sondern rot färbt. Abkömmlinge des Xanthins sind in manchen Pflanzen sehr verbreitet [1]), nämlich das Theophyllin, Theobromin (Dimethylxanthine) und das Theïn oder Coffeïn, welches als Trimethylxanthin zu betrachten ist.

Die Verwandtschaft sämtlicher Nukleïnbasen, sowohl untereinander, als auch zur Harnsäure, lehrt endlich auch ihre völlige Zersetzung mittels rauchender Salzsäure oder Jodwasserstoffsäure unter hohem Druck. Hierbei liefern sie sämtlich qualitativ dieselben Produkte wie die Harnsäure, nämlich Ammoniak, Kohlendioxyd, Glykokoll und Ameisensäure Nur die quantitativen Verhältnisse wechseln. Die Zersetzungen verlaufen in folgender Weise [2]):

$$C_5 H_5 N_5 + 8H_2 O = 4NH_3 + CO_2 + CH_2 . NH_2 . COOH + 2HCOOH$$
Adenin
$$C_5 H_4 N_4 O + 7H_2 O = 3NH_3 + CO_2 + CH_2 . NH_2 . COOH + 2HCOOH$$
Hypoxanthin
$$C_5 H_4 N_4 O_2 + 6H_2 O = 3NH_3 + 2CO_2 + CH_2 . NH_2 . COOH + HCOOH.$$
Xanthin
$$C_5 H_4 N_4 O_3 + 5H_2 O = 3NH_3 + 3CO_2 + CH_2 NH_2 . COOH.$$
Harnsäure

In neuerer Zeit hat LEO LIEBERMANN [3]) gezeigt, daß aus Hefen-

1) G. SALOMON, Verhandl. d. physiol. Gesellsch. zu Berlin, Jahrg. 1880/81, S. 14. E. SCHULZE und E. BOSSHARD, Zeitschr. f. physiol. Chem., Bd. 9, 1885, S. 437. A. KOSSEL, Ueber das Theophyllin etc., Zeitschr. f. physiol. Chem., Bd. 13, 1889, S. 298.

2) M. KRÜGER, Zeitschr. f. physiol. Chem., Bd. 16, 1892, S. 171 und 172.

3) LEO LIEBERMANN, Ueber das Nukleïn der Hefe und künstliche Darstellung eines Nukleïns aus Eiweiß und Metaphosphorsäure. Ber. d. Deutsch. chem. Gesellsch., Bd. 21, 1888, S. 598, und Pflüger's Arch., Bd. 47, S. 155.

nukleïn Metaphosphorsäure abgespalten wird, wenn man dieses Proteïd kurze Zeit mit verdünnter, kalter Salpetersäure oder Salzsäure behandelt. Der Rückstand dagegen hat alle Eigenschaften der Nukleïne verloren und verhält sich wie gewöhnliches, koaguliertes Eiweiß. Es ist somit nicht unmöglich, daß auch die durch Metaphosphorsäure in Eiweißlösungen entstehenden Fällungen gewissen, natürlichen Nukleïnen entsprechen. In der That zeigen die Metaphosphorsäure-Niederschläge des Eieralbumins oder des Serumalbumins [1]) alle wesentlichen Eigenschaften der natürlichen Nukleïne. Sie sind unlöslich in Säuren, lösen sich in Alkalien und sind durch Magensaft unverdaulich. Ihr Phosphorgehalt ist allerdings, je nach der Menge des zugesetzten Fällungsmittels, ein wechselnder, kann aber dadurch konstant erhalten werden, daß man zu einer bestimmten Eiweißmenge stets dasselbe Quantum von Metaphosphorsäure giebt. Es gelingt so, Fällungen zu erhalten, deren Phosphorgehalt von 5,5—6 Proz. dem Phosphorgehalt der natürlichen Nukleïne gleichkommt [2]).

Während derartige, auf künstlichem Wege hergestellte Nukleïne den Paranukleïnen gleichen, hat LIEBERMANN [3]) auch versucht, künstliche Kernnukleïne darzustellen. In alkalischen Eiweißlösungen, welche mit Xanthin oder Guanin versetzt waren, erhielt er beim Zugeben von Metaphosphorsäure Niederschläge, welche dem Hefennukleïn in mehreren Reaktionen sich sehr ähnlich verhielten. Auch MALFATTI [4]) gewann eine den Kernnukleïnen gleichende Substanz, als er eine Lösung von Guanin in verdünnter Kalilauge mit LIEBERMANN'schem Metaphosphorsäurenukleïn zusammenbrachte und die erhaltene alkalische Flüssigkeit mit Essigsäure übersättigte. Der entstandene Niederschlag bestand jedenfalls aus einer chemischen Verbindung des Guanins mit dem LIEBERMANN'schen Nukleïn. Am meisten scheinen einige von ALTMANN [5]) dargestellte Substanzen den natürlichen Kernnukleïnen in ihren Eigenschaften nahe zu kommen. ALTMANN verwandte zu dieser Synthese aus Hefe oder Lachssperma gewonnene Nukleïnsäuren. Letztere lassen sich aus diesen Materialien durch Behandlung mit verdünnter Lauge und nachfolgendes Uebersäuern mittels Essigsäure extrahieren. Die Nukleïnsäuren gehen in die essigsaure Lösung über und können daraus durch sehr verdünnte Salzsäure, unter Zugabe des gleichen Volumens Alkohol, gefällt werden. Die so gewonnenen Nukleïnsäuren sind in essigsaurer Lösung haltbar und bewirken, ebenso wie die Metaphosphorsäure, in eiweißhaltigen Flüssigkeiten Fällungen, welche sich in ihren Eigenschaften von den natürlichen Kernnukleïnen kaum unterscheiden.

1) J. POHL, Bemerkungen über künstlich dargestellte Eiweißnukleïne, Zeitschr. f. physiol. Chem., Bd. 13, S. 292.

2) H. MALFATTI, Beiträge zur Kenntnis der Nukleïne, Zeitschr. f. physiol. Chem., Bd. 16, 1892, S. 69 u. 70. Vergl. auch. J. POHL, a. a. O., S. 294.

3) LEO LIEBERMANN, Ueber Nukleïne, Centralbl. f. d. med. Wissensch., 1889, S. 210 u. 225.

4) H. MALFATTI, a. a. O., S. 78. Es scheint indessen, daß diese Synthese nur unter gewissen Bedingungen zustande kommt. Vergl. MALFATTI, Zeitschr. f. physiol. Chem., Bd. 17, 1892, S. 8.

5) R. ALTMANN, Ueber Nukleïnsäuren, Arch. f. Anat. und Physiol., 1889, S. 524.

Die letzte Klasse der Proteïnsubstanzen, die Albuminoïde, weichen von den echten Eiweißstoffen in Bezug auf qualitative und quantitative Zusammensetzung mehr oder weniger ab, was auch in ihren Reaktionen und Lösungsverhältnissen zur Geltung kommt. Sie sind spezielle Bildungen des Tierkörpers und kommen daselbst nur in ungelöstem Zustande vor, da sie die organische Grundlage der Stütz- und Deckgebilde darstellen. Da die Albuminoïde den Pflanzenfressern in der Nahrung unzugänglich sind, ergiebt sich, daß diese Stoffe durch synthetische Prozesse oder Umformungen im Tierkörper, wahrscheinlich aus Eiweißstoffen, sich aufbauen. Eine Lösung der Albuminoïde ist nur unter wesentlicher Veränderung ihrer Eigenschaften möglich. Von den drei im normalen Organismus der höheren Tiere vorkommenden Albuminoïden, dem Keratin, dem Elastin und dem Kollagen, besitzt nur das letztere und allenfalls das Elastin für die Ernährung eine Bedeutung, da das Keratin für die höheren Tiere ganz unverdaulich ist. Dagegen muß die Raupe der Pelzmotte ersichtlich Mittel besitzen, das Keratin zu assimilieren [1]).

Die Keratine bilden den Hauptbestandteil der sogenannten Horngebilde (Epidermis, Haare, Nägel, Hörner, Hufe, Federn). Auch die Hornscheiden der peripheren Nerven und des Gehirns bestehen nach den Untersuchungen von W. Kühne [2]) aus einem Keratin (Neurokeratin).

Die Keratine sind besonders reich an Schwefel, sie enthalten davon 4—5 Proz., nur das Neurokeratin enthält weniger, etwa 1,8 Proz. Der Schwefel ist, wie beim Eiweiß, so auch hier, zum Teil fest, zum anderen Teil locker gebunden. Der locker gebundene Anteil läßt sich auffallend leicht eliminieren, er tritt zum Teil schon bei der Einwirkung siedenden Wassers auf pulverförmiges Keratin als Schwefelwasserstoff aus. Da der Sauerstoffgehalt der Keratine etwas geringer gefunden wurde, als derjenige der echten Eiweißstoffe, ist vermutet worden, daß bei den Keratinen ein Teil des Sauerstoffs gegen Schwefel ausgetauscht ist. Nur durch die Einwirkung gespannter Wasserdämpfe oder durch Kochen mit Laugen werden die Keratine unter gleichzeitiger Zersetzung gelöst. Die krystallinischen Zersetzungsprodukte der Keratine sind denen der echten Eiweißstoffe gleich. Gegen Millon's Reagens und gegen Salpetersäure verhalten sich die Keratine nicht anders, wie unlösliche echte Eiweißstoffe, etwa wie das Fibrin.

Das Elastin bildet die elastischen Fasern, welche sich im Bindegewebe vorfinden und die an einzelnen Stellen zu Bändern zusammentreten (Ligamentum nuchae). Es ist sicherlich frei von demjenigen Schwefel, welcher bei den Eiweißstoffen als fest gebunden zu betrachten ist. Ferner haben die neueren Analysen ergeben, daß das Elastin überhaupt schwefelfrei sei [3]). Indessen ist zu bedenken, daß vor diesen

1) Bunge, Lehrb. d. physiol. Chem., 1889, S. 62.
2) A. Ewald und W. Kühne, Ueber einen neuen Bestandteil des Nervensystems. Verhandl. d. Naturhist.-med. Vereins zu Heidelberg, N. F. Bd. 1, 1877, S. 357. W. Kühne und R. H. Chittenden, Ueber das Neurokeratin, Zeitschr. f. Biol., N. F. Bd. 8, 1890, S. 291.
3) R. H. Chittenden und A. S. Hart, Elastin und Elastosen, Zeitschr. f. Biol., N. F. Bd. 7, 1889, S. 370. In dieser Abhandlung findet sich die gesamte ältere Litteratur angeführt.

Analysen das Elastin, behufs Reinigung von beigemengten Eiweißstoffen, mit kochender 1-proz. Kalilauge behandelt wurde. Daß bei einer derartigen Operation auch bei den Eiweißstoffen der leicht abspaltbare Schwefel eliminiert wird, ist bekannt. In der That enthält die Kalilauge, welche zur Reinigung des Elastins verwendet wird, stets Kaliumsulfid in Lösung. Ob dieser Schwefel vom Elastin abgespalten wird, oder einer Eiweißbeimengung des Elastins entstammt, läßt sich vorläufig nicht entscheiden. Unterläßt man die Reinigung mittels Kalilauge und versucht die Eiweißstoffe aus dem Elastin durch Kochen mit starker Essigsäure zu entfernen, so enthält das Präparat ca. 0,3 Proz. Schwefel. Im übrigen ist die Zusammensetzung des Elastins kaum abweichend von derjenigen der echten Eiweißstoffe gefunden worden. Eine Lösung des Elastins tritt nur ein beim Behandeln desselben mit gespannten Wasserdämpfen, beim mehrstündigen Kochen mit verdünnten Mineralsäuren oder starker Alkalilauge. In verdünnter Kalilauge dagegen oder selbst in starker Essigsäure ist das Elastin bei jeder Temperatur fast ganz unlöslich. Die krystallinischen Zersetzungsprodukte des Elastins sind qualitativ im allgemeinen dieselben, wie diejenigen der Eiweißstoffe [1]). Dementsprechend kommen auch dem Elastin sämtliche Farbenreaktionen der Eiweißstoffe zu. Die elastischen Fasern werden beim Kochen mit MILLON's Reagens rot gefärbt. Löst man das Elastin in konz. Salzsäure, so erhält man, wie bei den Eiweißstoffen, eine violett gefärbte Flüssigkeit, während die ADAMKIEWICZ'sche Probe weniger ausgeprägt erscheint. Die gelösten Spaltungsprodukte des Elastins geben die Biuret- und Xanthoproteïnprobe.

Das Kollagen ist von den albuminoïden Stoffen am meisten verbreitet, dagegen steht es den echten Eiweißstoffen ferner, als das Keratin und Elastin. Es bildet die sogenannten kollagenen Fibrillen des Bindegewebes, ferner die Hauptmenge der organischen Knochengrundsubstanz (früher als Osseïn bezeichnet), und beteiligt sich wesentlich am Aufbau des Knorpelgewebes. Das Kollagen entsteht im Tierkörper wahrscheinlich durch eine eigentümliche Spaltung und Oxydation von Eiweißkörpern. Denn es enthält relativ etwas mehr Sauerstoff als die Eiweißkörper und besitzt dementsprechend auch eine etwas geringere Verbrennungswärme als diese. Seine Zusammensetzung beträgt nach den Analysen von FRANZ HOFMEISTER [2]) im Mittel 50,75 % C, 6,47 % H, 17,86 % N, 24,32 % O und 0,6 % S.

Das Kollagen enthält nicht jene aromatische Gruppe der Eiweißkörper, welche bei der hydrolytischen Zersetzung regelmäßig zur Tyrosinbildung führt. Es ist von MALY [3]) behauptet worden, daß trotzdem ein aromatischer Atomkomplex im Kollagen vorhanden sei, weil es nach der Oxydation mittels Kaliumpermanganat und hierauf folgendem Schmelzen mit Kalihydrat Benzoësäure liefert. Diese Anschauung ver-

---

1) HORBACZEWSKI, Ueber die durch Einwirkung von Salzsäure aus den Albuminoïden entstehenden Zersetzungsprodukte, Monatshefte f. Chem., Bd. 6, 1885, S. 639.

2) FRANZ HOFMEISTER, Ueber die chemische Struktur des Kollagens, Zeitschr. f. physiol. Chem., Bd. 2, 1879, S. 322.

3) R. MALY, Ueber die bei der Oxydation von Leim mit Kaliumpermanganat entstehenden Körper und über die Stellung von Leim zu Eiweiß, Monatsh. f. Chem., Bd. 10, 1889, S. 26.

dient indessen wenig Beachtung, weil MALY zu seinen Versuchen direkt käufliche Gelatine benutzte, welche stets mit Eiweißstoffen mehr oder weniger verunreinigt ist. Dagegen ist im Kollagen ein eigentümlicher, der Fettreihe angehöriger Atomkomplex enthalten, welcher bei der Zersetzung regelmäßig als Glykokoll (CH_2 . NH_2 — $COOH$) austritt. Die Endprodukte der hydrolytischen Zersetzung des Leims mittels siedender Salzsäure sind demnach Leucin, Asparaginsäure, Glutaminsäure und Glykokoll [1]. Das Kollagen enthält nicht den leicht abspaltbaren Schwefel der Eiweißkörper, sein gesamter Schwefel ist vielmehr festgebunden. Daher erhält man wohl eine Schwefelwasserstoffentwicklung bei der Zersetzung des Leims mit Salzsäure, aber keine Braunfärbung beim Erwärmen mit Lauge und Bleiacetat. Werden Bindegewebe oder entkalkte Knochen gekocht, so geht das Kollagen dieser Gewebe unter Wasseraufnahme als Glutin oder Leim in Lösung. Umgekehrt kann das getrocknete Glutin durch Erwärmen auf 130° infolge Wasserabgabe wieder in Kollagen zurückverwandelt werden. Das Glutin ist demnach als das Hydrat des Kollagens zu betrachten [2]. Läßt man eine Leimlösung sich abkühlen, so gesteht sie zu einer Gallerte, die sich beim Erwärmen wieder löst. Der Leim zeigt also in dieser Beziehung das umgekehrte Verhalten wie die Eiweißkörper, welche durch Erhitzen ihrer Lösungen in den festen Zustand übergehen.

Um die Reaktionen des Glutins kennen zu lernen, bedarf man eines reinen Präparates. Die käufliche Gelatine enthält regelmäßig ein wenig Eiweiß, welches im wesentlichen entfernt wird, wenn man die Gelatine in kaltem Wasser aufquellen läßt und dann mit kaltem, kochsalzhaltigem Wasser gründlich auslaugt. Aber selbst hiernach giebt der Leim noch eine schwache MILLON'sche Reaktion, welche nicht auf das Glutin, sondern auf beigemischtes Eiweiß zu beziehen ist. Um völlig eiweißfreies Glutin zu gewinnen, muß man nach der Angabe von KRUKENBERG [3] Bindegewebe mit 5—10 Proz. Natronlauge längere Zeit bei Zimmertemperatur mazerieren, wobei sich alles Eiweiß, dagegen nicht das Kollagen löst. Wäscht man letzteres dann gehörig aus, so liefert es beim Kochen mit Wasser ein Glutin, welches die MILLON'sche Probe nicht giebt, ebensowenig die Reaktion von ADAMKIEWICZ und die Salzsäureprobe. Dagegen treten von Farbenreaktionen ein die Biuret-, sowie die Xanthoproteïnfärbung. Daß eine Braunfärbung beim Kochen von Leimlösungen mit Laugen und etwas Bleisalz nicht auftritt, wurde schon oben bemerkt.

Von den Fällungsreagentien der Eiweißstoffe sind gegen reine Leimlösungen unwirksam: Salpetersäure und die übrigen Mineralsäuren, Essigsäure und Ferrocyankalium, die Salze der gewöhnlichen Schwermetalle (Blei- und Kupfersalze) mit Ausnahme des Quecksilberchlorids, doch ist auch dieses nur wirksam bei gleichzeitigem Zusatz von Salzsäure, während Essigsäure die Fällung nicht zu unterstützen vermag.

1) GAEHTGENS, Zur Kenntnis des Leims, Zeitschr. f. physiol. Chem., Bd. 1, 1877, S. 299, und HORBACZEWSKI, Sitzungsber. d. Wiener Akad., Bd. 80, 1879, 2, S. 121. Vergl. auch TARTARINOFF, Jahresber. d. Chem., 1879, S. 880.

2) FRANZ HOFMEISTER, a. a. O., S. 113, wo sich auch die ältere Litteratur angegeben findet.

3) W. KRUKENBERG, Chem. Unters. zur wissensch. Med., Hft. 2, 1888, S. 174.

Alle übrigen Fällungsreagentien der Eiweißstoffe sind gegen Leimlösungen wirksam. Zu erwähnen ist besonders die gegen bakterielle Zersetzung sehr widerstandsfähige Verbindung von Leim mit Gerbsäure (Leder). Der Leim ist besonders leicht zu einer hydrolytischen Spaltung geneigt. Kocht man ihn längere Zeit mit reinem Wasser oder auch nur kurze Zeit mit sehr verdünnten Säuren, so hat er sein Gelatinierungsvermögen eingebüßt, weil er durch eine Spaltung des Moleküls in Gelatosen übergegangen ist.

Der Leim, welchen man durch Kochen von Knorpel mit Wasser erhält (früher Chondrin genannt), ist nicht rein, sondern ein Gemenge von Glutin und in Wasser löslichen Verbindungen der Chondroïtinschwefelsäure (vergl. S. 38), namentlich mit Alkalien. Der Knorpelleim giebt daher auch andere Reaktionen, als das reine Glutin [1]).

Fügt man einer solchen Knorpelleimlösung verdünnte Säuren hinzu, so binden diese das vorhandene Alkali, und es entsteht ein Niederschlag der freien unlöslichen Chondroïtinschwefelsäure, welche sich im Ueberschuß von Salzsäure leicht wieder löst. Ferner erzeugen verschiedene Metallsalze, wie Kupfersulfat und Bleiacetat, in den Lösungen des Knorpelleimes Niederschläge, weil sie mit der Chondroïtinschwefelsäure unlösliche Salze bilden. Das chondroïtinschwefelsaure Kupfer löst sich im Ueberschuß des Kupfersulfats wieder auf. Befreit man gewöhnlichen mazerierten Knorpel mit verdünnter Salzsäure von seinen Salzen und digeriert ihn wochenlang mit sehr verdünnter Kalilauge, so wird die Chondroïtinschwefelsäure schließlich vollkommen aus dem Knorpel ausgezogen. Wässert man hierauf die Kalilauge aus, so hat man reines Kollagen, welches beim Kochen mit Wasser gewöhnlichen Leim liefert. Mischt man dagegen gewöhnlichen Leim mit chondroïtinschwefelsaurem Kali oder Natron, so verhält sich die Flüssigkeit in jeder Beziehung wie eine sogenannte Knorpelleim- oder Chondrinlösung.

Außer den genannten Albuminoïden hat man bei niederen Tieren eine Reihe von Stoffen gefunden, die in ihren chemischen Eigenschaften mehr oder weniger dem Kollagen, oder wohl auch dem Elastin sich nähern. Wie letztere Albuminoïde bei den höheren Tieren, so bilden die nunmehr zu besprechenden Substanzen bei vielen Klassen der Wirbellosen die Grundlage der Stütz- und Deckgebilde. Sie werden demnach von KRUKENBERG als Skeletine bezeichnet [2]). Funktionell reihen sich also die Skeletine den Hyalogenen an, die, abgesehen von dem Hyalogen des Glaskörpers, ebenfalls lediglich bei niederen Tieren erscheinen, während die freien Hyaline sowohl bei den höheren Tieren im Chondroïtin, als auch bei den Wirbellosen im Chitin vertreten sind.

Den Hauptbestandteil des Badeschwamms bildet das Spongin [3]). Es ist gegen Natronlauge oder Barytwasser bedeutend resistenter als das Kollagen, endlich aber löst es sich doch darin unter Bildung von leimpeptonartigen Produkten. Durch überhitztes Wasser läßt sich das

1) O. SCHMIEDEBERG, Ueber die chemische Zusammensetzung des Knorpels, Arch. f. exper. Pathol. u. Pharmak., Bd. 28, 1891, Sep.-Abdr., S. 46.

2) KRUKENBERG, Grundzüge einer vergleich. Physiologie der tier. Gerüstsubstanzen, Heidelberg 1885, S. 195 u. 215.

3) STAEDELER, Ann. Chem. Pharm., Bd. 1859, S. 16. KRUKENBERG, Fortgesetzte Unters. über die Skeletine, Zeitschr. f. Biol., N. F. Bd. 6, 1886, S. 254.

Spongin ebenfalls in Lösung bringen. Eine gelatinierende Leimlösung ist hierbei nie erhalten worden, sondern lediglich Substanzen vom Charakter der Leimpeptone, welche wohl die Biuret- und Xanthoproteïn- aber nicht die MILLON'sche Probe gaben. Bei der völligen Zersetzung des Spongins mittels siedender Schwefelsäure entsteht, wie beim Leim, Leucin und Glycocoll, aber kein Tyrosin. Es scheint demnach das Spongin, wie das Kollagen, eine aromatische Gruppe nicht zu enthalten, worauf schon der negative Ausfall der MILLON'schen Probe hindeutet.

Die Grundsubstanz der Lamellibranchiatenschalen bildet das Conchiolin[1]), und zwar allein, ohne Vermischung mit Chitin. Die Widerstandsfähigkeit des Conchiolins gegen starke Natronlauge ist noch bedeutender, als die des Spongins. Selbst in siedender gesättigter Kalilauge vollzieht sich der Lösungsvorgang nur sehr langsam, etwa im Verlaufe von zwei Stunden. Dagegen erfolgt beim Kochen mit verdünnten Mineralsäuern bald Lösung und endlich völlige Zersetzung. Auch gegen überhitztes Wasser ist das Conchiolin sehr widerstandsfähig. Nach sechsstündigem Erhitzen des Albuminoïdes mit Wasser von 170 ° fand KRUKENBERG nur wenig gelöst, was den Charakter der Leimpeptone trug. Als Zersetzungsprodukt des Conchiolins ist Tyrosin nie gefunden worden, sondern, neben einem unbekannten, in klaren Prismen krystallisierenden Körper, lediglich Leucin. Da ferner das native Conchiolin, wie das Spongin, die MILLON'sche Probe nicht giebt, muß es ebenfalls zum Collagen in nähere Beziehungen gebracht werden[2]).

Von den bisher genannten Stoffen sind die noch übrigen Skeletine, nämlich das Fibroïn, Corneïn und das Elastoïdin abzutrennen, weil diese unter ihren Spaltungsprodukten solche aromatischer Natur aufweisen und auch direkt die MILLON'sche Probe in ausgesprochener Weise geben.

Kocht man rohe Seide einige Stunden lang mit Wasser, so geht ein gewisser Anteil in Lösung. Der in siedendem Wasser unlösliche Rückstand giebt aber noch an überhitztes Wasser von 130 °, sowie an kalte verdünnte Laugen und Salzsäure weitere Stoffe ab, bis schließlich ein farbloser Rest bleibt, welcher etwa 50 Proz. der Rohseide beträgt. Er besitzt die Form von Seidenfäden und wird deshalb Fibroïn genannt[3]). Diese Substanz ist selbst durch zwanzigstündige Einwirkung überhitzten Wassers von 200 ° nur spurweise in Lösung zu bringen, indem hierbei eiweißpeptonartige Körper an die Flüssigkeit übergehen. In starken Säuren löst sich das Fibroïn dagegen auffallend leicht, wobei beim Kochen mit konzentrierter Salzsäure die Violettfärbung

---

1) KRUKENBERG, Zeitschr. f. Biol., N. F. Bd. 4, 1886, S. 244 sowie: Ueber das Conchiolin und über das Vorkommen des Chitins bei Cephalopoden, Ber. d. Deutsch. chem. Gesellsch., Bd. 18, 1885, S. 989.

2) C. VOIT hat als Conchiolin eine andere Substanz beschrieben, welche er aus der Perlmuschel darstellte (Zur Physiologie der Perlmuschel, Zeitschr. f. wissensch. Zoologie, Bd. 10, 1860). Diese giebt die MILLON'sche Reaktion. Vergl. hierüber: W. ENGEL, Zeitschr. f. Biol., N. F. Bd. 10, 1892, S. 348.

3) STAEDELER, Ann. Chem. Pharm., Bd. 111, 1859, S. 12. CRAMER, Journ. f. prakt. Chem., Bd. 96, 1865, S. 76. W. KRUKENBERG, Fortgesetzte Untersuchungen über die Skeletine, Zeitschr. f. Biol., N. F. Bd. 4, 1886, S. 254.

und beim Behandeln mit Eisessig und konz. Schwefelsäure die ADAM-KIEWICZ'sche Probe eintritt. Auch in Laugen ist die Auflösung des Fibroïns leicht zu bewerkstelligen. Die Flüssigkeiten geben die Biuret-reaktion.

Die Lösung des Fibroïns in rauchender Salzsäure enthält diesen Stoff nicht als solchen, sondern in veränderter Form, indem bei der Auflösung unter Abspaltung von Ammoniak aus dem Fibroïn eine andere albuminoïde Substanz hervorgeht, welche von WEYL [1]) als S e r i c o ï n bezeichnet wird. Letzteres kann durch Eingießen der sauren Lösung in viel Alkohol als weisses Pulver gefällt werden. Sowohl Fibroïn als auch das Sericoïn geben direkt die MILLON'sche Reaktion. Bei ihrer völligen Zersetzung mittels siedender Mineralsäuren erhält man aus beiden Körpern Tyrosin, Glykokoll, aber kein Leucin, sondern an seiner Stelle auffallenderweise Alanin (Amidopropionsäure $CH_3 — CH . NH_2 — COOH$) [2]).

Das erste Extrakt der Rohseide, welches derselben durch Kochen mit Wasser entzogen werden kann, gelatiniert beim Erkalten wie eine Leimlösung. Diese Gallerte wird als Seidenleim oder S e r i c i n bezeichnet. Man hat dasselbe als einheitlichen Stoff beschrieben, doch ist es fraglich, ob das Sericin nicht vielmehr als ein Gemenge einer glutin-ähnlichen Substanz mit eigentümlichen, zum Teil eiweißartigen Bestand-teilen der Rohseide zu gelten hat. Unter den anscheinend sehr ver-schiedenartigen Zersetzungsprodukten des Sericins, welche mittels sie-dender Schwefelsäure gewonnen wurden, sind nachgewiesen: Leucin, Tyrosin und Amidoäthylenmilchsäure (Serin) $CH_2 . OH — CH . NH_2 — COOH$.

D a s K o r n e ï n [3]) bildet die organische Gerüstsubstanz der Korallen. Bei seiner Lösung mittels überhitzten Wassers oder siedender Natron-lauge bilden sich Substanzen vom Charakter der Eiweißpeptone. Auch von verdünnter siedender Schwefelsäure wird das Korneïn gelöst und endlich zersetzt. Hierbei wird neben Leucin zwar kein Tyrosin, da-gegen eine andere Substanz, das sogenannte Kornikrystallin gebildet, welches in dachziegelförmig aufgebauten Plättchen krystallisiert und wahrscheinlich der aromatischen Reihe angehört. Das Korneïn giebt die MILLON'sche Reaktion und entwickelt beim Schmelzen mit Kali-hydrat ansehnliche Mengen von Indol.

E l a s t o ï d i n [4]) nennt KRUKENBERG die Grundsubstanz der Horn-fäden in den Fischflossen, speziell von Mustelus. Diese albuminoïde Substanz zeigt fast alle Eigenschaften des Elastins, nur ist ihre ele-mentare Zusammensetzung vom Elastin abweichend gefunden worden.

Von allen erwähnten Skeletinen scheint nur das Korneïn etwas Schwefel zu enthalten, der aber nach KRUKENBERG vielleicht auf eine

1) TH. WEYL, Zur Kenntnis der Seide, Ber. d. Deutsch. chem. Gesellsch., Bd. 21, 1888, S. 1407 und 1529.

2) TH. WEYL, a. a. O. S. 1530.

3) W. KRUKENBERG, Vergleichend - physiolog. Studien, I. Reihe, 5. Abteil., 1881, S. 2 und II. Reihe, 1. Abteil., 1882, S. 60. Derselbe, Ueber das Korneïn, Ber. d. Deutsch. chem. Gesellsch., Bd. 17, 1884, S. 1843.

4) W. KRUKENBERG, Ueber die chem. Beschaffenheit der sogenannten Hornfäden bei Mustelus etc., Mitteil. a. d. Zool. Station zu Neapel, Bd. 6, 1885, S. 286.

Verunreinigung desselben zu beziehen ist. Die quantitative Zusammensetzung der Skelctine ist schwankend, indem sie bei einigen sich den
echten Eiweißstoffen und dem Elastin, bei anderen dem Kollagen nähert.
Zu den albuminoïden Stoffen gehört endlich auch das A m y l o ï d [1].
Diese Substanz ist dem normalen Organismus fremd. Sie tritt nur
unter gewissen pathologischen Verhältnissen in den Geweben der Binde-
substanz auf. Ihr Erscheinen in größeren Schollen und Körnern, oder
mehr diffus, bedingt die sogenannte amyloïde (speckige oder wachsartige)
Degeneration der Organe. Die qualitative und quantitative Zusammensetzung des Amyloïds ist übereinstimmend gefunden worden mit derjenigen der echten Eiweißstoffe, wobei indessen zu bemerken ist, daß
es fraglich scheint, ob das Amyloïd jemals rein von Eiweißstoffen erhalten worden ist. Bei seiner völligen Zersetzung giebt das Amyloïd
dieselben Amidosäuren, wie die echten Eiweißstoffe. Besonders charakteristisch ist für diesen von Virchow gefundenen Stoff, daß er mit
wässriger Jodlösung eine braun-rote bis blau-violette Färbung giebt,
welche namentlich beim Zusatz von Schwefelsäure in Blau übergeht
und der bekannten Stärkereaktion gegen Jod ähnlich wird. Trotzdem
ist das Amyloïd den Kohlehydraten durchaus nicht verwandt und hat
nichts zu thun mit jener Substanz, welche durch die Einwirkung von
starker Schwefelsäure auf Cellulose entsteht und von den Chemikern
ebenfalls Amyloïd oder künstliches Pergament genannt ist. Das
albuminoïde Amyloïd giebt auch die Xanthoproteïn- und die Millonsche Probe. Im genuïnen Zustande ist es nicht in Lösung zu bringen,
dagegen wird es von konzentrierter Salzsäure zu Syntonin und von
Laugen zu Albuminat gelöst.

Aus allen eigentlichen, nativen oder künstlich veränderten Eiweißstoffen, sowie den Proteïden und den Albuminoïden lassen sich, wie bereits mehrfach erwähnt wurde, durch gemäßigte hydrolytische Einwirkung Spaltungsprodukte erzeugen, welche noch die allgemeinen Cha-
raktere der Proteïnsubstanzen tragen, nämlich unlöslich sind in absolutem
Alkohol und neben der Xanthoproteïn- wenigstens noch die Biuretreaktion
geben. Es sind dies die sogenannten A l b u m o s e n und P e p t o n e.
Da dieselben auch durch die natürliche Verdauung entstehen, sollen sie
später besprochen werden.

Zweites Kapitel.

Die Kohlehydrate.

Sie bilden eine Gruppe von stickstofffreien Nahrungsstoffen, welche
den größten Teil der Trockensubstanz des Pflanzenleibes ausmachen. In
viel geringerer Menge finden sie sich in den tierischen Organismen.
Der Name „Kohlehydrate" rührt davon her, daß in diesen Substanzen
neben dem Kohlenstoff der Wasserstoff und der Sauerstoff in dem Verhältnis sich vorfinden, als sich aus diesen beiden Elementen Wasser
bilden kann. Dieses quantitative Verhalten ihrer Bestandteile können
indessen die Kohlehydrate nicht allein für sich in Anspruch nehmen,

---

[1] Kekulé und Friedreich, Virchow's Archiv, Bd. 16, S. 50.
C. Schmidt, Ann. d. Chem. u. Pharm., Bd. 110, S. 250. W. Kühne und
Rudneff, Virchow's Archiv, Bd. 33.

da dasselbe auch bei vielen anderen Substanzen, z. B. der Essigsäure, $C_2 H_4 O_2$, in gleicher Weise zutrifft. Eine strenge Definition des Begriffs der Kohlehydrate läßt sich nicht geben. Im allgemeinen aber kann man sagen, daß die Kohlehydrate 6 Kohlenstoffatome im Molekül oder ein Vielfaches von 6 Kohlenstoffatomen besitzen [1]). Man teilt die Kohlehydrate zweckmäßig ein in Monosaccharide, Disaccharide und Polysaccharide.

Monosaccharide.

In der Nahrung finden sich direkt, oder zu höheren Kohlehydraten kombiniert, eine Reihe von Stoffen, welche als einfache Zucker, Monosaccharide, Glykosen oder auch als Hexosen bezeichnet werden, von der empirischen Zusammensetznng $C_6 H_{12} O_6$, nämlich:

Traubenzucker, auch Dextrose oder Glykose $\varkappa \alpha \tau' \ \dot{\varepsilon} \xi o \chi \acute{\eta} \nu$,
Fruchtzucker, auch Lävulose oder Fruktose,
Mannose,
Galaktose (nicht gleichbedeutend mit Milchzucker).

Sie sind mehr oder weniger süß schmeckende, in Wasser und Alkohol leicht lösliche, in Aether unlösliche Körper, welche krystallisieren, optisch aktiv und diffusibel sind. Ihre Verbindungen mit Basen werden als Saccharate bezeichnet. Die Bleiverbindungen der Zucker sind in ammoniakhaltigen Flüssigkeiten meist ganz unlöslich, was zur Fällung der Zucker aus ihren Lösungen dienen kann. Durch die Einwirkung von Schwefelwasserstoff werden diese Bleisaccharate zersetzt.

Alle einfachen Zucker sind isomere, zum Teil auch stereoïsomere Körper, das heißt: ihre Moleküle haben zwar gleiche qualitative und quantitative Zusammensetzung, aber die Atomgruppen innerhalb des Moleküls besitzen entweder eine verschiedene Struktur (einfache Isomerie), oder sie haben eine verschiedenartige Lagerung im Raume (Stereoïsomerie), welche durch die Gegenwart eines asymmetrischen Kohlenstoffatoms bedingt ist.

Struktur der einfachen Zucker. Dieselben sind die nächsten Oydationsprodukte der stereoïsomeren normalen 6-wertigen Alkohole von der Zusammensetzung $CH_2 . OH - (CH . OH)_4 - CH_2 . OH$, von denen in der Natur, soweit bekannt, drei vorkommen, nämlich der Sorbit (oder Glucit), der Mannit und der Dulcit.

Und zwar ist die Dextrose der Aldehyd des Sorbits [2]),
die Mannose der Aldehyd des Mannits,
die Galaktose der Aldehyd des Dulcits,
die Lävulose das Keton des Mannits.

---

1) Die Zuckergruppen mit weniger oder mehr als 6 Kohlenstoffatomen (Triosen, Tetrosen, Pentosen, Oktosen u. Nonosen) bleiben hierbei unberücksichtigt. Sie haben übrigens als Nahrungsstoffe kaum Bedeutung. Zu erwähnen ist indessen, daß im Tierkörper auch stickstoffhaltige Kohlehydratabkömmlinge vorkommen. Es sind dies die oben besprochenen Hyaline, welche vielleicht als die Homologen des Glykosamins betrachtet werden dürfen.

2) MEUNIER, Compt. rend., Bd. 111, S. 49. VINCENT und DELACHANAL, Compt. rend. Bd. 111, S. 51.

Die Dextrose, Mannose und Galaktose haben daher folgende Struktur: $CH_2 . OH — (CH . OH)_4 — C{\,}^{H}_{O}$, die Lävulose dagegen:

$$CH_2 . OH — (CH . OH)_3 — CO — CH_2 . OH.$$

Die Aldehyd- beziehungsweise Ketonstruktur der einfachen Zucker zeigt sich bei der Oxydation. Denn bewirkt man diese mittels Chlor- oder Bromwasser, so zerfällt die Lävulose hierbei, wie alle Ketone, unter Bildung von kohlenstoffärmeren Produkten. Dagegen erhält man aus der Dextrose, Mannose und Galaktose zunächst einbasische Säuren $CH_2 . OH — (CH . OH)_4 — COOH$ und dann bei weiterer Oxydation mittels Salpetersäure zweibasische Säuren $COOH — (CH . OH)_4 — COOH$. Sowohl die Säuren der ersteren, als auch der letzteren Gruppe sind untereinander stereoïsomer.

So entsteht aus Traubenzucker erst Glukonsäure (1-bas.), dann Zuckersäure (2-bas.),

aus Mannose erst Mannonsäure (1-bas.), dann Mannozuckersäure (2-bas.),

aus Galaktose erst Galaktonsäure (1-bas.), dann Schleimsäure (2-bas.).

Erhitzt man Zuckersäure 5—6 Stunden auf dem Wasserbade, so verwandelt sie sich durch innere Anhydridbildung in sogen. Zuckerlaktonsäure $C_6 H_8 O_7$. Reduziert man diese in wäßriger Lösung mittels Natriumamalgam, so erhält man Glykoronsäure, welche auch im tierischen Organismus entsteht [1]). Die Glykoronsäure ist eine Aldehydsäure und steht in der Mitte zwischen der Glukonsäure und der Zuckersäure. Sie hat dementsprechend die Zusammensetzung:

$$COOH — (CH . OH)_4 — C{\,}^{H.}_{O}$$

Die Glykoronsäure ist in Wasser und in Alkohol löslich, optisch aktiv (rechtsdrehend) und reduziert alkalische Metallsalzlösungen wie Traubenzucker. Bei der Behandlung mit Brom geht sie durch Oxydation in Zuckersäure über. Wiewohl sie selbst noch nicht krystallisiert erhalten wurde, liefert sie leicht krystallisierende Salze.

Reduziert man einen einfachen Zucker mittels Natriumamalgam und Wasser, so erhält man den betreffenden sechswertigen Alkohol, von welchem er sich ableitet, oder aber auch mit diesem Alkohol zugleich einen zweiten, welcher dem ersteren stereoïsomer ist. Dies wird aus der Entstehung eines asymmetrischen Kohlenstoffatoms bei der Reduktion erklärlich. Man gewinnt z. B. bei der Reduktion der Lävulose nicht nur Mannit, sondern auch Sorbit, was sich aus der Betrachtung der Formeln leicht ergiebt [2]):

Lävulose: $CH_2 . OH — (CH . OH)_3 — CO — CH_2 . OH + H_2 =$

Mannit und Sorbit: $CH_2 . OH — (CH . OH)_3 — CH . OH — CH_2 . OH.$

asym.

Reaktionen der einfachen Zucker. a) Sie sind in ver-

1) H. Tierfelder, Zeitschr. f. physiol. Chem., Bd. 11, 1887, S. 388; Bd. 15, 1891, S. 71 Derselbe, Ber. d. Deutsch. chem. Gesellsch., Bd. 19, 1886 S. 3148. Emil Fischer und O. Piloty, Ber. d. Deutsch. chem. Gesellsch., Bd. 24, 1891, S. 521.

2) Emil Fischer, Reduktion des Fruchtzuckers, Ber. d. Deutsch. chem. Gesellsch., Bd. 23, 1890, S. 3684.

dünnter wäßriger Lösung direkt gärungsfähig, das heißt, sie werden durch gewisse Fermentorganismen in kleinere Moleküle zerlegt. Und zwar bewirken die verschiedenen Hefearten, mehr oder weniger leicht, eine Spaltung in Alkohol und Kohlensäure:

$$C_6 H_{12} O_6 = 2 C_2 H_5 . OH + 2 CO_2,$$

während das Bacterium lactis die einfachen Zucker unter Bildung von Gärungsmilchsäure zersetzt:

$$C_6 H_{12} O_6 = 2 CH_3 - CH . OH - COOH \,^1).$$

b) Da die Zucker, ihrer Aldehyd- oder Ketonstruktur entsprechend, leicht oxydierbar sind, reduzieren sie beim Erwärmen in alkalischen Flüssigkeiten Metalloxyde. So scheidet ammoniakalische Silberlösung, welche etwas Natronlauge enthält, metallisches Silber ab und ebenso basisches Wismutnitrat, in Natronlauge oder Sodalösung suspendiert, metallisches Wismut (BÖTTCHER's Probe), falls man zu diesen Flüssigkeiten etwas Zucker giebt und kocht. Nicht anders verhält sich Kupferhydroxyd in verdünnter Natronlauge, welches zu rotem Kupferoxydul $Cu_2 O$ oder gelbem Kupferoxydulhydrat $Cu (OH)_2$ reduziert wird.

Setzt man Kupferlösung zu Natronlauge, so fällt bei gleichzeitiger Gegenwart einer genügenden Zuckermenge kein Kupferhydroxyd aus. Dasselbe bleibt vielmehr unter diesen Umständen gelöst, weil die Zucker, wie viele organische Substanzen (Eiweißkörper, Glycerin, Weinsäure etc.), die Fällung des Kupferhydroxyds durch Laugen verhindern. Zur Anstellung der Probe giebt man tropfenweise stark verdünnte Kupferlösung zur zuckerverdächtigen, mit etwas Lauge versetzten Flüssigkeit, bis gerade ein wenig Kupferhydroxyd ungelöst bleibt, und erwärmt dann bis zum Sieden (TROMMER'sche Probe). Noch bequemer ist es, zur alkalisch gemachten Flüssigkeit, welche auf Zucker geprüft werden soll, zunächst etwas weinsaures Alkali (z. B. Seignettesalzlösung) zu geben. Setzt man hierauf wenig Kupferlösung zur Flüssigkeit, so bleibt dieselbe in der Kälte unter allen Umständen völlig klar, trübt sich aber beim Kochen unter Ausscheidung von Kupferoxydul, falls Zucker zugegen ist (FEHLING'sche Probe).

c) Beim trockenen Erhitzen liefern die Zucker vor dem Verkohlen eine braune, eigentümlich riechende Masse, das sogenannte Karamel. Beim Kochen mit Laugen (MOORE'sche Probe) oder mit wäßriger Schwefelsäure werden die Zucker unter Gelb- bis Braunfärbung zersetzt. In letzterem Falle entsteht neben anderen Produkten regelmäßig Lävulinsäure, eine Ketonsäure von der Zusammensetzung:

$$CH_3 - CO - CH_2 - CH_2 - COOH.$$

d) Wie alle Aldehyde und Ketone vereinigen sich die Glykosen in essigsaurer Lösung mit den Hydrazinen unter Wasseraustritt zu Hydrazonen. Besonders wichtig sind die Verbindungen der einfachen Zucker mit Phenylhydrazin [2]):

$$C_6 H_{12} O_6 + NH_2 - NH . C_6 H_5 = C_6 H_{12} O_5 - N_2 H . C_6 H_5 + H_2 O.$$

Phenylhydrazin Glykose-phenylhydrazon

---

1) Auch durch Erhitzen der Monosaccharide mit Natron oder Baryt läßt sich diese Spaltung in Milchsäure bewerkstelligen. Vergl. SSOROKIN, Journ. der russisch. physik.-chem. Gesellsch., 1885, S. 368.

2) E. FISCHER, Ber. d. Deutsch. chem. Gesellsch., Bd. 17, 1884, S. 579.

Erwärmt man letztere Verbindungen, welche größtenteils in Wasser leicht löslich sind (eine Ausnahme bildet das Mannose-phenylhydrazon), längere Zeit im Wasserbade mit überschüssigem-Phenylhydrazin, so tritt ein zweites Molekül dieser Base in die Zuckerverbindung ein, und es entstehen, unter der Abgabe von Wasserstoff und dem nochmaligen Austritt von Wasser, die betreffenden Osazone, gelb gefärbte, schön krystallisierende, schwer lösliche Verbindungen, welche für manche Glykosen charakteristische Schmelzpunkte besitzen: Phenyl-glykosazon 204 °, Phenyl-galaktosazon 193 °. Denselben Schmelzpunkt wie das Phenylglykosazon besitzt das Osazon der Lävulose und der Mannose. Der Uebergang der Hydrazone in die Osazone vollzieht sich nach folgender Gleichung:

$$C_6 H_{12} O_5 - N_2 H . C_6 H_5 + NH_2 - NH . C_6 H_5 =$$
Glykose-phenylhydrazon   Phenylhydrazin
$$C_6 H_{10} O_4 - (N_2 H . C_6 H_5)_2 + H_2 O + H_2 .$$
Phenylglykosazon

Der disponibele Wasserstoff wird nicht frei, sondern spaltet in statu nascendi ein weiteres Molekül Phenylhydrazin in Anilin und Ammoniak ($NH_2 - NH . C_6 H_5 + H_2 = NH_2 . C_6 H_5 + NH_3$).

Um aus den Osazonen die Zucker wieder zu regenerieren, behandelt man erstere mit rauchender Salzsäure[1]). Hierbei tritt eine Spaltung der Osazone ein in Phenylhydrazin und in die sogenannten Osone. Letztere sind Substanzen, welche außer der Aldehyd- oder Ketongruppe des betreffenden Zuckers noch eine zweite Aldehydgruppe besitzen, z. B.:

$$CH_2 . OH - (CH . OH)_3 - CO - C\!\!\begin{smallmatrix}H\\O\end{smallmatrix}.$$

Dies wird aus der Thatsache verständlich, daß es sich bei der Bildung der Osazone aus den Hydrazonen eigentlich um einen Oxydationsvorgang handelt[2]. Durch nascierenden Wasserstoff (Zinkstaub und Essigsäure) lassen sich die Osone leicht zu ihren Zuckern reduzieren.

Die künstliche Darstellung der Zucker kann durch vorsichtige Oxydation der betreffenden 6-wertigen Alkohole geschehen. So erhält man durch die Oxydation des Mannits Mannose und Lävulose. Entsprechend entstehen die Zucker auch durch die Reduktion der betreffenden einbasischen Säuren. Außerdem aber ist es Emil Fischer gelungen, die einfachen Zucker aus niederen Kohlenstoffverbindungen synthetisch aufzubauen. Hierüber ausführlich zu berichten, kann nicht die Aufgabe dieses Lehrbuches sein. Nur die allgemeinen Gesichtspunkte, welche zur Darstellung der natürlichen Zucker geführt haben, sollen hier mitgeteilt werden[3]).

Der dreiwertige Alkohol Glycerin liefert bei der Oxydation mittels Brom zwei isomere Substanzen, von denen die eine das Aldehyd ($CH_2 . OH - CH . OH - C\!\!\begin{smallmatrix}H\\O\end{smallmatrix}$) und die andere das Keton ($CH_2 . OH$

---

1) E. Fischer, Ber. d. Deutsch. chem. Gesellsch., Bd. 21, 1888, S. 2631, und Bd. 22, 1889, S. 87.

2) E. Fischer, Ber. d. Deutsch. chem. Gesellsch., Bd. 23, 1890, S. 2118.

3) Vergl. hierüber die zusammenfassende Abhandlung von Emil Fischer, Ber. d. Deutsch. chem. Gesellsch., Bd. 23, 1890, S. 2114 und dessen neuere Aufsätze in dieser Zeitschrift.

— CO — CH$_2$. OH) des Glycerins vorstellt. Sie werden als Glycerosen oder Triosen bezeichnet und besitzen durchaus schon zuckerartigen Charakter [1]).

Uebersättigt man die Glycerosen schwach mit Natronlauge und läßt sie zwei Tage bei 0° stehen, so gehen sie, unter mannigfaltigen anderen Umsetzungen, auch eine Kondensation ein, infolgedessen aus ihnen zwei einander isomere Zucker, die sogenannten Akrosen entstehen, welche sich von den natürlichen Zuckern nur durch ihre optische Inaktivität unterscheiden. Die Akrosen entstehen offenbar nach der Gleichung $2\,C_3 H_6 O_3 = C_6 H_{12} O_6$ [2]). Die eine dieser beiden Akrosen läßt sich aus dem Gemisch mittels Phenylhydrazin isolieren, mit dem sie im Gegensatz zur anderen Akrose ein schwer lösliches Osazon bildet. Man erhält so ein Phenylakrosazon, welches, abgesehen von seiner optischen Inaktivität, dem Phenylglykosazon täuschend ähnlich ist.

Um das Phenylakrosazon in die Akrose zurückzuverwandeln, wird es nach der oben mitgeteilten Methode mittels rauchender Salzsäure zersetzt und das hierdurch entstehende Oson (Akroson) durch nascierenden Wasserstoff in die Akrose übergeführt. Die so regenerierte Akrose ist aber nichts anderes als inaktiver Fruchtzucker. Dies kann nicht auffallen, da nach den bisherigen Erfahrungen bei künstlichen Synthesen organischer Verbindungen, welche ein asymmetrisches Kohlenstoffatom enthalten, stets eine inaktive Substanz erhalten worden ist, welche sich als die Kombination von zwei optisch entgegengesetzten Verbindungen herausgestellt hat [3]). Von den beiden entgegengesetzt drehenden Fruchtzuckern ist in der Natur nur die links drehende Modifikation, die sogenannte Lävulose zu finden.

Eine wäßrige Lösung der synthetischen Akrose (des inaktiven Fruchtzuckers) gerät durch Hefe nach kurzer Zeit in lebhafte Gärung, welche nach 1—2 Tagen beendet ist. Die vorher inaktive Flüssigkeit dreht nunmehr stark nach rechts. Sie enthält lediglich den in der Natur nicht vorhandenen rechts drehenden Fruchtzucker, welcher von der Hefe übrig gelassen wurde, während der natürliche, links drehende Fruchtzucker (die Lävulose) durch die Hefe zerstört ist. Dieses Resultat war

---

1) Um diesen fundamentalen Versuch anzustellen, löst man 10 g Glycerin und 35 g krystallisierter Soda in 60 g warmem Wasser, kühlt auf Zimmertemperatur und gießt unter einem gut ventilierten Abzug 15 g Brom hinzu. Dasselbe löst sich beim Umschütteln, und sofort beginnt die Entwickelung von Kohlensäure. Die Reaktion ist zwar erst nach $^1/_2$ Stunde beendet, aber schon nach 2 Minuten läßt sich die Entstehung der Glycerosen beweisen. Man nimmt eine Probe der Flüssigkeit, übersättigt sie zur Zerstörung der unterbromigen Säure mit schwefliger Säure und fügt dann, nach dem Uebersättigen mit Alkali, FEHLING'sche Lösung hinzu. Beim Erwärmen erfolgt jetzt Trübung und Abscheidung von Kupferoxydul.

2) Die Akrosen sind auch durch die Einwirkung von Baryt auf Akroleïnbromid gewonnen worden, woher sich ihre Bezeichnung erklärt:

$$2\,.\,CH_2 Br - CHBr - C\genfrac{}{}{0pt}{}{H}{O} + 2\,Ba\genfrac{}{}{0pt}{}{OH}{OH} = 2\,BaBr_2 + C_6 H_{12} O_6.$$

3) E. Fischer, Ber. d. Deutsch. chem. Gesellsch., Bd. 23, 1890, S. 2623.

nach längst bekannten Untersuchungen von PASTEUR [1]) zu erwarten. Denn wie bereits auf S. 25 angedeutet wurde, verwenden die Gärungserreger in derartigen Fällen von den beiden entgegengesetzt drehenden Komponenten der inaktiven Substanz nur diejenige für ihre Ernährung, an welche sie durch ihre Vergangenheit gewöhnt sind, während die andere Komponente, welche den Pilzen weniger zusagt, übrig bleibt. Auf diesem Wege läßt sich demnach ein Zucker, welcher mit einem der natürlichen Zucker völlig identisch wäre, nicht gewinnen.

Zur Ueberführung synthetisch dargestellter inaktiver Substanzen in optisch aktive stehen allerdings, außer der Vergärung, noch zwei andere Wege offen, nämlich die mechanische Auslese der Krystalle, wie sie PASTEUR zur Trennung der beiden Weinsäuren verwandte, sowie die fraktionierte Krystallisation. Allein diese beiden Methoden sind nur für besonders gut krystallisierende Stoffe geeignet und versagen bei den Zuckern gänzlich.

Bei der Reduktion der synthetisch dargestellten Akrose (des inaktiven Fruchtzuckers) mittels Natriumamalgam und Wasser resultiert der entsprechende, inaktive 6-wertige Alkohol, der sogenannte Akrit, der nichts anderes vorstellt, als die inaktive Form des Mannits [2]).

Oxydiert man diesen inaktiven Mannit vorsichtig mittels Salpetersäure, so erhält man nicht wieder sein Keton, den inaktiven Fruchtzucker, sondern sein Aldehyd, die inaktive Mannose. Durch Hefegärung bleibt von derselben indessen nur die links drehende Komponente übrig, während die in der Natur vorkommende rechts drehende Mannose vergärt, gerade so, wie vorher der natürliche Fruchtzucker (die Lävulose).

Läßt man aber auf die inaktive Mannose Bromwasser einwirken, so erhält man durch Oxydation inaktive Mannonsäure, welche schön krystallisierende Salze bildet. Von diesen ist besonders das Strychnin- und das Morphinsalz zur fraktionierten Krystallisation geeignet, wodurch die inaktiven mannonsauren Salze in eine rechts und links drehende Modifikation getrennt werden. Setzt man die beiden Mannonsäuren aus ihren Salzen in Freiheit, so läßt sich aus ihnen durch Reduktion sowohl links, als auch rechts drehende Mannose gewinnen. Die rechts drehende Modifikation ist mit der natürlichen Mannose identisch.

Führt man weiter die synthetisch dargestellte oder natürliche rechts drehende Mannose mittels Phenylhydrazin in ihr Osazon über und dieses durch Spaltung mittels Salzsäure in das Oson, so geht bei der folgenden Reduktion des letzteren durch eine Umlagerung der Atome die Aldehyd- in die Ketongruppe über, und man gewinnt links drehenden Fruchtzucker, welcher der natürlichen Lävulose völlig entspricht.

Endlich gelang auch die Synthese des Traubenzuckers: Oxydiert man künstliche oder natürliche (rechts drehende) Mannose mittels Bromwasser, so entsteht rechts drehende Mannonsäure. Diese geht beim Erhitzen mit Chinolin auf 140° in die ihr isomere, rechts drehende Glykon-

---

1) PASTEUR, Compt. rend., Bd. 46, 1858, S. 615 und Bd. 51, 1860, S. 298, Bd. 56, 1863, S. 416.

2) Daß die mitgeteilten Operationen keineswegs glatt verlaufen, vielmehr von zahlreichen Nebenreaktionen begleitet sind, geht daraus hervor, daß zur Darstellung von 0,2 g Akrit nicht weniger als ein 1 k Glycerin erforderlich ist.

säure über, welche man nur mittels nascierenden Wasserstoffs zu reduzieren braucht, um rechts drehenden T r a u b e n z u c k e r zu erhalten, welcher von dem natürlichen nicht zu unterscheiden ist. Von den hauptsächlichen natürlichen Zuckern ist demnach nur die Galaktose noch nicht künstlich dargestellt. Da man indessen imstande ist, alle bekannten Glieder der Dulcitgruppe, also die Galaktose, Galaktonsäure, Schleimsäure und schließlich den Dulcit gegenseitig ineinander überzuführen, würde es genügen, nur eine von diesen Verbindungen künstlich darzustellen, um die Synthese aller zu verwirklichen [1]).

Durch die mehrfachen in den Zuckermolekülen vorhandenen asymmetrischen Kohlenstoffatome und ferner durch die Möglichkeit des Ersatzes der Aldehyd- durch die Ketongruppe ist die Existenz einer sehr großen Anzahl von einfachen Zuckern theoretisch denkbar, welche in erster Linie nach ihrer Struktur in Aldosen und Ketosen unterschieden werden. Sicher bekannt, zum Teil auch eingehend untersucht, sind von diesen Zuckern etwa 12, während noch eine bei weitem größere Zahl aus den natürlichen Glykosiden durch Abspaltung mittels siedender Schwefelsäure gewonnen wurde, welche indessen, zum Teil wenigstens, mit schon bekannten Zuckern identisch sein dürften.

Außer den vier erwähnten natürlichen Zuckern und einer größeren Anzahl künstlich dargestellter, welche in der Natur nicht vorkommen, sind sicher Zucker eigener Art die links drehende Sorbinose in dem Saft der Vogelbeeren, und ferner die sogenannte Rhamnohexose, welche durch Zersetzung des Glykosids Quercitrin gewonnen wird.

Von den nächsten Abkömmlingen der einfachen Zucker ist physiologisch von besonderer Bedeutung die bereits mehrfach besprochene A m i d o g l y k o s e oder das G l y k o s a m i n, $C_6 H_{11} O_5 . NH_2$, welches durch Zersetzung des Chitins und des Chondroïtins erhalten wurde. Durch salpetrige Säure läßt sich das Glykosamin in Traubenzucker überführen:

$$C_6 H_{11} O_5 . NH_2 + NOOH = C_6 H_{12} O_6 + N_2 + H_2 O.$$

Sämtliche einfachen Zucker sind der Glykosaminbildung fähig, wenn man die betreffenden Osazone direkt mit reduzierenden Mitteln behandelt:

$$C_6 H_{10} O_4 (N_2 H . C_6 H_5)_2 + H_2 O + H_4 = C_6 H_{11} O_5 . NH_2 +$$

Phenylglykosazon   Glykosamin

$$NH_2 - NH . C_6 H_5 + NH_2 . C_6 H_5.$$

Phenylhydrazin   Anilin

Die Ueberführung der Osazone in Glykosamine und deren nachträgliche Behandlung mit salpetriger Säure bietet also auch einen Weg, um die Zucker aus ihren Osazonen zu regenerieren. Diese Methode ist indessen nur in wenigen Fällen verwendet worden, weil die Glykosamine schlecht krystallisieren und daher aus den Lösungen nur schwer zu isolieren sind [2]).

D i s a c c h a r i d e (Hexobiosen).

Sie sind anhydrische Vereinigungen zweier Moleküle der einfachen Zucker, und ihre empirische Formel ist daher

$$C_{12} H_{22} O_{11} (C_6 H_{12} O_6 + C_6 H_{12} O_6 - H_2 O).$$

---

1) E. Fischer und J. Hertz, Ber. d. Deutsch. chem. Gesellsch., Bd. 25, 1892, S. 1249.

2) Vergl. hierüber die Untersuchungen von E. Fischer, Ber. d. Deutsch. chem. Gesellsch., Bd. 19, 1886, S. 1920 sowie von E. Fischer und Julius Tafel, Ber. der Deutsch. chem. Gesellsch., Bd. 20, 1887, S. 2569.

Zu den Disacchariden gehören besonders:
der Rohrzucker (Saccharose),
der Milchzucker (Laktose),
der Malzzucker (Maltose, Ptyalose).

Und zwar besteht der Rohrzucker aus der Vereinigung von 1 Molekül Dextrose und 1 Molekül Lävulose,
der Milchzucker aus der Vereinigung von 1 Molekül Dextrose und 1 Molekül Galaktose und
der Malzzucker aus der Vereinigung von 2 Molekülen Dextrose.

Die Disaccharide besitzen ganz ähnliche Lösungsverhältnisse wie die einfachen Zucker. Sie sind wie letztere optisch aktiv, krystallisieren und diffundieren. Sie schmecken im allgemeinen süßer, als die einfachen Zucker.

Mit Basen verbinden sich die Disaccharide, gleich den einfachen Zuckern, zu Saccharaten, mit Phenylhydrazin zu Hydrazonen und Osazonen. Das Laktosazon schmilzt bei 200^0, das Maltosazon bei 206^0, das Osazon des Rohrzuckers dagegen unterscheidet sich nicht vom Glykosazon.

Die Disaccharide geben beim trockenen Erhitzen wie die Monosaccharide braunes Karamel und werden beim Erwärmen mit verdünnter Schwefelsäure oder Laugen unter Braunfärbung zersetzt.

Ferner reduzieren auch die Doppelzucker in alkalischen Flüssigkeiten Metalloxyde. Eine bemerkenswerte Ausnahme bildet jedoch der Rohrzucker, welcher nicht reduziert, wohl infolge einer eigentümlich geschützten Lage seiner Aldehyd- und Ketongruppe.

Spezielle Reaktionen der Disaccharide. Durch gespannte Wasserdämpfe, durch Kochen mit verdünnten Mineralsäuren und durch gewisse Fermente werden die Disaccharide unter Wasseraufnahme zersetzt, wobei die betreffenden Monosaccharide entstehen:

$$C_{12}H_{22}O_{11} + H_2O = 2C_6H_{12}O_6.$$

Diese Spaltung der Doppelzucker unter Wasseraufnahme wird Invertierung (Inversion) genannt, ein Ausdruck, welcher eigentlich nur für den Rohrzucker bezeichnend ist, der bei seiner Invertierung in ein Gemisch von Dextrose und Lävulose (den sogenannten Invertzucker) zerfällt. Da nämlich die Lävulose stärker links dreht, als die Dextrose rechts, dreht auch das aus gleichen Teilen der beiden Zucker bestehende Gemisch das polarisierte Licht nach links, wodurch eine Umkehrung (Inversion) der ursprünglichen Wirkung des Rohrzuckers eintritt. Es ist klar, daß die Unfähigkeit des Rohrzuckers, alkalische Metallsalzlösungen zu reduzieren, nach der Invertierung ihm nicht mehr eigen ist.

Die Disaccharide sind den Gärungsprozessen, welche durch gewisse Fermentorganismen zustande kommen, nicht unmittelbar zugänglich, wie die einfachen Zucker, sondern erst nach ihrer Invertierung. Diese Spaltung in die Monosaccharide bringen die Mikroben wenigstens teilweise dadurch zu wege, daß sie invertierende Fermente absondern, welche ihre Gärung vorbereiten. Gegen das invertierende Ferment der Hefearten ist von den Disacchariden nur der Milchzucker resistent [1]), während die Kefirpilze gerade diesen Zucker leicht zu invertieren ver-

---

1) Fitz, Berichte d. Deutsch. chem. Gesellsch., Bd. 11, 1878, S. 45 sowie C. Voit u. Lusk, Zeitschr. f. Biol., N. F. Bd. 10, 1892, S. 281.

mögen, um dann ihre eigentümliche Alkohol-Milchsäuregärung folgen zu lassen.

Andererseits zerfällt, im Gegensatz zu allen übrigen Disacchariden, gerade der Milchzucker sehr leicht in seine Komponenten und weiter in Milchsäure, wenn er der Einwirkung des Bacterium lactis unterliegt. Außer den Disacchariden kennen wir auch eine Kombination von Dextrose, Lävulose und Galaktose in einem Molekül. Es entsteht in diesem Falle ein Trisaccharid (eine Hexotriose), die sogenannte Raffinose [1]). Sie besitzt die Formel

$$C_{18}H_{32}O_{16}(C_{12}H_{22}O_{11} + C_6H_{12}O_6 - H_2O).$$

Die Raffinose ist gefunden worden in der Gerste, in der Eucalyptus-Manna und in den Baumwollensamen. Ferner bildet sie einen nie fehlenden Bestandteil des Rübensaftes. Dieser eigentümliche Zucker verhält sich dem Rohrzucker sehr ähnlich, indem auch er direkt weder FEHLING-sche Lösung reduziert, noch gärungsfähig ist, beide Eigenschaften aber nach seiner Invertierung erlangt.

Eine künstliche Synthese der aufgeführten komplexen Zucker ist trotz mehrfacher Versuche bisher nicht geglückt, dagegen gelang es MUSCULUS und A. MEYER [2]), aus Traubenzucker durch Wasserentziehung ein dextrinartiges Polysaccharid zu erhalten.

Polysaccharide.

Sie sind, wie die Disaccharide, als Anhydride von Monosacchariden zu betrachten, nur entstehen sie aus der Vereinigung vieler Moleküle der einfachen Zucker und haben ein sehr hohes, offenbar aber nicht gleich großes Molekulargewicht. Die allgemeine Formel der Polysaccharide ist $(C_6H_{10}O_5)$ x. Die Molekulargrößen der verschiedenen Polysaccharide konnten noch nicht mit Sicherheit ermittelt werden. Zu ihrer Feststellung hat man, wie bei den Eiweißstoffen, in neuester Zeit begonnen, die kryoskopische Methode zu verwenden. SABANEJEFF bestimmte das Molekulargewicht des reinen, lufttrocknen Glykogens aus der Gefrierpunktsdepression zu 1625. Nach dieser Zahl würde die Formel des Glykogens $(C_6H_{10}O_5)_{10}$ sein, da sich aus dieser Formel das Molekulargewicht zu 1620 berechnet [3]). Die hauptsächlichen Glieder der Polysaccharide sind:

die vegetabilische Stärke (Amylum),
die tierische Stärke (Glykogen),
die Dextrine,
die Cellulose,
die Reservecellulose,
die Gummiarten,
das Inulin.

---

1) LOISEAU. Compt. rend., Bd. 82, 1876, S. 1058 und Ber. d. Deutsch. chem. Gesellsch., Bd. 9, S. 732. Eine Zusammenstellung der älteren Litteratur findet sich bei SCHEIBLER: Beitrag zur Kenntnis der Melitriose (Raffinose) etc., Ber. d. Deutsch. chem. Gesellsch., Bd. 19, 1886, S. 2868.

2) MUSCULUS und A. MEYER, Dextrin aus Traubenzucker, Zeitschr. f. physiol. Chem., Bd. 5, 1881, S. 122.

3) SABANEJEFF, Kryoskopische Untersuchungen der Kolloïde, Chem. Centralblatt, 1891, S. 10.

Die Polysaccharide sind geschmacklose, amorphe, in Alkohol und Aether ganz unlösliche, mit Ausnahme der Cellulose in Wasser mehr oder weniger leicht lösliche Stoffe, von welchen die höheren Glieder (Stärke, Glykogen) opalisierende Lösungen bilden. Die wäßrigen Lösungen der Polysaccharide sind optisch aktiv und diffundieren im allgemeinen nicht durch künstliches Pergament. Daher werden diese Kohlehydrate auch Saccharo-Kolloïde genannt. Die in Wasser gelösten Substanzen lassen sich durch Sättigung der Flüssigkeiten mit Salzen ausscheiden. Besonders wirksam ist in dieser Beziehung, wie bei den Proteïnsubstanzen, so auch hier das Ammoniumsulfat [1]. Die Polysaccharide sind völlig indifferent und gehen weder mit Basen, noch mit Phenylhydrazin Verbindungen ein. Auch vermögen sie Metalloxyde in alkalischen Flüssigkeiten nicht zu reduzieren, falls man nicht durch allzu langes Kochen in FEHLING'scher Lösung eine teilweise Hydratation herbeiführt.

Reaktionen der Polysaccharide: Durch Hydratation, welche durch Behandlung mit hochgespannten Wasserdämpfen oder durch Enzymwirkung, am einfachsten aber durch kurz dauerndes Kochen mit verdünnten Mineralsäuren erreicht wird, entstehen aus allen Polysacchariden die entsprechenden Monosaccharide. Und zwar resultiert Dextrose bei der Hydrolyse der Stärke, des Glykogens und der gewöhnlichen Cellulose, Lävulose bei der Zersetzung des Inulins, Mannose bei der Hydrolyse der Reservecellulose. Endlich ist Galaktose bei der hydrolytischen Spaltung vieler Gummiarten gewonnen worden.

Eine besondere Stellung nehmen unter den Polysacchariden die Dextrine ein. Sie besitzen offenbar eine geringere Molekulargröße, als alle übrigen Stoffe dieser Gruppe. Diese Annahme wird wahrscheinlich, weil die Dextrine am leichtesten löslich und bereits ein wenig diffusibel sind [2]), sowie als Zwischenglieder bei der hydrolytischen Spaltung aller übrigen Polysaccharide auftreten. Kocht man Stärkelösung mit verdünnter Schwefelsäure, so erhält man zunächst Erythrodextrin, welches mit Jodlösung eine Rotfärbung giebt, hierauf Achroodextrin, welches durch Jod nicht mehr gefärbt wird, wohl aber noch durch starken Alkohol fällbar ist. Das Achroodextrin geht aus dem Erythrodextrin durch eine weitere Spaltung des Moleküls hervor. Aus dem Achroodextrin soll sich ferner nach mehreren Beobachtungen eine eigentümliche Dextrinmodifikation bilden, welche sich von dem Achroodextrin namentlich durch seinen spezifischen Drehungsexponenten unterscheidet. Es ist Maltodextrin genannt worden. Erst das Maltodextrin zerfällt endlich glattauf in Traubenzucker. Will man die Spaltung der Stärke mit der Bildung der Dextrine abschließen, so kann dies erreicht werden durch sehr kurze Einwirkung gespannter Wasserdämpfe von 150—160°. Ferner erhält man die Dextrine durch gelindes Rösten der Stärke bei 110°, wobei letztere ebenso wie das Glykogen [3]) in kleine Moleküle zerfällt. Daher finden sich die Dextrine im Bier und in der Brotkruste.

Mit Jod geben die meisten Polysaccharide charakteristische Färbungen. Stärke wird intensiv blau, Glykogen mahagonibraun und das

---

1) R. NEUMEISTER, Zeitschr. f. Biol., N. F. Bd. 6, 1888, S. 279. Vergl. auch die ausführliche Abhandlung von O. NASSE u. A. KRÜGER, Ueber das Aussalzen der Eiweißkörper und anderer kolloïder Substanzen, Pflüger's Arch., Bd 4, 1887, S. 504.

2) MUSCULUS u. A. MEYER, Bull. soc. chim., Bd. 35, S. 370.

3) Vergl. SABANEJEFF, a. a. O.

Erythrodextrin rot. Bei der Anstellung der Jodreaktion ist die gleichzeitige Gegenwart von Jodwasserstoffsäure vorteilhaft [1]). Man benutzt deshalb als Reagens eine Lösung von Jod in Jodkalium und säuert schwach mit Schwefelsäure an. Diese Jodverbindungen sind wenig beständig. Schon beim Erwärmen tritt ihre Dissoziation ein, und die Farbe verschwindet, um beim Erkalten wieder zu erscheinen, falls man nicht durch zu starkes Kochen das Jod zum Entweichen brachte. Auch thioschwefelsaures Natron zerstört die Jodstärke sofort, weil das Jod hierdurch der Stärkeverbindung entzogen und an Natrium gebunden wird.

Der Hefegärung sind alle Polysaccharide unzugänglich. Dennoch kann durch die Einwirkung gewisser Mucorarten auf Stärke oder Glykogen Alkohol entstehen, nachdem von den Mikroben zuvor Dextrine und Traubenzucker gebildet wurden. Auch das Bacterium lactis wirkt auf Stärke ein, welche zunächst in Dextrine, dann in Traubenzucker und endlich in Milchsäure gespalten wird. Die Cellulose ist gegen bakterielle Einwirkung bedeutend widerstandsfähiger, dennoch unterliegt auch dieses Kohlehydrat unter gewissen Umständen derartigen Zersetzungen.

Vorkommen der einzelnen Kohlehydrate [2]).

Von Polysacchariden finden sich in den Pflanzen:

Die Stärke. Sie erfüllt die Nahrungsreservoirs der Pflanzen und findet sich daher in den Getreidekörnern, perennierenden Wurzeln, Knollen, Zwiebeln und in den Markstrahlen der Bäume während des Winters. Die Stärke bildet daselbst längliche oder runde Körner, welche mikroskopisch eine konzentrische Schichtung zeigen. Die Hülle dieser Körner wird als Stärkecellulose bezeichnet und ist in Wasser bei jeder Temperatur unlöslich. Der Inhalt der Stärkekörner dagegen, die sogenannte Stärkegranulose, geht beim Erhitzen mit Wasser unter Sprengung der Cellulosehüllen, wahrscheinlich durch eine Hydratbildung, in Lösung. Es entsteht so die lösliche Stärke oder das Amidulin.

Die Cellulose bildet die Membranen der Pflanzenzellen. Auch die Baumwolle besteht aus Cellulose in mehr oder weniger reiner Form. Ferner ist bemerkenswert, das auch bei Tieren Cellulose vorkommt. Sie findet sich im Mantel der Tunicaten und vielleicht auch bei anderen Tierklassen [3]). Die Cellulose ist von allen Polysacchariden durch ihre Unlöslichkeit ausgezeichnet. Sie löst sich nur in sehr konzentrierten Mineralsäuren unter Bildung von Hydrocellulose und Dextrinen, sowie in SCHWEIZER's Reagens. Man erhält letzteres durch Auflösung eines mittels wenig Natronlauge erhaltenen Kupferhydroxydniederschlages in starkem Ammoniak. Aus dieser Lösung wird die Cellulose durch Uebersättigung mit Säuren oder durch viel Wasser gefällt. Tränkt man Cellulose mit Jod in Jodkalium, fügt konzentrierte Schwefelsäure hinzu und entfernt dieselbe schnell durch Auswaschen, so findet man die

———   ———   ————

1) F. MYLIUS, Ber. d. Deutsch. chem. Gesellsch., Bd. 20, 1887, S. 688.
2) Eine ausführliche Beschreibung der Kohlehydrate nebst Litteraturangaben findet sich in TOLLENS' Handbuch der Kohlehydrate, Breslau 1888.
3) Vergl. H. AMBRONN, Cellulose-Reaktion bei Arthropoden und Mollusken, Mitteil. aus der Zool. Station zu Neapel, Bd. 9, S. 475 und Pflüger's Arch., Bd. 44, S. 391.

Cellulose blau gefärbt. Mäßig konzentrierte Schwefelsäure (2 Vol. Schwefelsäure und 1 Vol. Wasser) verwandelt die Cellulose in Hydrocellulose oder Amyloïd. Zieht man Filtrierpapier durch eine derartig vorbereitete Säure und giebt dasselbe unmittelbar darauf zur Entfernung, beziehungsweise Verdünnung der Säure in Wasser, so findet man das Papier durch Verkittung der Papierfasern in eine homogene Membran, in künstliches Pergament verwandelt [1]). Als Umwandelungsprodukte der Cellulose müssen das Holz (Lignin) und der Kork betrachtet werden. Der Holzstoff zeigt beim Zusammentreffen mit einer Lösung von Phloroglucin in konz. Salzsäure eine schöne Rotfärbung, mit Hilfe deren man den sog. Holzschliff im Papier entdecken kann.

Die Gummiarten finden sich als durchsichtige Substanzen in den Pflanzen sehr verbreitet, sie geben mit Wasser gut klebende Lösungen. Große Mengen dieser Stoffe enthalten die Akaziaarten, aus welchen das Gummi arabicum gewonnen wird. Auch das Agar-Agar gehört hierher, es stammt aus ostasiatischen Seealgen.

Das Inulin vertritt die Stärke in den Wurzeln der Georginen und vielen Compositen. Es ist das einzige Polysaccharid, welches leicht in krystalloïder Form zu erhalten ist, nämlich in sehr kleinen, das Licht polarisierenden Sphärokrystallen. Das Inulin wird vom Diabetiker als Nahrungsmittel vollkommen ausgenutzt [2]) und findet daher zur Herstellung von Inulin-Brot Verwendung.

Von Disacchariden findet sich im Pflanzenreich:
Rohrzucker. Er ist der gewöhnliche Speisezucker. In bedeutender Menge findet er sich nur in der Zuckerrübe, im Zuckerrohr und in der Zuckerhirse, in geringer Menge dagegen in den meisten Pflanzen.

Maltose entsteht aus der Stärke beim Keimen des Getreides durch die Einwirkung der Diastase.

Von den einfachen Zuckern kommen als solche in den Pflanzen vor:
Die Dextrose und die Lävulose. Beide finden sich neben sehr wenig Rohrzucker, meist in äquivalenter Menge, im Saft der meisten süßen Früchte und bilden den Hauptbestandteil des Honigs. Die Dextrose findet sich ferner mit anderen Kohlenstoffverbindungen vereint in vielen Glykosiden (Amygdalin, Aeskulin, Arbutin, Koniferin, Digitalin, Phloridzin, Salicin, Helicin, Saponin etc.).

Von Kohlehydraten kommen im Tierkörper vor:
Das Glykogen. Es wird im tierischen Organismus selbst gebildet und ist ein geringer, aber konstanter Bestandteil des tierischen Protoplasmas Es findet sich daher in fast allen Geweben des Tierkörpers. Auch in vielen Pilzen ist es gefunden worden [3]), so in der

---

1) Vergl. GUIGNET, Compt. rend., Bd. 108, 1889, S. 1258.

2) KÜLZ, Beiträge zur Pathologie und Therapie des Diabetes, Marburg 1874, S. 130. WORM-MÜLLER, Pflüger's Arch., Bd. 34, 1884, S. 576 und Bd. 36, 1885, S. 172. F. HOFMEISTER, Arch. f exp. Pathol. u. Pharmak., Bd. 25, 1889, S. 240.

3) W. KÜHNE, Lehrbuch der physiol. Chem., 1868, S. 334. REINKE u. RODEWALD, Studien über das Protoplasma, Berlin 1881, S. 34, 54 u. 169. ERRERA, L'épiplasme des ascomycètes et le glycogène des végetaux, Thèse de Bruxelles 1882 u. Bulletins de l'Acad. de Belg., Bd. 4, No. 11, S. 451.

Trüffel, im Mucor Mucedo, in der Hefe, im Plasmodium der Myxomyceten. In größerer Menge läßt es sich aus den Leber- und Muskelzellen isolieren[1]). Besonders reich sind von allen Tieren die Mollusken an Glykogen, von denen manche bis 14 Proz. der Trockensubstanz an diesem Kohlehydrat enthalten[2]). In den embryonalen Geweben ist das Glykogen ebenfalls sehr verbreitet[3]) und ist überhaupt ein Bestandteil aller Gewebe, in denen eine lebhafte Zellneubildung und Zellentwickelung stattfindet. Deshalb findet es sich auch in pathologischen Neubildungen[4]), wenn sich dieselben schnell entwickeln.

Zur Darstellung des Glykogens aus tierischen Teilen[5]) werden dieselben in kleine Stücke zerschnitten und unmittelbar in siedendes Wasser gegeben, da man beim Liegenlassen der Organe einen Verlust an Glykogen erfahren würde, welches sich unter diesen Umständen leicht in Zucker umsetzt. Die Flüssigkeit wird einige Minuten gekocht und das Wasserextrakt in ein Becherglas abgegossen. Man zerreibt sodann die zurückgebliebenen gekochten Organstückchen in einer Reibschale unter Zusatz von Sand oder Glaspulver zu einem feinen Brei, welcher noch einmal zu dem wäßrigen Extrakt gegeben und ausgekocht wird. Hierauf wird zunächst durch Leinwand filtriert und mit etwas warmem Wasser nachgewaschen. Nach dem Konzentrieren der noch einmal durch Papier filtrierten opalisierenden Flüssigkeit auf dem Wasserbade, werden die etwa noch vorhandenen Proteïnstoffe, namentlich der Leim, durch abwechselnden tropfenweisen Zusatz von Jodquecksilber-Jodkalium und Salzsäure ausgefällt. Der erhaltene Niederschlag wird abfiltriert und das Glykogen durch einen Ueberschuß von Alkohol gefällt, wobei das Jodquecksilber-Jodkalium in Lösung bleibt. Nach dem gehörigen Auswaschen mit absolutem Alkohol und endlich mit Aether wird das Glykogen im Exsiccator über Schwefelsäure getrocknet. Will man das Glykogen aus Muskeln isolieren, so empfiehlt es sich, diese vorher mit verdünnter Kalilauge (etwa 2 Proz.) während einer Reihe von Stunden zu zerkochen, um sämtliches Glykogen in Lösung zu bringen. Nach dem Neutralisieren mittels Salzsäure verfährt man zur Abscheidung des Glykogens aus der Flüssigkeit wie vorher. Eine andere Methode der Glykogengewinnung, mit Hilfe der Trichloressigsäure, wurde bereits oben mitgeteilt.

1) Cl. BERNARD, Compt. rend., Bd. 44, 1857, S. 578 u. 1325, Bd. 48, S. 77, 763 u. 784. HENSEN, Virchow's Arch., Bd. 11, 1857, S. 395. In den Muskeln wurde das Glykogen aufgefunden von Cl. BERNARD (Comptes rend., Bd. 48, 1859, S. 683) und O. NASSE (Pflüger's Archiv, Bd. 2, 1869, S. 97).

2) BIZIO, Zeitschr. f. Chem., 1866, S. 222. Cl. BERNARD, Leçons sur les phénomènes de la vie etc., II, 1879. KRUKENBERG, Vergl. physiol. Studien, II, 1880, S. 52.

3) Cl. BERNARD, Leçons de physiol. expérim., Bd. 1, 1855, S. 241, Bd. 4, 1857, S. 444. SALOMON, Centralblatt f. d. med. Wissensch., 1874, S. 738. MORIGGIA, ebendas., 1875, S. 154. v. WITTICH, in Hermann's Handbuch der Physiologie, 1883, Bd. 5, 2, S. 367.

4) W. KÜHNE, Virchow's Archiv, Bd. 32, S. 536. SOTNITSCHEWSKI, Zeitschr. f. physiol. Chem., Bd. 4, 1880, S. 220.

5) BRÜCKE, Sitzungsber. der Wiener Ak., Bd. 63, 1871, S. 214.

6) KÜLZ, Zur quantitativen Bestimmung des Glykogens, Zeitschr. f. Biol., N. F. Bd. 4, 1886, S. 191.

Dem Glykogen sehr ähnlich sind die bei der Zersetzung der Mucine bezw. Mucoïde entstehenden kolloïden Kohlehydrate: das Achrooglykogen und das tierische Gummi. Vergl. hierüber S. 36 u. 37.

Der Milchzucker ist ein eigentümliches Produkt der Milchdrüsen und findet sich in jeder Milch. Dagegen ist der spezifische Komponent der Laktose, die Galaktose, im freien Zustande weder im Tier- noch im Pflanzenreiche gefunden worden.

Die Maltose bildet sich bei der Verdauung der Stärke und des Glykogens im Darmkanal.

Die Dextrose entsteht ebenfalls bei der Verdauung und gelangt als Nährstoff in die tierischen Säfte. Sie ist daher ein konstanter, aber geringer Bestandteil des Blutes und der Lymphe. Unter pathologischen Verhältnissen findet sie sich auch im Harn.

Drittes Kapitel.

Die Fette, Lecithine und Cholestearine.

Die Fette.

Im Gegensatz zu den Kohlehydraten, bilden die ebenfalls stickstoff-freien Fette vorwiegend einen Bestandteil der tierischen Gewebe, während sie in den Pflanzen im allgemeinen zurücktreten. Völlig gereinigt, sind die Fette farblose, geruch- und geschmacklose Substanzen. Alle Fette sind unlöslich in Wasser, auf welchem sie im flüssigen Zustande als leichtere Körper schwimmen. Sie lösen sich nur wenig in kaltem, leicht in heißem Alkohol, um sich beim Erkalten desselben krystallinisch auszuscheiden. Sehr leicht werden alle Fette von Aether und von Benzol gelöst. Da sie verhältnismäßig bedeutend weniger Sauerstoff enthalten, als die Eiweißkörper und die Kohlehydrate, so ist auch ihre Verbrennungswärme oder ihr Wärmewert größer, als der aller übrigen Nahrungsstoffe.

Ihrer chemischen Natur nach sind die Fette zusammengesetzte Ester, das heißt Verbindungen, welche entstanden sind durch die Vereinigung einer Säure mit einem Alkohol unter Austritt von Wasser. Solch ein zusammengesetzter Ester bildet sich z. B. bei der Vereinigung der Essigsäure mit Aethylalkohol:

$$CH_3 . COOH - C_2 H_5 . OH = CH_3 . CO O . C_2 H_5 + H_2 O.$$

Essigsäure   Aethylalkohol   Essigsäure-Aethylester

In den natürlichen Fetten sind die konstituierenden Säuren gewisse Glieder der normalen Fettsäurereihe $C_n H_{2n} O_3$, nämlich

die Palmitinsäure $C_{16} H_{32} O_2$,
die Stearinsäure $C_{18} H_{36} O_2$ und ferner, quantitativ aber sehr zurücktretend,
die Buttersäure $C_4 H_8 O_2$,
die Valeriansäure $C_5 H_{10} O_2$ und
die Kapronsäure $C_6 H_{12} O_2$.

Endlich gehört zu diesen Säuren auch die Oelsäure $C_{18} H_{34} O_2$, welche nicht der normalen Fettsäurereihe angehört, sondern den Fettsäuren mit doppelter Bindung (Akrylsäurereihe), von der allgemeinen Zusammensetzung $C_n H_{2n-2} O_2$.

Diese einbasischen Säuren sind mit dem dreiwertigen Alkohol

Glycerin zu neutralen Estern, den sogenannten Triglyceriden, vereinigt, welche als Tripalmitin, Tristearin, Triolein, Tributyrin etc. bezeichnet werden.

Die Triglyceride lassen sich auch künstlich darstellen durch Erhitzen von Glycerin mit der betreffenden freien Fettsäure auf $300°$:

$$3.C_{16}H_{32}O_2 + \begin{matrix} CH_2 . OH \\ | \\ CH . OH \\ | \\ CH_2 . OH \end{matrix} = (C_{16}H_{31}O_2)_3 \begin{matrix} CH_2 \\ | \\ CH \\ | \\ CH_2 \end{matrix} + 3H_2O.$$

Palmitinsäure   Glycerin   Tripalmitin

Tripalmitin (Schmp. $62°$) und Tristearin (Schmp. $71,5°$) sind bei gewöhnlicher Temperatur fest, Triolein flüssig, so daß der Aggregatzustand der Fettgemische durch das Vorwiegen oder das Zurücktreten der beiden festen Ester bedingt wird. Die festen Fette, die sogenannten Talgarten, bestehen vorwiegend aus Tripalmitin und Tristearin, während die bei gewöhnlicher Temperatur flüssigen Fette, welche als Oele bezeichnet werden, als wesentlichen Bestandteil Triolein führen. Letzteres vermag die festen Fette in Lösung zu halten. Die Pflanzenfette sind vorwiegend Oele, auch das Fett der Kaltblüter muß zu diesen gezählt werden.

Durch Behandlung mit gespannten Wasserdämpfen, durch Kochen mit verdünnten Mineralsäuren, namentlich aber mit Laugen, besonders bei Gegenwart von Alkohol, sowie durch gewisse Fermente, werden die Fette unter Aufnahme der Elemente des Wassers zerlegt, indem freie Fettsäuren, beziehungsweise fettsaure Alkalien und Glycerin gebildet werden. Diese Zersetzung der Fette durch Hydratation wird als Verseifung bezeichnet, während man die bei der Verseifung durch freie Basen entstehenden fettsauren Salze Seifen nennt. Von diesen sind die Kali- und Natronseifen in Wasser löslich, während die Seifen der alkalischen Erden (Kalk-, Baryt-, Magnesiaseifen) unlöslich sind. Geschieht die Saponifikation durch Bleioxyd, so wird in Wasser unlösliche Bleiseife (Bleipflaster) gewonnen. Die in Wasser löslichen Seifen lassen sich durch Sättigung ihrer verdünnten Lösungen mit Salzen (Kochsalz, Ammoniumsulfat) aussalzen. Setzt man zu den Seifenlösungen eine Mineralsäure, so werden die Seifen zersetzt, und die freien Fettsäuren scheiden sich als in Wasser unlösliche Krystallmassen ab.

Um aus einem Fettgemisch die einzelnen Fettsäuren zu isolieren, verseift man mit alkoholischer Kalilauge, verjagt den Alkohol und fällt die Fettsäuren mit Bleiacetat. Von den Bleiseifen ist nur das ölsaure Blei in Aether löslich. Die nach dem Extrahieren mit Aether rückständigen Bleiseifen werden auf dem Wasserbade durch Eindampfen mit Soda zersetzt und so wieder in Natronseifen übergeführt, welche mittels siedenden Alkohols aus dem Bleicarbonat ausgezogen und in wässrige Lösung gebracht, durch verdünnte Schwefelsäure gefällt werden können. Zur Trennung der Palmitin- und der Stearinsäure dient am besten die fraktionierte Destillation im luftverdünnten Raum unter einem Druck von 100 mm Quecksilber. Unter diesen Bedingungen siedet die Stearinsäure unzersetzt bei etwa $287°$, während die Palmitinsäure schon bei $268°$ übergeht [1]). Ferner kann die Trennung beider Säuren durch

---

1) Zander, Ann. d. Chem. u. Pharm. 224, S. 56 und Krafft, Ber. d. Deutsch. chem. Gesellsch., Bd. 15, 1882, S. 1687.

fraktionierte Fällung ihrer Bleiseifen aus einer wässrigen Lösung der Natronseifen oder aus einer alkoholischen Lösung der freien Fettsäuren bewirkt werden, wobei das Gesetz herrscht, daß die kohlenstoffreichste Säure, also die Stearinsäure, stets zuerst ausgefällt wird. Aus ihren Bleiseifen sind dann die freien Fettsäuren durch Schütteln mit Salzsäure und Aether leicht abzuscheiden. Zur fraktionierten Fällung bereitet man 4—5 Fraktionen, wobei ein Verlust nicht zu vermeiden ist, da wenigstens eine Fraktion ein Gemisch beider Bleisalze enthält, dessen Charakter bei der Schmelzpunktbestimmung der freien Säuren (Palmitinsäure 60 °, Stearinsäure 68 °) erkannt wird. Auch die Lösung des ölsauren Bleies in Aether zersetzt man durch Schütteln mit salzsäure- oder schwefelsäurehaltigem Wasser. Nach der Isolierung der ätherischen Lösung im Scheidetrichter und dem Abdunsten derselben, besteht der Rückstand aus reiner Oelsäure.

Die Oelsäure ist bei gewöhnlicher Temperatur eine wasserhelle, farblose Flüssigkeit, welche bei $+14$ ° C schmilzt. Bei einem Druck von 70 mm Quecksilber liegt ihr Siedepunkt bei 223 ° [1]). Beim Erhitzen mit Jodwasserstoff und rotem Phosphor auf 210° nimmt die Oelsäure zwei Wasserstoffatome auf und wird zu Stearinsäure reduziert. Behandelt man Oelsäure mit salpetriger Säure in statu nascendi, so erstarrt sie bei Zimmertemperatur nach kurzer Zeit, weil sie hierdurch in eine ihr isomere Säure, die sogenannte Elaïdinsäure, übergeführt wird. Letztere gehört demnach ebenfalls zu den ungesättigten Fettsäuren mit doppelter Bindung, schmilzt aber erst bei 45—47 ° C. Auch das flüssige Trioleïn wird durch salpetrige Säure in festes Elaïdin übergeführt. Da die Glyceride der anderen Fettsäuren hierbei nicht verändert werden, kann man diese Reaktion (Elaïdinprobe) zum Nachweis von Oelsäure in Fettgemischen verwenden. Man schüttelt zu diesem Behufe 3—5 Teile Oel oder geschmolzenes Fett mit 1 Teil Salpetersäure, fügt hierauf einige Tropfen Natriumnitritlösung hinzu, schüttelt durch und läßt in kaltem Wasser stehen. Je nach dem Oelsäuregehalt eines Oels erstarrt dasselbe früher oder später. Ferner zeigen hiernach alle Fettgemische, welche Oelsäure enthalten, einen anderen Schmelzpunkt als vorher.

Zur Erkennung der Fette dient namentlich ihre Löslichkeit in Aether, wodurch sie sich aus tierischen Flüssigkeiten und Geweben extrahieren und nach dem Verdunsten des Aethers isolieren lassen. In Aether gehen allerdings auch freie Fettsäuren und Cholestearine über, aber dieselben geben nicht die sogenannte Akroleïnprobe, welche den Fetten infolge ihrer Beziehung zum Glycerin zukommt. Erhitzt man nämlich Fette für sich oder noch besser mit wasserentziehenden Mitteln, wie wasserfreier Phosphorsäure oder Kaliumbisulfat, so entsteht aus dem Glycerin Akroleïn, an seinem eigentümlichen, widerlichen Geruch erkennbar:

$$C_3 H_5 (OH)_3 - 2 H_2 O = CH_2 = CH - C\underset{O}{\overset{H}{\,}}.$$

Glycerin Akroleïn

Ferner lösen sich die Cholestearine nicht in siedenden Alkalilaugen, wodurch die Fette verseift und in wasserlösliche Verbindungen übergeführt werden.

---

1) KRAFFT und NÖLDECHEN, Ber. d. Deutsch. chem. Gesellsch., Bd. 22, 1889, S. 819.

Vorkommen der Fette. Die Fette sind besonders im sogenannten Fettgewebe des Tierkörpers abgelagert, welches im Organismus
überall verbreitet ist, aber in größerer Anhäufung sich im intermus-
kulären und subkutanen Bindegewebe, im Mesenterium und in dem
Knochenmark vorfindet. Die Fettzellen enthalten in ihrer aus Elastin
bestehenden Membran, außer Fett und gewissen Farbstoffen, häufig nur
minimale Mengen von Protoplasma. Weiter können Fette auch außerhalb des Fettgewebes in fast allen Zellen des tierischen Organismus
deponiert werden. Pathologisch werden die Organe häufig mit feinsten
Fetttröpfchen infiltriert. Verhältnismäßig reichlich sind die Fette auch
in der Milch enthalten. In den Pflanzen ist das Vorkommen der Fette
mehr lokalisiert, da sie sich hier in der Regel als Reservestoffe in den
Samen finden. Die Fette entstehen durch eine mit Reduktion verbundene
Umwandelung aus der Stärke, sowohl in chlorophyllhaltigen, wie in
chlorophyllfreien Pflanzen.

Zu den Fetten im weiteren Sinne gehört auch der Walrat,
eine Substanz, die sich im Schädel der Pottwale vorfindet. Er ist der
Palmitinsäureester des Cetylalkohols oder Aethals $C_{18}H_{33}.OH$, welch
letzterer zur Palmitinsäure in demselben Verhältnis steht, wie der
Aethylalkohol zur Essigsäure. Ferner muß zu den Fetten das gewöhnliche Bienenwachs gerechnet werden. Es besteht aus den Palmitinsäure-
estern des Cerotylalkohols $C_{27}H_{55}.OH$ und des Myricylalkohols (Melis-
sylalkohols) $C_{30}H_{61}.OH$. Das chinesische Wachs dagegen ist im
wesentlichen der Cerotinsäureester des Cerotylalkohols ($C_{27}H_{35}.OH$),
so daß also hier, ebenso wie im Walrat, der Alkohol mit der zugehörigen Säure von gleichem Kohlenstoffgehalt zu einem Ester vereint ist[1].

Die Farbstoffe der Fettgewebe werden als Lipochrome
bezeichnet. Sie bilden eine Gruppe von stickstofffreien gelben oder
roten Pigmenten, zu welchen auch die gelben Farbstoffe des Blutserums
verschiedener Tiere[2]), der Corpora lutea, der gefärbten Fettkügelchen
in der Retina, sowie des Eidotters gehören. Wahrscheinlich muß zu den
Lipochromen auch das sogenannte Tetronerythrin gezählt werden, jener
Farbstoff, welcher bei vielen Vögeln die runzelige Hautpartie in der nächsten Umgebung der Augen rot färbt[3]). Endlich sind die Fettfarbstoffe auch
in den Pflanzen verbreitet. Besonders ist hier das Verhalten des Carotins,
des rotgelben Lipochroms der Möhren und Tomaten, studiert worden[4]).

---

1) Angaben über seltener vorkommende Wachsarten finden sich bei
C. LIEBERMANN, Ueber das Wachs und die Fette der Cochenille, Ber. d.
Deutsch. chem. Gesellsch., Bd. 18, 1885, S. 1975.

2) W. KRUKENBERG, Zur Kenntnis der Serumfarbstoffe, Jenaische
Gesellsch. für Medizin u. Naturwissenschaft, 1885.

3) Vergl. WURM, Zeitschr. f. wissenschaftl. Zoologie, Bd. 31, 1871,
S. 535. Dem Tetronerythrin sehr ähnliche Farbstoffe sind auch bei vielen
Wirbellosen, namentlich im Blut derselben, gefunden worden. Vergl.
KRUKENBERG, Centralblatt f. d. med. Wissenschaften, Bd. 1879, S. 705.
Mc. MUNN, Proc. Roy. Soc. 1883, S. 17. HALLIBURTON, Journ. of Physiol.,
Bd. 1885, S. 300, wo sich die übrige Litteratur findet.

4) A. ARNAUD, Untersuchungen über die Zusammensetzung des
Carotins, seine chemische Natur und Formel, Compt. rend., Bd. 102, 1886,
S. 1119. Vergl. auch HUSEMANN, Liebig's Ann. f. Chem. u. Pharm.,
Bd. 107, S. 200.

Seit den Untersuchungen von W. Kühne [1]) und R. Maly [2]) ist bekannt, daß sich die Lipochrome leicht von den Fetten isolieren lassen, wenn man letztere verseift. Man giebt zur alkoholischen Fettlösung Lauge und kocht unter Zugeben von Wasser, bis alle Fette in Seifen übergeführt sind. Hierauf verjagt man den Alkohol und salzt die noch warme Flüssigkeit durch Kochsalz aus oder führt noch zweckmäßiger die Natronseifen durch Zusatz von Calciumchlorid in unlösliche Kalkseifen über [3]). Nach dem Erkalten bringt man in jedem Fall den Seifenbrei in einen Scheidetrichter und schüttelt die Lipochrome mit Petroleumäther aus, nach dessen Verdunstung sie im reinen Zustande zurückbleiben. Manche rote Lipochrome lassen sich nur schwer aus den verseiften Fetten durch Petroleumäther ausziehen, dies gelingt erst, wenn man die Seifen durch Mineralsäuren zersetzt hat.

Die gelben Lipochrome zeigen in ätherischer Lösung zwei Absorptionsstreifen im Spektrum, bei F und zwischen F und G, während die roten Pigmente nur den einen Absorptionsstreifen bei F erkennen lassen. Die Fettfarbstoffe sind gegen Licht und Luft wenig beständig, namentlich bei höherer Temperatur werden sie unter diesen Einflüssen schnell zerstört. Versetzt man die ätherische Lösung des gelben Lipochroms aus Eidotter (des sog. Luteïns) mit sehr wenig gelber Salpetersäure, so erhält man einen pfirsichroten Farbstoff, während bei der gleichen Behandlung der Chloroformlösung des Luteïns, ein ebenso unbeständiges, tief blaues Pigment entsteht. Das gelbe Liprochom aus den Corpora lutea, sowie das Carotin sind in Krystallen erhalten worden. Letzteres hat nach Arnaud die Zusammensetzung $C_{26}H_{38}$. Ueber die Konstitution der Fettfarbstoffe ist nichts bekannt.

Die Lecithine.

Sie schließen sich in ihrem Vorkommen den ebenfalls phosphorhaltigen Nukleïnen an und finden sich daher in geringer Menge in jedem tierischen und pflanzlichen Protoplasma, ferner auch, wie die Nukleïne, in der Milch. Einen größeren Anteil bilden sie endlich von der Substanz des Gehirns, der peripheren Nerven und der Eier aller Tiere.

Die Lecithine sind ihrem chemischen Charakter nach den Fetten sehr nahe stehende Stoffe und verhalten sich auch in Bezug auf ihre Lösungsmittel diesen sehr ähnlich, indem sie in Aether, leicht auch in Alkohol löslich sind. In Wasser sind sie unlöslich, quellen aber darin in eigentümlicher Weise auf, indem sie mikroskopisch erkennbare Tropfen und Fäden, sogenannte Myelinformen bilden. Beim Abkühlen ihrer alkoholischen Lösungen krystallisieren die Lecithine in kleinen, zu Warzen formierten Blättchen heraus.

Die Lecithine sind esterartige Verbindungen. Sie entstehen durch die Vereinigung des Cholins, einer organischen, in pflanzlichen [4]) und

1) W Kühne, Untersuchungen aus dem physiol. Institut d. Univers. Heidelberg, Bd. 1—4 und in L. Hermann's Handbuch der Physiologie, Bd. 3, S. 235.

2) R. Maly, Monatshefte für Chemie, Bd. 2, 1881, S. 351.

3) Vergl. S. Bein, Ueber den Nachweis der Dotterfarbstoffe, Ber. der Deutsch. chem. Gesellsch., Bd. 23, 1890, S. 421.

4) Vergl. namentlich E. Schulze, Ueber das Vorkommen von Cholin in Keimpflanzen, Zeitschr. f. physiol. Chem., Bd. 11, 1887, S. 365, Bd. 12, 1888, S. 441 und Bd. 17, 1892, S. 204.

tierischen Geweben auch frei vorkommenden Base, mit einer, durch Fettsäureradikale substituierten Glycerinphosphorsäure, wobei Wasser gebildet und abgeschieden wird.

Das Cholin ist eine Ammoniumbase und hat folgende Konstitution:

$$N \begin{cases} (CH_3)_3 \\ CH_2 - CH_2 . OH. \\ OH \end{cases}$$ Es ist demnach als Trimethyl-oxäthyl-ammonium-

hydroxyd zu bezeichnen. Seine Synthese wurde zuerst von WURTZ [1]) bewerkstelligt und zwar durch direkte Vereinigung von Aethylenoxyd $C_2H_4 . O$, Trimethylamin $(CH_3)_3 N$ und Wasser.

Die Glycerinphosphorsäure entsteht sehr leicht beim Zusammenbringen von Phosphorsäure mit Glycerin, indem eine Hydroxylgruppe der dreibasischen Phosphorsäure durch den Glycerinrest substituiert wird, während die beiden übrigen Hydroxylgruppen intakt bleiben:

$$\begin{array}{l} CH_2 . OH \\ CH . OH \\ CH_2 . O - PO \begin{array}{l} OH \\ OH \end{array} \end{array}.$$

Substituierte Glycerinphosphorsäuren giebt es mehrere, weil die im Glycerinrest eingetretenen Fettsäureradikale (der Stearin-, Palmitin- und Oelsäure) wechseln können. In den Lecithinen des Tierkörpers scheint vorwiegend Distearyl-glycerinphosphorsäure enthalten zu sein:

$$\begin{array}{l} CH_2 . O - C_{17}H_{35} CO \\ CH . O - C_{17}H_{35} CO. \\ CH_2 . O - PO \begin{array}{l} OH \\ OH \end{array} \end{array}$$

Das Distearyl-Lecithin würde demnach folgende Konstitution besitzen:

$$\begin{array}{l} CH_2 . O - C_{17}H_{35} CO \\ CH . O - C_{17}H_{35} CO \\ CH_2 . O - PO - O . C_2H_4 \\ \quad | \qquad\qquad (CH_3)_3 \\ \quad OH \qquad\quad HO \end{array} \Big\} N$$

(Distearyl-glycerinphosphorsaures Cholin.)

Erwärmt man die Lecithine oder lecithinreiche Gewebe, wie das Gehirn, mit Säuren oder Basen, namentlich mit Baryt, so werden die Lecithine unter Hydratation in Fettsäuren, Glycerinphosphorsäure und Cholin verseift. Aber hierbei entsteht leicht auch eine andere, dem Cholin sehr nahe stehende Base, das Neurin, welches im Gegensatz zum Cholin sich als stark giftig erwiesen hat. Diese giftige Base bildet sich auch infolge bakterieller Einwirkung auf Cholin oder Lecithine, doch nur bei genügendem Zutritt von Sauerstoff. Das Neurin ist um zwei Wasserstoffatome und ein Sauerstoffatom ärmer, als das Cholin, und besitzt die Konstitution:

$$N \begin{cases} (CH_3)_3 \\ CH = CH_2 \\ OH \end{cases}$$

Trimethyl-vinyl-ammoniumhydroxyd.

Auch ein Oxydationsprodukt des Cholins ist bemerkenswerter Weise sehr giftig, es ist dies eine Base, welche durch die Einwirkung von rauchender Salpetersäure auf Cholin entsteht und welche genau die-

1) WURTZ, Ann. Chem. Pharm. Suppl., Bd. 6, 1868, S. 116 u. 197. Vergl. auch BAYER, Ann. Chem. Pharm., Bd. 140, S. 306.

selbe empirische Zusammensetzung besitzt wie das Muskarin, das giftige Alkaloïd des Fliegenpilzes [1]). In diesem Pilz kommt übrigens auch das nicht giftige Cholin (Amanitin) in reichlicher Menge vor. Das giftige Oxydationsprodukt des Cholins ist wahrscheinlich dem natürlichen Muskarin isomer [2]). Künstliches Muskarin will BERLINER-BLAU [3]) durch Einwirkung von Monochloracetal auf Trimethylamin mit nachfolgender Verseifung des gewonnenen Produktes erhalten haben.

Es hätte hiernach das Muskarin die Konstitution: $N \begin{cases} (CH_3)_3 \\ CH_2 - C \begin{smallmatrix} H \\ O \end{smallmatrix} \\ OH \end{cases}$.

Indessen ist diese Formel nicht völlig sicher gestellt. Das Muskarin wäre bei dieser Annahme der Aldehyd des ungiftigen Betaïns (Trimethylglykokolls). Letzteres findet sich reichlich in den Pflanzen, namentlich im Safte der Runkelrübe (Beta vulgaris) und ferner in den Baumwollen- und Wickensamen [4]). Auch das Betaïn ist synthetisch dargestellt worden aus Monochloressigsäure und Trimethylamin:

$$CH_2 Cl . COOH - N(CH_3)_3 + H_2 O = N \begin{cases} (CH_3)_3 \\ CH_2 - COOH + Cl H. \\ OH \end{cases}$$

Die Synthese eines Lecithins ist bisher nicht geglückt. Beim Zusammenbringen der von HUNDESHAGEN [5]) künstlich erhaltenen Distearyl-glycerinphosphorsäure mit Cholin entsteht nur eine dem Distearyl-Lecithin isomere Verbindung, welche als das saure Cholinsalz dieser Säure zu betrachten ist:

$$\begin{array}{l} CH_2 . O - C_{17} H_{35} . CO \\ CH . O - C_{17} H_{35} . CO \\ CH_2 . O - PO - O - \begin{cases} C_2 H_4 . OH \\ (CH_3)_3 \end{cases} N \\ \quad\quad | \\ \quad\quad OH \end{array}$$

Diese Substanz bildet eine zähe, wachsartige Masse, welche zwar quillt, aber keine Myelinformen wie das Lecithin erkennen läßt.

Zur Erkennung und Isolierung des Cholins, sowie aller seiner erwähnten Abkömmlinge dient deren Eigenschaft, sich in salzsaurer Lösung mit Platinchlorid oder mit Goldchlorid zu prachtvoll krystallisierenden Doppelsalzen zu verbinden.

Die Lecithine gleichen den Nukleïnen inbezug auf ihre Neigung, sich Eiweißstoffen anzulagern. So findet sich im Eigelb, neben dem früher erwähnten Hämatogen, die lockere Verbindung eines Lecithins mit Vitellin. Schon durch siedenden Alkohol wird diese Substanz zerlegt, der unter Koagulation des Vitellins das frei gewordene Lecithin aufnimmt.

1) SCHMIEDEBERG und HARNACK, Arch. f. exper. Pathol. und Pharmakol., Bd. 6, 1876, S. 101.

2) BOEHM, Arch. f. exper. Pathol. und Pharmak., Bd. 19, 1885, S. 87.

3) Berichte d. Deutsch. chem. Gesellsch., Bd. 17, 1884, S. 1139.

4) E. SCHULZE, Zeitschr. f. physiol. Chem., Bd. 15, 1891, S. 140, und Bd. 17, 1892, S. 205.

5) FRANZ HUNDESHAGEN, Zur Synthese des Lecithins, Journ. f. prakt. Chem., Bd. 28, 1883, S. 219. Vergl. auch DIACONOW, Centralblatt f. die medizin. Wissenschaften, 1868, S. 434.

Die Cholestearine.

Diese Stoffe werden in allen tierischen und pflanzlichen Zellen, sowie in der Milch, regelmäßig angetroffen. In größerer Menge sind sie vorhanden in der Substanz des Gehirns, der Nerven und der Galle, ferner auch in den meisten pathologischen Produkten und Flüssigkeiten. Endlich werden Cholestearine von der menschlichen und tierischen Haut abgesondert uud finden sich daher an den Haaren sowie an den Federn und Schnäbeln der Vögel, wo sie eine Art Schutzfett bilden. Dagegen ist die Auffassung der Cholestearine als notwendiger Nährstoffe unwahrscheinlich geworden.

Die Cholestearine bilden perlmutterglänzende Blättchen, oder aus Alkohol-Aether krystallisiert, schwach lichtbrechende grosse, rhombische Tafeln. Sie sind, wie die Fette, unlöslich in Wasser, löslich in Alkohol und sehr leicht löslich in Aether, unterscheiden sich aber von den Fetten durch ihre völlige Unlöslichkeit in Laugen, selbst bei Siedehitze.

Ihrer Natur nach sind die Cholestearine einwertige Alkohole von der Zusammensetzung $C_{26}H_{43}.OH + H_2O$, deren nähere Konstitution unbekannt ist. Mit Fettsäuren bilden sie, wie das Glycerin, zusammengesetzte Ester, welche den Fetten entsprechen, aber auffallenderweise durch siedende Laugen nicht verseifbar sind. Diese Fettsäureverbindungen der Cholestearine scheinen spezifische Bildungen der tierischen Haut zu sein und sind in größerer Menge, namentlich im Wollfett, dem Lanolin, zu finden. Da diese Ester der Cholestearine, im Gegensatz zu denen des Glycerins, gegen bakterielle Einwirkung sehr widerstandsfähig sind, scheinen sie ganz besonders geeignet, einen Hautschutz zu gewähren.

Daß es eine größere Reihe von Cholestearinen giebt, geht daraus hervor, daß sich manche Cholestearinpräparate in Bezug auf ihren Schmelzpunkt und ihre spezifische Drehung des polarisierten Lichtes sehr abweichend verhalten. Selbst im Lanolin sind zwei Cholestearine enthalten, von denen das eine linksdrehend, das andere (Isocholestearin) rechtsdrehend ist. Ferner hat man aus verschiedenen Pflanzen untereinander in ihren Eigenschaften abweichende Cholestearine isoliert[1]).

Zur Erkennung der Cholestearine wird zunächst ihre Eigenschaft verwendet, sich aus den zerkleinerten Geweben mittels Aether leicht extrahieren zu lassen. Nach dem Verjagen des Aethers wird der Rückstand zur Verseifung der regelmäßig ebenfalls vorhandenen Fette mit heißer Kalilauge behandelt und nach dem Erkalten nochmals mit Aether ausgeschüttelt, welcher nunmehr lediglich die Cholestearine aufnimmt. Nach dem Abdunsten des Aethers erkennt man die Cholestearine mikroskopisch an der Krystallform. Giebt man unter das Deckglas einen Tropfen konzentrierter Schwefelsäure und sehr wenig Jodlösung, so färben sich die tafelförmigen Krystalle von den Kanten her violett, blau, grün und rot.

---

1) Benecke, Canstadt's Jahresber., 1862. Hesse, Liebig's Ann., Bd. 192, S. 177 und Bd. 211, 1882, S. 283. Reinke u. Rodewald, ebendas., Bd. 207, 1881, S. 232. Schultze u. Barbieri, Journ. f. prakt. Chem., N. F. Bd. 25, 1882, S. 159 u. 458. E. Heckel und Schlagdenhauffen, Compt. rend., Bd. 102, 1886, S. 1317. A. Arnaud, Compt. rend., Bd. 102, S. 1319.

Etwas größere Mengen der Cholestearine geben, in Chloroform gelöst und mit dem gleichen Volumen konzentrierter Schwefelsäure geschüttelt, unter Wasserabspaltung eine Lösung von Kohlenwasserstoffen, welche das Chloroform blutrot färben.

Noch in einer Verdünnung von 1 : 20000 lassen sich die Cholestearine und deren Ester nachweisen mit Hilfe der Reaktion von LIEBERMANN - BURCHARD [1]). Um dieselbe anzustellen, löst man sehr wenig Cholestearin in Essigsäureanhydrid. Auf Zusatz von konzentrierter Schwefelsäure erhält man eine Violettfärbung, die sehr schnell in ein tiefes Grün übergeht. Dabei muß aber die Gegenwart von Wasser völlig ausgeschlossen sein.

Die Trennung der Cholestearine von ihren Fettsäureestern kann durch Acetessigsäure-Aethylester bewerkstelligt werden, der die Cholestearine leicht aufnimmt, das Lanolin dagegen kaum löst [2]).

Hiermit sind die organischen Nährstoffe abgehandelt. Außer ihnen bedarf der Organismus nur noch des Wassers und jener bereits aufgezählten Mineralsalze, welche auch den Pflanzen zur Ernährung dienen [3]). Bevor die Veränderungen besprochen werden, welche die organischen Nährstoffe während der Verdauung erfahren, müssen wir zuerst die Mittel kennen lernen, welche dem Organismus zu einer Einwirkung auf die Nährstoffe zur Verfügung stehen. Diese Mittel sind die Fermente.

---

1) Vergl. H. BURCHARD, Beiträge zur Kenntnis der Cholestearine, Inaug.-Diss., Rostock 1889.

2) O. LIEBREICH, Ueber das Vorkommen des Lanolins im menschlichen Organismus, Virchow's Arch., Bd. 121, S. 383 und Archiv für Anat. und Physiol., 1890, S. 363.

3) Vergl. S. 3.

Dritter Abschnitt.

Die Fermente.

Durch die Einwirkung gespannter Wasserdämpfe werden viele hochzusammengesetzte organische Verbindungen in einfache Atomgruppen zerlegt, indem die Elemente des Wassers hierbei zur Aufnahme gelangen. Eine solche Spaltung durch Hydratation erfährt namentlich auch ein großer Anteil derjenigen Substanzen, welche wir als Nährstoffe bezeichnet haben.

Bringt man Fette, höhere Kohlehydrate oder Eiweißstoffe mit Wasser in ein vollkommen gasdichtes und sehr widerstandsfähiges metallenes Gefäß, in eine sogenannte Autoklave, und erhält man die Temperatur in diesem Gefäß, je nach dem Inhalt, kürzere oder längere Zeit auf 150—200 ° C, so findet man hiernach die genannten Verbindungen in einfachere gespalten.

Die Fette werden verseift, sie zerfallen glatt in Glycerin und freie Fettsäuren, die Stärke geht in Traubenzucker über, die Doppelzucker werden invertiert, während endlich aus den Eiweißstoffen zunächst Albumosen, dann weiter Peptone und schließlich Amidosäuren sich erhalten lassen.

Manche Nahrungsstoffe, wie gewisse Eiweißkörper, können schon unter gewöhnlichem Druck, also in offenen Gefäßen, durch anhaltende Behandlung mit siedendem Wasser, eine langsame Hydratation und Spaltung[1]) erfahren. Diese Einwirkung des heißen Wassers wird aber ungemein gesteigert, wenn man demselben freie Alkalien oder Mineralsäuren in mäßiger Menge hinzufügt. Unter diesen Umständen kann eine hydrolytische Zersetzung aller Nahrungsstoffe in verhältnismäßig sehr kurzer Zeit herbeigeführt werden.

Denselben Effekt, wie diese künstlichen Operationen, erzielen im Verlaufe ihres Stoffwechsels die tierischen und pflanzlichen Organismen. Auch sie vermögen in ausgiebiger Weise das aufgenommene Nährmaterial unter Hydratation zu zerlegen. Da aber diese Spaltungsvorgänge in den Zellen von Oxydationen begleitet sind, führen sie naturgemäß zu bedeutend einfacheren Endprodukten, als jene künstlichen hydrolytischen Zersetzungen.

Wie in der Einleitung erörtert wurde, tritt von allen Organismen namentlich bei den niederen Pilzen und Bakterien diese zersetzende

---

1) Vergl. R. Neumeister, Zeitschr. f. Biol., N. F. Bd. 8, 1890, S. 66.

Eigenschaft gegenüber den Nährstoffen in den Vordergrund. Mit Bezug hierauf werden diese niederen Lebewesen als geformte Fermente oder Fermentorganismen bezeichnet.

Um die Aufnahme der vorwiegend festen oder wenigstens schwer löslichen Nährstoffe seitens der Organismen zu erleichtern, können innerhalb der tierischen oder pflanzlichen Zellen, mit Einschluß der Zellen der Fermentorganismen, gewisse hochzusammengesetzte chemische Verbindungen produziert werden, welche in den meisten Fällen nach außen zur Abscheidung gelangen, um in der nächsten Umgebung der Organismen eine vorbereitende hydrolytische Zersetzung des Nährmaterials zu bewirken. Diese von den lebenden Zellen abgesonderten Stoffe, welche deren Wirkung einleiten und vorbereiten, werden den Fermentorganismen als ungeformte Fermente oder Enzyme gegenübergestellt. Hierbei ist es gleichgiltig, ob die produzierenden Zellen tierische oder pflanzliche sind, ob sie höheren oder niederen Organismen angehören.

Die Wirksamkeit der geformten Fermente ist natürlich an das Leben der betreffenden Zellen gebunden, denn sie ist ja nichts anderes als eine Lebensäußerung dieser Zellen. Sobald die letzteren durch Alkohol, Aether, Chloroform, Thymol, Karbolsäure, Sublimat oder andere sogenannte Desinfektionsmittel abgetötet sind, hört ihre Thätigkeit auf. Auch kann die Wirkung der geformten Fermente durch Sättigung der betreffenden Flüssigkeiten mit Neutralsalzen, namentlich mit Salpeter oder Kochsalz, sistiert werden (Konservierung des Fleisches durch Einsalzen).

Als chemischer Verbindungen, ist die Wirksamkeit der Enzyme begründet in ihrer Struktur. Letztere wird durch viele Protoplasmagifte, wie Alkohol, Aether, Chloroform, Thymol, Salicylsäure, Borsäure, arsenige Säure etc. nicht verändert, und die Enzyme wirken daher auch nach einer derartigen Desinfektion der betreffenden Flüssigkeiten, das heißt also nach dem Abtöten der Zellen, von denen sie produziert wurden. Auch die Sättigung der Enzymlösungen mittels Mineralsalzen hebt, im Gegensatz zu den geformten Fermenten, nicht ausnahmslos die Wirkung der ungeformten Fermente auf, wenn auch die Intensität ihrer Reaktionsfähigkeit hierdurch meist eine erhebliche Einbuße erleidet.

Einige Beispiele werden die angeführten Unterschiede zwischen den geformten Fermenten und den Enzymen klar legen.

Die Hefezellen erzeugen ein Enzym, welches sie an ihre wässrige Umgebung abgeben. Dieses sogenannte Invertin spaltet beim Einbringen von Hefe in eine verdünnte wässrige Lösung von Rohrzucker letzteren in Dextrose und Lävulose. Erst diese einfachen Zucker erleiden dann durch die Wirkung der lebenden Zellen die Alkoholgärung. Behandelt man aber einige Zeit in lauwarmem Wasser suspendierte Hefe mit Chloroform oder Aether, so wird das bereits von den Zellen gebildete und von der Flüssigkeit gelöste Invertin in keiner Weise verändert, die Hefezellen dagegen werden abgetötet. Giebt man nunmehr Rohrzucker zur Flüssigkeit, so wird ersterer jetzt nur noch in die einfachen Zucker gespalten, nicht aber in Alkoholgärung versetzt.

Läßt man ferner Fibrin im feuchten Zustande wenigstens einige Stunden an der Luft liegen, so nimmt es reichlich Bakterien auf. Bringt man hierauf die Eiweißsubstanz in ein Gefäß mit Brunnenwasser, welches mäßig warm gehalten wird, so bemerkt man allmählich nach Tagen und Wochen eine völlige Lösung der Fibrinflocken unter gleichzeitiger Entwickelung übelriechender Gase, welche als Zwischenglieder der bakteriellen Zersetzung des Fibrins auftreten, deren Endprodukte, falls der atmosphärische Sauerstoff in genügender Weise hinzutreten kann, Kohlensäure, Wasser, Ammoniak und Schwefelsäure sind.

Anders gestaltet sich der Prozeß, wenn man ebenso behandeltes Fibrin unter denselben Verhältnissen in Chloroformwasser [1]) oder in gesättigte Salpeterlösung [2]) giebt. Nach Wochen oder Monaten nimmt man auch in diesem Falle eine Lösung des Eiweißkörpers wahr, ohne daß sich jedoch eine Gasentwickelung oder ein übler Geruch einstellt. Die gasförmigen Produkte der Bakterienwirkung entstehen hierbei niemals, es kommt zu einer viel weniger weitgreifenden Spaltung des Fibrins, nur zur Bildung sogenannter Peptone, welche noch zu den Proteïnsubstanzen gehören. Diese Peptonisation rührt her von wenig Enzymen, welche die Bakterien vor ihrer Abtötung durch das Chloroform, beziehungsweise vor der Aufhebung ihrer Wirksamkeit durch die Salpeterlösung, produzierten und an die Feuchtigkeit des Fibrins abgegeben hatten.

Die von Fermentorganismen produzierten Enzyme werden nicht in allen Fällen nach außen befördert. Es giebt gewisse Mikroben, welche wohl Enzyme erzeugen, aber dieselben in ihrem Innern auf bestimmte, sehr einfache und dabei leicht lösliche und diffusible Stoffe einwirken lassen, wodurch eine gewisse Menge von lebendiger Kraft für die Lebensäußerungen der Pilzzellen disponibel wird.

Eine weitere Zersetzung des enzymatisch gespaltenen Nährmaterials durch eigentliche Protoplasmathätigkeit kann hier nicht stattfinden, weil die intracellular wirkenden Enzyme bereits die denkbar einfachsten Produkte direkt erzeugen.

Ein derartiges geformtes Ferment ist der Micrococcus ureae, welcher neben anderen Fermentorganismen die alkalische Gärung des Harns veranlaßt. Durch die Thätigkeit dieses niederen Lebewesens zerfällt der Harnstoff in Kohlendioxyd und Ammoniak, welche in der Flüssigkeit als Ammoniumkorbonat gelöst bleiben:

$$CO \frac{NH_2}{NH_2} + 2 H_2 O = CO \frac{ONH_4}{ONH_4}.$$

Es muß allerdings bemerkt werden, daß der Micrococcus ureae bei einer derartigen einfachen Ernährungsweise auf die Dauer nicht bestehen kann, denn in reinen Harnstofflösungen leidet die Entwickelung der Mikrobe not, und in kurzer Zeit hört die Gärung ganz auf. Dagegen vermag der Pilz, wie im Urin, zu gedeihen und sich zu vermehren, wenn man außer Kaliumphosphat und Magnesiumsulfat der Harnstofflösung ein wenig Pepton, Leucin, Glykokoll, Asparagin oder die Ammonsalze gewisser kohlenstoffreicher Säuren hinzufügt [3]).

Daß der Bacillus ureae in der That in seinem Inneren ein harnstoffzersetzendes Enzym birgt, welches er im lebenden Zustande zurückhält, nach seiner Abtötung dagegen sich entziehen läßt, ist leicht zu zeigen.

---

1) E. Salkowski, Ueber das eiweißlösende Ferment der Fäulnisbakterien und seine Einwirkung auf Fibrin, Zeitschr. f. Biol., N. F. Bd. 7, 1889, S. 92.

2) Ph. Limbourg, Zeitschr. f. physiol. Chem., Bd. 13, 1889, S. 454. Ich kann diesen Versuch bestätigen. Vergl. K. Mann, Inaug.-Dissert. Würzburg 1892, S. 7.

3) van Tieghem, Comptes rendus, Bd. 58, 1864, S. 210 und R. v. Jaksch, Zeitschr. f. physiol. Chem., Bd. 5, 1881, S. 395.

Filtriert man in Gärung befindlichen Harn durch ein 12—15-faches Papierfilter oder durch eine Thonzelle, so erhält man ein völlig pilz- und enzymfreies Filtrat, von welchem eine Probe gegen frischen Harn völlig unwirksam ist. Anders gestaltet sich der Befund, wenn stark gärender Harn mit viel Alkohol versetzt wird. Man kann dann mit den ausgeschiedenen Salzen auch die Pilzzellen auf dem Filter sammeln und letztere durch Behandlung mit absolutem Alkohol oder Aether leicht abtöten. Löst man nunmehr das trockene Pulver in Wasser, so erhält man aus den toten Zellleibern ein Extrakt, welches auch nach der sorgfältigsten Filtration und dem Zusatz von Chloroform oder Thymol, Harnstofflösungen sehr schnell in Ammoniumkarbonat überführt[1]).

Man kennt noch andere Fermentorganismen, welche intracellular wirkende Enzyme produzieren, z. B. ein Bacterium, welches ameisen- sauren oder essigsauren Kalk in Calciumkarbonat, Kohlendioxyd und Wasserstoff, bezw. Grubengas spaltet:

$$\left.\begin{array}{l}HCOO\\HCOO\end{array}\right\}Ca + H_2O = CO\left.\begin{array}{l}O\\O\end{array}\right\}Ca + CO_2 + 2H_2 ; \quad \left.\begin{array}{l}CH_3\,COO\\CH_3\,COO\end{array}\right\}Ca + H_2O$$

$$= CO\left.\begin{array}{l}O\\O\end{array}\right\}Ca + CO_2 + 2CH_4 \text{ [2]).}$$

Es ist klar, daß derartigen Mikroben bei ihrer Ernährung mit so einfachem Material wie Harnstoff, essig- oder ameisensaurem Salz, nur dadurch Energie zugänglich werden kann, daß sie ihre Enzyme intracellular wirken lassen.

Weder die geformten Fermente, noch die Enzyme werden durch den chemischen Prozeß, welchen sie veranlassen, verbraucht. Während sich aber die Fermentorganismen in ihren Nährflüssigkeiten durch Teilung vermehren, bleibt die Quantität der Enzyme unverändert. Nur eine fermentative Zelle genügt, um die Umsetzung einer großen Menge des betreffenden Stoffes, auf welchen der Fermentorganismus wirkt, herbeizuführen. Infiziert man z. B. eine große Quantität keimfreier Milch mit einer minimalen Menge von Milch, welche durch das Bac- terium lactis sauer geworden ist, so befindet sich sehr bald die ganze Flüssigkeit in Milchsäuregärung. Man sollte demnach annehmen, daß die Wirkung der Enzyme viel mehr, als die der Fermentorganismen, von ihrer Quantität abhängig sei und mit derem Sinken unter eine gewisse Grenze kaum zur Geltung käme. Dies ist jedoch nur im all- gemeinen der Fall[3]), denn giebt es Enzyme, welche in Bezug auf die Schnelligkeit ihrer Wirkung, selbst in äußerst geringen Mengen, die geformten Fermente bei weitem übertreffen, wozu sich die Labgerinnung der Milch als bestes Beispiel anführen läßt.

Eine Reihe von äußeren Eigenschaften sind den

---

1) Musculus, Comptes rendus, Bd. 82, 1876, S. 333 und Pflüger's Arch., Bd. 12, S. 214. Pasteur und Joubert, Comptes rendus, Bd. 83, 1876, S. 5. Sheridan Lea, Journ. of Physiol., Bd. 6, 1885, S. 136. W. Leube und E. Graser, Virchow's Arch., Bd. 100, S. 564.

2) Leo Popoff, Pflüger's Arch., Bd. 10, 1875, S. 113. Hoppe-Seyler, Pflüger's Arch., Bd. 12, 1876, S. 1 und Zeitschr. f. physiol. Chemie, Bd. 11, 1887, S. 561.

3) Vergl. Brücke, Wiener Sitzungsber., Bd. 37, 1859, S. 131. Cohn- heim, Virchow's Arch., Bd. 28, 1863, S. 246. E. Markwart und Hüfner, Journ. f. prakt. Chem., Bd. 11, 1875, S. 202.

geformten Fermenten und den Enzymen gemeinsam, in
anderen zeigen sie wenigstens gewisse Berührungs-
punkte.

Da die Wirkung beider Arten von Fermenten als eine hydrolytische
sich darstellt, sind sie ersichtlich nur bei Gegenwart von Wasser wirksam.
Jede Gärung und Fäulnis wird daher durch das Trocknen der betreffenden organischen Substanzen unterbrochen oder unmöglich gemacht, eine
Thatsache, welche im praktischen Leben und in der Technik vielfach
Berücksichtigung findet. Durch die Austrocknung werden aber vorhandene geformte Fermente, ebensowenig wie Enzyme, zerstört, es
bedarf nur der Anfeuchtung, um ihre Lebensthätigkeit, bezw. ihre
Reaktionsfähigkeit wieder anzuregen. Auch die bereits erwähnte Thatsache, daß die Wirksamkeit der geformten Fermente durch Sättigung
ihrer Nährlösungen mit Salzen völlig gehemmt wird, beruht auf dem
Mangel an disponiblem Wasser, welches von den gelösten Salzmole-
külen in Beschlag genommen ist. Dieses Hindernis scheint dagegen bei
einigen Enzymen, wie namentlich dem Trypsin, wenn auch nicht leicht,
überwunden zu werden.

Alle Fermentorganismen und alle Enzyme werden dauernd zerstört
durch siedendes, sicherer durch überhitztes Wasser, welches leichter
noch die Enzyme, als die Eiweißstoffe der fermentativen Zellen koaguliert.
Um Flüssigkeiten zu sterilisieren, genügt daher meistens schon bloßes
Aufkochen derselben, während man zu dem gleichen Zweck feste
Materialien besser der Einwirkung strömenden Wasserdampfes aussetzt.

Die Wirkung der Fermentorganismen sowohl, als auch der Enzyme,
ist im allgemeinen am eingreifendsten bei Körpertemperatur und wird
aufgehoben durch starke Temperaturerniedrigung, ohne daß jedoch die
Fermente hierdurch geschädigt würden [1]). Sobald die Temperatur
wieder ansteigt, beginnt auch von neuem die Entwickelung und Thätigkeit der Mikroben sowie die Einwirkung der ungeformten Fermente.
Daß starke Abkühlung die bakterielle Thätigkeit verhindert, beweist
z. B. die Thatsache, daß man frisches Fleisch 60 Tage lang bei —15° C
aufbewahren kann, ohne daß sich die geringsten Fäulniserscheinungen
oder Veränderungen desselben bemerkbar machen [2]).

Stoffe, welche mit Eiweißkörpern Verbindungen eingehen, setzen
erklärlicherweise der Fermentwirkung schnell ein Ziel. Namentlich
Sublimat tötet daher selbst in den stärksten Verdünnungen alle Mikroorganismen und macht in etwas stärkerer Konzentration auch alle Enzyme unwirksam. Eine Sublimatlösung von 1 : 5000 ist bereits ein ganz
sicheres Desinfektionsmittel, auch bei ganz kurzer Einwirkung, während
bei einer Verdünnung von 1 : 20000 Bacillensporen wenigstens in 10 Minuten
getötet werden. Enthält eine Flüssigkeit nur ein viertel Millionstel
Sublimat, so wird hierdurch wenigstens das Wachstum von Pilzsporen
aufgehoben [3]). Viel weniger wirksam als Sublimat sind alle übrigen
Schwermetallsalze, welche Eiweißverbindungen eingehen, ferner Pikrinsäure, Karbolsäure und Gerbsäure. Doch ist zu bemerken, daß eine

1) COLEMAN und M'KENDRICK, Ueber die Wirkung sehr niedriger
Temperaturen auf den Fäulnisprozeß und auf einige Lebenserscheinungen,
Journ. of Anat. and Physiol., Bd. 19, 1887, S. 335.
2) POUCHET, Compt. rend. Soc. Biol., Bd. 1, 1889, S. 425.
3) R. KOCH und WOLFFHÜGEL, Mitteil. des Kaiserl. Gesundheitsamtes,
1881.

desinficierende Wirkung des Sublimats, sowie aller Schwermetallsalze
nur in möglichst eiweißfreien Flüssigkeiten sicher erwartet werden darf.
Denn bei Gegenwart von gelösten Eiweißstoffen gehen die Metallsalze
in erster Linie mit diesen unlösliche Verbindungen ein, nach deren
Fällung die entgiftete Flüssigkeit den Fermentorganismen wieder zugänglich wird. Unter diesen Umständen ist Karbolsäure dem Sublimat als
Desinficiens vorzuziehen [1]). Weiter erweisen sich die Mineralsäuren selbst
in Verdünnungen von 2—3 pro Mille nicht nur gegen die Fermentorganismen als wirksame Desinfektionsmittel [2]), sondern sie zerstören
auch, je nach ihrer Konzentration schneller oder langsamer, die
Enzyme. Doch bildet von den letzteren das Pepsin eine bemerkenswerte Ausnahme, welches wenigstens gegen verdünnte Salzsäure und
Phosphorsäure völlig resistent ist. Von allen Mineralsäuren ist die
schweflige Säure wohl das wirksamste Antisepticum, da sie vor allen
übrigen Mineralsäuren noch ihre energisch reduzierende Eigenschaft
voraus hat. Will man irgend welche Oertlichkeiten damit desinfizieren,
so ist es zweckmäßig, nicht nur Schwefel in diesen Räumen zu verbrennen, sondern gleichzeitig auch Wasser zu verdampfen, damit sich
schweflige Säure in größerer Menge bilden kann. Unter diesen Umständen werden sowohl alle in der Luft enthaltenen Bakterien, als auch
deren Keime viel schneller zerstört, als bei Einwirkung des trockenen
Schwefeldioxyds [3]).

Die Wirksamkeit der Fermentorganismen, aber auch fast aller
Enzyme, wird sistiert durch eine größere Ansammlung ihrer eigenen
Stoffwechsel-, bezw. Umsetzungsprodukte. So hört bei einem gewissen
Gehalt an Alkohol die Thätigkeit der Hefezellen in einer Zuckerlösung
völlig auf, ebenso die des Bacterium lactis bei einer größeren Ansammlung von Milchsäure. Fäulnisbakterien, welche aus Eiweißkörpern selbst
vorübergehend Phenol erzeugen, werden durch einen Zusatz dieses
Stoffes zu ihren Nährlösungen abgetötet. Setzt man ferner zu einer
eiweißhaltigen Nährflüssigkeit 2,5 Proz. Ammoniumkarbonat, so zeigen
eingebrachte Bakterien nur eine sehr kümmerliche Entwickelung und
gehen sogar zu Grunde, wenn der Gehalt an Ammoniumkarbonat auf
5 Proz. gesteigert wird. Feuchtes Fleisch gerät daher auch nicht in
Fäulnis, wenn es sich in einer Atmosphäre befindet, die mit Ammonium-
karbonatdampf gesättigt ist [4]). Dieses Verhalten der Fäulnisbakterien
dem Ammoniumkarbonat gegenüber ist um so auffallender, als selbst
die Gegenwart von viel Soda ihre Thätigkeit nicht im mindesten beeinträchtigt, im Gegenteil begünstigt. Endlich erlahmen auch alle Verdauungsenzyme in ihrer digestiven Funktion bei einer größeren An-

---

1) Vergl. Zweifel, Zeitschr. f. physiol. Chem., Bd. 6, 1882, S. 420.
2) N. Sieber, Journ. f. prakt. Chemie, Bd. 19, 1879, S. 433 und
Miquel, Centralbl. f. allgem. Gesundheitspflege, 1884, S. 403.
3) H. Dubief und J. Brühl, Compt. rend., Bd. 108, 1889, S. 824.
Vergl. indessen hiergegen die Untersuchungen von Buchholtz, Arch. f.
experiment. Pathol., Bd. 4 sowie von Schotte und Gärtner, Deutsche
Vierteljahrschr. f. öffentl. Gesundheitspflege, Bd. 12, 1880.
4) C. Gottbrecht, Ueber die fäulniswidrige Eigenschaft des Ammoniaks, Arch. f. experim. Pathol. u. Pharmak. Bd. 25, 1889, S. 385.
Vergl. auch Warington, Ueber den Einfluß des Gypses auf den Verlauf
der Salpeterbildung im Erdboden, Chem. soc., 1885, S. 758.

häufung der von ihnen gebildeten Produkte[1]). Nur das Labenzym scheint auch hier wieder eine Ausnahme zu machen. Die Ansammlung von geronnenem Kaseïn hebt seine Wirksamkeit gegen Milch durchaus nicht auf.

Soweit bekannt, besitzen nicht nur alle Fermentorganismen, sondern auch alle Enzyme die Eigenschaft, Wasserstoffsuperoxyd in Wasser und Sauerstoff zu zerlegen[2]). Bringt man etwas Hefe, oder aber frischen Speichel, Magen- oder Pankreassaft, in eine wässrige Lösung von Wasserstoffsuperoxyd, so bemerkt man sofort eine lebhafte Gasentwickelung. Indessen kann nach neueren Untersuchungen[3]) bei den Enzymen diese Eigenschaft aufgehoben werden, ohne daß die fermentative Wirkung gleichzeitig geschädigt wird. Erhitzt man Pankreassaft auf 60°, so ist nach seiner Abkühlung auf 40° durchaus keine Abschwächung seiner fermentativen Wirkung, wenigstens gegen Stärke zu bemerken. Dagegen ist die Fähigkeit des Saftes, Wasserstoffsuperoxyd zu zersetzen, ihm durch das Erhitzen auf 60° verloren gegangen. Auch stärkere Erhitzung der Enzyme im trockenen Zustande, ihre Fällung und Behandlung mittels Alkohol scheint die Wirkung derselben auf Wasserstoffsuperoxyd allmählich zu vernichten. Ebenso wirkt das Aussalzen der Enzyme aus ihren wässrigen Lösungen, wiewohl durch alle die genannten Operationen die spezifische Wirkung der ungeformten Fermente auf die Nährstoffe durchaus nicht geschädigt wird. Somit ist jedenfalls erwiesen, daß die Eigenschaften der Enzyme, organische Stoffe hydrolytisch zu spalten und Wasserstoffsuperoxyd zu zerlegen, von einander trennbar sind. Vielleicht sind beide Funktionen an verschiedene Atomgruppen gebunden, von denen nur die auf Wasserstoffsuperoxyd wirkende Gruppe durch die erwähnten physikalischen Einwirkungen eine Veränderung erfährt.

Die Gegenwart von Sauerstoff ist zur Enzymwirkung durchaus nicht erforderlich. Diese Fermente wirken in einer Atmosphäre von Wasserstoff oder Kohlensäure genau so, wie bei Anwesenheit von Luft oder reinem Sauerstoff. Dagegen können die Fermentorganismen auf die Dauer den Sauerstoff nicht entbehren. Wenn auch viele Formen derselben sehr lange Zeit ohne Sauerstoff zu leben vermögen, so scheint diese Unabhängigkeit vom Luftzutritt doch nur bis zu einer gewissen Grenze möglich zu sein. Merkwürdigerweise sollen die Fermentorganismen getötet werden, wenn man sie in reinen Sauerstoff bringt und den Druck auf mehrere Atmosphären erhöht[4]). Die Enzyme werden hierdurch nicht geschädigt.

Daß bei allen fermentativen Umsetzungen, gleichviel ob sie Enzyme oder Fermentorganismen bewirken, Wärme frei werden muß, geht aus dem in der Einleitung Erörterten hervor, denn stets werden ja hierbei kompliziertere organische Verbindungen von labilem Gleich-

---

1) Brücke, Wiener Sitzungsber., Bd. 43, 1861, S. 608. Cohnheim, Arch. f. pathol. Anat., Bd. 28, 1863, S. 241. W. Kühne, Lehrbuch der physiol. Chem., 1866, S. 39.

2) Schönbein, Journ. f. prakt. Chem., Bd. 89, S. 334.

3) John Jacobson, Ueber ungeformte Fermente, Inaug.-Diss., Berlin 1891.

4) P. Bert, Compt. rend., 1873, Bd. 76 u. 77 und: La pression barométrique, Paris 1878.

gewicht in einfachere von stabilerem Gefüge übergeführt, wobei notwendigerweise ein Teil der in dem ursprünglichen großen Molekül aufgespeicherten Spannkräfte zur Umsetzung gelangt[1]). Bei den Gerinnungen, welche gewisse Enzyme veranlassen, erfolgt aber diese Wärmebildung nicht nur wegen der hierbei stattfindenden Spaltung, sondern auch infolge des Ueberganges einer vorher flüssigen Substanz in den festen Zustand. — Auch in Bezug auf diese Veränderung des Aggregatzustandes der ihrer Einwirkung unterworfenen Stoffe stehen die Gerinnungsenzyme in einem Gegensatz zu allen übrigen ungeformten Fermenten, welche ja gerade schwer lösliche oder unlösliche Stoffe in leicht lösliche Substanzen verwandeln.

Ueber den chemischen Charakter der Enzyme ist zu bemerken, daß sie wahrscheinlich stickstoffhaltig sind und zu den Proteïnstoffen gehören. In Wasser leicht löslich, sind sie nicht diffusibel und, wie alle Proteïnsubstanzen, durch Ammoniumsulfat völlig aussalzbar[2]). Durch Alkohol werden die Enzyme aus ihren wässerigen Lösungen gefällt. Größtenteils sind sie auch gegen langdauernde Einwirkung absoluten Alkohols sehr widerstandsfähig und verlieren hierdurch nichts von ihrer Wirksamkeit (Fibrinferment, Diastase). Andere Enzyme dagegen sind gegen Alkohol weniger resistent. So wird das Pepsin durch die Einwirkung des Alkohols allmählich unwirksam und offenbar koaguliert. In wässeriger Lösung verlieren alle Enzyme ohne Ausnahme bei einer Temperatur von 80° C ihre fermentativen Eigenschaften, die tierischen Enzyme indessen meist schon viel früher, spätestens wohl bei 62° C. Im getrockneten Zustande dagegen kann man die Enzyme weit über 100° erhitzen, ohne daß sie nach ihrer Abkühlung und Auflösung in Wasser ihre digestive Funktion im geringsten eingebüßt hätten[3]). Trypsin und Pepsin sollen unter diesen Umständen eine Temperatur von 150—160° C vertragen können[4]). Auch in Glycerin sind die Enzyme auflöslich und gehen daher beim Behandeln der Organe mit diesem Lösungsmittel in dasselbe über. Derartige Glycerinextrakte sind sehr haltbar, weil das konzentrierte Glycerin ein Protoplasmagift ist und daher in ihm keine Bakterien zur Entwickelung gelangen. Dagegen sind die wässerigen Enzymlösungen ohne Zusatz von Chloroform oder Thymol nur kurze Zeit verwendbar, da sich bald Fäulnisbakterien in ihnen ansiedeln, welche die Enzyme zerstören.

Die meisten Enzyme haben die Neigung, beim Entstehen indifferenter Niederschläge aus ihren Lösungen mechanisch mit niedergerissen zu werden. Will man letztere Eigenschaft verwenden, um zum Beispiel das Pepsin aus der Magenschleimhaut zu gewinnen, so wird dieselbe,

---

1) Selbst bei der Invertierung der Doppelzucker wird Wärme frei. Vergl. hierüber DANILEWSKY, Mediz. Centralbl., 1881, S. 465 u. 486.

2) W. KÜHNE, Verhandl. des Naturhist.-med. Vereins zu Heidelberg, N. F. Bd. 3, 1886, S. 464.

3) G. HÜFNER, Journ. f. prakt. Chem., N. F. Bd. 5, 1872, S. 372. E. SALKOWSKI und ALEX. SCHMIDT, Centralbl. f. d. mediz. Wissensch., 1876, No. 29, S. 511.

4) SALKOWSKI, Virchow's Arch., Bd. 70, 1877, S. 158 und Bd. 81, 1880, S. 552. Vergl. auch F. HÜPPE, Ueber das Verhalten ungeformter Fermente gegen hohe Temperaturen, Mittheil. aus dem Kaiserl. Gesundheitsamte, I, 1882, S. 339.

nach einer ursprünglich von Brücke [1]) angegebenen Methode, in verdünnter Phosphorsäure bei Körpertemperatur möglichst lange sich selbst überlassen. Sind alle Bestandteile der Schleimhaut nach etwa einer Woche so weit verdaut, daß man beim Abstumpfen der Säure keine Fällung mehr erhält, so wird mit Kalkwasser neutralisiert. Das entstehende Calciumphosphat reißt das Pepsin mit nieder und hält es so fest, daß es durch das nachfolgende Auswaschen der Verdauungsprodukte mit Wasser von dem Kalksalz nicht entfernt wird. Hierauf löst man den Niederschlag in verdünnter Salzsäure und dialysiert, wobei die Salzsäure im Dialysator wiederholt ersetzt werden muss. Nachdem alles Calciumphosphat und auch schließlich die Salzsäure diffundiert ist, wird das Pepsin durch viel Alkohol gefällt und derselbe möglichst schnell durch Filtration von dem Pepsinniederschlag entfernt. Auch durch konzentrierte alkoholische Lösungen von Cholestearin lassen sich die Enzyme aus wäßerigen Flüssigkeiten fällen, weil das Cholestearin ja bei der Vermischung seiner weingeistigen Lösung mit Wasser ausfällt und dadurch ebenfalls sehr geeignet ist, die Enzyme mechanisch festzuhalten. Bringt man die Niederschläge auf ein Filter, so lösen sich beim Auswaschen mit Wasser weder die Enzyme, noch das Cholestearin. Letzteres wird dagegen durch Alkohol gelöst, wobei die Enzyme auf dem Filter zurückbleiben.

Die Rolle, welche die Enzyme bei ihrer spaltenden Einwirkung auf die Nährstoffe spielen, ist wenig aufgeklärt. Es scheinen die Enzyme durch gewisse chemische Affinitäten eine derartige Bewegung innerhalb der großen Moleküle anzuregen, daß hierdurch das labile Gleichgewicht derselben gestört und somit ihr Zerfall herbeigeführt wird. Man folgert dies aus der Thatsache, daß die Wirkung der Enzyme unter Umständen durch Substanzen ganz anderer Art, nämlich durch Metalle, ersetzt werden kann. Nach Untersuchungen von Deville und Debray [2]) sowie von Hoppe-Seyler [3]) wird der vorher erwähnte Zerfall des ameisensauren und essigsauren Kalks in Calciumkarbonat, Kohlensäure und Wasserstoff, beziehungsweise Grubengas, nicht nur durch gewisse Bakterien, sondern auch genau in derselben Weise durch fein verteiltes Iridium, Rhodium oder Ruthenium veranlaßt. Man kann sich diese Metallwirkung kaum anders erklären, als daß die Metalle gegen gewisse Atome in dem großen labilen Molekül eine chemische Anziehung ausüben, die zwar zu keiner Vereinigung führt, aber dennoch eine heftige Bewegung des großen Moleküls zur Folge hat, welche die Umformung desselben nach sich zieht.

Derartige Stoffe, welche, ohne greifbare Beteiligung an der Reaktion, einen Zerfall höherer Verbindungen in niedere verursachen, werden von den Chemikern als katalysierende Substanzen bezeichnet. Bekannte Beispiele hierfür bilden die Dissociation des Chlorstickstoffs bei Gegenwart von sehr wenig Phosphor oder Arsen, sowie die Zersetzung des Wasserstoffsuperoxyds in Wasser und Sauerstoff durch fein verteiltes Platin, Gold oder Silber [4]).

---

1) Brücke, Sitzungsber. d. Wiener Akad., Bd. 43, 1861, S. 601.
2) Deville und Debray, Compt. rend., Bd. 78, 1874, II, S. 1782.
3) Hoppe-Seyler, Die Methangärung der Essigsäure, Zeitschr. f. physiol. Chem., Bd. 11, 1887, S. 566.
4) „Ueber einige katalytische Wirkungen" berichtet auch O. Loew, Ber. d. Deutsch. chem. Gesellsch., Bd. 20, 1887, S. 144.

Sehr ähnlich der katalytischen ist die sogenannte Kontaktwirkung, welche ebenfalls häufig mit der Enzymwirkung verglichen worden ist. Man versteht hierunter chemische Vorgänge, zu deren Einleitung und Fortführung nur eine kleine Menge Substanz gehört, welche aber bei den chemischen Prozessen nicht verbraucht wird. Bei diesen Kontaktwirkungen handelt es sich um kontinuierliche Reaktionen, wie sie z. B. vom Stickoxyd bei der Bereitung der Schwefelsäure aus Schwefeldioxyd, Wasser und Sauerstoff ausgeübt werden. Hier wird ja in einem kontinuierlichen Kreislauf die aus Stickoxyd entstandene Salpetersäure wieder zu Stickoxyd reduziert, indem sie selbst das Schwefeldioxyd zu Schwefelsäure oxydiert. Es ist nicht zu leugnen, daß auch die Kontaktwirkungen mit den meisten Enzymwirkungen Aehnlichkeit besitzen.

Schon wiederholt mußten die Gerinnungsenzyme als in ihren Eigenschaften abweichend von den übrigen Enzymen hervorgehoben werden. Namentlich ist die Schnelligkeit ihrer Wirkung gegenüber den anderen Enzymen sehr auffallend. A. FICK [1]) glaubt daher, daß die Gerinnungsvorgänge auch in anderer Weise als die übrigen Fermentationen zustande kommen. Nach der Annahme dieses Forschers soll eine direkte Berührung der Gerinnungsenzyme mit allen Teilen der gerinnungsfähigen Flüssigkeit nicht stattfinden, vielmehr macht nach ihm die Gerinnungserscheinung den Eindruck einer sich fortpflanzenden Molekularbewegung, bei welcher der Zerfall des einen Moleküls auch den Zerfall anderer Moleküle derselben Art nach sich zieht. FICK gelangt zu dieser Anschauung namentlich auch durch die Ueberlegung, daß ein Fermentteilchen, welches die Wirkung hat, in einer Lösung Gerinnung hervorzubringen, sich sofort mit einer festen Schicht überziehen muß, sowie es in die Lösung eingetragen wird, sich also eben durch seine Wirkung von der Berührung mit anderen Molekülen des gerinnungsfähigen Körpers ausschließt. Gegen die Theorie von FICK sind Versuche angeführt worden, bei denen man Milch vorsichtig über eine Lablösung schichtete, wobei man wahrnahm, daß die Gerinnung an einer bestimmten Grenze stehen blieb und sich nicht über die ganze Flüssigkeit ausbreitete [2]). Hierbei ist aber zu bedenken, daß die Gerinnungsbewegung an den äußeren Widerständen sich sehr wohl erschöpfen und zum Stillstand gelangen kann. Daß übrigens auch bei den Gerinnungsvorgängen die betreffenden Eiweißstoffe die Elemente des Wassers chemisch binden, zeigt ein Versuch von ALEXANDER SCHMIDT, welcher neuerdings mitgeteilt wurde: „Teilt man Pferdeblutplasma in zwei gleiche Portionen, von welchen die eine als solche, ohne daß Gerinnung eintritt, bis zum konstanten Gewicht getrocknet wird, die andere aber nach stattgefundener Gerinnung in derselben Weise von ihrem ungebundenen Wasser befreit wird, so ergiebt die zweite Portion eine Gewichtszunahme von etwa $^1/_2$ Proz." [3]).

---

1) A. FICK, Ueber die Wirkungsart der Gerinnungsfermente, Pflüger's Arch., Bd. 45, 1889, S. 293 und ebendas. Bd. 49, 1891, S. 111.

2) P. WALTHER, Ueber FICK's Theorie der Labwirkung und Blutgerinnung, Pflüger's Arch., Bd. 48, 1891, S. 529. J. LATSCHENBERGER, Ueber die Wirkungsweise der Gerinnungsfermente, Centralbl. f. Physiol., Bd. 4, 1 8.1, S. 3. SHERIDAN LEA und W. LEE DICKINSON, Journ. of Physiol., Bd. 11, S. 307.

3) Zeitschr. f. physiol. Chem., Bd. 16, 1892, S. 273.

Die verschiedenen Enzyme sind in ihrer Einwirkung auf ganz bestimmte Stoffgruppen beschränkt. Da sie die nachfolgende Zellthätigkeit vorbereiten, schließt ihre Wirkung auch ausnahmslos mit einem mehr oder weniger frühen Stadium der Zersetzung ab. Wir unterscheiden:

a) Eiweißverdauende (proteolytische, peptonisierende) Enzyme. Pepsin, Trypsin und mehrere vegetabilische Enzyme, wie z. B. das Papayotin aus dem Safte der Carica papaya, sind Repräsentanten dieser Gruppe. Ferner werden eiweißverdauende Enzyme auch von vielen Fermentorganismen bereitet. Diese bakteriellen Enzyme sind, soweit bekannt, dem Trypsin sehr nahe stehend, vielleicht mit ihm identisch [1]).

b) Verzuckernde (amylolytische) Enzyme sind das Ptyalin des Speichels und des Pankreassaftes. Auch die vegetabilische Diastase gehört hierher. Ferner läßt sich aus vielen Bakterien ein derartiges Enzym gewinnen[2]).

c) Fettspaltende Enzyme. Die tierischen Organismen besitzen ein derartiges Enzym in dem sogenannten Steapsin des Pankreassaftes. Auch in gewissen Pflanzensamen sind neuerdings fettspaltende Enzyme gefunden worden, so in den Früchten von Ricinus, Papaver somniferum, Canabis sativa, im Leinsamen und in den Maiskörnern [3]).

d) Eiweißgerinnungsenzyme. Hierunter sind zu nennen das Käseferment (Lab oder Chymosin), das Fibrinferment und das allerdings noch hypothetische Myosinferment.

e) Invertierende Enzyme. Tierisches Invertin findet sich namentlich im Darmsaft. Pflanzliches Invertin ist dagegen als Produkt vieler Fermentorganismen sehr verbreitet. Anscheinend giebt es mehrere bakterielle Enzyme dieser Art, was daraus gefolgert werden kann, daß die verschiedenen Doppelzucker gegen die verschiedenen Mikroben, beziehungsweise gegen deren Invertine sich auch verschieden widerstandsfähig verhalten [4]).

f) Harnstoff zersetzendes Enzym. Es ist ein Produkt einer ganzen Reihe von Fermentorganismen, namentlich des Micrococcus [5]) und Bacterium ureae [6]), des Bacillus fluorescens [7]) und anderer mehr [8]).

g) Glykosidspaltende Enzyme. Sie kommen lediglich in den höheren Pflanzen vor.

---

1) Hüfner, Journ. f. prakt. Chem., N. F. Bd. 5, S. 372 und E. Salkowski, Ueber das eiweißlösende Ferment der Fäulnisbakterien etc., Zeitschr. f. Biol., N. F. Bd. 7, 1889, S. 100.

2) Jul. Wortmann, Untersuchungen über das diastatische Ferment der Bakterien, Zeitschr. f. physiol. Chemie, Bd. 6, 1882, S. 287.

3) W. Siegmund, Ueber fettspaltende Fermente im Pflanzenreich, Sitzungsber. d. Wiener Akad. d. Wissensch., 1890 und Monatshefte f. Chem., Bd. 11, S. 272.

4) Vergl. S. 59 u. 60.

5) v. Jaksch, Zeitschr. f. physiol. Chem., Bd. 5, 1881, S. 395, wo sich die ältere Litteratur angegeben findet.

6) W. Leube und E. Graser, Virchow's Arch., Bd. 100, S. 555.

7) Warrington, Ber. d. Deutsch. chem. Gesellsch., Bd. 21, 1888, Ref. S. 739. Vergl. auch Miquel, Bull. de la soc. chim., Bd. 31, 1878, S. 392 und Bd. 32, 1879, S. 126.

8) Ladureau, Compt. rend., Bd. 99, 1884, S. 877.

Das Emulsin oder die Synaptase der bitteren Mandelkerne spaltet das Amygdalin in Benzaldehyd, Blausäure und Dextrose:

$$C_{20} H_{27} NO_{11} + 2 H_2 O = C_6 H_5 - C\overset{H}{\underset{O}{}} + CNH + 2 C_6 H_{12} O_6.$$

Amygdalin

Das Emulsin wirkt auch auf andere Glykoside zersetzend ein; so spaltet es das Salicin in Saligenin (Oxybenzylalkohol) und in Dextrose. Ein anderes Enzym dieser Gruppe ist das Myrosin der Senfsamen und anderer Cruciferen. Es spaltet das myronsaure Kali in Allylsenföl, Kaliumbisulfat und Dextrose:

$$C_{10} H_{18} KNS_2 O_{10} = CS \quad N - C_3 H_5 + SO_2 \overset{OK}{\underset{OH}{}} + C_6 H_{12} O_6$$

Myronsaures Kali Allylsenföl

Die Untersuchungen über **die Zersetzungen der Nährstoffe seitens der Fermentorganismen**, sowie über die Bedingungen, unter denen diese Umformungen geschehen, haben bereits eine ansehnliche Litteratur geschaffen. Aus dem sehr umfangreichen Material sollen hier nur die allgemeinen Gesichtspunkte und wichtigsten Thatsachen hervorgehoben werden.

Die organischen Nährstoffe werden durch den tierischen Stoffwechsel im wesentlichen übergeführt in Kohlensäure, Wasser und gewisse stickstoffhaltige Substanzen, welche außerhalb des Tierkörpers sehr leicht in Ammoniak und Kohlensäure zerfallen. Noch einfachere Endprodukte als die tierischen Organismen, nämlich direkt Kohlensäure und Wasser, sowie ferner Ammoniak, falls stickstoffhaltige Substanzen in Frage kommen, erzeugen sämtliche Fermentorganismen bei ihrer Einwirkung auf die Nährstoffe. Doch geschieht dies nur dann, wenn einerseits stets ausgiebig Sauerstoff zu den gärenden Massen hinzutritt, und wenn andererseits die gebildete Kohlensäure und das Ammoniumkarbonat schnell zur Abführung gelangen. Man kann dies bei künstlichen Versuchen durch eine permanente Ventilation des im übrigen abgeschlossenen Gärraumes erreichen, indem der Luftstrom die gebildete Kohlensäure mit sich führt und an vorgelegte Kalilauge abgiebt. Die Beseitigung des entstehenden Ammoniumkarbonats dagegen läßt sich durch Zugabe von Gyps zu den Nährstoffen erreichen, wodurch eine Umsetzung in unschädliches Ammoniumsulfat und in Calciumkarbonat erfolgt. Als HOPPE-SEYLER [1]) unter derartigen Maßnahmen gehacktes Pferdefleisch, Rindspankreas oder Hydroceleflüssigkeit mit Kloakenschlamm versetzte, ergab sich, daß lediglich Kohlensäure, Wasser und Ammoniak gebildet wurden. Es entstand weder Wasserstoff noch Methan. Auch die gewöhnlichen, übelriechenden Spaltungsprodukte der Eiweißfäulnis, wie die Merkaptane, Indol und Skatol, wurden gar nicht, Tyrosin und Leucin nur ganz vorübergehend wahrgenommen. Die Spaltungsvorgänge treten also bei reichlichem Sauerstoffzutritt offenbar zurück und verlaufen auch in anderer Weise, weil den Spaltungen stets unmittelbar die Oxydationen folgen.

Die Fähigkeit, bei reichlichem Zutritt von Sauerstoff die Nährstoffe nicht bloß teilweise, sondern vollkommen zu verbrennen, muß als eine

---

1) F. HOPPE-SEYLER, Ueber die Einwirkung von Sauerstoff auf die Lebensthätigkeit niederer Organismen, Zeitschr. f. physiol. Chem., Bd. 8, 1884, S. 214.

allgemeine Eigenschaft der Fermentorganismen betrachtet werden. Dennoch ist eine Ausnahme bekannt, nämlich die Essigmutter, das Mykoderma aceti [1]). Diese Bakterie verbrennt den Alkohol, auf welchen sie einwirkt, niemals vollständig, sondern führt ihn nur in Essigsäure über. Es mangelt diesem Fermentorganismus zwar das Vermögen der vollständigen Oxydation nicht gänzlich, aber er besitzt es nur im geringen Maße. Das Mykoderma aceti verbrennt in Jahresfrist nicht so viel Substanz zu Kohlensäure und Wasser, als eine gleiche Zahl anderer Bakterien in einer Woche.

Es fragt sich, welchem Umstande die Essigmutter dieses ausnahmsweise Verhalten unter allen übrigen Fermentorganismen verdankt. Eine ausreichende Erklärung für dasselbe ergiebt sich aus der morphologischen Beschaffenheit dieser Mikrobe.

Die Essigmutter besteht aus einer zähen Gallerte, dem sogenannten Pilzschleim, welcher seiner chemischen Natur nach Cellulose ist. In diese Gallerte sind kurze Stäbchen eingebettet. Es befinden sich nun offenbar beim Mykoderma aceti nur die an der Oberfläche des Pilzkuchens gelagerten Zellen in ähnlichen Verhältnissen, wie alle Zellen bei den übrigen Fermentorganismen, welche immer an Luft oder Flüssigkeit grenzen. Nur diese wenigen oberflächlichen Zellen sind in Bezug auf die Möglichkeit der Oxydationswirkung so günstig gestellt, wie die Zellen aller anderen geformten Fermente, und nur sie können daher eine vollkommene Verbrennung des Alkohols durchführen. Die Essigmutter entsteht immer von der Oberfläche der Flüssigkeiten her und bildet allmählich durch Verbindung ihrer gequollenen Zellwände einen immer massiger werdenden, den Wandungen des Gefäßes dicht anliegenden Pfropf, der eine Dicke von 60—100 mm erreicht und bald nur noch sehr wenig Sauerstoff in die tieferen Zellschichten gelangen läßt, so daß lediglich nur eine Oxydation des Alkohols zu Essigsäure stattfinden kann. NAEGELI hat berechnet, daß ein Pilzkuchen von 100 qmm Oberfläche und 10 mm Dicke ungefähr 5 Billionen Pilze enthält, von denen aber nur der 30—40000ste Teil unmittelbar an Luft grenzt. Hieraus erklärt es sich, warum in einer offenen Essigflasche, in welcher sich die Essigmutter angesiedelt hat, während eines ganzen Jahres der Essiggehalt nicht wesentlich abnimmt.

Ganz analog, wie Mykoderma aceti, wirkt die Varietät desselben, welche als Mykoderma vini oder cerevisiae bezeichnet wird. Letzteres stellt ein dünnes, schleimiges Gallerthäutchen vor, welches glatt oder fein gerunzelt erscheint und ungefähr immer die gleiche Dicke behält, da fortwährend die unteren, älteren Partien auf den Boden der Nährflüssigkeit sinken, indem die Gallerte nicht so fest, wie beim Mycoderma aceti, zusammenhängt.

Es sei hier erwähnt, daß zu den beiden Formen des Essigpilzes eine dritte Mikrobe von normalem Oxydationsvermögen in naher Beziehung steht. Während nämlich die beiden Mykodermen sich auf neutralen oder schwach sauren Lösungen, z. B. auf Bier, immer direkt einstellen, erscheint auf stärker sauren Flüssigkeiten, wie auf alkoholarmen Weinen, vor der Ansiedelung der Mykodermen der sogenannte Kahmpilz, ein Sproßpilz, der wegen seiner gekröseähnlichen Faltung auch Saccharo-

---

1) C. v. NAEGELI, Theorie der Gärung, München 1879, S. 110.

myces mesentericus genannt ist. Diese Mikrobe erscheint um so sicherer, je mehr Säure im Wein vorhanden ist, und bildet dann auf der betreffenden Flüssigkeit ebenfalls eine dünne Haut, welche aber keinen Pilzschleim enthält, sondern lediglich aus einer Reinkultur von Sproßpilzen besteht. Die Reinheit der Pilzkultur erhält sich um so länger, je saurer die Flüssigkeit ist; so lange ist auch von Essigbildung nichts zu bemerken. Erst wenn früher oder später zwischen den Sproßpilzen Bakterien auftreten, läßt sich allmählich Essigbildung nachweisen.

Der Kahmpilz bereitet offenbar dem Essigpilz den Boden vor, denn die Sproßpilze sind in organisch-sauren Flüssigkeiten bedeutend existenzfähiger, als die Bakterien. Erstere treten daher zuerst auf, verbrennen die organischen Säuren vollkommen zu Kohlensäure und Wasser und machen dadurch die Flüssigkeit schließlich neutral. Ist die ursprünglich vorhandene Säure bis auf ein geringes Maß zersetzt, dann beginnen sich nun allmählich auch die Mykodermen anzusiedeln, welche dann weiterhin die Oberhand gewinnen. Die Ansiedelung des Kahmpilzes ist zur Essigbildung um so notwendiger, je mehr Säure ein Wein enthält. Schließt man daher in einem sauren Wein die Bildung einer Kahmhaut aus, so kommt es auch zu keiner Essiggärung.

Wird der Sauerstoffzutritt zu den gärenden Materialien beschränkt oder gar völlig verhindert, so gehen viele Formen von Fermentorganismen, welche von Pasteur als Aërobien bezeichnet werden, bald zu Grunde, wie alle übrigen Organismen, ein anderer Teil der Mikroben dagegen, die sogenannten Anaërobien, kann lange Zeit ohne Sauerstoff bestehen. Dennoch scheinen auch letztere Formen bei ungenügender Anwesenheit von Sauerstoff in ihrer Vermehrung eingeschränkt zu sein [1]), welche bei völliger Abwesenheit von Sauerstoff endlich aufhört. Das Aufhören der Vermehrung beim Abschluß der Luft ist namentlich auch bei der Hefe konstatiert [2]), welche unwirksam wird, wenn man ihr andauernd keinen neuen Sauerstoff zuführt, indem die dann lediglich vorhandenen älteren Zellen in ihrer vitalen Energie erlahmen.

Die Darstellung Pasteur's, daß es Fermentorganismen gebe, welche nur bei Abwesenheit von Sauerstoff leben und Gärwirkung ausüben, so daß sie selbst durch Zutritt von Luft getötet werden, ist durchaus unbegründet [3]).

Dagegen findet ohne die Gegenwart einer genügenden Sauerstoffmenge eine wesentliche Abänderung des Stoffwechsels aller Fermentorganismen statt. Je mehr die Oxydationsprozesse zurücktreten, um so mehr treten die Spaltungsvorgange, gewöhnlich Gärungen, oder wenn dabei übelriechende Gase auftreten, Fäulnis genannt, in den Vordergrund. Denn bei der Abwesenheit von Sauerstoff versiegt ja die eine Quelle der lebendigen Kraft, welche den Fermentorganismen zur Ver-

---

1) Vergl. E. Büchner, Ueber den Einfluß des Sauerstoffs auf Gärungen, Zeitschr. f. physiol. Chem., Bd. 9, 1885, S. 414.

2) Brefeld, Verhandl. der Würzburger physik.-mediz. Gesellsch., N. F. Bd. 8, 1874, S. 96. Vergl. auch Hoppe-Seyler, Ueber die Einwirkung des Sauerstoffs auf Gärungen, Festschrift, Straßburg 1881 und Zeitschr. f. physiol. Chemie, Bd. 3, 1884, S. 225. Nencki, Arch. f. experim. Path. und Pharmakol., Bd. 21 1886, S. 299.

3) Naegeli, a. a. O. S. 71, und Hoppe-Seyler, Zeitschr. f. physiol. Chemie, Bd. 8, 1884, S. 228.

richtung ihrer Lebensfunktionen zur Verfügung steht. Es muß daher die andere Quelle, welche auf der Spaltung der Nährstoffe beruht, um so mehr ausgenutzt werden [1]). Dieselbe Erscheinung beobachten wir auch bei den tierischen Organismen. Man findet bei allen pathologischen Zuständen, welche mit einem Daniederliegen der Oxydationsvorgänge einhergehen, die Eiweißzersetzung bedeutend vermehrt. Als FRÄNKEL [2]) bei Hunden entweder durch vorsichtige Kohlenoxydvergiftung oder durch die Verengung der Trachealfistel, durch welche die Tiere atmeten, Sauerstoffmangel herbeiführte, fand er, daß die Eiweißzersetzung in der Zeiteinheit auf das Doppelte der Norm anstieg.

Ueber die Hypothesen, welche die Oxydationen seitens der lebenden Zellen zu erklären versuchen, haben wir bereits berichtet [3]). Es wurde auch erwähnt, daß durch Oxydationswirkung seitens vieler Fermentorganismen, welche im Erdboden leben, die bei der Fäulnis entstehenden Ammoniakmengen in salpetrige Säure und weiter in Salpetersäure übergeführt werden können. Dies ist indessen nur der Fall, wenn basische Stoffe vorhanden sind, welche die gebildete salpetrige- oder Salpetersäure binden können. Man spricht deshalb von der prädisponierenden Wirkung des Kalkes auf die Salpeterbildung im Erdboden. Die gebildeten Nitrate werden dann von anderen Fermentorganismen wieder zu Nitriten und weiter zu Ammoniak reduziert, auch wenn diesen Mikroben völlig genügend atmosphärischer Sauerstoff zur Verfügung steht. Nach den Untersuchungen von FRANKLAND [4]) waren von 32 Formen von Mikroorganismen, welche aus der Luft und den natürlichen Wässern stammten, etwa die Hälfte imstande, eine Reduktion der Nitrate zu Nitriten zu bewirken. Giebt man zu gärendem Harn Nitrate, so lassen sich sehr bald Nitrite in demselben nachweisen [5]), welche mit zunehmender Fäulnis wieder verschwinden, weil sie in Ammoniak übergeführt werden. Finden sich Nitrite in Brunnenwässern, so hat man allen Grund eine Berührung der letzteren mit faulenden Stoffen anzunehmen. In Reinkulturen mancher Bakterien finden sich stets Nitrite, offenbar, weil derartige Mikroben die aus Ammoniak gebildeten Nitrite überhaupt nicht in Nitrate überführen. Namentlich ist diese Eigenschaft von den Cholerabacillen bekannt. Impft man dagegen eine Nährlösung gleichzeitig mit Cholerabacillen und Fäkalbakterien, so bleibt die Nitritbildung aus [6]), weil letztere Mikroben die von den

---

1) Vergl. BREFELD, a. a. O. und BUNGE, Lehrbuch d. physiol. Chem., 1889, S. 168.

2) A. FRÄNKEL, Virchow's Arch., Bd. 67, 1876, S. 67 und Centralbl. f. d. med. Wissensch., 1875, No. 44. Vergl. auch H. OPPENHEIM, Pflüger's Arch., Bd. 23, 1880, S. 490, ARAKI, Zeitschr. f. physiol. Chem., Bd. 15, 1891, S. 368 und H. ZILLESSEN, ebendas. S. 389.

3) Vergl. S. 11.

4) P. F. FRANKLAND, Journ. chem. Soc., 1888, S. 373 und Ber. d. Deutsch. chem. Gesellsch., Bd. 21, 1888, Ref. S. 569. Vergl. auch WINOGRADSKY, Recherches sur les organismes de la nitrification, Annal. de l'institut Pasteur, 1891, S. 577.

5) Vergl. F. RÖHMANN, Zeitschr. f. physiol. Chem., Bd. 5, 1881, S. 114 und 236.

6) E. SALKOWSKI, Ueber das „Cholerarot" und das Zustandekommen der Cholerareaktion, Virchow's Arch., Bd. 110, 1887, S. 366.

Kommabacillen gebildeten Nitrite sogleich wieder zu Ammoniak reduzieren [1]).

Sehr erwähnenswert ist die erst seit wenigen Jahren bekannte
Thatsache, daß gewisse Fermentorganismen auch freien Stickstoff aus
der Atmosphäre assimilieren und in Nitrat umsetzen können. Dies ist
durch zahlreiche Untersuchungen, namentlich von HELLRIEGEL und
WILFARTH [2]), FRANK und BERTHELOT sichergestellt worden.

Bereits vor dieser Entdeckung war bei den Landwirten die Ansicht verbreitet, daß durch die Bebauung eines Feldes mit Leguminosen,
namentlich mit Erbsen, Bohnen, Wicken und Lupinen, eine größere
Fruchtbarkeit des Bodens sich erzielen lasse. Durch eine Reihe ein-
wurfsfreier Versuche mit stickstofffreien Nährböden ist diese Annahme
bestätigt worden. Man weiß jetzt, daß ein äußerst kleiner Pilz, welcher
im Erdboden weit verbreitet ist, den Stickstoff der Atmosphäre binden
kann, indem er ihn wahrscheinlich unter Aufnahme von Wasser in
Ammoniumnitrit überführt, wobei nicht einmal eine Oxydationswirkung
im eigentlichen Sinne erforderlich ist: $N_2 + 2H_2O = NOO \cdot NH_4$ [3]). Dieser
Pilz geht namentlich dann gern mit den Leguminosen eine Symbiose
ein, wenn der Boden wenig Humus enthält. Er siedelt sich unter diesen
Umständen an den Wurzeln der Leguminosen an, wodurch kleine Auf-
treibungen, sogenannte Wurzelknöllchen erzeugt werden. Wird Saft
aus den bakterienhaltigen Wurzelknöllchen anderen Pflanzen derselben
Gattung eingeimpft, so entstehen auch auf letzteren Wurzelknöllchen [4]).
Da sich ein bedeutender Teil des angesetzten Stickstoffs auch in den
unterirdischen Pflanzenteilen findet, hat nicht nur eine Bereicherung
der Pflanze, sondern auch des Bodens an fixiertem Stickstoff statt.

Die unzählig verschiedenen Fermentorganismen wirken nun keineswegs auf alle Nährstoffe ein, sondern die Zersetzung erfordert, ähnlich
wie bei der Enzymwirkung, nicht nur für jede Nährstoffgruppe, sondern
oft sogar für einzelne Substanzen derselben, spezifische Lebewesen, die
morphologisch sehr verschieden sein können. Erfolgt ferner die Gärung
ein und desselben Nährstoffs durch verschiedenartige Mikroben, so können
diese in der Art ihrer Wirkung sehr erheblich von einander abweichen
und daher aus ein und demselben Nährsubstrat ganz verschieden-

---

1) Vergl. auch O. LOEW, Katalytische Bildung von Ammoniak aus
Nitraten, Ber. d. Deutsch. chem. Gesellsch., Bd. 23, 1890, S. 675. Ueber
die Fähigkeit der Cholerabakterien, auch zu ihren Kulturen gegebene
Nitrate zu Nitriten zu reduzieren, vergl. PETRI, Centralbl. f. Bakteriologie,
Bd. 5, 1889, S. 561 u. 593.

2) HELLRIEGEL und WILFARTH, Untersuchungen über die Stickstoff-
nahrung der Graminee. und Leguminosen, Berlin 1888. B. FRANK, Die
Pilzsymbiose der Leguminosen, Landwirtschaftl. Jahrb., Bd. 19, S. 523.
BERTHELOT, Fixirung des Stickstoffs durch die nackte Ackererde und
vermittels der Leguminosen, Compt. rend., Bd. 107, S. 372; Bd. 108,
S. 700 und Bd. 109, S. 569. Vergl. auch PRAZMOWSKI, Landwirtschaftl.
Versuchsstation., Bd. 37, S. 161 und Bd. 38, S. 5; sowie TH. SCHLOESING
und LAURENT, Annales de l'institut Pasteur, 1892, S. 65.

3) Vergl. O. LOEW, Bildung von Salpetrigsäure und Ammoniak aus
freiem Stickstoff, Ber. d. Deutsch. chem. Gesellsch., Bd. 23, 1890, S. 1447.

4) E. BRÉAL, Compt. rend., Bd. 107, S. 397 und Bd. 109, 1889,
S. 670.

artige Fermentationsprodukte erzeugen. Die Produkte der Gärungen sind also je nach dem Nährmaterial und ferner je nach der Form der Mikroorganismen, welche sie verursachen, sehr mannigfaltige, um so mehr, als endlich auch weiter ein und dieselbe Pilzform bisweilen auf mehrere Nährstoffe, jedesmal aber unter Bildung anderer Produkte, einwirken kann.

So wird zum Beispiel der Traubenzucker durch die Hefe in Aethylalkohol und Kohlensäure zerlegt ($C_6 H_{12} O_6 = 2 C_2 H_5 OH + 2 CO_2$). Ganz die gleichen Zersetzungsprodukte erzeugen aus dem Traubenzucker mehrere Mucorarten. Durch das Bacterium lactis erfährt der Traubenzucker eine Spaltung in Gärungsmilchsäure ($C_6 H_{12} O_6 = 2 . CH_3 . CH(OH) . COOH$), durch den Bacillus butyricus in Buttersäure, Kohlensäure und Wasserstoff ($C_6 H_{12} O_6 = C_4 H_8 O_2 + 2 CO_2 + 2 H_2$), wobei zu bemerken ist, daß derselbe Bacillus butyricus auch auf Milchsäure einwirkt, um genau dieselben Produkte, wie aus Traubenzucker, zu erzeugen, so daß in diesem Falle neben der Spaltung auch eine Synthese zustande kommt ($2 C_3 H_6 O_3 = C_4 H_8 O_2 + 2 CO_2 + 2 H_2$). Durch mehrere Fermentorganismen, welche die sogenannte schleimige Gärung veranlassen, wird der Traubenzucker durch einen noch nicht völlig aufgeklärten Vorgang in Mannit übergeführt, wobei die Entwickelung von Kohlensäure wahrzunehmen ist. Endlich zersetzt der Kefirpilz, eine eigentümliche Hefeform, den Traubenzucker in Alkohol, Kohlensäure und Milchsäure, eine Gärung, welcher in derselben Weise auch andere Zuckerarten unterliegen.

Daß die Fermentorganismen, gleich den Enzymen, oft an ganz bestimmte Nährsubstrate gebunden sind, zeigt unter vielen anderen Beispielen das Bacterium coli commune. Während es auf Stärkelösung, auch unter den günstigsten Bedingungen, völlig unwirksam ist, zerlegt es mit Leichtigkeit den Milchzucker unter Bildung von Ameisensäure, Essigsäure und Milchsäure [1]).

Ebenso besitzen gewisse Mucorarten die Fähigkeit, Stärke und Dextrin zu verzuckern und dann weiter in Alkohol und Kohlensäure zu zersetzen. Bringt man sie aber auf Rohrzuckerlösung, so lassen sie dieselbe gänzlich unverändert [2]).

Am besten von allen Gärungsprozessen ist namentlich von seiten der Pflanzenphysiologen die Einwirkung der Hefe auf den Traubenzucker studiert worden [3]), wobei zu bemerken ist, daß viele der hier ermittelten Thatsachen auf alle möglichen durch Fermentorganismen hervorgerufenen Umsetzungen Anwendung finden.

Der Aethylalkohol, das gewöhnliche rückständige Gärungsprodukt der Hefe, ist nicht mehr nachweisbar, sobald der atmosphärische Sauerstoff ungehinderten Zutritt zur gärenden Flüssigkeit erlangt. Man be-
—

1) A. BAGINSKY, Zur Biologie der normalen Milchkotbakterien, Zeitschrift f. physiol. Chem., Bd. 13, 1889, S. 353.

2) GAYON und DUBOURG, Ueber die alkoholische Gärung des Dextrins und der Stärke, Compt. rend., Bd. 103, 1886, S. 885.

3) BREFELD, Verhandl. der Würzburger physik.-med. Gesellsch., N. F. Bd. 8, 1874, S. 96 und Landwirtschaftl. Jahrbücher, 1874. R. PEDERSEN, Meddelelser fra Carlsberg Labor., Kopenhagen 1878. HANSEN, ebendas. 1879. NAEGELI, Theorie der Gärung, München 1879, S. 23. Ferner: HOPPE-SEYLER, Zeitschr. f. physiol. Chem., Bd. 8, 1884, S. 225.

obachtet dann, unseren obigen Ausführungen entsprechend, lediglich eine Kohlensäureentwickelung. Dennoch wird offenbar auch unter diesen Umständen intermediär Alkohol gebildet, der aber nicht nach außen abgegeben, sondern sofort zu Kohlensäure und Wasser verbrannt wird $(C_2 H_5 . OH + 6O = 2CO_2 + 3H_2O)$. Dies wird wenigstens bis zum höchsten Grade daraus wahrscheinlich, daß die Hefe auch beim ausgiebigen Sauerstoffzutritt genau so viel Zucker zersetzt, als bei beschränktem Luftzutritt, und ferner aus der Beobachtung, daß sogleich wieder Alkohol in der Flüssigkeit nachweisbar wird, sobald man den Sauerstoffzutritt auch nur etwas behindert. Auch in den phanerogamen Pflanzen scheint in derselben Weise ein Teil der ausgeatmeten Kohlensäure aus vorher gebildetem Alkohol hervorzugehen. Denn derselbe läßt sich in abgeschnittenen Blättern sogleich nachweisen, wenn sie in eine Kohlensäureatmosphäre gebracht und so in ihrer Sauerstoffaufnahme behindert werden [1]).

Die meisten Fermentorganismen scheinen von der Hefe allerdings darin abzuweichen, daß sie beim Ausschluß der Oxydationsvorgänge ihre Spaltungsprozesse in gänzlich veränderter Weise sich gestalten lassen, sodaß dabei Substanzen gebildet werden, welche dem Stoffwechsel der Mikroben, wie er beim ausgiebigen Sauerstoffzutritt statt hat, durchaus fremd sind.

Aus den Untersuchungen an der Hefe und an phanerogamen Pflanzen ist eine Beziehung hergeleitet, welche für die entsprechenden Vorgänge bei vielen Fermentorganismen nicht recht zutreffend ist, nämlich der Ausdruck „intramolekulare Atmung" [2]).

Die Pflanzenphysiologen bezeichnen hiermit die ohne Zutritt von atmosphärischem Sauerstoff in den Zellen zustande kommende Kohlensäurebildung, welche lediglich einer molekularen Umformung der von der Zelle aufgenommenen Nährstoffe ihre Entstehung verdankt. Der Ausdruck verlangt offenbar eine Entwickelung gasförmiger Produkte, speziell von Kohlensäure. Darin ist aber das Wesen des Prozesses, welchem diese Bezeichnung beigelegt wird, nicht begründet. Vielmehr soll nur ausgedrückt werden, daß die Endprodukte des Stoffwechsels in diesem Falle ohne von außen hinzutretenden Sauerstoff entstehen. Von diesen Endprodukten bildet nun allerdings bei der Hefe die Kohlensäure unter allen Umständen einen bedeutenden Anteil. Dennoch muß es für das Wesen des Prozesses gleichgiltig sein, wenn diese Kohlensäureentwicklung völlig verschwindet und ihr Material in der Form anderer, nicht gasförmiger Substanzen, zur Ausscheidung gelangt. Dies ist zum Beispiel bei der Milchsäuregärung des Traubenzuckers der Fall, welche ihrem Wesen nach durchaus der „intramolekularen Atmung" entspricht.

Alle Fermentorganismen bedürfen zum Aufbau ihres Leibes stickstoffhaltigen Nährmaterials, falls sie nicht, wie gewisse bereits erwähnte Bakterien des Erdbodens, den atmosphärischen Stickstoff in Ammoniumnitrit überzuführen vermögen. Daher muß man den Kulturen von

1) LECHARTIER und BELLAMY, Compt. rend., Bd. 69, S. 466 und Bd. 75, S. 1203.

2) PFEFFER, Wesen und Bedeutung der Atmung, Landwirtsch. Jahrbücher, 1878 (VII), S. 805 und Pflanzenphysiologie, I, S. 363, ferner: Arbeiten aus dem botan. Institut zu Tübingen, II, S. 636.

Fermentorganismen, welche, wie die Hefe, lediglich stickstofffreie Nährstoffe zersetzen, außer den gewöhnlichen Pflanzennährsalzen auch stickstoffhaltiges Material zuführen, falls man eine Vermehrung der Kultur beabsichtigt. Wird eine solche Vermehrung nicht angestrebt, so können meist die Leiber der zerfallenden älteren Zellen das nötige stickstoffhaltige Material zum Aufbau der jungen Zellen liefern. Dies Bedürfnis nach stickstoffhaltiger Nahrung ist ohne weiteres verständlich, wenn man bedenkt, daß die Leiber aller Mikroben zum großen Teil aus Proteïnsubstanzen bestehen. Als stickstoffhaltiges Nährmaterial können Proteïnstoffe, Amidosäuren, Säureamide, aber ausnahmslos auch Nitrate oder Ammonsalze dienen. Manche Bakterien scheinen in dieser Beziehung besonders anspruchsvoll zu sein, denn man findet, daß gewisse Formen, welche auf stickstofffreies Nährmaterial angewiesen sind, nicht im geringsten auf dasselbe einwirken, wenn nicht gleichzeitig stickstoffhaltige Produkte zugegen sind. Bringt man zum Beispiel das Bacterium coli commune in eine völlig reine Milchzuckerlösung, so ist seine Einwirkung gleich Null. Sobald man aber nur die geringste Menge Eiweiß oder einer beliebigen anderen stickstoffhaltigen Nährsubstanz hinzufügt, tritt unter starker Vermehrung des Bacteriums eine energische Zersetzung des Milchzuckers in Ameisensäure, Essigsäure und Milchsäure ein [1]).

Im Gegensatz zu der großen Mehrzahl der übrigen Fermentationen, kommt bei der Betrachtung der Zersetzungsgleichungen die Wirkung der Hefe, ebenso wie die des Buttersäure- und Milchsäurefermentes, ohne Hydratation zustande. Aber diese Ausnahmen sind offenbar nur scheinbare, denn auch diese Gärungen bedürfen wie alle übrigen Fermentationsprozesse unbedingt des Wassers. Bei der Wirkung der Hefe und des Buttersäurefermentes kann man sich übrigens vorstellen, daß zunächst die Kohlensäure als Hydrat entstehen muß ($C_6 H_{12} O_6 +$

$$2 H_2 O = 2 C_2 H_5 . OH + 2 CO \genfrac{}{}{0pt}{}{OH}{OH} ; \quad C_6 H_{12} O_6 + 2 H_2 O = C_4 H_8 O_2 +$$

$2 CO \genfrac{}{}{0pt}{}{OH}{OH} + 2 H_2$), was auf die Milchsäuregärung allerdings keinen Bezug hat.

Bei den gewöhnlichen Gärungsprozessen der Fermentorganismen entstehen neben den direkten, in großer Menge auftretenden Spaltungsprodukten der Nährstoffe regelmäßig auch Substanzen, welche wahrscheinlich als Zerfallsprodukte von Zellbestandteilen betrachtet werden müssen.

Dennoch ist es in den meisten Fällen ungemein schwer, mit Sicherheit zu entscheiden, ob diese in den Nährflüssigkeiten in geringer Menge gefundenen Verbindungen als nebenher gebildete direkte Gärungsprodukte, oder als eigentliche Stoffwechselprodukte der Fermentorganismen zu betrachten sind.

Würde eine Mikrobe, welche auf verschiedenartigen Nährstoffen gedeiht, gewisse Substanzen unter allen Umständen erzeugen, so müssten letztere allerdings als eigentliche Stoffwechselprodukte des Fermentorganismus betrachtet werden. Aber für das Gedeihen der meisten Gärungserreger ist ja ein spezifisches Nährsubstrat unbedingt erforderlich. Als Nebenprodukte der Alkoholgärung sind das Glycerin und die Bernsteinsäure bekannt, die sich in geringer Menge bei jeder Hefe-

---

1) A. Baginsky, Zeitschr. f. physiol. Chem., Bd. 13, 1889, S. 353.

gärung des Traubenzuckers bilden. Es ist noch fraglich, ob diese Stoffe als spezifische Stoffwechselprodukte der Hefezellen, oder als Spaltungsprodukte des zersetzten Zuckers zu gelten haben. UDRANSKY [1]) hat versucht, diese Frage dadurch zu entscheiden, daß er zuckerfreie Hefe in eine Lösung von 6—12 Proz. Alkohol brachte. Er fand in der That, daß nach einer Reihe von Tagen die in der Hefe an und für sich vorhandene Glycerinmenge um 130 Proz. zugenommen hatte, wiewohl in diesem Falle die Möglichkeit einer Zuckervergärung nicht vorlag. Dieser Versuch scheint indessen wenig zu beweisen, da die Nährflüssigkeit einen stark faulen Geruch bekommen hatte und die Hefe sich teilweise in voller Fäulnis befand. Es ist denkbar, daß die Zunahme des Glycerins durch die Einwirkung gewisser Bakterien auf die Leibessubstanz der Hefe zu erklären ist.

In manchen Fällen giebt ein Vergleich der chemischen Konstitution des Gärmaterials mit derjenigen der Gärungsprodukte einen Anhaltspunkt für die Unterscheidung zwischen den Substanzen, welche durch die direkte Spaltung des Nährmaterials entstanden sind, und jenen, welche aus dem Stoffwechsel oder dem Zerfall der gärungserregenden Zellen selbst hervorgehen.

Bei den Zersetzungen der Proteïnsubstanzen durch pathogene Bakterien ist es demnach zweifelhaft, ob die sogenannten Toxine als direkte Spaltungsprodukte des Nährsubstrates zu betrachten sind. Diese Produkte entstehen allerdings nur dann, wenn solche Fermentorganismen in zersetzungsfähigen Nährflüssigkeiten vegetieren, aber auf anders geartetem Nährmaterial, z. B. auf Kohlehydraten, vermögen derartige Mikroben kaum zu gedeihen. Dagegen kann es keinem Zweifel unterliegen, daß die aromatischen Produkte, welche zunächst bei der Fäulnis aus den Eiweißkörpern entstehen, wie das Tyrosin, Indol und Skatol, ihre Bildung einer direkten Spaltung des Nährmaterials verdanken, denn dieselben Stoffe entstehen ja auch bei den Zersetzungen der Eiweißkörper, welche man mittels gespannter Wasserdämpfe, beziehungsweise mittels schmelzenden Kalihydrats erreicht.

Als ein Zerfallsprodukt von Zellbestandteilen muß andererseits nach den Befunden von KRAMER [2]) die Substanz betrachtet werden, welche als Schleim bei der sogenannten schleimigen Gärung erscheint. Es sind eine Reihe von verschiedenen Fermentorganismen bekannt, welche eine Zersetzung aller löslichen Kohlehydrate in Mannit und Kohlensäure bewirken. Namentlich die Milch, sowie Fruchtsäfte, z. B. Zuckerrübensaft und junger Wein, bilden für diese Mikroorganismen passende Nährlösungen. Die in den gärenden Flüssigkeiten regelmäßig vorhandene schleimige Substanz ist nach KRAMER eine eigentümliche Celluloseart, welche offenbar aus den äußeren Membranschichten der Gärungserreger stammt.

Daß die Fermentorganismen, im Gegensatz zu den Enzymen, gegen komprimierten Sauerstoff sehr empfindlich sind, wurde bereits erwähnt. Man hat auch untersucht, wie sich die Mikroben gegenüber einer Vermehrung des atmosphärischen Druckes verhalten. Während frühere

---

1) L. v. UDRANSKY, Studien über den Stoffwechsel der Bierhefe, Zeitschr. f. physiol. Chem., Bd. 13, 1889, S. 539.

2) E. KRAMER, Studien über schleimige Gärung, Monatshefte für Chemie, Bd. 10, 1889, S. 467.

Untersuchungen keine Störungen der Fermentationen unter diesen Umständen ergaben, fand in neuerer Zeit REGNARD [1]), daß man in hohem Grade fäulnisfähige Substanzen, welche noch dazu mit Fäulnisbakterien geimpft wurden, beliebig lange bei Zimmertemperatur unverändert erhalten kann, wenn man sie einem Druck von 6—700 Atmosphären aussetzt. Es wurden die betreffenden Substanzen nach drei Wochen noch völlig frisch vorgefunden, während sich Kontrollproben derselben Nährlösungen unter normalem Druck sehr schnell zersetzt hatten. Dieser Befund schließt übrigens nicht aus, daß sich trotzdem Fermentorganismen an den tiefsten Stellen des Meeresbodens finden. Dies muß schon deshalb zugegeben werden, weil dort bekanntlich viel höher organisierte Wesen leben, welche sich den hohen Druckverhältnissen angepaßt haben.

Seitdem es gelungen ist, die Fermentorganismen durch Filtration von ihren Nährflüssigkeiten zu trennen, hat man auch versucht, A n a - l y s e n d e r L e i b e s s u b s t a n z v o n F e r m e n t o r g a n i s m e n auszuführen.

NENCKI [2]) untersuchte nach dieser Richtung morphologisch homogene Fäulnisbakterien, welche er auf Gelatine unter Zusatz von Pankreassaft gezüchtet hatte.

Er fand die von der Nährflüssigkeit abfiltrierten und vollkommen gereinigten Bakterien hauptsächlich aus Eiweiß bestehend. Die reifen, lufttrockenen Organismen enthielten nämlich circa 84 Proz. Eiweiß, 6 Proz. Fett, 5 Proz. Asche und 5 Proz. Cellulose. Wurden die Bakterien mit 0,5 - proz. Kalilauge behandelt, so gingen nicht weniger als 90 Proz. der Eiweißsubstanzen in Lösung. Das eiweißhaltige Filtrat wurde beim Neutralisieren nicht gefällt, was gegen die Annahme spricht, daß bei der Auflösung durch die Kalilauge eine Denaturierung der Eiweißstoffe im gewöhnlichen Sinne eintrat. Aber auch den Globulinen können die in Lösung gegangenen Eiweißstoffe nicht zugezählt werden, da sie in reinem Wasser und auch in verdünnten Säuren leicht löslich waren. Hiernach hätten sie am meisten Aehnlichkeit mit den eigentlichen Albuminen. Giebt man aber zu der Eiweißlösung in verdünnten Säuren auch nur wenig Kochsalz, so fällt das Eiweiß sofort aus. Namentlich diese Reaktion beweist, daß es sich doch um Eiweißsubstanzen eigener Art handelt. NENCKI hält das durch Kalilauge in Lösung gebrachte Eiweiß für eine einheitliche Substanz und bezeichnet es als „Mykoproteïn". Die elementare Zusammensetzung desselben ist von derjenigen aller bekannten Eiweißstoffe nicht abweichend, doch enthält nach NENCKI die Substanz auffallenderweise keinen Schwefel. Auch die Prüfung auf Phosphor ergab ein negatives Resultat.

Es ist nun sehr bemerkenswert, daß weitere Analysen der verschiedenen Fermentorganismen eine ganz auffallende Verschiedenheit in der chemischen Zusammensetzung ihrer Leibessubstanz ergeben haben,

---

1) P. REGNARD, Sur la putréfaction sous les hautes pressions, Compt. rend. Soc. Biol., Bd. 1, 1889, S. 124.

2) M. NENCKI, Ueber das Eiweiß der Milzbrandbacillen, Ber. d. Deutsch. chem. Gesellsch., Bd. 17, 1884, S. 2605. Vergl. auch A. DYRMONT, Arch. f. exper. Pathol., Bd. 21, 1886, S. 309. L. VINCENTI, Zeitschr. f. physiol. Chem., Bd. 11, 1887, S. 1881. V. BOVET, Monatshefte f. Chemie, Bd. 9, 1888, S. 1152. JAMES KUNZ, Monatshefte f. Chemie, Bd. 9, 1888, S. 36. HAMMERSCHLAG, ebendas. Bd. 10, 1889, S. 9.

eine Ungleichheit, welche sonst weder im Tier- noch im Pflanzenreich in dieser Weise zu finden ist. Als NENCKI mehrere Gramm Milzbrandbakterien aus deren Reinkulturen in genau derselben Weise, wie die Fäulnisbakterien, isolierte, erhielt er von den vorigen ganz abweichende Resultate, obgleich die Milzbrandbakterien den gewöhnlichen Fäulnisbakterien morphologisch und auch bezüglich der Art ihrer Vermehrung sehr ähnlich sind.

Von Eiweißsubstanzen, welche sich wie das Mykoproteïn verhalten, sind in den Anthraxbacillen nur Spuren vorhanden. Dagegen zeigt hier die Hauptmasse der Eiweißsubstanzen ebenfalls einen ganz eigentümlichen Charakter. Sie lassen sich allerdings, ebenso wie das Mykoproteïn, leicht durch verdünnte Kalilauge den Bakterien in großer Menge entziehen, fallen aber im Gegensatz zum Mykoproteïn beim Neutralisieren vollkommen aus. Insofern diese Eiweißstoffe der Anthraxbacillen in reinem Wasser und Neutralsalzen vollkommen unlöslich sind, haben sie mit den denaturierten Eiweißkörpern Aehnlichkeit. Sie unterscheiden sich aber von diesen durch ihre vollkommene Unlöslichkeit in Essigsäure und in Mineralsäuren. Eine gewisse Aehnlichkeit könnte vielleicht auch mit den Nukleoalbuminen gefunden werden, aber die Substanzen erwiesen sich vollkommen frei von Phosphor und gaben, ebenso wie das Mykoproteïn, nach der Zerstörung mittels Kali und Salpeter keine Spur Schwefelsäure, obgleich ein halbes Gramm Eiweiß zu dieser Probe verwendet wurde. Der in Kalilauge lösliche Eiweißstoff der Milzbrandbacillen wird von NENCKI als „Anthraxproteïn" bezeichnet.

NENCKI schließt aus seinen Befunden, daß für das lebende protoplasmatische Eiweiß der Gehalt an Schwefel nicht unumgänglich nötig sei. Diese Anschauung scheint indessen nicht völlig gerechtfertigt, weil es unterlassen wurde, auch die in Kalilauge unlöslichen Eiweißstoffe der Bakterien auf einen Gehalt an Schwefel zu prüfen.

Ueber die Wirkungsweise der Fermentorganismen bei ihrer spaltenden Thätigkeit ist ebensowenig mit Sicherheit bekannt, als über diejenige der lebenden Zellen überhaupt. Auch hier herrschen lediglich hypothetische Vorstellungen, von denen die Theorie von NAEGELI [1]) den beobachteten Erscheinungen wenigstens zum Teil Genüge leistet und daher hier erwähnt werden soll.

Wir hatten vorher die Enzymwirkung mit den Kontaktwirkungen verglichen, wie sie von gewissen Metallen geäußert wird. Nimmt man an, daß hierbei bestimmte Atome der komplizierten Moleküle stärker angezogen werden als die übrigen und dadurch eine neue Gruppierung der Atome, unter einem Zerfall des ursprünglichen Moleküls, bewirkt wird, so muß diese Vorstellung nach NAEGELI dahin erweitert werden, daß hierbei nicht nur die Anziehung gegen gewisse Atome, sondern auch die Uebertragung von Bewegungserscheinungen in Betracht kommen kann.

Nach den Vorstellungen der Molekularphysik vollführen die Moleküle der Materie schwingende Bewegungen um einen Gleichgewichtspunkt. Diese schwingenden Bewegungen kommen auch jedem Atom und jeder Atomgruppe im Molekül zu. Wenn die Temperatur steigt, so verwandelt die Substanz einen Teil der aufgenommenen lebendigen Kraft in Spannkraft, indem die Moleküle sowie deren Atome und Atom-

---

1) C. v. NAEGELI, Theorie der Gärung, München 1879, S. 26.

gruppen lebhafter sich bewegen und innerhalb größerer Ausschläge schwingen. Bei jeder chemischen Verbindung erreicht man infolgedessen einen Punkt, wo durch die Erhöhung der Temperatur früher oder später die Bewegungen innerhalb der Moleküle so intensiv werden, daß dieselben zerfallen, sich zersetzen und unter Umständen neue Kombinationen eingehen.

Wenn nun weiter bei einer Temperatur, welche einen molekularen Zerfall noch nicht zur Folge hat, sich zwei Substanzen innig mit einander mischen, wie etwa in einer wässrigen Lösung Eiweißstoffe oder Kohlehydrate mit Enzymen, so werden ihre Moleküle in unmittelbarer Nähe sich befinden und auf einander wirken können. Besitzen beide Substanzen vor der Berührung ungleiche Bewegungszustände, wie dies von NAEGELI bei den Enzymen gegenüber den Nährstoffen vermutet wird, so kann man annehmen, daß sich durch gegenseitige Einwirkung die Tendenz eines Ausgleiches der verschiedenartigen Bewegungszustände geltend macht. Da die Schwingungen der Enzymmoleküle als ganz besonders lebhafte gedacht sind, so müssen im weiteren Verfolg der eben entwickelten Anschauung auch die Bewegungen in den Nährstoffmolekülen gesteigert werden. Hierdurch wird aber nach NÄGELI das frühere Gleichgewicht in den Nährstoffmolekülen gestört, was bei deren wenig fest gefügten Atomgruppen einen Zerfall in kleinere Moleküle zur Folge hat, während die lebhaft schwingenden, aber stabil gebauten Enzymmoleküle unverändert bleiben. Sie könnten ja auch bei ihrem Zusammentreffen mit den Nährstoffmolekülen nur eine Verminderung ihrer molekularen Bewegungen erfahren.

Ganz wie die Enzyme, wirken nach der Anschauung von NAEGELI auch jene Agentien, welche eine künstliche Spaltung der Nährstoffe veranlassen. Löst man Dextrin in verdünnter Schwefelsäure und kocht, so werden durch die Bewegungen der lebhafter schwingenden Schwefelsäuremoleküle die Schwingungen der Atomgruppen in den Dextrinmolekülen so gesteigert, daß letztere unter Aufnahme von Wasser in mehrere Traubenzuckermoleküle sich spalten. Daß bei höherer Temperatur und größerer Konzentration der Schwefelsäure die Wirkung eine energischere ist, wird hiernach verständlich.

Entsprechend der Enzymwirkung, läßt NAEGELI auch die Fermentorganismen bei ihrer Thätigkeit molekulare Schwingungszustände auf die Nährstoffe übertragen, wodurch das Gleichgewicht in dem Gärmaterial gestört und dasselbe zum Zerfall gebracht wird. Während aber die Enzyme als einheitliche chemische Verbindungen wirken, beruht die Wirkung der Fermentorganismen auf den kombinierten Molekularbewegungen der mannigfaltigen Substanzen, aus denen das lebende Protoplasma besteht.

Für das Verhältnis der verschiedenen Fermentorganismen zu einander ist es bemerkenswert, daß die Thätigkeit des einen Fermentorganismus, die Ernährung und das Wachstum aller übrigen Mikroben benachteiligt, welche für anders geartete Gärungen organisiert sind [1]).

Bringt man z. B. ungleichartige Sproßpilze in die nämliche, durchweg homogene Nährflüssigkeit, so vermehren sich allerdings anfänglich alle die verschiedenen Keime. Dies dauert aber nur so lange, als die

---

1) C. v. NAEGELI, a. a. O. S. 76.

Mikroben noch wenig zahlreich sind und daher in der Flüssigkeit derartig sich verteilen, daß sie einander nicht beeinträchtigen können. Sobald aber die Fermentorganismen, zahlreicher geworden, auf einander einwirken, beobachtet man, daß nur die eine Species sich stark vermehrt, während dagegen das Wachstum der übrigen gänzlich stille steht. Hierauf beruht auch die Thatsache, daß die Hefe der Bierbrauer meist völlig rein ist von anderen Mikroben. Sie kann bei jahrelangem Betrieb, während dessen eine große Menge von Zellgenerationen gebildet werden, diese Reinheit behalten. Nichtsdestoweniger erfolgt die Vermehrung der Hefe in einer neutralen zuckerhaltigen Nährlösung, der sogenannten Bierwürze, welche offenbar für die verschiedenen Bakterienformen eine noch geeignetere Nährlösung bildet, als für die Hefe selbst. Zu letzterem Schluß drängt wenigstens die Erfahrung, daß man regelmäßig durch spontane Infektion eine überwuchernde Bakterienvegetation erhält. wenn man in die Bierwürze nur eine Spur von Hefe bringt.

Aber auch die begleitenden Umstände, unter denen man die Bierwürze gären läßt, sind nicht die Ursache, weshalb die Bakterien beim Brauereibetrieb sich nicht vermehren. Denn impft man Bierwürze mit Hefe und Bakterien, beide in Spuren, so gewinnen die letzteren nach einiger Zeit unter allen äußeren Umständen die Oberhand, bei jeder beliebigen Temperatur, bei jedem Zusatz von Alkohol oder Hopfenbitter, falls hierdurch die Vegetation nicht überhaupt unterdrückt wird, und ebenso bei vollständiger Sättigung der Flüssigkeit mit Kohlensäure, auch bei Vereinigung mehrerer oder aller dieser Umstände.

Gelangen dagegen zur Aussaat in die Würze größere Hefemengen und nur sehr wenig Spaltpilze, so vermehrt sich unter allen Umständen nur die Hefe, während die vorhandenen Bakterien gar nicht wachsen.

Um diese verschiedenen Thatsachen zu erklären, könnte man daran denken, daß die Hefepilze Stoffe ausscheiden, die anderen Fermentorganismen schädlich sind. Indessen ist dies keineswegs der Fall. Denn das Hefenwasser, selbst wenn es die Ausscheidungsprodukte der Bierhefe in größter Menge enthält, gehört zu den besten Nährflüssigkeiten der Bakterienvegetationen, auch die darin vorhandenen Alkoholmengen verhindern die Spaltpilze nicht zu wachsen. Man braucht nur die Hefe einer gärenden Flüssigkeit in irgend einem beliebigen Stadium durch Erhitzen zu töten und dann nach dem Erkalten Spuren von Hefe zugleich mit Bakterien darin auszusäen, um zu beobachten, daß die letzteren stets die Oberhand gewinnen.

Es könnte danach scheinen, daß allein die größere Zahl der Hefezellen bei der Konkurrenz mit den übrigen Fermentorganismen vorteilhaft und maßgebend sei. Doch ist dies an und für sich auch nicht das Wesentliche. Denn bringt man zahlreiche Hefezellen mit denkbar wenig Bakterien in eine neutrale Zuckerlösung, so vermehren sich allerdings lediglich die Hefezellen, solange die Gärung dauert. Sowie dieselbe aber infolge von Zuckermangel träge wird oder gar aufhört, fangen jene an sich stark zu vermehren, während das Wachstum der Hefe stille steht.

Der Grund, warum eine größere Menge von Hefe bei der Konkurrenz mit wenig Bakterien stets die Oberhand gewinnt, liegt offenbar allein darin, daß mit der Anwesenheit einer größeren Zahl von Hefepilzen auch gleichzeitig schnell ein entsprechend hoher Grad von Gärungsintensität eintritt.

Dieser günstige Einfluß der vorhandenen Alkoholgärung auf die

Lebensthätigkeit der Hefe und umgekehrt auf die Unterdrückung der übrigen Fermentorganismen, ist nach der Anschauung von NAEGELI darauf zurückzuführen, daß die Gärbewegung nicht bloß innerhalb des Protoplasmas der Hefezelle, sondern auch von dort auf die Zellflüssigkeit und von dieser auf die außerhalb der Zelle befindliche Lösung übertragen wird. Liegt eine Hefezelle isoliert in der Flüssigkeit, so werden deren Gärungsschwingungen in einer bestimmten Entfernung unmerkbar gering. Wenn aber zahlreiche Hefezellen durch eine Zuckerlösung verteilt sind, so geraten bald alle Zuckermoleküle in analoge Schwingungszustände, die jedoch nur in den Hefezellen selbst stark genug sind, um eine Spaltung des Zuckers zu bewirken.

Weiter stellt sich NAEGELI vor, dass die ungleichen molekularen Schwingungen im Protoplasma der verschiedenen Fermentorganismen auch ungleiche Schwingungszustände in den Zuckermolekülen bedingen, welche in eigenartigen Störungen des Gleichgewichts bestehen und daher auch zu specifischen Spaltungen führen, als welche die Alkohol-, Milchsäure- und Mannitgärung gelten. Wenn nun zahlreiche Hefepilze und nur wenig andere Fermentorganismen in einer Zuckerlösung verteilt sind, so wird die Flüssigkeit in die besonderen Schwingungszustände der Alkoholgärung versetzt. Die wenigen Bakterien vermögen dagegen nicht aufzukommen, sie können nicht einmal den nächstliegenden Zuckermolekülen die der Milchsäuregärung oder Mannitgärung entsprechenden Schwingungszustände mitteilen. Es müssen im Gegenteil die durch die ganze Flüssigkeit verbreiteten, der Alkoholgärung zukommenden Bewegungen bis in die Zellen der Spaltpilze hinein ihre Wirkung äußern und hier die normalen Bewegungszustände des Protoplasmas beeinträchtigen. Denn da jeder Fermentorganismus eigentümliche Bewegungszustände auf seine Nährflüssigkeit überträgt, so muß er durch anders geartete Bewegungszustände dieser Flüssigkeit abnorm, also krankhaft berührt werden. Hiernach wird es nach NÄGELI begreiflich, daß eine reiche Vegetation von Hefe spärlich vorhandene andere Fermentorganismen am Wachstum und an der Vermehrung hindert und somit unterdrückt.

Bevor wir die allgemeine Betrachtung der Fermentorganismen abschließen, sollen nur noch e i n i g e B a k t e r i e n f o r m e n, w e l c h e e i n b e s o n d e r e s c h e m i s c h e s I n t e r e s s e b e a n s p r u c h e n, kurz erwähnt werden.

In Bezug auf die eigene Art ihres Stoffwechsels bilden unter den Fermentorganismen eine sehr auffallende Erscheinung die sogenannten Schwefelbakterien, auch Sulfurarien oder Beggiatöen genannt [1]). Diese Mikroben nehmen von den eigentlichen Nährstoffen nur so viel auf, als sie zum Aufbau ihres Leibes benötigen. Im übrigen dient ihnen als Kraftquelle der Schwefelwasserstoff. Sie oxydieren dieses Gas zu Schwefel, welchen sie in ihrem Innern in der Form kleiner Körnchen aufspeichern. Je nach Bedarf wird dann dieser Schwefel von den Beggiatöen zu Schwefelsäure oxydiert und als solche nach außen abgeschieden. Man findet diese niederen Lebewesen in schwefelwasserstoffhaltigen Süßwässern, aber auch im Meerwasser. Hier überziehen sie in

---

1) F. COHN, Arch. f. mikrosk. Anat., Bd. 3, 1867, S. 54. AD. ENGLER IV. Bericht der Kommission zur wissenschaftl. Untersuchung der Deutschen Meere, Berlin 1881. HOPPE-SEYLER, Zeitschr. f. physiol. Chem., Bd. 10, 1886, S. 438. SERGIUS WINOGRADSKY, Bot. Zeit., 1887, No. 31 und No. 37.

der Form einer festen Decke Schlammmassen, in denen eine Entwickelung von Schwefelwasserstoff infolge der Thätigkeit anderer Fermentorganismen vor sich geht. Derartige bakterielle Prozesse, welche den
Schwefelbakterien zu Gute kommen, sind außer der Eiweißfäulnis auch die
Cellulosegärung bei Gegenwart von Gyps, weil das hierbei entstehende
Grubengas auf Calciumsulfat unter Bildung von Schwefelwasserstoff einwirkt: $CH_4 + SO_4 Ca = CO_3 Ca + SH_2 + H_2 O$ [1]). Bringt man die Sulfurarien in reines Brunnenwasser, wo ihnen kein Schwefelwasserstoff zur
Verfügung steht, so leben sie nur so lange, als ihr Vorrat an abgelagerten
Schwefelkörnchen reicht. Sobald diese verbraucht sind, gehen die Bakterien zu Grunde. Ebenso sterben sie ab, wenn ihnen der Sauerstoff
entzogen wird, was erklärlich ist, da sie ohne denselben den Schwefel
nicht als Energiequelle verwerten können. Die Beggiatöen sind demnach
ausgesprochene Aërobien.

Chemisch interessant sind ferner die bei manchen Fäulnisprozessen,
aber auch im Meerwasser beobachteten phosphorescierenden oder Photobakterien. Ihre Lichtwirkung beruht offenbar, wie diejenige der phosphorescierenden Insekten [2]), auf der lebhaften Oxydation einer allerdings
noch unbekannten Substanz. Dies geht ohne weiteres daraus hervor,
daß diese Bakterien nicht mehr leuchten, wenn sie in einer Kohlensäureatmosphäre gehalten werden. Die Phosphorescenz verschwindet auch
beim schwachen Ansäuern der bakterienhaltigen Flüssigkeiten, um beim
Zusatz von sehr verdünnten Alkalikarbonaten wieder aufzutreten. Alle
protoplasmazerstörenden Agentien vernichten die Leuchtkraft definitiv,
also starke Säuren und Alkalien, Alkohol, Chloroform sowie Hitze von
60 ° C [3]). Mit Hilfe dieser niederen Lebewesen läßt sich entscheiden,
ob Spuren von Sauerstoff in einer Flüssigkeit vorhanden sind, welche
sich mit chemischen Mitteln gar nicht mehr nachweisen lassen. Bringt
man nämlich in eine Nährlösung der Photobakterien indigschwefelsaures
Natron und reduziert dasselbe, etwa durch Schwefelnatrium, so wird
die Flüssigkeit zuerst völlig entfärbt, und dann erst hört das Leuchten
der Bakterien auf. Läßt man nunmehr Luft hinzutreten, so bemerkt
man wieder die Leuchterscheinung, bevor noch die geringste Bläuung des
Indigos nachweisbar ist [4]).

Einen eigentümlichen Stoffwechsel, welcher von dem aller höheren
und niederen Pilze abweicht und vielmehr Beziehungen gewinnt zum
Stoffwechsel der chlorophyllhaltigen Pflanzen, zeigen gewisse Mikroben,
die ENGELMANN [5]) als Purpurbakterien beschrieben hat. Sie sind durch
den Besitz eines roten Farbstoffs, des Bacteriopurpurins ausgezeichnet.
Es kann hier nicht auf die sehr bemerkenswerten Bewegungserschei-

---

1) Vergl. HOPPE-SEYLER, a. a. O. S. 437.
2) Vergl. S. 12.
3) RAPHAEL DUBOIS, Untersuchungen über die tierische Phosphorescenz, Compt. rend. soc. biol., Bd. 41, S. 611, Compt. rend., Bd. 107, S. 502
und: Les microbes lumineux, Lyon 1889. A. GIARD und A. BILLET, Compt.
rend. soc. biol., Bd. 41, S. 593, und A. GIARD, Untersuchungen über die
pathogenen Leuchtbakterien, Compt. rend. soc. biol., Bd. 42, 1890, S. 188.
4) M. W. BEYERINCK, Ref. i. Physiol. Centralbl., Bd. 3, 1889, S. 689.
5) TH. W. ENGELMANN, Die Purpurbakterien und ihre Beziehungen
zum Licht, Bot. Zeit., 1888, No. 42—45 und Pflüger's Arch., Bd. 42,
1888, S. 183.

nungen eingegangen werden, welche die Purpurbakterien erkennen lassen, je nachdem sie schwach, stark oder mit verschiedenartigen Strahlen belichtet werden. Chemisch interessant ist ihre Fähigkeit, mit Hilfe des Bacteriopurpurins, welches ein echtes Chromophyll ist, im Lichte Kohlensäure zu assimilieren, um dagegen Sauerstoff zu entwickeln, worin sie also den chlorophyllhaltigen Pflanzen durchaus gleichen. Sie suchen daher in den Flüssigkeiten, in denen sie schwimmen, Orte mit niederer Sauerstoffspannung auf. Bringt man sie in ein enges, vertikal gestelltes Glasrohr, so entfärbt sich die oberste Schicht, wo die größte Sauerstoffspannung herrscht, sehr bald, weil die Bakterien in die unteren Wasserschichten wandern. Doch wird die oberste Schicht sogleich wieder rot, wenn man Wasserstoff über die Oberfläche der Flüssigkeit leitet, wodurch die Sauerstoffspannung hier sinkt. Die Purpurbakterien entwickeln sich nur im Lichte und werden im Dunkeln nach längerer Zeit farblos, gleichen also auch hierin den chlorophyllhaltigen Pflanzen.

In pathologischer Beziehung bedeutungsvoll sind endlich jene Fermentorganismen, welche bei ihrer Einwirkung auf Eiweißkörper giftige Stoffe, entweder organische Basen oder toxisch wirkende Proteïnsubstanzen erzeugen. Diese Mikroben sollen bei der Besprechung der Fäulnisvorgänge im Darm berücksichtigt werden.

Vierter Abschnitt.

Die Verdauung.

Wir sahen in der Einleitung, daß die tierische Zelle nur dann zu ihren vitalen Leistungen befähigt ist, wenn ihr von außen her eine gewisse Summe von Spannkraft in der Form von organischer Nahrung zugeführt wird, welche sie in lebendige Kraft umsetzen kann. Diese Nährstoffe sind in Bezug auf ihre chemische Zusammensetzung besprochen worden.

Ferner haben wir in der Oxydation und der Spaltung die beiden Mittel kennen gelernt, durch welche eine Zersetzung von Nährstoffen in den Organismen möglich ist. Die Oxydationsprozesse verlegten wir, wenigstens bei den tierischen Organismen, in die protoplasmatischen Teile der Zellen, während sich die Spaltungsvorgänge nachweislich nicht nur in den Zellen abspielen, sondern auch außerhalb derselben durch die ungeformten Fermente vorbereitet werden können. Diese Veränderung der Nährstoffe durch die Enzyme ist nur eine spezielle Form von Vorgängen, die wir unter dem Begriff der Verdauung zusammenfassen.

Erstes Kapitel.

Begriff der Verdauung.

Unter Verdauung oder Digestion wird im weiteren Sinne die Gesamtheit aller derjenigen Prozesse verstanden, welche dazu dienen, den rohen Nährstoff in das für die Ernährung der Zelle geeignete Material überzuführen. Hierbei ist es gleichgiltig, ob sich diese Umwandelung des Nährmaterials an der Oberfläche der Organismen, im Darmkanal der Tiere oder erst nach der Resorption in deren Säftemasse vollzieht.

Nicht unter den Begriff der Verdauung fällt die Assimilation der chlorophyllhaltigen Pflanzenzelle, worunter man speziell die Fähigkeit derselben versteht, unter Lichteinwirkung das Kohlendioxyd zu reduzieren, um dessen Kohlenstoff mit Hilfe von Wasser unmittelbar zur synthetischen Erzeugung von Stärke zu benutzen.

Die Verdauung in diesem weiteren Sinne läßt sich nach CL. BERNARD [1]) in eine superfizielle und eine interstitielle Form scheiden.

---

1) CL. BERNARD, Leçons sur les phénomènes de la vie, T. II, Paris 1879.

Die superfizielle oder, wie KRUKENBERG [1]) sie richtiger nennt, die sekretive Verdauung verläuft an der Oberfläche der Organismen und ist mit der Verdauung im gewöhnlichen Sinne identisch, wenn wir die Darmwand zur Oberfläche der Tiere rechnen, was ja wohl zulässig ist. Sie kommt ausnahmslos dadurch zustande, daß enzymatisch wirkende Sekrete gegen die Oberfläche der Organismen abgesondert werden. Diese sekretive Verdauung ist bei den höheren Tieren allgemein verbreitet, bei den chlorophyllhaltigen Pflanzen dagegen zurücktretend, wiewohl sie auch dort, nämlich bei den Insectivoren, beobachtet wird. Vielleicht kommt diese Verdauungsform bei den höheren Pilzen in Frage, wenn man annimmt, daß der Aufnahme der Cellulose, welche diesen Pilzen den Kohlenstoff liefert, ein Lösungsprozeß dieses Kohlehydrates vorausgehen muß. Eine Rolle spielt endlich die sekretive Verdauung bei allen denjenigen Fermentorganismen, welche gegen ihre Nährlösungen Enzyme abgeben.

Die interstitielle, protoplasmatische oder, wie KRUKENBERG sie auch bezeichnet, c e l l u l a r e V e r d a u u n g kann in verschiedener Weise auftreten.

Bei einzelligen Wesen, wie den Amöben, nimmt die Zelle ohne weiteres die Nährstoffe auf, um sie ihren Bedürfnissen entsprechend umzugestalten. Bei mehrzelligen Organismen, wie den Hydromedusen, scheint sich diese Verdauungsform in mehreren Stadien abzuspielen, indem die oberflächlichen Zellschichten das Rohmaterial aufnehmen und vorläufig umgestalten, um es zur weiteren Verarbeitung und Deponierung an die tieferen Zellen abzugeben. Die oberflächlichen Zellschichten besitzen hier also noch die Funktion, welche bei den höheren Tieren den Verdauungssäften zufällt. Gesellt sich endlich bei den Tieren der cellularen Verdauung noch die sekretive hinzu, so ist erstere, die cellulare, nicht an bestimmte Organe gebunden, sondern kann in jeder Zelle vor sich gehen. Es wird dann in den Zellen das durch vorausgegangene sekretive Verdauung der Säftemasse einverleibte Nährmaterial, welches als Reservestoff in unlöslicher Form in den Organen deponiert wurde, durch Vorgänge in den Zellen selbst der Ernährung zugänglich gemacht, sobald die Nahrungszufuhr von der Oberfläche her nicht den augenblicklichen Bedürfnissen genügt.

Die cellulare Verdauung ist noch mehr, als bei den Tieren, im Pflanzenreich entwickelt. Die Ueberführung der in den Pflanzenzellen abgelagerten Stärke in Zucker bildet, ebenso wie die gleiche Umsetzung des Glykogens in den tierischen Zellen, ein bekanntes Beispiel dieser Verdauungsform.

Die cellulare Verdauung scheint bei den Tieren lediglich durch protoplasmatische Einwirkung zustande zu kommen, Enzyme spielen hierbei keine Rolle. Wenigstens ist es bisher niemals gelungen, intracellular wirkende Verdauungsenzyme bei Tieren mit Sicherheit nachzuweisen.

Allerdings gelingt es, wie zuerst BRÜCKE, W. KÜHNE und COHNHEIM gezeigt haben, aus Organen, welche bei der Enzymbildung für die sekretive Verdauung sicher nicht beteiligt sind, wie z. B. aus der Muskelsubstanz, den Lungen und dem Gehirn, Spuren von Ver-

---

1) W. KRUKENBERG, Grundzüge einer vergleichenden Physiologie der Verdauung, Heidelberg 1882, S. 5.

dauungsenzymen, nämlich Pepsin [1]) und Ptyalin [2]) zu gewinnen. Aber diese Fermente sind offenbar nicht in den Geweben enthalten, sondern in den Säften gelöst [3]). Sie sind physiologisch bedeutungslos und offenbar auf dem Wege der Ausscheidung aus dem Organismus begriffen. Zu letzterer Auffassung gelangt man schon durch die Ueberlegung, daß Pepsin in den genannten Organen, welche keine freie Säure enthalten, gar nicht verdauend wirken kann. Weiter aber wird unsere Behauptung noch gestützt durch die Thatsache, daß auch im Harn ganz regelmäßig geringe Mengen, nicht nur von Pepsin und Ptyalin, sondern auch von Lab [4]), dessen Bedeutung in den Zellen ganz unverständlich wäre, vorkommen.

Nach der Entdeckung des Pepsins und Ptyalins im Harn [5]) nahm man an, daß diese Erscheinung auf eine Resorption der in den Darmkanal secernierten Fermente zurückzuführen sei. Da aber festgestellt ist, daß in die Blutbahn von Tieren gebrachte Verdauungsenzyme, besonders auch das Pepsin und Ptyalin, schon in sehr geringen Dosen stark giftig wirken [6]), ist man gezwungen, dem Auftreten der Verdauungsenzyme im Harn doch wohl eine andere Deutung zu geben. Dies ist um so notwendiger, als durch Beobachtungen von Grützner und Anderen übereinstimmend festgestellt ist, daß gerade nach der Nahrungszufuhr, wo Enzyme in großer Menge in den Darmkanal ergossen werden, der Gehalt des Harns an Pepsin und Ptyalin auffallend sinkt, um im nüchternen Zustande bedeutend anzusteigen [7]). So findet sich diese Ausscheidung der Enzyme im Morgenharn am reichlichsten, während sie ihr Minimum erreicht, wenn man durch Pilokarpininjektionen die Sekretion der Verdauungsdrüsen aufs kräftigste anregt. Da ferner durch Grützner

---

1) Brücke, Sitzungsber. der Wiener Akad., Bd. 43. W. Kühne, Verhandl. d. Naturhist.-med. Vereins zu Heidelberg, Bd. 2, Heft 1.

2) Cohnheim, Zur Kenntnis der zuckerbildenden Fermente, Virchow's Archiv, Bd. 28. Vergl. auch die älteren Angaben von Magendie, Compt. rend., Bd. 23, 1846, S. 189 und Cl. Bernard, Leçons de physiologie, 1856, II, S. 736.

3) Vergl. Manfred Bial, Ueber das diastatische Ferment des Lymph- und Blutserums, Inaug.-Diss., Breslau 1892, wo sich auch die ältere Litteratur hierüber findet.

4) P. Grützner, Breslauer ärztl. Zeitschr., 1882, No. 17. E. Holovtschiner, Ueber Ptyalin und Labferment im menschlichen Harn, Virchow's Arch., Bd. 104, 1886, S. 42. Helwes, Ueber Labferment im menschlichen Harn, Pflüger's Arch., Bd. 43, 1888, S. 384, Boas Zeitschr. f. klin. Mediz., Bd. 14, 1888.

5) Brücke, Sitzungsber. d. Wiener Akad., Bd. 37 u. 43. Cohnheim, Virchow's Arch., Bd. 28. Grützner, Breslauer ärztl. Zeitschr., 1882, No. 17. Vergl. auch Béchamp et Baltus, Compt. rend., Bd. 92, 1881, S. 1009.

6) H. Hildebrandt, Zur Kenntnis der physiologischen Wirkung der hydrolytischen Fermente, Virchow's Archiv, Bd. 121, 1890, S. 1.

7) Grützner a. a. O. und Deutsch. mediz. Wochenschr. 1891, No. 1. W. Sahli, Pflüger's Arch., Bd. 36, 1885, S. 209. Holovtschiner, Virchow's Arch., Bd. 104. Gehrig, Pflüger's Arch., Bd. 38, 1886, S. 35 u. 85. Hoffmann, ebendas. Bd. 41. Rosenberg, Dissert., Tübingen 1890. Leo, Verh. d. VII. Kongr. f. innere Medizin.

und Rosenberg [1]) gezeigt worden ist, daß nach Unterbindung des Ductus pancreaticus bei Kaninchen nicht nur reichlich Ptyalin, sondern auch Trypsin und fettspaltendes Ferment im Harn erscheint und ebenso Ptyalin nach der Ligatur des Ductus Stenonianus, so liegt eine andere Erklärung dieser Befunde nicht fern. Man gelangt nämlich notwendigerweise zur Vorstellung, daß nicht die Enzyme, sondern vielmehr deren digestiv unwirksame und nicht giftige Vorstufen, die sogenannten Zymogene, direkt aus den Drüsen zur Resorption gelangen, falls die Fermente für die Vorgänge im Darmkanal nicht genügend zur Verwendung kommen und sich daher ihre Zymogene im Drüsenlumen ansammeln. Bei dieser Auffassung wird es verständlich, daß während der Verdauung und namentlich nach Pilokarpininjektionen kaum Fermente im Harn zu finden sind, während deren Ausfuhr ihr Maximum erreicht, wenn man die Resorption ihrer Zymogene durch Unterbindung der Drüsenausführgänge erzwingt.

Die resorbierten Zymogene gelangen dann durch die Pfortader in den Blutstrom und werden beim Passieren der stets sauer reagierenden Nieren in die fertigen Enzyme umgewandelt, was dem Verhalten der Zymogene gegen saure Salze auch außerhalb des Körpers entspricht.

Das Auffinden von Verdauungsfermenten in den Geweben hat also keineswegs eine Mitwirkung von Enzymen bei der cellularen Verdauung der tierischen Organismen erweisen können, wenn man noch bemerkt, daß bei allen Versuchen, welche dahin zielen, Enzyme aus Organen zu extrahieren, auch die Zymogene mit größter Leichtigkeit in die fertigen Fermente umgewandelt werden.

Ein gleiches Schicksal, wie das Auffinden des Pepsins und Ptyalins in den Muskeln, hat die Entdeckung des sogenannten Histozyms erfahren, einer Substanz, welche seiner Zeit ebenfalls als intracellular wirkendes Enzym angesprochen wurde. Es gelang nämlich vor etwa einem Decennium Schmiedeberg [2]) aus der Niere und dem Blute von Schweinen, sowie namentlich auch aus der Hundeleber ein Enzym zu extrahieren, welches er als Histozym bezeichnete. Dieses ungeformte Ferment besitzt die Fähigkeit, Fette und andere ätherartige Verbindungen unter Hydratation zu spalten. Besonders war es Schmiedeberg aufgefallen, daß die enzymhaltigen Extrakte bei Körpertemperatur auch mit Leichtigkeit Hippursäure in Benzoësäure und Glykokoll zersetzten, während diese beiden Paarlinge, mit Blut durch eine überlebende Niere geleitet, sich gerade umgekehrt verhielten, nämlich sich zu Hippursäure vereinigten [3]). Schmiedeberg schloß daraus, daß Synthesen und Spaltungen gleichzeitig und unabhängig von einander in demselben Gewebe stattfinden könnten. Ob in der Niere mehr Hippursäure gebildet als gespalten werde, hänge einerseits von der Intensität ab, mit der die Synthese erfolge, und andererseits von der Menge des im Gewebe oder Blut enthaltenen Histozyms. Es ist hierbei sehr bemerkenswert, daß schon Schmiedeberg nicht konstant in jeder Niere das Hystozym aufzu-

1) Benj. Rosenberg, Ueber das diastatische Ferment im Harn und über experimentelle Fermenturie, Inaug.-Diss., Tübingen 1890. Vergl. auch H. Hoffmann, Ueber das Schicksal einiger Fermente im Organismus, Pflüger's Arch., Bd. 41, 1887, S. 148.

2) O. Schmiedeberg, Ueber Spaltungen und Synthesen im Tierkörper, Arch. f. exper. Pathol. und Pharmakol., Bd. 14, 1881, S. 379.

3) Vergl. S. 15.

finden vermochte. Es ließ sich nur bisweilen bei späteren Untersuchungen wieder nachweisen. Auch in der Hundeleber, die unter Umständen sehr reichlich das Histozym enthält, ist es zu anderer Zeit gänzlich vermißt worden[1]).

Die neueren Untersuchungen über den Fermentgehalt des Harns haben auch die Angelegenheit des Histozyms aufgeklärt. Dasselbe ist nichts anderes, als das fettspaltende Enzym des Pankreassaftes, das sogenannte Steapsin.

Wir wissen, daß auch dieses Enzym, gleich allen übrigen Verdauungsfermenten, in der Form seines Zymogens zur Resorption gelangen kann. Es ist aber das in der Niere frei werdende Steapsin gegen die Harnsalze noch viel weniger resistent, als seine Schwestersubstanz, das Trypsin, und wird daher sehr schnell in der Harnblase zerstört. Deshalb wird das fettspaltende Ferment, gleich dem Trypsin, im spontan entleerten Harn niemals nachweisbar und läßt sich, wie bereits ausgeführt wurde, nur aus dem Harn von Kaninchen gewinnen, welchen der Ductus pancreaticus unterbunden wurde, besonders wenn man noch die Vorsicht gebraucht, den frisch aus der Niere geflossenen Urin durch eine Blasenfistel dem Tiere zu entnehmen[2]).

Die Fälle, bei denen es im Gegensatz zu anderen Versuchen nicht gelang, das Histozym aus dem Blute, der Leber oder den Nieren zu gewinnen, erklären sich nunmehr dahin, daß man die Tiere, welche hierzu verwendet wurden, wahrscheinlich während der Verdauung tötete, wo so gut wie keine Zymogene resorbiert werden. Auf denselben Umstand sind auch Beobachtungen zurückzuführen, bei denen hippursaure Salze ins Blut von Tieren gespritzt wurden, ohne daß die Hippursäure im geringsten verändert im Harn erschien[3]), während in anderen derartigen Versuchen eine teilweise Spaltung der ausgeschiedenen Hippursäure f estgestellt werden konnte[4]).

In neuester Zeit hat endlich eine Untersuchung SALKOWSKI's[5]) die Anschauung, daß die cellulare Verdauung bei den Tieren ohne Enzymwirkung zustande kommt, in Frage zu stellen versucht.

Schon wiederholt haben es verschiedene Forscher unternommen, Glycerin- oder Wasser-Extrakte aus frischen Lebern darzustellen, welche auf Nahrungsstoffe verdauend einwirkten. Abgesehen vom Histozym, ist auch in der That ein eiweißspaltendes Enzym, nämlich Trypsin, aus der Lebersubstanz gewonnen worden[6]), ebenso unzweifelhaft Invertin[7]), während in betreff eines diastatisch wirkendenden Enzyms die Befunde von einander abweichen. Bald sollte, entsprechend einer Angabe von

---

1) O. MINKOWSKI, Ueber Spaltungen im Tierkörper, Arch. f. exper. Pathol. und Pharmakol., Bd. 17, 1883, S. 445.

2) BENJ. ROSENBEEG a. a. O.

3) VAN DE VELDE und STOKVIS, Experim. Beiträge zur Frage der Hippursäurezerlegung im lebenden Organismus, Arch. f. exper. Pharmakol., Bd. 17, 1883, S. 189.

4) O. SCHMIEDEBERG und O. MINKOWSKI a. a. O.

5) E. SALKOWSKI, Ueber Autodigestion der Organe, Zeitschr. f. klin. Medic., Bd. 17, Suppl., 1890, S. 77.

6) H. HOFFMANN, Ueber das Schicksal einiger Fermente im Organismus, Pflüger's Arch., Bd. 41, 1887, S. 148.

7) A. DASTRE, Untersuchungen über die Leberfermente, Arch. de Physiologie, Bd. 1, 1888, S. 69. Hier findet sich auch die ältere Litteratur.

Cl. Bernard, das sogenannte „Leberferment", dessen Aufgabe es sei, das Leberglykogen in Zucker zu spalten, isoliert sein [1]), bald wurde seine Existenz wieder völlig in Abrede gestellt [2]).

Salkowski [3]) hat nun gezeigt, daß in der That beim Digerieren einer zerkleinerten, völlig frischen Kaninchenleber mit Chloroformwasser von etwa 40 ° während 70 Stunden das Leberglykogen vollständig als Zucker in Lösung geht. In einem Kontrollversuch dagegen, bei welchem ein Teil derselben Leber vorher aufgekocht, im übrigen aber genau wie die Hauptmasse behandelt wurde, fand keine Veränderung des Glykogens statt. Ferner ließen sich in Versuchen derselben Art mit Hundelebern und mit Hundemuskeln im Gegensatz zu Kontrollversuchen, zu denen Teile der vorher gekochten Organe verwendet wurden, bisweilen, aber nicht regelmäßig, Spuren von Albumosen sowie etwas Tyrosin und Leucin nachweisen. Endlich ergab sich öfter eine geringe Fettspaltung und ebenso wurde festgestellt, dass das Hypoxanthin der Leber aus seiner esterartigen Verbindung mit anderen Stoffen abgespalten war, wonach es dann regelmässig mittels ammoniakalischer Silberlösung fällbar ist.

Diese Veränderungen der Lebersubstanz bezieht Salkowski mit Recht auf die Gegenwart von Verdauungsenzymen, welche bei der „Autodigestion" der Organe, wie er diese Behandlung mit Chloroformwasser nennt, auf gewisse Leberbestandteile einwirken. Salkowski hält es aber weiter für wahrscheinlich, „daß es sich bei diesen Versuchen um die Wirkung von Enzymen handelt, welche im Protoplasma der Zellen präformiert sind und nach der Abtötung desselben durch das Chloroform zur Aktion gelangen".

Ich möchte mich dieser Auffassung von Salkowski nicht anschließen. Die Resultate, welche bei der Autodigestion der Leber- und Muskelsubstanz erhalten wurden, bieten doch nichts wesentlich Neues. Es sind dieselben Befunde, welche Brücke, Kühne und Cohnheim über die Untersuchung der tierischen Organe auf Enzyme bereits vor Jahren mitgeteilt haben. Das diastatische Ferment, welches die Umwandelung des Leberglykogens bewirkte, stammt offenbar, wie das im Blut, in den Muskeln und im Harn aufgefundene, aus dem Pankreas oder aus den Speicheldrüsen und ist in der Form seines Zymogens zur Resorption gelangt, welch letzteres dann bei der Behandlung der Lebersubstanz mit Chloroformwasser das Enzym entstehen läßt. Auch die näheren Umstände des Salkowski'schen Versuchs widersprechen nicht unserer Auffassung. Es handelte sich hierbei um ein Kaninchen, welches 17 Stunden vor dem Tode die letzte Nahrung, nämlich 10 g Rohrzucker erhalten hatte, also sich nicht im Stadium der Verdauung befand. Daß aber unter derartigen Umständen eine besonders reichliche Resorption von Ptyalinzymogen statthat, ist durch die Untersuchungen Grützner's und seiner Schüler bekannt. Uebrigens ist der Umfang der beobachteten Glykogenumsetzung keineswegs übermäßig. Es wurden 23 g Lebersubstanz

---

1) Hensen, Virchow's Arch., Bd. 11. V. Wittich, Ueber das Leberferment, Pflüger's Arch., Bd. 7. Vergl. hierüber auch Seegen u. Kratschmer, Pflüger's Arch., Bd. 14 sowie Abeles, Beitrag zur Lehre von den saccharifizierenden Fermenten, Med. Jahrbücher, 1876. Ferner: Florence Eves, Journ. of Physiol., Bd. 5, 1884, S. 342 und Seegen, Die Zuckerbildung im Tierkörper, Berlin 1890, S. 20.

2) A. Dastre a. a. O.

3) a. a. O.

verwendet, welche 1,1 g Zucker lieferten. Ein Minimum von Speichel würde im Verlauf von 70 Stunden dasselbe Resultat erzielt haben. Ob die Lebern und Muskeln bei den SALKOWSKI'schen Versuchen Pepsin enthielten, ist nicht festgestellt worden. In einzelnen Fällen scheinen Spuren von Trypsin vorhanden gewesen zu sein, in anderen etwas Steapsin.

Wir müssen demnach vorläufig daran festhalten, daß bei den Tieren ausnahmslos die cellulare Verdauung ohne Enzyme, lediglich durch eine eigenartige Thätigkeit des lebenden Protoplasmas zustande kommt.

Für die Pflanzen gilt nur im allgemeinen dasselbe. Denn hier treten bei gewissen cellularen Verdauungsvorgängen in der That auch Enzyme in Thätigkeit.

Die Umsetzung der in den Blättern durch Assimilation gebildeten Stärke in Zucker ist eine bedeutende. Es werden im Sommer 20 und mehr Gramm Stärke, welche täglich in einem Quadratmeter Blattfläche gebildet werden, des Nachts durch Umsetzung in Zucker gelöst, um aus den Blättern in die wachsenden Organe transportiert zu werden [1]). Diese Umsetzung der Stärke in Zucker ist durchaus als cellulare Verdauung zu bezeichnen, und zwar kommt sie bestimmt lediglich durch Protoplasmawirkung zustande, denn es gelingt nicht, in den Blättern auch nur Spuren von Enzymen nachzuweisen, welche auf Stärke verzuckernd einwirken [2]).

Dagegen ist es ebenso sicher, daß dieselbe Umformung der Stärke in den keimenden Samen, in den Knollen und Rhizomen mit Hilfe von Enzymen eintritt. Das betreffende, wahrscheinlich intracellular wirkende Enzym ist die Diastase, welche sich mit Leichtigkeit in jedem keimenden Samenkorn nachweisen läßt. Auch die in vielen Samen vorhandenen Glykoside scheinen behufs Weiterführung ihrer Bestandteile durch einen intracellularenzymatischen Prozeß allmählich unter Zersetzung gelöst zu werden.

Ferner hat man in manchen Pflanzen reichliche Mengen von ungeformten Fermenten gefunden, welche vermuten lassen, daß vielleicht auch intracellulare Umsetzungen von Eiweißstoffen bei ihnen auf enzymatischem Wege zustande kommen.

Es giebt gewisse Pflanzen, bei welchen aus beigebrachten Einschnitten milchweiße oder gelblich gefärbte Säfte ausfließen. Zu diesen Pflanzen gehört auch die Carica Papaya, eine Tropenpflanze, von der es lange bekannt ist, daß der Saft ihrer Blätter, mit Fleisch zusammengebracht, das letztere mürbe macht. Die Untersuchung hat ergeben, daß in dem Safte ein peptonisierendes Enzym vorhanden ist, welches bei neutraler oder schwach alkalischer Reaktion Eiweißstoffe kräftig verdaut und, ähnlich dem Trypsin, die Peptone in Amidosäuren zu spalten vermag [3]). Dennoch ist das Papayotin, wie man das Enzym genannt hat, mit dem Trypsin nicht identisch. — Die Zwischenprodukte, welche vor der Peptonisation entstehen, sind andere als beim Trypsin. Sie sind eigentümlicherweise dieselben, welche auch bei der Behand-

---

1) Vergl. A. HANSEN, Pflanzenphysiologie, Stuttgart 1890, S. 127.

2) J. WORTMANN, Ueber den Nachweis, das Vorkommen und die Bedeutung des diastatischen Enzyms in den Pflanzen. Botan. Zeitung, 1890, No. 37—41.

3) SIDNEY MARTIN, Journ. of Physiol., Bd. 5, 1884, S. 213 und Bd. 6, 1885, S. 336.

lung der betreffenden Eiweißstoffe mit gespannten Wasserdämpfen auftreten [1]).

Besonders kräftig peptonisierend wirkt auch der Milchsaft des Feigenbaums, dessen eiweißlösendes Enzym die Eigenschaften des Pepsins und des Trypsins vereinigt, indem es sowohl in neutraler und schwach alkalischer Lösung, als auch bei Gegenwart verd. Salzsäure Eiweißstoffe gleich gut verdaut. Der Feigenbaumsaft sowie der Saft der Carica Papaya scheinen in Bezug auf fermentative Einwirkung gegen Eiweißstoffe universelle Eigenschaften zu besitzen. Denn diese Säfte enthalten nach den Untersuchungen von WURTZ [2]) und von BAGINSKY [3]) auch ein kräftig wirksames Labenzym. Setzt man nur einen Tropfen des Feigenbaumsaftes zu Kuhmilch, so gerinnt das Kaseïn genau wie bei der Einwirkung des Labenzyms aus Kalbsmagen, ohne Veränderung der Reaktion. Diese Thatsache war übrigens bereits den Alten bekannt, wie aus einer Stelle der Ilias zweifellos hervorgeht [4]).

Derartige Labenzyme kommen auch in anderen Pflanzensäften vor. Die Blüten der meisten Cynareen (Compositen), wie der Artischoke und des Eberwurzes (Carlina acaulis) enthalten Labfermente, welche in einzelnen Gegenden Italiens zur Käsebereitung verwendet werden.

Daß endlich fettspaltende Enzyme in neuerer Zeit in vielen Samen, namentlich im Ricinus-, Raps-, Mohn-, Lein- und Maissamen, nachgewiesen sind, ist bereits erwähnt worden [5]).

Die Pflanzenphysiologen wissen mit diesen eiweiß- und fettspaltenden Enzymen wenig anzufangen. Man findet daher in den Lehrbüchern die Anschauung, daß diese Enzyme der Milchsäfte für die Pflanzen keinen Nutzen hätten. Sie werden, wie die Alkaloide, als bedeutungslose Ausscheidungsprodukte der Pflanzen hingestellt [6]).

Mir scheint diese Annahme wenig gerechtfertigt, wenn auch die Verwendung dieser energisch wirksamen Enzyme vorläufig nicht völlig begreiflich ist. Daß sie in der Pflanze eiweißverdauend wirken, würde die Thatsache beweisen, daß in den ausfließenden Milchsäften Albumosen oder Peptone vorhanden sind. Leider sind die hierüber vorhandenen Angaben nur spärlich, wenn sie schon eine derartige Beschaffenheit der Milchsäfte behaupten [7]). Uebrigens ist es wahrscheinlich, daß die Milchsäfte den betreffenden Pflanzen auch als Schutzmittel dienen [8]). Ursprünglich nur von digestiver Bedeutung, können die Säfte durch Anpassung allmählich zu Schutzmitteln geworden sein, indem die Produktion der Enzyme eine weitere Ausdehnung erfahren hat.

Wir wenden uns nunmehr zur sekretiven Verdauung. Es wurde bereits früher angedeutet, daß diese Verdauungsform bei den Gärungspilzen und Bakterien weit verbreitet ist.

1) R. NEUMEISTER, Zeitschr. f. Biologie, N. F. Bd. 8, 1890, S. 81.

2) WURTZ, Dictionnaire de Chimie, 1873. Vergl. auch MAYER, Lehre von den chemischen Fermenten, Heidelberg 1882.

3) A. BAGINSKY, Ueber das Vorkommen und Verhalten einiger Fermente, Zeitschr. f. physiol. Chem., Bd. 7, 1882, S. 209 sowie Arch. f. Anat. u. Physiol., 1883, S. 276.

4) Ilias V, 902.

5) Vergl. S. 84.

6) Vergl. A. HANSEN, Pflanzenphysiologie, S. 126.

7) SIDNEY MARTIN a. a. O.

8) E. STAHL, Pflanzen und Schnecken, Jena 1888, S. 112.

Die Absonderung des Invertins seitens der Hefezelle, die Abgabe von invertierenden, amylolytischen, peptonisierenden und fettspaltenden Enzymen seitens vieler Bakterien an die Nährlösungen fällt unter den Begriff der sekretiven Verdauung. Es wird ja hierdurch das rohe Nährmaterial in eine Form gebracht, welche für die direkte Einwirkung des Zellprotoplasmas geeignet ist.

Wir sahen allerdings, daß einige wenige Fermentorganismen keine Enzyme zur Absonderung bringen, nicht weil sie solcher entbehrten, sondern weil sie dieselben intracellular wirken lassen. — Die Fermentorganismen, welche auf die Zersetzung des Harnstoffs, und diejenigen, welche auf die Spaltung des essig- oder amcisensauren Kalkes angewiesen sind, bilden derartige Beispiele, da sie im anderen Falle aus der Zerlegung ihres Gärmaterials keinen Nutzen ziehen würden.

Ob bei den höheren Pilzen eine sekretive Verdauung besteht, ist nicht bekannt und wohl kaum untersucht worden.

Um so mehr ist diese Erscheinung nachgewiesen und eingehend studiert bei jenen Pflanzen, welche schon 1765 von dem Amerikaner Ellis als Insectivoren bezeichnet wurden. Dieser Name hat bekanntlich keineswegs eine systematische Bedeutung. Die Insectivoren, von denen es etwa 350 Arten giebt, gehören den verschiedensten Pflanzenfamilien an.

Sie haben das Gemeinsame, daß ihre Ernährungsweise eine eigentümliche, von den übrigen chlorophyllhaltigen Pflanzen abweichende ist. Wiewohl sie genau ebenso, wie alle anderen chlorophyllhaltigen Pflanzen, durch die Assimilation und mit Hilfe ihrer völlig normalen Wurzeln durch die Aufnahme von Mineralsalzen existieren können, bedienen sie sich nebenbei, wie die chlorophyllfreien Pflanzen, organischer Nahrung.

Das Auffallende bei den Insectivoren ist demnach keineswegs die Art ihrer Ernährung, welche höchstens als eine luxuriöse und vielseitige erscheinen kann. Wunderbar sind nur die Mittel, durch welche die Insectivoren sich die organische Nahrung verschaffen [1]).

Sie besitzen nämlich eigentümliche und oft sehr kompliziert gebaute Blattorgane, welche an hervorragenden Stellen süß schmeckende Nektartropfen als Lockmittel für die Insekten tragen und die sich infolge des Reizes schließen, sobald Insekten sich auf ihnen niederlassen. Ist das Tier auf diese Weise gefangen, so werden schnell peptonisierende Sekrete abgesondert, durch welche die festgehaltenen Insekten getötet und verdaut werden. Die gebildeten Verdauungsprodukte werden resorbiert, und nur das unverdauliche Chitinskelett des Insektenkörpers bleibt zurück. Der ganze Vorgang entspricht also durchaus den tierischen Verdauungsprozessen.

Von unseren einheimischen Insectivoren ist wohl am bekanntesten der Sonnentau (Drosera rotundifolia). Die stielförmigen Drüsen dieser Pflanzen, Tentakeln genannt, sondern ein schleimiges, klebriges Sekret ab, welches gewöhnlich völlig neutral reagiert.

Sobald aber die Reizung erfolgt und das Insekt festgehalten ist, wird das Sekret stark sauer.

Es ist bemerkenswert, daß ohne Gegenwart einer freien Säure das Droseraferment völlig unwirksam ist und sich demnach genau so ver-

---

1) Vergl. A. Hansen, a. a. O. S. 180.

hält, wie das Pepsin, mit dem es anscheinend identisch ist [1]). Das Enzym läßt sich auch mittels Glycerin aus den Blättern extrahieren und löst dann hinzugefügtes Fibrin bei Gegenwart verdünnter freier Salzsäure mit Leichtigkeit auf.

Nach den Untersuchungen Darwin's [2]) hat die chemische Natur der berührenden Substanz einen Einfluß auf das Funktionieren des Blattorgans. Weder ein heftiger Platzregen, noch Glas- oder Holzsplitter, noch auch stickstofffreie Nährstoffe, wie zerflossener Zucker oder Gummi, vermögen die Sekretion anzuregen. Höchstens erfolgt auf derartige Reizung eine schnell vorübergehende Einbiegung der Tentakeln.

Nur stickstoffhaltige, organische Nährstoffe sind zur Auslösung des Sekretionsmechanismus geeignet. Hierdurch wird es wahrscheinlich, daß es sich bei dieser Einrichtung nur um die Gewinnung von organisch gebundenem Stickstoff handelt. Auch ist es erwiesen, daß die Droseraarten bei Fütterung mit Fleischstückchen kräftiger werden, als wenn sie diesen Zuschuß nicht erhalten, wenn sie schon in Treibhäusern Jahre lang ohne Insektennahrung kultiviert werden können.

Der Wert der Insektennahrung besteht also in einer Förderung und Sicherung der Existenz der Insektivoren, welche oft in stickstoffarmen Nährböden zu finden sind, ohne daß die Insektennahrung zu ihren Lebensbedingungen gehört.

Viel kunstvoller, als bei unseren einheimischen Droseraarten, sind die Fangeinrichtungen anderer Insectivoren, wie der nordamerikanischen Dionaea muscipula und namentlich der tropischen Nepenthesarten. Letztere besitzen kannenförmige Blattorgane, welche einen Fuß hoch werden können, so daß keineswegs nur Insekten, sondern sehr häufig auch Vögel und andere Tiere in die Falle gelangen. Die Flüssigkeit, welche die Kanne stets enthält, besitzt schon das peptonisierende Enzym in Lösung, denn die Sekretionsdrüsen, welche etwa das untere Drittteil der Urnenwand bedecken, scheiden das Sekret stetig ab, ohne daß es dazu eines Reizes bedürfte. Es fehlt aber dem neutralen Sekret noch die Fähigkeit, zu verdauen. Erst durch den Reiz, den ein in die Kanne gefallenes Tier ausübt, werden die Digestionsdrüsen veranlaßt, eine Säure abzuscheiden, durch deren Gegenwart das Ferment dann in Wirksamkeit tritt.

Das Nepenthesferment ist also, wie alle bisher untersuchten Enzyme der Insectivoren, gleich dem Pepsin, in neutraler Lösung unwirksam. Diese Enzyme stehen in einem Gegensatz zu den peptonisierenden Fermenten der Milchsäfte der Carica Papaya und des Feigenbaumes, welche in ihren Eigenschaften mehr dem Trypsin vergleichbar sind.

Wir mußten die Fähigkeit der sekretiven Verdauung bei den Insectivoren, als nicht zu ihren Lebensbedingungen gehörend, als eine Art Luxus bezeichnen, wie denn auch der Mehrzahl der chlorophyllhaltigen Pflanzen diese Verdauungsform abgeht.

Die sekretive Verdauung wird bei diesen Pflanzen vertreten durch die Assimilation, durch welche ein Nährstoff synthetisch geschaffen wird, der dann durch cellulare Verdauung weitere Umformungen erfährt. — Allenfalls könnte man die Absonderung des Kohlendioxyds und ge-

---

1) A. Hansen, Ueber Fermente und Enzyme, Arbeiten a. d. botan. Institut zu Würzburg, Bd. 3, Heft 2.

2) Darwin, Insektenfressende Pflanzen. Vergl. auch M. Rees, Vegetationsversuche an Drosera, Bot. Zeit. 1875 und 1878.

wisser organischer Säuren seitens der Wurzelhaare in das Gebiet der sekretiven Verdauung aufnehmen, da ja durch diesen Vorgang der Pflanze nicht direkt zugängliche mineralische Nährstoffe in eine lösliche und daher assimilierbare Form gebracht werden.

Das eigentliche Gebiet der sekretiven Verdauung ist indessen die Tierwelt, wo diese Verdauungsform nur wenigen niedrigsten Tierklassen fehlt.

Bevor wir die Untersuchung der einzelnen digestiven Prozesse bei den höheren Tieren beginnen, dürfte es angezeigt sein, einen vergleichenden Ueberblick der Verdauungsvorgänge bei den niederen Tieren voraus zu schicken [1]).

Zweites Kapitel.

Uebersicht der Verdauungsvorgänge in der Tierwelt.

Es fragt sich zunächst, ob ohne Verdauung, sei sie nun sekretiver oder cellularer Art, der Bestand des Lebens undenkbar ist.

Wir müssen bei dieser Frage absehen von den Organismen, welche ein sogenanntes latentes Leben [2]) führen, denen also auch alle anderen Kriterien des Lebens, namentlich die Atmung, fehlt.

Ein trockener pflanzlicher Same bildet ein solches Beispiel. Er zeigt keine Kohlensäureentwickelung, atmet also nicht und verhält sich demnach wie ein toter Körper [3]), obgleich das Leben in ihm latent ist und durch gewisse äußere Bedingungen, nämlich durch die einfache Zuführung von Wasser erweckt werden kann.

Wie die Atmung, so sind in einem trockenen Samen auch alle übrigen Funktionen des Lebens, speciell die digestiven Prozesse, sistiert. — Mit der ersten Regung des Lebens jedoch beginnen in ihm, zugleich mit der Atmung, auch zweifellos cellulare Verdauungsvorgänge.

Analog den pflanzlichen Samen verhalten sich alle Fermentorganismen [4]) und vielleicht auch die Eier vieler Tierformen. Sie können austrocknen, soweit dies bei Lufttemperatur überhaupt möglich ist, ohne daß sie ihre Entwickelungsfähigkeit verlieren.

Es sind dies zum Beispiel die Eier gewisser Crustaceen, nämlich der Apusarten (Apus productivus) und der Ostracoden oder Muschelkrebse. Die gleiche Eigenschaft besitzen die Eier gewisser Rundwürmer, namentlich der Anguillula tritici, des Weizenälchens. Selbst ausgebildete Tiere können anscheinend ein latentes Leben führen und gänzlich austrocknen, wenn auch hierüber völlig exakte Untersuchungen nicht vorliegen. Die bekanntesten Beispiele bilden hierfür die Tardigraden, kleine milbenartige Arachniden, welche häufig zwischen Moosen und

---

1) Vergl. W. Krukenberg, Grundzüge einer vergleichenden Physiologie der Verdauung, Heidelberg 1882.

2) P. Harting, Das schlummernde Leben, Leipzig 1856. Cl. Bernard, Leçons sur les phénomènes de la vie, Bd. 1, 1878, S. 65. W. Preyer, Ueber die allgemeinen Lebensbedingungen, Berlin 1880.

3) W. Kochs, Kann die Kontinuität der Lebensvorgänge zeitweilig völlig unterbrochen werden? Biolog. Centralblatt, Bd. 10, 1890, S. 673, No. 22.

Vergl. S. 78.

Algen in Dachrinnen angetroffen werden. Ebenso verhalten sich gewisse Süßwasser bewohnende Würmer, namentlich die Rotiferen. Nach dem Anfeuchten scheinen die ausgetrockneten Tiere an ihrer Lebensfähigkeit nicht den geringsten Schaden gelitten zu haben.

Läßt man diese Organismen, bei denen wenigstens vorläufig kein Stoffwechsel nachgewiesen ist, außer Betracht, so ist die Verdauung eine nie sistierende Allgemeinerscheinung des Lebens.

Es sind allerdings viele Tiere bekannt, welche lange Zeit keine Nahrung zu sich nehmen, wie z. B. die Winterschläfer. Bei diesen ist aber das Leben keineswegs erloschen, sondern der Stoffwechsel nur auf ein sehr geringes Maß eingeschränkt [1]), welches den geringen vitalen Leistungen des Winterschläfers, seiner geringen Wärmeproduktion und minimalen kardiopneumatischen Muskelarbeit entspricht.

Die sekretive Verdauung ist während des Schlafes bei diesen Tieren natürlich nicht vorhanden, die cellulare Verdauung dagegen nimmt ihren Fortgang und zwar auf Kosten von aufgespeichertem Reservematerial [2]), sie verläuft dementsprechend viel träger als in der Norm und kann denkbar unbedeutend werden.

Die Möglichkeit des Lebens und somit der cellularen Verdauung auf Kosten von Reservematerial findet sich noch bei einigen anderen Tierformen:

Besonders den Gastropoden scheint diese Fähigkeit eigen. So fand Wollaston [3]) Helix papilio und Helix tectiformis, die am 1. Mai 1848 auf der Insel Porto Santo in Schächtelchen gepackt waren, beim Oeffnen am 19. Oktober 1850, also etwa nach $2^{1}/_{2}$ Jahren, noch lebend. Ferner macht Semper [4]) eine Angabe, nach welcher im Brittischen Museum zu London Schnecken, die mit ihren Gehäusen aufgeleimt jahrelang in der Sammlung gestanden hatten, plötzlich zum Davonkriechen veranlaßt wurden.

Ein anderes Beispiel des Lebens auf Kosten von Reservematerial bieten viele Milben (Acarinen). Bei diesen Geschöpfen sorgt das Muttertier für die lebenslängliche Ernährung seiner männlichen Nachkommenschaft. Es sind dies namentlich blutsaugende Milben der afrikanischen Gattung Ixodes und gewisse Käsemilben der Gattung Hypopus. Aus den Larven dieser Tiere gehen Weibchen und Männchen hervor. Während die Weibchen bald Nahrung suchen, leben die Männchen in völliger Inanition. Erst nach der Begattung gehen sie zu Grunde, ohne jemals eine Spur von Nahrung aufgenommen zu haben, was ihnen schon aus dem Grunde versagt ist, dass sie keine zur Nahrungsaufnahme taugliche Mundwerkzeuge besitzen [5]). Daß bei den männlichen Acarinen trotzdem

1) Regnault und Reiset, Recherches chimiques sur la respiration des animaux des diverses classes, Paris 1849, S. 139 und Ann. de chim. et de phys., Bd. 26, 1849.

2) Ueber den Glykogengehalt der Leber bei Winterschläfern s. Valentin, Moleschott's Untersuchungen zur Naturlehre, Bd. 3, 1857, S. 223; Aeby, Arch. f. exper. Pathol. u. Pharmak., Bd. 3, 1857, S. 184, Voit, Zeitschr. f. Biologie, Bd. 14, 1878, S. 118, und besonders von Wittich, in Hermann's Handb. der Physiol., 1883, Bd. 5, T. 2, S. 360 und 361.

3) Wollaston, Ann. of Nat. Hist., Bd. 6, 1850, S. 489.

4) C. Semper, Die natürlichen Existenzbedingungen der Tiere, Leipzig 1880, T. I, S. 250.

5) Mégnin, Compt. rend., Bd. 83, 1876, S. 993.

cellulare Verdauungsvorgänge sich abspielen, durch welche die bei der Zeugung empfangenen Reservestoffe allmählich verbraucht werden, ist mit Sicherheit anzunehmen.

Eine sekretive Verdauung fehlt ferner allen parasitisch lebenden Tieren, was namentlich bei denen verständlich ist, welche im Darmtrakt ihrer Wirte leben und daher beständig von sekretiv verdauter Nahrung umgeben sind.

Von letzteren kommen von Protozoen die Gregarinen, von Infusorien die Opalinen und von den Würmern die Cestoden, Ascariden und Acanthocephalen (Kratzer) in Betracht, von welchen sich die Opalinen und Cestoden von dem Chymus ihres Wirtes mittels ihrer äußeren Haut ernähren, da ihnen ein Darmkanal völlig fehlt. Daß diesen Parasiten aber die cellulare Verdauung nicht mangelt, geht schon allein daraus hervor, daß ein typischer Reservestoff, wie das Glykogen, den sie höchst wahrscheinlich selbst aus Traubenzucker produzieren, regelmäßig in ihnen aufzufinden ist [1]. Das Glykogen ist übrigens nicht bloß bei den Cestoden und Ascariden, sondern auch bei den Gregarinen und Infusorien mit Sicherheit nachgewiesen [2].

Einigermaßen könnte man zweifelhaft werden, ob bei jenen seltsamen parasitischen Tieren, welche, selbst ohne Darm, nicht aus dem Chymus ihres Wirtes, sondern direkt aus den Säften desselben ihre Nahrung schöpfen, überhaupt eine Verdauung notwendig sei.

An der ventralen Fläche einer sog. Bogenkrabbe, des Carcinus maenas, findet man nicht selten eine gelbliche Blase, welche sich als der Genitalsack eines Wurzelkrebses, der Sacculina carcini ausweist, bei der fast alle übrigen Organe völlig degeneriert sind. Dieser sackförmige Körper besitzt nur eine einzige Oeffnung am hinteren Pole, während der vordere Pol wurzelförmige Ausläufer entsendet, feine Röhren, welche, mit milchiger Materie gefüllt, die Gewebe des Wirtes durchsetzen. Sie lagern sich besonders um dessen Verdauungstrakt, dringen in die Leber, in die Muskulatur bis in die Füße. Frei von diesen Ausläufern des Parasiten bleiben nur das Herz, die Kiemen und das centrale Nervensystem, so daß der Carcinus scheinbar gesund bleibt, auch wenn er mehrere derartiger Parasiten zu versorgen hat [3]. Will man nicht die Annahme machen, daß die Gewebszusammensetzung der Sacculina mit der ihres Wirtes völlig übereinstimmt, so muß man ersichtlich auch diesem Parasiten die Fähigkeit der cellularen Verdauung zusprechen.

Nun sind aber eine Reihe von Thatsachen bekannt, welche andeuten, daß jede Tierspecies eine eigenartige, unglaublich konstante Zusammensetzung der Säftemasse besitzt. Wir ersehen dies namentlich aus der Erfahrung, daß die Zellen einer Species in der Säftemasse einer anderen ihre Lebensbedingungen nicht zu finden vermögen.

Wiewohl die Säugetiere einen Chymus von annähernd gleicher Be-

1) Rindfleisch, Arch. f. mikrosk. Anat., Bd. 1, 1865, S. 142. Cl. Bernard, Leçons sur les phénomènes de la vie, Bd. 2, S. 116. M. Foster, Journ. of Anatom. and Physiol., Bd. 1, 1867, S. 162.

2) O. Bütschli, Bemerkungen über einen dem Glykogen verwandten Körper in den Gregarinen, Zeitschr. f. Biol., N. F. Bd. 3, 1885, S. 603. E. Maupas, Compt. rend., Bd. 102, 1886, S. 120. Vergl. auch A. Certes, Sur la glycogénèse chez les Infusoires, Compt. rend., Bd. 90, 1880, S. 70.

3) S. Jourdain, Compt. rend., Bd. 92, 1881, S. 1352.

schaffenheit resorbieren, haben Bluttransfusionen gelehrt, daß die Blut-körperchen der einen Species im Plasma der anderen nicht zu existieren vermögen. Man beobachtet einen baldigen Zerfall der fremden Blut-zellen. Aber auch die Säftemasse des Versuchstieres kann, wenigstens bei umfangreichen und schnell verlaufenden Transfusionen, durch das fremde Plasma derart verändert werden, daß seine eigenen Blutkörper-chen zum Zerfall kommen. Hierauf beruht die Hauptgefahr aller Trans-fusionen mit dem Blute einer anderen Species [1]).

Daß nicht nur die Zellen der höheren Tiere, sondern selbst die der niedrigst stehenden Lebewesen gegen eine minimale Veränderung der Säftemasse sehr empfindlich sind, zeigen die variabeln Resultate, welche man erhält bei dem Versuch, gewisse Infektionskrankheiten von einer Species auf eine andere zu übertragen. So haftet zum Beispiel die Septikämie der Hausmäuse nicht bei anderen Mäuserassen [2]), woraus zugleich hervorgeht, daß diese sich so nahe stehenden Varietäten doch nicht völlig übereinstimmen in Bezug auf die Zusammensetzung ihrer Säfte. Selbst verschiedene Individuen derselben Species scheinen durch pathologische Verhältnisse leicht eine Differenz in der Zusammensetzung ihrer Gewebsflüssigkeiten zu erlangen, welche groß genug ist, um die Entwickelung maligner Geschwülste, welche man von kranken Individuen einem gesunden transplantiert, zu verhindern. Hierher gehört auch die Thatsache, daß junge Hunde leicht mit Milzbrand zu infizieren sind, alte dagegen nicht.

Wir müssen daher annehmen, daß auch die Zellen der Sacculina andere Säfte verlangen, als sie diesem Parasiten als Nahrung zu Ge-bote stehen. Es bleibt ihm offenbar eine Umwandelung der Säfte seines Wirtes durch cellulare Verdauung nicht erspart.

Von den nicht parasitisch lebenden Tieren fehlt nur den niedrigsten Formen die sekretive Verdauung, also

---

1) Siehe LANDOIS, Lehrbuch der Physiologie des Menschen, Art. Transfusion und: Die Transfusion des Blutes, 1875. Vergl. auch E. VON BERGMANN, Die Schicksale der Transfusion im letzten Decennium, Berlin 1883 und A. LANDERER, Virchow's Arch., Bd. 105, 1886, S. 351. Für den Zerfall der Blutkörperchen in einer fremden Blutart werden in neuester Zeit gewisse hypothetische Bestandteile des Blutserums verant-wortlich gemacht, welche nicht nur fremde Blutkörperchen, sondern auch in die Säftemasse gedrungene Bakterien zu vernichten streben. Diese Stoffe vermutlich eiweißartiger Natur, welche als „Alexine" bezeichnet werden, sollen für die Serumarten der verschiedenen Tierspecies specifische sein, so daß auch jede Blutart wie nur ganz bestimmte Bakterienarten, so auch nur die Zellen gewisser Tierspecies zu schädigen geeignet ist. Vergl. DAREMBERG, Compt. rend., Bd. 103, 1891, S. 508 sowie H. BUCHNER, Zur Physiologie des Blutserums und der Blutzellen, Centralbl. f. Physiol., Bd. 6, 1892, S. 97. Die „Alexine" spielen offenbar eine wichtige Rolle in dem Problem der „Immunität", über welches in neuester Zeit eine umfangreiche Litteratur entstanden ist. Eine zusammenfassende Ueber-sicht giebt über diese Frage: LUBARSCH, Ueber Immunität und Schutz-impfung, Leipzig 1892. (Tiermedizinische Vorträge, Heft 11.) Vergl. auch BEHRING, Die praktischen Ziele der Blutserumtherapie und die Im-munisierungsmethoden, sowie: Das Tetanusheilverfahren, Leipzig 1892.

2) R. KOCH, Die Aetiologie der Wundinfektionskrankheiten, Leipzig, 1878, S. 46.

namentlich den Protozoen, den Infusorien, den Actinien (Seeanemonen) und den Hydromedusen.

Bei den Protozoen übernimmt das Protoplasma mit den Funktionen der Empfindung und Bewegung auch diejenige der Verdauung. Von diesen umfließen die frei lebenden Amöben und die in Kammern sitzenden Rhizopoden die feste Nahrung mit ihren Pseudopodien, lösen das Verwendbare auf und stoßen das Unverdauliche wieder aus [1]). Die mit äußeren Membranen versehenen Infusorien dagegen befördern bereits die feste Nahrung durch strudelnde Cilien nach der membranlosen Mundstelle und von dort in das Innere des Körpers, wo die Verdauung stattfindet.

In ähnlicher Weise scheint sich der Verdauungsmodus der H y d r o - m e d u s e n zu gestalten. Die Prüfung der schleimigen Sekrete, welche den Medusenkörper gewöhnlich umhüllen, und besonders derjenigen Flüssigkeiten, welche sich in dem cölenterischen Raume finden, auf eine enzymatische Wirkung, hat stets ein negatives Resultat zur Folge gehabt, selbst wenn die Verdauungsversuche bei den hierzu günstigsten Temperaturen von 38—40 ⁰ C vorgenommen wurden [2]). Ob bei den Medusen nicht nur das Innere, sondern auch die äußere Oberfläche mit einem cellularen Verdauungsvermögen ausgestattet ist, scheint nicht festzustehen [3]). Nach KRUKENBERG werden durch Medusen hindurchgezogene Fibrinfäden verdaut und resorbiert.

Mehr als bei den Medusen sind die Verdauungsvorgänge bei den A c t i n i e n lokalisiert. Hier scheinen es nach KRUKENBERG besonders die Mesenterialfilamente zu sein, welche dem Verdauungsgeschäft obliegen. Das stark ätzende Sekret der Nesselkapseln an der Außenseite der Tentakeln wirkt nicht eiweißverdauend, es ist wahrscheinlich vorwiegend ein Schutzmittel und kann wohl auch die Auflösung der Kalkskelette von Seetieren, welche den Actinien als Nahrung dienen, bewirken. Als KRUKENBERG eine mit rohem Fibrin gefüllte Federspule in den Gastrovaskularraum von Actinien brachte, erfolgte eine Verflüssigung des Fibrins nur an den Stellen, wo ein unmittelbarer, inniger

---

1) Mikroskopische Beobachtungen der Verdauungsvorgänge bei den Protozoen liegen vor von GREENWORD (Ueber den Verdauungsprozeß bei den Rhizopoden, Journ. of Physiol., Bd. 7, 1836, S. 253), M. MEISSNER (Beiträge zur Ernährungsphysiologie der Protozoen, Zeitschr. f. wissensch. Zoologie, Bd. 46, 1888, S. 498) und FABRE-DOMERGUE (Annal. des siences nat., Zoologie, 1888, S. 140). Aus den angeführen Untersuchungen scheint mit Sicherheit nur hervorzugehen, daß die Flüssigkeitsvakuolen des Protoplasmas oft eine Säure enthalten, welche vielleicht für die Auflösung mancher Nahrungsmittel, speciell von Nährsalzen, von Bedeutung ist. Diese saure Reaktion hat übrigens schon ENGELMANN festgestellt. (Vergl. ENGELMANN in Hermann's Handbuch der Physiologie, Bd. 1, 1879, S. 349). Ueber das Verhalten verfütterter Nährstoffe, namentlich mit Alkana gefärbter Fetttropfen, gehen die Angaben auseinander, indem die Fettkugeln bald nur in den Vakuolen, bald lediglich im Protoplasma gesehen wurden.

2) W. KRUKENBERG, a. a. O. S. 54.

3) W. KRUKENBERG, a. a. O. S. 76, Anmerk. 40. Vergl. hiergegen C. ISCHIKAWA, Zeitschr. f. wissensch. Zoologie, Bd. 49, 1890, S. 433 und M. NUSSBAUM, Die Umstülpung der Polypen, Arch. f. mikrosk. Anat., Bd. 35, 1891, S. 111.

Kontakt zwischen den Mesenterialfilamenten und dem Fibrin zustande kommen konnte, während alle anderen Partien des Fibrins völlig unverändert blieben. Dieser Versuch spricht dafür, daß die Verdauung des Fibrins nicht mit Hilfe von abgesonderten Sekreten, sondern auf cellularem Wege erfolgte. Uebrigens hat KRUKENBERG auch hier die schleimigen Sekrete der äußeren Hülle, sowie diejenigen des Gastrovaskularraumes mit negativem Erfolge auf enzymatische Wirkungen untersucht.

Bei den Spongien scheinen nach neueren Untersuchungen von LENDENFELD lediglich die sogenannten Kragengeißelzellen die Aufnahme und die erste Umwandlung der Nahrung zu besorgen. Letztere soll dann weiterhin amöboiden Wanderzellen übergeben werden, welche die Nährstoffe durch den ganzen Schwamm verbreiten [1]).

In der Tierreihe aufwärts steigend, sind wir nunmehr an einen Punkt gelangt, wo sich der direkten cellularen Verdauung wohl die sekretive hinzugesellt, wo sie aber noch von untergeordneter Bedeutung erscheint, indem Geschöpfe, wie die Turbellarien [2]) und gewisse Species der Tunicaten [3]), wohl mit Hilfe ihrer oberflächlichen Zellen resorbieren und demnach direkt cellular verdauen, aber auch gegen ihr Darmlumen verdauende Sekrete absondern. Es braucht also bei ihnen der cellularen Verdauung nicht notwendig die sekretive vorauszugehen.

Bei allen übrigen Tieren dagegen, also namentlich bei den Echinodermen, Anneliden, Arthropoden und Mollusken, abgesehen von gewissen parasitischen Formen, sowie bei allen Wirbeltieren tritt nur die sekretive Verdauung äußerlich hervor.

Bei allen diesen Tieren mit ausgebildeter sekretiver Verdauung werden die Verdauungssekrete geliefert durch drüsenförmig vereinigte Zellen, welche entweder dem Darm entlang flächenförmig ausgebreitet sind oder besondere Drüsenlager bilden. Bald besorgt eine einzige Drüsenmasse die Produktion sämtlicher zur Verdauung erforderlichen Enzyme, bald entstehen diastatisch wirkende und peptonisierende Enzyme in verschiedenen Organen, bald wieder liefern verschiedene Drüsenkörper verschiedenartige eiweißverdauende Enzyme, kurz alle Möglichkeiten dieser Art sind in der Tierreihe zu finden, wobei es scheint, daß mit der höheren Entwickelung auch die Produktion der verschiedenartigen Fermente in besonderen Drüsen erfolgt.

Universelle digestive Funktion besitzt noch bei den Mollusken jenes Drüsenorgan, welches in der Regel als Leber bezeichnet wird,

---

1) Vergl. R. VON LENDENFELD, Experimentaluntersuchungen über die Physiologie des Spongien, Zeitschrift f. wissensch. Zoologie, Bd. 48, 1889, S. 406. Aeltere Untersuchungen stammen von METSCHNIKOFF, Spongiologische Studien, Zeitschr. f. wissensch. Zoologie, Bd. 32, 1879, S. 371 und von KRUKENBERG, Vergleichende Physiologie der Verdauung, 1882, S. 51.

2) E. METSCHNIKOFF, Ueber die Verdauungsorgane einiger Süßwasserturbellarien, Zool. Anz., I, 1878, S. 387. Derselbe: Untersuchungen über die intracellulare Verdauung bei wirbellosen Tieren, Arbeiten des Zoologischen Instituts in Wien, Bd. 5, Heft 2.

3) W. KRUKENBERG, a. a. O. S. 56 und Untersuchungen aus dem Physiol. Institut der Univ. Heidelberg, Bd. 2, 1878, S. 360. Ferner: Vergl. physiol. Studien, I. Reihe, 5. Abteil., 1881, S. 62.

wiewohl es gerade diesen Namen am wenigsten verdient. Auch die Bezeichnung Hepatopankreas ist weder ausreichend noch zutreffend und hat deshalb in neuerer Zeit der passenden Bezeichnung „Mitteldarmdrüse" Platz gemacht.

Nach den Untersuchungen Krukenberg's wird von diesem Organ ein fettspaltendes, ein diastatisches, ein peptisches und meist auch ein tryptisches Enzym geliefert. Funktionell ist es also ein Komplex von Speichel-, Magen- und Pankreasdrüsen. Im übrigen wird die Reaktion des Chymus der Mollusken nicht, wie bei den höheren Tieren, in der Art geregelt, daß dem Speisebrei an bestimmten Regionen des Darmtraktes eine konstante Reaktion zukommt. Hieraus kann jedoch dem Organismus kein Schaden erwachsen, da die Eiweißverdauung auf jeden Fall, sowohl bei saurer, als auch bei alkalischer oder neutraler Reaktion vor sich geht. Fehlt jedoch einer Molluskenspecies das peptische Ferment, so soll mit diesem Mangel zugleich auch stets die Säurebildung vermißt werden [1]). Andererseits giebt es auch Mollusken, wie Helix pomatia, welche die Eiweißstoffe nur bei saurer Reaktion des Darminhaltes, also peptisch verdauen, ihnen fehlt das Trypsin gänzlich [2]).

Die Auffassung der Mitteldarmdrüse als Leber der Mollusken wird ferner unhaltbar gemacht durch die Thatsache, daß sich weder Glykogen in wesentlichen Mengen, noch spezifische Gallenbestandteile darin nachweisen lassen [3]). Levy vermochte allerdings bei Helix pomatia ein wenig Glykogen aus 100 darauf verarbeiteten Mitteldarmdrüsen zu isolieren, aber relativ weniger, als die übrigen Organe dieser Tiere zu enthalten pflegen. Neben den sehr geringen Glykogenmengen erhielt Levy, ebenfalls in unbedeutender Menge, noch ein zweites kolloïdes Kohlehydrat, das „Sinistrin", welches in der Weinbergschnecke zuerst von Hammarsten [4]), aber auch im Pflanzenreich von Schmiedeberg [5]) aufgefunden wurde. Das Sinistrin ist im Gegensatz zum Glykogen gegen Ptyalin völlig resistent und liefert erst beim Kochen mit verdünnten Mineralsäuren Lävulose, ist also dem Inulin sehr ähnlich, aber nicht mit ihm identisch.

Wird bei den Mollusken überhaupt eine Säure produziert, so geschieht dies nicht in der Mitteldarmdrüse, sondern in speziellen acidogenen Drüsenkomplexen, welche ihre Flüssigkeit in das Darmrohr ergießen. Eine geringe Säureproduktion, und zwar auffallenderweise von

---

1) W. Krukenberg, a. a. O. S. 59 u. 61 und Unters. aus dem Physiol. Institut der Univ. Heidelberg, Bd. 2, 1878, S. 36. F. Plateau, Extr. d. Bull. de l'acad. r. de Belgique, N. F. Bd. 44. 1877.

2) D. Barfurth, Ueber den Bau und die Thätigkeit der Gastropodenleber. Max Levy, Zoochemische Untersuchung der Mitteldarmdrüse von Helix pomatia, Zeitschr. f. Biol., N. F. Bd. 9, 1890, S. 410.

3) A. B. Griffiths, Chemisch-physiologische Untersuchungen über die Cephalopodenleber und ihre Identität mit einem wahren Pankreas, Chem. News, Bd. 51, S. 160 und Ber. der Deutsch. chem. Gesellsch., Bd. 18, 1885, Ref. S. 294. Max Levy, a. a. O. S. 413.

4) O. Hammarsten. Pflüger's Arch., Bd. 36, S. 440.

5) O. Schmiedeberg, Ueber ein neues Kohlehydrat, Zeitschr. f. physiolog. Chem., Bd. 3, 1879, S. 112. Vergl. auch Riche und Remont, Journ. de Pharm. (5) 2, S. 291, sowie Weyher von Reidemeister, Inaug.-Diss. Dorpat 1880.

Schwefelsäure, ist bei den Murexarten nachgewiesen, während bei den Prosobranchiern die Säurebildung eine bedeutende ist und bei einzelnen Species geradezu enorm genannt werden muß.

Seit den Untersuchungen Troschel's [1]) vom Jahre 1854 weiß man, daß Dolium galea eine stark saure Flüssigkeit gegen ihre Mundhöhle absondert, welche in zwei großen Drüsenmassen erzeugt wird, die symmetrisch zu beiden Seiten des Magens liegen und mit langen Ausführgängen zu den Seiten der Speiseröhre emporsteigen, um rechts und links neben der chitinüberzogenen und mit Zahnreihen besetzten Zunge, der sogenannten Radula, zu endigen. Die Konzentration des Sekretes scheint Schwankungen zu unterliegen, 2,18 ist als geringster, 4,25 als höchster Prozentgehalt an freier Schwefelsäure des frisch untersuchten Sekretes gefunden worden. Außerdem aber wurde freie Salzsäure in einer Menge von 0,4—0,6 Proz. nachgewiesen. Da die saure Flüssigkeit, zum Teil wenigstens, mit der Nahrung verschluckt wird und dem Speisebrei dadurch eine saure Reaktion verleiht, und da ferner Krukenberg [2]) bei diesen Tieren einen neutralen, aber pepsinhaltigen Verdauungssaft nachgewiesen hat, kann dem sauren Sekret eine digestive Bedeutung nicht abgesprochen werden. Indessen deutet der abnorm hohe Säuregehalt zweifellos darauf hin, daß dieses Sekret außer der digestiven noch eine andere Bedeutung haben muß. Semon [3]) hat darauf aufmerksam gemacht, daß die saure Flüssigkeit namentlich auch beim Kauprozeß wirksam wird, indem sie den kohlensauren Kalk zerstören hilft, der in den Geweben der meisten Tiere eingelagert ist, welche die Lieblingsnahrung jener Schnecken bilden. Eine Auflösung des kohlensauren Kalks kann durch die Schwefelsäure allerdings nicht erfolgen, aber dennoch eine Zerstörung der Kalkskelette. Denn bringt man zum Versuch einen Seestern in wenig schwefelsäurehaltiges Wasser, so erfolgt zwar keine Auflösung des Skeletts, aber dasselbe läßt sich jetzt zwischen den Fingern mit Leichtigkeit durch gelindes Reiben in ein feines Pulver zerbröckeln, was vorher vollkommen unmöglich gewesen wäre. Endlich erscheint es nach Beobachtungen von Troschel und Panceri sicher, daß unter Umständen das saure Sekret von diesen Tieren auch zur Verteidigung benutzt wird.

Von den Verdauungseinrichtungen der Evertebraten ist endlich erwähnenswert, daß im allgemeinen zuerst bei den Insekten spezifische echte Speicheldrüsen auftreten [4]), welche bei neutraler Reaktion des Sekretes ein diastatisches Enzym bilden, während bei diesen Tieren die Mitteldarmdrüse, welche bei einzelnen Formen multipel vorhanden ist, noch ihren universellen digestiven Charakter bewahrt hat.

———

1) Troschel, Poggendorff's Annalen, Bd. 93, 1854, S. 614 und Journ. f. prakt. Chem., Bd. 63, 1854, S. 170. Vergl. auch de Luca und Panceri, Compt. rend., Bd. 65, 1867, S. 577 u. 712 und ferner R. Maly, Sitzungsber. d. Wiener Akad. d. Wissensch. Bd. 81, 1880, S. 376.

2) W. Krukenberg, Unters. aus dem Physiol. Institut der Univ. Heidelberg, Bd. 2.

3) R. Semon, Ueber den Zweck der Ausscheidung der freien Schwefelsäure bei Meeresschnecken, Biol. Centralbl., Bd. 9, 1889, S. 80. Vergl. auch H. Simroth, ebendas. S. 287.

4) Nach Griffiths besitzen auch Sepia officinalis sowie Patella vulgata echte Speicheldrüsen, Proc. roy. soc., Bd. 44, 1890, S. 325.

Die verschiedenen Klassen der Wirbeltiere zeigen untereinander in Bezug auf die Verdauungsvorgänge kaum abweichende Verhältnisse, nur d i e F i s c h e machen eine Ausnahme, indem sie sich in mancher Beziehung noch den höheren Wirbellosen nähern.

Es ist bekannt, daß nicht nur den Fischen, sondern auch den im Wasser lebenden Säugetieren, den Cetaceen und den Pinnipodiern, die Speicheldrüsen entweder vollkommen fehlen, oder doch nur rudimentär entwickelt sind. Man nimmt daher meist ohne weiteres an, daß bei diesen Tieren Speichel nicht zu finden sei. Dem entgegen macht KRUKENBERG eine Angabe, nach welcher die Mundschleimhaut des Karpfens und des Lophius piscatorius eine Feuchtigkeit absondert, welche auf Stärke gut diastatisch einwirkt[1])

Für die Gegenwart der verschiedenen Verdauungsenzyme ist bei allen Fischen reichlich gesorgt, aber die Drüsenkomplexe, welche die Fermente liefern, verhalten sich bei den mannigfachen Gattungen und Species sehr abweichend.

Ein Magen mit stark saurem, eiweißverdauendem Sekret ist bei allen Fischen zu finden. Man hat behauptet, das Pepsin im Fischmagen sei ein anderes, als das Pepsin der Warmblüter, weil es auch bei 0 ° seine digestive Funktion erfülle[2]). Hiergegen wendet KRUKENBERG[3]) ein, daß diese Versuche nicht gelten können, weil der Magensaft der Fische unvergleichlich reicher an Pepsin sei, als derjenige der Säuger, und ersterer lediglich aus diesem Grunde auch bei 0 ° einwirke. Diese Behauptung KRUKENBERG's verdient insofern Beachtung, als man sich nach meinen Erfahrungen in der That überzeugen kann, daß ein künstlicher sehr pepsinreicher Magensaft, auch wenn das Pepsin aus der Magenschleimhaut eines Säugetiers stammt, im Verlaufe einiger Stunden selbst bei 0 ° Fibrinflocken aufzulösen vermag[4]).

Eine Drüse, welche dem Pankreas der höheren Wirbeltiere entspricht, findet man nur bei wenigen Fischarten. Einige Gattungen besitzen eine Verdauungsdrüse, welche der Mitteldarmdrüse der höheren Wirbellosen nahe kommt, jedoch Galle produziert und somit wirkliche Leberzellen erthalten muß. Aber es sind auch viele Fische bekannt, denen sowohl ein echtes Pankreas, als auch eine Mitteldarmdrüse abgeht. In diesem Falle werden direkt aus der Schleimhaut des Mitteldarms Verdauungssekrete entleert. Die Schleimhaut zeigt dann behufs Vergrößerung der Fläche ausgedehnte Längsfalten und Wülste. Auch die sackförmigen Anhänge des Mitteldarms, die sogenannten Appendices pyloricae, werden von CLAUS[5]) als eine Vergrößerung der sezernieren-

---

1) KRUKENBERG, Grundzüge einer vergleich. Physiologie der Verdauung, 1882, S. 67.

2) MURISIER, Verhandlungen der physik.-mediz. Gesellsch. zu Würzburg, Bd. 4, 1873, S. 120. HOPPE-SEYLER, Ueber Unterschiede im chemischen Bau und der Verdauung höherer und niederer Tiere, Pflüger's Arch., Bd. 14, 1877, S. 395.

3) W. KRUKENBERG, Grundz. einer vergleich. Physiologie der Verdauung und Vergleich. physiol. Studien, I. Reihe, 4. Abt., 1881, S. 37.

4) Dieselbe Beobachtung machte in neuester Zeit M. FLAUM, Zeitschr. f. Biol., N. F. Bd. 10, 1892, S. 433.

5) CLAUS, Kleines Lehrbuch der Zoologie, 1880, S. 691.

den Oberfläche gedeutet. Ihr Saft wirkt in der That gut diastatisch und tryptisch [1]).

Gerade diese Verhältnisse der Mitteldarmschleimhaut zeigen nahe Beziehungen der Fische zu gewissen Wirbellosen. Denn auch den Holothurien, was nachträglich erwähnt werden mag, fehlt jede makroskopische Verdauungsdrüse, und dennoch wird von ihrer Darmschleimhaut, genau wie bei jenen Fischen, sowohl ein peptisches und ein tryptisches, als auch ein diastatisches und ein fettspaltendes Enzym abgesondert.

Im übrigen sind prinzipielle Unterschiede im Verdauungsmodus der verschiedenen Wirbeltiere nicht festzustellen. Selbst zwischen den Herbivoren und Carnivoren läßt sich eine Differenz in Bezug auf das Wesen der Verdauungsprozesse nicht auffinden, wiewohl im allgemeinen die Länge des Verdauungskanals der Herbivoren diejenige der Carnivoren ganz bedeutend übertrifft. Während die Länge des Verdauungsschlauches zur Körperlänge beim Schafe sich verhält wie 28 : 1, bei den Wiederkäuern wie 20—15 : 1 und beim Hund wie 4 : 1, steht der Mensch mit 6 : 1 in der Mitte, wobei man allerdings die Körperlänge des Menschen von den Hacken bis zum Wirbel, bei den Tieren dagegen vom letzten Kreuzbeinwirbel bis zur Kopfhöhe zu messen pflegt [2]).

Die Veränderungen der Nahrungsstoffe im Darmkanal sind nicht lediglich chemischer, sondern auch mechanischer Natur. Denn die Nahrungsstoffe werden der chemischen Einwirkung der Verdauungssäfte erst zugänglich, nachdem ihre Gemische, die Nahrungsmittel, durch die Arbeit des Kauens und der Darmbewegung zerkleinert und zermalmt worden sind.

Die digestive Umformung, welche die verschiedenen Nahrungsstoffe erfahren müssen, um zur Resorption in die Säftemasse geeignet zu werden, ist verschieden eingreifend. Fette brauchen nicht einmal gelöst, sondern in der Darmflüssigkeit nur fein verteilt zu werden. Alle übrigen Nahrungsstoffe dagegen bedürfen der Lösung, während außerdem gewisse Proteïnsubstanzen und die höheren Kohlehydrate einer hydrolytischen Spaltung unterliegen müssen. Die zur Verdauung und Resorption ungeeigneten, sowie im Uebermaß aufgenommenen Stoffe bleiben im Darm zurück und werden als Faeces entleert.

Drittes Kapitel.

Die Verdauungssäfte.

Die Verdauungssäfte werden bei den Wirbeltieren eingeteilt nach ihrer Bildungsstätte, welche im allgemeinen auch mit einer spezifischen digestiven Wirksamkeit verbunden ist.

Es bilden den Mundspeichel: die Sekrete der großen Speicheldrüsen, welche sich in die Mundhöhle ergießen (Glandula parotis, submaxillaris und sublingualis), zu welchen sich die Absonderungen der

---

1) RAPH. BLANCHARD, Sur les fonctions des appendices pyloriques, Compt. rend., Bd. 96, 1883, S. 1241.

2) Vergl. C. A. EWALD, Klinik der Verdauungskrankheiten, Bd. 1, 1890, S. 36.

vielen kleinen Drüsen der Mundhöhle (Glandulae buccales und labiales) gesellen.

Der Magensaft besteht aus den Absonderungen der Drüsen und des Epithels der Magenschleimhaut.

Der Darmsaft (Succus entericus) begreift die Sekrete der Lieber-kühn'schen Drüsen.

Hierzu kommen der Pankreassaft und endlich das Sekret der Leber, die Galle.

Der Mundspeichel.

Das Gemenge des Mundspeichels enthält regelmäßig suspendiert abgestoßene Epithelien der Schleimhaut und ferner die durch lebhafte Molekularbewegung ausgezeichneten Speichelkörperchen, Leukocyten, welche aus den Zungenbalgdrüsen und den Tonsillen in die Mund-flüssigkeit wandern.

Abgesehen von diesen Beimengungen bildet der frische Speichel eine klare Flüssigkeit, welche beim Stehen allmählich Kohlendioxyd entwickelt und sich trübt, unter Abscheidung von Calciumkarbonat [1]).

Auf eine derartige Ausscheidung ist die Bildung des Zahnsteins und der sog. Speichelsteine in den Ausführgängen der Speicheldrüsen zurückzuführen. Sie enthalten neben dem Calciumkarbonat auch wohl regelmäßig etwas Calciumphosphat, ferner organische Stoffe, namentlich Mucin, Eiweiß und Pilze beigemischt.

Die Reaktion des reinen Speichels ist äußerst schwach alkalisch, er enthält beim Menschen im Mittel 0,08 Proz. Natriumkarbonat [2]). Indessen wird der Speichel auch unter physiologischen Verhältnissen häufig neutral oder selbst sauer befunden, und zwar durch organische Säuren, welche als Produkte bakterieller Einwirkung auf Speisereste zu betrachten sind. Im Fieber und namentlich beim Diabetes findet man sehr häufig den Speichel sauer reagierend. Daß auch in diesen Fällen lediglich Bakterien die Ursache sind, ist sehr wahrscheinlich.

Die Menge des Speichels ist schwankend, da die Absonderung durch jeden Reiz der Mundschleimhaut, namentlich also beim Kauen der Nahrung erfolgt. Im Mittel sollen in 24 Stunden ca. 1500 g Speichel abgesondert werden [3]), welche größtenteils im Darmtrakt wieder zur Resorption gelangen, also einen intermediären Kreislauf beschreiben.

Auch die Zusammensetzung des Speichels kann wechseln, je nach-dem die eine oder die andere der Drüsen, welche das Mundhöhlen-sekret liefern, sich in erhöhter Thätigkeit befindet. Der menschliche Speichel enthält nach den Untersuchungen von Hammerbacher [4]) etwa

---

1) Ellenberger und Hofmeister, Ueber die Trübung des Parotiden-speichels des Pferdes beim Stehen an der Luft, Archiv f. wissensch. und prakt. Tierheilkunde, Bd. 8, 1882.

2) Chittenden und Ely, Amerik. chem. Journ., 1883, S. 329 sowie Ber. d. Deutsch. chem. Gesellsch., Bd. 16, 1883, Ref. S. 974. Vergl. auch Moritz Werther, Pflüger's Arch., Bd. 38, 1886, S. 293.

3) Bidder und Schmidt, Die Verdauungssäfte und der Stoffwechsel, 1852. Vergl. auch Tuczek, Ueber die vom Menschen während des Kauens abgesonderten Speichelmengen, Zeitschr. f. Biol., Bd. 12, S. 534.

4) F. Hammerbacher, Quantitative Verhältnisse der organischen und unorganischen Bestandteile des menschlichen gemischten Speichels, Zeitschr. f. physiol. Chem., Bd. 5, 1881, S. 302.

5$^1/_2$ pro Mille fester Stoffe, wovon die Hälfte anorganisch ist. Es finden sich im Speichel zunächst in sehr geringer Menge die Eiweißkörper des Serums und ferner dessen Salze. Von letzteren ist das lösliche Calciumbikarbonat besonders reichlich vorhanden. Weiter findet sich im Speichel Mucin und auffallenderweise eine Spur Kaliumrhodanid, welches sich nach dem Ansäuern des Speichels mit sehr wenig verdünnter Salzsäure durch stark verdünntes Eisenchlorid nachweisen läßt. Es soll speziell das Rhodankalium aus der Parotis stammen.

Bei den Tieren wird diese Substanz meist vermißt, wenigstens konnten sie ELLENBERGER und HOFMEISTER [1]) beim Pferd, Rind, Schaf, Ziege und Schwein nicht nachweisen. Beim Hunde soll Rhodankalium nur zuweilen vorkommen.

Giebt man zu Speichel mit Schwefelsäure angesäuerten Jodkalium-Stärkekleister, so entsteht sehr häufig blaue Jodstärke. Aus dieser Reaktion scheint hervorzugehen, daß im Mundhöhlensekret oft salpetrige Säure vorhanden ist [2]).

Der geringe Eiweißgehalt des Speichels veranlaßt im Verein mit seinem Mucingehalt das Eintreten der Farbenreaktionen der Eiweißstoffe. Der Speichel giebt eine schwache Biuretreaktion und ebenso die MILLONsche und die Xanthoproteïnfärbung. Außerdem bedingt der Mucingehalt eine Fällung, wenn man Speichel in Essigsäure haltiges Wasser gießt.

Von digestiv wirksamen Bestandteilen enthält der menschliche Mundspeichel Ptyalin. Dasselbe findet sich auch im Speichel aller Herbivoren, während es den typischen Carnivoren fehlt. Annähernd rein läßt sich das Ptyalin nach der Methode von COHNHEIM [3]) gewinnen, indem man zum Speichel, der mit wenig Kalkwasser versetzt ist, bis zur neutralen Reaktion sehr verdünnte Phosphorsäure giebt. Das entstehende Calciumphosphat reißt das Ptyalin mit nieder, so daß man nach dem Auswaschen des Niederschlages ein wenigstens von anderen organischen Stoffen freies Präparat erhält.

Man nimmt jetzt allgemein an, daß nicht nur die spezifischen organischen Bestandteile des Speichels, sondern aller Verdauungssekrete überhaupt, in den Zellen der absondernden Drüsen keineswegs bereits vorgebildet und gelöst sind. Es scheint vielmehr, daß die definitiven Sekretbestandteile erst während der Sekretion produziert werden durch eine Umbildung des während der Ruhe aufgespeicherten Zellinhaltes. So enthalten die betreffenden Drüsenzellen nicht Mucin und Ptyalin, sondern Mucinogen und das sogenannte Zymogen des Ptyalins.

Unter gewissen Umständen gelingt es in der That, das digestiv völlig unwirksame Zymogen des Ptyalins zu gewinnen und künstlich in Ptyalin überzuführen.

Bei Pferden wird nämlich das Zymogen nicht schon während der Drüsensekretion, sondern erst nachträglich durch unbekannte Einflüsse, welche beim Kauen der Speisen sicher eintreten, zersetzt, wobei das wirksame Ptyalin entsteht.

---

1) ELLENBERGER, Vergl. Physiologie der Haussäugetiere, Berlin 1890, S. 495.

2) SCHÖNBEIN, Journ. f. prakt. Chem., Bd. 86, S. 151 sowie SCHAER, Zeitschr. f. Biol., Bd. 6, 1870, S. 467.

3) J. COHNHEIM, Virchow's Arch., Bd. 28, 1863, S. 241.

Dies geht aus Versuchen hervor, welche Harald Goldschmidt[1]) ausführte.

Es wurde in den Ductus stenonianus eines Pferdes unter aseptischen Kautelen eine Kanüle eingebunden und der ausfließende Speichel in ein sorgfältig gereinigtes und sterilisiertes Cylinderglas aufgesammelt, zu welchem die Luft nur durch ein enges, mit Wattestopfen versehenes Glasröhrchen Zutritt hatte. Die in dem Gefäße vorhandene Luft war ebenfalls sterilisiert und die durch den Wattestopfen zuströmende Luft war keimfrei. Da nun der Speichel direkt aus dem Speichelgange in das Gefäß einfloß, so gelangte er nicht in Berührung mit Luftkeimen. Ebenso wurde aus derselben Fistel auch Speichel in einem offenen Gefäß bei Luftzutritt aufgefangen.

Ließ man den keimfreien Speichel in dieser Weise zu sterilisierter Stärkelösung fließen, so war selbst nach 14-tägigem Stehen im Brütofen keine Zuckerbildung eingetreten. Der Speichel war völlig unwirksam, im Gegensatz zu der Probe, welche bei Luftzutritt gewonnen war und ebenfalls auf sterilisierte Stärke einwirkte.

Der unwirksame Speichel geht aber schnell in die wirksame Form über, wenn man die Wattestopfen abnimmt und ihn mit Luft schüttelt. Ebenso erhält man ein wirksames Ferment, wenn man den Speichel mit Alkohol fällt, den Niederschlag auf ein Filter bringt und nach Entfernung des Alkohols wieder in Wasser auflöst.

Durch welches Agens das Zymogen im Maule des Pferdes zerlegt wird, ist nicht ganz klar, da reine Luft und, nach weiteren Versuchen, auch reiner Sauerstoff es nicht vermag. Auch keimfreie Kohlensäure, durch den sterilisierten Speichel geleitet, vermochte ihn nicht wirksam zu machen.

Mit Berücksichtigung dieser Beobachtungen kommt man zu dem Schluß, daß Bakterien, auch wenn sie in sehr geringer Menge vorhanden sind, den Anstoß zur Zersetzung oder Umformung des Zymogens geben. Dasselbe vermögen aber bei künstlichen Versuchen auch chemische Mittel, wie dies die Einwirkung des Alkohols beweist.

Es ist bemerkenswert, daß Invertin im Speichel nicht vorkommt, letzterer vermag unter aseptischen Kautelen bei beliebig langer Einwirkung weder Rohrzucker noch Maltose zu verändern[2]).

Außer den festen Stoffen enthält die Speichelflüssigkeit Gase, und zwar freien Sauerstoff, Stickstoff sowie ferner bedeutende Mengen nicht nur sauer gebundener, sondern auch freier Kohlensäure. Daß der Gehalt des Speichels an freiem Sauerstoff höher ist, als derjenige des Blutserums, ist von Pflüger sowie von Külz festgestellt worden[3]).

Bei der Analyse der Gasverhältnisse im Speichel wurde zugleich die Frage entschieden, ob die Reaktion des Speichels zur Absonderung des Magensaftes in einer Beziehung steht.

Es ist nämlich bekannt, daß der Harn während der Verdauung größerer Mengen von Eiweißstoffen weniger sauer ist und selbst alkalisch werden kann. Ebenso steht es fest, daß umgekehrt der Urin stärker

---

1) Harald Goldschmidt, Zeitschr. f. physiol. Chem., Bd. 10, 1886 S. 273.

2) E. Bourquelot, Compt. rend., Bd. 97, 1884, S. 1000 u. 1322.

3) Vergl. S. 13.

sauer wird, wenn infolge der Nahrungsentziehung keine Magensäure zur Absonderung gelangt [1]).

Eine diesen Verhältnissen beim Harn entsprechende Verarmung an Alkali müßte sich ersichtlich beim Speichel in einer Abnahme seiner neutral gebundenen Kohlensäure äußern. Eine solche Verminderung hat sich indessen auch bei reichlichster Anregung der Magensekretion durch Nahrungsaufnahme nicht ergeben. Es steht daher fest, daß die geschilderten Beziehungen des Harns zum Magensaft, für den Speichel in gleicher Weise nicht zutreffen.

Dieses Resultat war im voraus zu erwarten, denn der Speichel dient, wie die Sekrete aller Verdauungsdrüsen, einem bestimmten physiologischen Zweck. Der Anstoß zu einer etwaigen Veränderung des in den Drüsenzellen sich abspielenden Chemismus, oder zu einer vermehrten Zellthätigkeit wird somit nur durch Nerveneinfluß von der Mundhöhle aus, wo der Speichel zur Wirkung kommt, ausgehen dürfen.

Ganz anders liegen die Verhältnisse beim Harn, einem Exkret des Organismus. Der Anstoß zu einer veränderten Thätigkeit der Nierenepithelien ist erwiesenermaßen in Bezug auf die Qualität des Harns vom Nervensystem unabhängig und geht aus von den abnormen, über die Norm vermehrten oder unter die Norm zu sinken drohenden Bestandteilen des Blutes, dessen konstante Zusammensetzung die Nieren überwachen. Die Sekretion der freien Salzsäure gegen das Lumen des Magens muß sich demnach in einer verminderten Acidität des Harns geltend machen [2]).

Die Sekrete der verschiedenen Drüsen, welche das Gemenge des Mundspeichels bilden, sind nicht gleichartig.

Die Parotis sondert beim Menschen kein Mucin ab, sondern nur ein schwach eiweißhaltiges, seröses Sekret. Es läßt sich durch Einbringen einer feinen Kanüle in den Ductus Stenonianus völlig rein, ohne Vermischung mit den übrigen Speichelflüssigkeiten, gewinnen. Beim Diabetiker findet man in diesem so gewonnenen Sekret häufig Zucker, bisweilen in bedeutender Menge [3]).

Die Gl. sublingualis und die meisten kleineren Drüsen der Mundhöhle liefern dagegen Mucin.

Die Gl. submaxillaris endlich bildet sowohl Mucin, als auch Eiweiß.

Das Ptyalin findet sich beim Menschen sowohl im Parotidenspeichel, als auch in dem Sekret der Submaxillaris und zwar in letzterem sehr reichlich [4]). Der Submaxillarspeichel vom Schwein und Kaninchen dagegen enthält nach der Angabe von GRÜTZNER kein Ptyalin. Ueberhaupt ist bei den Tieren die chemische Zusammensetzung der verschiedenen Speichelsekrete nicht den Verhältnissen beim Menschen völlig entsprechend, vielmehr zahlreichen Abweichungen unterworfen.

---

1) G. STICKER und C. HÜBNER, Ueber Wechselbeziehungen zwischen Sekreten und Exkreten des Organismus; ein Beitrag zur Physiologie und Pathologie der Verdauung, Zeitschr. f. klin. Mediz., Bd. 12, 1887, S. 114 und Berliner klin. Wochenschr., 1887, No. 41.

2) Vergl. BUNGE, Lehrbuch der physiol. Chem., 1889, S. 312.

3) Vergl. C. A. EWALD, Klinik der Verdauungskrankheiten, 1890, Bd. 1, S. 53.

4) GRÜTZNER, Notizen über einige ungeformte Fermente im Säugetierorganismus, Pflüger's Arch., Bd. 12, 1876, S. 287.

Aus den berühmten Carl Ludwig-[1]) Cl. Bernard-schen [2]) Speichelversuchen, welche an Hunden gemacht worden sind, hat sich weiterhin die wichtige Thatsache ergeben[3]), daß die chemische Zusammensetzung der mucinhaltigen Speichelsekrete durch Reizung verschiedener Nerven künstlich beeinflußt werden kann. Es wird beobachtet, daß durch Reizung des Sympathicus die Gl. submaxillaris ein besonders mucinreiches Sekret entleert, während auf Reizung der Chorda ein sehr dünnflüssiges, mucinarmes, aber salzreiches [4]) Sekret ergossen wird. Man unterscheidet daher Sympathicus- und Chordaspeichel. Entsprechende Verhältnisse sind von Heidenhain [5]) auch für die Parotis des Hundes festgestellt worden. Diese Drüse liefert auf Reizung des N. glossopharyngeus nur ein dünnflüssiges Sekret, welches aber sogleich dickflüssig wird, sobald eine gleichzeitige Reizung des N. sympathicus erfolgt.

Infolgedessen scheint es sicher, daß zu allen Speicheldrüsen zwei Arten von Nervenfasern führen, welche deren Thätigkeit regulieren: sekretorische und trophische. Die sekretorischen beeinflussen den Cirkulationsapparat der Drüse und bewirken die Absonderung des Wassers, der Salze und kleiner Mengen von Eiweiß. Die trophischen Nervenfasern dagegen bedingen die Absonderung der eigentlichen organischen Sekretbestandteile: größerer Eiweißquantitäten, Mucin und Ptyalin.

Der Magensaft.

Im Magen findet sich eine fast klare Flüssigkeit von stark saurer Reaktion, welche auf Reizung der Magenschleimhaut, in der Norm durch deren Berührung mit der Nahrung, secerniert wird.

Menschlicher Magensaft läßt sich nach Ewald's [6]) Angabe leicht durch Einführung eines weichen Schlauches in den Magen gewinnen, wobei durch die Wirkung der Bauchpresse der Saft spontan entleert wird.

Von Hunden mit künstlichen permanenten Magenfisteln, in welche nach dem Vorschlage von Cl. Bernard eine durch Kork verschließbare Metallkanüle eingeführt wird, kann man sich jederzeit Magensaft verschaffen.

Künstliche Magenfisteln bei Tieren wurden zuerst im Jahre 1842 von dem Russen Bassow und 1843 von dem Franzosen Blondlot angelegt, nachdem der Amerikaner Beaumont schon 1834 an einem Menschen eine permanente traumatische Magenfistel beobachtet hatte.

Völlig speichelfreien Magensaft vom Menschen zu erhalten, ist wohl noch nicht gelungen, nur annähernd ist dies Ziel zu erreichen.

1) C. Ludwig, Zeitschr. f. rat. Medizin, 1851.
2) Cl. Bernard in einer Reihe von Abhandlungen, Paris 1857 und 1858.
3) Eckhard, Beiträge zur Anatomie und Physiologie, 1860, sowie namentlich R. Heidenhain, Pflüger's Arch., Bd. 17, 1878, S. 37.
4) Vergl. Werther, Pflüger's Arch., Bd. 38, 1886, S. 293, sowie Langley und Fletcher, Proc. Roy. Soc. London, Bd. 45, 1889, S. 16.
5) R. Heidenhain, a. a. O. S. 28.
6) C. A. Ewald, a. a. O. S. 87.

Vom Hunde dagegen gewannen BIDDER und SCHMIDT reinen Magensaft aus Fisteln, indem sie gleichzeitig die Ausführgänge aller Speicheldrüsen unterbanden, um das Verschlucken des Speichels zu verhindern.

Die saure Reaktion des Magensaftes wurde bereits 1824 von dem Engländer PROUT auf freie Salzsäure bezogen. Bald darauf aber begegnete dieser Befund vielseitigem Zweifel, man glaubte, Milchsäure gefunden zu haben, bis dieser Streit endlich definitiv durch die quantitativen Untersuchungen von BIDDER und SCHMIDT erledigt wurde [1]). Diese bestimmten in einer abgewogenen Menge Magensaftes vom Hunde sämtliches Chlor, sowie sämtliche Basen, und berechneten das Aequivalent des gefundenen Chlors auf die Aequivalente sämtlicher gefundenen Metalle. Es blieb stets ein Rest an Chlor, welcher nur auf freie Salzsäure bezogen werden konnte. Während dieselbe beim Hunde im Mittel von 9 Analysen 0,3 Proz. betrug, hat sich aus vielfachen neueren Bestimmungen für den menschlichen Magensaft ein Salzsäuregehalt von 2—3 pro Mille ergeben [2]).

Der menschliche Magensaft enthält ferner 5 pro Mille Trockensubstanz, welche im wesentlichen aus den Salzen des Serums und etwas Mucin besteht. Ferner finden sich in ihr zwei Enzyme, das proteolytische Pepsin [3]) und das Lab [4]) oder Chymosin, welches die Gerinnung des Kaseïns bewirkt.

Invertin, wie man früher glaubte, findet sich im Magensafte nicht. WORM-MÜLLER [5]) hat diese Frage definitiv entschieden. Er gab zu normalem menschlichen Magensaft, welcher aus einer Fistel stammte, 2 Proz. reinen Rohrzucker. Derselbe zeigte sich selbst nach 16-stündiger Digestion im Brütofen völlig unverändert.

Dagegen findet man im normalen Mageninhalt sehr häufig Milchsäure. Aber dieselbe ist kein Produkt der Drüsensekretion, sondern entstanden durch bakterielle Gärung genossener Kohlehydrate [6]).

EWALD und BOAS [7]) haben gezeigt, daß im Anfang der Verdauung von Kohlehydraten im Magen ganz gesunder Menschen stets Milchsäure

---

1) BIDDER und SCHMIDT, Die Verdauungssäfte und der Stoffwechsel, 1852. Vergl. auch HEIDENHAIN, Pflüger's Arch., Bd. 19, 1879, S. 153.

2) DIONYS SZABÓ, Zeitschr. f. physiolog. Chem., Bd. 1, 1877, S. 155. C. A. EWALD, a. a. O. S. 88.

3) EBERLE, Physiologie der Verdauung, Würzburg 1834.

4) O. HAMMARSTEN, Ueber die Milchgerinnung und die dabei wirkenden Fermente der Magenschleimhaut, Ref. in den Jahresberichten für Tierchemie, 1872, S. 118.

5) WORM-MÜLLER, Pflüger's Arch., Bd. 34, 1884, S. 576. Vergl. auch R. MALY, Chemie der Verdauungssäfte, in Hermann's Handbuch d. Physiologie, 1883, Bd. 5, 2, S. 116, sowie KÜLZ, Beiträge zur Pathologie und Therapie des Diabetes, Marburg 1874, S. 147. Dies scheint sich jedoch nur auf menschlichen Magensaft zu beziehen. Der Magensaft von Hunden invertiert den Rohrzucker (W. KÜHNE), was indessen nach C. VOIT lediglich die Wirkung der hier in etwas stärkerer Konzentration vorhandenen Salzsäure ist, Zeitschr. f. Biol., N. F. Bd. 10, 1892, S. 268.

6) Vergl. BRÜCKE, Vorlesungen über Physiologie, 1885, I, S. 305.

7) EWALD, a. a. O. S. 82. Vergl. auch EWALD und BOAS, Beitr. zur Physiologie und Pathologie der Verdauung, Virchow's Arch., Bd. 101, 1885, S. 325 und Bd. 104, 1886, S. 271.

vorhanden ist. Sie läßt sich mit aller Sicherheit während der ersten 10—30 Minuten nach der Einverleibung von Kohlehydratkost nachweisen und verschwindet bis auf Spuren, sobald die Menge der freien Salzsäure eine beträchtlichere geworden ist. Giebt man aber eine Nahrung, welche keine Milchsäurebildner enthält, so findet man auch im Mageninhalt stets nur freie Salzsäure. Das Auftreten anderer Säuren, wie z. B. der Buttersäure, ist stets pathologisch.

Wie beim Speichel, so sind auch die Drüsensekrete, welche den Magensaft bilden, nicht völlig gleichartig.

Nur aus den Fundusdrüsen des Magens stammt die Salzsäure, ein Produkt besonderer, dem Lumen der Drüsen abgewandter Zellen, der sogenannten delomorphen oder Belegzellen. Dagegen liefern die das Lumen der Fundusdrüsen bekleidenden adelomorphen oder Hauptzellen Pepsin und Lab.

Die Pylorusdrüsen produzieren keine Salzsäure, im Gegenteil ein alkalisches Sekret. Außer ein wenig Natriumkarbonat liefern die gleichartigen Zellen dieser Drüsen, welche äußerlich den adelomorphen Zellen der Fundusdrüsen entsprechen, lediglich Pepsin und Lab.

Aus den Becherzellen, welche die Magenschleimhaut außerhalb der Drüsenzellen bekleiden, stammt das Mucin, welches sich den Drüsensekreten beimischt.

Die verschiedenartige Funktion der Fundus- und der Pylorusdrüsen ist durch HEIDENHAIN [1]) mittels partieller Resektion jeder dieser beiden Magenregionen bei Hunden festgestellt worden.

Er trennte die Pylorusregion mit Erhaltung des Mesenteriums und der Gefäße vom Magen ab, nähte den Rest des Magens mit dem Duodenum zusammen und nähte ebenso das abgetrennte Stück, aus dem er einen trichterförmigen Sack bildete, in die Bauchwunde ein.

Die Schleimhaut des Pylorus bildete demnach einen eingestülpten Teil der äußeren Bauchwand, von welcher ein alkalischer, glasheller Schleim abgesondert wurde, der aber, um degestiv wirksam zu werden, des Zusatzes von Salzsäure bedurfte, er enthielt also nur Pepsin, keine Salzsäure.

In gleicher Weise wurde die Schleimhaut des Fundus zu einem künstlichen Teil der Bauchwand geformt. Das Fundussekret zeigte sich im Gegensatz zu dem der Pylorusabsonderung sauer, durch freie Salzsäure, und enthielt, wie das Pylorussekret, Pepsin, war also direkt zur Verdauung von Eiweiß geeignet.

Da die Pylorusdrüsen lediglich Hauptzellen besitzen, wird zugleich durch diese Versuche erwiesen, daß die Hauptzellen das Pepsin, die Belegzellen die Salzsäure des Magensaftes liefern.

Diese Anschauung über die Funktion der einzelnen Zellarten wird auch durch einen Befund von SWIECICKI [2]) gestützt, daß Fleischstückchen,

---

1) HEIDENHAIN, Pflüger's Arch., Bd. 18, 1878, S. 169, und Bd. 19, 1879, S. 148. Vergl. auch R. KLEMENSIEWICZ, Sitzungsber. d. Wiener Akad., Bd. 71, 1875, S. 249.

2) SWIECICKI, Pflüger's Arch., Bd. 13, 1876, S. 444. GRÜTZNER und SWIECICKI, Pflüger's Arch., Bd. 49, 1891, S. 638. Diese Befunde von SWIECICKI hat allerdings S. FRÄNKEL nicht bestätigen können. Vergl. Pflüger's Arch., Bd. 48, 1890, S. 63, und Bd. 50, 1891, S. 293, sowie FLAUM, Zeitschr. f. Biol., N. F. Bd. 10, 1892, S. 444.

welche nach Unterbindung des Oesophagus in den Magen von Fröschen gebracht werden, wohl eine stark saure Reaktion annehmen, aber nicht der Verdauung unterliegen. Nun ist aber bekannt, daß sich im Magen des Frosches nur Drüsen mit Belegzellen finden, während bei ihm die Drüsen und Hauptzellen nur im Oesophagus vorhanden sind. Auch durch Färbemethoden hat sich mikrochemisch in den Belegzellen, im Gegensatz zu den Hauptzellen, Säure nachweisen lassen [1]).

Daß die freie Salzsäure des Magensaftes sich nur aus den Chloriden der Säftemasse bilden kann, war im voraus anzunehmen, ist aber namentlich durch die Untersuchungen von KAHN [2]) definitiv bewiesen worden.

Durch Darreichung einer chlorfreien Nahrung kann man die Chloride aus dem Urin allmählich zum Verschwinden bringen. In den ersten Tagen wird noch Chlor ausgeschieden, dann aber wird der Urin chlorfrei, weil der Organismus seinen unentbehrlichen Bestand an diesem Material hartnäckig festhält. — Dennoch gelingt es durch Darreichung gewisser Diuretica, wie namentlich von Kalisalpeter, der Säftemasse noch mehr Kochsalz zu entziehen, indem diese Stoffe, welche viel Harnwasser zur Ausscheidung bringen, auch immer etwas Kochsalz mit sich reißen. Fügt man dazu noch öftere Magenausspülungen, die man einige Zeit nach der Nahrungsaufnahme vornimmt, so kann dem Organismus noch eine weitere Chlormenge entzogen werden.

Im Anschluß an ältere Untersuchungen von VOIT [3]), machte KAHN in dieser Weise Versuche mit Hunden, denen ausschließlich Fleisch gereicht wurde, das mit destilliertem Wasser wiederholt ausgekocht war. — Die Hunde blieben lange Zeit munter, magerten nur etwas ab und wurden dann weniger lebhaft.

Nach 20 Tagen wurde ein 8 k schwerer Hund auffallend apathisch und war scheinbar dem Tode nahe. Als ihm $3\frac{1}{2}$ g Kochsalz in Wasser gelöst gegeben wurden, erholte er sich im Verlaufe von zwei Stunden zusehends und benahm sich bald wieder wie ein normaler Hund. In den letzten Tagen vor Aufhebung des Kochsalzhungers wurde nun der ausgepumpte Magensaft — dessen Sekretion entweder durch verdauliche Ingesta, die nach einiger Zeit wieder entfernt wurden, oder durch Reizung mittels gestoßenen Pfeffers angeregt wurde — ganz neutral befunden. Derselbe ließ Fibrin völlig unverändert, verdaute dasselbe aber schnell, wenn er mit dem gleichen Volumen Salzsäure von 1 pro Mille gemischt wurde.

Die Ausscheidung des Pepsins ist also von der Säurebildung unabhängig. Zugleich ergiebt sich, daß beim Mangel der Salzsäure auch keine andere Säure, etwa Milchsäure, im Magensaft auftritt. Diese Thatsache widerlegt gewisse ältere Theorien, welche die Entstehung der Salzsäure durch eine im Lumen des Magens vor sich gehende Zersetzung

1) SEHRWALD, Die Belegzellen des Magens als Bildungsstätten der Säure, Münchener mediz. Wochenschr., 1889, S. 177.

2) A. KAHN, Die Magenverdauung im Chlorhunger, Zeitschr. f. physiol. Chemie, Bd. 10, 1886, S. 522. Vergl. auch M. GRUBER, Ueber den Einfluß der Kochsalzzufuhr auf die Reaktion des Harns, Beitr. z. Physiologie, C. LUDWIG gewidmet, Leipzig 1887.

3) VOIT, Sitzungsber. der Bayer. Akad. d. Wissensch., 1869, Bd. 2, S. 506.

der Chloride mittels einer „intermediär" auftretenden organischen Säure erklären wollten. Fehlt die Salzsäure, so müßte doch eine, wenn auch noch so geringe, saure Reaktion durch den hypothetischen sauren Körper sich erkennen lassen, was nicht der Fall war. Giebt man weiter einem Hunde, dessen Magensaft durch Chlorhunger völlig neutral geworden ist, irgend welche löslichen Chloride, so beginnt auch sofort reichliche Sekretion von Säure in den Magen, welche einzig und allein Salzsäure ist. Nach diesen Beobachtungen ist der Ort der Säurebildung zweifellos in die Schleimhaut des Magens zu verlegen.

Selbst bei völligem Mangel der Salzsäure enthält aber der neutrale Magensaft, auch in den letzten Tagen des Chlorhungers, doch noch Chlor in der Form von Chloriden.

Da der Inhalt des Magens nach Einführung verdaulicher Speisen, auch wenn dieselben nur kurze Zeit daselbst belassen wurden, bisweilen einen üblen Geruch zeigte, mußte der Verdacht rege werden, ob nicht doch während des Salzhungers eine geringe Menge Salzsäure gebildet würde, welche aber, da Fäulnis im Magen stattfand, sich mit dem hierbei entstandenen Ammoniak zu Ammoniumchlorid vereinigte. Dies war aber nicht der Fall. Denn auch, wenn nach Anregung der Magensekretion mittels Pfeffer, Fäulniserscheinungen nicht im geringsten bemerkt wurden, enthielt der völlig neutrale Magensaft Chlor, lediglich an fixe Alkalien gebunden.

Uebrigens konnte man bei diesen Versuchen bemerken, daß dauernd im Magen belassene chlorfreie Fleischnahrung zwar im Magen keine Veränderung erfuhr, aber dennoch, nach Ausweis der Stickstoffbestimmungen im Kote, genügend ausgenutzt wurde. Die Ingesta wurden offenbar in den Darm weiter geschoben und dort mit Hilfe des Pankreassaftes gelöst.

Sehr auffallend ist die spezifische Fähigkeit der Drüsenzellen, aus den Chloriden der Säftemasse freie Salzsäure zu bilden, während das Blut selbst alkalisch reagiert. Das Alkali bleibt hierbei zurück, gelangt ins Blut und vermehrt dessen Alkalescenz, was sich, wie erwähnt, aus der abnehmenden Acidität des Harns während der Magenverdauung, feststellen läßt.

Diese Fähigkeit der Bildung von freien Mineralsäuren teilen unsere Fundusdrüsen mit den früher besprochenen acidogenen Drüsen von Dolium galea, welche in dieser Beziehung die Magenschleimhaut weit überragen, indem sie im Verhältnis zu ihrer Sekretmenge nicht nur dreimal so viel freie Salzsäure, als unsere Magendrüsen produzieren, sondern außerdem noch etwa 50 mal so viel freie Schwefelsäure an ihr Drüsensekret abgeben. Die Speicheldrüsen von Dolium galea sind demnach zum Studium des fraglichen Vorganges offenbar am meisten geeignet.

Man hat diese auffallende Erscheinung in verschiedener Weise zu erklären versucht, früher auch als Elektrolyse. Jetzt pflegt man dieselbe auf Diffusionsvorgänge zurückzuführen, wennschon die näheren Verhältnisse vorläufig völlig rätselhaft sind.

Nach einer Hypothese von MALY[1]) entsteht die Salzsäure in den Drüsenzellen durch das Zusammentreffen von zwei im Blute vorhandenen

---

1) R. MALY, Liebig's Annalen, Bd. 173, 1874, S. 250 und Zeitschr. f. physiol. Chem., Bd. 1, 1877, S. 184. Vergl. auch Sitzungsber. der Wiener Akad., Bd. 69, 1874.

Salzen, nämlich von Dinatriumphosphat und Calciumchlorid. Bringt man diese beiden Substanzen in bestimmten Gewichtsmengen zusammen, so sieht man merkwürdigerweise freie Salzsäure auftreten, wiewohl das erstere Salz alkalisch, das letztere neutral reagiert. Diese chemische Umsetzung findet offenbar in folgender Weise statt:

$$2\,PO\begin{array}{l} ONa \\ ONa \\ OH \end{array} + 3\,Cl_2\,Ca = \left(PO\begin{array}{l} O \\ O \\ O \end{array}\right)_2 Ca_3 + 4\,Cl\,Na + 2\,Cl\,H$$

Die freie Salzsäure diffundiert aber bedeutend schneller, als die löslichen Salze, selbst 34 mal so schnell, als Kochsalz. Man braucht deshalb nur Dinatriumphosphat und Chlorcalcium in dem angegebenen Verhältnis in einen Dialysator zu bringen, um sehr bald im Außenwasser saure Reaktion und freie Salzsäure nachweisen zu können.

Mehr thatsächlichen Hintergrund besitzt eine weitere Annahme von MALY, nach welcher die Bildung der freien Mineralsäure in den Drüsenzellen auf eine Massenwirkung der Kohlensäure zurückgeführt wird.

Durch Massenwirkung vermag nämlich auch eine Säure von so geringer Acidität, wie die Kohlensäure, beim Zusammentreffen selbst mit Sulfaten oder Chloriden einen Teil der vorhandenen Basen zu binden und die stärkeren Säuren von diesen abzudrängen.

Als MALY in den unteren Teil eines hohen Cylinders eine Lösung von Kochsalz und Milchsäure brachte und vorsichtig Wasser darüber schichtete, stellte sich heraus, daß nach Abhebung der obersten Schicht mehr Chlor in derselben enthalten war, als dem Aequivalent des vorhandenen Natriums entsprochen hätte. Es war also bei dem Versuch Salzsäure von der viel schwächeren Milchsäure aus ihrer Verbindung mit Natron verdrängt worden und in die oberen Schichten diffundiert.

Diese Thatsachen gewinnen für die Erklärung unserer Frage deshalb eine besondere Bedeutung, weil in den Speicheldrüsen von Dolium galea wirklich bedeutende Kohlensäuremengen nachgewiesen sind, welche sehr wohl geeignet wären, durch Massenwirkung Schwefelsäure und Salzsäure aus deren Salzen in Freiheit zu setzen.

Nach den Untersuchungen von DE LUCA und PANCERI [1]) entwickelt sich aus den ausgeschnittenen Drüsen von Dolium galea Kohlensäure in solcher Menge, daß man unter Berücksichtigung aller Verhältnisse einen Kohlensäuredruck von 4 Atmosphären in den Epithelzellen annehmen muß.

Man kann sich vorstellen, daß durch baldige Diffussion der gebildeten Säure und durch neuen Zutritt von Sulfaten und Chloriden in den Drüsenzellen stetig ein wenig Mineralsäure in Freiheit gesetzt wird, weil ja nach der Ausscheidung der letzteren auch immer wieder die Massenwirkung der Kohlensäure zur Geltung kommen muss.

Die Entstehung der freien Mineralsäuren an sich ist demnach einer Erklärung nicht unzugänglich. Aber es ist schwer einzusehen, warum bei der Möglichkeit einer Salzsäurediffusion nicht auch die Kohlensäure aus den Zellen diffundiert, und ferner ist es ganz unverständlich, warum die Salzsäure immer nur nach der einen Seite, ins Lumen der Drüse, das gebildete Natriumkarbonat dagegen stets nach der anderen Seite, ins Blut befördert wird [2]).

---

1) DE LUCA und PANCERI, Compt. rend., Bd. 65, 1867, S. 577 u. 712.
2) Vergl. BUNGE, Lehrbuch der physiol. Chemie, 1889, S. 149 und Archiv f. Anat. u. Physiol., 1886, S. 539 (Eine Bemerkung zur Theorie der Drüsenfunktion).

Wir sahen, daß beim Chlorhunger, wo die Magenverdauung vollkommen aufgehoben ist, die Fleischnahrung dennoch zur Ausnutzung gelangt. Die Verdauung geschieht unter diesen Umständen im Darm durch die Einwirkung des Pankreassaftes.

Noch mehr als bei diesen Beobachtungen von Cahn, tritt die Entbehrlichkeit der Magenverdauung in dem Versuch von Czerny [1]) hervor, welcher einem Hunde den Magen fast vollkommen exstirpierte und hiernach das völlig gesunde Tier 6 Jahre lang am Leben erhielt, bis es im Leipziger physiologischen Institut behufs Untersuchung getötet wurde. Bei der Sektion zeigte sich allerdings, daß ein kleiner Teil der Kardialseite des Magens noch übrig geblieben war, welcher eine kugelige, mit Speisen erfüllte Höhle bildete.

Deshalb wurde dieser Versuch Czerny's von Ludwig und Ogata [2]) an anderen Hunden wiederholt, indem sie von einer Exstirpation des Magens absahen, dagegen denselben vollkommen aus der Kontinuität des Darmes ausschalteten. Sie durchschnitten das Duodenum und nähten beide Enden desselben in der Bauchwunde fest. Das Pylorusende wurde durch Tamponade vollkommen dicht abgeschlossen, während man in das Darmende die Nahrung einführte. Es zeigte sich, daß zerrührte Hühnereier und fein zerhacktes Fleisch gut ausgenutzt wurden, wenn auch das Bindegewebe vielfach im Kot zu finden war. Jedenfalls bewahrten die Hunde ihr Stickstoffgleichgewicht. Es muß daher auch nach diesen Versuchen geschlossen werden, daß der Magen weder zur Verdauung, noch als Vorratskammer unumgänglich notwendig sei.

Das Auftreten einer freien Mineralsäure scheint demnach nicht lediglich eine digestive Bedeutung zu haben, da derselbe Effekt der Eiweißlösung und Eiweißverdauung im Dünndarm ja viel einfacher durch das Trypsin erreicht wird, welches bei neutraler Reaktion und sogar bei derselben Alkalescenz, wie sie die Säftemasse besitzt, seine Wirkung entfaltet. Die freie Mineralsäure im Magen als bloßes Hilfsmittel der Verdauung ist um so weniger verständlich, als ihre Gegenwart die Verdauung im Dünndarm stört.

Hieraus wird es begreiflich, wenn man sich neuerdings der Annahme von Bunge [3]) zuneigt, daß die Hauptaufgabe der Salzsäure darin bestehe, die Nahrung vor Fäulnis und abnormen Gärungen zu bewahren, die sonst durch die Einwanderung von Fermentorganismen im Darmkanal Platz greifen würden. Dies ist um so wahrscheinlicher, als der Salzsäuregehalt des normalen Magensaftes zu einer solchen Wirkung hinreicht [4]). Dagegen läßt sich nicht wohl annehmen, daß der Magensaft dem Organismus lediglich als Desinficiens diene. Wäre diese Anschauung zutreffend, so ist die Gegenwart des Pepsins nicht zu verstehen, welches nach den Untersuchungen von Felix Cohn [5]) die desinfizierende Eigenschaft der Salzsäure nicht unterstützt.

---

1) Czerny, Beiträge zur operativen Chirurgie, Stuttgart 1878, S. 141.
2) M. Ogata, Archiv f. Anat. u. Physiol., 1883, S. 89.
3) Lehrbuch, S. 144.
4) Vergl. S. 79.
5) Felix Cohn, Ueber die Einwirkung des künstlichen Magensaftes auf Essigsäure- und Milchsäure-Gärung, Zeitschrift für physiol. Chemie, Bd. 14, 1890, S. 75. Vergl. auch über dasselbe Thema: E. Hirschfeld, Pflüger's Archiv, Bd. 47, 1890, S. 510.

Derselbe fand aber, daß bei Körpertemperatur bereits durch Spuren von freier Salzsäure die Essigsäuregärung aufgehoben wird, während der Fermentorganismus der Milchsäuregärung gegen Salzsäure widerstandsfähiger ist. Um diese Fermentation vollständig zu verhindern, bedarf es etwas größerer Mengen von freier Salzsäure, als im Magensaft in der Regel vorkommen. Es vermag der normale Magensaft des Menschen die Milchsäuregärung nur auf ein Minimum zu beschränken, niemals völlig zu unterdrücken.

Die Befunde von BRÜCKE [1]) und von EWALD [2]), daß beim Genuß von Kohlehydraten, namentlich in der ersten Zeit der Magenverdauung, regelmäßig die Produkte der Milchsäuregärung nachweisbar sind, werden somit verständlich. Denn anfangs kann die von der Magenschleimhaut secernierte Salzsäure das Bacterium lactis gar nicht beeinflussen, da die zuerst mit den Speisen in Berührung tretende Säuremenge zum Teil durch basische Salze der Nahrung (Dinatriumphosphat, Calciumkarbonat etc.) gebunden wird, zum Teil aber auch mit den eingeführten Eiweißstoffen lockere Verbindungen eingeht. Daß die Eiweißkörper, gleich den organischen Säuren, Basen zu binden vermögen, wurde bereits früher erwähnt [3]). Die Eiweißstoffe verhalten sich aber auch gegen verdünnte Säuren, gleich den Amidosäuren, nicht völlig indifferent, indem sie sich mit ersteren vereinigen, wenn schon ihre säurebindende Kraft eine sehr geringe ist. Auch solche an Eiweiß gebundene Salzsäure ist, wie im Kochsalz, nicht imstande, die Milchsäuregärung zu verhindern [4]).

Mit Ausnahme des Milchsäurebacillus und gewisser pathogener Mikroben [5]), scheint der normale Magensaft die Gärungsprozesse aller mit den Speisen verschluckten Fermentorganismen aufzuheben und letztere selbst in ihrer Entwickelung zu hemmen. Schon SPALLANZANI [6]) beschreibt im Jahre 1784 seinen Befund, daß Fleischstückchen, welche mit Magensaft übergossen waren, auch nach tagelangem Stehen nicht faulten. Ja er beobachtete bereits, daß der Magensaft auch eingetretene Fäulnis wieder aufhebt. Gab er Tieren faulendes Fleisch zu fressen, so fand sich bei der Sektion, daß dieses Fleisch nur kurze Zeit im Magen zu verweilen brauchte, um den Fäulnisgeruch zu verlieren.

Die mit den Speisen unter allen Umständen in den Magen gelangenden Bakterien, Sproß- und Schimmelpilze, oder wenigstens deren Keime, kommen also dort nicht zur Entwickelung. Sobald aber bei Störungen der Magenfunktion die Sekretion der Salzsäure Not leidet, gestalten sich die Verhältnisse anders. Jetzt

---

1) BRÜCKE, Vorlesungen über Physiologie, 1885, S. 321.

2) C. A. EWALD, Klinik der Verdauungskrankheiten, 1890, Bd. 1, S. 83.

3) Vergl. S. 28.

4) MINKOWSKI, Ueber die Gärung im Magen. Mitteilungen aus der medizinischen Klinik in Königsberg, 1888, S. 154.

5) Ueber die Resistenz der Tuberkelbacillen gegen Magensaft vergl. FALK, Virchow's Archiv, Bd. 93, 1883, S. 117, über die gleiche Eigenschaft der Milzbrandmikroben: E. FRANK, Deutsche med. Wochenschrift, 1884, No. 24. Siehe auch NICATI und RIETSCH, Rev. scientif., 1884, II, S. 658 sowie R. KOCH, Deutsche med. Wochenschrift, 1884, No. 45.

6) SPALLANZANI, Expériences sur la digestion, 1784.

entwickeln sich die eingeführten Pilze und können unter Umständen eine kolossale Vermehrung erreichen. Bacillen und Sproßpilze wuchern in der üppigsten Weise, selbst Conidiensporen von Hyphomyceten sind unter pathologischen Verhältnissen im Magen nachgewiesen worden [1]).

Infolge der eintretenden Gärungen kann, namentlich bei Kohlehydratnahrung, die Gasentwickelung eine sehr bedeutende werden, nicht nur Wasserstoff und Kohlendioxyd, sondern auch Methan und andere Kohlenwasserstoffe können als Ructus entweichen.

EWALD [2]) beschreibt einen Fall von Pyloruscarcinom, wo die entstehenden Gase am vorgehaltenen Licht sich entzündeten und mit schwach leuchtender Flamme brannten. Auch in den Magen eingeführte Eiweißstoffe können unter diesen Umständen einer weitgehenden bakteriellen Zersetzung unterliegen.

Trotzdem findet man oft den Mageninhalt stark sauer reagierend, denn bei Abwesenheit von Salzsäure kann nunmehr das Bacterium lactis seine volle Wirksamkeit entfalten und aus den Kohlehydraten der Nahrung reichlich Milchsäure bilden, welche dann leicht weiter in Buttersäure übergeführt wird. Ferner findet auch Alkoholgärung und Bildung von Essigsäure statt. Hierzu gesellen sich durch bakterielle Zersetzung der Fette Propionsäure und andere flüssige Fettsäuren. Die saure Reaktion des Magensaftes ist also durchaus kein Beweis für die Anwesenheit von Salzsäure, also für eine normale Beschaffenheit des Magensaftes.

Bisweilen handelt es sich darum, für klinische Zwecke die An- oder Abwesenheit von Salzsäure im ausgeheberten oder ausgepreßten Magensaft festzustellen. Es ist hierbei wohl zu unterscheiden, ob man nachweisen will, daß überhaupt von der Magenschleimhaut Salzsäure secerniert wurde, welche vielleicht vollkommen an Eiweiß gebunden sein kann, wenn sich dieses in reichlicher Menge im Magen befindet, oder ob man nur die im chemischen Sinne freie Salzsäure berücksichtigen will. Für die peptische Verdauung ist offenbar nicht nur die wirklich freie, sondern auch die an Eiweiß, ebenso, wie die an Amidosäuren gebundene [3]) Salzsäure wirksam.

---

1) Vergl. W. DE BARY, Beitrag zur Kenntnis der niederen Organismen im Mageninhalte, Archiv f. exp. Pathol. u. Pharmak., Bd. 20, 1885, S. 243. MILLER, Einige gasbildende Pilze des Verdauungstractes, Deutsche med. Wochenschrift, 1886, No. 8. Ueber die niederen Organismen der Darmentleerungen siehe NOTHNAGEL, Med. Centralblatt, 1881, No. 19 und Zeitschr. f. klin. Medizin, 1881, S. 275.

2) C. A. EWALD, Klinik d. Verdauungskrankheiten, 1890, Bd. 1, S. 126. Vergl. auch EWALD und RUPSTEIN, Arch. f. Anat. u. Physiol., 1874, S. 217. Einen ähnlichen Fall beobachtete NAUGHT, Brit. med. Journ., 1890, No. 1522.

3) SALKOWSKI und KUMARUGA, Virchow's Archiv, Bd. 122, 1890, S. 236. A. KOSSLER (Zeitschr. f. physiol. Chem., Bd. 17, 1892, S. 93) hat die physiologische Wirksamkeit der an Eiweiß gebundenen Salzsäure noch besonders beweisen wollen. Doch scheint mir die Voraussetzung seines Versuchs nicht zutreffend, nach welcher in einer sauren Acidalbuminlösung alle freie Säure abgesättigt ist, sobald beim allmählichen Zusatz von verdünnter Lauge sich das Syntonin als schwache Trübung gerade abzuscheiden beginnt.

Für den Nachweis der freien Salzsäure dienen gewisse organische Farbstoffe oder Chromogene, welche mit freien organischen Säuren, auch wenn dieselben in größerer Menge vorhanden sind, eine andere Färbung erzeugen, als mit wenig freier Salzsäure.

Am meisten in Gebrauch scheint von zahlreichen Prüfungsmitteln dieser Art (Methylanilinviolett, Tropäolin, Kongorot etc.) das sogenannte Günzburg'sche Reagens [1]) (2 g Phloroglucin, 1 g Vanillin in 30 g absoluten Alkohols), eine gelbliche Flüssigkeit, von welcher einige Tropfen, mit sehr wenig filtriertem Magensaft in einem Porzellanschälchen über der freien Flamme zur Trockne gedampft, bei Gegenwart von freier Salzsäure einen karmoisinroten Rückstand hinterlassen, während bei alleiniger Gegenwart von organischen Säuren nur ein unansehnlicher gelber Fleck zu bemerken ist. Diese Reaktion wurde bereits erwähnt [2]). Sie ist identisch mit der Einwirkung phloroglucinhaltiger Salzsäure auf Lignin oder Holzstoff, welcher infolge seines konstanten Gehaltes an Spuren von Vanillin durch jene Lösung rot gefärbt wird. Man beobachtet bei Anwendung des Günzburg'schen Reagens noch hochrote Spiegel, wenn die Flüssigkeit nur $^1/_{20}$ pro Mille freier Salzsäure enthält. Ist alle vorhandene Salzsäure an Eiweißstoffe oder Pepton gebunden, so versagt die Probe [3]). Ebenso wie Eiweiß wirkt das Leucin [4]) verhindernd.

Für den Nachweis der physiologisch wirksamen Salzsäure wurde eine Methode von Mörner und Sjöquist [5]) angegeben. Sie ist im Gegensatz zu erwähnten Farbenreaktionen nicht nur völlig unabhängig von gleichzeitig vorhandenen Eiweißstoffen und deren Verdauungsprodukten mit Einschluß der Amidosäuren der Fettreihe [6]), sondern gewährt auch den Vorteil, eine quantitative Bestimmung des fraglichen Salzsäurequantums in genügender Weise zu gestatten.

Man versetzt zu diesem Behufe genau 10 ccm des filtrierten [7]) Magensaftes in einer geräumigen Platinschale mit etwas neutraler Lakmustinktur und hierauf mit fein zerriebenem Bariumkarbonat, bis die Flüssigkeit neutral geworden ist [8]). Dabei bilden sich durch die Absättigung

---

1) Centralbl. f. klin. Medizin, Bd. 8, No. 40.

2) Vergl. S. 63.

3) von Jaksch, Zeitschr. f. klin. Med., Bd. 17, 1890, S. 394.

4) Salkowski und Kumaruga, a. a. O. S. 250.

5) John Sjöquist, Zeitschr. f. physiol. Chem., Bd. 13, 1889, S. 1.

6) E. Salkowski und M. Kumaruga, Ueber den Begriff der freien und gebundenen Salzsäure im Magensaft, Virchow's Archiv, Bd. 122, 1890, S. 250. Vergl. auch E. Salkowski, Centralbl. f. d. med. Wissensch., 1891, S. 945 sowie Virchow's Archiv, Bd. 127, 1892, S. 501.

7) Beim Filtrieren des Mageninhaltes kann allerdings ein gewisser Anteil der secernierten Salzsäure mit ungelösten Eiweißstoffen auf dem Filter zurückbleiben. Es ist deshalb vorgeschlagen worden, direkt vom unfiltrirten Mageninhalt 10 ccm abzumessen (von Pfungen, Zeitschr. f. klin. Medizin, Bd. 18, 1891, S. 224). Doch fragt es sich, ob nicht mit diesem Verfahren, bei welchem man ja keineswegs 10 ccm der Flüssigkeit zur Bestimmung verwendet, eine noch größere Fehlerquelle eingeführt wird.

8) Vergl. R. von Jaksch, Sitzungsber. der Wiener Akad., Bd. 98, 1889, S. 211.

der freien und der den Eiweißstoffen angelagerten Salzsäure Barium-chlorid, sowie ferner die Bariumsalze organischer Säuren, falls letztere vorhanden sind. Nach dem Abdampfen auf dem Wasserbade wird der Rückstand verkohlt und gelinde geglüht, wobei die Bariumsalze der organischen Säuren verbrennen und hierdurch in unlösliches Barium-karbonat übergeführt werden, während das Bariumchlorid unverändert bleibt. Wäscht man nunmehr die angefeuchtete und fein zerriebene Kohle auf einem Filter mit wenig heißem Wasser gehörig aus, so geht das Bariumchlorid vollkommen in Lösung und der Barytgehalt des ab-gelaufenen Filtrates ist ein Maßstab für die von der Magenschleimhaut produzierte Salzsäure.

Der Baryt kann durch verdünnte Schwefelsäure gefällt und als Bariumsulfat gewogen werden. Da sich das gefundene Bariumsulfat zur gesuchten Salzsäure verhält wie $232,62 : 72,74$, so ergiebt sich die Menge der in 10 ccm Magensaft enthaltenen Salzsäure, wenn man das Gewicht des gefundenen Bariumsulfats durch $3,19796$ dividiert.

Oder man titriert bequemer den Baryt. Zu diesem Zweck versetzt man das Filtrat mit dem gleichen Volumen absoluten Alkohols und mit $3-4$ ccm essigsaurer Natriumacetatlösung (10 Proz. Essigsäure und 10 Proz. Natriumacetat enthaltend). Hierauf wird aus einer Bürette so lange Kaliumbichromatlösung von genau bekanntem Gehalt ($8,5$ g reinstes Kaliumbichromat im Liter) hinzugefügt, bis aller Baryt ausgefallen ist. Ist dieser Punkt erreicht, so wird in die Flüssigkeit getauchtes Tetra-papier (Abkürzung für Tetramethyl-paraphenylendiamin), welches als Indikator dient, von dem überschüssigen Bichromat in essigsaurer Lösung stark blau gefärbt. Eine schwache Bläuung, welche schon viel früher auftritt, darf nicht berücksichtigt werden. Der Zusatz von Alkohol erfolgt, um die Ausfällung des chromsauren Baryts zu begün-stigen, während die Anwesenheit des Natriumacetats das Auftreten freier Salzsäure verhindert. 1 ccm der verbrauchten Kaliumbichromatlösung entspricht $0,00405$ g Salzsäure. Der Titer des Kaliumchromats ist jedoch unbedingt erst mit Hilfe von $^1/_{10}$ Normal-Bariumchloridlösung zu kontrollieren, beziehungsweise zu stellen, weil das im Handel vor-kommende Chromat häufig nicht rein ist.

Da die Verwendung des Tetrapapiers als Indikator nur bei einiger Uebung zu guten Resultaten führt, hat in neuester Zeit FAWITZKY [1]) diesen Teil der SJÖQUIST'schen Methode wesentlich modifiziert.

Der nach der Veraschung in Lösung gegangene Baryt wird hiernach in der Siedehitze mit etwas Ammoniak und Ammoniumkarbonat gefällt. Man löst sodann den auf einem Filter mit siedendem Wasser gehörig ausgewaschenen Niederschlag in heißer, stark verdünnter Salzsäure und dampft die Flüssigkeit auf dem Wasserbade zur völligen Trockne, wobei alle freie Salzsäure entweicht. Die als Chlorbarium im Rück-stande befindliche Salzsäure wird endlich in Wasser gelöst und nach dem Zusatz einer genügenden Menge neutralen Kaliumchromats durch Titration mittels Silbernitrat bestimmt.

Verwendet man eine Silbernitratlösung, von welcher jeder ccm 10 Milligramm Kochsalz zersetzt, so ergiebt sich die in 10 ccm des Magensaftes vorhandene Salzsäure durch Multiplikation der verbrauchten ccm Silberlösung mit $0,006232$.

Für vergleichende Zwecke soll öfter festgestellt werden, wie viel

---

1) A. FAWITZKY, Virchow's Archiv, Bd. 123, 1891, S. 292.

Natronlauge von bekanntem Gehalt erforderlich ist, um einem Magensaft neutrale Reaktion zu verleihen.

Diese Bestimmung der Gesamtacidität wird in der Regel so ausgeführt, daß 10 ccm filtrierter Magensaft unter Zusatz von wenig Wasser in ein Becherglas gegeben und mit neutraler Lakmustinktur deutlich rot gefärbt werden. Man läßt nunmehr aus einer Bürette $^1/_{10}$ Normal-Natronlauge hinzufließen, bis die zwiebelrote Farbe der Flüssigkeit gerade in eine violette umschlägt.

Es ist gebräuchlich, die gefundene Acidität auf 100 ccm Magensaft zu berechnen. Sind zum Beispiel zur Neutralisation von 10 ccm Magensaft 5 ccm $^1/_{10}$ Natronlauge verbraucht worden, so würden für 100 ccm des Magensaftes 50 ccm Lauge notwendig sein, was man als 50 Proz. Acidität zu bezeichnen pflegt [1]).

Aus der Bestimmung der Gesammtacidität ist natürlich über die relativen Mengenverhältnisse der im Magensaft vorhandenen Säuren kein Aufschluß zu erhalten, da die saure Reaktion, außer durch Salzsäure, auch durch Milchsäure und unter pathologischen Verhältnissen auch durch Essigsäure oder Buttersäure veranlaßt sein kann. Ja selbst sauer reagierende Phosphate können an der Acidität des Mageninhaltes beteiligt sein. Dies ist regelmäßig der Fall, wenn zur Anregung der Sekretion vor der Entnahme des Mageninhaltes eine sogenannte „Probemahlzeit", namentlich in der Form von gehacktem Rindfleisch, welches Monokaliumphosphat enthält, verabreicht worden war.

Um vorhandene saure Phosphate von der Bestimmung der Gesamtacidität auszuschließen, kann man nach einem Vorschlage von LEO [2]) in folgender Weise verfahren: Es werden zunächst genau 10 ccm filtrierten Magensaftes mit etwa 5 ccm konzentrierter Chlorcalciumlösung versetzt und die Flüssigkeit wie oben mit $^1/_{10}$ Lauge, unter Anwendung von Lakmustinktur titriert.

Hierauf schüttelt man ungefähr 15 ccm desselben Magensaftes mit etwa 1 g sehr fein gepulverten kohlensauren Kalks in einer Flasche, worauf die Flüssigkeit sogleich mit Hilfe eines trockenen Filters vom überschüssigen Calciumkarbonat zu trennen ist. Weiter muß unter Anwendung eines Aspirators ein Luftstrom durch das Filtrat getrieben werden, wodurch dasselbe von der Kohlensäure befreit wird. Genau 10 ccm der so vorbereiteten Flüssigkeit werden wie vorher, nach Zusatz von etwa 5 ccm Chlorcalciumlösung und Lakmustinktur, bis zur neutralen Reaktion mit $^1/_{10}$ Natronlauge titriert.

Die Differenz zwischen dem Resultat der ersten und zweiten Titrierung ergiebt diejenige Acidität, welche lediglich den im Magensaft vorhandenen Säuren zukommt.

Die Methode von LEO basiert auf der Thatsache, daß Lösungen von Säuren nach dem Schütteln mit fein gepulvertem Calciumkarbonat schon in der Kälte vollkommen neutralisiert werden, während dagegen Flüssigkeiten, welche Monophosphate enthalten, nach der gleichen Behandlung ihre saure Reaktion gegen Lakmus nicht verlieren. Man kann sich demnach schon durch eine qualitative Probe überzeugen, ob überhaupt die Gegenwart saurer Phosphate in Betracht kommt.

---

1) Vergl. EWALD, Klinik der Verdauungskrankheiten, II, 1888, S. 18.
2) LEO, Centralblatt für die mediz. Wissenschaften, Bd. 27, 1889, S. 481, No. 26 sowie Diagnostik der Krankheiten der Verdauungsorgane, Berlin 1890.

Sind in einer Flüssigkeit, wie unter Umständen im Magensaft, sowohl Säuren, als auch Monophosphate zugegen, so erhält man beim Schütteln derselben mit kohlensaurem Kalk einen Aciditätsverlust, welcher den vorhandenen Säuren entspricht[1]). Entstehen ferner während dieser Reaktion lösliche Kalksalze, so setzten sich mit diesen die Monophosphate des Kaliums und Natriums in Monocalciumphosphat um. Die Anwesenheit des letzteren Salzes erfordert aber, wie aus den Reaktionsgleichungen hervorgeht, zur vollkommenen Neutralisation der Flüssigkeit gegen Lakmus doppelt so viel Lauge, als die entsprechende Menge von Kalium- oder Natriumphosphat:

$$2\,PO\begin{smallmatrix}ONa\\OH\end{smallmatrix} + 2\,NaOH = 2\,PO\begin{smallmatrix}ONa\\OH\end{smallmatrix} + H_2O \quad und$$

$$2\,PO\begin{smallmatrix}ONa\\OH\end{smallmatrix} + 4\,NaOH + 3\,Cl_2Ca = \left(PO\begin{smallmatrix}O\\O\end{smallmatrix}\right)_2 Ca_3 + 6\,ClNa + 4\,H_2O$$

Deshalb müßte man eigentlich die bei der zweiten Titrierung für die vorhandenen Phosphate verbrauchten Kubikcent. Lauge durch 2 dividieren. Diese Division durch 2 fällt fort, wenn man die erste und zweite Titrierung unter denselben Bedingungen ausführt, also auch bei der Bestimmung der Gesamtacidität, wie oben angegeben ist, überschüssiges Chlorcalcium zur Flüssigkeit fügt.

Sind in einem Magensaft keine organischen Säuren zugegen, so läßt sich aus der Menge der zur Neutralisation verbrauchten Natronlauge der Gehalt des Magensaftes an Salzsäure berechnen, da 1 ccm $^1/_{10}$ Natronlauge genau 0,00365 g Chlorwasserstoff entspricht.

Haben dagegen die qualitativen Proben auch die Anwesenheit von Milchsäuren oder flüchtigen Fettsäuren ergeben, so muß man zunächst die Acidität der organischen Säuren ermitteln und den hierfür gefundenen Wert von der Gesamtacidität abziehen, um die Salzsäuremenge berechnen zu können. Zu diesem Behufe werden die organischen Säuren aus dem Magensaft durch wiederholtes Schütteln desselben mit viel Aether im Scheidetrichter extrahiert, nach dem Abdunstenlassen des Aethers in Wasser aufgenommen und ihre Acidität mit $^1/_{10}$ Lauge festgestellt.

Bei diesen Bestimmungen der Salzsäure des filtrierten Magensaftes durch Titration unter Verwendung von Lakmus wird im allgemeinen ebenso, wie bei der Methode von SJÖQUIST, die gesamte in der Lösung befindliche, physiologisch wirksame Salzsäure erhalten. Dies ist ersichtlich nur dann zutreffend, wenn sich die Eiweiß-Salzsäureverbindungen gegen den Lakmusfarbstoff genau so, wie freie Säuren, verhalten. Letztere Annahme scheint mir für die im Magen vorkom-

1) Gegen die theoretischen Voraussetzungen der LEO'schen Methode sind Einwände erhoben worden von ALBERT HOFFMANN und A. WAGNER (Centralbl. f. klin. Med., Bd. 11, 1890, S. 713). Dennoch scheint das Verfahren für klinische Zwecke brauchbar, falls man seine Anwendung auf sehr verdünnte Phosphatlösungen beschränkt, wie sie für den Mageninhalt allein in Betracht kommen. Vergl. LEO und FRIEDHEIM, Pflüger's Arch., Bd. 48, 1891, S. 614, ferner KOSSLER, Zeitschr. f. physiol. Chem., Bd. 17, 1892, S. 103.

menden Verdauungsprodukte der Eiweißkörper berechtigt. Denn bereitet man sich Lösungen der verschiedenen Albumosen und Peptone in titrierter Schwefelsäure, so verbraucht man genau so viel titrierter Lauge bis zur neutralen Reaktion der Flüssigkeiten gegen Lakmus, als wenn diese Stoffe nicht vorhanden wären. Ob dagegen bei der Anwesenheit von nativen Eiweißstoffen oder Acidalbuminen nicht doch der Neutralitätspunkt, gegenüber den freien Säuren, verschoben ist, dürfte zweifelhaft sein, da die Farbenwandlung des Lakmus bei der Gegenwart derartiger Proteïnstoffe keineswegs eine distinkte ist.

Als Indikator wird bei diesen Titrierungen des Mageninhaltes statt der Lakmustinktur auch das Phenolphtaleïn gebraucht. Doch sind, je nach der Verwendung des einen oder des anderen Farbstoffs, die erhaltenen Resultate b e i d e r G e g e n w a r t v o n E i w e i ß s t o f f e n nicht völlig übereinstimmend.

Es scheinen sich nämlich auch die reinen Eiweißstoffe und Albumosen bei ihrer Einwirkung auf Phenolphtaleïn wie schwache Säuren zu verhalten. Bringt man von letzterem Farbstoff einen Tropfen in eine Eiweiß- oder Albumosenlösung, welche gegen Lakmus neutral reagiert, so bedarf es eines größeren oder geringeren Zusatzes von $^1/_{10}$ Natronlauge, bis eine bleibende Rotfärbung des Phenolphtaleïns zu bemerken ist.

Schließlich prüft man den Mageninhalt auch bisweilen auf freie Milchsäure. Diese erzeugt nach der Beobachtung von UFFELMANN[1]) beim Zusammentreffen mit einer sehr verdünnten amethystblauen Mischung von wenig Eisenchlorid und Karbolwasser eine zeisiggelbe Färbung, welche andere Säuren, namentlich Salzsäure, nicht geben. Da aber die Zucker sich in dieser Beziehung ähnlich wie freie Milchsäure verhalten, ist es notwendig, letztere zunächst mit viel Aether aus dem Magensaft auszuschütteln, die ätherische Lösung im Scheidetrichter abzuheben, zu verdunsten und mit dem Rückstand, welcher die isolierte Milchsäure enthält, nach seiner Lösung in Wasser die Reaktion anzustellen.

Zur quantitativen Bestimmung der Milchsäure werden 10 ccm Magensaft (nach Entfernung der Fettsäuren) mit je 100 ccm Aether im Scheidetrichter 6mal extrahiert, die ätherische Lösung verdunstet, der Rückstand in Wasser gelöst und mit $^1/_{10}$ Natronlauge titriert. Jeder Kubikcentimeter der verbrauchten Lauge entspricht 0,090 g Milchsäure[2]).

Hat man Ursache, im Aetherextrakt auch Butter- und Essigsäure zu vermuten, so ist zunächst zu bestimmen, wie viel $^1/_{10}$ Natronlauge deren gemeinschaftliche Lösung zu neutralisieren vermag. Zu diesem Behuf werden nochmals genau 10 ccm Magensaft abgemessen, mit Natronlauge neutralisiert und durch absoluten Alkohol gefällt. Das fettsaure, beziehungsweise essigsaure Natron gehen in den absoluten Alkohol über und lassen sich daher aus dem entstandenen Niederschlag vollkommen extrahieren. Die alkoholische Lösung wird mit Soda schwach alkalisch gemacht und zur Trockne gedampft. Aus dem Rückstand, welcher in Wasser aufzunehmen und mit verdünnter Schwefelsäure anzusäuern ist, lassen sich dann die Essigsäure und die Fettsäuren mit den Wasser-

---

1) J. UFFELMANN, Ueber die Methoden des Nachweises freier Säuren im Mageninhalt, Zeitschr. f. klin. Medizin, Bd. 8, 1884, S. 392.
2) Vergl. LEO, Diagnostik, S. 114.

dämpfen abdestillieren, worauf die Acidität der flüchtigen Fettsäuren in der Vorlage bestimmt werden kann [1]).

Qualitativ wird schon während der Destillation die Buttersäure am Geruch erkannt, während sich die Anwesenheit der Essigsäure in dem neutralisierten Destillat erkennen läßt, wenn man sehr wenig verdünntes Eisenchlorid hinzufügt und durch Aufkochen die Bildung von basisch essigsaurem Eisen veranlaßt.

Von allen Versuchen, die Enzyme zu isolieren, sind diejenigen, welche sich auf die Reindarstellung des Pepsins beziehen, die ältesten und zahlreichsten. Sie sind mehr oder weniger Modifikationen der bereits erwähnten BRÜCKE'schen Methode [2]). Nur KÜHNE [3]) gelang es, auf einem anderen Wege ein sehr reines und enorm wirksames Präparat zu erhalten. Schweinsmägen werden zu diesem Zweck mit viel verdünnter Salzsäure im Brütofen längere Zeit der Selbstverdauung überlassen. Nachdem man sich überzeugt hat, daß nur noch wenig Albumosen in der Flüssigkeit vorhanden sind und ihre Peptonisation infolge der Ansammlung von Verdauungsprodukten nicht mehr recht fortschreitet, wird die Verdauungslösung mittels Ammoniumsulfat gesättigt. Mit den Albumosen wird auch das Pepsin vollkommen ausgesalzen. Der Niederschlag wird ausgepreßt und von neuem der Selbstverdauung in verdünnter Salzsäure überlassen. Dieser Magensaft enthält schon bedeutend weniger Verdauungsprodukte, als der erste, und kann demnach auch eingreifender als vorher die noch vorhandenen Albumosen peptonisieren. Nach mehrmaliger Wiederholung dieser Operationen sind schließlich sämtliche Albumosen in Peptone übergeführt, und es gelangt nunmehr durch Eintragung von Ammoniumsulfat lediglich das Pepsin zur Ausscheidung, welches durch Dialyse vom Salz befreit und durch Alkohol, welcher möglichst schnell zu entfernen ist, gefällt wird.

Die reinsten Präparate, welche bisher erhalten wurden, sind in den geringsten Spuren ungemein wirksam. PETIT [4]) giebt an, daß ein von ihm dargestelltes Pepsinpulver in 7 Stunden das 500000fache Gewicht an Fibrin löste.

Das als rein geltende Pepsin zeigt auch in größeren Mengen nicht mehr sämtliche Farbenreaktionen der Eiweißstoffe, woraus hervorgeht, daß dieses Enzym nur zu den Proteïnstoffen im allgemeinen, nicht aber zu den eigentlichen Eiweißkörpern gerechnet werden kann. Ein sehr reines Präparat scheint SUNDBERG [5]) im Laboratorium von HAMMARSTEN nach der BRÜCKE'schen Methode dargestellt zu haben. Es wurde weder durch Gerbsäure, noch durch Sublimat, noch auch durch Bleisalze getrübt. Dagegen wird das Pepsin aus seinen Lösungen durch Alkohol gefällt und auffallenderweise hierdurch, im Gegensatz zu fast allen anderen Enzymen, langsam zerstört.

Das Pepsin wirkt am kräftigsten und schnellsten, wenn die vor-

1) Vergl. HAMMARSTEN, Lehrbuch der physiol. Chem., S. 164.
2) Vergl. S. 82.
3) W. KÜHNE und CHITTENDEN, Zeitschr. f. Biologie, N. F. Bd. 4, 1886, S. 428.
4) PETIT, Étude sur les ferments digestifs, Journ. de thérap., 1880.
5) SUNDBERG, Ein Beitrag zur Kenntnis des Pepsins, Zeitschr. f. physiol. Chem., Bd. 9, 1885, S. 319.

handene Salzsäure eine Konzentration von 2—4 pro Mille besitzt. Geringere und stärkere Konzentrationen derselben sind der Pepsinwirkung weniger günstig. Die Salzsäure kann in einem künstlichen Magensaft auch durch gewisse andere Säuren ersetzt werden, nämlich durch Phosphorsäure, Schwefelsäure, Oxalsäure, Essigsäure, Milchsäure und durch Salicylsäure, doch muß man eine stärkere Konzentration wählen, um mit diesen Säuren annähernd dieselbe Wirkung zu erzielen, als mit Salzsäure. Will man z. B. mit Milchsäure verdauen, so erzielt man die beste Wirkung mit einer Lösung, die 12—18 g pro Mille davon enthält, also 6mal so viel, als Salzsäure nötig ist.

Auf die Schnelligkeit der peptischen Verdauung eines Eiweißstoffes sind demnach von Einfluß: die Art der Säure, die Konzentration derselben, sowie die Menge des vorhandenen Pepsins, wenigstens bis zu einem gewissen Grade.

Die Gegenwart von Salzen ist der Pepsinverdauung sehr hinderlich, so daß sie im Harn, auch wenn er auf 0,3 Proz. Salzsäure gebracht wird, durchaus nicht eintritt.

Das Pepsin ist auffallenderweise sehr wenig widerstandsfähig gegen Alkalien. Selbst die verdünntesten Lösungen der Alkalikarbonate zerstören es schnell.

LANGLEY [1]) hat gezeigt, daß ein künstlicher Magensaft, mit Salzsäure aus der Magenschleimhaut bereitet, erstaunlich schnell unwirksam wird, wenn man ihn genau neutralisiert und dann bei Körpertemperatur auf 0,5 Proz. Soda bringt. In diesem Falle ist alles Pepsin schon nach 15 Sekunden vollkommen zerstört, denn macht man den alkalisierten Magensaft nach dieser kurzen Zeit wieder sauer, so zeigt er sich völlig unwirksam.

Als LANGLEY aber Wasserextrakte der Magenschleimhaut von unmittelbar vorher geschlachteten Tieren, welche g e h u n g e r t hatten, untersuchte, ergab sich der auffallende Befund, daß derartige Extrakte, selbst bei längerer Behandlung im Brütofen mit 1 Proz. Soda, ihre digestive Wirkung nicht verloren, denn sie lieferten nach dem Ansäuern mit verdünnter Salzsäure gut verdauende Lösungen.

H i e r a u s   f o l g t ,   d a ß   i n   d e n   M a g e n d r ü s e n   w ä h r e n d   d e s H u n g e r n s   e i n e   a n d e r e   S u b s t a n z   a l s   d a s   P e p s i n   e n t h a l t e n s e i n   m u ß , welche gegen Soda beständig ist und durch gewisse Einflüsse in Pepsin übergeht. Diese ist nichts anderes als Pepsinogen oder Propepsin, das Zymogen des Pepsins, welches dem bereits besprochenen Ptyalinzymogen entspricht.

Aus der Magenschleimhaut eines verdauenden Tieres erhält man beim Extrahieren mit Wasser meistens kein Pepsinogen, sondern fertiges Pepsin. Indessen ist dies nicht durchweg der Fall, auch unter diesen Umständen wird bisweilen das digestiv unwirksame Pepsinogen gewonnen, und so muß es fraglich erscheinen, ob das Pepsin in den Drüsen selbst, oder erst nach der Sekretion aus dem Pepsinogen gebildet wird. Die Gesamtheit aller bekannten Thatsachen spricht für die Annahme, daß ganz allgemein die Umsetzung der Zymogene in ihre Enzyme erst nach der Sekretion durch außerhalb der Drüse liegende Einflüsse erfolgt. Auch für die insectivoren Pflanzen scheint dasselbe zu gelten, denn in

---

1) J. N. LANGLEY und EDKINS, Journ. of Physiol., Bd. 7, 1886, S. 371 und Proceed. Physiol. Soc., Bd. 15, 1886. Vergl. auch LANGLEY, Journ. of Physiol., Bd. 3, 1882, S. 246.

den secernierenden Blättern der Drosera ist nach Hoppe-Seyler [1]) das im Sekret vorhandene Enzym nicht nachweisbar.

Es hat sich weiter ergeben, daß die pepsinogene Substanz noch mehr, als gegen verdünnte Soda, bei neutraler Reaktion ihrer Lösung beständig ist, jedoch beim Stehen an der Luft allmählich in Pepsin übergeht. In einer Glycerinlösung dagegen hält sich das Pepsinzymogen jahrelang unverändert. Völlig reiner Sauerstoff setzt es nicht in Pepsin um, wohl aber scheint dies Kohlensäure zu bewirken, wenn dieselbe längere Zeit einwirkt. Verdünnte Mineralsäuren bilden schnell Pepsin aus Pepsinogen, namentlich bei Körpertemperatur.

Diese Versuche von Langley werden gestützt durch ältere Versuche von Ebstein und Grützner [2]), welche fanden, daß wäßrige Extrakte der Drüsenzellen beim schwachen Ansäuern häufig erst allmählich eine deutliche digestive Wirkung erlangten.

Ferner hat Podwyssozki [3]) gezeigt, daß man sehr verschieden wirksame Extrakte erhält, wenn man gleiche Gewichtsmengen ein und derselben Magenschleimhaut unter sonst gleichen Bedingungen zum Teil mit Glycerin auszieht und dann nachträglich unmittelbar vor dem Verdauungsversuch ansäuert, zum Teil dagegen direkt mittels Salzsäure extrahiert. Letzteres Extrakt hat regelmäßig eine stärkere verdauende Wirkung als ersteres. Läßt man aber das Glycerinextrakt vor dem Beginn des Verdauungsversuches etwa eine halbe Stunde mit der verdünnten Salzsäure stehen, so steigt seine verdauende Kraft ganz außerordentlich. Das Glycerin hat also der Schleimhaut nicht nur Pepsin, sondern auch Pepsinogen entzogen, welches durch die Einwirkung der Salzsäure allmählich in Pepsin übergeführt wird.

In der völlig frischen Magenschleimhaut ist unter allen Umständen immer nur sehr wenig fertiges Pepsin nachweisbar. Läßt man aber die feucht gehaltene Schleimhaut liegen, so vermehrt sich ihr Pepsingehalt schnell und hat nach etwa 24 Stunden das Maximum erreicht.

Endlich ist zu erwähnen, daß die pepsinogene Substanz noch bedeutend weniger, als das Pepsin, gegen Alkohol resistent erscheint. Denn giebt man ganz frische Magenschleimhaut einige Zeit in absoluten Alkohol, so gelingt es später kaum, mittels verdünnter Salzsäure Pepsin daraus zu extrahieren.

Das zweite Enzym des Magensaftes, das Kaseïngerinnung bewirkende Lab oder Chymosin, ist im normalen Magensaft des Menschen stets nachweisbar [4]). Bereitet man sich dagegen neutrale Extrakte aus Tiermagen, so findet sich das Lab bisweilen nicht als solches, sondern nur in der Form seines unwirksamen Zymogens, und erst beim Ansäuern entsteht aus diesem Lab, welches dann nicht nur in der sauren Flüssigkeit, sondern auch nach der Wiederherstellung der neutralen Reaktion zu wirken vermag. Es scheint demnach das

1) Hoppe-Seyler, Pflüger's Archiv, Bd. 14, 1876 und Physiol. Chem., 1878, Bd. 2, S. 176.

2) Ebstein und Grützner, Ueber Pepsinbildung im Magen, Pflüger's Archiv, Bd. 8, S. 122.

3) W. Podwyssozki jun., Zur Methodik der Darstellung von Pepsinextrakten, Pflüger's Archiv, Bd. 39, 1886, S. 62.

4) Boas, Ueber das Labferment im gesunden und kranken Magen, Med. Centralbl., 1887, S. 417.

Lab, gleich dem Ptyalin und Pepsin, nur in der Form seines Zymogens in den Drüsenzellen enthalten zu sein.

Das Labzymogen ist nicht bei allen Tieren gleich leicht zersetzlich und anscheinend also ein verschiedenes. Denn die neutralen wäßrigen Extrakte aus Kälber- und Schafsmagen wirken wohl immer direkt auf Kaseïn, während die wäßrigen Extrakte aus Vogel- und Fischmagen unwirksam sind und bleiben, wenn man nicht durch Ansäuern das Labzymogen zersetzt [1]).

Nach den Untersuchungen von Boas [2]) herrscht zwischen dem Labzymogen und dem Lab ein ähnliches differentes Verhalten gegen verdünnte Alkalien, wie zwischen dem Pepsinogen und dem Pepsin.

Die wäßrigen, sauren oder Glycerinextrakte aus der Magenschleimhaut enthalten die beiden Enzyme, oder doch deren Zymogene, in gemeinsamer Lösung.

Die Isolierung des Pepsins vom Lab macht keine Schwierigkeiten, da nach den Beobachtungen von Hammarsten [3]) in einem künstlichen Magensaft, welcher beide Enzyme enthält, das Lab nach zweitägigem Stehen im Brütofen vollkommen zerstört ist. Es wird offenbar vom Pepsin verdaut. Die reineren Pepsinpräparate sind deshalb vollkommen frei von Lab.

Bedeutend schwieriger ist die Aufgabe, ein pepsinfreies Lab darzustellen. Dennoch gelingt dies nach einer ebenfalls von Hammarsten gegebenen Vorschrift [4]):

Das Lab wird aus seinen Lösungen, wie alle Enzyme, beim Entstehen von Niederschlägen, mit niedergerissen. Aber es haftet nicht an ungelösten, fein verteilten Substanzen, welche in seine Lösung gebracht werden, wie dies beim Pepsin der Fall ist.

Schüttelt man daher eine mittels Salzsäure bereitete und dann genau neutralisierte Infusion vom Kalbsmagen gehörig mit gepulvertem Magnesiumkarbonat, so fällt mit diesem nur das Pepsin nieder und bleibt beim Abfiltrieren des Karbonats mit auf dem Filter, während das Lab ins Filtrat übergeht. Wird diese Operation mehrere Male wiederholt, so erhält man eine pepsinfreie Lösung des Labs. Will man dasselbe völlig isolieren, so säuert man mit Essigsäure an und giebt eine wäßrige Lösung von Stearinseife hinzu. Das Lab haftet an den ausfallenden Fettsäuren und wird von diesen nach dem Trocknen mittels Aetherwaschungen befreit.

Wir hätten endlich noch die rätselhafte Fähigkeit der lebenden Magenschleimhaut zu besprechen, welche darin besteht, daß sie der Einwirkung ihres eigenen Sekrets zu widerstehen vermag.

Erwärmt man ein frisch geschlachtetes Tier eine Zeit lang auf Körpertemperatur, so findet man bei der Sektion sehr häufig den Magen in eine weiche, leicht zerreißliche, zunderartige Masse umgewandelt,

---

1) Vergl. Hammarsten, Lehrbuch der physiol. Chem., 1891, S. 153.

2) Boas, Untersuchungen über das Labferment und Labzymogen etc., Zeitschr. f. klin. Medizin, Bd. 14, 1888, S. 249.

3) Hammarsten, Lehrbuch d. physiolog. Chemie, 1891, S. 154. Vergl. auch Jahresber. f. Tierchemie, 1872, S. 118.

4) a. a. O. S. 154.

so daß der Mageninhalt beim Anfassen durchbricht. Diese sogenannte Selbstverdauung des Magens kann sich sogar weiter auf die benachbarten Teile, auf das Zwerchfell, die Leber, Milz und deren Adnexe erstrecken. Auch bei Sektionen von menschlichen Leichen, namentlich von Personen, die eines plötzlichen Todes gestorben sind, findet man bisweilen ähnliche Verhältnisse.

Die Ursache, warum diese Erscheinung nicht häufiger in Kadavern beobachtet wird, liegt an dem Mangel der Salzsäure im Magen, welche bald nach dem Tode durch Diffusion abnimmt. Hierzu kommt die Eigenschaft des Pepsins, bei Gegenwart von sehr geringen Säuremengen erst bei Körpertemperatur einzuwirken. Dagegen findet sich in Leichen von kleinen Kindern, deren Magen mit Milch gefüllt war, infolge stattgefundener Milchsäuregärung die kadaveröse Magenerweichung nicht selten.

Es ist nun seit alter Zeit die Frage aufgeworfen worden, warum sich nicht der lebende Magen selbst verdaue, da ja anscheinend alle Bedingungen zu einer Verdauung desselben vorhanden sind.

Einstmals war man geneigt, diesen Widerstand der Magenwand auf die Wirkung der Lebenskraft zu beziehen. Man vermutete, daß dieselbe die Verdauung aller lebenden Teile überhaupt verhindere.

Daß diese Anschauung, so allgemein gefaßt, nicht richtig sei, glaubte Cl. Bernard [1]) bewiesen zu haben. Er steckte das Bein eines fixierten lebenden Frosches in die Magenfistelöffnung eines aufgebundenen Hundes und fand das Froschbein nach kurzer Zeit angedaut.

Aber es fragt sich, wie der Versuch im Dünndarm ausgefallen wäre. Nach meinen Befunden werden lebende Frösche auch durch den wirksamsten Pankreassaft, welcher schwach alkalisch reagiert, im Verlaufe von 4 Stunden bei 26° C nicht im geringsten geschädigt [2]). Es dürfte daher die Verdauung des Froschbeins im Magensaft lediglich durch die protoplasmazerstörende Wirkung der Salzsäure eingeleitet werden, welcher dann successive die Verdauung der abgestorbenen Zellen folgt. Daß nach vergleichenden Untersuchungen von Frenzel, welche ich bestätigen kann, verdünnte Salzsäure von 0,4 Proz. in dieser Beziehung viel weniger wirksam ist und nur die Oberhaut der Frösche lädiert, während Magensaft von einem halb so starken Salzsäuregehalt die Tiere bei 26° C mit Leichtigkeit verdaut, läßt sich aus dem Umstande erklären, daß die abgestorbenen Zellen durch verdünnte Salzsäure allein nicht aufgelöst werden und daher imstande sind, das tiefer gelegene Gewebe gegen das weitere Eindringen der Säure zu schützen.

Vor wenigen Decennien, wo man einer Erklärung aller Lebenserscheinungen sich viel näher glaubte, als heutzutage, wurde die Frage dahin entschieden, daß der Magen sich nicht selbst verdaue, weil der

---

1) Cl. Bernard, Leçons de physiologie expérim., Paris 1856, Bd. 2, S. 406. Dieser Versuch ist in neuerer Zeit durch Joh. Frenzel wiederholt worden, s. Biolog. Centralbl., Bd. 6, 1887, No. 22.

2) Uebrigens kann man nach Untersuchungen, welche Dr. Max Matthes im physiologischen Institut zu Jena ausgeführt hat, Kaninchen, Meerschweinchen und Fröschen recht wirksames Trypsin subkutan beibringen, ohne daß eine verdauende Wirkung des Fermentes zu konstatieren wäre. Dieselbe Beobachtung machte übrigens schon früher W. Kühne nach subkutanen Injektionen von Trypsinlösungen bei Kaninchen, falls bakterielle Einwirkungen dabei vermieden wurden.

Magensaft nur bei Gegenwart einer freien Säure wirken könne, während die Schleimhaut und die Epithelien fortwährend mit alkalischen Säften versorgt würden, also den Angriffen des Pepsins unzugänglich seien.

Dies ist nun nicht einmal ganz zutreffend, denn als BRÜCKE[1]) die Schleimhaut senkrecht zum Drüsenkörper schichtenweise abtrug, fand er in den oberen, dem Lumen unmittelbar anliegenden Schichten noch saure Reaktion, erst mehr in der Tiefe wurde diese neutral und dann alkalisch. Dagegen scheint es durch Färbungs- und Injektionsmethoden noch nicht einwandsfrei gelungen zu sein, eine saure Reaktion in einzelnen Zellen festzustellen[2]).

Uebrigens kommt offenbar bei dieser Frage die Reaktion der Magenschleimhaut gar nicht in Betracht, auch wenn sie alkalisch wäre, was schon der erwähnte Froschversuch von CL. BERNARD lehren konnte. Denn dieselbe rätselhafte Erscheinung der Widerstandsfähigkeit gegen die Verdauung beobachten wir ja auch an der Darmschleimhaut, deren Oberfläche der Pankreassaft benetzt, ein Verdauungssekret, welches gerade bei der Alkalescenz der Säftemasse seine digestive Wirkung am besten entfaltet. Nicht minder auffällig ist die Resistenz der lebenden Darmepithelien gegen die beständig auf ihnen vorhandenen Fäulnisbakterien, deren Eindringen in die Säftemasse sie vollkommen verhindern. — Alle Hoffnungen, die saure Reaktion des Magensaftes zur Erklärung der Unverdaulichkeit der lebenden Magenschleimhaut heranziehen zu können, sind somit hinfällig.

Wir müssen uns vorläufig begnügen, diese Erscheinung, wie viele andere im Organismus, besonderen, höchst komplizierten Eigenschaften der lebenden Darmepithelien zuzuschreiben.

Wie die Darmepithelien verhalten sich ja auch die Zellen, welche die Oberfläche der Darmparasiten bilden, welche fortwährend in den Verdauungssekreten schwimmen, ohne verdaut zu werden. Auch diese Parasiten zeigen, wie wenig es dabei auf die Reaktion der Verdauungssäfte ankommt. Während die meisten dieser Tiere sich im Dünndarm aufhalten, finden sich auch verschiedene Trematodenarten im sauren Magensaft der Selachier, welcher auf Eiweißstoffe denkbar kräftig verdauend einwirkt. Man hat diese Parasiten auch außerhalb ihrer Wirte, in deren Magensaft mehrere Tage lang am Leben erhalten können. Erst wenn die Magenparasiten absterben, werden sie aufgelöst[3]).

Aehnlich wie die toten Trematoden verhält sich das abgestorbene Gewebe der Magenschleimhaut. Sobald dessen normale Blutversorgung aufhört oder mangelhaft wird, sei es infolge von Embolien oder von künstlichen Gefäßunterbindungen, verdaut der Magensaft das tote oder kranke Gewebe, welches seine Widerstandsfähigkeit verloren hat.

Hierauf ist sowohl die kadaveröse Magenerweichung, als auch die

1) BRÜCKE, Vorlesungen über Physiologie, 1885, Bd. 1, S. 306.
2) Vergl. L. EDINGER, Ueber die Reaktion der lebenden Magenschleimhaut, Pflüger's Archiv, Bd. 19, S. 247. SEHRWALD, Die Belegzellen des Magens als Bildungsstätten der Säure, Münchener med. Wochenschrift, 1889, S. 177. S. FRÄNKEL, Beiträge zur Physiologie der Magendrüsen, Pflüger's Archiv, Bd. 48, 1890, S. 63.
3) W. KRUKENBERG, Grundzüge einer vergl. Physiol. der Verdauung, 1882, S. 65. JOH. FRENZEL, Die Verdauung lebenden Gewebes und die Darmparasiten, Archiv f. Anat. u. Physiol., Bd. 1891, S. 293.

selten beobachtete Gastromalacie, welche in Agone eintritt, zurückzuführen.

Auch die Erscheinung des runden Magengeschwürs muß auf lokale Ernährungsstörungen bezogen werden, wiewohl dieselben sich nur selten anatomisch nachweisen lassen.

Der Darmsaft.

Der Darmsaft (Succus entericus) ist das Sekret der LIEBERKÜHN'schen Drüsen, welche nicht nur die Wand des Dünndarmes, sondern auch die des Dickdarmes bekleiden.

Nur im obersten Teil des Duodenums, welcher an den Pylorus des Magens grenzt, finden sich die LIEBERKÜHN'schen Drüsen ersetzt durch die BRUNNER'schen, welche in jeder Beziehung den Pylorusdrüsen sehr nahe stehen. Funktionell sind sie den letzteren durchaus gleichwertig. Denn extrahiert man einen Teil des Duodenums, welcher die BRUNNERschen Drüsen enthält, mit Glycerin, so geht nach den Befunden von GRÜTZNER [1]) reichlich Pepsin in die Flüssigkeit über.

Diese Verhältnisse der BRUNNER'schen Drüsen gelten aber zunächst nur für den Menschen. Bei manchen Tieren liegen die Verhältnisse anders. So stellen beim Kaninchen die BRUNNER'schen Drüsen kleine Nebenpankreas vor.

Reinen Darmsaft von Hunden gewinnt man, ohne Vermischung mit anderen Verdauungssekreten, aus permanenten sogenannten THIRY [2])-VELLA'schen [3]) Fisteln.

Diese werden in der Weise angelegt, daß man ein 30—50 cm langes Stück reseciertem Dünndarms, ohne es von seinem Mesenterium zu trennen, mit den beiden offenen Enden in die Bauchwunde einnäht, während die Kontinuität des übrigen Darmes durch eine sorgfältige Darmnaht wiederhergestellt wird.

Es scheint, daß derartig isolierte Darmstücke ein Sekret liefern, welches dem normalen Darmsaft entspricht. Denn seine Eigenschaften sind dieselben, welche DEMANT [4]) an dem Darmsaft eines Menschen feststellen konnte.

Es betraf dies einen Fall, wo sich nach einer Herniotomie zwei Darmfisteln gebildet hatten, welche insofern den THIRY-VELLA'schen Fisteln entsprachen, als sowohl das obere, als auch das untere Ende des Dünndarms sich je nach einer Bauchwunde öffneten, während der vom Duodenum kommende Darminhalt aus der oberen Fistel vollkommen nach außen abfloß.

Nach den ziemlich übereinstimmenden Angaben enthält der hellgelbe Darmsaft etwa 0,5 Proz. Kochsalz und etwa ebensoviel Natriumkarbonat, so daß er eine ausgeprägt alkalische Reaktion besitzt, welche wohl geeignet ist, die saure Reaktion des aus dem Magen kommenden

---

1) GRÜTZNER, Pflüger's Archiv, Bd. 7, S. 235.

2) THIRY, Ueber eine neue Methode, den Dünndarm zu isolieren, Sitzungsber. d. Wiener Akademie, Bd. 50, 1864, S. 77.

3) L. VELLA, Ein neues Verfahren zur Gewinnung reinen Darmsaftes und zur Feststellung seiner physiologischen Eigenschaften, Moleschott's Unters., Bd. 13, 1881, S. 40.

4) B. DEMANT, Ueber die Wirkung des menschlichen Darmsaftes, Virchow's Archiv, Bd. 75, 1879, S. 419.

Speisebreies, des sog. Chymus, nicht nur abzustumpfen, sondern auch in eine alkalische zu verwandeln. — Außerdem führt das Sekret Eiweiß und Mucin.

Die Menge dieser organischen Stoffe ist recht bedeutend, aber nicht nur bei den verschiedenen Tieren, sondern sogar auch bei demselben Individuum, je nach der Natur und Menge der Ingesta sehr schwankend. Nach den Befunden von RÖHMANN [1]) bei Hunden, ist ferner der Darmsaft in den oberen Teilen des Dünndarms spärlicher und nur deshalb wohl auch reicher an organischen Bestandteilen, als in den unteren Partien.

Die digestive Wirksamkeit des durch Thymol oder Chloroform von Fermentorganismen frei gehaltenen Darmsaftes ist unbedeutend, da er weder Proteïnsubstanzen, noch die Fette im geringsten verändert. Es enthält derselbe neben Ptyalin nur ein invertierendes Enzym, welches schon CL. BERNARD gefunden hat [2]).

Der Pankreassaft.

Das Sekret des Pankreas ist bedeutend schwieriger, als der Magen- und Darmsaft, zu isolieren. Denn die Pankreasdrüse ist gegen künstliche Eingriffe sehr empfindlich. Sucht man bei einem Hunde den Ductus pancreaticus auf und führt ihn durch eine Fistel nach außen, so stellt sich oft sogleich, in den meisten Fällen aber nach wenigen Stunden eine Entzündung der ganzen Drüse ein, infolgedessen das Sekret wesentlich verändert wird. Es wird zwar sehr reichlich, aber dünnflüssig und nimmt, abgesehen von der meist vorhandenen digestiven Wirksamkeit, mehr den Charakter eines entzündlichen Exsudates an. Bei weitem die Mehrzahl der bekannten Analysen beziehen sich auf derartige, pathologisch veränderte Sekrete oder auf Flüssigkeiten, die sich in dem durch Geschwülste verschlossenen und cystisch erweiterten Ausführgange der Pankreasdrüse vom Menschen angesammelt hatten [3]). In einer Minderzahl von Fällen aber scheint es gelungen zu sein, diese Schwierigkeit zu überwinden, so daß ein normales Sekret längere Zeit aus der Fistel floß.

Aus der Beobachtung normaler Fistelsekrete bei Hunden hat sich ergeben, daß die Absonderung außerhalb der Verdauung vollkommen aufhört, und daß Sekret nur nach dem Eintritt von Nahrung in den Dünndarm sich zu ergießen beginnt. Künstliche mechanische oder chemische Reize dagegen vermögen die normale Sekretion nicht anzuregen. Giebt man zum Beispiel einem Hunde Aether in den Magen, so

---

1) F. RÖHMANN, Ueber Sekretion und Resorption im Dünndarm, Pflüger's Archiv, Bd. 41, 1887, S. 411. Vergl. auch GUMILEWSKI, ebendas. Bd. 39, 1886, S. 556.

2) Die ältere Litteratur über die digestiven Eigenschaften des Darmsaftes, namentlich die Arbeiten von BRAUNE, THIRY, LEUBE, QUINKE, MASLOFF sowie von CZERNY und LATSCHENBERGER, finden sich bei G. BASTIANELLI, Die physiologische Bedeutung des Darmsaftes, Moleschott's Unters., Bd. 14, 1889, S. 161 referiert sowie auch bei WENZ, Ueber das Verhalten der Eiweißstoffe bei der Darmverdauung, Zeitschr. f. Biologie, N. F. Bd. 4, 1886, S. 1.

3) Eine Zusammenstellung derartiger Analysen findet sich bei E. HERTER, Zeitschr. f. physiol. Chem., Bd. 4, 1880, S. 160.

erhält man nur ein abnormes, dünnflüssiges Sekret. Es läßt diese Wahrnehmung darauf schließen, daß die Drüse, im Gegensatz zu derartigen künstlichen Reizen, durch die Einfuhr von Nahrung eine Zufuhr an Material für das abzusondernde Sekret erhält. Hierfür spricht auch das Anschwellen der Pankreasdrüse nach Einfuhr von Nahrung in den Magen. Durch vermehrte Blutzufuhr nimmt dann die Drüse eine rosenrote Färbung an, während das Organ eines Hungertieres gelblich und schlaff erscheint [1]).

Der normale Pankreassaft ist eine klare, farblose, dickliche und schleimige Flüssigkeit von ausgeprägt alkalischer Reaktion, da sie 0,2 bis 0,4 Proz. Soda enthält. Sie ist reich an Eiweißstoffen, so daß sie beim Aufkochen stark gerinnt. Ferner hat man im Pankreassaft ein wenig Fett, Seifen und geringe Mengen von Leucin gefunden. Die Quantität des in 24 Stunden produzierten Sekretes ist je nach der Menge und Art der Nahrung sehr schwankend und daher nicht anzugeben.

Ueber den Gehalt des Pankreassaftes an festen Stoffen liegen Untersuchungen von Carl Schmidt [2]) vor, welcher in dem anscheinend normalen Sekret einer frisch angelegten Fistel bei Hunden einmal 9,92 und ein anderes Mal 11,56 Proz. Trockensubstanz fand.

Diese Angaben stimmen ziemlich gut mit einer Analyse des menschlichen Pankreassaftes, welche neuerdings Zawadsky [3]) ausgeführt hat. Es handelte sich um eine Pankreasfistel, die bei einer jungen Frau nach Exstirpation eines Pankreastumors zurückgeblieben war. Der ausfließende digestiv sehr wirksame Saft gab 13,59 Proz. Trockenrückstand. Das Sekret enthielt ferner 9,20 Proz. Proteïnstoffe und 0,34 Proz. Mineralbestandteile, während der Rest der Trockensubstanz in Alkohol löslich war.

Der Pankreassaft wirkt enzymatisch auf alle drei Hauptgruppen der Nahrungsstoffe ein, denn er enthält außer dem Ptyalin, welches beim Menschen und den Herbivoren auch im Mundspeichel vorhanden ist, noch das eiweißverdauende Trypsin und das fettspaltende Steapsin.

Die Kenntnis der Pankreasenzyme ist vornehmlich Cl. Bernard zu verdanken, wenn auch schon 1836 Purkinje und Pappenheim die eiweißlösende, sowie 1844 Valentin die verzuckernde Eigenschaft des Pankreassaftes feststellten.

Die Enzyme lassen sich aus der Drüse eines geschlachteten Tieres, welche man zweckmäßig einen Tag bei Zimmertemperatur liegen läßt, durch mehrtägiges Digerieren bei 30° C mittels Glycerin, Salicylsäure oder Chloroformwasser [4]) ausziehen. Meist enthalten diese Extrakte aber nur Trypsin und Ptyalin, während die Wirkung des Steapsins, wegen seiner leichten Zersetzbarkeit, oft vermißt wird.

Fällt man die Extrakte mit Alkohol, so erhält man neben anderen Stoffen, namentlich neben Albumosen, das Gemisch der Fermente, welches im trockenen Zustande gewöhnlich Pankreatin genannt wird.

---

1) Kühne und Lea, Ueber die Absonderung des Pankreas, Verh. d. Heidelberger naturhistor.-med. Ges., Bd. 1, Heft 5.

2) C. Schmidt, Annal. d. Chem., Bd. 92, 1854, S. 34.

3) Zawadsky, Centralbl. f. Physiol., Bd. 5, 1891, S. 179.

4) E. Salkowski, Ueber die antiseptische Wirkung des Chloroformwassers, Deutsche med. Wochenschrift, 1888, No. 16.

10*

Zum Anstellen von Verdauungsversuchen eignet sich auch das sogenannte Trockenpankreas, welches nach der Angabe von KÜHNE [1]) durch andauernde Extraktion der Drüse mittels Alkohol und Aether dargestellt wird. Das hierdurch völlig fettfrei gewordene Organ läßt sich in diesem Zustande beliebig lange aufheben. Durch mehrstündige Behandlung des Präparates mit 0,1-proz. Salicylsäure bei Körpertemperatur gehen die Enzyme, allerdings mit Verdauungsprodukten der Drüsenbestandteile gemischt, in Lösung.

Durch entstehende Niederschläge das Trypsin, wie andere Enzyme, aus seinen Lösungen zu fällen, gelingt nur höchst unvollkommen. Dennoch kann man es wenigstens von Verdauungsprodukten befreien, wenn man in ähnlicher Weise vorgeht, wie dies beim Pepsin angedeutet wurde.

Die salicylsaure Lösung wird zu diesem Zweck auf 0,2 Proz. Soda gebracht und während einer Woche der Selbstverdauung überlassen, bis möglichst sämtliche Albumosen peptonisiert sind, dann wird von den Ausscheidungen abfiltriert und das Filtrat durch Ammoniumsulfat ausgesalzen. Hierdurch entsteht meist nur eine feine, alles Trypsin enthaltende Trübung, die auf ein Filter gesammelt und mit gesättigter Ammoniumsulfatlösung ausgewaschen wird.

Diese Substanz kann man zum Studium der Eiweißverdauung ohne weiteres benutzen, wenn man das Filter mit verdünnter Sodalösung auslaugt. Das Präparat ist allerdings noch nicht rein, genügt aber den Anforderungen, welche man für derartige Versuche zu stellen hat, da die noch beigemischten Substanzen weder die Wirksamkeit des Trypsins, noch die spätere Untersuchung der Verdauungsprodukte stören.

Die Verunreinigung besteht nämlich nur aus Ammoniumsulfat und sehr wenig organischer Substanz, die bei der großen Verdünnung, welche auch die wirksamsten Lösungen nur zu haben brauchen, unschädlich sind und nicht in Betracht kommen.

Geht man zum Beispiel von 10 g Trockenpankreas aus, so bildet die durch Ammoniumsulfat zu erzeugende Fällung nicht mehr, als einen gelblichen Anflug auf dem Filter, der aber zur Gewinnung von 100 ccm kräftig wirksamer Verdauungsflüssigkeit ausreicht.

Eine weitere Reinigung des Trypsins von den organischen Beimischungen erreichte KÜHNE durch partielle Fällung des in Wasser gelösten Pulvers mittels Alkohol. Nachdem das noch mitgefällte Ammoniumsulfat größtenteils durch Dialyse, der letzte Rest desselben durch Schütteln der Flüssigkeit mit kohlensaurem Baryt als unlösliches Bariumsulfat entfernt ist, wird endlich das Trypsin als schneeweise amorphe Substanz durch Alkohol gefällt.

In diesem Zustande in Wasser gelöst, wird das Trypsin durch Aufkochen der Flüssigkeit unwirksam, indem zugleich die Flüssigkeit sich trübt. Es scheint also das Trypsin, wie die Eiweißstoffe, zu koagulieren. Auch giebt dasselbe sämtliche Farbenreaktionen der Eiweißstoffe, was bei dem reinen Pepsin nicht der Fall ist. Deshalb wird die Reinheit des KÜHNE'schen Trypsins von mancher Seite angezweifelt, was

---

1) W. KÜHNE, Untersuchungen aus dem physiol. Institut d. Univ. Heidelberg, Bd. 1, S. 222 und Verh. d. Heidelberger naturhist.-med. Ges., N. F. Bd. 1, S. 195. Vergl. auch: Vereinfachte Darstellung des Trypsins, Verh. d. Heidelberger naturhist.-med. Ges., N. F. Bd. 3, 1886, S. 463.

vorläufig nicht gerechtfertigt erscheint, da es wohl möglich ist, daß die verschiedenen Enzyme in dieser Hinsicht ein abweichendes Verhalten zeigen.

Daß ebenso, wie in allen übrigen Verdauungsdrüsen, auch im Pankreas die Enzyme nicht als solche, sondern als Zymogene enthalten sind, geht aus mehrfachen Beobachtungen hervor. LIVERSIDGE [1]) bewies dies zuerst für das Ptyalin. Er extrahierte eine frische Pankreasdrüse ausgiebig mit Glycerin, bis sie kein diastatisches Ferment mehr abgab. Wurde hierauf das Glycerin entfernt und das Organ einige Zeit der Luft ausgesetzt, so konnten daraus regelmäßig von neuem sehr wirksame Extrakte erhalten werden.

Es geht aus diesem Befund hervor, daß sich in der frischen Drüse, neben Ptyalin, auch dessen in Glycerin schwer lösliches Zymogen befindet, welches durch die unbehinderte Einwirkung der Luft in das Enzym umgewandelt wird.

Entsprechende Verhältnisse stellten HEIDENHAIN und PODOLINSKI [2]) auch für das Trypsin fest. Extrahiert man nämlich eine völlig frische Drüse mittels Glycerin, so wirkt das Extrakt auf Eiweißstoffe gar nicht verdauend ein, was dagegen mehr und mehr der Fall wird, wenn man das Pankreas vor der Glycerinbehandlung im zerkleinerten Zustande an der Luft liegen läßt. Ein wäßriges Extrakt dagegen, auch aus der frischen Drüse gewonnen, ist unmittelbar wirksam.

Hieraus läßt sich folgern, daß sowohl bei Einwirkung der Luft, wahrscheinlich durch Vermittelung von säurebildenden Bakterien, als auch durch Wasser das Trypsinogen in das fertige Enzym übergeführt wird.

Weitere Untersuchungen haben ergeben, daß man zwar auch mittels Glycerin aus der frischen Drüse das Trypsin extrahieren kann, aber nur dann, wenn das Organ zuvor kurze Zeit mit 1-proz. Essigsäure behandelt wird. Hierdurch findet also die Umsetzung des Trypsinogens in Trypsin ebenfalls statt.

Ein längeres Ansäuern der Drüse ist nicht ratsam, da nach Untersuchungen von KÜHNE [3]) das Trypsin durch verdünnte Essigsäure oder Milchsäure langsam zerstört wird, während dies viel schneller durch verdünnte Mineralsäuren geschieht. Namentlich auch der Magensaft zerstört das Trypsin, so daß es nach EWALD keinen Zweck hat, als Medikament sogenannte Pankreatinpräparate zur Unterstützung der Verdauung zu geben [4]).

Wir haben vorher gesehen, daß es gelingt, bei Hunden die Magenverdauung auszuschalten, ohne daß erhebliche Ernährungsstörungen hiernach wahrnehmbar werden.

1) LIVERSIDGE, Journal of Anatomy and Physiology, Bd. VIII, 1872, S. 23.

2) PODOLINSKI, Pflüger's Archiv, Bd. 10, 1875, S. 557 und Bd. 13, 1876, S. 422. Vergl. auch WEISS, Virchow's Archiv, Bd. 68, 1876, S. 413.

3) a. a. O. Vergl. auch J. N. LANGLEY, Journ. of Physiol., Bd. 3, 1882, S. 246. ELLENBERGER und V. HOFMEISTER, Arch. f. wissensch. u. prakt. Tierheilk., Bd. 11, 1885, S. 141.

4) Vergl. C. A. EWALD, Zeitschr. f. klin. Med., Bd. 1, S. 615 sowie Klinik der Verdauungskrankheiten, 1890, Bd. 1, S. 177.

Anders gestalten sich die Folgen der Pankreasexstirpation, welche in neuester Zeit von MINKOWSKI und VON MERING [1]) bei Hunden studiert worden sind.

Im Gegensatz zu den Erfahrungen bei der Magenexstirpation, lassen sich die Tiere nach der völligen Entfernung der Pankreasdrüse nicht lange am Leben erhalten, sie gehen wohl ausnahmslos nach vier Wochen zu Grunde. Die Operation ist von mehreren Seiten wiederholt worden und hat sehr bemerkenswerte Resultate ergeben [2]).

Es ist schon beim Menschen verschiedentlich beobachtet worden, daß die mangelhafte oder ausfallende Funktion des Pankreas, infolge pathologischer Veränderungen der Drüse, eine ungenügende Fettresorption zur Folge hatte [3]). Diese Befunde haben durch den Tierversuch eine Bestätigung erfahren. Es hat sich gezeigt, daß nach totaler Entfernung der Pankreasdrüse anscheinend alles verfütterte Fett in den Faeces der Hunde wieder erscheint. Hierbei ist es völlig gleichgiltig, ob neutrale Fette oder mit freien Fettsäuren vermischte gegeben werden. Auch künstlich vermittels etwas Alkalikarbonat emulgierte Fette hatten kein anderes Schicksal. Eine einzige Ausnahme bildete die Milch, deren Fette über die Hälfte zur Resorption gelangten.

Daß die aufgehobene Fettresorption nur auf das Fehlen des Pankreassekretes im Darm zu beziehen ist, ergiebt sich aus der Thatsache, daß die Fette sogleich wieder aus den Faeces verschwanden, wenn sie in Gemeinschaft mit zerhacktem Schweinspankreas verfüttert wurden. Auf eine Erklärung dieser Befunde soll bei der Lehre von der Fettresorption eingegangen werden.

Von Kohlehydraten kamen Stärkelösung sowie Dextrin, aber auch Stärke in der Form von Brot größtenteils zur Resorption, nur 20—40 Proz. dieser Stoffe verließen unverzuckert den Darm. Da den Hunden im Mundspeichel das Ptyalin fehlt, ist an dessen Wirkung nicht zu denken.

Entweder ist demnach zur Resorption der Stärke und des Dextrins eine Verzuckerung im Darm nicht absolut erforderlich, oder man ist gezwungen, eine hydrolytische Spaltung der Stärke durch bakterielle Einflüsse in diesem Falle anzunehmen.

Etwas weniger günstig gestaltet sich die Ausnutzung der Eiweißstoffe. Wurde fettarmes Pferdefleisch oder Milch verfüttert, so gelangten von den Eiweißstoffen im Mittel nur 44 Proz. zur Aufnahme in die

---

1) v. MERING und MINKOWSKI. Diabetes mellitus nach Pankreasexstirpation, Archiv f. exp. Pathol. u. Pharmakol., Bd. 26, 1889, S. 371. O. MINKOWSKI. Ueber die Folgen partieller Pankreasexstirpation. Centralbl. f. klin. Medizin, Bd. 11. 1890, S. 81 sowie Berliner klin. Wochenschr., 1890. No. 8 und No. 15: 1892. No. 5.

2) M. ABELMANN. Ueber die Ausnutzung der Nahrungsstoffe nach Pankreasexstirpation etc. Inaug.-Diss. Dorpat, 1890. HÉNON, Comptes rend. soc. biol., Bd. 42, 1890, S. 571: Comptes rend., Bd. 112, 1891, S. 750: Archiv de med. exp., Bd. 3. 1891, No. 1. 3 u. 4: Archive de physiol., Bd. 3. 1891. S. 788 und Bd. 4. 1892. S. 245.

3) BRIGHT, Med.-chirurg. Transact.. 1832. ZIEHL, Carcinom des Pankreas und Vorkommen von Fettkrystallen im Stuhlgang, Deutsche med. Wochenschrift. 1883. S. 538. C. LE NOBEL, Ein Fall von Fettstuhlgang mit gleichzeitiger Glykosurie, Deutsch. Archiv f. klin. Medizin, Bd. 43, 1888. S. 285.

Säftemasse. Die Ausnutzung der Proteïnstoffe stieg aber erheblich, nämlich bis auf 74—78 Proz., wenn der Eiweißkost Schweinspankreas hinzugefügt wurde.

Hieraus geht hervor, daß Trypsin, wenn es noch in der frischen Drüse enthalten ist, durch Magensaft nicht völlig zerstört wird. Pankreatinpulver dagegen, derselben Nahrung beigemischt, zeigte sich, wie vorauszusehen war, auf die Verdauung der Eiweißstoffe ohne jeden Einfluß [1]).

Sehr bemerkenswert ist die Beobachtung, daß bei allen Hunden, denen das Pankreas total exstirpiert wurde, ausnahmslos nach wenigen Stunden, jedenfalls aber am nächsten Tage, schwerer Diabetes eintritt.

Daß es sich um ein Leiden handelt, welches der schweren Diabetesform des Menschen entspricht, geht daraus hervor, daß selbst durch siebentägige Nahrungsentziehung die Melliturie nicht sistiert werden konnte. Auch erscheint eingegebener Traubenzucker bald in seiner ganzen Menge im Harn.

Noch andere Symptome des schweren Diabetes treten regelmäßig auf. Die Tiere zeigen abnorme Gefräßigkeit und gesteigerten Durst, eine Folge der vorhandenen Polyurie. Ein 10 k schwerer Hund z. B. entleerte pro die 16—1700 ccm Harn. Endlich ist eine rasche Abmagerung und rapider Kräfteverfall zu beobachten.

Neben einer bedeutend gesteigerten Stickstoffausscheidung läßt sich im Harn die Ausfuhr von Acetessigsäure, Aceton und Oxybuttersäure nachweisen. Das Blut zeigt einen gesteigerten Zuckergehalt von 0,3 bis 0,46 Proz.

Das Auffallendste bei allen diesen Befunden aber ist, daß diese schweren diabetischen Erscheinungen keineswegs durch das Fehlen des Pankreassaftes im Darm bedingt sind.

Dies folgt daraus, daß vom Diabetes durchaus nichts zu bemerken ist, wenn man bei einem Hunde nur die Ausführgänge der Bauchspeicheldrüse sorgfältig unterbindet, so daß der Abfluß ihres Sekretes nach dem Duodenum unmöglich wird. Ferner ist bereits erwähnt, daß der Diabetes auch beim Hungertier, also bei leerem Darm zustande kommt.

Es bleibt somit nur die Annahme übrig, daß durch die Entfernung der Pankreasdrüse Veränderungen im Innern des Organismus, im intermediären Stoffwechsel, bedingt werden.

Man mußte daran denken, daß die Bauchspeicheldrüse einen für die Zuckerzersetzung in den Geweben schädlichen Stoff zurückhält, welcher nach der Entfernung des Pankreas in die Säfte tritt und von dort in die Zellen gelangt, keine Spaltung und Oxydation des Zuckers mehr zustande kommen lässt, woraus sich die abnorme Ansammlung des letzteren im Blute erklären würde. Dies ist aber nicht der Fall. Denn als Minkowski und v. Mering das Blut eines nach Pankreasexstirpation diabetischen Hundes einem anderen gesunden transfundierten, entstand nicht einmal ein vorübergehender Diabetes.

Lépine [2]) hat in Bezug auf die vorliegende Frage die Hypothese aufgestellt, daß die Pankreasdrüse ein zuckerzersetzendes, sogenanntes

---

1) Vergl. S. 149.
2) R. Lépine, Ueber das normale Vorkommen eines den Zucker zerstörenden Ferments im Chylus, Comptes rend., Bd. 110, 1890, S. 742 u. 1314.

glykolytisches Ferment bereite, welches nicht gegen den Darm, wie die Verdauungsenzyme, sondern gegen die Blutgefäße zur Ausscheidung käme. Nach Wegfall der Pankreasdrüse würde die Zersetzung des Zuckers in den Geweben aufgehoben, welcher sich im Blute ansammle und somit zum Diabetes führe.

Hiergegen haben Versuche von ARTHAUD und BUTTE [1]) gezeigt, daß nach völliger Unterbindung der Pankreasvenen nie Diabetes auftritt. Der Grund der merkwürdigen Erscheinung ist somit vorläufig völlig dunkel.

Für die menschliche Pathologie ist es von Interesse, daß auch bei Sektionen von Diabetikern häufig, aber nicht immer, Atrophie, sowie Veränderungen der Pankreasdrüse nachweisbar sind.

In neuester Zeit hat endlich ALDEHOFF [2]) gezeigt, daß auch bei Schildkröten und Fröschen die totale Exstirpation des Pankreas einen bis zum Tode andauernden Diabetes zur Folge hat.

Als letzten der Verdauungssäfte hätten wir d a s L e b e r s e k r e t, d i e G a l l e, zu besprechen.

Die Galle.

Dieses Sekret hat in den Systemen der älteren Medizin eine große Rolle gespielt, namentlich auch auf die Verdauung der Nährstoffe wurde ihr ein bedeutender Einfluß zugeschrieben.

Die neueren Forschungen haben indessen ergeben, daß an eine chemische Wirkung der Galle bei der Assimilation der Nährstoffe nicht gedacht werden kann. Nur für die Aufsaugung der Fette seitens der Darmwand ist die Galle zwar nicht unumgänglich nötig, aber dennoch von Einfluß. Lediglich aus diesem Grunde kann die Galle noch ferner zu den Verdauungssäften gezählt werden.

Hieraus ergiebt sich, daß auch die Leber selbst für die Vorgänge im Darmkanal nur von nebensächlicher Bedeutung ist, ihre Hauptrolle spielt sie im Bereich jener Stoffwechselvorgänge, welche sich jenseits der Darmwand vollziehen. Diese Anschauung wird durch zahlreiche pathologische Erfahrungen unterstützt. Bei Erkrankungen des Lebergewebes ist es nicht der Ausfall oder die Veränderung des Gallensekretes, welche schwere Erscheinungen nach sich ziehen. Letztere müssen vielmehr auf Störungen bezogen werden, welche sich innerhalb der Säftemasse geltend machen. Daß die Galle für die Existenz des Organismus nicht unumgänglich nötig ist, hätten die seit alter Zeit in einzelnen Fällen beobachteten traumatischen Gallenfisteln beim Menschen beweisen können, welche Jahre lang bestehen können, ohne erhebliche Störungen zu veranlassen.

Näher bekannt wurde diese Thatsache aber erst, als TIEDEMANN und GMELIN [3]), sowie MAGENDIE [4]) den Ductus choledochus bei Tieren

---

1) ARTHAUD und BUTTE, Untersuchungen über die Bedingungen des experimentellen Pankreas-Diabetes, Comptes rend. soc. biol., Bd. 42, 1890, S. 59.

2) ALDEHOFF, Zeitschr. f. Biol., N. F. Bd. 10, 1892, S. 293.

3) TIEDEMANN und GMELIN, Die Verdauung, Bd. 2, 1826.

4) MAGENDIE, Précis élémentaire de physiologie, 1836.

unterbanden, und namentlich, als im Jahre 1844 Schwann [1]) und bald
darauf Blondlot [2]) künstliche Gallenfisteln bei Hunden anlegten.

Es ergab sich, daß bei einigermaßen gewählter Ernährungsweise
die Gallenfistel-Hunde lange Zeit erhalten werden konnten, eine Beobachtung, die in neuerer Zeit durchaus bestätigt worden ist.

Nach Untersuchungen von Voit [3]) wird nämlich bei Hunden die
Verdauung von Fleisch und Leim durch den Fortfall der Galle nicht
beeinträchtigt. Ausschließlich mit Fleisch gefütterte Hunde halten sich
nach der Operation mit derselben Fleischmenge im Stickstoffgleichgewicht, wie vorher. Auch Traubenzucker und Brot, der Fleischnahrung
zugefügt, werden ohne Galle ebenso gut verdaut, wie mit derselben.
Die Resorption des Fettes dagegen wird durch Anlegung einer Gallenfistel ganz erheblich beeinträchtigt. Während ein normaler Hund von
150—250 g Fett 99 Proz. resorbiert, nimmt ein Gallenfistel-Hund von
100—150 g Fett nur 40 Proz. auf, während 60 Proz. mit den Faeces entleert werden. Erhebliche Fettmengen in der Nahrung von Gallenfistel-
Hunden bewirken außerdem Verdauungsstörungen, namentlich kommt es
leicht zu Diarrhöen. Wird von der Ernährung mit Fett neben Fleisch
nicht abgegangen, so setzt der Hund bald von seinem Körpergewicht
zu und geht schließlich zu Grunde.

Fast zu denselben Resultaten wie Voit gelangte Röhmann [4]). Zwei
Versuchshunde desselben erhielten nach Anlegung von Gallenfisteln
Zwieback und wenig geschmolzene Butter. Bei dieser Nahrung blieben
die Hunde Wochen hindurch ganz gesund und zeigten in ihrem Verhalten kaum irgend einen Unterschied von normalen Hunden, auch der
Kot war von normaler Konsistenz und Geruch. Selbst bei Fütterung
mit fettfreiem Pferdefleisch blieb der Zustand im wesentlichen derselbe.
Sobald aber fettreichere Nahrung gegeben wurde, traten Diarrhöen ein,
die bei Fütterung mit reinem Zwieback schnell wieder aufhörten.

Im allgemeinen kann man wohl behaupten, daß d i e G a l l e i n
e r s t e r L i n i e als e i n e F l ü s s i g k e i t zu betrachten ist, i n w e l c h e r
g e w i s s e E n d p r o d u k t e d e s S t o f f w e c h s e l s z u r A u s s c h e i -
d u n g g e l a n g e n.

Daß diese für den Organismus unverwertbaren Substanzen nicht
den Weg durch die Nieren wählen, liegt zweifellos zum Teil daran, daß
sich in der Galle zur Ausscheidung bestimmte Stoffe vorfinden, welche
wie das Cholestearin, in wäßrigen Flüssigkeiten und somit auch im
Harn unlöslich sind.

Nach der älteren Auffassung dagegen wurde in der anatomischen
Thatsache, daß die Galle ins Duodenum sich ergießt, also in den Anfang des Darms, die Andeutung erblickt, daß gewisse Gallenbestandteile
auf dem Wege durch den Darmkanal noch irgend welche Aufgaben zu
erfüllen haben, was ja auch die mitgeteilten Fütterungsversuche von

---

1) Schwann, Archiv f. Anat. u. Physiol., 1844, S. 127.

2) Blondlot, Essai sur les fonctions du foie, 1846 und: Inutilité de
la bile dans la digestion proprement dite, Mém. de la société des sciences,
Nancy 1851.

3) Voit, Ueber die Bedeutung der Galle für die Aufnahme der
Nahrungsmittel im Darmkanal, Festschrift, München 1882.

4) F. Röhmann, Beobachtungen an Hunden mit Gallenfistel, Pflüger's
Archiv, Bd. 29, 1883, S. 509. Vergl. auch L. Winteler, Exp. Beiträge
zur Frage des Kreislaufs der Galle, Inaug.-Diss. Dorpat 1892, S. 31.

Gallenfistel-Hunden in Bezug auf die Fettnahrung zweifellos ergeben haben. In diesem Sinne äußert sich neuerdings auch BUNGE [1]): „Wäre die Galle ein Exkret, so müßten wir erwarten, daß der Ductus choledochus in das unterste Ende des Rectums mündete, wie die Ureteren in die Kloake bei den niederen Wirbeltieren."

Die normale Galle, wie sie aus Fisteln oder aus der Gallenblase geschlachteter Tiere gewonnen wird, bildet eine durch Beimengung von Zelltrümmern etwas getrübte, zähe und schleimige Flüssigkeit von goldgelber, olivenbrauner oder grasgrüner Färbung, welche einen intensiv bitteren Geschmack besitzt. Die Galle mancher Tiere, z. B. der Rinder, verbreitet einen schwachen Geruch nach Moschus.

Die Reaktion der Galle ist alkalisch, sie enthält etwa 0,2 Proz. Soda und etwa ebenso viel alkalisch reagierendes Natriumphosphat.

Entsprechend der vorwiegenden Bedeutung der Galle als Exkret, hört die Gallensekretion, im Gegensatz zu derjenigen aller eigentlichen Verdauungssäfte, niemals vollständig auf. Selbst bei Hungertieren wird ein konstanter Abfluß von Galle aus den Fisteln wahrgenommen. Bemerkenswert ist in dieser Beziehung die Thatsache, daß selbst während der Fötalperiode Galle abgeschieden wird [2]), während die eigentlichen Verdauungssäfte erst nach der Geburt zur Absonderung gelangen, vorher reagiert der Mageninhalt neutral oder alkalisch [3]).

Daß die Menge und die Art der Nahrung, namentlich der Genuß von Fetten, auf die Gallensekretion von Einfluß sei, ist zwar behauptet worden [4]), doch gelangte die Mehrzahl der Untersuchungen zum gegenteiligen Resultat, so daß man sich der letzteren Anschauung zuneigen muß.

BALDI [5]) fand bei Fistelhunden, daß reine Fleisch-, Kohlehydrat- oder Fettkost eine Verschiedenheit der Gallenabsonderung nicht hervorruft. Selbst im nüchternen Zustande, wenn der Verdauungskanal ganz leer ist, ist der Gang der Absonderung nicht merklich verschieden von demjenigen, welcher während der Verdauung beobachtet wird [6]).

Die Menge der Galle und ihr Gehalt an Trockensubstanz scheint bei den verschiedenen Tieren und selbst bei den einzelnen Individuen

1) BUNGE, Lehrbuch d. physiol. Chemie, 1889, S. 192.

2) ZWEIFEL, Untersuchungen über den Verdauungsapparat der Neugeborenen, Berlin 1874.

3) F. KRÜGER, Die Verdauungsfermente beim Embryo und Neugeborenen, Wiesbaden 1891.

4) S. ROSENBERG, Ueber die cholagoge Wirkung des Olivenöls im Vergleich zu der Wirkung einiger anderen cholagogen Mittel, Pflüger's Archiv, Bd. 46, 1889, S. 334.

5) BALDI, Recherches expérimentales sur la marche de la sécrétion biliaire, Archives ital. de biologie, 1883, S. 389.

6) Vergl. auch: PH. LUSSANA, Sur la secretion quantitative et qualitative de la bile dans l'état d'inanition etc., Arch. de biol. ital., Bd. 5, 1884, S. 26. P. WILISCHANIN, Beiträge zur Physiologie und Pathologie der Gallenabsonderung unter gewissen Bedingungen, 1886. (S. Ref. in Zeitschr. f. physiol. Chem., Bd. 16, 1892, S. 140. S. M. LUKJANOW, Ueber die Gallenabsonderung bei vollständiger Inanition, Zeitschr. f. physiol. Chem., Bd. 16, 1892, S. 87.

zu schwanken und is ziemlich unregelmäßig, indem die Gallenflüssigkeit periodenweis eine Vermehrung erfährt.

Nach einer Berechnung von RANKE [1]) sollen in der Norm von einem 75 k schwerer Mann in 24 Stunden 1050 g Galle mit 33 g festen Stoffen abgesondert werden, während in zahlreichen Fällen, wo aus Fisteln, die durch pathologische Vorgänge bei Menschen sich gebildet hatten, nur etwa 450—650 g Galle in 24 Stunden nach außen abflossen [2]).

Diese Differenz wird dadurch erklärlich, daß es sich bei letzteren Beobachtungen um Menschen mit darniederliegendem Stoffwechsel handelte, und ferner durch die Thatsache, daß gewisse Bestandteile der Galle im unteren Teil des Dünndarms wieder resorbiert werden und so beim Einfluß der Galle in den Darm unter normalen Verhältnissen wiederholt zur Ausscheidung gelangen.

Die Menge der festen Stoffe in der Fistelgalle vom Menschen, also unter pathologischen Verhältnissen, wird sehr verschieden angegeben.

WESTPHALEN [3]) fand nur 22,5 pro Mille in dem Fistelsekrete des von ihm beobachteter Falles. Hiermit stimmt ein Befund von OSKAR JACOBSEN [4]) genau überein, welcher unter denselben Verhältnissen 22,4 bis 22,8 pro Mille Trockensubstanz nachwies.

Nicht zu vergleichen mit dieser Fistelgalle ist der Inhalt der Gallenblase, welcher ein viel konzentrierteres Sekret darstellt. Die Konzentration der Blasengalle kann sehr wechseln und bis über 170 pro Mille Trockenrückstand ansteigen [5]).

Wie die verschiedenen Nahrungstoffe, so scheinen auch andere Substanzen auf die Menge und die Konzentration der Galle keinen Einfluß zu besitzen.

Aeltere Beobachter, wie RÖHRIG [6]) und RUTHERFORT [7]), scheinen sich in dieser Beziehung getäuscht zu haben. Aus einer Reihe neuerer Untersuchungen hat sich ergeben, daß sogenante Cholagoga nicht existieren, wenn man nicht gewisse Gallenbestandteile selbst als solche bezeichnen will.

BALDI [8]) fand, daß weder Podophyllin, noch Rhabarber, Jalappe, Pilokarpin, Natriumphosphat, noch Karlsbader Wasser irgend einen erkennbaren Einfluß auf die Gallensekretion ausüben. Letztere ist unter dem Einfluß dieser Mittel ebenso unregelmäßig als sonst. Dagegen be-

---

1) J. RANKE, Die Blutverteilung und der Thätigkeitswechsel der Organe, Leipzig 1871, S. 39 u. 145.

2) VON WITTICH, Zur Physiologie der menschlichen Galle, Pflüger's Archiv, Bd. 6, 1872, S. 181. HARLEY, Med.-chirurg. Transact., Bd. 49, S. 89. WESTPHALEN, Ein Fall von Gallenfistel, Deutsch. Archiv f. klin. Medizin, Bd. 11, 1873, S. 588. G. F. YEO und HERBOUN, Journ. of Physiol., Bd. 5, 1884, S 116.

3) WESTPHALEN, a. a. O.

4) OSKAR JACOBSEN, Ber. d. Deutsch. chem. Gesellsch., Bd. 6, 1873, S. 1026.

5) VON GORUP-BESANEZ, Prager Vierteljahrschrift, Bd. 3. 1851, S. 86. Vergl. auch: FRERICHS, Hannov. Annalen, 1845.

6) RÖHRIG, Wiener med. Jahrbücher, 1873, S. 240.

7) RUTHERFORD, Brit. med. Journ. 1878 u. 1879.

8) BALDI, a. a. O.

wirkt Injektion von Galle in den Magen oder ins Blut bald eine Steigerung der Gallenausscheidung.

Zu dem gleichen Resultat gelangte PASCHKIS [1]), welcher Fistelhunden fast alle bekannten sog. Cholagoga sowohl ins Blut, als auch in den Dünndarm injizierte. Wirksam als gallentreibende Mittel erwiesen sich auch nach ihm lediglich die Gallenbestandteile.

In neuester Zeit ist diese Frage noch einmal umfassend behandelt worden in einer englischen Abhandlung von MAYO ROBSON [2]), welcher einen Fall beobachtete, wo bei einer Frau infolge einer Operation 15 Monate lang die gesamte Galle durch eine Fistel nach außen floß.

Er fand das Wohlbefinden und die Verdauung nicht gestört, falls nicht übermäßige Fettmengen verzehrt wurden. Alle sogenannte Cholagoga, wie namentlich auch Kalomel, Terpentinöl und benzoësaures Natron, wirken eher beschränkend auf die Gallenabsonderung, als anregend.

Hiermit stimmen endlich auch die Beobachtungen von NISSEN [3]) überein. Er untersuchte den Einfluß von Alkalien auf die Gallensekretion bei Hunden und fand in zahlreichen Versuchen, daß Natriumbikarbonat, Natriumchlorid, Natriumsulfat, Karlsbader Salz, Kaliumacetat, Magnesiumsulfat, sowie salicylsaures Natron in schwächeren Lösungen ohne Einfluß sind, in stärkeren Lösungen sich dagegen keineswegs als Cholagoga erweisen, sondern vielmehr eine beträchtliche Verminderung der Gallenabscheidung hervorrufen.

NISSEN bezieht diese Erscheinung auf einen eintretenden Wassermangel der Säftemasse, da die konzentrierten Salzlösungen eine beträchtliche Ausscheidung von Wasser gegen das Darmlumen veranlassen.

Auch NISSEN fand endlich, daß einzig und allein die Galle selbst als Cholagogon wirkt.

Die Hauptbestandteile der Galle bilden spezifische und sehr gründlich unterschiedene Produkte der Leberzellen, die sich in keinem anderen Organ vorfinden. Es sind dies die zuerst von STRECKER [4]) untersuchten gallensauren Salze und die Gallenfarbstoffe.

Ferner findet sich in der Galle eine zu den Nukleoalbuminen gehörige Substanz, welche früher für Mucin gehalten wurde, da sie durch wenig Essigsäure oder durch einige Tropfen verdünnter Mineralsäure fällbar ist.

Außer diesen Verbindungen enthält die Galle noch geringe Mengen von Cholestearinen, welche durch die gallensauren Salze in Lösung gehalten werden, ferner Fette, Seifen, Lecithine, die gewöhnlichen Salze des Serums, ein wenig Eisenphosphat und endlich etwas Ptyalin.

Daß die Galle kein gerinnbares Eiweiß führt, zeigt ihr indifferentes Verhalten beim Aufkochen, selbst bei genau neutraler Reaktion.

Die Galle entsteht durch eine Mischung von zwei verschiedenen Flüssigkeiten, nämlich des dünnflüssigen, klaren Sekretes der Leberzellen

1) H. PASCHKIS, Ueber Cholagoga, Med. Jahrbücher, 1884, S. 159.

2) MAYO ROBSON, Beobachtungen über die Sekretion der Galle in einem Fall von Gallenfistel, Proceed. Roy. Soc., Bd. 47, 1890, S. 499.

3) W. NISSEN, Experimentelle Untersuchungen über den Einfluß von Alkalien auf Sekretion und Zusammensetzung der Galle, Inaug.-Diss. Dorpat 1889 (Ref. i. Centralbl. f. d. med. Wissensch., 1890, No. 52).

4) ADOLF STRECKER, Liebig's Annalen, 1848 u. 1849.

und der trüben Absonderung der Schleimhautdrüsen, welche in der
Gallenblase und in den Gallengängen reichlich vorhanden sind. Letztere
liefern lediglich das schleimige Nukleoalbumin, welchem die
Galle ihre zähe Beschaffenheit verdankt.

Die Natur dieses Nukleoalbumins ist erst vor wenigen Jahren von
PAIJKULL [1]) im Laboratorium von HAMMARSTEN festgestellt worden.

Um diese Substanz in reinem nativen Zustande zu isolieren, kann
man sie nicht einfach mittels einer Säure aus der Gallenflüssigkeit ausfällen. Denn hierbei werden gleichzeitig auch Gallensäuren mit niedergerissen, welche so hartnäckig an der Proteïnsubstanz haften, daß es
trotz wiederholter Ausfällung und Wiederauflösung nicht gelingt, die
Gallensäuren vollkommen zu entfernen. Es ließe sich dies wohl leicht
und vollkommen erreichen durch eine energische Alkoholbehandlung des
Niederschlages, aber hierbei wird das Nuklecalbumin unlöslich, indem
es in den koagulierten Zustand übergeht.

Als eine brauchbare Isolierungsmethode könnte die Dialyse geeignet
erscheinen, da die gallensauren Salze leicht diffundieren. In der That
kann man es durch mehrtägige Dialyse der Galle gegen laufendes Wasser,
unter Desinfektion mittels Thymol, dahin bringen, daß die Gallensäuren
vollkommen, sowie die Gallenfarbstoffe größtenteils entfernt werden.
Der Inhalt des Dialysators stellt dann eine blaßgelbliche, neutral
reagierende, opalisierende und fadenziehende Flüssigkeit dar, die man
nunmehr durch Fällung mittels einiger Tropfen Salzsäure, Filtration,
Auflösen in sehr wenig Natronlauge und nochmaliger Dialyse völlig
reinigen kann.

Ein anderer und besonders bequemer Weg zur Reindarstellung des
Gallen-Nukleoalbumins ist dadurch ermöglicht, daß die Substanz durch
Alkohol fällbar ist und nicht koaguliert, wenn es möglich ist, den Alkohol
schnell zu entfernen.

Man geht hierbei in der Weise vor, daß die Galle mit dem 5-fachen
Volumen absoluten Alkohols gefällt und die Flüssigkeit schnell auf die
Centrifuge gebracht wird. Nach 10 Minuten hat sich der Niederschlag
so fest zu Boden gesetzt, daß die oben stehende Flüssigkeit vollständig
abgegossen werden kann. Der Bodensatz wird schnell herausgenommen,
mit Fließpapier abgepreßt und in Wasser verteilt. Er löst sich hierbei
rasch zu einer graugelben, schleimig-fadenziehenden Flüssigkeit. Zur
vollkommnen Reinigung wird die Fällung mittels Alkohol und die Behandlung auf der Centrifuge noch zweimal wiederholt.

Die neutrale Lösung der so gereinigten Substanz gerinnt beim
Sieden nicht.

Daß es sich nicht um Mucin handelt, wie früher angenommen
wurde, geht aus dem hohen N-Gehalt, welcher im Mittel 16,14 Proz.
beträgt, sowie daraus hervor, daß Essigsäure zwar eine Fällung bewirkt,
die sich aber im Ueberschuß des Fällungsmittels wieder auflöst. Fällt
man Galle direkt mit Essigsäure, so ist die Schleimsubstanz allerdings
in überschüssiger Essigsäure unlöslich. Aber diese Eigenschaft hat sie
lediglich der Beimengung von Gallensäuren zu verdanken.

Ferner kann man die Substanz beliebig lange mit verdünnter
Mineralsäure kochen, ohne daß hierbei eine Substanz entsteht, welche
FEHLING'sche Lösung reduzierte, wie dies den Mucinen zukommt.

---

1) L. PAIJKULL, Ueber die Schleimsubstanz der Galle, Zeitschr. f.
physiol. Chem., Bd. 12, 1887, S. 196.

Der Körper dokumentiert sich dagegen als Nukleoalbumin durch sein Verhalten gegen Magensaft. Salzsäure in sehr kleiner Menge giebt einen flockigen Niederschlag. Setzt man aber so viel Salzsäure hinzu, daß die Flüssigkeit 0,3 Proz. davon enthält, so löst sich die Fällung der Schleimsubstanz leicht wieder auf. Man kann nun diese Lösung lange bei Körpertemperatur aufbewahren, ohne daß eine Trübung entsteht. Sobald man aber Pepsin hinzufügt, beginnt eine Nukleïnausscheidung, wie dies den Nukleoalbuminlösungen eigen ist.

Schmilzt man ferner die gereinigte und trockene Schleimsubstanz mit Kalihydrat und Salpeter, so findet man Phosphorsäure, und zwar in solcher Menge, daß ein bedeutender Ueberschuß an Phosphor für die Schleimsubstanz übrig bleibt, auch wenn man sämtliche Aschenbestandteile als Calciumphosphat berechnet.

Die Menge des in der Galle vorhandenen Nukleoalbumins scheint eine sehr wechselnde zu sein, jedenfalls aber ist sie sehr gering und dürfte 0,1 Proz. nicht übersteigen.

Unter den nicht spezifischen Gallenbestandteilen findet sich auch Ptyalin. Während man früher annahm, daß die Leber dieses Enzym produziert, ist diese Anschauung entsprechend unseren früheren Ausführungen nunmehr aufzugeben.

Das Ptyalin der Galle kann keine andere Bedeutung haben als das diastatische Ferment, welches regelmäßig im Harn anzutreffen ist. Als Ptyalin-Zymogen aus der Pankreasdrüse resorbiert, wird das Enzym nicht nur im Harn, sondern teilweise auch durch die Galle aus dem Organismus eliminiert.

Dies ergiebt sich schon aus dem unregelmäßigen Vorkommen des Enzyms in der Galle, was von mehreren Autoren, namentlich auch von Ewald[1]) betont wird.

Die ältesten Angaben hierüber stammen wohl von Wittich[2]), welcher das Ferment aus der menschlichen Galle mittels Glycerin extrahierte. In neuerer Zeit hat Kaufmann[3]) diese Erscheinung näher untersucht. Er fand das Enzym niemals in der Galle von Hunden, selten in der Galle von Katzen, dagegen stets in der Galle von Schweinen, Schafen und Rindern. Ellenberger und Hofmeister[4]) konnten das Ferment in der Pferdegalle, selten in der Hunde- und Schweinegalle nachweisen. Ferner fanden sie auch fettspaltendes Enzym auf, wenn auch in sehr geringer Menge, und zwar in der Galle vom Pferd, Rind und Schaf. Diese Forscher sind geneigt, individuelle Verschiedenheiten in dieser Beziehung anzunehmen, die sich nach unserer Anschauung einfach aus den wechselnden Resorptionsverhältnissen der Zymogene erklären.

---

1) C. A. Ewald, Klinik der Verdauungskrankheiten, Bd. 1, 1890, S. 150.

2) von Wittich, Zur Physiologie der menschlichen Galle, Pflüger's Archiv, Bd. 6, 1872, S. 181.

3) Kaufmann, Beitrag zum Studium des diastatischen Ferments der Leber, Compt. rend. soc. biolog., Bd. 41, 1890, S. 600.

4) Ellenberger und Hofmeister, Die verdauenden Eigenschaften der Galle unserer Haustiere, Arch. f. wissensch. u. prakt. Tierheilkunde, Bd. 11, 1885, S. 393.

Es sollen nunmehr die spezifischen Bestandteile der Galle besprochen werden:

Die gallensauren Salze. Die beiden Gallensäuren, die Glykokollsäure und die Taurocholsäure, sind beim Menschen und fast bei allen Tieren an Natron gebunden. Nur die Seefische, welche in dem natronreichen Meerwasser leben, machen eigentümlicherweise eine Ausnahme. Bei ihnen finden sich die Gallensäuren als Kalisalze.

In der menschlichen Galle schwankt das Mengenverhältnis zwischen der Glykokoll- und der Taurocholsäure, indessen scheint regelmäßig die Glykokollsäure bedeutend zu überwiegen [1]) und ist bisweilen allein gefunden worden [2]).

In der Galle der Tiere ist bald die Glykokollsäure, bald die Taurocholsäure vorherrschend, ohne daß sich hierbei eine sichere Beziehung zu den Ernährungsverhältnissen ergeben hätte. Bei reinen Fleischfressern findet sich allerdings ausschließlich Taurocholsäure, aber dasselbe ist auch bei einigen Pflanzenfressern, nämlich dem Schaf und der Ziege, der Fall.

Die gallensauren Natronsalze sind nicht nur in Wasser, sondern auch in Alkohol leicht löslich, dagegen unlöslich in Aether. Die Lösungsverhältnisse bieten die Möglichkeit, die beiden gallensauren Salze von allen übrigen Gallenbestandteilen zu isolieren. Zu diesem Zweck dampft man die Galle mit frisch ausgeglühter Tierkohle, welche die Gallenfarbstoffe bindet, zur völligen Trockne und extrahiert den Rückstand mit absolutem Alkohol. Derselbe nimmt außer den gallensauren Salzen nur noch das Cholestearin, sowie die geringen Fett-, Seifen- und Lecithinmengen auf. Aus der filtrierten und konzentrierten alkoholischen Lösung scheiden sich durch Zusatz von viel Aether lediglich die gallensauren Salze aus, während das Cholestearin und die übrigen genannten Stoffe in Lösung bleiben.

Die Fällung der farblosen, gallensauren Salze wird nach längerem Stehen in der alkoholisch-ätherischen Flüssigkeit krystallinisch, indem sich Ballen von feinen Nadeln bilden, welche allgemein als „PLATTNER's [3]) krystallisierte Galle" bezeichnet werden.

Die freien Gallensäuren selbst verhalten sich gegen Alkohol sowie gegen Aether ganz wie ihre Natronsalze. Sie werden also ebenfalls aus alkoholischer Lösung durch einen Ueberschuß von Aether gefällt. Gegen Wasser aber verhalten sich beide Säuren verschieden. Die freie Taurocholsäure ist in Wasser unter allen Umständen leicht löslich, während sich die freie Glykokollsäure in reinem Wasser ziemlich schwer löst und zwar um so schwerer, je weniger sie durch gleichzeitig vorhandene andere Stoffe in Lösung gehalten wird. Namentlich die Gegenwart von Taurocholsäure wirkt der Fällbarkeit der Glykokollsäure entgegen, wenn man die gallensauren Natronsalze durch Zugeben von Salzsäure zersetzt.

In der Rindsgalle ist meist genügend Taurocholsäure vorhanden, um die Glykokollsäure bei Ansäuern in Lösung zu halten, nur in der

---

1) Vergl. HOPPE-SEYLER, Physiologische Chemie, 1881, S. 301.

2) OSKAR JACOBSEN, Ber. d. Deutsch. chem. Gesellsch., Bd. 6, 1873, S. 1028.

3) PLATTNER, Ann. d. Chem., Bd. 51, 1844, und Erdmann's Journ., Bd. 40, 1847.

Minderzahl der Fälle kann man hierbei eine Ausscheidung von Glykokoll-säure beobachten.

JOHN MARSHALL [1]) untersuchte nach dieser Richtung die Galle von 543 Rindern, welche im Schlachthause von Philadelphia getötet wurden. Er erhielt eine Ausscheidung von Glykokollsäure nur in 121 Fällen, das heißt nur bei 22,2 Proz.

Um diese Reaktion auf Glykokollsäure anzustellen, fügt man nach der Vorschrift von HÜFNER [2]) zu möglichst frischer Galle einige Tropfen Salzsäure, rührt um und filtriert das ausgeschiedene Nukleoalbumin ab. Zu 100 ccm des Filtrates werden dann 5 ccm konz. Salzsäure und 30 ccm Aether gegeben, um die Ausscheidung der Glykokollsäure zu befördern. Das Ganze wird geschüttelt und an einen kühlen Ort gestellt. Ist die Galle besonders reich an Glykokollsäure, so tritt die Krystallisation der letzteren sogleich ein, häufiger jedoch vergehen mehrere Stunden. Die erhaltene Krystallmasse wird auf einem Filter mit salzsäure- und ätherhaltigem Wasser gewaschen und schließlich an der Luft getrocknet, wobei man vollkommen farblose Krystalle gewinnen kann.

Die Trennung der beiden Gallensäuren in der PLATTNER'schen Galle beruht auf der verschiedenen Löslichkeit ihrer Bleisalze. Während die Glykokollsäure aus der wäßrigen Lösung der PLATTNER'schen Galle durch neutrales Bleiacetat gefällt wird, bleibt das taurocholsaure Blei hierbei in Lösung und kommt erst im Filtrat nach Zusatz von Ammoniak zur Ausscheidung. Das Bleisalz der Glykokollsäure wird in Wasser suspendiert und beim Eindampfen mit Soda in das Natronsalz übergeführt, dieses aus dem trocknen Rückstand mit Alkohol extrahiert und nach der Ueberführung in wäßrige Lösung durch Salzsäure zersetzt, wobei sich die Glykokollsäure ausscheidet.

Die Befreiung der Taurocholsäure aus ihrer Bleiverbindung geschieht am besten durch Schwefelwasserstoff. Nach der Entfernung des Schwefelbleies durch Filtration wird das Filtrat zur Trockne gedampft, die freie Taurocholsäure in wenig Alkohol aufgenommen und durch überschüssigen Aether gefällt.

Kommt es darauf an, das relative Mengenverhältnis der beiden Säuren zu einander festzustellen, so kann dies sehr einfach durch eine Schwefelbestimmung der sorgfältig hergestellten PLATTNER'schen Galle geschehen. Da nur die Taurocholsäure schwefelhaltig ist, läßt sich aus der Menge des gefundenen Schwefels die Menge der Taurocholsäure leicht berechnen.

Der Zusammensetzung nach sind die beiden Gallensäuren Abkömmlinge ein und derselben Grundsubstanz, nämlich der stickstoff-freien Cholalsäure oder Cholsäure $C_{24}H_{40}O_5$. Die Cholsäure kann sich sowohl mit dem Glykokoll, als auch mit dem Taurin paaren. Im ersteren Fall entsteht die Glykokollsäure, im letzteren Fall die Tauro-cholsäure.

Die Cholsäure ist ursprünglich als gemeinsamer und einziger Grund-bestandteil aller Gallenflüssigkeiten betrachtet worden.

Es hat sich indessen ergeben, daß in der Rindsgalle außer der Cholalsäure, und zwar zu etwa einem Dritteil, noch eine andere Säure als Grundsubstanz der Gallensäuren enthalten ist, nämlich die von

---

1) JOHN MARSHALL, Ueber die HÜFNER'sche Reaktion bei amerikani-scher Ochsengalle, Zeitschrift f. physiol. Chemie, Bd. 11, 1887, S. 233.

2) HÜFNER, Jahresber. d. Tierchemie, Bd. 4, 1874, S. 301.

LATSCHINOFF [1]) gefundene Choleïnsäure, von der Zusammensetzung $C_{25}H_{42}O_4$.

Ferner hat SCHOTTEN [2]) gezeigt, daß in der menschlichen Galle neben der gewöhnlichen Cholsäure als Grundsubstanz der Gallensäuren noch die sogenannte Fellinsäure zu finden ist, welche die Zusammensetzung $C_{23}H_{40}O_4$ besitzt.

In der Galle mancher Tiere kommen ferner noch andere Cholalsäuren vor. Dies ist der Fall bei der Galle der Schweine und der Gänse, von denen erstere zwei Hyocholalsäuren [3]), letztere Cheno-cholalsäure [4]) enthält. Die Paarlinge dieser eigentümlichen Cholalsäuren werden dementsprechend als α- und β-Hyo-glykokollsäure, beziehungsweise als Cheno-taurocholsäure etc. bezeichnet.

Die von ihren Paarlingen abgespaltenen Cholalsäuren sind sämtlich sehr schwer in Wasser und Aether, leicht dagegen in Alkohol löslich.

Wiewohl in dem letzten Decennium eine umfangreiche Litteratur über die chemische Konstitution der gewöhnlichen Cholalsäure entstanden ist, sind die verschiedenen Forscher auf diesem Gebiet, besonders TAPPEINER [5]), LATSCHINOFF [6]) und MYLIUS [7]) zu keinem abschließenden Resultat gelangt. Selbst die von STRECKER stammende gebräuchliche empirische Formel ist nicht einmal sichergestellt, da LATSCHINOFF [8]) gegen MYLIUS [9]) eine andere Zusammensetzung behauptet.

1) P. LATSCHINOFF, Ueber eine der Cholsäure analoge neue Säure, Ber. d. Deutsch. chem. Ges., Bd. 18, 1885, S. 3039 ; Bd. 19, 1886, S. 1140, und Bd. 20, 1887, S. 1043.

2) C. SCHOTTEN, Zur Kenntnis der Gallensäuren, Zeitschrift f. physiol. Chemie, Bd. 10, 1886, S. 175; Ueber die Säuren der menschlichen Galle, Zeitschrift f. physiol. Chemie, Bd. 11, 1887, S. 268.

3) SEVERIN JOLIN, Ueber die Säuren der Schweinegalle, Zeitschrift f. physiol. Chemie, Bd. 11, 1887, S. 417; Bd. 12, 1888, S. 512 und Bd. 13, 1889, S. 205.

4) HEINTZ und WISLICENUS, Poggend. Annalen, Bd. 108, S. 547 und R. OTTO, Zeitschrift f. Chemie, 1868, S. 633. Eine eigentümliche Cholalsäure ist ferner die Lithofellinsäure $C_{20}H_{36}O_4$, welche einen Hauptbestandteil der olivengrünen Bezoare bildet, steinartiger Bildungen, welche im Orient als seltene Schmuckgegenstände beliebt sind. Diese glänzenden, eiförmig gestalteten und konzentrisch geschichteten Konkremente sollen aus dem Darmkanal gewisser Antilopenarten stammen, so daß sie als Darmsteine zu betrachten wären. Außer der Lithofellinsäure enthalten sie reichliche Mengen von Gallenfarbstoffen (ROSTER, Ueber die Lithofellinsäure, Florenz 1879).

5) TAPPEINER, Zeitschrift f. Biologie, Bd. 12, 1876, S. 60 und Ber. d. Deutsch. chem. Gesellsch., Bd. 12, 1879, S. 1627.

6) LATSCHINOFF, Ber. d. Deusch. chem. Gesellsch., Bd. 12, 1879, S. 1518; Bd. 13, 1880, S. 1052 und 1911; Bd. 15, 1882, S. 713, und Bd. 20, 1887, S. 1043.

7) F. MYLIUS, Ber. d. Deutsch. chem. Gesellsch., Bd. 19, 1886, S. 369 und 2000; Bd. 20, 1887, S. 1968, und Zeitschrift f. physiol. Chemie, Bd. 12, 1888, S. 262.

8) LATSCHINOFF, Ueber die empirische Formel der Cholsäure, Ber. d. Deutsch. chem. Gesellsch., Bd. 20, 1887, S. 3274.

9) Vergl. MYLIUS, Ueber die Cholsäure IV, Ber. d. Deutsch. chem., Gesellsch., Bd. 20, 1887, S. 1968.

Dagegen scheint es festzustehen, daß die einbasische Cholalsäure zwei primäre und eine sekundäre Alkoholgruppe enthält.

Bei gelinder Oxydation gehen die beiden primären Hydroxylgruppen in zwei Aldehydgruppen, die sekundäre Hydroxylgruppe in eine Ketongruppe über. Es entsteht so die noch einbasische Dehydrocholsäure [1]).

Wird noch weiter oxydirt, so gehen die beiden Aldehydgruppen in zwei Karboxylgruppen über, während im Kern der Verbindung eine neue Ketongruppe gebildet wird. Es entsteht die dreibasische Biliansäure:

$$
C_{20}H_{31}
\begin{cases}
CO\ .\ OH \\
CH_2\ .\ OH \\
CH_2\ .\ OH \\
CH\ .\ OH
\end{cases}
\qquad
C^{20}H^{31}
\begin{cases}
COOH \\
C\ \begin{matrix}H\\O\end{matrix} \\
C\ \begin{matrix}H\\O\end{matrix} \\
CO
\end{cases}
\qquad
C_{19}H_{31}
\begin{cases}
COOH \\
COOH \\
COOH \\
CO \\
CO
\end{cases}
$$

Cholalsäure · Dehydrocholsäure · Biliansäure.

Ueber die Atomgruppierung im Kern der Cholalsäure ist nichts bekannt, nicht einmal ob sie aromatischer Natur ist. Daß der Kern ungesättigte Atomgruppen enthält, darauf deutet eine von MYLIUS [2]) gefundene Reaktion der Cholsäure hin.

Trifft diese nämlich in einer wäßrig-alkoholischen Lösung mit ganz bestimmten Gewichtsmengen Jod und Jodkalium zusammen, so entsteht durch Addition von Jod eine blaue krystallinische Verbindung, die Jodcholsäure, welche in Bezug auf leichte Dissociation, namentlich beim Erhitzen der Flüssigkeit, sich wie die Jodstärke verhält. Selbst beim Schütteln mit viel Wasser verschwindet die blaue Substanz, indem eine Zersetzung derselben in Cholsäure und in freies Jod eintritt.

Zum Nachweis der einfachen oder gepaarten Gallensäuren bedient man sich der PETTENKOFER'schen [3]) Reaktion. Alle diese Säuren geben nämlich in wäßriger oder alkoholischer Lösung eine prächtige Purpurfärbung beim Zusammentreffen mit wenigen Tropfen Furfurolwasser (0,1 Proz.) und reiner konzentrierter Schwefelsäure, falls man durch Abkühlung eine übermäßige Temperatursteigerung vermeidet.

Da die konzentrierte Schwefelsäure bei ihrer Einwirkung auf Kohlehydrate stets ein wenig Furfurol bildet, so tritt die PETTENKOFER'sche Probe auch ein, wenn man das Furfurol durch einige Tropfen Rohrzuckerlösung (10 Proz.) ersetzt. Nur in dieser Ausführung war die Reaktion ursprünglich bekannt. Doch muß man namentlich bei der Anwendung von Rohrzucker dafür sorgen, daß die Temperatur der Flüssigkeit nicht über 70 ⁰ steigt, da sonst sehr leicht Verkohlung des

1) HAMMARSTEN, Ber. d. Deutsch. chem. Gesellsch., Bd. 14, 1881, S. 71, und LASSAR-COHN, Ber. d. Deutsch. chem. Gesellsch., Bd. 25, 1892, S. 805, und Zeitschrift f. physiol. Chemie, Bd. 16, 1892, S. 493.

2) F. MYLIUS, Ueber die blaue Jodstärke und die blaue Jodcholsäure, Zeitschrift f. physiol. Chemie, Bd. 11, 1887, S. 306, und Jodcholsäure, ein neuer Typus blauer Jodverbindungen, Ber. d. Deutsch. chem. Gesellsch., Bd. 20, 1887, S. 683.

3) PETTENKOFER, Ann. d. Chemie u. Pharm., Bd. 52, S. 90.

überschüssigen Zuckers, sowie eine Zersetzung des roten Farbstoffes eintritt [1]).

Die Lösung enthält eine Verbindung, welche spektroskopisch zwei Absorptionsstreifen zeigt, den einen bei F und den anderen zwischen D und E, neben letzterer Linie [2]). Zur Verdünnung der Flüssigkeit muß Alkohol verwendet werden, denn durch Zusatz von Wasser entstehen unter Entfärbung der Lösung weiße Niederschläge. Die alkoholische Lösung zeigt grüne Fluorescenz. Durch einen Ueberschuß von Alkohol wird der rote Farbstoff völlig zum Verschwinden gebracht, um durch erneutes Zugeben von konzentrierter Schwefelsäure wieder aufzutreten. Läßt man die purpurrote Flüssigkeit längere Zeit stehen, so nimmt sie meist einen blauvioletten Farbenton an.

Neuere Untersuchungen [3]) haben ergeben, daß keineswegs nur die Cholalsäuren und ihre Abkömmlinge, sondern auch eine große Reihe anderer Stoffe beim Zusammentreffen mit Furfurol und konzentrierter Schwefelsäure, entweder sogleich, oder wenn man die Mengen der reaktionsfähigen Stoffe variiert, Färbungen geben, welche von der PETTENKOFER'schen Probe nicht ohne weiteres zu unterscheiden sind. Derartige Stoffe gehören den verschiedenartigsten Körperklassen an, namentlich sind es Phenole und kohlenstoffreiche Alkohole, aber auch Basen der aromatischen Reihe, höhere Kohlenwasserstoffe und Säuren der Fett- und Benzolreihe gehören hierher. Daher erhält man auch mit Petroleum oder Fuselöl die Reaktion sehr schön.

Von Stoffen, welche im Tierkörper vorkommen, sind in dieser Beziehung besonders zu erwähnen: die Oelsäure, die Stearinsäure, das Cholestearin und einige der im Harn stets zu findenden Phenole, namentlich das gewöhnliche Benzolphenol und das Brenzkatechin.

Daß diese „Furfurolreaktionen" nicht auf der Bildung ein und desselben Farbstoffes beruhen, beweist das spektroskopische Verhalten der gefärbten Flüssigkeiten, welche entweder keine oder von dem Spectrum der PETTENKOFER'schen Probe verschiedene Absorptionsstreifen erkennen lassen. Dennoch sind unter Umständen ähnliche Spectra nicht ausgeschlossen, was man bei der Untersuchung auf Gallensäuren in Betracht ziehen muß.

BAUMANN und UDRANSZKY [4]) haben ferner beobachtet, daß Furfurol in geringer Menge nicht nur bei der Einwirkung von konzentrierter Schwefelsäure auf alle Kohlehydrate, sondern auch auf die Eiweißsub-

---

1) Dieser Uebelstand läßt sich übrigens vermeiden, wenn man die Schwefelsäure durch starke Phosphorsäure ersetzt und die Mischung in kochendes Wasser taucht, wodurch die PETTENKOFER'sche Reaktion ebenfalls zustande kommt. Vergl. DRECHSEL, Journal f. prakt. Chemie, Bd. 27, S. 424.

2) L. SCHENK, Anatom.-physiol. Untersuchungen, Wien 1872, S. 47, und Jahresber. f. Tierchemie, Bd. 2, S. 232.

3) F. MYLIUS, Zur Kenntnis der PETTENKOFER'schen Gallensäurereaktion, Zeitschrift f. physiol. Chemie, Bd. 11, 1887, S. 492. L. VON UDRÁNSZKY, Ueber Furfurolreaktionen, Zeitschrift f. physiol. Chemie, Bd. 12, 1888, S. 355—395, und Bd. 13, 1889, S. 248.

4) S. L. VON UDR'NSZKY, Ueber die Bildung von Furfurol aus Eiweiß, Zeitschrift f. physiol. Chemie, Bd. 12, S. 389. Vergl. auch GÜNTHER, DE CHALMOT und TOLLENS, Ueber die Bildung von Furfurol aus Eiweißstoffen, Ber. d. Deutsch. chem. Gesellsch., Bd. 25, 1892, S. 2571.

stanzen entsteht. Es läßt sich dies leicht zeigen, wenn man reine Eiweißstoffe oder Albumosen mit 50 Proz. Schwefelsäure kocht und die entweichenden Dämpfe in einer Vorlage auffängt. Das Destillat giebt dann mit Cholaten beim Zusatz von konzentrierter Schwefelsäure die PETTENKOFER'sche Reaktion und auch deren charakteristische Spektralerscheinungen [1]).

Da die Eiweißstoffe beim Erhitzen mit der starken Schwefelsäure zunächst zwar in die bekannten Amidosäuren, dann aber weiter in aromatische Oxysäuren und Phenole zerfallen, welche zum Teil mit dem gleichzeitig entstehenden Furfurol in dem angedeuteten Sinne reagieren, kann es nicht auffallen, daß die Eiweißstoffe auch direkt beim Behandeln mit konzentrierter Schwefelsäure eine purpurrote Färbung geben, welche nach dem Hinzufügen von Furfurolwasser höchstens noch ausgeprägter wird. Auch die Farbenerscheinungen, welche beim Kochen der Eiweißstoffe mit konzentrierter Salzsäure oder beim Behandeln mit Eisessig und konzentrierter Schwefelsäure beobachtet werden, sind offenbar als „Furfurolreaktionen" zu betrachten [2]).

Kommt es darauf an, tierische Flüssigkeiten auf einen Gehalt an Gallensäuren zu prüfen [3]), so ist nach dem Besprochenen ein positiver Ausfall der PETTENKOFER'schen Probe durchaus nur dann beweisend, wenn es vorher gelungen war, die gallensauren Natronsalze nach dem PLATTNER'schen Prinzip zu isolieren, das heißt aus alkoholischer Lösung durch Aether zu fällen.

Zweckmäßig kann man in der Weise vorgehen, daß nach Koagulation und Entfernung etwa vorhandener Eiweißstoffe die stark konzentrierte Flüssigkeit mit Alkohol übersättigt wird, um die Salze größtenteils niederzuschlagen. Hierauf wird die filtrierte alkoholische Lösung in eine wäßrige übergeführt und mit Ammoniak- und Bleiacetat versetzt, wobei neben anderen Stoffen die Bleisalze der Gallensäuren vollkommen gefällt werden. Kocht man jetzt den gesammelten und mit Wasser ausgewaschenen Niederschlag der Bleiverbindungen mit absolutem Alkohol und filtriert heiß, so gehen nur die gallensauren Bleisalze in Lösung, welche durch Eindampfen mit etwas Sodalösung in die Natronsalze übergeführt werden. Letztere lassen sich aus dem trockenen Rückstand mit absolutem Alkohol ausziehen und aus diesem durch Uebersättigung mit Aether fällen.

Uebrigens braucht man sich nicht mit dem positiven Ausfall der PETTENKOFER'schen Probe zu begnügen, sondern kann die isolierten Cholate auch auf ihre physiologische Wirkung prüfen.

Es ist bekannt, daß ins Blut gelangte Cholate die Frequenz der Herzaktion herabsetzen, was sich auch beim Icterus durch Pulsverlangsamung zu erkennen giebt. Um diese Wirkung der Cholate zu benutzen, wird das Herz eines kurarisierten Frosches nach Beseitigung des Peri-

---

1) Die Gegenwart von Furfurol im Destillat läßt sich auch mit Hilfe von Xylidinacetat nachweisen. Ein trockenes Stück Filtrierpapier, welches vorher mit Xylidinacetat getränkt wurde, erscheint durch die entweichenden Dämpfe des Destillates rot gefärbt durch Bildung von Furfuroxylidin. (H. SCHIFF, Ber. d. Deutsch. chem. Gesellsch., Bd. 20, 1887, S. 540.)

2) Vergl. S. 32.

3) Vergl. HOPPE-SEYLER's Handbuch der physiol.-chem. Analyse, 1883, S. 399.

cards bloßgelegt, mit einem Tröpfchen Atropinlösung (1 Proz.) benetzt, um die Hemmungswirkung des Vagus auszuschalten, und dann mit der wäßrigen Lösung der Cholate betropft. Durch den Einfluß der Gallensäuren vermindert sich die Häufigkeit der Herzaktion auffallend [1]). Es empfiehlt sich übrigens, zum Vergleich dieselbe Operation bei einem zweiten kurarisierten Frosch vorzunehmen, dessen Herz nur mit der Atropinlösung, nicht aber mit der auf Cholate zu prüfenden Lösung betropft wird.

Die beiden Paarlinge der Cholsäuren in den Gallensäuren, das Glykokoll und das Taurin, sind Amidosäuren, also stickstoffhaltig. Beide kommen auch sonst im Organismus vor, wennschon das Taurin wenig verbreitet ist.

Das Glykokoll ist Amidoessigsäure $CH_2 . NH_2 — COOH$, das Taurin dagegen Amido-äthylsulfosäure $SO_2 \Big\langle {}^{C_2 H_4 . NH_2}_{OH}$, es enthält demnach Schwefel. Beide Amidosäuren lassen sich synthetisch darstellen.

Das Glykokoll ist namentlich als Zersetzungsprodukt des Kollagens und anderer kollagenartiger Albuminoïde bekannt. Es löst sich leicht in Wasser, ist dagegen unlöslich in Alkohol und in Aether. Andere Lösungsverhältnisse dagegen besitzt die Verbindung des Glykokolls mit Salzsäure, denn das salzsaure Glykokoll wird von Alkohol leicht gelöst.

Giebt man zu einer konzentrierteren heißen Lösung von Glykokoll frisch gefälltes Kupferhydroxyd, so entsteht eine blaue Flüssigkeit, aus welcher beim Erkalten dunkelblaue Nadeln von Glykokollkupfer herauskrystallisieren.

Künstliches Glykokoll erhält man durch Einwirkung von Ammoniak auf Monochloressigsäure:

$$NH_3 + CH_2 Cl — COOH = CH_2 (NH_2) — COOH + ClH.$$

Das Taurin krystallisiert in charakteristischen, sehr großen, glänzenden Prismen, welche in kaltem Wasser bedeutend weniger leicht löslich sind, als das Glykokoll. Auch in absolutem Alkohol sowie in Aether ist das Taurin unlöslich.

Im Gegensatz zum Glykokoll hat das Taurin, als Derivat der starken Schwefelsäure, mehr sauren Charakter, es verbindet sich deshalb nicht mit Säuren, wohl aber mit Basen, z. B. mit Quecksilberoxyd.

Künstliches Taurin wird erhalten durch Einwirkung von Ammoniak auf Chloräthylsulfosäure:

$$NH_3 + SO_2 \Big\langle {}^{C_2 H_4 Cl}_{OH} = SO_2 \Big\langle {}^{C_2 H_4 . NH_2}_{OH} + ClH.$$

Ferner erhält man Taurin durch Erhitzen von oxy-äthyl-sulfosaurem (syn. isäthionsaurem) Ammoniak auf 230°, wobei unter Wasseraustritt eine Umlagerung der Atome stattfindet:

$$SO_2 \Big\langle {}^{C_2 H_4 . OH}_{O . NH_4} = SO_2 \Big\langle {}^{C_2 H_4 . NH_2}_{OH} + H_2 O.$$

Das Taurin ist demnach keine esterartige Verbindung der Schwefelsäure mit einem Amidoäthylalkohol. Die Bindung des Kohlenstoffs an

---

1) H. MACKAY, Archiv f. exp. Pathol., Bd. 19, 1885, S. 279.

Schwefel ist eine direkte und wird nicht durch Sauerstoff vermittelt. Dies geht namentlich auch daraus hervor, daß eine Verseifung des Taurins durch Kochen mit verdünnter Kalilauge nicht erreicht wird. Das Taurin ist hierbei beständig. Erst beim anhaltenden Sieden mit starker Kalilauge oder beim Schmelzen mit Kalihydrat zerfällt das Taurin in Kaliumsulfit, Essigsäure, Ammoniak und Wasserstoff.

Die Isolierung der beiden Amidosäuren kann direkt aus Galle geschehen, denn kocht man dieselbe mehrere Stunden mit starker Salzsäure am Rückflußkühler, so werden die gespannten Gallensäuren durch Hydratation zersetzt.

Es entstehen einerseits Taurin und salzsaures Glykokoll, andererseits die Cholalsäuren, welche auffallenderweise hierbei allmählich Wasser verlieren und vollständig in ihre Anhydridformen, in die unlöslichen Dyslysine $C_{24}H_{36}O_3$ übergehen.

Ergiebt die PETTENKOFER'sche Probe, daß die Lösung keine Cholalsäuren mehr enthält, so wird nach dem Erkalten von den Dyslysinen, welche gelbe Brocken oder eigentümliche strohähnliche Massen bilden, abfiltriert.

Durch Kochen mit verdünnten Alkalien können die Dyslysine unter Wasseraufnahme wieder in lösliche cholalsaure Alkalien zurückverwandelt werden. Will man die freien Cholalsäuren erhalten, so zersetzt man die Cholate durch Salzsäure, dampft zur Trockne und nimmt die Cholalsäuren mit möglichst wenig heißem Alkohol auf, aus welchem sie beim Erkalten herauskrystallisieren oder durch Zusatz von viel Aether gefällt werden können.

Das Filtrat von den Dyslysinen, welches die abgespaltenen Amidosäuren enthält, wird stark konzentriert, noch warm von dem auskrystallisierten Kochsalz abgegossen und völlig zur Trockne gedampft.

Absoluter Alkohol nimmt nur das salzsaure Glykokoll auf, während das in Alkohol unlösliche Taurin zurückbleibt.

Dasselbe wird in möglichst wenig warmem Wasser gelöst und warm filtriert. Fügt man nunmehr zur Flüssigkeit ein wenig Alkohol, so setzt sich das Taurin beim Erkalten des verdünnten Weingeistes in Krystallen ab, die bei sehr langsamer Ausscheidung eine bedeutende Größe erreichen können.

Die alkoholische Lösung des salzsauren Glykokolls wird in eine wäßrige verwandelt. Giebt man hierzu Bleihydroxyd, so bildet sich unlösliches Chlorblei und lösliches Glykokoll-Blei, welch letzteres von den übrigen Bleiverbindungen durch Filtration getrennt wird. Nach der Abscheidung des Bleies durch Einleiten von Schwefelwasserstoff in die Flüssigkeit und nochmaliger Filtration derselben wird die Lösung stark konzentriert, worauf das freie Glykokoll herauskrystallisiert.

Die Gallenfarbstoffe. Die normale Galle kann zwei Farbstoffe enthalten, das goldgelbe Bilirubin $C_{32}H_{36}N_4O_6$ [1]) und dessen Oxydationsprodukt, das grasgrüne Biliverdin $C_{32}H_{36}N_4O_8$. Nur das erstere ist in den Anfängen der Gallenwege vorhanden. Die Molekulargröße dieser Substanzen wurde noch nicht mit Sicherheit festgestellt.

1) R. MALY, Journal f. prakt. Chemie, Bd. 104, 1868, S. 28 und Annal. d. Chemie u. Pharm., Bd. 181, 1876, S. 106. M. NENCKI und N. SIEBER, Ber. d. Deutsch. chem. Gesellsch., Bd. 17, 1884, S. 2275.

Manche Autoren nehmen für beide Pigmente nur ein halb so großes [1]), für Biliverdin sogar nur ein viertel so großes [2]) Molekül an.

Die vorher beschriebene goldgelbe oder grasgrüne Farbe der Galle beruht auf dem Ueberwiegen des einen oder des anderen Pigmentes. Sind beide Farbstoffe etwa in gleichen Mengenverhältnissen vorhanden, so besitzt die Galle eine olivenbraune Färbung.

Beide Gallenfarbstoffe zeigen spektroskopisch keine Absorptionsstreifen, sind in Wasser unlöslich und haben schwach sauren Charakter. Sie bilden dementsprechend mit Basen salzartige Verbindungen.

Sind diese Basen, wie in der normalen Galle, Alkalien, so entstehen in Wasser lösliche Gallenfarbstoffverbindungen, während die Gallenpigmente mit anderen Basen, zum Beispiel mit Kalk, unlösliche Verbindungen eingehen.

Das freie Bilirubin löst sich nur sehr schwer in Alkohol, leicht dagegen in Chloroform, woraus es beim Verdunsten desselben in rhombischen, an den Winkeln abgerundeten Tafeln krystallisiert.

Da das freie Biliverdin gerade entgegengesetzte Lösungsverhältnisse besitzt, ist es vom Bilirubin leicht zu trennen. Denn das Biliverdin ist unlöslich in Chloroform, leicht löslich dagegen in Alkohol.

Ferner löst sich nur das Biliverdin in Eisessig. In Aether ist das Biliverdin gar nicht, das Bilirubin sehr wenig löslich.

Das Bilirubin sowohl, als das Biliverdin nehmen, in Wasser suspendiert und mit Natriumamalgam behandelt, nascierenden Wasserstoff auf und gehen, unter gleichzeitiger Bindung von Wasser, in das relativ sauerstoffärmere, braungelbe Hydrobilirubin $C_{32}H_{40}N_4O_7$ über [3]), welches sich auffallenderweise durch Oxydationsmittel nicht wieder in einen der Gallenfarbstoffe zurückführen läßt.

Dagegen ist durch mäßige Reduktion mittels Ammoniumsulfhydrat aus Biliverdin wieder Bilirubin erhalten worden. Dieselbe Erscheinung sollen auch bakterielle Einflüsse bewirken können [4]).

Beim Stehen an der Luft, ganz besonders bei alkalischer Reaktion der Flüssigkeit, nehmen alle Bilirubinlösungen Sauerstoff auf und gehen in Biliverdin über [5]).

Um sich hiervon zu überzeugen, kann man am bequemsten das Bilirubin aus Gallensteinen vom Rind verwenden, da diese Konkremente leicht beschafft werden können. Zerreibt man die zerbröckelnden Steine unter Zusatz von Wasser, etwas Natronlauge und Ammoniumoxalat, so enthält das alkalische Filtrat rotgelbes Bilirubin-Natron, welches nach kurzer Zeit, in einem flachen, offenen Gefäße der Einwirkung der Luft ausgesetzt, durch Uebergang in Biliverdin grün wird.

Auch bei künstlicher Oxydation entsteht aus Bilirubin zunächst Biliverdin, dann aber bilden sich sauerstoffreichere Farbstoffe, nämlich

1) STÄDELER, Ueber die Farbstoffe der Galle, Vierteljahrsschrift der Naturforsch. Gesellsch. in Zürich, Bd. 8, 1863, S. 1 und Ann. d. Chemie, Bd. 132, 1864, S. 323.

2) THUDICHUM, Journal f. prakt. Chemie, Bd. 104, 1868, S. 193.

3) R. MALY, Annal. d. Chemie u. Pharm., Bd. 163, S. 77.

4) HAYCRAFT und SCOFIELD, Centralbl. f. Physiol., 1889, S. 222.

5) TIEDEMANN und GMELIN, Die Verdauung nach Versuchen, Heidelberg 1826, I, S. 80.

ein blauer (Bilicyanin) [1]), dann ein violetter, weiter ein roter und endlich ein rotgelber Farbstoff (Choletelin) [2]), welcher die äußerste Oxy-
dationsstufe des Bilirubins vorstellt und eine dem letzteren ähnliche
Färbung zeigt.

Auf dieses durch künstliche Oxydation hervorgerufene Farbenspiel
gründet sich der Nachweis der Gallenfarbstoffe nach GMELIN [3]).

Man bringt einem Tiere frisch entnommene Galle oder die gallen-
farbstoffhaltige Flüssigkeit in ein unten spitz zulaufendes Reagensglas
und läßt Salpetersäure, welche schwach gelb gefärbt ist, also nur sehr
wenig salpetrige Säure enthält, den Rand des Gefäßes hinunterlaufen,
so daß sich die Säure unterhalb der leichteren Flüssigkeit ansammelt.

Es sind hierauf bald eine Reihe von farbigen Ringen zu bemerken,
deren oberster stets durch das grüne Biliverdin gebildet wird, während
unmittelbar über der Salpetersäure das Produkt der intensivsten Oxydation, das rotgelbe Choletelin, vorhanden ist. Zwischen dem Biliverdin
und dem Choletelin liegen, vom Biliverdin an gerechnet, mehr oder
weniger deutlich, ein blauer, ein violetter und ein roter Farbenring.

Eine bisweilen sehr zweckmäßige Abänderung der GMELIN'schen
Reaktion hat ROSENBACH [4]) angegeben. Man tränkt ein Stück Filtrierpapier mit der gallenfarbstoffhaltigen Flüssigkeit. Betupft man hierauf
das feuchte Papier mit gelber Salpetersäure, so entstehen die GMELIN-
schen Ringe um den Säuretropfen herum.

Da im tierischen Organismus noch andere Farbstoffe und Chromogene vorkommen, welche wie die Lipochrome und das Harn-Indian
mit Salpetersäure rote oder blaue Färbungen geben, so ist bei der
Anstellung der GMELIN'schen Probe darauf zu achten, daß stets das
Grün des äußersten, beziehungsweise des obersten Farbenringes vorhanden ist.

Bringt man endlich durch Baryt- oder Kalkmilch aus ihren Lösungen
gefällte Gallenpigmente noch feucht in ein Reagensglas, fügt absoluten
Alkohol sowie einige Tropfen konzentrierter Schwefelsäure hinzu und
kocht, so entsteht unter allen Umständen eine schön grüne Lösung von
Biliverdin, da bei dieser Behandlung auch das etwa vorhandene Bilirubin zu Biliverdin oxydiert wird [5]).

Zur Reindarstellung der Gallenpigmente benutzt man als Material
am bequemsten die Gallensteine vom Rind, welche neben Cholestearin,
Cholaten und anorganischem Material im wesentlichen nur Bilirubinkalk
enthalten.

Die Konkremente werden fein zerrieben und am Rückflußkühler mit
Aether extrahiert, welcher das Cholestearin aufnimmt. Nach der Entfernung des Aethers wird der Rückstand mit siedendem Wasser gewaschen, wodurch die Cholate gelöst und entfernt werden. Dann folgt die
Zersetzung des Bilirubinkalks durch Salzsäure. Man wäscht hierauf
den freien Farbstoff mit Wasser aus, bis zum Verschwinden der sauren
Reaktion, dann mit absolutem Alkohol, um das Wasser zu verdrängen
und zugleich etwa schon gebildetes Biliverdin wieder zu beseitigen.

---

1) HEYNSIUS und CAMPBELL, Pflüger's Archiv, Bd. 4, 1871, S. 497.
2) STOKVIS, Centralbl. f. d. med. Wissensch., 1873, S. 211 und 449.
3) TIEDEMANN und GMELIN, a. a. O. S. 81.
4) ROSENBACH, Zur Untersuchung des Harns auf Gallenfarbstoff, Centralbl. f. d. med. Wissensch., 1876, No. 1.
5) HUPPERT, Archiv f. Heilkunde, Bd. 8, S. 351 und 476.

Der aus reinem Bilirubin bestehende Rückstand wird am Rückflußkühler in siedendem Chloroform gelöst und beim Erkalten und Verdunsten des Lösungsmittels in Krystallen erhalten [1]).

Will man auch Biliverdin darstellen, so wird das reine Bilirubin in wenig Natronlauge gelöst und in einem flachen Gefäß der oxydierenden Einwirkung der Luft ausgesetzt. Nach 24 Stunden fällt man den Farbstoff durch Uebersättigung mit Salzsäure, filtriert ab, wäscht bis zur neutralen Reaktion mit Wasser aus und löst den Rückstand in absolutem Alkohol. Aus dieser Lösung wird endlich der Farbstoff durch Zusatz von viel Wasser als amorphe Masse gefällt, abfiltriert und getrocknet.

Wie Ehrlich [2]) gefunden hat, sind dem Bilirubin eine Reihe schöner Farbenreaktionen eigen, welche das Biliverdin nicht zeigt.

Versetzt man nämlich eine Lösung von sehr wenig Bilirubin in Chloroform mit 1—2 Volumen einer wäßrigen Lösung der Diazobenzolsulfosäure [3]) und mit so viel Alkohol, daß die Mischung homogen wird, so geht die gelbe Farbe der Flüssigkeit in ein schönes Rot über. Auf tropfenweisen Zusatz von mäßig verdünnter Salzsäure verändert sich die Lösung durch Violett in Blau. Schichtet man unter die blaue Lösung vorsichtig Kalilauge, so bemerkt man bei Tageslicht eine untere blaugrüne Zone (alkalisch), welche von der oberen rein blauen (sauer) durch einen roten Streifen (neutral) getrennt ist. Auch ein schmaler gelber Streifen unmittelbar über der Lauge ist oft bemerkbar.

Die Pigmente, welche bei der Farbenwandlung auftreten, lassen sich auch isoliert darstellen, indem man die blaue Lösung durch tropfenweisen Zusatz von verdünnter Lauge zunächst in eine rote und dann, durch weiteren Zusatz, in eine blaugrüne Flüssigkeit überführt.

Die Bildungsstätte der spezifischen Gallenbestandteile sind einzig und allein die Leberzellen. Dies ist sowohl für die Gallenpigmente, als auch für die Cholate mit Sicherheit erwiesen.

Um diese Frage zu entscheiden, unterband Stern [4]) bei Tauben die beiden Ductus choledochi sowie den Darm oberhalb der Ureterenmündung, um den Harn rein zu erhalten. Die Tiere, welche in diesem Zustande in der Regel etwa 8 Tage am Leben blieben, zeigten ausnahmslos sehr bald nach der Operation universellen Icterus. Der Harn war dementsprechend reich an Gallenfarbstoffen, welche auch im Blutserum nachgewiesen werden konnten.

Wurde aber in einer anderen Versuchsreihe die Leber ganz aus dem Kreislauf ausgeschaltet durch Unterbindung ihrer sämtlichen ein- und austretenden Gefäße, so fanden sich weder im Harn, noch im Blute

---

1) G. Staedeler, Ueber die Farbstoffe der Galle, Vierteljahrsschrift d. Naturf. Gesellsch. in Zürich, Bd. 8, 1863.

2) Ehrlich, Centralbl. f. klin. Medizin, Bd. 4, 1883, S. 721. Ueber die Spektralerscheinungen der einzelnen Farbstoffe s. W. Krukenberg, Chem. Untersuchungen zur wissensch. Medizin, Bd. 1, 1886, S. 77.

3) 1 g Para-Anilinsulfosäure (Sulfanilsäure) wird in heißem Wasser gelöst. Nach dem Erkalten setzt man 15 ccm konz. Salzsäure zu und führt die Sulfanilsäure durch Zugeben von 0,1 g Natriumnitrit in Diazobenzolsulfosäure über. Die Flüssigkeit wird dann auf 1 Liter aufgefüllt.

4) H. Stern, Archiv f. exp. Pathol. u. Pharmakol., Bd. 19, 1885, S. 39.

Gallenfarbstoffe, woraus geschlossen werden muß, daß nur die Leber diese Pigmente bildet.

MINKOWSKI und NAUNYN [1]) haben diesen Versuch wesentlich vervollkommnet, indem sie bei Gänsen die Leber gänzlich exstirpierten. Während nach der Unterbindung der Gallenausführgänge sich auch bei diesen Tieren reichlich Cholate und Gallenpigmente im Harn und Blut nachweisen lassen, gelang es nach der Leberexstirpation niemals, auch nur Spuren von Cholaten in diesen Flüssigkeiten aufzufinden. Die spezifischen Gallenbestandteile werden offenbar unter diesen Umständen im Organismus nicht mehr gebildet.

Die Leberexstirpation ist ebensowenig, wie die Ligatur der Pfortader bei den Säugern angängig, weil diese Tiere infolge der hiermit verbundenen Unterbrechung des Blutkreislaufs sogleich sterben. Bei den Vögeln dagegen, wo das venöse Blut der Beckenorgane durch die Vena communicans in die Vena renalis abfließen kann, wird hierdurch keine vollkommene Stauung veranlaßt. Die Tiere überleben die Operation meist 10, manche auch 20 Stunden und nehmen sogar noch Nahrung auf.

Solche entleberten Gänse haben MINKOWSKI und NAUNYN auch der Einwirkung von Arsenwasserstoff ausgesetzt. Durch diese Vergiftung wird bei normalen Gänsen offenbar eine so plötzliche und reichliche Gallenfarbstoffbildung bewirkt, daß die Beförderung des Pigmentes in die Galle Not leidet, zumal die Ausscheidung der Cholate bei derartigen Vergiftungen vermindert ist [2]). Es kommt regelmäßig zu einer Resorption des Bilirubins in die Lymphbahnen und zum allgemeinen Icterus. Der Versuch ergab nun, daß, im Gegensatz zu diesen Erfahrungen, entleberte Gänse auch unter dem Einfluß der Arsenwasserstoffvergiftung völlig frei von Gallenbestandteilen blieben.

Daß diese Versuche auch auf die Säuger Bezug haben, ist durch LUDWIG und FLEISCHL [3]) schon lange vor den angeführten Beobachtungen höchst wahrscheinlich gemacht worden.

Nach der Unterbindung des Ductus choledochus werden bei allen Tieren die resorbierten Gallenbestandteile von den Lymphgefäßen zunächst dem Ductus thoracicus zngeführt, bevor sie ins Blut befördert werden. Die Pigmente und Cholate lassen sich dann, ebenso wie im Blut, auch in der Lymphe des Brustganges nachweisen.

Unterbanden nun LUDWIG und FLEISCHL nicht nur den Ductus choledochus, sondern zugleich auch den Ductus thoracicus, so füllte sich letzterer prall mit Lymphe, im Blut aber war jede Spur von gallensauren Salzen verschwunden, woraus man schließen muß, daß diese Substanzen nur von der Leber aus ins Blut gelangen können.

Ueber die Stoffe, aus denen die Cholate in der Leber hervorgehen, wissen wir wenig. Daß die beiden Paarlinge der Cholsäuren, das Glykokoll und das Taurin, den Proteïnsubstanzen der Nahrung entstammen, ist zweifellos. Dies beweist deren Stickstoffgehalt,

---

1) MINKOWSKI und NAUNYN, Archiv f. exp. Pathol. u. Pharmakol., Bd. 21, 1886, S. 7. VALENTINI, ebendas. Bd. 24, 1888, S. 412.

2) STADELMANN, Ueber den Icterus bei der akuten Phosphorvergiftung, Archiv f. exp. Pathol. u. Pharmakol., Bd. 24, 1888, S. 270.

3) E. FLEISCHL, Ber. d. Königl. Sächs. Gesellsch. d. Wissensch., 1874, S. 42. Vergl. auch KUFFERATH, Archiv f. Anat. u. Physiol., 1880, S. 92.

sowie der Schwefel des Taurins. Aber die näheren Vorgänge bei diesen Umsetzungen sind völlig unbekannt. Dagegen lassen sich über die Herkunft der Cholalsäuren nicht einmal Vermutungen hegen. Eine Bildung von gallensauren Salzen in überlebenden Lebern auf Zuführung von Eiweißstoffen und Glykogen ist zwar behauptet worden [1]), doch machen die betreffenden Untersuchungen vorläufig keinen überzeugenden Eindruck.

Um so mehr ist die Herkunft der Gallenfarbstoffe sichergestellt. Sie sind Abkömmlinge des Blutfarbstoffs, des Hämoglobins. Infolgedessen finden sich auch die Gallenfarbstoffe nur bei Tieren, welche Hämoglobin besitzen. Amphioxus, das einzige Wirbeltier, dessen Blut kein Hämoglobin enthält, führt auch keinen Gallenfarbstoff [2]). Bei Wirbellosen sind allerdings den Gallenpigmenten in ihren Lösungsverhältnissen und Färbungen ähnliche Stoffe gefunden worden [3]), doch ist deren Identität mit den Gallenfarbstoffen durchaus nicht erwiesen.

Aus mehreren Beobachtungen muß geschlossen werden, daß der Blutfarbstoff, welcher beim Zerfall der roten Blutkörperchen frei wird, der Leber zuströmt. Hier wird das Hämoglobin festgehalten und zerfällt in Eiweiß und Hämatin. Letzteres soll dann nach der Anschauung von NENCKI und SIEBER [4]) unter Abspaltung des Eisens und durch gleichzeitige Aufnahme von Wasser in Bilirubin übergehen:

$$C_{32}H_{32}N_4O_4Fe + 2H_2O - Fe = C_{32}H_{36}N_4O_6.$$

Hämatin $\qquad\qquad$ Bilirubin

Das Bilirubin wäre somit dem Hämatoporphyrin, einem anderen eisenfreien Abkömmling des Hämatins, isomer. Dieser entsteht aus dem Hämatin, wenn man letzteres mit Eisessig und Bromwasserstoff behandelt, wobei ebenfalls Wasser aufgenommen und Eisen abgespalten wird [5]). Gleich dem Bilirubin zeigt das Hämatoporphyrin bei der Einwirkung von gelber Salpetersäure gewisse Farbenveränderungen, welche an die GMELIN'sche Reaktion erinnern. Auch wird es durch nascierenden Wasserstoff, wie das Bilirubin, reduziert. Es entsteht ein Körper, welcher dem Hydrobilirubin ungemein nahe steht und diesem augenscheinlich isomer ist. Dagegen erhielt HOPPE-SEYLER [6]) Hydrobilirubin selbst, als er direkt Blutfarbstoff mit nascierendem Wasserstoff behandelte.

Die Bildung des Bilirubins in den Leberzellen scheint unter der

---

1) Vergl. JULIUS KLEIN, Ein Beitrag zur Funktion der Leberzellen sowie NICOL. HOFFMANN, Einige Beobachtungen betreffend die Funktion der Leber- und Milzzellen, Inaug.-Dissertationen Dorpat 1890.

2) HOPPE-SEYLER, Pflüger's Archiv, Bd. 14, 1877, S. 399.

3) W. KRUKENBERG, Ueber das Vorkommen des Biliverdins in Molluskengehäusen und über seine Darstellung aus dem roten Schalenfarbstoffe von Turbiden und Halioten, Centralbl. f. d. med. Wissensch., 1883, No. 44.

4) NENCKI und SIEBER, Untersuchungen über den Blutfarbstoff, Ber. d. Deutsch. chem. Gesellsch., Bd. 17, 1884, S. 2275.

5) NENCKI und SIEBER, Ueber das Hämatoporphyrin, Monatshefte f. Chemie, Bd. 9, 1888, S. 115 und Archiv f. exp. Pathol. u. Pharmakol., Bd. 24, 1888, S. 430.

6) HOPPE-SEYLER, Ber. d. Deutsch. chem. Gesellsch., Bd. 7, 1874, S. 1065.

Mitwirkung einer Substanz zu erfolgen, welche das austretende Eisen bindet, so daß dieses zunächst wohl in der Leber deponiert bleibt. Welcher Art diese Eisenverbindung ist, und wie sich deren weitere Schicksale gestalten, läßt sich vorläufig nicht aussagen. Vielleicht gehört sie zu den eisenhaltigen Nukleoalbuminen und kann als solches vom Organismus wieder zur Bildung von Blutfarbstoff verwendet werden. Nur bei dieser Annahme erscheint die Zurückhaltung des Hämatineisens in den Leberzellen zweckmäßig und wird die Thatsache verständlich, daß der Eisengehalt aller Exkrete zu gering ist, um den Verbleib des Hämatineisens erklären zu können.

Im Harn kommen eisenhaltige Stoffe nur in minimaler Menge vor, er enthält beim Menschen höchstens 7 mg Eisen pro Liter und zwar in eisenhaltigen organischen Farbstoffen [1]). Zwar sollen organische Eisenverbindungen auch durch die Epithelien der Darmschleimhaut zur Ausscheidung gelangen, doch fanden BIDDER und SCHMIDT [2]), von welchen diese Angabe stammt, im 24-stündigen Kot einer hungernden Katze nur etwa 12 mg Eisen.

Ebensowenig steht endlich der sehr geringe Eisengehalt der Galle zur Bilirubinbildung in direkter Beziehung [3]). Dieses Eisen in der Galle ist im Gegensatz zu dem des Harns nicht an Kohlenstoff gebunden, sondern anorganischer Natur, wahrscheinlich als Eisenphosphat vorhanden. Ueber seine Herkunft lassen sich nur Vermutungen hegen.

Man kann sich vorstellen, daß die Umformung des Hämatins in Bilirubin nicht durchweg unter gleichzeitiger Bildung eisenhaltiger Nukleïne zustande kommt, daß vielmehr auch ein Teil des abgespaltenen Eisens nur eine lockere Verbindung mit gewissen Eiweißstoffen der Leber eingeht, welche dann dieses Eisen als nicht weiter verwendbaren Fremdkörper gegen die Gallenwege abscheiden. Für eine derartige Annahme würde die Thatsache sprechen, daß in der Leber neben eisenhaltigen Nukleïnen auch Stoffe vorhanden sind, welche sich gegen die allgemeinen Eisenreagentien genau wie Eisenalbuminat verhalten [4]).

Daß die Eisensalze der Galle nicht als normale Residuen der Bilirubinbildung betrachtet werden können, geht endlich auch aus dem Mißverhältnis zwischen Eisen- und Bilirubingehalt der Galle hervor. KUNKEL [5]) fand in derselben nur 1,4—1,5 Teile Eisen auf 100 Teile Bilirubin, während 100 Teile Hämatin 9 Teile Eisen liefern. Ferner haben MINKOWSKI und BASSERIN gezeigt, daß der Eisengehalt der Galle auch nach Vergiftungen mit Arsenwasserstoff unverändert bleibt, ob-

---

1) MAGNIER, Ber. d. Deutsch. chem. Gesellsch., Bd. 7, 1874, S. 1796. Noch bedeutend weniger Eisen fand R. GOTTLIEB, Arch. f. exp. Path. u. Pharm., Bd. 26, 1889, S. 139.

2) BIDDER und SCHMIDT, Die Verdauungssäfte und der Stoffwechsel, 1852, S. 411.

3) Quantitative Bestimmungen des Eisens in der Galle sind ausgeführt von HAMBURGER, Zeitschr. f, physiol. Chem., Bd. 4, 1880, S. 248 sowie in neuerer Zeit von J. NOVI, Arch. de Biol. ital., Bd. 13, 1890, S. 242.

4) ST. ZALESKI, Studien über die Leber, Zeitschrift f. physiol. Chemie, Bd. 10, 1886, S. 499.

5) KUNKEL, Eisen- und Farbstoffausscheidung in der Galle, Pflüger's Archiv, Bd. 14, 1877, S. 360.

gleich hierdurch die Umsetzung des Blutfarbstoffs in Bilirubin energisch gesteigert wird [1]).

Einen Hauptgrund, als Muttersubstanz des Bilirubins das Hämoglobin anzusprechen, bildet die Beobachtung, daß sich nach der Injektion von freiem Hämoglobin in die Blutbahn die Gallenfarbstoffbildung ungemein vermehrt zeigt [2]). Es wird ganz offenbar das injizierte freie Hämoglobin, wenn es in mäßiger Menge in den Blutstrom tritt, in der Leber festgehalten, um dort in Bilirubin umgesetzt und in die Galle befördert zu werden. Steigert man aber die eingespritzten Hämoglobinmengen, so verstopft das im Uebermaß gebildete Bilirubin die feinsten Gallengänge, es wird von den Lymphgefäßen resorbiert und veranlaßt Icterus mit Ausscheidung von Gallenpigmenten im Harn. Bei noch größerer Einverleibung von freiem Hämoglobin kann die Leber den gesamten Blutfarbstoff nicht aufnehmen. Seine Entfernung erfolgt deshalb zum Teil durch die Nieren. Neben Bilirubin wird dann reichlich Hämoglobin im Harn beobachtet. Auch in die Galle kann unter diesen Umständen unveränderter Blutfarbstoff übertreten [3]).

Man braucht nicht einmal direkt Hämoglobinlösungen ins Blut zu spritzen, um eine starke Vermehrung der Gallenfarbstoffbildung in der Leber und weiterhin das Erscheinen der Gallenpigmente im Harn zu veranlassen. Alle Substanzen, welche, in die Blutbahn gebracht, imstande sind, Blutkörperchen aufzulösen, so daß die Blutflüssigkeit hämoglobinhaltig wird, führen zu demselben Resultat. Man beobachtet infolgedessen Bilirubinurie nach Einspritzung von gallensauren Salzen [4]) sowie von viel Wasser ins Blut, ebenso von Glycerinlösung, ferner nach Inhalationen von Chloroform, Aether und namentlich nach Vergiftungen mit Morcheln, Pyrogallussäure, Arsenik, Blausäure, Schwefel, Schwefelwasserstoff, Arsenwasserstoff, Phosphor, Toluylendiamin und Antifebrin. Auch gehört hierher der Icterus, welcher nach umfangreichen Verbrennungen der Haut wahrgenommen wird, da auch hierdurch Blutkörperchen zum Zerfall kommen.

Unter pathologischen Verhältnissen hat man auch anderswo, als in der Leber, eine Umsetzung des Blutfarbstoffs in Bilirubin festgestellt. Den ersten Befund dieser Art machte VIRCHOW [5]), der krystalli-

1) Vergl. O. BASSERIN, Ueber den Eisengehalt der Galle bei Polycholie, Archiv f. exp. Pathol. u. Pharmakol., Bd. 23, 1887, S. 145.

2) W. KÜHNE, Virchow's Arch., Bd. 14, 1359, S. 338. NOTHNAGEL, Berl. klin. Wochenschr., 1866, S. 31. TARCHANOFF, Pflüger's Archiv, Bd. 9, 1874, S. 332. Vergl. auch A. VOSSIUS, Archiv f. exp. Pathol. u. Pharmakol., Bd. 11, 1879, S. 446. A. KUNKEL, Virchow's Archiv, Bd. 79, 1880, S. 463. PONFICK, Berliner klin. Wochenschrift, Bd. 20, 1883, S. 389 und Virchow's Archiv, Bd. 62, 1875, S. 328. E. STADELMANN und GORODECKI, Arch. f. exp. Pathol. u. Pharmakol., Bd. 27, 1890, S. 93.

3) WERTHEIMER und MEYER, Compt. rend., Bd. 108, 1889, S. 357 und Arch. de Physiol., (5) Bd. 1, S. 438. W. FILEHNE, Der Uebergang des Hämoglobins in die Galle, Virchow's Archiv, Bd. 121, 1890, S. 605. STERN, Ueber das Auftreten von Oxyhämoglobin in der Galle, Virchow's Archiv, Bd. 123, 1891, S. 33.

4) FRERICHS, Arch. f. Anat. u. Physiol., 1855, S. 59 und W. KÜHNE, Virchow's Arch., Bd. 14, 1859.

5) VIRCHOW, dessen Archiv, Bd. 1, 1847, S. 379 und 407. Vergl. hierüber auch ROBIN, Compt. rend., Bd. 41, 1855, S. 506. JAFFÉ, Virchow's

siertes Bilirubin in alten Blutextravasaten nachwies, welches er zuerst als Hämatoïdin beschrieb. Auch in Cystenflüssigkeiten und hämorrhagischen Infarcten, beim Austritt von Blut aus den Hautgefäßen infolge von Quetschungen läßt sich die Bildung von Bilirubin beobachten. Dieses Pigment erfährt dann zum Theil wenigstens eine Oxydation und geht in sauerstoffreichere Farbstoffe über, wodurch ein allmählicher Farbenwandel der betreffenden Hautstelle veranlaßt wird, welcher einer langsam verlaufenden GMELIN'schen Reaktion entspricht. Weiter findet sich Bilirubin auch in den Randgefäßen der Placenta, wo das Blut leicht zur Stagnation gelangt.

Eine Reihe wichtiger Beobachtungen über die Bildung von Gallenfarbstoffen aus Hämoglobin außerhalb der Leber hat in neuerer Zeit LATSCHENBERGER [1]) mitgeteilt. Es ist bekannt, daß stark abgekühltes Pferdeblut nicht gerinnt und sich durch Absetzen leicht und vollkommen in Plasma und Blutkörperchen scheiden läßt. Derartig gewonnenes Plasma sowohl, als auch der rückständige Blutkörperchenbrei wurden, jedes an einer anderen Körperstelle, einem Pferde in das subkutane Bindegewebe gespritzt. Als nach 12 Tagen das Tier getötet wurde, ergab sich, daß die Stelle, wohin das Plasma gelangt war, ein normales Ansehen zeigte, jedenfalls keinen Gallenfarbstoff enthielt. Dagegen fanden sich dort, wohin die Blutkörperchen verbracht waren, neben flüssigem Blut dunkel-orange bis glänzend-gelbe Schollen, welche aus kleinen Kügelchen, ein viertel so groß wie die Blutkörperchen, bestanden und die eine sehr intensive GMELIN'sche Reaktion gaben. Ein ähnliches Resultat wurde erzielt, als ein mit Wasser angerührter Brei von reinen Hämoglobinkrystallen aus Pferdeblut einem anderen Pferde subkutan beigebracht wurde. Nach 12 Tagen fand man an der betreffenden Stelle in den Gewebsstücken nur körnige Massen, welche diesmal eine grün-gelbe Färbung zeigten, sich aber durch die GMELIN-sche Reaktion ebenfalls als Gallenpigmente zu erkennen gaben.

Da im letzteren Falle kein Blutfarbstoff, aber an Stelle desselben Gallenfarbstoff gefunden wurde, und da andererseits im umgebenden Gewebe kein Gallenfarbstoff vorhanden war, so konnte derselbe in den Gewebslücken nur aus dem injizierten Blutfarbstoff entstanden sein.

Neben diesen Farbstoffen fand LATSCHENBERGER stets noch dunkel gefärbte eisenhaltige Pigmente, sogenannte Melanine, welche NEUMANN [2]) auch in Blutextravasaten und Thromben beim Menschen auffand und als Hämosiderin beschrieben hat. Sie verdanken ihren Eisengehalt

---

Archiv, Bd. 23, 1862, S. 192. SALKOWSKI, Hoppe-Seyler's med.-chem. Unters., 1868, S. 436.

1) LATSCHENBERGER, Die Bildung des Gallenfarbstoffes aus dem Blutfarbstoff, Monatshefte f. Chemie, Bd. 9, 1888, S. 52. Vergl. hierüber auch die Untersuchungen von LANGHANS, Virchow's Archiv, Bd. 49, 1870, S. 66. CORDUA, Ueber den Resorptionsmechanismus von Blutergüssen, Berlin 1877. QUINCKE, Virchow's Archiv, Bd. 95, 1884, S. 125.

2) E. NEUMANN, Beiträge zur Kenntnis der pathologischen Pigmente, Virchow's Archiv, Bd. 111, 1888, S. 25. Nach KUNKEL handelt es sich um Eisenoxydhydrat. Vergl. KUNKEL, Ueber das Vorkommen von Eisen nach Blutextravasationen, Zeitschr. f. physiol. Chem., Bd. 5, 1881, S. 40. Weitere Litteraturangaben über diese Frage finden sich bei ZALESKI, Zeitschr. f. physiol. Chem., Bd. 10, 1886, namentl. auf S. 482.

zweifellos dem Hämoglobineisen. Da in der Leber Substanzen von genau demselben Verhalten nicht gefunden werden, scheint die Umformung des in die Gewebe ausgetretenen Hämoglobins zu Gallenpigment doch in etwas anderer Weise vor sich zu gehen, als die normale Bilirubinbildung in den Leberzellen.

Endlich ist bemerkenswert, daß einen ähnlichen Uebergang von Hämoglobin in Gallenfarbstoff RECKLINGHAUSEN [1]) auch außerhalb des Tierkörpers wahrnahm, als er Froschblut längere Zeit fäulnisfrei aufbewahrte. [¦'

Da wir die Galle im allgemeinen als Exkret bezeichnet haben, bedarf diese Anschauung noch im einzelnen der Begründung.

Bei den Gallenpigmenten kann in dieser Beziehung kaum ein Zweifel obwalten. Schon ihre Mengen sind viel zu gering, als daß sie die Vorgänge im Darm wesentlich beeinflussen könnten. STADELMANN [2]) fand in der normalen Galle von Hunden, welche in 24 Stunden zur Ausscheidung kam, nur 0,16 g Bilirubin. Uebrigens sollen die Gallenfarbstoffe, wenn man sie ins Blut spritzt, giftig wirken [3]), was ebenfalls für ihren Exkretcharakter sprechen würde. Endlich werden die Gallenpigmente sicherlich größtenteils mit den Faeces entleert, doch nicht als solche. Sie erfahren vielmehr durch bakterielle Einflüsse in den unteren Darmpartien eine Reduktion und werden, wie bei der Behandlung mit Natriumamalgam und Wasser [4]), in Hydrobilirubin übergeführt.

Dieses Reduktionsprodukt läßt sich den Faeces nach dem Ansäuern mittels Schwefelsäure durch absoluten Alkohol leicht entziehen. Giebt man zur filtrierten alkoholischen Lösung Chloroform und gießt die Flüssigkeit in viel Wasser, so fällt das Chloroform mit dem Farbstoff beladen aus und kann im Scheidetrichter von der übrigen Flüssigkeit getrennt werden. Die so gewonnene Lösung des Hydrobilirubins ist braungelb gefärbt und läßt sich durch absoluten Alkohol beliebig verdünnen. Auch in Wasser oder Aether ist der Farbstoff nach dem Verdunsten des Chloroforms auflöslich. Diese Lösungen besitzen schwach grüne Fluorescenz und verändern sich teilweise beim längeren Stehen, indem unter Trübung eine braune Substanz ausgeschieden wird; die Lösung in Chloroform dagegen ist sehr haltbar. Die angesäuerte alkoholische Lösung zeigt einen schwachen Absorptionsstreifen bei F. Durch Zusatz von Ammoniak im Ueberschuß und Chlorzinklösung wird die Flüssigkeit mehr rotgelb und läßt nunmehr eine ausgesprochene grüne Fluorescenz wahrnehmen. Der scharf abgesetzte Absorptionsstreifen rückt zugleich mehr nach E. Die Lösung des Hydrobilirubins in Chloroform giebt beim Schütteln mit alkalisch gemachtem Wasser den Farbstoff an dasselbe ab, wodurch sich das Wasser gelb, und nach dem Uebersättigen mit einer Säure rötlich färbt.

---

1) E. VON RECKLINGHAUSEN, Handbuch d. allg. Pathologie des Kreislaufs und der Ernährung, Stuttgart 1883, S. 424.

2) E. STADELMANN, Archiv f. exp. Pathol. u. Pharmakol., Bd. 15, 1882, S. 349.

3) DE BRUIN, Ueber die giftige Wirkung des Bilirubins bei der Gelbsucht, Amsterdam 1889. Ref. im Centralbl. f. klin. Med., Bd. 11, S. 491.

4) Vergl. S. 167.

Es fragt sich weiter, welche Rolle das Cholestearin in der Galle spielt. Dasselbe wird hier in sehr wechselnder Menge gefunden, welche in der Fistelgalle selbst bis zu 5,6 Proz. steigen kann [1]). Nach HOPPE-SEYLER [2]) sind die Cholestearine wahrscheinlich als Spaltungsprodukte aufzufassen, welche bei den Umsetzungen des lebenden Protoplasmas regelmäßig gebildet werden. Nur deshalb sind sie so konstant in allen tierischen und pflanzlichen Zellen nachweisbar. Sie scheinen im tierischen Organismus schwer zersetzlich und werden deshalb, mindestens zum Teil, durch die Galle eliminiert. Ist durch pathologische Vorgänge die vitale Energie der Zellen herabgesetzt, so sind letztere besonders außer Stande, eine Spaltung und Oxydation der resistenten Cholestearine durchzuführen. So läßt sich vielleicht die Ansammlung dieser Stoffe in pathologisch veränderten Geweben erklären. Die Cholestearine hätten demnach, gleich den Gallenpigmenten, lediglich die Bedeutung von Exkretstoffen.

Weniger einfach liegt die Frage bei den gallensauren Salzen. Daß diese im Darmkanal größtenteils wieder zur Resorption gelangen, dafür lassen sich eine ganze Reihe von Beobachtungen und Versuchen anführen.

Zunächst wurde bereits bemerkt, daß die Menge der Galle auffallend abzunehmen scheint, wenn das Sekret durch eine Fistel nach außen abgeleitet wird. Ferner sprechen für die Resorbierbarkeit der Cholate die Befunde, nach welchen sie als die einzigen Stoffe gelten müssen, welche unter allen Umständen eine stark vermehrte Sekretion der Galle bewirken. Weiter läßt ein Versuch von WEISS [3]) in dieser Beziehung kaum noch einen Zweifel bestehen.

Die Galle der Hunde enthält lediglich Taurocholsäure, niemals Glykokollsäure. Giebt man einem Gallenfistel-Hunde Cholalsäure, so führt auch unter diesen Umständen die stark vermehrte Galle stets nur Taurocholsäure. Als aber WEISS Hunden drei Tage lang hintereinander je 5—9 g glykokollsaures Natron in Gelatinekapseln gab, gestaltete sich die Zusammensetzung der Hundegalle anders. Am dritten Tage ergab sich, daß in der Blasengalle der getöteten Tiere 25—30 Proz. der Gallensäuren schwefelfrei waren und aus Glykokollsäure bestanden. Zu den gleichen Resultaten gelangten in neuerer Zeit PRÉVOST und BINET [4]).

Bei der Annahme, daß die Gallensäuren im wesentlichen nicht fortwährend neu gebildet werden, sondern zwischen Resorption und Ausscheidung einen intermediären Kreislauf beschreiben, darf auch die Größe des Eiweißumsatzes im Organismus auf den absoluten Gehalt der Galle an Cholaten nur wenig Einfluß besitzen, wiewohl es ganz sicher ist, daß der Stickstoff des Glykokolls und Taurins, sowie der Schwefel des letzteren aus der Eiweißnahrung stammt. Untersuchungen

1) OSKAR JACOBSEN, Ber. d. Deutsch. chem. Gesellsch., Bd. 6, 1873, S. 1026.

2) HOPPE-SEYLER, Physiol. Chemie, Bd. 1, S. 81.

3) A. WEISS, Ref. im Mediz. Centralbl., 1885, S. 121.

4) PRÉVOST und BINET, Compt. rend., Bd. 106, 1888, S. 1690. Auch WINTELER fand bei einem Gallenfistelhunde die per os eingeführten Cholate zum größten Teil in dem ausgeflossenem Sekret wieder vor, Inaug.-Diss. Dorpat 1892.

von Kunkel [1]) und von Spiro [2]) haben die Richtigkeit dieser Annahme in der That bewiesen. Sie fanden den Stickstoff- und den Schwefelgehalt der Galle von Fistelhunden nicht entsprechend verändert, wenn die Stickstoffausscheidung im Harn infolge gesteigerter Eiweißfütterung ihr Maximum erreicht hatte. Als endlich Tappeiner [3]) Lösungen der gallensauren Salze in abgebundene Darmschlingen von Hunden injizierte, konnte er feststellen, daß zwar die in Duodenalschlingen eingebrachten Flüssigkeiten nicht verschwanden, daß aber in den ebenso behandelten Jejunum- und Ileumschlingen eine bedeutende Resorption der Cholate stattfand.

Hierbei war zu bemerken, daß im Jejunum nicht beide Gallensäuren, sondern nur das glykokollsaure Natron von den Darmepithelien aufgenommen wurden. Es scheint demnach, daß die Schleimhaut der einzelnen Darmabschnitte eine spezifische Fähigkeit für die Resorption der Gallensäuren besitzt. Dies zeigte insbesondere auch der Befund, daß beim Einbringen von Milch und gallensauren Salzen in eine Duodenalschlinge lediglich die Milch resorbiert wurde, während im Jejunum nur das taurocholsaure Natron, im Ileum dagegen nichts zurückblieb.

Ferner gelang es Tappeiner, aus 150 g Chylus, welcher aus dem Brustgang eines Hundes gesammelt wurde, gallensaure Salze zu isolieren und nachzuweisen.

Nimmt man hierzu noch die schon von Bidder und Schmidt [4]) gefundene Thatsache, daß die Cholalsäuren, welche übrigens gegen die zersetzende Einwirkung der Fäulnis sehr resistent sind, sich nur in unwesentlichen Mengen in den Faeces auffinden lassen, so kann an der Resorption der gallensauren Salze im Dünndarm nicht wohl gezweifelt werden.

Im Blute sind die Cholate unter normalen Verhältnissen allerdings noch nicht aufgefunden worden. Dennoch müssen sie darin vorhanden sein, denn sie gelangen ja vom Ductus thoracicus aus in die Blutbahn. Wie früher bereits erwähnt wurde, besitzen die gallensauren Salze die Fähigkeit, sich Proteïnstoffen in eigentümlicher Weise innig anzulagern, so daß sie bei eintretenden Fällungen mit diesen niedergerissen werden. Derartig fest gebunden werden wohl auch die Cholate in die Blutflüssigkeit treten, was um so wahrscheinlicher ist, als die Cholate im freien Zustande als Herzgifte bekannt sind. Vielleicht gelingt es, durch eine vorausgegangene künstliche Verdauung von viel Blutserum die Verbindung der Cholate mit den Eiweißstoffen zu zersetzen und erstere zum Nachweis zu bringen.

Ist die Resorption der Cholate sichergestellt, so können sie auch, im Gegensatz zu den Gallenpigmenten und den Cholestearinen, nicht als Exkretstoffe betrachtet werden, es muß ihnen somit irgend eine

1) Kunkel, Untersuchungen über den Stoffwechsel in der Leber, Würzburg 1875 und Pflüger's Archiv, Bd. 14, 1876, S. 344.

2) Spiro, Archiv f. Anat. u. Physiol., 1880, Supplem., S. 50.

3) Tappeiner, Ueber die Aufsaugung der gallensauren Alkalien im Dünndarm, Wiener Sitzungsber., Bd. 77, 1878, Abt. III.

4) Bidder und Schmidt, Die Verdauungssäfte und der Stoffwechsel, S. 217. Vergl. auch Huppert, Archiv f. Heilkunde, 1864.

physiologische Funktion zufallen. Diese ist offenbar in erster Linie darin zu suchen, daß die Cholate als Transportmittel dienen für die aus der Leber fortzuführenden Cholestearine, welche nur bei der Gegenwart von gallensauren Alkalien in der Galle auflöslich sind.

Ferner sind die Cholate wahrscheinlich auch jene Gallenbestandteile, welche bei der Aufsaugung der Fette seitens der Darmwand noch irgend eine Aufgabe zu erfüllen haben, welche vielleicht nur darin besteht, daß durch die Cholate die Oberfläche der Epithelzellen für die Fette benetzbar wird [1]).

Uebrigens vermögen die Cholate die Fette kaum zu lösen, dagegen ziemlich leicht die in den übrigen Flüssigkeiten des Darmtraktes ganz unlöslichen Seifen der alkalischen Erden. Da sich im Darmkanal stets Kalk- und Magnesiaseifen bilden, so ist diese Fähigkeit der Cholate vielleicht auch für die Fettresorption nicht ganz bedeutungslos. Man kann sich von dieser Eigenschaft der gallensauren Salze überzeugen, wenn man eine stark verdünnte, wäßrige Natronseifenlösung mit wenig Gypswasser oder Magnesiumsulfat fällt und hierzu eine Lösung der Cholate in Wasser oder 0,2-proz. Soda giebt. Ist die Menge der gallensauren Salze genügend, so lösen sich die Kalk- oder Magnesiaseifen, namentlich bei gelindem Erwärmen.

MALY und EMICH haben beobachtet, daß Flüssigkeiten, welche ein Gemisch beider Cholate in Lösung halten, hinzugefügte native Proteïnstoffe fällen, während deren Verdauungsprodukte, die Albumosen und Peptone, sich hierbei nicht ausscheiden. Indessen scheint es gewagt, hieraus irgend welche Beziehungen der Galle zur Eiweißverdauung herleiten zu wollen. Denn diese eiweißfällende Eigenschaft kommt lediglich der Taurocholsäure zu, welche in den Gallen vieler Pflanzenfresser gänzlich fehlt [2]).

Zu welchem Zweck endlich die geringen Fett-, Lecithin- und Seifenmengen in der Galle vorhanden sind, ist nicht einzusehen.

Es wurde erwähnt, daß unter gewissen Umständen auch außerhalb der Leber Gallenpigmente aus dem Blutfarbstoff hervorgehen können. Diese Thatsache einer lokalen Bildung von Gallenfarbstoffen aus Hämoglobin mußte die Frage berechtigt erscheinen lassen, ob nicht unter pathologischen Verhältnissen auch in der freien Blutbahn eine Umwandlung des Hämoglobins in Bilirubin möglich ist. Während man früher in der That geneigt war, gewisse Fälle von Icterus auf einen hämatogenen Ursprung zurückzuführen, ist diese Annahme zuerst durch NAUNYN [3]) erschüttert worden. Dieser

---

1) Nach HEIDENHAIN befördert die Galle den Eintritt des Fettes in die Epithelzellen, „weil sie (mit anderen Verdauungssäften) die Emulgierung der Fette begünstigt, und weil durch sie die Oberfläche der Zellen für die Fette benetzbar wird. Mehr zu behaupten, würde über die sichergestellten Erfahrungen hinausgehen." HEIDENHAIN, Beiträge zur Histologie und Physiologie der Dünndarmschleimhaut, Pflüger's Archiv, Bd. 43, 1888, S. 91.

2) MALY und EMICH, Ueber das Verhalten der Gallensäuren zu Eiweiß etc., Monatshefte f. Chemie, Bd. 4, 1883, S. 89 und Bd. 6, 1885, S. 95.

3) NAUNYN, Beiträge zur Lehre vom Icterus, du Bois's Archiv, 1868, S. 435.

fand in einer Reihe von Icterusfällen bei Pyämie, bei welchen die Zeichen des Abschlusses der Galle vom Darmrohr, sowohl bei der Obduktion der Leiche, als im Leben, fehlten, und die daher nicht Fälle von Resorptionsicterus zu sein schienen, im Urin Gallensäuren, welche daraus in großer Menge isoliert werden konnten. Ein derartiger Befund kann aber natürlich nur auf die Existenz eines hepatogenen (Resorptions-) Icterus bezogen werden kann. Da ferner STADELMANN[1]) auch den Icterus nach der Vergiftung mit Toluylendiamin oder Phosphor sicher als hepatogen erkannt hat und endlich die Versuche von MINKOWSKI und NAUNYN[2]) festgestellt haben, daß jener Icterus, welcher regelmäßig nach Arsenwasserstoffvergiftung beobachtet wird, bei entleberten Gänsen nicht zustande kommt, scheint die Möglichkeit eines hämatogenen Icterus überhaupt höchst zweifelhaft. In allen jenen Fällen, wo man eine Umwandelung von Blutfarbstoff in Gallenpigment außerhalb der Leber wahrgenommen hat, handelte es sich ja nicht um lebendes, sondern um abgestorbenes, dem Kreislauf entzogenes Blut.

Die pathologischen Veränderungen der Galle. Die Galle kann unter pathologischen Verhältnissen mancherlei Veränderungen erfahren. Man hat gelegentlich beobachtet, daß aus Gallenfisteln beim Menschen ein Sekret entleert wurde, welches farblos war[3]). Dasselbe enthielt alle Gallenbestandteile in normaler Menge, nur die Gallenpigmente fehlten vollkommen. Bei diesen Fällen von „pigmentärer Acholie" ergab die Sektion regelmäßig eine fettige Degeneration der Leberzellen. Auch liegen Beobachtungen vor, wo die Cholate in der Blasengalle fast vermißt wurden[4]). Derartige Patienten litten an amyloïder Degeneration der Leber.

Kommt es durch irgend welche Vorgänge zur Verstopfung eines Astes der Gallengänge oder des Ductus cysticus, so kann das Sekret hinter der verstopften Stelle abnorme Beschaffenheit annehmen. Die spezifischen Gallenbestandteile fehlen dann oft vollkommen. Man findet in den erweiterten Gallengängen oder in der dilatierten Blase bisweilen nur das schleimige Nukleoalbumin. Unter Umständen erfüllen die Gallenblase aber auch Proteïnsubstanzen, welche sonst gar nicht in der Galle vorkommen, nämlich die Eiweißkörper des Serums oder auch Glykoproteïde, welche speziell zur Gruppe der Mucinoïde gehören. Kocht man letztere Substanzen, welche auch in fester Form gefunden worden sind[5]), mit verdünnter Schwefelsäure, so erhält man neben Pepton

1) STADELMANN, Archiv f. exp. Pathol. u. Pharmak., Bd. 14, 1881, S. 231 und 422, Bd. 15, 1882, S. 337, Bd. 16, 1883, S. 118 und 221, Bd. 24, 1888, S. 270 und Deutsch. Archiv f. klin. Medizin, Bd. 43, 1888, S. 527. Vergl. auch AFANASSIEW, Zeitschr. f. klin. Medizin, Bd. 6, 1883, S. 281.

2) MINKOWSKI und NAUNYN, Ueber den Icterus durch Polycholie und die Vorgänge in der Leber bei demselben, Archiv f. exper. Pathol. und Pharmak., Bd. 21, 1886, S. 1.

3) RITTER, Farblose Galle, Journ. de l'anatom. et de la physiol., 1872, S. 181.

4) HOPPE-SEYLER, Physiologische Chemie, Bd. I, S. 317.

5) R. NEUMEISTER, Ueber eigentümliche Eiweißsubstanzen im Inhalt einer ektatischen Gallenblase, Sitzungsber. der Physik.-med. Gesellsch. zu Würzburg, 1890, S. 41.

einen Körper der Kohlehydratgruppe, welcher in Alkohol löslich ist und FEHLING'sche Lösung reduziert. Solche Mucinoïde, meist in gelöstem Zustande (vergl. Paralbumin), werden auch sonst im Inhalt gewisser Cysten häufig wahrgenommen.

Ferner finden sich in der Gallenblase und in den Gallengängen, ohne daß eine Verstopfung vorzuliegen braucht, namentlich bei älteren Individuen, Konkremente, welche eine bedeutende Größe erreichen können und dann als G a l l e n s t e i n e bezeichnet werden. Letztere können beim Menschen bis zum Umfang eines Hühnereies anwachsen.

Die kleineren Steine kommen multipel vor und sind oft eckig und facettiert, während die meist einzeln zu findenden großen Steine eine runde oder ovale Form zeigen. Die Oberfläche der Steine ist physikalisch sehr verschieden, glatt oder rauh, ganz hell bis tief-dunkel. Je nach dem Material, welches sich am Aufbau der Steine vorwiegend beteiligt, unterscheidet man Cholestearin- und Pigmentsteine, sowie deren Mischformen [1]).

Die Cholestearinsteine sind in der menschlichen Galle bei weitem die häufigsten. Sie sollen beim Menschen 90 Proz. aller Gallensteine bilden. Ihre Farbe ist weiß oder hellgelb, ihr spez. Gewicht meist geringer, als dasjenige des Wassers. Schneidet man einen solchen Stein durch, so findet man oft einen dunklen Kern, welcher aus Bilirubinkalk besteht. Um diesen Kern befindet sich dann eine helle Cholestearinschale von strahlig-krystallinischem Gefüge.

Die Pigmentsteine finden sich seltener beim Menschen, dagegen sehr häufig in den Gallenwegen der Rinder. Sie sind gelb bis braunrot, oft kastanienfarbig. Im Gegensatz zu den Cholestearinsteinen sind die reinen Pigmentsteine gegen Druck wenig widerstandsfähig. Sie lassen sich leicht zu einem dunklen Pulver zerdrücken und sind schwerer als Wasser. Die Pigmentsteine bestehen vorwiegend aus Bilirubinkalk und aus Mineralstoffen, namentlich aus phosphorsaurem und kohlensaurem Kalk. Wenn die anorganischen Kalksalze bedeutend überwiegen, so bezeichnet man die Konkremente wohl auch als Calciumkarbonatsteine.

Außer Bilirubinkalk kommt, wenigstens beim Menschen, in den Pigmentsteinen auch Biliverdinkalk vor. Ferner hat man bisweilen eigentümliche Abkömmlinge des Bilirubins gefunden, Pigmente, welche der normalen Galle fremd sind, nämlich Bilifuscin, Biliprasin und Bilihumin [2]). Sie sind künstlich noch nicht aus Bilirubin dargestellt, dagegen zum Teil aus Leichengalle und aus gestandenem icterischem Harn. Alle diese Farbstoffe geben die GMELIN'sche Reaktion nicht.

Das Bilifuscin ($C_{32} H_{40} N_4 O_8$?) bildet kleine schwarze oder grünschwarze, metallglänzende Steine. Das in Wasser, Aether und Chloroform unlösliche Pigment wird sowohl von Alkalien, als auch von Alkohol unter Bildung einer tiefbraunen Lösung leicht aufgenommen und unterscheidet sich hierdurch vom Bilihumin, welches in allen organischen Lösungsmitteln ganz unlöslich ist und daher beim Ausziehen der Gallen-

---

1) Umfassende Analysen von Gallensteinen sind namentlich von RITTER ausgeführt worden, Journ. de l'anatom. et de la physiologie, 1872, S. 60 und Ref. in den Jahresberichten für Tierchemie, Bd. 2, 1872, S. 246.

2) Vergl. STAEDELER, Ueber die Farbstoffe der Galle, Vierteljahrsschr. der Naturforschenden Gesellsch. zu Zürich, 1868. HEYNSIUS und CAMPBELL. Die Oxydationsprodukte der Gallenfarbstoffe und ihre Absorptionsstreifen, Pflüger's Arch., Bd. 4, 1871, S. 504.

steine mit Chloroform, Aether und Alkohol im Rückstande bleibt. Das sogenannte Biliprasin scheint ein Gemenge von Bilifuscin und Biliverdin zu sein. Man gewinnt es beim Ausziehen mancher Gallensteine mit absolutem Alkohol als grüne Lösung, welche beim Zugeben von Ammoniak braun wird. Die alkalischen Lösungen des Bilifuscins und Biliprasins zeigen ein Absorptionsband zwischen C und D.

Weiter sind auch Gallensteine beim Menschen gefunden worden, welche nach der Extraktion mittels Alkohol und Aether an verdünnte Salzsäure einen violettbraunen Farbstoff abgaben[1]. Durch seine eigentümlich gelagerten Absorptionsstreifen gab er sich als Bilicyanin zu erkennen. Dieser wenig beständige Farbstoff wird vorübergehend bei der GMELIN'schen Reaktion beobachtet, aber unter anderem auch gewonnen durch Schütteln einer nicht zu verdünnten Bilirubinlösung in Chloroform mit tropfenweis zugefügter gelber Salpetersäure. Sobald die Lösung violett geworden ist, giebt man Weingeist hinzu, worauf eine tiefblaue Flüssigkeit entsteht[2]. Endlich soll auch Choletelin ($C_{32}H_{36}N_4O_{12}$?) in den Gallensteinen häufig vorkommen[3], dessen Spektralerscheinungen allerdings von denen des Hydrobilirubins wohl kaum zu unterscheiden sind. Die Aehnlichkeit beider Pigmente wird noch vermehrt durch die Thatsache, daß man durch Oxydation der Gallenfarbstoffe mittels Bleisuperoxyd ein Choletelin gewinnen kann, dem auch die oben (vergl. S. 175) besprochenen grünen Fluorescenzerscheinungen des Hydrobilirubins zukommen[4], während dies allerdings nicht gilt für das Choletelin, welches durch die Einwirkung von Salpetersäure auf Bilirubin als letztes Oxydationsproduct entsteht.

Erwähnenswert ist noch die Thatsache, daß in den Gallensteinen häufig geringe Mengen von Schwermetallen gefunden wurden, nicht nur Eisen, sondern auch Kupfer, Mangan, Zink, Arsen, Antimon und Quecksilber. Auch in diesem Befund zeigt sich die Bedeutung der Galle als Exkret. Es gelangen diese Metallspuren offenbar mit der Nahrung oder wohl auch als Medikamente zur Resorption, werden aber in der Leber festgehalten und durch die Galle eliminiert.

Ueber die Entstehung der Gallensteine lassen sich nur Vermutungen hegen. Da das Cholestearin nur durch die Cholate in Lösung gehalten wird, liegt es nahe, auf den zeitweiligen Mangel dieses Lösungsmittels die Bildung der Cholestearinsteine zu beziehen. Ebenso kann man sich auch vorstellen, daß zeitweise mehr Cholestearin durch die Leberzellen zur Ausscheidung gelangt, als die vorhandenen Cholate aufzunehmen vermögen. Die Lösung des Cholestearins soll übrigens nach HOPPE-SEYLER auch nachträglich eintreten können. Man findet nämlich häufig Cholestearinsteine, deren Oberfläche darauf hindeutet, daß an ihr eine Lösung von Cholestearin stattgefunden hat[5].

Weiter scheinen vielleicht auch Fremdkörper, wie abgestorbene Epithelien, bei der Steinbildung eine Rolle zu spielen. Denn löst man die Gallensteine auf, so bleibt regelmäßig eine stickstoffhaltige Substanz

1) HEYNSIUS und CAMPBELL, a. a. O. S. 537.

2) R. MALY, Hermann's Handbuch der Physiologie, Bd. 5, 2, S. 164.

3) HEYNSIUS und CAMPBELL, a. a. O. S. 539.

4) STOKVIS, Centralblatt für die mediz. Wissenschaft., 1873, S. 211 und 449.

5) HOPPE-SEYLER, Physiologische Chemie, Bd. 1, S. 322.

zurück, welche aber nicht aus dem schleimigen Nukleoalbumin besteht, sondern organisiert ist.

Endlich muß angenommen werden, daß wenigstens die Pigmentsteine infolge von katarrhalischer Erkrankung der Gallenwege und damit verbundenen Stauungszuständen sich bilden können. Es wird nämlich die gestaute Galle in ihrer Zusammensetzung bald verändert, indem gewisse Stoffe des Sekretes durch Resorption verschwinden, während heterogenes Material, namentlich Kalksalze zuströmen, welche dann Fällungen von Pigmentkalk verursachen können. Diese Frage hat in neuerer Zeit durch DOCHMANN [1]) eine experimentelle Untersuchung erfahren. Er'fand nämlich nach dem Verschluß des Ductus choledochus bei Hunden um so größere Kalkmengen und gleichzeitig um so geringere Natronmengen, je länger er die Galle künstlich anstaute.

Viertes Kapitel.

Die Veränderung der Nährstoffe durch die Verdauungssäfte.

Die Proteïnsubstanzen erfahren weder durch den Mundspeichel, noch durch den Succus entericus oder durch die Galle die geringsten Veränderungen. Dagegen wirkt auf dieselben der Magensaft sowie das Pankreassekret ein, da nur diese beiden Verdauungssäfte proteolytische Enzyme enthalten.

Um die Einwirkung des Magensaftes auf die Eiweißstoffe untersuchen zu können, bedarf man eines Pepsinpräparates, welches frei ist von den Produkten der Selbstverdauung der Magenschleimhaut. Sind nach mehrstündigem Stehen eines in verdünnter Salzsäure gelösten Pepsinpulvers bei 40° C keine Verdauungsprodukte in der Flüssigkeit nachweisbar, so ist dieselbe zu Verdauungsversuchen geeignet.

Handelt es sich dagegen um die Verdauung von Fibrin, so ist die Beschaffung einer reinen Pepsinlösung unnötig. Durch Versuche von WITTICH [2]) ist nämlich bekannt, daß der Blutfaserstoff die Fähigkeit besitzt, das Pepsin seinen Lösungen zu entziehen und sich mit dem Ferment zu imprägnieren. · Als verdauendes Agens genügt deshalb hier jedes käufliche Pepsinpräparat oder ein Magensaft, welcher durch Selbstverdauung der Magenschleimhaut etwa vom Schwein in verdünnter Salzsäure gewonnen wird. Man neutralisiert genau mittels fein zerriebenen Calciumkarbonats, da hierbei keine Gefahr entsteht, daß die Flüssigkeit auch nur partiell alkalisch wird, wodurch Anteile des Pepsins schnell ihre Wirksamkeit einbüßen könnten.

Sodann wird die Flüssigkeit mit den Fibrinflocken anhaltend durchschüttelt. Man erreicht dies am bequemsten durch die wirbelnde Bewegung eines Luftstromes, welchen man mit Hilfe eines Aspirators etwa während einer Stunde durch die Flüssigkeit leitet.

In der neutralen Flüssigkeit ist eine digestive Einwirkung des Pepsins auf die Fibrinflocken ausgeschlossen. Dagegen wird das Enzym der Lösung entzogen und haftet infolge einer eigentümlichen

1) A. DOCHMANN, Zur Lehre von der Galle und zur Theorie der Gallensteinbildung, Jahresber. f. Tierchemie, 1891, S. 270 (Ref.).

2) v. WITTICH, Pflüger's Archiv, Bd. 5, 1872, S. 435 und 442.

Attraktion so fest an dem Faserstoff, daß es auch beim nachfolgenden gründlichen Auswaschen der Fibrinflocken auf einem Seiher sich nicht entfernen läßt. Giebt man hierauf das von Verdauungsprodukten völlig freie Fibrin in verdünnte Salzsäure, so geht es bei Körpertemperatur sehr bald in Lösung und unterliegt der peptischen Verdauung.

Man kann die Neutralisation des künstlichen Magensaftes auch unterlassen, wenn man denselben vor dem Eintragen des Fibrins durch Hineinstellen von Steinsalzstücken mit Kochsalz sättigt. Denn auch in diesem Falle kann nach dem früher Mitgeteilten die Verdauung des Fibrins durch das Pepsin nicht stattfinden.

Wie zuerst von Wurtz [1]) nachgewiesen und in neuerer Zeit besonders von A. Fick [2]) festgestellt ist, äußern diese anziehende Eigenschaft gegen das Pepsin nicht nur das Fibrin, sondern alle festen genuinen Eiweißstoffe.

An Muskelstückchen oder an gefälltem Kaseïn haftet das Pepsin ebenfalls, wenn auch die Attraktionskraft dieser Eiweißstoffe gegen das Ferment der des frischen Fibrins nachsteht. Koagulierte Eiweißstoffe zeigen diese Eigenschaft kaum, oder in sehr geringem Grade. Doch läßt sie sich zweifellos bei Würfeln aus gekochtem Eierweiß nachweisen.

Die energische Absorption des Pepsins durch das Fibrin zeigt besonders schön ein Versuch von Grünhagen [3]). Befreit man in verdünnter Salzsäure (von 0,4 Proz.) gequollene Fibrinflocken durch Abpressen von der sauren Flüssigkeit, bringt sie auf einen bei Körpertemperatur zu haltenden Glastrichter mit enger Abflußöffnung, und übergießt nur eine Stelle der Fibrinmenge mit einigen Tropfen Pepsinlösung, so findet man den Trichter nach einigen Stunden leer, indem sich allmählich das gesamte Fibrin verflüssigt. Diese Erscheinung kommt offenbar dadurch zustande, daß die gelösten Anteile im Vorbeifließen ihr Pepsin an die noch nicht gelösten Flocken abgeben.

Alle nativen echten Eiweißstoffe, falls sie nicht schon in Lösung sich befinden, erfahren, wie das Fibrin, im Magensaft zunächst eine Quellung, dann eine einfache Auflösung, welcher sich bald die Denaturierung anschließt.

Es wird also aus den zunächst gelösten Eiweißstoffen durch die Magenverdauung Syntonin gebildet, das durch Neutralisieren der Verdauungsflüssigkeit mittels Natronlauge zur Ausscheidung kommt. Man kann sich von dieser Thatsache überzeugen, wenn man die im Grünhagen'schen Versuch gewonnene Flüssigkeit möglichst bald nach dem Abfließen durch tropfenweis zugesetzte Lauge von der Säure befreit.

Dasselbe Resultat der Syntoninbildung läßt sich nach unseren früheren Ausführungen (vergl. S. 24) auch ohne Pepsin, durch die Salzsäure allein erreichen. Aber unter diesen Umständen muß sowohl die Konzentration der Säure, als auch die Einwirkungstemperatur bedeutend gesteigert werden.

—

1) A. Wurtz, Ueber die Art der Einwirkung löslicher Fermente, Comptes rendus, Bd. 93, 1881, S. 1104.

2) A. Fick, Sitzungsber. der Würzburger physik.-med. Gesellschaft, 1889, S. 23. Vergl. auch K. Mann, Ueber die Absorption der proteolytischen Enzyme durch die Eiweißkörper, Inaug.-Diss. Würzburg 1892.

3) Grünhagen, Jahresber. d. Tierchemie, Bd. 2, 1872, S. 206.

Hieraus geht hervor, daß die fragliche Einwirkung der Salzsäure auf Eiweiß durch die Gegenwart des Pepsins wesentlich gefördert wird, so daß die Säure schon bei der geringen Konzentration von 0,2 Proz. und bei Körpertemperatur ihre denaturierende Eigenschaft entfalten kann. Nur in dieser Unterstützung der Säurewirkung ist die Bedeutung des ·Pepsins zu suchen. Dies ergiebt auch schon die Thatsache, daß ohne Gegenwart freier Säure das Pepsin gegen Eiweißstoffe völlig indifferent ist.

Die vor der Denaturierung zunächst erfolgende Auflösung der nativen Eiweißstoffe tritt um so mehr hervor, je schwächer die Konzentration der Salzsäure ist. Läßt man z. B. auf frische Fibrinflocken während einiger Stunden Pepsin und eine Salzsäure von 0,05—0,1 Proz. einwirken, so erhält man, nach der Entfernung des Syntonins durch Neutralisation und Filtrieren, beim Aufkochen des neutralen oder wie·der gerade angesäuerten Filtrats oft ein bedeutendes Eiweißkoagulat [1]).

Im Gegensatz zu den nativen Eiweißstoffen wird koaguliertes Eiweiß im allgemeinen nicht ohne direkte Denaturierung vom Magensaft gelöst. Nur beim gekochten Eieralbumin läßt sich, bei zweckmäßiger Anordnung des Versuchs, die Bildung von einfach gelöstem, also nochmals koagulierbarem Eiweiß nachweisen.

Auch die weitere Veränderung des Syntonins durch den Magensaft weicht nicht von derjenigen ab, wie sie siedende Mineralsäuren von stärkerer Konzentration allein zu wege bringen (vergl. S. 74). Es folgt nämlich der Denaturierung eine successive Spaltung des Eiweißmoleküls unter Hydratation.

Die zunächst entstehenden Spaltungsprodukte des Syntonins werden als Albumosen bezeichnet. Sie bilden eine eigentümliche Gruppe von Proteïnsubstanzen, welche bei andauernder Einwirkung des Magensaftes einer weiteren Spaltung unterliegen. Es entstehen so aus den Albumosen die Peptone, welche ebenfalls noch den allgemeinen Charakter der Proteïnsubstanzen tragen.

Mit dieser Peptonisierung der ˴Eiweißstoffe schließt die Wirkung der Magenverdauung ab.

Bei der hydrolytischen Spaltung der Eiweißstoffe durch längeres Kochen mit verdünnten Mineralsäuren oder Laugen, ferner durch anhaltende Einwirkung gespannter Wasserdämpfe von 200°, aber auch teilweise bei der Pankreasverdauung, geht diese Zersetzung über die Peptonbildung hinaus. Die Endprodukte sind hier, wie schon früher ausgeführt wurde, gewisse Amidosäuren, welche durch sehr starke Schwefelsäure noch eine weitere Zersetzung in Phenole, aromatische Oxysäuren, Furfurol und andere Produkte erfahren können.

Die Differenzierung der Verdauungsprodukte der Eiweißstoffe in die Albumosen und die Peptone, ist erst in den letzten Jahren von KÜHNE und CHITTENDEN [2]) endgiltig durch-

---

1) HASEBROCK, Ueber erste Produkte der Magenverdauung, Zeitschr. f. physiol. Chem., Bd. 11, 1887, S. 348. Vergl. auch R. NEUMEISTER, Zeitschr. f. Biologie, N. F. Bd. 9, 1890, S. 310.

2) KÜHNE und CHITTENDEN, Ueber die nächsten Spaltungsprodukte der Eiweißkörper, Zeitschr. f. Biol., N. F. Bd. 1, 1883, S. 159; Ueber Albumosen, ebendas. Bd. 2, 1884, S. 11; Ueber die Peptone, ebendas. Bd. 4, 1886, S. 423. W. KÜHNE, Albumosen und Peptone, Verhandl. des

geführt worden. Die Bezeichnungen von Substanzen, welche sich auf ältere Scheidungs- und Einteilungsprinzipien der Verdauungsprodukte beziehen, können hier übergangen werden, da sie nur eine historische Bedeutung besitzen.

Erwähnt sei hier nur, daß in älteren Abhandlungen oft die Gesamtheit aller durch den Magensaft gelösten Stoffe als Peptone zusammengefaßt wird. MEISSNER [1]) trennte das durch Neutralisation abscheidbare Syntonin von den übrigen Produkten und bezeichnete es als Parapepton.

Die Albumosen [2]), welche früher wohl auch Propeptone genannt wurden, stehen erklärlicherweise in ihrem chemischen Verhalten den Eiweißstoffen näher, als die durch weitere Spaltung entstandenen Peptone.

Denn die Albumosen lassen sich gleich den Eiweißstoffen aus ihren wässerigen Lösungen aussalzen, besonders auch durch Ammoniumsulfat [3]). Ferner sind die Albumosen zwar nicht gänzlich von der Dialyse ausgeschlossen wie die Eiweißstoffe, aber ihr Diffusionsvermögen ist gering [4]). Im reinen Zustande bilden sie, gleich den Eiweißstoffen, lockere, luftbeständige, amorphe Pulver.

Dagegen weichen die Albumosen in einem wesentlichen Punkte von den Eiweißstoffen ab: sie lassen sich weder durch Aufkochen ihrer neutralen oder angesäuerten wäßrigen Lösungen, noch durch beliebig lange Alkoholeinwirkung koagulieren, wiewohl sie, gleich den Eiweißstoffen, durch Alkohol fällbar sind.

Die Albumosen sind im allgemeinen viel leichter löslich, als die Eiweißstoffe. Die meisten nativen Albumosen lösen sich in reinem Wasser, während manche allerdings hierzu der gleichzeitigen Gegenwart von Neutralsalzen bedürfen. Von schwach sauren oder alkalischen Flüssigkeiten werden sämtliche Albumosen, welche bei der Magenverdauung entstehen, leicht aufgenommen.

Viele Fällungsreaktionen der Eiweißstoffe, namentlich die mittels Salpetersäure, Essigsäure und Ferrocyankalium, Sublimat, Phosphorwolframsäure bei Gegenwart von Salzsäure, sowie Gerbsäure, Pikrinsäure, Trichloressigsäure und endlich Jodquecksilberjodkalium bei Gegenwart von Salzsäure sind auch für die Albumosen giltig. Doch gelingt im allgemeinen die Fällung der letzteren, entsprechend der leichteren Löslichkeit dieser Verdauungsprodukte, schwieriger, als diejenige der Eiweißkörper.

Die Fällung der Albumosen erfordert meist eine stärkere Konzentration der Lösung und ist auch von der Temperatur abhängig. Letztere Eigentümlichkeit wird benutzt, um die Gegenwart von Albumosen nachzuweisen.

Naturhist. Vereins zu Heidelberg, N. F. Bd. 3, 1885, S. 286; Erfahrungen über Albumosen und Peptone, Zeitschr. f. Biol., N. F. Bd. 11, 1893, S. 1. Vergl. auch E. SALKOWSKI, Ueber den Begriff des Peptons und die Hemialbumose KÜHNE's, Virchow's Archiv, Bd. 81, 1880, S. 557.

1) MEISSNER, Zeitschr. f. ration. Med., III. Reihe, Bd. 7, 1859, S. 1.

2) Um das Verhalten der Albumosen zu studieren, kann man das käufliche sog. „Peptonum siccum" von WITTE in Rostock benutzen. Man verwende ein Präparat, dessen neutrale Lösung durch Sättigung mit Kochsalz, sowie namentlich auch durch Eingießen in viel Wasser stark gefällt wird, da nur derartige Präparate sämtliche Albumosen enthalten.

3) J. WENZ, Zeitschr. f. Biologie, N. F. Bd. 4, 1886, S. 11.

4) Vergl. W. KÜHNE, Zeitschr. f. Biologie, N. F. Bd. 11, 1893, S. 20.

Setzt man zu einer Eiweißlösung Salpetersäure, solange noch der entstehende Niederschlag sich vermehrt, und kocht, so erhält man keine Lösung, sondern nur ein gelbes Koagulat. Eine durch Salpetersäure hervorgerufene Albumosenfällung dagegen löst sich in der Siedehitze vollkommen, um beim Abkühlen der Flüssigkeit wieder aufzutreten.

Ferner werden die durch Salpetersäure erhaltenen Albumosefällungen auch in der Kälte im geringen Ueberschuß des Fällungsmittels unter allen Umständen sehr leicht gelöst, was bei den Eiweißstoffen so vollkommen nie der Fall ist. Und zwar lösen sich letztere in überschüssiger kalter Salpetersäure um so unvollständiger, je mehr die Flüssigkeit gleichzeitig Salze enthält.

Ganz ähnlich, wie durch Salpetersäure, werden die Albumosen durch Zugeben von Essigsäure und viel Kochsalz zu ihren Lösungen erkannt. Versetzt man eiweißhaltige Flüssigkeiten mit dem gleichen Volumen konzentrierter Kochsalzlösung und säuert hierauf mit Essigsäure an, so entsteht nach einem gewissen Säurezusatz eine Eiweißfällung, die sich beim Aufkochen meist verstärkt, auf keinen Fall vermindert. Ebenso verhalten sich zunächst die Albumosen. Aber die in der Kälte eingetretene Fällung löst sich beim Kochen direkt oder nach dem Zugeben von wenig Wasser, um beim Abkühlen der Flüssigkeit wiederzukehren. Doch ist hierbei zu bemerken, daß gewisse Albumosen bestimmter Eiweißstoffe durch Salpetersäure oder Essigsäure überhaupt nur dann gefällt werden, wenn zugleich Kochsalz bis zur Sättigung in ihre Lösungen eingetragen wird [1]).

Durch die Spaltung des Eiweißmoleküls entstehen aus dem Syntonin zunächst zwei verschiedene Albumosen, die Protalbumose und die Heteroalbumose, welche man als primäre Albumosen zusammenfaßt [2]).

Von diesen primären Albumosen ist die Protalbumose in reinem Wasser löslich, die Heteroalbumose dagegen nur bei gleichzeitiger Gegenwart von Salzen.

Letzere fällt daher, ähnlich den Globulinen, durch Eingießen ihrer neutralen Lösungen in viel Wasser teilweise aus und läßt sich dann durch Zugeben von Kochsalz, oder aber auch von wenig Essigsäure oder Soda, wieder in Lösung bringen. Eine Trennung der Heteroalbumose von der Protalbumose ist demnach durch die Dialyse ermöglicht.

Durch längeres Stehen unter Wasser oder durch Trocknen erleidet die Heteroalbumose oft eine Art Denaturierung, indem sie dadurch für neutrale Flüssigkeiten unlöslich wird. Man bezeichnet sie in dieser Modifikation als Dysalbumose. Durch Auflösung in verdünnten Säuren oder Soda wird die Dysalbumose in Heteroalbumose zurückverwandelt, aber stets nur teilweise, denn beim nachfolgenden Neutralisieren fällt immer ein Teil der unverändert gebliebenen Substanz als unlösliche Dysalbumose wieder aus, auch wenn genügend Neutralsalze zu ihrer Lösung in der Flüssigkeit vorhanden sind.

---

1) Vergl. R. NEUMEISTER, Ueber die Reaktionen der Albumosen und Peptone, Zeitschr. f. Biol., N. F. Bd. 8, 1890, S. 335 und 337.

2) R. NEUMEISTER, Zur Kenntnis der Albumosen, Zeitschr. f. Biol., N. F. Bd. 5, 1887, S. 381, und Bemerkungen zur Chemie der Albumosen und Peptone, Zeitschr. f. Biol., N. F. Bd. 6, 1888, S. 267. CHITTENDEN und HARTWELL, The relative formation of proteoses and peptones in gastric digestion, Journ. of Physiol., Bd. 12, 1890, S. 12.

Aus jeder der beiden primären Albumosen bildet sich in der weiteren Folge der Magenverdauung je eine Deuteroalbumose, welche unter einander nur unwesentliche Differenzen zeigen.

Erst diese Deuteroalbumosen werden durch weitere Spaltung in Peptone übergeführt, welche gegen Fällungen, soweit bekannt, ein gleichartiges Verhalten zeigen.

Das Verhältnis dieser verschiedenen Verdauungsprodukte zu einander kann durch folgendes Schema ausgedrückt werden:

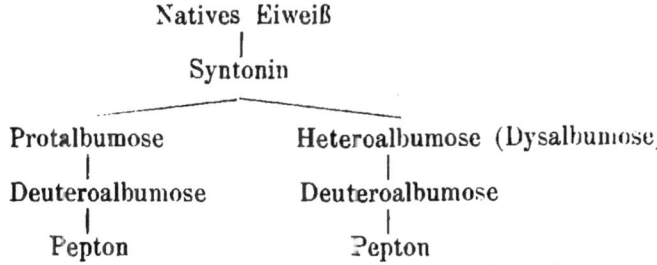

Natives Eiweiß
|
Syntonin

Protalbumose   Heteroalbumose (Dysalbumose)
| |
Deuteroalbumose   Deuteroalbumose
| |
Pepton   Pepton

Hierbei muß bemerkt werden, daß wegen der noch unbekannten Molekulargröße der Albumosen [1]) und Peptone sich nicht sagen läßt, wie viel Deuteroalbumosen aus jeder primären Albumose und wie viel Peptonmoleküle aus jeder Deuteroalbumose hervorgehen.

Die Peptone der Magenverdauung werden von KÜHNE Amphopeptone genannt, eine Bezeichnung, welche aus deren Verhalten gegen die Trypsinverdauung eine Erklärung findet.

Da ganz allgemein mit dem Vorschreiten der Verdauung die Wirkung der Fällungsmittel abgeschwächt wird, so erscheinen auch die Deuteroalbumosen gegenüber den primären Albumosen schwerer fällbar. Dies zeigen besonders folgende Reaktionen:

Durch Sättigung ihrer neutralen Lösungen mit Kochsalz lassen sich die primären Albumosen aussalzen, wenn auch diese Ausscheidung keine vollkommene ist. Die neutralen Lösungen der Deuteroalbumosen dagegen bleiben vollkommen klar, wenn man sie mit Kochsalz sättigt. Eine Ausscheidung erfolgt erst beim gleichzeitigen Zusatz einer Säure.

Salpetersäure fällt die Protalbumose, wenigstens aus konzentrierten Lösungen, auch ohne Gegenwart von Salz. Ebenso wie Protalbumose verhält sich die Heteroalbumose, wenn man von derselben eine konzentrierte, salzfreie Lösung in verdünnter Salz- oder Essigsäure bereitet; die Deuteroalbumosen dagegen werden, selbst in konzentrierter salzfreier Lösung, durch Salpetersäure nicht getrübt. Zu ihrer Fällung ist die gleichzeitige Gegenwart von Salzen unbedingt erforderlich, und selbst dann erfolgt eine Fällung nur aus ziemlich konzentrierten Lösungen.

Ferrocyankalium und Essigsäure, überschüssige Pikrinsäure, sowie neutrale Kupfersulfatlösung fällen die primären Albumosen kaum schwieriger, wie die Eiweißkörper; die Deuteroalbumosen dagegen werden aus verdünnteren essigsauren Lösungen durch Ferrocyankalium erst nach längerem Stehen teilweise gefällt, auch Pikrinsäure verlangt nicht allzu

---

1) Aus dem Verhalten der Albumosen bei der Dialyse scheint hervorzugehen, daß die Heteroalbumose ein bedeutend größeres Molekül besitzt als die Protalbumose. Letztere diffundiert sogar schneller als das Gemisch der Deuteroalbumosen. Vergl. W. KÜHNE, Zeitschr. f. Biol., N. F. Bd. 11, 1893, S. 22.

verdünnte Lösungen, während Kupfersulfat völlig reine Deuteroalbumose-lösungen nicht zu trüben vermag [1]).

Will man in einem Albumosengemisch die Deuteroalbumosen von den primären trennen, so salzt man letztere, soweit dies möglich ist, aus der gemeinschaftlichen neutralen, wäßrigen Lösung durch Kochsalz aus, filtriert und setzt so lange mit Kochsalz gesättigte Essigsäure zum salzgesättigten Filtrat, als noch ein Niederschlag entsteht. Diese Fällung ist ein Gemisch von primären und Deuteroalbumosen, weil durch die Essigsäure, bei gleichzeitiger Kochsalzsättigung, zwar der noch in Lösung gebliebene Rest der primären Albumosen nunmehr vollkommen, aber auch zugleich ein gewisser Anteil der Deuteroalbumosen gefällt wird.

Ein weiterer Anteil der Deuteroalbumosen bleibt stets in der sauren Lösung, welche, nach der Filtration, von der Essigsäure und dem Kochsalz durch Dialyse befreit wird. Nach der Konzentration der wäßrigen Flüssigkeit werden die Deuteroalbumosen aus derselben durch Alkohol gefällt und getrocknet.

Zur Isolierung und Reindarstellung der beiden primären Albumosen wird die kochsalzhaltige gemeinschaftliche Fällung derselben durch Zugabe von Wasser in Lösung gebracht und die Flüssigkeit gegen die Wasserleitung dialysiert. Ist alles Kochsalz aus dem Dialysator verschwunden, so ist auch die Ausfällung der in Wasser unlöslichen Heteroalbumose vollendet. Sie wird von der Protalbumose durch Filtration getrennt und nach dem Auswaschen mit Wasser durch Eingeben in absoluten Alkohol entwässert und getrocknet.

Die Peptone sind im allgemeinen noch viel leichter löslich, als die Albumosen. Mit letzteren teilen sie die Eigenschaft, weder durch Alkoholeinwirkung, noch in ihren wäßrigen Lösungen durch Siedehitze koaguliert zu werden. Sie sind wie die Albumosen optisch aktiv, und zwar linksdrehend.

Ferner vereinigen sich die Peptone, gleich ihren Muttersubstanzen, den Albumosen und den Eiweißstoffen, einerseits mit Basen, andererseits aber auch mit Säuren, zu salzähnlichen Verbindungen. Von diesen sind nach den Untersuchungen von C. PAAL die Säure-Salze, im Gegensatz zu den freien Peptonen, zum Teil wenigstens in absolutem Methylalkohol auflöslich [2]).

Die Peptone unterscheiden sich von den Albumosen besonders durch physikalische Eigenschaften.

Namentlich zeigen ihre Lösungen eine völlige Indifferenz gegen eine Sättigung mit irgend welchen Neutralsalzen. Selbst Ammoniumsulfat, welches in dieser Beziehung als universell zu betrachten ist, indem es alle Proteïnsubstanzen mit Einschluß der Albumosen zur Fällung bringt, läßt albumosenfreie Peptonlösungen bei jeder Reaktion unverändert.

Es ist der Einwurf gemacht worden, daß die Differenzierung der Eiweißverdauungsprodukte in Albumosen und in Peptone nicht genügend begründet sei, weil das verschiedenartige Verhalten derselben gegen ein einzelnes Salz, nämlich das Ammoniumsulfat, nicht ausschlaggebend sein könne. Hiergegen muß bemerkt werden, daß diese Indifferenz gegen

1) R. NEUMEISTER, Zeitschr. f. Biol., N. F. Bd. 5, 1887, S. 384 und 400. KÜHNE und CHITTENDEN, ebendas. Bd. 7, 1889, S. 364.
2) C. PAAL, Berichte der Deutsch. chem. Gesellsch. 1892, S. 1225.

das Ammoniumsulfat nur der Ausdruck ist für eine allgemeine, sehr bedeutsame physikalische Erscheinung, welche die Peptone den Albumosen gegenüber ebenso charakterisiert, wie die Dextrine gegenüber den Zuckern.

Sodann vermögen die Peptone, im Vergleich zu den Albumosen, ziemlich leicht zu diffundieren, was darauf hinweist, daß sie kleinere Moleküle als jene besitzen. Das endosmotische Aequivalent der Peptone ist erst in neuerer Zeit durch Kühne [1]) bestimmt worden, denn die älteren Angaben hierüber von Funke [2]) beziehen sich auf ein Gemisch von Albumosen und Peptonen. Sehr bedeutend ist die Diffusionsgeschwindigkeit der Peptone nicht. Kühne fand sie mehr als viermal so gering, als diejenige des Traubenzuckers.

Im reinen Zustande bilden die Peptone honiggelbe, ungemein hygroskopische, amorphe Pulver, von ekelhaft bitterem Geschmack, welche an der Luft Wasser aufnehmen und zu einer harzartigen Masse zerfließen. Im völlig trockenen Zustande zischen sie auf wie Phosphorsäureanhydrid, wenn man sie mit wenig Wasser benetzt, und lösen sich unter beträchtlicher Wärmeentwickelung.

Bei weitem die meisten Fällungsreagentien der Eiweißkörper und der Albumosen, wie Salpetersäure mit oder ohne Kochsalz, sowie Essigsäure und Ferrocyankalium, ferner überschüssige Pikrinsäure, Trichloressigsäure [3]) oder Jodquecksilberjodkalium und Salzsäure, sind gegen die Peptone unwirksam. Sie werden nur gefällt durch absoluten Alkohol, ferner aus neutraler Lösung durch Gerbsäure, um sich im großen Ueberschuß derselben zu lösen, durch Phosphorwolframsäure (Phosphormolybdänsäure) und durch Sublimat. Aber letzteres Fällungsmittel hat insofern keine praktische Bedeutung, als es bei genügender Gegenwart von Neutralsalzen völlig versagt.

Die angegebenen Reaktionen der Albumosen beziehen sich zunächst nur auf die Albumosen des Fibrins. Doch hat sich in der Folge ergeben, daß alle echten Eiweißstoffe, sowohl tierischer, als pflanzlicher Herkunft, bei der künstlichen Verdauung ganz entsprechende Produkte wie das Fibrin liefern, welche Chittenden [4]), im Gegensatz zu den Verdauungsprodukten der Albuminoïde, als Proteosen zusammenfaßt.

So liefert das pflanzliche, krystallisierende Vitellin [5]) bei der Pepsinverdauung zunächst zwei primäre Vitellosen, welche als Proto- und Heterovitellose unterschieden werden. Diese werden dann weiter in Deuterovitellosen und endlich in Peptone übergeführt. Die bei den

---

1) W. Kühne, Zeitschr. f. Biol., N. F. Bd. 11, 1893, S. 23.

2) Funke, Das endosmotische Verhalten der Peptone, Virchow's Arch., Bd. 13, 1858, S. 449.

3) Daß durch Trichloressigsäure auch manche native Eiweißstoffe nicht gefällt werden, wurde bereits S. 31 bemerkt. Auch die Fällungen sämtlicher Albumosen durch diese Säure sind bei jeder Konzentration unvollkommene.

4) Chittenden und Hartwell, a. a. O. Vergl. auch Chittenden und Hart, Zeitschr. f. Biol., N. F. Bd. 7, 1889, S. 388.

5) R. Neumeister, Ueber Vitellosen, Zeitschr. f. Biol., N. F. Bd. 5, 1887, S. 402. Chittenden und Hartwell, Journ. of Physiol., Bd. 11, 1890, S. 435.

Albumosen des Fibrins (Fibrinosen) gefundenen Beziehungen zu einander haben also ganz allgemeine Giltigkeit.

Die Albumosen der Globuline [1]) werden speziell als Globulosen, die des Myosins [2]) als Myosinosen bezeichnet. Alle diese Stoffe zeigen von den entsprechenden des Fibrins nur unwesentliche Abweichungen, welche sich auf die spezifische Drehung des polarisierten Lichtes sowie auf einzelne Fällungsreaktionen beziehen. So werden, wie bereits angedeutet wurde, die Deuterovitellose und die Deuteromyosinose durch Salpetersäure oder Essigsäure erst gefällt, wenn man in ihre Lösungen Kochsalz bis zur Sättigung einträgt, während bei den Deuterofibrinosen hierzu nur die Gegenwart einer mäßigen Menge von Salz erforderlich ist.

Bemerkenswert erscheint, daß auch die eigentlichen Albumine, wie zum Beispiel das Eieralbumin [3]), Heteroalbumosen liefern, welche nur bei Gegenwart von Salzen in sauren oder alkalischen Flüssigkeiten löslich sind, während für die Lösung der Muttersubstanzen reines Wasser genügt. Es ist dies eine Ausnahme von der allgemeinen Beobachtung, daß die Verdauungsprodukte mit dem Fortschreiten der Hydratation löslicher werden. Doch kommt diese Unlöslichkeit der Heteroalbumose im Darmkanal nicht in Betracht, da hier ja stets salzhaltige, saure oder alkalische Flüssigkeiten vorhanden sind.

Die quantitative Zusammensetzung der Albumosen sowohl, wie der Peptone, weicht nicht durchweg ab von derjenigen der Eiweißstoffe, woraus hervorgeht, daß die Wasseraufnahme bei der hydrolytischen Spaltung, im Verhältnis zur Größe des Eiweismoleküls, nur eine geringe sein kann.

Dennoch läßt sich bei mehreren Eiweißstoffen nachweisen, daß die Albumosenbildung in der That unter einer Wasseraufnahme erfolgt. Es liegen eine große Reihe sorgfältiger Analysen von Kühne und Chittenden [4]) vor, aus welchen diese Verhältnisse deutlich hervorgehen. Auch zwischen den primären und Deuteroalbumosen kann die Differenz im Kohlenstoffgehalt bis über 1 Proz. betragen.

Daß bei der Eiweißverdauung eine Wasseraufnahme stattfindet, darauf deutet auch der Befund hin, daß beim Erhitzen von Deuteroalbumosen auf 150 ⁰ zunächst wieder primäre Albumosen, dann aber syntoninartige Substanzen gewonnen werden, welche sich namentlich gegen Salpetersäure wie echte Eiweißkörper verhalten [5]). In Betreff der Peptone liegen entsprechende Beobachtungen vor [6]).

---

1) Kühne und Chittenden, Globulin und Globulosen, Zeitschr. f. Biol., N. F. Bd. 4, 1886, S. 409.

2) Kühne und Chittenden, Myosin und Myosinosen, Zeitschr. f. Biol., N. F. Bd. 7, 1889, S. 358.

3) Chittenden und Percy Bolton, Eieralbumin und dessen Albumosen, New Hawen, 1887. Ref. i. d. Ber. d. Deutsch. chem. Ges., 1888, Heft 10, S. 447.

4) Vergl. außer den bereits angeführten Abhandlungen auch Chittenden und Goodwin, Ueber Myosinpeptone, Journ. of Physiol., Bd. 12, 1891, I, S. 34.

5) R. Neumeister, Zeitschr. f. Biol., N. F. Bd. 5, 1887, S. 394.

6) Henninger, Comptes rendus, Bd. 86, S. 1464, Hofmeister, Zeitschr. f. physiol. Chemie, Bd. 2, 1878, S. 206, W. Kühne, Verhandl. des Naturhist.-med. Vereins zu Heidelberg, N. F. Bd. 3, S. 291.

Weiter hat Danilewski [1]) gezeigt, daß bei der Eiweißverdauung
das Gewicht der völlig getrockneten Verdauungsprodukte gegenüber den
ebenso behandelten Muttersubstanzen zweifellos zunimmt, während dagegen die Verbrennungswärme der Albumosen und Peptone wesentlich
geringer ist, als diejenige der Eiweißstoffe, aus denen sie sich bilden.

Eine successive **Veränderung der Eiweißstoffe** läßt sich
auch durch **überhitzten Wasserdampf** bewirken, welche den
Verdauungsprozessen insofern entspricht, als sie ebenfalls zur Bildung
von Peptonen führt, die schließlich bei der andauernden Einwirkung
hochgespannter Dämpfe in die gewöhnlichen Amidosäuren zerfallen [2]).

Hierbei entsteht nicht nur aus Fibrin, sondern auch aus dem
krystallinischen Vitellin und allen anderen Eiweißstoffen zunächst eine
eigentümliche Proteïnsubstanz, welche in ihren Eigenschaften zwischen
den primären Albumosen und den Eiweißstoffen steht, indem sie zwar
nicht beim Kochen ihrer wäßrigen Lösung koaguliert, dagegen in ihrem
Verhalten gegen die gewöhnlichen Fällungsreagentien sich den nativen
Eiweißstoffen nähert [3]).

Bei weiterer Hydratation liefert diese Substanz, mit Bezug auf ihre
Entstehung durch überhitzten Wasserdampf Atmidalbumin genannt, eine
echte Albumose, welche aber irgend einer Albumose der natürlichen
Verdauungsvorgänge nicht entspricht. Sie wird als Atmidalbumose bezeichnet.

Sowohl das Atmidalbumin, als auch die Atmidalbumose werden aus
ihren Lösungen durch verdünnte Säuren gefällt, wodurch sie sich von
allen Albumosen der Magenverdauung unterscheiden.

Da beide Stoffe beim Kochen mit verdünnter Schwefelsäure gewöhnliche Deuteroalbumosen entstehen lassen, scheinen sie größere
Moleküle als letztere zu besitzen.

Das Atmidalbumin ist wahrscheinlich ohne Spaltung hydratisiertes
Eiweiß. Aus diesem geht die Atmidalbumose durch einen Zerfall des
Moleküls hervor, welcher aber durch den heißen Wasserdampf in anderer
Weise erfolgt, als bei den natürlichen Verdauungsvorgängen.

Stoffe von dem gleichen Verhalten wie das Atmidalbumin und die
Atmidalbumose bilden sich eigentümlicherweise auch bei der Einwirkung
des pflanzlichen Papayotins auf die Eiweißkörper. Diese Produkte werden
in neuerer Zeit zu diätetischen Zwecken durch künstliche Papayotin-
verdauung von Fleisch im Großen dargestellt [4]). Man darf hierbei das
Ferment nicht unbegrenzt lange auf die Eiweißstoffe einwirken lassen,

1) A. Danilewski, Centralblatt f. d. med. Wissensch., 1881, No. 26
und 27 sowie Pflüger's Arch., Bd. 36, 1885, S. 245.

2) Lubavin, Hoppe-Seyler's mediz.-chem. Untersuch., 1871, S. 480,
und Krukenberg, Ueber den chemischen Bau der Eiweißstoffe, Sitzungsber.
d. Jenaischen Ges. für Medizin und Naturwissensch., 1886.

3) R. Neumeister, Ueber die nächste Einwirkung gespannter Wasserdämpfe auf Proteïne und über eine Gruppe eigentümlicher Eiweißkörper
und Albumosen, Zeitschr. f. Biol., N. F. Bd. 8, 1890, S. 57.

4) J. Munk, Ueber den Nährwert des Fleichpeptons von Antweiler,
Therapeutische Monatshefte, 1888, S. 276.

da es gleich dem Trypsin seine Wirkung nicht mit der Bildung der Peptone abschließt, sondern letztere weiter in Amidosäuren zersetzt [1]).

Die Spaltung der Eiweißstoffe durch die Magenverdauung sowie durch die Einwirkung des gespannten Wasserdämpfe erfolgt in der Weise, daß die Verdauungsprodukte noch alle näheren Atomkomplexe ihrer Muttersubstanzen enthalten. Denn beim Kochen mit verdünnter Schwefelsäure liefern sämtliche Albumosen und Peptone sowohl Leucin, als auch Tyrosin. Dementsprechend geben diese Substanzen auch alle Farbenreaktionen der natürlichen Eiweißstoffe, meist sogar noch ausgeprägter als letztere.

Beim Anstellen der Biuretprobe entsteht bereits in der Kälte eine schöne Purpurfärbung, während die Eiweißstoffe unter diesen Umständen mehr einen violetten Farbenton liefern, der erst beim Erwärmen in Purpur übergeht [2]).

Beim Erhitzen der Albumosen und Peptone mit MILLON's Reagens erhält man prachtvoll rot gefärbte Flüssigkeiten, ähnlich wie dies beim Tyrosin der Fall ist.

Daß endlich den Albumosen und Peptonen der natürlichen Verdauungsvorgange auch der leicht abspaltbare Schwefel der nativen Eiweißkörper nicht fehlt, beweist die Schwarzfärbung dieser Stoffe beim Kochen mit Natronlauge und Bleisalzen. Dagegen enthalten das Atmidalbumin und die Atmidalbumose keinen leicht eliminierbaren Schwefel, weil derselbe als Schwefelwasserstoff während der Einwirkung der gespannten Wasserdämpfe entweicht.

Um die einzelnen Produkte einer künstlichen Magenverdauung nachzuweisen, kann man, wie folgt, verfahren:

Neutralisieren mit verdünnter Natronlauge: Ausscheidung des Syntonins.

Aeußerst schwaches Ansäuern des Filtrates mittels einiger Tropfen sehr stark verdünnter Essigsäure, Zugeben des gleichen Volumens gesättigter Kochsalzlösung und Aufkochen: Koagulation des einfach gelösten Eiweißes, das nach dem Erkalten der Flüssigkeit ebenfalls durch Filtration entfernt wird.

Sind Albumosen in nicht zu geringer Menge vorhanden, so giebt eine Probe der nunmehr eiweißfreien Lösung beim tropfenweisen Hinzufügen von Salpetersäure eine Fällung, welche sich beim Kochen direkt, oder nach dem Zugeben von wenig Wasser, auflöst, um beim Abkühlen wiederzukehren. Die Salpetersäure kann bei dieser Reaktion auch durch einen weiteren Essigsäurezusatz ersetzt werden. Handelt es sich aber um die Deuteroalbumosen des Eieralbumins, Vitellins oder Myosins, so versagt diese Probe gänzlich, und man erhält nur eine Fällung, wenn man die essig- oder salpetersauren Lösungen mit Kochsalz völlig sättigt.

Die Bildung eines Niederschlages beim Hineinstellen von Steinsalzstücken in eine Probe der eiweißfreien neutralen Verdauungslösung beweist, daß primäre Albumosen in derselben vorhanden sind.

---

1) SIDNEY MARTIN, The nature of Papaïn and its action on vegetable proteïd, Journ. of Physiol., Bd. 6, 1885, S. 336.

2) Vergl. S. 31 sowie: R. NEUMEISTER, Ueber die Reaktionen der Albumosen und Peptone, Zeitschr. f. Biol., N. F. Bd. 8, 1890, S. 324.

Zur Isolierung der Albumosen sättigt man die angesäuerten Flüssigkeiten mit gepulvertem Ammoniumsulfat in Substanz. Hierdurch werden die Albumosen im wesentlichen ausgesalzen, wenn auch nicht vollkommen, da ein wenig von jener Deuteroalbumose gelöst bleibt, welche aus der Protalbumose hervorgeht.

Die abfiltrierte, gesättigte Ammoniumsulfatlösung enthält endlich die Produkte der fortgeschrittensten Verdauung, das Amphopepton und etwas Deuteroalbumose.

Der Nachweis dieser Produkte geschieht mit voller Sicherheit allein durch die Biuretreaktion. Zur Anstellung derselben ist möglichst konzentrierte Natronlauge unter Abkühlung des Glases zur Flüssigkeit zu geben, bis alles Ammoniumsulfat in Natronsulfat übergeführt und ein geringer Ueberschuß an Lauge vorhanden ist. Nach dem Absitzen des sich teilweise ausscheidenden Natronsulfats fügt man verdünnte Kupferlösung (2 Proz.) tropfenweise zur Flüssigkeit.

Ferner kann man die Peptone aus der genau neutralisierten und mit dem gleichen Volumen Wasser verdünnten Lösung durch vorsichtigen Zusatz von Gerbsäure ausfällen.

Will man das Magenpepton darstellen, so empfiehlt es sich nicht, die Albumosen in der oben angegebenen Weise aus der Verdauungslösung auszusalzen. Denn das saure salzgesättigte Filtrat enthält ja neben dem Pepton noch Albumosenreste, welche sich, wie KÜHNE gefunden hat, nur bei alkalischer Reaktion der Flüssigkeit aussalzen lassen.

Zur Abscheidung der Albumosen ist es also notwendig, die aussalzende Eigenschaft des Ammoniumsulfats sowohl bei saurer, als auch bei alkalischer Reaktion zur Wirkung zu bringen.

Nach den Erfahrungen von KÜHNE [1]) hat sich folgende Methode als zweckmäßig herausgestellt:

„Die hinreichend verdünnte, von Albuminaten und koagulabelen Stoffen befreite Verdauungslösung wird zuerst bei nahezu neutraler Reaktion in der Siedehitze mit Ammonsulfat gesättigt, nach dem Abkühlen von den Salz- und Albumosenausscheidungen getrennt, wieder erhitzt, nach begonnenem Sieden mit Ammoniak und Ammoniumkarbonat kräftig alkalisch gemacht, von neuem in der Hitze mit dem Sulfat gesättigt, nach dem Abkühlen von der zweiten Albumosenausscheidung abfiltriert, zum dritten Male erhitzt, bis der Geruch nach Ammoniak verschwunden ist, nochmals mit dem Salze heiß gesättigt und nunmehr mit Essigsäure deutlich angesäuert, worauf eine dritte Albumosenfällung hauptsächlich während des Abkühlens erfolgt."

Zur Entfernung des Salzes wird die Flüssigkeit durch heftiges Sieden unter Umrühren eingedampft, die konzentrierte Lösung von den Krystallen abgesaugt und mit $^1/_5$ Vol. Alkohol versetzt. „Die von der neuen Salzmasse abgesogene trübe Flüssigkeit scheidet sich alsbald in eine obere alkoholreichere und eine untere salzreiche Schicht. Indem man die letztere wieder mit Alkohol bis zur beginnenden Salzfällung behandelt und so fortfährt an den mit dem Scheidetrichter zu trennenden Schichten, bleibt endlich nur ein geringer Rest schwerer salzreicher Lösung übrig. Die leichteren alkoholreichen Schichten vereinigt, enthalten relativ wenig Ammonsulfat neben reichlich Pepton und lassen,

---

1) W. KÜHNE, Erfahrungen über Albumosen und Peptone, Zeitschr. f. Biologie, N. F. Bd. 11, 1893, S. 2—4 und 10.

in eine Kältemischung gestellt, noch einen guten Teil Salz auskrystallisieren. Was nun übrig bleibt, wird durch Kochen vom Alkohol und durch weiteres Sieden mit entsprechenden Mengen Bariumkarbonats vom Sulfat befreit". Vom schwefelsauren und kohlensauren Baryt wird abfiltriert und im Filtrat durch vorsichtigen Zusatz von verdünnter Schwefelsäure der überschüssige Baryt entfernt. Giebt eine filtrierte Probe der Flüssigkeit weder mit Schwefelsäure, noch mit Chlorbarium eine Trübung, so ist die Operation beendet. Man gießt nunmehr die auf dem Wasserbade stark konzentrierte und ammoniakfrei gewordene Peptonlösung in absoluten Alkohol, wäscht den Niederschlag mit letzterem aus und trocknet das Pepton im Vacuum über Schwefelsäure.

Abweichend von den bisher betrachteten Verdauungsvorgängen gestaltet sich die Einwirkung des Magensaftes auf das Kaseïn, einen Bestandteil der Milch, welcher zur Gruppe der Nukleoalbumine gehört. Bevor nämlich die Pepsinverdauung auf dieses Proteïd einwirkt, erfährt es eine eigentümliche Veränderung im Magensaft. Das Kaseïn ist in der Milch als neutrales Kalksalz gelöst. Da die freien Nukleoalbumine in Wasser und in verdünnten Säuren unlöslich sind, wird auch das Kaseïn durch den Magensaft gefällt werden müssen, falls Salzsäure daselbst in genügender Menge vorhanden ist, um den Kaseïnkalk zu zersetzen.

Das Kaseïn zeigt nach den Untersuchungen von SÖLDNER [1]) den Charakter einer mehrbasischen Säure, und so entsteht durch die Salzsäure des Magensaftes neben Calciumchlorid zunächst löslicher, saurer Kaseïnkalk, erst dann, beim Zutritt von mehr Salzsäure, freies, unlösliches Kaseïn.

Aber abgesehen von dieser Ausfällung durch die Entziehung seiner Base, wird das Kaseïn auch im Magensaft unlöslich, wenn keine freie Säure zu seiner Abscheidung aus der Kalkverbindung disponibel ist. Selbst bei schwach alkalischer Reaktion des Mageninhalts besitzt der Magensaft die Fähigkeit, das Kaseïn durch Gerinnung in den festen Aggregatzustand überzuführen.

Diese Gerinnung des Kaseïns wird durch die zersetzende Einwirkung des Labenzyms durchgeführt, dessen Wirksamkeit bei jeder Reaktion zustande kommt.

Durch die Vermittlung des Labs wird nach Untersuchungen von HAMMARSTEN [2]) der lösliche Kaseïnkalk durch Hydrolyse gespalten, und es entstehen aus ihm zwei, zunächst ebenfalls lösliche Substanzen, nämlich das Kalksalz des Parakaseïns und in geringer Menge das albumosenartige Molkeneiweiß.

Das Parakaseïn ist gleich seiner Muttersubstanz, dem Kaseïn, zu den Nukleoalbuminen zu zählen. Es bildet mit Basen, seien dies nun die Alkalien oder Kalk, in Wasser lösliche Salze.

Diese Parakaseïnsalze besitzen, in viel höherem Grade als die Kaseïnsalze, die Neigung, mit löslichen Kalksalzen irgend welcher Art Doppelsalze zu bilden, welche in annähernd neutralen Flüssigkeiten unlöslich sind.

Da letztere Bedingung in der Milch zutrifft und ferner an löslichen

---

1) SÖLDNER, Die Salze der Milch, Inaug.-Diss. Erlangen, 1888, S. 14.

2) HAMMARSTEN, Zur Kenntnis des Kaseïns und der Wirkung des Labfermentes, Abhandl. der Königl. Ges. d. Wissensch., Upsala 1877.

Kalksalzen hier nie Mangel ist, wird der Parakaseïnkalk, unmittelbar nach seiner Bildung, verbunden mit Kalksalzen als festes Gerinnsel ausgeschieden, welches man gewöhnlich als Käse bezeichnet.

Aus diesen Verhältnissen wird es verständlich, daß eine reine Lösung von neutralem Kaseïn-Natron oder neutralem Kaseïn-Kalk, sowie auch anhaltend gegen fließendes Wasser dialysierte Milch, durch die Einwirkung von Lab nicht gerinnen, wiewohl hierdurch die Kaseïnsalze in die betreffenden Parakaseïnsalze übergeführt werden. Dagegen tritt sogleich Gerinnung ein beim nachträglichen Zusatz von wenig Calciumchlorid, auch wenn zuvor das Labenzym in der Lösung der Parakaseïnsalze durch Kochen zerstört wurde.

Alle Umstände, welche durch Auflösung des in der Milch reichlich suspendierten Calciumphosphats eine Anreicherung der Milch an gelösten Kalksalzen bewirken, werden auch die Gerinnbarkeit dieses Sekretes durch das Lab befördern. Milch gerinnt daher schneller, wenn man sie schwach ansäuert, ohne jedoch das Kaseïn zu fällen, oder wenn man vor dem Zusatz des Fermentes Kohlendioxyd in dieselbe einleitet, wodurch ein Teil des ungelösten Tricalciumphosphats in lösliches Monocalciumphosphat und Calciumbikarbonat übergeführt wird.

Umgekehrt werden alle diejenigen Operationen den Eintritt der Labgerinnung verzögern, durch welche die relative Menge der löslichen Kalksalze in der Milch vermindert wird, wie der Zusatz von Alkalikarbonat, das Abkochen und die Verdünnung der Milch mit Wasser.

Im Magen wird wahrscheinlich in der Norm das Kaseïn nicht als solches durch die freie Salzsäure gefällt, sondern vielmehr als Parakaseïnkalkverbindung (Käse) durch das Lab, nachdem zuvor die Salzsäure des Magensaftes den neutralen Kaseïnkalk in das entsprechende saure Kalksalz verwandelt hat.

Dieser Ueberführung des Kaseïns in den festen Zustand, in welcher Weise sie auch geschehen mag, folgt die Einwirkung der Pepsin-Salzsäure.

Hierdurch wird zunächst eine Spaltung des Kaseïns oder des Parakaseïns bewirkt, wobei neben Eiweiß Nukleïn entsteht. Das Nukleïn ist im Magensaft unlöslich, während das von ihm getrennte Eiweiß als Syntonin in Lösung geht, um dann weiterhin in Kaseosen gespalten zu werden. Die Bildung dieser Proteosen erfolgt durchaus nach dem oben gegebenen allgemeinen Schema, welches mit der Ueberführung der Deuterokaseosen in Amphopeptone abschließt [1]).

Die Thatsache, daß auch der Magensaft aller Vögel und Fische, denen das Kaseïn der Milch gar nicht zugänglich ist, Lab enthält [2]), kann man vielleicht dahin erklären, daß dieses Enzym in ähnlicher Weise, wie auf das Kaseïn, so auch auf andere Nukleoalbumine verändernd einwirkt. Diese Annahme ist um so mehr gestattet, als die anderen Substanzen dieser Gruppe, namentlich die pflanzlichen Nukleoalbumine, noch kaum isoliert und wenig untersucht sind.

Eine ähnliche Bedeutung dürfte auch dem Labenzym zukommen, welches in den Milchsäften vieler Pflanzen gefunden wird [3]).

---

1) H. TIERFELDER, Zur Kenntnis der Kaseïnpeptone, Zeitschr. f. physiol. Chem., Bd. 10, 1886, S. 577. CHITTENDEN und PAINTER, Kaseïn und dessen erste Spaltungsprodukte, New-Haven 1887. Ref. in Hermann's Jahresberichten ü. d. F. d. Physiologie, Bd. 15, S. 254.

2) HAMMARSTEN, Lehrb. d. physiol. Chem., 1891, S. 154.

3) Vergl. S. 108.

Die Einwirkung des Magensaftes auf die übrigen Proteïde gestaltet sich wie beim Kaseïn derart, daß die Eiweißkörper von ihren Paarlingen abgespalten werden. Das Hämoglobin zerfällt hierbei in Eiweiß und Hämatin, während aus den Glykoproteïden, neben Eiweiß, eine Substanz der Kohlehydratgruppe hervorgeht.

Von den Albuminoïden kommen für die Magenverdauung nur das Kollagen und das Elastin in Betracht, während das Keratin jeder digestiven Einwirkung, wenigstens bei den höheren Tieren, widersteht.

Die Verdauungsprodukte des Kollagens und Elastins sind in neuester Zeit namentlich von CHITTENDEN [1]) und seinen Schülern untersucht worden, während in Betreff der Leimverdauung auch die Untersuchungen von KLUG [2]) zu erwähnen sind.

Es ist bemerkenswert, daß bei der Magenverdauung weder aus dem Kollagen, noch aus dem Elastin Stoffe entstehen, welche den Heteroproteosen entsprächen. Eine Spaltung in zwei ungleichartige Produkte, wie sie die primären Proteosen der Eiweißkörper vorstellen, wird also bei den Albuminoïden nicht beobachtet.

Das Kollagen geht bei der Einwirkung des Magensaftes und ebenso beim Kochen mit Wasser in sein Hydrat, in das beim Erkalten gelatinierende Glutin über. Dieses verwandelt sich schon nach sehr kurzer digestiver Einwirkung in Protogelatose, welche nicht mehr gelatiniert und etwa den Protoproteosen entspricht.

Aus der Protogelatose entsteht weiterhin Deuterogelatose, aus welcher endlich das Gelatinpepton hervorgeht. Letzteres unterscheidet sich von den beiden Gelatosen durch seine Fähigkeit zu diffundieren und durch die Indifferenz gegen das Eintragen von Salzen in seine Lösungen.

Die Protogelatose wird aus angesäuerter Lösung durch Kochsalzsättigung niedergeschlagen, während die Deuterogelatose nur durch schwefelsaures Ammoniak aussalzbar ist. Ferner ist die Protogelatose im Gegensatz zur Deuterogelatose durch Platinchlorid aus ihren Lösungen fällbar.

Eine Differenz in Bezug auf die elementare Zusammensetzung des Leims und der Gelatosen konnte nicht festgestellt werden. Dennoch muß man auch hier annehmen, daß die Gelatosen aus dem Leim durch eine Hydratation entstehen. Diese Anschauung scheint um so mehr gerechtfertigt, als in neuester Zeit PAAL [3]) Glutinpepton durch künstliche Magenverdauung von Leim mit nachfolgender Dialyse dargestellt hat, dessen Analyse einen erheblich geringeren Gehalt an Kohlenstoff und einen höheren Wasserstoffgehalt als diejenige des Glutins ergab, „was mit der Auffassung dieser Substanz als ein durch Hydratation entstandenes Spaltungsprodukt des Glutins im Einklang steht".

---

1) CHITTENDEN und HART, Elastin und Elastosen, Zeitschr. f. Biol., N. F. Bd. 7, 1889, S. 368. CHITTENDEN und SOLLEY, The primary cleavage products formed in the digestion of gelatin, Journ. of Physiol., Bd. 12, 1891, I, S. 23.

2) F. KLUG. Ueber die Verdaulichkeit des Leims, Pflüger's Archiv, Bd. 48, 1890, S. 100. Vergl. auch F. KLUG, Die Verdauungsprodukte des Leims, Centralblatt f. Physiologie, Bd. 4, 1891, S. 189.

3) C. PAAL, Ueber die Peptonsalze des Glutins, Ber. der Deutsch. chem. Ges., Bd. 25, 1892, S. 1231.

Die Gelatosen und Gelatinpeptone sind seit langer Zeit bekannt, ohne daß sie jedoch früher eine eingehendere Untersuchung erfahren hätten.

Sie entstehen, wie schon GMELIN im Anfang der dreißiger Jahre gefunden hat, auch durch ganz kurze Behandlung des Leims mittels gespannter Wasserdämpfe von 140 ".

Auch schon durch bloßes Kochen mit viel Wasser oder durch länger andauerndes Erwärmen mit verdünnten Säuren oder Alkalien büßt der Leim allmählich sein Gelatinierungsvermögen ein, was besonders die Untersuchungen von KÜHNE [1]) dargelegt haben.

HOFMEISTER [2]) erhielt aus Gelatine durch 30-stündige Behandlung derselben mit der 100-fachen Menge siedenden Wassers zwei Substanzen, die von ihm als gleichzeitig aus dem Leim entstehende Spaltungsprodukte aufgefaßt und als Semiglutin und Semikollin bezeichnet wurden.

Diese beiden Stoffe sind aber ihren Reaktionen nach mit der Proto- und Deuterogelatose von CHITTENDEN identisch und müssen demnach als nacheinander aus Leim entstehende Produkte betrachtet werden.

Viel schwieriger als das Kollagen wird das Elastin vom Magensaft gelöst. Es liefert langsam Protelastose, welche dann weiterhin in Deutero-elastose übergeht.

Die Protelastose wird durch Sättigung der gemeinschaftlichen Lösung der Elastosen mit Kochsalz vollkommen gefällt, während die Deutero-elastose hierbei in Lösung bleibt und erst durch nachträglichen Zusatz von Essigsäure zur Ausscheidung gelangt.

Eine Substanz, welche ihren Eigenschaften nach als Elastinpepton zu bezeichnen wäre, scheint bei der Magenverdauung nicht zu entstehen. Auch beim mehrstündigem Kochen des Elastins mit stark verdünnter Salzsäure werden nur die Elastosen, aber kein Elastinpepton gebildet.

In Bezug auf die elementare Zusammensetzung weichen die Elastosen ebensowenig, wie die Gelatinosen, von ihrer Muttersubstanz wesentlich ab.

Endlich ist zu erwähnen, daß den digestiven Spaltungsprodukten des Elastins und des Glutins dieselben Farbenreaktionen eigen sind, als ihren Muttersubstanzen.

Die Veränderungen der Eiweißstoffe durch das Pankreassekret sind zuerst von CL. BERNARD und von CORVISART [3]) beobachtet worden.

Indessen wurden bei diesen ersten Untersuchungen dem Pankreassaft kaum andere Einwirkungen auf die Eiweißstoffe zugesprochen, als dem Magensaft. Die außer den Peptonen dabei auftretenden Stoffe war man geneigt, als durch Fäulnis entstanden anzusehen. Später wurden dagegen auch offenbare Fäulnisprodukte, wie das Indol, als tryptische angesprochen.

1) KÜHNE, Lehrbuch der physiol. Chemie, 1868, S. 356.

2) F. HOFMEISTER, Ueber die chemische Struktur des Kollagens, Zeitschr. f. physiol. Chemie, Bd. 2, 1878, S. 299.

3) CORVISART, Collection de mémoires sur une fonction méconnue du pancreas, la digestion des aliments azotés, Paris 1857.

Es bedurfte erst der eingehenden Untersuchungen von KÜHNE [1]) um die sich widersprechenden Ansichten zu klären, indem er durch Verdauungsversuche unter Desinfektion die Fäulniserscheinungen von den rein tryptischen Wirkungen definitiv zu trennen lehrte.

Die Pankreasextrakte, welche man durch mehrtägiges Digerieren der an der Luft gelegenen Drüse bei 30° mittels Glycerin, Chloroformwasser oder Salicylsäurewasser erhält, sind durch die Verdauungsprodukte der Drüsensubstanz mehr oder weniger verunreinigt. Will man mit einer reinen Trypsinlösung arbeiten, so ist daher die Reinigung des Enzyms nach KÜHNE [2]) nicht zu umgehen.

Handelt es sich dagegen um die Verdauung von Fibrin, so kann man nach meinen Befunden [3]) viel einfacher und in gleicher Weise, wie dies beim Pepsin beschrieben wurde, auch das Trypsin auf den Eiweißstoff sich niederschlagen lassen.

Man sättigt zu diesem Zweck den wäßrigen oder salicylsauren Pankreasauszug mit Kochsalz, wodurch die tryptische Wirkung zwar nicht völlig aufgehoben, aber ganz bedeutend eingeschränkt wird.

In diese Lösung werden möglichst große Fibrinflocken höchstens eine halbe Stunde lang gegeben, indem zugleich die Flüssigkeit durch einen Luftstrom in andauernder Bewegung gehalten wird.

Hierauf wird die Flüssigkeit durch ein Sieb abgegossen, das etwas angedaute Fibrin mit Wasser gehörig ausgewaschen und in einer 0,2-proz. Sodalösung bei Körpertemperatur der Selbstverdauung überlassen.

Hierbei darf man nie unterlassen, einige Tropfen einer konzentrierten alkoholischen Thymollösung oder etwas Chloroform hinzuzufügen. Denn bei allen Verdauungsversuchen, welche nicht mit Magensaft geschehen und daher durch die Gegenwart der freien Mineralsäure vor bakteriellen Einflüssen geschützt sind, ist der Zusatz von desinfizierenden Mitteln, wie Thymol, Chloroform oder Aether, durchaus geboten.

Das Trypsin entfaltet seine digestive Eigenschaft am besten bei der schwach alkalischen Reaktion, wie sie den Sodalösungen von 0,2—0,4 Proz. eigen ist. Auch in völlig neutralen, schwach salzhaltigen Lösungen ist das Trypsin wirksam, kaum weniger endlich in schwach sauren Flüssigkeiten. Doch ist hierbei nochmals zu bemerken, daß Trypsin auch durch organische Säuren langsam zerstört wird [4]), und zwar um so leichter, je konzentrierter diese Säuren sind.

Gleich dem Magensaft wirkt auch das Sekret des Pankreas zunächst einfach lösend auf die genuinen Eiweißkörper ein. Wie schon bei der Magenverdauung erwähnt wurde, zeigt das digestiv gelöste Fibrin die Eigenschaften der Globuline. Hieraus darf nicht gefolgert werden, daß die erste Einwirkung des Trypsins auf die Eiweißkörper überhaupt in einer Bildung von Globulinen bestehe. Denn Serumalbumin liefert bei der Trypsinverdauung niemals eine globulinartige Substanz [5]).

---

1) KÜHNE, Virchow's Arch. Bd. 39, 1867, S. 130 und Jahresberichte der ges. Medizin, 1867, I, S. 183.

2) Vergl. S. 148.

3) Vergl. K. MANN, Ueber die Absorption der proteolytischen Enzyme durch die Eiweißkörper, Inaug.-Diss. Würzburg, 1892, S. 23.

4) Vergl. S. 149.

5) R. NEUMEISTER, Zeitschr. f. Biol., N. F. Bd. 5, 1887, S. 399 und

Der Lösung folgt bei der Pankreasverdauung keine Ueberführung in denaturiertes Eiweiß, was ohne weiteres verständlich wird, wenn man bedenkt, daß das Acidalbumin der Magenverdauung ja lediglich ein Produkt der freien Mineralsäure ist, welche bei der Pankreasverdauung fehlt.

Das Trypsin macht seine Wirkung auf festes Eiweiß auch äußerlich in anderer Weise geltend, als der saure Magensaft. Die Eiweißkörper quellen nicht wie dort, sondern werden mürbe und zerfallen, bis sie am Ende sich verflüssigen, ein Unterschied, welchen man besonders gut an Würfeln aus gekochtem Eieralbumin wahrnehmen kann.

Die vom Pankreassaft gelösten Eiweißstoffe werden dann allmählich in kleinere Moleküle gespalten.

Die primären Albumosen der Magenverdauung werden auffallenderweise bei der Pankreasverdauung nicht gebildet, es entstehen vielmehr direkt Deuteroalbumosen [1]).

Auch die einfache Lösung der nativen Eiweißstoffe bleibt bei der Pankreaswirkung aus, wenn man dieselben künstlich koaguliert. Die festen Eiweißkörper gehen dann unmittelbar als Deuteroalbumosen in die Verdauungsflüssigkeit über.

Bald lassen sich in den künstlichen Pankreasverdauungen auch Peptone nachweisen.

Aber hierbei bleibt, im Gegensatz zur Magenverdauung, die Pankreaswirkung nicht stehen. Vielmehr bilden sich durch den Zerfall des Peptonmoleküls, außer anderen wenig bekannten Produkten, namentlich die krystallinischen Amidosäuren Leucin, Tyrosin und Asparaginsäure, welche sich künstlich nur durch stark wirkende Agentien aus Pepton gewinnen lassen.

Sowohl wegen der Fähigkeit des Trypsins, den tiefen Zerfall des Peptonmoleküls herbeizuführen, als auch wegen seiner zerbröckelnden, mechanischen Einwirkung auf feste Eiweißstoffe verdient dieses Enzym seinen Namen, welcher von „ϑρύπτεσϑαι = zerfallen" abgeleitet ist.

Das Auftreten der krystallinischen Substanzen ist nicht so aufzufassen, als seien sie gleichzeitig mit dem Pepton aus dem Eiweiß- oder Deuteroalbumosen-Molekül entstanden. Daß die Amidosäuren vielmehr erst allmählich aus vorher gebildetem Pepton hervorgehen, läßt sich durch den Versuch leicht nachweisen.

Nicht alles Pepton wird durch das Trypsin in dieser tiefgreifenden Weise zersetzt. Selbst nach wochenlang fortgesetzter Einwirkung bleibt etwas mehr als die Hälfte des Pepsins zurück, welches, auch in geringen Mengen einer weiteren energischen Trypsinwirkung ausgesetzt, nicht gespalten wird, wohl aber beim Kochen mit wäßriger Schwefelsäure ebenfalls Amidosäuren liefert.

Hieraus hat KÜHNE gefolgert, daß bei der Pankreasverdauung die Eiweißstoffe in zwei Arten von Peptonen gespalten werden, von denen die eine Art, das sogenannte Hemipepton, weiter zerfällt, während die

Bd. 9, 1890, S. 311. Vergl. auch A. HERMANN, Ueber die Verdauung des Fibrins durch Trypsin, Zeitschr. f. physiol. Chemie, Bd. 11, 1887, S. 521.

1) J. OTTO, Beiträge zur Kenntnis der Verwandelung von Eiweißstoffen durch Pankreasferment, Zeitschr. f. physiol. Chemie, Bd. 8, 1883, S. 133. R. NEUMEISTER, Zur Kenntnis der Albumosen, Zeitschr. f. Biol, N. F. Bd. 5, 1887, S. 398 und Bd. 8, 1890, S. 345.

andere Art, das sogenannte Antipepton, durch das Trypsin nicht in Amidosäuren zersetzt wird.

Das Eiweißmolekül besitzt demnach eine größere Anzahl von Atomkomplexen, von denen etwa die Hälfte leicht, die andere Hälfte schwer zersetzbar ist. Erstere Atomkomplexe werden als Hemigruppen, letztere als Antigruppen bezeichnet, wobei jedoch wohl zu beachten ist, daß eine jede dieser Atomgruppen sowohl aromatische, als auch der Fettreihe angehörige Kerne enthält.

Bei der Magenverdauung, wo nachweislich Leucin- und Tyrosinbildung nicht eintritt, bleiben Hemi- und Antigruppen vereint, und das hier resultierende Pepton wird deshalb als Amphopepton bezeichnet. Bei der Pankreasverdauung dagegen entsteht wahrscheinlich zunächst ebenfalls Amphopepton, welches aber bald weiter in Hemipepton und Antipepton gespalten wird.

Nun ist aber die Hemigruppe gegen die tryptische Einwirkung nicht beständig. Deshalb zerfällt das Hemipepton sogleich weiter in Amidosäuren, während die Antigruppe im Antipepton übrig bleibt.

Die Produkte der Trypsinverdauung auf die Eiweißkörper stehen also in folgender ätiologischen Beziehung:

Natives Eiweiß
|
Deuteroalbumosen
|
Amphopepton
/\
Antipepton   Hemipepton
/\
Leucin   Tyrosin   Asparaginsäure   Tryptophan etc.

Aus dem nativen Eiweiß gehen sicher mehrere Deuteroalbumosenmoleküle hervor, welche dann wieder in eine größere, ebenfalls unbekannte Anzahl von Amphopeptonmolekülen gespalten werden.

Sämtliche bisher erwähnten Albumosen, mögen sie bei der Magen- oder Pankreasverdauung entstehen, müssen der KÜHNE'schen Theorie nach als Ampho-albumosen bezeichnet werden, denn sie liefern, bei genügend energischer Trypsinwirkung, als Endprodukte der Pankreasverdauung Amidosäuren, neben mehr oder weniger Antipepton.

In den Amphoalbumosen der Magenverdauung scheinen die Anti- und Hemigruppen des ursprünglichen Eiweißmoleküls quantitativ nicht gleich verteilt zu sein, denn bei der Trypsinverdauung der Heteroalbumose erhält man verhältnismäßig mehr Antipepton als Amidosäuren, während umgekehrt die Protalbumose, neben sehr wenig Antipepton, viel Amidosäuren liefert [1]).

Bei sehr kräftiger Pepsin- oder Pankreasverdauung, namentlich aber beim Peptonisieren der Eiweißstoffe mittels stark verdünnter, siedender Mineralsäuren beobachtet man regelmäßig, daß eine in Säuren unlösliche Proteïnsubstanz zurückbleibt, welche durch sehr wirksame

---

1) KÜHNE und CHITTENDEN, Ueber Albumosen, Zeitschr. f. Biologie, N. F. Bd. 2, 1884, S. 46.

Trypsinlösung, ungleich schwerer durch energisch wirkenden Magensaft allmählich in Lösung zu bringen ist, um lediglich Antipepton zu liefern.

In der Annahme, daß in diesen Fällen Antigruppen des Eiweißmoleküls teilweis isoliert worden sind, bezeichnet man nach KÜHNE diesen lediglich Antipepton liefernden Stoff als Antialbumid. Seine große Resistenz gegen die Hydratation wurde zuerst von SCHÜTZEN-BERGER[1]) beobachtet.

Das Antialbumid ist namentlich dadurch ausgezeichnet, daß seine Lösung in verdünnter Soda, mit stark wirkendem Trypsin zusammengebracht, zunächst als feine Gallerte ausfällt[2]), um erst allmählich wieder als Antialbumose in Lösung zu gehen, aus welcher dann das Antipepton hervorgeht.

Aus ihrem Verhalten gegen die Trypsinwirkung ergiebt sich somit für die Produkte der Magenverdauung folgendes Schema, in welchem ihr relativ hoher, beziehungsweise geringer Gehalt an Anti- oder Hemigruppen durch starke, oder schwache Striche angedeutet ist[3]):

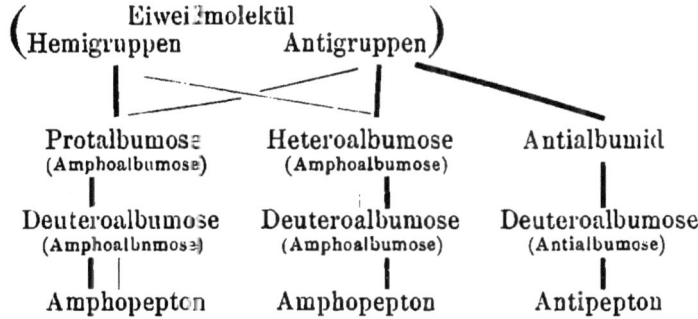

Der Ausdruck „Hemipepton" hat nach diesen Ausführungen nur eine theoretische Bedeutung, während die Bezeichnung „Hemialbumose" älteren Vorstellungen entspricht und aus den Lehrbüchern allmählich verschwinden sollte.

Als Material zur Beobachtung der Trypsinwirkung sind mit dem Ferment imprägnierte frische Fibrinflocken zu empfehlen. Um die Produkte verschiedener Verdauungsstadien zu erhalten, wird ein Teil der Flüssigkeit bald nach eingetretener Lösung des Fibrins, ein anderer dagegen erst nach mehrtägiger Einwirkung in Arbeit genommen. Die einzelnen Produkte lassen sich, wie folgt, nachweisen:

Aeußerst schwaches Ansäuern der alkalischen Flüssigkeit mittels Essigsäure: Teilweißes Ausfallen des gelösten Fibrins, welches den Charakter der Globulinsubstanzen zeigt. Zur vollkommenen Entfernung des Eiweißes wird aufgekocht.

---

1) SCHÜTZENBERGER, Bulletin de la soc. chimique de Paris, Bd. 23, 1875, S. 161.

2) KÜHNE, Verhandl. des Naturhist.-med. Vereins zu Heidelberg, N. F. Bd. 1, S. 237 sowie KÜHNE und CHITTENDEN, Zeitschr. f. Biol., N. F. Bd. 1, 1883, S. 163 u. 167.

3) R. NEUMEISTER, Zur Kenntnis der Albumosen, Zeitschr. f. Biol., N. F. Bd. 5, 1887, S. 391.

Nach dem Filtrieren wird die neutrale, nunmehr eiweißfreie Flüssigkeit auf dem Wasserbade stark konzentriert.

Eine Probe, mit dem gleichen Volumen gesättigter Kochsalzlösung verdünnt, giebt beim tropfenweisen Zusatz Albumosenreaktion (Deuteroalbumosen), doch nur bei einem wenig vorgeschrittenen Verdauungsstadium.

Aus einer anderen, mit wenig Schwefelsäure angesäuerten Probe werden die vorhandenen Albumosen durch Sättigung der Flüssigkeit mit gepulvertem Ammoniumsulfat ausgesalzen. Das salzgesättigte Filtrat enthält das Antipepton, welches durch die Biuretreaktion sowie nach dem Neutralisieren der Lösung und dem Zusatz des gleichen Volumen Wassers, durch die Fällung mittels Gerbsäure nachgewiesen wird.

N a c h m e h r t ä g i g e r V e r d a u u n g enthalten wirksame Pankreasverdauungen weder koagulierbares Eiweiß, noch Albumosen in wesentlichen Mengen.

Man neutralisiert die Lösung und dampft sie stark ein, wobei sich der größte Teil des Tyrosins in krystallinischen Massen abscheidet. Nach dem Erkalten wird dasselbe durch Filtration entfernt.

Dunstet man eine Probe des Filtrates weiter bis zum dünnen Syrup ein, so scheidet sich daraus beim Stehen nochmals Tyrosin, oft auch Leucin in mikroskopischen Krystallen ab. Das Tyrosin erscheint in stark lichtbrechenden, fächer- oder garbenförmig angeordneten Nadeln, das Leucin dagegen in schwach lichtbrechenden hyalinen, selten radial gestreiften Kugeln.

Falls der direkte mikroskopische Nachweis des Leucins mißlingt, trennt man die beiden Amidosäuren durch Extrahieren der gemeinsamen Lösung mittels siedenden Alkohols, welcher nur das Leucin und das vorhandene Wasser aufnimmt, filtriert heiß und sucht die Leucinkugeln, nach dem Verjagen des Alkohols, im neuen rückständigen wäßrigen Syrup.

Das abfiltrierte Tyrosin löst sich in wenig warmem Ammoniakwasser, um beim Neutralisieren der Flüssigkeit wieder auszufallen. Mit Wasser gehörig ausgewaschen, giebt es die MILLON'sche Probe. Auch kann man mit sehr wenig Tyrosin die PIRIA'sche [1]) Reaktion anstellen: Eine etwa linsengroße Menge Tyrosin wird zu diesem Zweck auf einem Uhrglase mit wenigen Tropfen konzentrierter Schwefelsäure vermischt und etwa eine halbe Stunde lang aufs siedende Wasserbad gestellt. Hierauf verdünnt man die saure Lösung in einem Porcellanschälchen mit etwa 15 ccm Wasser, trägt allmählich Bariumkarbonat im geringen Ueberschuß ein und erwärmt nochmals. Wird nunmehr der lösliche tyrosin-schwefelsaure Baryt von den unlöslichen Barytsalzen abfiltriert und das neutrale Filtrat allmählich mit sehr verdünntem Eisenchlorid versetzt, so erhält man eine tiefviolette Färbung von tyrosinschwefelsaurem Eisen.

Bei der tryptischen Zersetzung der Eiweißstoffe besteht ebenso, wie bei deren Spaltung mittels siedenden Barytwassers, oder durch bakterielle Einwirkung, neben Tyrosin, Leucin und Asparaginsäure auch ein Chromogen, welches namentlich in essigsaurer Lösung mit Chlor- oder Bromwasser, oder auch mit sehr wenig Chlorkalk einen violetten Farbstoff liefert, der aus eiweißfreien Flüssigkeiten leicht von Amylalkohol aufgenommen wird.

---

1) PIRIA, Annal. d. Chem. u. Pharm., Bd. 82, S. 252.

Man bezeichnet dieses Chromogen passend als Tryptophan [1]), weil der aus ihm leicht zu erzeugende Farbstoff ein bequemes Mittel bildet, den Eintritt der tiefen Eiweißspaltung und somit auch die Bildung von Tyrosin und Leucin festzustellen, ohne daß man diese Amidosäuren speziell nachzuweisen brauchte. Mit Hilfe dieser Reaktion läßt sich unter anderem leicht zeigen, daß bei der Einwirkung des Trypsins auf Fibrin immer erst Peptone gebildet werden, bevor es zu einer tiefen Eiweißzersetzung kommt.

Die Natur des Tryptophans ist trotz mehrfacher Untersuchungen völlig unbekannt, wiewohl es schon vor mehr als 60 Jahren von TIEDEMANN und GMELIN [2]) beobachtet wurde. Der entstehende Farbstoff ist keineswegs identisch mit dem Indigo. Stark verunreinigt mit Pepton und anderen Stoffen, scheidet er sich beim Stehen aus der Flüssigkeit ab. Die schön violette Lösung des Niederschlages in Alkohol giebt nach den Untersuchungen von KRUKENBERG [3]) ein Absorptionsband um D.

Weiter ist zu erwähnen, daß sowohl HIRSCHLER [4]), als auch STADELMANN [5]) eine geringe Ammoniakentwickelung bei der tryptischen Verdauung von Fibrin nachgewiesen haben. Diese Ammoniakbildung tritt auch ein, wenn durch sorgfältigste Desinfektion bakterielle Einflüsse vollkommen ausgeschlossen sind.

Endlich haben E. DRECHSEL und HEDIN [6]) unter den krystallinischen Produkten der tryptischen Einwirkung auf Fibrin auch jene bei der Zersetzung der Eiweißstoffe mittels siedender Mineralsäuren entstehenden Basen, nämlich das Lysatin und Lysatinin, aufgefunden.

Die Darstellung des Antipeptons [7]) geschieht aus einer möglichst ausgedehnten Pankreasverdauung, welche im Verlauf einiger Tage unter wiederholter Zugabe von Trypsin und verdünnter Sodalösung durchgeführt wurde. Nach dem Eindampfen auf ein kleines Volumen wird vom ausgeschiedenen Tyrosin abfiltriert und die Flüssigkeit hierauf in derselben Weise, wie dies beim Magenpepton angegeben wurde, bei wechselnder Reaktion mit Ammoniumsulfat gesättigt. Nach dem Filtrieren und der Entfernung des Ammoniumsulfats, läßt sich aus der Lösung das Antipepton, behufs absoluter Isolierung von den Amidosäuren und den Salzen, wenn auch nicht vollkommen, mittels Phosphorwolframsäure fällen. Die Verbindung des Peptons mit der Phosphorwolframsäure wird durch Barythydrat zerlegt und schließlich der überschüssige Baryt mittels Schwefelsäure genau entfernt. Das Trocknen geschieht wie beim Magenpepton.

--

1) R. NEUMEISTER, Zeitschr. f. Biol., N. F. Bd. 8, 1890, S. 329. Die neuesten Argaben über diesen Körper macht H. WINTERNITZ, Zeitschr. f. physiol. Chem., Bd. 16, 1892, S. 462.

2) TIEDEMANN und GMELIN, Die Verdauung etc., 1831.

3) KRUKENBERG, Virchow's Archiv, Bd. 101, 1885, S. 555 und Verh. d. Physik.-med. Ges. zu Würzburg, 1884, S. 179.

4) HIRSCHLER, Zeitschr. f. physiol. Chemie, Bd. 10, 1886, S. 302.

5) STADELMANN, Zeitschr. f. Biologie, N. F. Bd. 6, 1888, S. 261.

6) E. DRECHSEL u. HEDIN, Zur Kenntnis der Produkte der tryptischen Verdauung des Fibrins, Du Bois Archiv, 1891, S. 273 sowie Ber. der Königl. sächs. Ges. d. Wissensch., 1891, S. 157.

7) Vergl. KÜHNE, Zeitschr. f. Biologie, N. F. Bd. 11, 1893, S. 2—4 und 9—10.

Ueber die Einwirkung des Pankreassaftes auf andere Proteïnsubstanzen ist zu bemerken, daß die Proteïde schnell in ihre Komponenten zerlegt werden, worauf die Verdauung der abgespaltenen Eiweißstoffe wie gewöhnlich von statten geht.

Von den Albuminoïden werden nur das Kollagen und das Elastin digestiv verändert.

Das native Kollagen wird allerdings auffallenderweise vom Pankreassaft nicht angegriffen [1]), doch erfolgt seine Ueberführung in Leim sehr leicht, nachdem es zuerst mit Wasser gekocht oder durch verdünnte Säuren gequellt worden ist. Einer solchen Quellung kann aber das Bindegewebe im normalen Magensaft nie entgehen. Auf diese Bedeutung des Magensaftes für die Verdauung des Bindegewebes haben besonders C. Ludwig und Ogata [2]) aufmerksam gemacht, welche bei ihren Hunden mit ausgeschalteter Magenverdauung zwar das Eiweiß, nicht aber das Bindegewebe der Nahrung ausgenutzt fanden.

Die Veränderung des Leims durch die tryptische Verdauung ist nach den Untersuchungen von Chittenden [3]) seinen Umformungen im Magensaft völlig analog. Es entstehen nach einander Protogelatose, dann aber Deuterogelatose. Das endlich gebildete Gelatinpepton soll durch das Trypsin eine weitere Spaltung in Amidosäuren nicht erfahren [4]).

Von allen Verdauungsvorgängen scheint die Peptonisierung des Leims durch die Einwirkung des Trypsins besonders leicht zu erfolgen. Die Verflüssigung von gehörig desinfizierter Gelatine ist daher wohl geeignet, geringe Trypsinmengen in zweckentsprechend keimfrei gemachten Bakterienkulturen nachzuweisen. Derartige Gelatine bereitet man sich, nach einem Vorschlage von Fermi [5]), durch Auflösen von 5—10 g Gelatine in siedendem Thymolwasser. Die heiß filtrierte Lösung wird in Eprouvetten zur Erstarrung gebracht. Bei Anwesenheit von Trypsin in zugesetzten Flüssigkeiten muß die Gelatine früher oder später in Gelatosen und Leimpepton übergeführt werden.

Der Vorschlag von Fermi, die Einwirkung der zu prüfenden Lösungen bei Zimmertemperatur geschehen zu lassen, ist für unser Klima nicht anwendbar, da stark verdünnte Trypsinlösungen unter diesen Umständen oft nicht einwirken. Doch läßt sich der Gedanke von Fermi praktisch verwenden, wenn man die Versuche bei Bruttemperatur ausführt. Trypsinhaltige Flüssigkeiten haben dann nach früherer oder späterer Unterbrechung der Einwirkung auch in der Kälte das Gelatinierungsvermögen eingebüßt, während ebenso behandelte, beziehungsweise mit dem entsprechenden Volumen Wasser verdünnte Kontrollproben bald wieder erstarren.

Im Gegensatz zum Kollagen wird das Elastin durch den Pankreassaft direkt gelöst. Es liefert nacheinander die beiden Elastosen,

---

1) August Ewald u. Kühne. Die Verdauung als histologische Methode. Verhandl. d. Naturhist.-med. Vereins zu Heidelberg, N. F. Bd. 1, 1877. S. 451.

2) Vergl. S. 131.

3) Chittenden und Solley. Journ. of physiol.. Bd. 12. 1891. S. 23.

4) August Ewald und Kühne. a. a. O.

5 C. Fermi. Die Leimgelatine als Reagens zum Nachweise tryptischer Enzyme. Archiv f. Hygiene, Bd. 12. 1891.

welche auch bei der Magenverdauung entstehen, aber wie dort, so auch hier keine Substanz, welche als Elastinpepton zu bezeichnen wäre [1]).

An die Untersuchung der Einwirkung des Magen- und des Pankreassaftes auf die Proteïnsubstanzen schließt sich die Frage nach der leichten oder schweren Verdaulichkeit der verschiedenen Eiweißarten.

Es läßt sich durch vergleichende Beobachtungen unschwer feststellen, ob ein Eiweißstoff durch künstlichen Magen- oder Pankreassaft schneller gelöst wird, als ein anderer, und ferner, ob seine Ueberführung in Syntonin und weiter in Albumosen und Peptone relativ leicht erfolgt. Auch kann man nach dem Vorgange von BEAUMONT [2]), welcher derartige Versuche zuerst am Menschen ausführte, die verschiedenen oder verschiedenartig zubereiteten Eiweißstoffe in Tüllsäckchen geben, durch eine Fistel in den Magen eines Hundes einführen und die Schnelligkeit ihrer Auflösung vergleichen [3]). Aber die so gewonnenen Resultate können den Wert eines Eiweißkörpers als Nährstoff nicht definitiv bestimmen [4]). Denn die natürlichen digestiven Prozesse lassen sich weder außerhalb des Tierkörpers, noch durch Einbringen von Nährstoffen in Magenfisteln vollkommen nachahmen. Einmal ist es ja keineswegs allein der Magensaft, welcher im Darmtract auf die Proteïnsubstanzen einwirkt, und ferner ist der resorptionsfähige Zustand der verschiedenen Eiweißstoffe nicht für alle bei demselben digestiven Stadium erreicht.

Dies vorausgeschickt, kann man allerdings behaupten, daß rohes Muskelfleisch aller Tiergattungen vom Magensaft leichter gelöst und peptonisiert wird, als im gekochten oder gar im gebratenen Zustande. Daß aber die Ausnutzung des rohen Muskelfleisches nun auch besser erfolge, als die des gekochten, ist damit nicht bewiesen, weil es sich in der That noch fragt, ob eine schnellere Peptonisierung des Muskelfleisches unter allen Umständen dem Organismus zum Nutzen gereicht. So haben die Untersuchungen von ATWATER [5]) über die Ausnutzung der als Nahrung eingeführten Muskelsubstanz von verschiedenen Tieren, namentlich vom Rind- und Fischfleisch, durchaus keine Differenzen ergeben, wiewohl CHITTENDEN und CUMMINS [6]) sowie auch POPOFF [7]) übereinstimmend angeben, daß Rindfleisch im künstlichen Magensaft sowohl leichter löslich ist, als auch schneller peptonisiert wird, als das Fischfleisch.

----

1) CHITTENDEN und HART, Elastin und Elastosen, Zeitschr. f. Biolog., N. F. Bd. 7, 1889, S. 388.

2) Vergl. S. 125.

3) JESSEN, Einige Versuche über die Zeit, welche erforderlich ist, Fleisch und Milch in ihren verschiedenen Zubereitungen zu verdauen, Zeitschr. f. Biologie, N. F. Bd. 1, 1883, S. 140.

4) Vergl. hierüber BERGEAT, Zeitschr. f. Biologie, N. F. Bd. 6, 1888, S. 139.

5) ATWATER, Ueber die Ausnutzung des Fischfleisches im Darmkanale im Vergleich mit der des Rindfleisches, Zeitschr. f. Biologie, N. F. Bd. 6, 1888, S. 16.

6) CHITTENDEN und CUMMINS, Americ. chem. Journ., Bd. 6, Nr. 5.

7) M. POPOFF, Ueber Verdauung von Rind- und Fischfleisch bei verschiedener Art der Zubereitung, Zeitschr. f. physiol. Chemie, Bd. 14, 1890, S. 524.

Hiermit soll indessen nicht behauptet werden, daß es unmöglich sei, aus den Mengen der durch künstliche Verdauung überhaupt lösbaren Eiweißstoffe eines Nahrungsmittels zu einem annähernden Urteil über dessen relativen Nährwert zu gelangen. Derartige Untersuchungen von Futtermitteln, welche nach dem Vorschlage von STUTZER [1]) nach einander der Einwirkung von künstlichem Magen- und Pankreassaft ausgesetzt wurden, liefern in der That nach TH. PFEIFFER [2]) mit dem Tierversuch genügend übereinstimmende Resultate.

Bereits im oberen Teil des Dünndarms beginnt mit der Neutralisation der freien Salzsäure des Magensaftes allmählich die Entwickelung und bald auch die deutliche Einwirkung zahlreicher Fäulnisbakterien auf die Nahrungsstoffe und deren Verdauungsprodukte.

Diese Fäulnisvorgänge verlaufen in ihrem Beginn neben den digestiven Prozessen, erlangen aber erst im unteren Teil des Dünndarms eine intensivere Ausbreitung, während sie im Dickdarm durch die dort erfolgende Wasserresorption wieder eingeschränkt werden.

Bestimmte Bakterienarten des Darminhaltes wirken speziell verändernd auf die Proteïnsubstanzen [3]). Sie besitzen die Fähigkeit, diese Verbindungen, falls deren Lösung nicht bereits durch die Verdauungssäfte eingetreten ist, zunächst in den flüssigen Zustand überzuführen, um sie dann, gleich den Verdauungssäften, in Albumosen und weiter in Peptone zu spalten.

Doch vollziehen sich diese Vorgänge der Lösung und namentlich der ihr folgenden Peptonisation ganz bedeutend langsamer, als die entsprechende Einwirkung der Verdauungsenzyme. Selbst unter günstigen Verhältnissen bedarf es, wenigstens außerhalb des Tierkörpers, mehrerer Tage, bevor mit Darmbakterien reichlich infizierte frische Fibrinflocken in einer durch Soda schwach alkalisch gehaltenen Flüssigkeit vollkommen gelöst werden.

Die Lösung und Peptonisation der Eiweißstoffe durch die Bakterien scheint nicht auf einer direkten Thätigkeit dieser Mikroorganismen zu beruhen, sondern muß, wie früher ausgeführt wurde, als die Wirkung von ihnen abgesonderter Enzyme betrachtet werden [4]).

Im unteren Teil des Darmtraktes kann diese lösende Wirkung der Bakterien dem Organismus vielleicht zugute kommen, weil hier im wesentlichen nur noch Reste von unveränderten Proteïnsubstanzen vorhanden sind, deren Resorption dadurch ermöglicht wird.

Im oberen Teil des Darmtraktes dagegen würden die Bakterien, falls sie hier bereits in großer Menge vorhanden wären, ihrem Wirt einen Teil der Nährstoffe entziehen.

Denn es scheint, daß diese Fermentorganismen, sobald Albumosen oder Peptone in ihren Wirkungskreis gelangen, kaum noch lösend auf

---

1) STUTZER, Zeitschr. f. physiol. Chem., Bd. 9, 1885, S. 212, Bd. 10, 1886, S. 153, Bd. 11, 1887, S. 361, Bd. 12, 1888, S. 72.

2) TH. PFEIFFER, Versuche zum Vergleich der natürlichen und künstlichen Verdauung stickstoffhaltiger Futterbestandteile, Zeitschr. f. phys. Chem., Bd. 11, 1887, S. 1. Vergl. auch E. WOLFF, Landwirtsch. Jahrbücher, Bd. 19, 1890, S. 795.

3) B. BIENSTOCK, Ueber die Bakterien der Faeces, Zeitschr. f. klin. Medic., Bd. 8, 1884, S. 1.

4) Vergl. S. 75.

native Eiweißstoffe einwirken. Daß sie vielmehr in diesem Falle zunächst die anwesenden Verdauungsprodukte weiter zersetzen, geht daraus hervor, daß man in stark faulenden Eiweißlösungen keine oder höchstens nur geringe Spuren von Peptonen entdecken kann, während dagegen eine langsame Bildung von Peptonen durch die bakteriellen Enzyme wahrgenommen wird, wenn man die Wirkung der lebenden Pilzzellen durch Abtötung derselben mittels Chloroform ausschließt[1]). Giebt man weiter Peptone zu faulendem Blut oder Eiweiß, so läßt sich keineswegs eine Vermehrung, sondern vielmehr bald eine Abnahme derselben bis zum völligen Verschwinden zweifellos feststellen[2]). Hiervon macht nach meinen Befunden nur die Leimgelatine eine Ausnahme, welche, mit Darmbakterien infiziert, sich in dieser Beziehung abweichend von den Eiweißstoffen verhält, indem bald in der Flüssigkeit zunehmende Mengen von Gelatinpepton nachweisbar werden.

Man muß annehmen, daß infolge der besonders leichten Verdaulichkeit des Leims ihn die bakteriellen Enzyme schneller peptonisieren, als die zersetzende Einwirkung der Pilzzellen folgen kann.

Durch die bakterielle Zersetzung der Eiweißpeptone entstehen die auch bei der Pankreasverdauung sich bildenden Amidosäuren: Tyrosin, Leucin, Asparaginsäure und das Tryptophan. Ferner aber werden eine Reihe anderer Substanzen nachweisbar, welche zum Teil direkt aus den Peptonen hervorgehen, vorwiegend aber einer weiteren Umformung der genannten Amidosäuren ihre Entstehung verdanken.

Zunächst kann das Tyrosin infolge von Reduktions-, Spaltungs- oder Oxydationsvorgängen in andere B e n z o l d e r i v a t e d u r c h d i e F ä u l n i s übergehen, nämlich in gewisse aromatische Oxysäuren und weiter in Phenole.

Nach Baumann[3]) erfolgt diese Umwandlung des Tyrosins in der Weise, daß es zunächst durch nascierenden Wasserstoff unter Abspaltung von Ammoniak in die ihm entsprechende Oxysäure verwandelt wird:

$$C_6 H_4 {\Large\langle}{}^{OH\ 1.}_{CH_2 - CH(NH_2) - COOH\ 4.} + H_2$$

Para-oxyphenyl-Amidopropionsäure (Tyrosin)

$$= C_6^a H_4 {\Large\langle}{}^{OH\ 1.}_{CH_2 - CH_2 - COOH\ .4.} + NH_3$$

Para-oxyphenyl-Propionsäure (Hydroparacumarsäure).

Aus letzterer geht durch Oxydation Para-oxyphenyl-Essigsäure

$$C_6 H_4 {\Large\langle}{}^{OH\quad 1.}_{CH_2 - COOH\ 4.}$$ und weiter durch eine Abspaltung von Kohlen-

1) Vergl. S. 76.

2) R. Neumeister, Zur Physiologie der Eiweißresorption und zur Lehre von den Peptonen, Zeitschr. f. Biologie, N. F. Bd. 9, 1890, S. 335.

3) Baumann, Weitere Beiträge zur Kenntnis der aromatischen Substanzen des Tierkörpers, Zeitschr. f. physiol. Chemie, Bd. 4, 1880, S. 304. Vergl. auch die älteren Abhandlungen hierüber von Baumann sowie von E. u. H. Salkowski in den Berichten der Deutschen chemischen Gesellschaft.

dioxyd Para - Kresol $C_6 H_4 \left\langle {OH. \atop CH_3} {1. \atop 4.}\right.$ hervor, welches endlich zu Phenol $C_6 H_5 . OH$ oxydiert wird [1]).

Schon durch das Studium der tryptischen Zersetzung der Albumosen ist es sichergestellt, daß eine größere Anzahl von aromatischen Gruppen im Eiweißmolekül vorhanden sein muß.

Diese aromatischen Atomkomplexe gehen aus der Pankreasverdauung, soweit dieselbe das Eiweißmolekül zersetzt, sowie aus den meisten künstlichen Spaltungen der Eiweißstoffe lediglich als Tyrosin hervor.

Bei der Einwirkung der Fermentorganismen auf Eiweißstoffe dagegen beobachtet man, neben der Bildung von Tyrosin und seinen Abkömmlingen, stets auch das Auftreten von aromatischen Substanzen, welche nicht zu dem Tyrosin in direkter Beziehung stehen. Es sind dies besonders Stoffe der Indigogruppe, welche also der Orthoreihe angehören, nämlich das zuerst von KÜHNE[2]) und von NENCKI[3]) bei den Fäulnisprozessen nachgewiesene Indol, das Skatol[4]) und die von SALKOWSKI[5]) gefundene Skatolkarbonsäure.

Diese 3 Chromogene besitzen nahe Beziehungen zum Indigo, welcher durch Oxydation des Indols entsteht:

$$2 C_6 H_4 \left\langle {CH \atop NH}\right\rangle CH + 4 O = C_6 H_4 \left\langle {CO \atop NH}\right\rangle C = C \left\langle {CO \atop NH}\right\rangle C_6 H_4 + 2 H_2 O$$

Indol   Indigo

Das Skatol ist methyliertes Indol: $C_6 H_4 \left\langle {C(CH_3) \atop NH}\right\rangle CH$, aus welchem die Skatolkarbonsäure $C_6 H_4 \left\langle {C.CH_3 \atop NH}\right\rangle C.COOH$ durch eine Verbindung mit CO_2 hervorgeht[6]). Leitet man Skatoldampf durch ein glühendes Rohr, so geht das Skatol in Indol über.

---

1) TH. WEYL, Spaltung von Tyrosin durch Fäulnis, Zeitschr. f. physiol. Chem., Bd. 3, 1879, S. 312.

2) KÜHNE. Ber. d. Deutschen chem. Gesellsch., Bd. 8, 1875, S. 206.

3) NENCKI. Ber. d. Deutsch. chem. Ges., Bd. 8, 1875, S. 336 u. Ueber die Zersetzung der Gelatine und des Eiweißes bei der Fäulnis mit Pankreas, Bern 1876, S. 31. Vergl. auch BRIEGER, Zeitschr. f. physiol. Chem., Bd. 3, 1879, S. 141, BAUMANN, Ber. d. Deutschen chem. Ges., Bd. 13, 1880, S. 284 sowie TAPPEINER, Ber. d. Deutsch. chem. Ges., Bd. 14, 1881, S. 2382.

4) L. BRIEGER, Ber. d. Deutsch. chem. Ges., Bd. 10, 1877, S. 1037, und Bd. 12, 1879, S. 1985, Journ. f. prakt. Chemie, N. F. Bd. 17, S. 124. Vergl. auch BRIEGER, Weitere Beiträge zur Kenntnis des Skatols, Zeitschr. f. physiol. Chem., Bd. 4, 1880, S. 414. NENCKI, Ber. d. Deutsch. chem. Ges., Bd. 13, 1880, S. 2002 u. Zeitschr. f. physiol. Chem., Bd. 4, 1880, S. 371.

5) E. und H. SALKOWSKI, Ber. d. Deutsch. Ges., Bd. 13, 1880, S. 191 u. 2217. Ferner E. u. H. SALKOWSKI, Die Skatolkarbonsäure, Zeitschr. f. physiol. Chem., Bd. 9, 1885, S. 8 und 23.

6) Vergl. über die künstliche Synthese der Skatolkarbonsäure: CIAMICIAN und MAGNANINI, Ber. d. Deutschen chem. Ges., Bd. 21, 1888, S. 1927.

Das Indol entsteht übrigens auch, wie KÜHNE und ebenso NENCKI[1])
nachgewiesen haben, bei der oxydativen Zersetzung der Eiweißstoffe
mittels der Kalischmelze.

Auf Grund dieser Befunde ist mehrfach die Anschauung verbreitet
worden, daß diese Substanzen der Indigogruppe im Eiweißmolekül in
anderer Weise vorgebildet seien, als das gleichzeitig mit ihnen entstehende Tyrosin[2]).

Indessen ist die, je nach den äußeren Bedingungen und der Natur
der Fermentorganismen, so überaus wechselvolle bakterielle Einwirkung[3])
ebensowenig, wie die Kalischmelze geeignet, weittragende Schlüsse auf
die Konstitution der Nährstoffe zu gestatten.

Man kann höchstens behaupten, dass bei den Gärungs - und den
Fermentationsvorgängen die Bildung aromatischer Verbindungen aus
Substanzen der Fettreihe noch nicht beobachtet wurde. — Warum die
aromatischen Kerne der Eiweißstoffe bei der Einwirkung der Bakterien
teilweise als Verbindungen der Indolgruppe, bei der Spaltung durch
siedende Säuren dagegen lediglich als Tyrosin aus dem zerfallenden
Eiweißmolekül heraustreten, ist gänzlich unbekannt. Vielleicht wird das
Indol von den Fäulnisbakterien aus einfacheren aromatischen Komplexen
synthetisch erzeugt.

Dasselbe gilt für gewisse nicht hydroxylierte, der Benzoësäure
homologe aromatische Säuren, welche SALKOWSKI[4]) als konstante Produkte der Eiweißfäulnis gefunden hat.

Es sind dies die Phenylpropionsäure (Hydrozimmtsäure) $C_6H_5 -$
$CH_2 - CH_2 - COOH$ und die Phenylessigsäure $C_6H_5 - CH_2 - COOH$.

Letztere beiden Säuren können durch die Lebensthätigkeit der
Fäulnisbakterien sowohl direkt aus dem Eiweißmolekül heraustreten,
als auch nach der Angabe von SALKOWSKI[5]) unter Umständen durch
eine weitere Umformung des Tyrosins gebildet werden.

Da das Indol und das Skatol mit Wasserdämpfen flüchtig sind, lassen
sich beide aus faulendem Eiweiß leicht isolieren. Zu ihrer Reingewinnung
benutzt man zweckmäßig eine faulende Pankreasverdauung.

Man giebt in einen verschlossenen Kolben, der mittels Gummi-
schlauch und aufgesetztem Quetschhahn mit einer vorgelegten Wasch-
flasche in Verbindung steht, fein zerhacktes Muskelfleisch, ebenso zer-
teiltes Rindspankreas und etwa die vierfache Menge Wasser, welches
durch Soda schwach alkalisiert wird.

---

1) Vergl. S. 26.

2) Vergl. namentlich M. NENCKI und BOVET, Untersuchungen über
die Zersetzung des Eiweißes durch anaërobe Spaltpilze, Monatsh. f. Chem.,
Bd. 10, 1889, S. 506.

3) Vergl. BRIEGER, Ueber die aromatischen Produkte der Fäulnis
aus Eiweiß, Zeitschr. f. physiol. Chem., Bd. 3, 1879, S. 134.

4) E. u. H. SALKOWSKI, Zeitschr. f. physiolog. Chem., Bd. 2, 1878,
S. 424; Bd. 7, 1883, S. 450. BAUMANN, Zeitschr. f. physiol. Chem., Bd. 7,
1883, S. 282. E. SALKOWSKI, Ueber die Bildung der nicht hydroxylirten
aromatischen Säuren bei der Eiweißfäulnis, Zeitschr. f. physiol. Chemie,
Bd. 9, 1885, S. 491.

5) E. SALKOWSKI, Zeitschr. f. physiol. Chemie, Bd. 9, 1885, S. 508.

In dieser Mischung werden bei Brutwärme die anfangs gebildeten Peptone durch die Fäulnisbakterien schnell zersetzt. Die zuerst geöffnete Klemme des Kolbens wird später dauernd geschlossen und nur bisweilen ein wenig gelüftet, um den entwickelten Gasen den Austritt zu gestatten. Dieser Abschluß des Gefäßes ist geboten, weil sich in offenen Gefäßen das Indol und das Skatol zum Teil verflüchtigen würden. Nach etwa 10 Tagen enthält die sehr übelriechende Flüssigkeit beide Substanzen, wenn auch nicht in bedeutender Menge. Man erhält an Indol und Skatol aus 1 kg angewandter Substanz etwa 9—11 g. Nach der Vorschrift SALKOWSKI's [1]) verfahrend, kann man nach 5—6-tägiger Fäulnis auf eine mittlere Ausbeute von 6,5 pro Mille des Trockengewichtes an Indol rechnen.

Zur Gewinnung beider Stoffe wird die faulende Flüssigkeit im Freien durch ein Leintuch filtriert und hierauf größtenteils abdestilliert, wobei das Indol und das Skatol mit den Wasserdämpfen sich verflüchtigen.

Das gewonnene Destillat wird zur Bindung der ebenfalls übergegangenen Phenole mit Natronlauge alkalisiert, und das Indol und Skatol aus der Flüssigkeit mittels Aether ausgeschüttelt, aus welchem beide Stoffe beim vorsichtigen Abdestillieren desselben als weiße, glitzernde Blättchen von intensiv fäkalem Geruch im Rückstand bleiben.

Außer in Aether lösen sie sich schwer in kaltem, leicht in heißem Wasser, ferner auch in Alkohol und in Benzol.

Löst man das Gemisch beider Substanzen in hochsiedendem Ligroïn unter Erwärmung auf dem Wasserbade und versetzt die Mischung mit einer Lösung von überschüssiger Pikrinsäure in Benzol, so scheiden sich beim Erkalten pikrinsaures-Indol und -Skatol in prachtvoll roten Nadeln aus. Kocht man diese Verbindungen mit Wasser, am besten unter Zusatz von Ammoniak, so zersetzen sie sich, es gehen die freien Chromogene mit den Wasserdämpfen in die Vorlage über. Destilliert man dagegen das Gemisch der Pikrate mit Natronlauge, so wird das Indol vollkommen zersetzt, und es befindet sich in der Vorlage reines Skatol.

Eine Trennung beider Verbindungen läßt sich durch fraktionierte Destillation mittels heißen Wasserdampfs erreichen, wobei das Skatol stets zuerst übergeht.

Giebt man zur wäßrigen Lösung des Indols tropfenweis gelb gewordene Salpetersäure, so erhält man einen roten Niederschlag von salpetersaurem Nitroso-indol. Dieser Farbstoff löst sich in Alkohol und krystallisiert aus dieser Lösung nach Zusatz von Aether.

Das Skatol wird durch gelbe Salpetersäure nur als weißes Nitrat gefällt.

Taucht man einen Fichtenspan in starke Salzsäure und bringt ihn hierauf in eine wäßrige Indollösung, so färbt er sich allmählich kirschrot. Das Skatol giebt diese Reaktion nicht in der gleichen Weise. Der Span wird nur rot, wenn man ihn zuerst mit einer alkoholischen Skatollösung befeuchtet und dann in starke Salzsäure bringt [2]).

Ferner unterscheidet sich das Indol vom Skatol durch sein Verhalten gegen Nitroprussidnatrium.

Giebt man zu einer wäßrigen Indollösung so viel gelöstes Nitroprussidnatrium, daß eine gelbbraune Flüssigkeit entsteht, so wird diese

1) E. u. H. SALKOWSKI, Ueber die Bildung des Indols und Skatols, Zeitschr, f. physiolog. Chemie, Bd. 8, 1884, S. 462.

2) E. FISCHER, Annalen der Chemie, Bd. 236, S. 140.

beim tropfenweisen Zusatz von verdünnter Lauge violett. Die violette
Färbung geht aber in eine tiefblaue über, wenn man nunmehr tropfenweis verdünnte Salzsäure hinzufügt[1]). Ein Ueberschuß der Säure zerstört den blauen Farbstoff.

Der Destillationsrückstand vom Indol, Skatol und den Phenolen
enthält alle übrigen Fäulnisprodukte.

Zur Darstellung der aromatischen Säuren[2]) fällt man die noch vorhandenen Eiweißstoffe und Salze durch Zusatz von viel Alkohol aus.
Die so erhaltene alkoholische Lösung wird in eine wäßrige übergeführt,
aus der man die durch Schwefelsäure in Freiheit gesetzten Säuren
mittels Aether ausschüttelt. Nach dem Abdunsten des Aethers wird
der Rückstand in wenig verdünnter Lauge gelöst und mit Bariumchlorid
gefällt, wodurch die Fettsäuren als Barytseifen abgeschieden werden.
Die abfiltrierten löslichen Barytsalze der aromatischen Säuren werden
dagegen durch Schwefelsäure zersetzt und noch einmal in Aether aufgenommen.

Der Aether wird verdunstet, die Säuren in Wasser gelöst und
durch die kochende Flüssigkeit ein heißer Dampfstrom geleitet, mit
welchem die flüchtigen Homologen der Benzoësäure, die Phenylessigsäure und die Phenylpropionsäure, übergehen. Beide lassen sich durch
fraktionierte Destillation trennen[3]).

Im Rückstande bleiben die Oxysäuren sowie die Skatolkarbonsäure.
Letztere krystallisiert beim starken Eindunsten und Abkühlen der
sauren Flüssigkeit in weißen Körnchen heraus, während die Oxysäuren
mit Hilfe ihrer verschiedenen Lösungsverhältnisse in Benzol[4]) getrennt
werden können.

Die Skatolkarbonsäure giebt mit gelber Salpetersäure die Indol-
reaktion, während die aromatischen Oxysäuren ihre Gegenwart durch
das Eintreten der MILLON'schen Probe erkennen lassen.

Wie zahlreiche Untersuchungen, zuerst namentlich von JAFFÉ[5]),
SALKOWSKI[6]), BAUMANN[7]) und BRIEGER[8]) festgestellt haben, gelangt

---

1) LEGAL, Breslauer ärztliche Zeitschr., 1883, Nr. 3 und 4. Vergl.
auch KRUKENBERG, Chemische Untersuchungen zur wissensch. Medizin, II,
1888, S. 136', wo sich das optische Verhalten dieser Farbstoffe angegeben findet.

2) Vergl. E. und H. SALKOWSKI, Zeitschr. f. physiol. Chemie, Bd. 9,
1885, S. 9.

3) Vergl. E. SALKOWSKI, Zeitschr. f. physiol. Chemie, Bd. 9, 1885,
S. 495 u. 499.

4) BAUMANN, Zeitschr. f. physiol. Chemie, Bd. 4, 1880, S. 308. Vergl.
auch Bd. 6, 1882, S. 191.

5) JAFFÉ, Centralblatt f. d. medizin. Wissensch., 1872, S. 2. Vergl.
auch Virchow's Archiv, Bd. 70, 1877, S. 72.

6) E. SALKOWSKI, Berichte der Deutschen chem. Ges., Bd. 9, 1876,
S. 1595.

7) BAUMANN, Zur Kenntnis der aromatischen Substanzen im Tierkörper, Zeitschr. f. physiol. Chemie, Bd. 1. 1877, S. 60.

8) BRIEGER, Berichte d. Deutsch. chem. Ges., Bd. 10, 1877, S. 1027.
Vergl. namentlich auch „Ueber die flüchtigen Phenole, deren Aether-
schwefelsäuren im menschlichen Urin vorkommen", Zeitschr. f. physiol.
Chem., Bd. 4, 1880, S. 204.

ein gewisser Anteil dieser durch die Eiweißfäulnis im Darm entstandenen aromatischen Stoffe zur Aufsaugung.

Das resorbierte Tyrosin verschwindet nach mehrfachen und übereinstimmenden Beobachtungen in der Säftemasse, es wird in den Geweben vollkommen zersetzt und oxydiert[1]). Ebenso wie das Tyrosin scheinen sich nach den Beobachtungen von SCHOTTEN[2]) auch andere aromatische Amidosäuren zu verhalten.

Dagegen gelangen die stickstofffreien Umwandlungsprodukte des Tyrosins sowie die übrigen aromatischen Zersetzungsprodukte des Eiweißes nicht zur völligen Verbrennung und treten daher als solche oder nur wenig verändert im Harn zu Tage.

Die an und für sich giftigen Phenole durchwandern aber nicht als solche die Säftemasse, sondern werden vorher — vielleicht in der Leber — entgiftet[3]), indem sie hier mit Sulfaten zu ätherschwefelsauren Salzen

$$\left(SO_2 {OC_6H_5 \atop OK} \text{ und } SO_2 {OC_6H_4-CH_3 \atop OK}\right)$$ zusammentreten. Gerade diese

Vereinigung mit der Schwefelsäure scheint die an und für sich, teilweise wenigstens, zerstörbaren Phenole[4]) vor einer Oxydation zu bewahren, denn man beobachtet, daß selbst der ungemein leicht oxydierbare Aethylalkohol[5]), als ätherschwefelsaures Salz einem Hunde eingegeben, ebensowenig wie die Phenole im Organismus der Verbrennung anheim fällt.

In gleicher Weise wird auch das resorbierte Indol sowie das Skatol an Schwefelsäure gebunden, nachdem beide Chromogene zuvor zu Indoxyl[6]) $C_6H_4 {\diagup C \cdot OH = CH \atop \diagdown NH \rule{1.5cm}{0.4pt}}$, beziehungsweise zu Skatoxyl oxydiert worden sind. Das indoxylschwefelsaure Kali

$$C_6H_4 {\diagup C(OSO_3K) = CH \atop \diagdown NH \rule{1.5cm}{0.4pt}}$$

bildet im Harn das sogenannte Indican[7]). Die Skatolkarbonsäure dagegen passiert unverändert den Organismus[8]).

---

1) SCHOTTEN, Ueber das Verhalten des Tyrosins und der aromatischen Oxysäuren im Organismus, Zeitschr. f. physiol. Chem., Bd. 7, 1882, S. 22. BAAS, Ueber das Verhalten des Tyrosins zur Hippursäurebildung, Zeitschr. f. physiol. Chem., Bd. 11, 1887, S. 485. R. COHN, Zeitschr. f. physiol. Chem., Bd. 14, 1890, S. 189.

2) SCHOTTEN, Ueber die Quelle der Hippursäure im Harn, Zeitschr. für physiol. Chem., Bd. 8, 1883, S. 63. Vergl. auch BAUMANN, Die aromatischen Verbindungen im Harn und die Darmfäulnis, Zeitschr. f. physiol. Chem., Bd. 10, 1886, S. 130.

3) BAUMANN, Pflüger's Archiv, Bd. 13, 1876, S. 297. Vergl. auch CHRISTIANI u. BAUMANN, Ueber den Ort der Bildung der Phenolschwefelsäure im Thierkörper, Zeitschr. f. physiol. Chem., Bd. 2, 1878, S. 350.

4) TAUBER, Zeitschr. f. physiol. Chem., Bd. 2, 1878, S. 366. AUERBACH, Virchow's Archiv, Bd. 77, 1879, S. 226.

5) E. SALKOWSKI, Ueber das Verhalten einiger Sulfosäuren im Organismus, Pflüger's Archiv, Bd. 4, 1871, S. 91.

6) BRIEGER, Zeitschr. f. physiolog. Chem., Bd. 4, 1880, S. 418.

7) BAUMANN und BRIEGER, Ueber Indoxylschwefelsäure, das Indican des Harns, Zeitschr. f. physiol. Chem., Bd. 3, 1879, S. 254.

8) E. SALKOWSKI, Ueber das Verhalten der Skatolkarbonsäure im Organismus, Zeitschr. f. physiol. Chem., Bd. 9, 1885, S. 28.

Die aromatischen Oxysäuren werden zum Teil ebenfalls mit Schwefelsäure gepaart im Harn vorgefunden [1]), bei weitem der größte Anteil dagegen läßt sich unverbunden, in der Form von Salzen, im Urin nachweisen.

In ähnlicher Weise wie die Schwefelsäure, dienen gegenüber diesen giftigen aromatischen Substanzen als Schutzmittel auch andere Verbindungen, welche sonst sehr leicht im Organismus zersetzlich sind. Sind sie aber an diese schwer oxydablen aromatischen Stoffe gebunden, so bleiben sie ebenfalls vor der Oxydation bewahrt. Es sind dies das Glykokoll und die Glykoronsäure, welche wahrscheinlich je nach Bedarf leicht aus gewissen Gewebsbestandteilen entstehen können. Während die Glykoronsäure die Schwefelsäure zu ersetzen scheint, falls im Uebermaß künstlich eingeführte Phenole, Indol oder Skatol in die Säftemasse treten [2]), oder wenn ganz bestimmte Stoffe, wie Kampher, Chloralhydrat und seine nächsten Abkömmlinge und Homologen, ferner Naphtalin, Euxanthin, Thymol, die Terpene, aromatische Nitroverbindungen, tertiäre Alkohole u. s. w. einem Tiere einverleibt werden [3]), bindet das Glykokoll regelmäßig die resorbierten, nicht hydroxylierten aromatischen Säuren, also die Phenylessigsäure und die Phenylpropionsäure [4]).

---

1) BAUMANN, Zeitschr. f. physiol. Chem., Bd. 4, 1880, S. 310.

2) SCHMIEDEBERG, Archiv f. exper. Pathol. u. Pharm., Bd. 14, 1881, S. 306. KÜLZ, Zur Kenntnis der synthetischen Vorgänge im tierischen Organismus, Pflügers Archiv, Bd. 30, 1883, S. 484. Vergl. auch MESTER, Ueber Skatoxylschwefelsäure u. Skatolfarbstoff, Zeitschr. f. physiol. Chem., Bd. 12, 1888, S. 142.

3) JAFFÉ, Zur Kenntnis der synthetischen Vorgänge im Tierkörper, Zeitschrift f. physiol. Chemie, Bd. 2, 1878, S. 47. SCHMIEDEBERG und H. MEYER, Ueber Stoffwechselprodukte nach Kampherfütterung, Zeitschr. f. physiol. Chemie, Bd. 3, 1879, S. 422. KOSSEL, Ueber das Verhalten von Phenoläthern im Tierkörper, Zeitschr. f. physiol. Chem., Bd. 4, 1880, S. 296. VON MERING, Ueber das Verhalten des Chloralhydrats und Butylchloralhydrats im Organismus, Zeitschr. f. physiol. Chem., Bd. 6, 1882, S. 480. Vergl. auch VON MERING, Zur Kenntnis der Reduktionsprozesse im Tierkörper, Ber. d. Deutsch. chem. Ges., Bd. 15, 1882, S. 1019. KÜLZ, Wirkung und Schicksale des Trichloräthyl- und Trichlorbutylalkohols im Tierkörper, Zeitschr. f. Biologie, N. F. Bd. 2, 1884, S. 157. TIERFELDER u. VON MERING, Das Verhalten tertiärer Alkohole im Organismus, Zeitschr. f. physiol. Chem., Bd. 9, 1885, S. 511. LESNIK, Ueber einige Ester der Salicylsäure und ihr Verhalten im Organismus, Arch. f. exper. Pathol. u. Pharmak., Bd. 24, 1887, S. 167. Vergl. auch LESNIK und NENCKI, Ueber das Verhalten des Naphtols in dem Organismus, Ber. d. Deutsch. chem. Ges., Bd. 19, 1886, S. 1534. KÜLZ, Zur Kenntnis des Indischgelb und der Glykoronsäuren, Zeitschr. f. Biol., N. F. Bd. 5, 1887, S. 475. KAST, Zur Kenntnis der reduzierenden Substanz im menschlichen Harn nach Chloroformnarkose, Münchener mediz. Wochenschr., 1888, No. 19. JAFFÉ und HILBERT, Ueber Acetanilid und Acettoluid etc., Zeitschr. f. physiol. Chem., Bd. 12, 1888, S. 295. Vergl. auch K. MÖRNER, ebendas., Bd. 13, 1889, S. 29. F. BLUM, Ueber Thymolglykoronsäure, Zeitschr. f. physiol. Chem., Bd. 16, 1892, S. 514.

4) E. und H. SALKOWSKI, Ber. d. Deutsch. chem. Ges., Bd. 12, 1879, S. 653 sowie „Ueber das Verhalten der aus dem Eiweiß durch Fäulnis

Der Paarung der Phenylpropionsäure mit dem Glykokoll geht in der Regel eine Oxydation der ersteren zu Benzoësäure voraus. Es entsteht so das Benzoyl-Glykokoll, die Hippursäure $C_6H_5 \cdot CO - NH \cdot CH_2 \cdot COOH$, deren Bildung aus ihren beiden Komponenten auch in der ausgeschnittenen überlebenden Niere vor sich geht [1]). Die Phenylessigsäure dagegen vereinigt sich direkt mit dem Glykokoll, und so entsteht die Phenacetursäure $C_6H_5 \cdot CH_2 \cdot CO - NH \cdot CH_2 \cdot COOH$.

Endlich ist zu erwähnen, daß ein Teil des resorbierten Phenols auf seiner Wanderung durch den Organismus eine unvollständige Oxydation zu Brenzkatechin oder Hydrochinon erfahren kann, welche dann ebenfalls als ätherschwefelsaure Kalisalze

$$C_6H_4 \left\langle \begin{matrix} O \\ KO \\ KO \\ O \end{matrix} \right\rangle \begin{matrix} SO_2 \\ \\ SO_2 \end{matrix}$$

zur Ausscheidung kommen [2]).

Die Menge dieser aromatischen Substanzen im Harn wird bedeutend vermindert bei einer Ernährung mit stickstofffreier Kost. Ja, sie können gänzlich zum Verschwinden gebracht werden, wenn man den Darmkanal mittels Jodoform oder Kalomel mehrere Tage lang desinfiziert, wodurch die Fäulnisvorgänge vollkommen unterdrückt werden. Hierdurch ist die Annahme, daß ein Teil dieser Verbindungen in den Geweben selbst gebildet würde, widerlegt [3]).

Die aromatischen Substanzen des Harns werden dagegen stark vermehrt gefunden in allen pathologischen Fällen, in denen durch den Verschluß des Darmrohrs oder durch mangelhafte Resorption ein gesteigerter putrider Zerfall der Eiweißnahrung eintritt, namentlich also

---

entstehenden aromatischen Säuren im Tierkörper", Zeitschr. f. physiol. Chem., Bd. 7, 1882, S. 162 und 168. E. SALKOWSKI, Ueber das Vorkommen der Phenacetursäure im Pferdeharn, Ber. d. Deutsch. chem. Ges., Bd. 17, 1884, S. 3010. Vergl. auch Zeitschr. f. physiol. Chemie, Bd. 9, 1885, S. 229 und 501. BAUMANN, Zeitschr. f. physiol. Chem., Bd. 10, 1886, S. 131.

1) Vergl. S. 15.

2) BAUMANN und PREUSSE, Zur Kenntnis der Oxydationen und Synthesen im Tierkörper, Zeitschr. f. physiol. Chem., Bd. 3, 1879, S. 156. BRIEGER, Du Bois' Archiv, 1879, Suppl. S. 67. NENCKI und GIACOSA, Zeitschr. f. physiol. Chemie, Bd. 4, 1880, S. 336. SCHMIEDEBERG, Archiv f. exper. Pathol. und Pharmak., Bd. 14, 1881, S. 306.

Eine unvollständige Oxydation erfahren übrigens auch die aromatischen Kohlenwasserstoffe im Organismus. Giebt man z. B. einem Tiere Benzol ein, so erscheint dies als Phenyl-ätherschwefelsaures Salz im Harn. Vergl. SCHULTZEN und NAUNYN, Reichert's u. Du Bois' Archiv, 1867, S. 349 sowie NENCKI und GIACOSA, Ueber die Oxydation der aromatischen Kohlenwasserstoffe im Tierkörper, Zeitschr. f. physiol. Chem., Bd. 4, 1880, S. 325.

3) BAUMANN, Zeitschr. f. physiol. Chem., Bd. 10, 1886, S. 123. Vergl. namentlich auch SALKOWSKI, ebendas., S. 265. Ueber Darmdesinfektion siehe ferner: ROVIGHI, Zeitschr. f. physiol. Chem., Bd. 16, 1892, S. 20.

beim Ileus, bei der Peritonitis und bei tuberkulöser Darmerkrankung [1]). Dieselbe Erscheinung wird wahrgenommen, wenn man durch andauerndes Neutralisieren des Magensaftes mittels Calciumkarbonat die antiseptische Wirkung desselben aufhebt [2]).

Es ist nach dem Angeführten selbstverständlich, daß auch beim Eingeben von Phenolen oder Indol in geringen Mengen diese Stoffe unschädlich sind und als ätherschwefelsaure Salze im Harn zur Ausscheidung kommen. In größerer Menge dagegen einverleibt, werden sie nicht entgiftet; doch sollen sie besser vertragen werden, wenn man dem Organismus zugleich Sulfate zuführt [3]).

Weniger mannigfach als die bisher besprochenen Benzolderivate, sind die Verbindungen, welche aus den Fettkernen des Eiweißmoleküls durch die normale Darmfäulnis entstehen.

Es sind neben Leucin die Ammoniaksalze flüchtiger Fettsäuren, namentlich der Kapronsäure, Valeriansäure und Buttersäure [4]), ferner Methan und Wasserstoff, während der Schwefel des Eiweißes als Schwefelwasserstoff, zum geringen Teil auch als widerlich riechendes Methylmerkaptan $CH_3 \cdot SH$ [5]) abgespalten wird. Die gebildeten Fettsäuren sind als Seifen resorbierbar und werden sämtlich im Organismus vollkommen verbrannt.

Ganz ähnliche Produkte, wie aus den Fettkernen des Eiweißmoleküls, entstehen bei der Darmfäulnis des Bindegewebes und des Leims [6]). Doch hat man hier neben Leucin stets reichliche Glykokollbildung wahrgenommen. Die bei der Leimfäulnis aufgefundene Phenylpropionsäure [7]) verdankt ihre Entstehung offenbar einer Vermischung des angewandten Materials mit Eiweißstoffen.

Unter normalen Verhältnissen scheinen sich im Darmkanal durch bakterielle Einwirkung Stoffe von wesentlich anderem Charakter, als die bisher erwähnten, nicht zu bilden.

---

1) Vergl. GEORG HOPPE-SEYLER, Ueber die Ausscheidung der Aetherschwefelsäuren im Urin bei Krankheiten, Zeitschr. f. physiol. Chem., Bd. 12, 1888, S. 1, wo sich die ältere Litteratur angegeben findet.

2) KAST, Ueber die quantitative Bemessung der antiseptischen Leistung des Magensaftes, 1889. Vergl. auch KAST und BAAS, Münchener mediz. Wochenschr., 1888, Nr. 4.

3) BAUMANN, Pflüger's Archiv, Bd. 13, 1876, S. 285 und Du Bois' Archiv, 1877, S. 576. Vergl. auch CHRISTIANI, Ueber das Verhalten des Phenol, Indol und Benzol im Tierkörper, Zeitschr. f. physiol. Chem., Bd. 2, 1878, S. 273.

4) Vergl. BRIEGER, Zeitschr. f. physiol. Chem., Bd. 3, 1879, S. 148.

5) M. NENCKI u. SIEBER, Zur Kenntnis der bei der Eiweißgärung auftretenden Gase, Monatshefte f. Chem., Bd. 10, 1889, S. 526. LEON NENCKI, Das Methylmerkaptan als Bestandteil der menschlichen Darmgase. ebendas., S. 862.

6) NENCKI, Ueber die Zersetzung der Gelatine und des Eiweißes bei der Fäulnis mit Pankreas, Bern 1876. J. JEANNERET, Zersetzung von Gelatine und Eiweiß durch Pankreasfermente, Journ. f. prakt. Chem., N. F. Bd. 15, 1877, S. 353.

7) SELITRENNY, Ueber die Zersetzung des Leims durch anaërobe Spaltpilze, Monatshefte f. Chem., Bd. 10, 1889, S. 908.

Dagegen erzeugt die Eiweißfäulnis außerhalb des Organismus durch weitere Zersetzungen oder Umformungen stickstoffhaltiger primärer Fäulnisprodukte auch Substanzen basischer Natur, welche den pflanzlichen Basen, den sogenannten Alkaloïden in mancher Beziehung nahe stehen. Sie sollen hier anhangsweise besprochen werden.

Im voraus sei bemerkt, daß die Fäulnis- oder Kadaveralkaloïde, welche auch als Ptomaïne bezeichnet werden, lediglich der Fettreihe angehören, während die pflanzlichen Basen vielfach, wenn auch nicht durchweg, Pyridinkerne enthalten.

Zuerst wurden derartige Stoffe im Jahre 1866 von DUPRÉ und BENCE JONES [1]), dann besonders 1873 von SELMI [2]) in Leichnamen aufgefunden. Diese Forscher gelangten indessen nicht dahin, die Kadaveralkaloïde rein darzustellen. Sie konstatierten nur, daß sich in faulenden Eiweißmassen unter Umständen stark giftige Stoffe vorfinden, welche in Bezug auf ihre Lösungs- und Fällungsmittel den pflanzlichen Alkaloïden gleichen.

Die Reingewinnung der Ptomaïne ist im wesentlichen erst BRIEGER [3]) zu verdanken, wennschon NENCKI [4]) vor BRIEGER aus faulendem Leim eine zu den Ptomaïnen gehörige Base, das sogenannte Kollidin $C_8H_{11}N$, isoliert hatte.

Es ist auffallend, daß unter normalen Verhältnissen Ptomaïne im Darmkanal nie gebildet werden. Selbst einen Tag nach dem Tode vermochten weder BRIEGER [5]), noch BAUMANN und UDRANSKY [6]) diese Stoffe im Darminhalt von Menschen oder Tieren aufzufinden. Es müssen hier gewisse Umstände deren Entstehung verhindern. Wahrscheinlich ist zur Ptomaïnbildung der Zutritt von Sauerstoff, wenigstens in geringem Grade, erforderlich. Denn daß auch die Darmbakterien Ptomaïne sehr wohl zu erzeugen vermögen, ist durch BRIEGER mittels Kulturen derselben in Gelatine dargelegt worden.

BRIEGER hat aus faulenden Kadavern und Fleischmassen von Menschen und Tieren eine große Reihe von Ptomaïnen als prächtig krystallisierende Verbindungen dargestellt.

Die in der ersten Zeit der Fäulnis isolierten Basen sind fast sämtlich nur wenig giftig. BRIEGER bezeichnet sie geradezu als physiologisch indifferent.

Es sind dies sowohl Monamine, wie Methylamin, Aethylamin, Dimethylamin, Diäthylamin [7]) Trimethyl- und Triäthylamin, als auch einige

---

1) DUPRÉ und BENCE JONES, Zeitschr. f. Chemie, 1866, S. 348 und Ber. d. Deutsch. chem. Ges., 1874, S. 1491.

2) SELMI, Ber. d. Deutsch. chem. Ges., 1873, S. 142, 1874, S. 1491, 1875, S. 1198, 1876, S. 195, 1878, S. 1838. Vergl. auch RÖRSCH und FASSBENDER, Ber. d. Deutsch. chem. Ges., 1874, S. 1064. SCHWANERT, ebendas., S. 1332. MORIGGIA und BASTINI, Jahresb. d. Chem., 1875.

3) BRIEGER, Ueber Ptomaïne, Teil I, II u. III, Berlin 1885 bis 1886. Vergl. auch „Ueber basische Produkte (Ptomaïne) aus menschlichen Leichen, Ber. d. Deutsch. chem. Ges., 1884, S. 2741.

4) NENCKI, Ueber die Zersetzung der Gelatine etc., Bern 1876.

5) BRIEGER, Deutsche mediz. Wochenschr., 1887, S. 469.

6) BAUMANN u. UDRÁNSKY, Ueber das Vorkommen von Diaminen, sogenannten Ptomaïnen, bei Cystinurie, Zeitschr. f. physiol. Chem., Bd. 13, 1889, S. 586.

7) O. BOCKLISCH, Ueber Ptomaïne aus gefaulten Fischen, BRIEGER's

Diamine. Von letzteren ist namentlich regelmäßig gefunden worden das Kadaverin, neben welchem dann weiterhin auch das Putrescin auftritt.

Das Kadaverin ist nach den Untersuchungen von LADENBURG [1]) Pentamethylendiamin

$$CH_2 - CH_2 - NH_2$$
$$|$$
$$CH_2$$
$$|$$
$$CH_2 - CH_2 - NH_2$$

während das Putrescin von BAUMANN und UDRANSKY [2]) als Tetramethylendiamin

$$CH_2 - CH_2 - NH_2$$
$$|$$
$$CH_2 - CH_2 - NH_2$$

erkannt wurde.

Intermediär auftretende synthetische Vorgänge bei bakteriellen Einwirkungen sind häufig beobachtet. Das bekannteste Beispiel hierfür bildet ja die Entstehung der Buttersäure aus zwei Milchsäuremolekülen.

Nach BAUMANN und UDRANSKY kann man sich daher vielleicht auch die Bildung der Diamine in der Weise denken, daß sie aus zwei Molekülen der Monamine unter Sauerstoffaufnahme hervorgehen:

$$2\ C_2H_5 \cdot NH_2 + O = H_2O + \begin{array}{l} CH_2 - CH_2 - NH_2 \\ | \\ CH_2 - CH_2 - NH_2 \end{array}$$

Das Kadaverin und das Putrescin finden sich noch in sehr später Zeit der Fäulnis.

Daneben beginnt allmählich, etwa vom 3. Tage nach dem Tode an, auch das Auftreten einer ziemlich giftigen Substanz, welche in größeren Dosen kurareähnliche Wirkungen zeigt. Diese ist nichts anderes als Neurin:

$$N\begin{cases} CH_3 \\ -CH = CH_2 \\ OH \end{cases}$$ Trimethyl-vinyl-ammonium-hydroxyd.

Die Muttersubstanzen dieser Base sind zweifellos die Lecithine der Gewebe. Diese komplizierten, ätherartigen Verbindungen zerfallen bereits im allerersten Stadium der Fäulnis in Fettsäuren, Glycerinphosphorsäure und in das unschädliche Cholin (Trimethyl-oxäthylen-ammonium-hydroxyd [3]).

Letzteres findet sich nach BRIEGER in den von dem eigentlichen Zersetzungsvorgange oft noch gar nicht betroffenen Organen einzig und allein von allen basischen Stoffen, so daß es fraglich bleibt, ob der Zerfall der Lecithine in der That auf die Thätigkeit von Bakterien zurück-

---

Untersuchungen über Ptomaïne, III, S. 56. Vergl. auch Ber. d. Deutsch. chem. Ges., Bd. 18, 1885, S. 86 und 1922.

1) LADENBURG, Ueber die Identität des Kadaverins mit dem Pentamethylendiamin, Ber. d. Deutsch. chem. Gesellsch., Bd. 19, 1886, S. 2585. Vergl. auch BRIEGER, Ptomaïne, III, S. 100.

2) BAUMANN und UDRANSKY, Ueber die Identität des Putrescins und des Tetramethylendiamins, Ber. d. Deutsch. chem. Ges., Bd. 21, 1888, S. 2938. Vergl. auch Zeitschr. f. physiol. Chem., Bd. 13, 1889, S. 567.

3) Vergl. S. 70.

zuführen ist, welche bereits vom Darm aus in die Gewebe übergetreten sind. Es macht vielmehr den Eindruck, als ob die Lecithine sich in ihre Komponenten auflösen, infolge der schon unmittelbar nach dem Tode sich geltend machenden energischen Reduktionsfähigkeit der Gewebe [1]).

Während das Neurin aus dem Cholin durch Wasserentziehung hervorgeht, bildet sich bei der Fäulnis nun bald auch ein Oxydationsprodukt des Cholins, welches BRIEGER als Muscarin bezeichnet, da es sowohl in seiner elementaren Zusammensetzung ($C_5H_{15}NO_3$), als auch in seinen toxischen Wirkungen dieser pflanzlichen Base gleicht.

Neben diesen beiden Cholinabkömmlingen tritt früher oder später noch ein physiologisch indifferentes Diamin auf (von der elementaren Zusammensetzung $C_5H_{14}N_2$), welches dem Kadaverin isomer ist und von BRIEGER als Neuridin bezeichnet wird.

Nach etwa vierzehntägiger Fäulnis sind das Neurin, Muscarin und Neuridin verschwunden. Man findet jetzt neben dem Kadaverin und Putrescin öfter auch Saprin, eine weitere ungiftige Diaminbase von unbekannter Konstitution.

Da von den bisher aufgeführten Basen nur die beiden Cholin- beziehungsweise Lecithinabkömmlinge giftig sind, kann man wohl behaupten, daß aus den Proteïnsubstanzen im ersten Stadium der Fäulnis, welches sich ziemlich weit erstrecken kann, stark giftige Substanzen nicht entstehen. Exquisit toxische Stoffe aus faulendem Fleisch zu gewinnen, gelang BRIEGER frühestens nach 7 Tagen und auch dann nur in minimalen Mengen.

Erst als er wochenlang gefaulte Kadaver zur Untersuchung brachte, vermißte er größtenteils die in früheren Stadien gefundenen Basen und fand an ihrer Stelle neue, welche zwar nicht durchweg, aber größtenteils sehr giftig sind.

Die Befunde sind keineswegs konstant, sondern wechseln in den verschiedenen Stadien der Zersetzung, wobei auch äußere Umstände sowie die Natur der faulenden Materie von Einfluß sind.

Es ist möglich, daß diese giftigen Stoffe durch sehr einfache chemische Prozesse aus ungiftigen entstehen. Die Bildung des Neurins und Muskarins aus dem Cholin bietet ein derartiges Beispiel.

So wandelte LADENBURG [2]) das Kadaverin durch Destillation seines Chlorhydrates in das giftige Piperidin ($C_5H_{11}N$) um. Obwohl BRIEGER dem Piperidin weder innerhalb, noch außerhalb des Organismus bei seinen Untersuchungen begegnet ist, hält er den Gedanken nicht für ausgeschlossen, daß durch einfache Abspaltung von Ammoniak aus dem nicht giftigen Kadaverin, auch vermöge der Aktion bakterieller Kräfte eine giftige Substanz entstehen kann.

Daß auch durch ganz einfache Anlagerung von bestimmten Radikalen die Wirkung an und für sich indifferenter Substanzen total verändert wird, zeigten weitere Versuche von BRIEGER [3]).

Als er nämlich aus dem Putrescin die tetramethylierte Base darstellte, zeigte sich diese, im Gegensatz zu ihrer Muttersubstanz, enorm giftig.

2) Ueber Ptomaïne, II, S. 34.
3) LADENBURG, Piperidin aus Pentamethylendiamin, Ber. d. Deutsch. chem. Ges., Bd. 18, 1885, S. 3100.
1) Ueber Ptomaïne, III, S. 104.

Es hat sich bald das Bedürfnis herausgestellt, die giftigen Ptomaïne von den nicht giftigen durch eine Bezeichnung zu trennen. Erstere werden infolgedessen nach dem Vorschlage von BRIEGER Toxine genannt. Da nun aber auch die völlig frischen Gewebe, als normale Stoffwechselprodukte, Substanzen basischer Natur enthalten, wie die Xanthinbasen und das Kreatin nebst seinen Abkömmlingen, erscheint es zweckmäßig, diese Verbindungen, im Gegensatz zu den basischen Produkten der bakteriellen Einwirkung, nach dem Vorgange von GAUTIER [1]), als Leucomaïne ($\lambda\varepsilon\dot{\upsilon}\varkappa\omega\mu\alpha$ = Eiereiweiß) zu bezeichnen.

Es würde zu weit führen, sämtliche von BRIEGER und seinen Schülern [2]) isolierten Toxine hier zu betrachten, deren Konstitution größtenteils unbekannt ist. Nur ein Beispiel soll von der unglaublich toxischen Wirkung dieser Stoffe eine Anschauung geben.

Nach dreiwöchentlicher Fäulnis von fünfzehn menschlichen Lebern und zwölf Milzen gewann BRIEGER einige Gramm einer Base, welche er als Mydaleïn ($\mu\upsilon\delta\alpha\lambda\dot{\varepsilon}o\varsigma$ = faul) bezeichnet.

Als einer Katze 5 mg des reinen salzsauren Mydaleïns, aus der Platinverbindung hergestellt, subkutan injiziert wurden, „trat sofort Erweiterung der Pupillen auf, dieselben reagierten nicht mehr auf Lichteinfall, aus den Augen stürzten unaufhörlich Thränen, und das Tier leckte fortwährend mit der Zunge. Profuse Diarrhöen und Erbrechen weißlicher Massen erfolgte sodann. Die Speichelsekretion wurde allmählich abundanter, auch die Pfoten des Tieres bedeckten sich reichlich mit Schweiß; das Tier legte sich dann auf die Seite und verfiel in einen lethargischen Zustand. Plötzlich schreckt es auf, die Atmung wird hastig, wobei das Tier krächzende Laute ausstößt, sich aufrichtet, bald aber wieder zusammenbricht. Zeitweise durchzucken heftige Stöße das Tier, besonders auf äußere Reize hin. Bald sind die beiden Hinterbeine paralytisch, werden schleifend nachgeschleppt, nachher werden auch die Vorderextremitäten gelähmt, so daß das Tier nicht mehr imstande ist, sich vorwärts zu bewegen. Hierzu gesellen sich krankhafte Zuckungen in der Bauch- und Rückenmuskulatur; der Kopf wird flach auf die Erde gedrückt, die Beine sind ausgespreizt, die anfangs äußerst frequente Atmung wird immer langsamer und mühevoller, die Weichen werden dabei stark eingezogen. Die Pupillenstarre läßt allmählich nach; das Tier geriet in einen soporösen Zustand und ging in demselben zu Grunde. Bei der Obduktion fand sich diastolischer Herzstillstand, die Därme wenig gefüllt mit dünnem, flüssigem Sekret, die Schleimhaut etwas injiziert" [3]).

Von allen übrigen von BRIEGER in Kadavern aufgefundenen Toxinen sei nur noch das Methyl-guanidin erwähnt, weil dessen Konstitution ermittelt worden ist. Es wurde neben anderen Basen aus vier Wochen faulendem Pferdefleisch isoliert.

Dasselbe ist bei weitem weniger giftig als das Mydaleïn, doch töten 2 dg ein Meerschweinchen im Verlauf von 20 Minuten.

---

2) ARMAND GAUTIER, Sur les alcaloïdes derivés de la destruction bactérienne ou physiologique des tissus animaux, Paris 1886. Vergl. auch BRIEGER, Ptomaïne, III, S. 8.

3) Ausführliche Angaben der einschlägigen Litteratur finden sich bei BRIEGER als Anhang seiner drei Monographien.

4) Ueber Ptomaïne, II, S. 51.

Als Quelle des Methylguanidins ist zweifellos das in der normalen Muskelsubstanz vorhandene Kreatin zu betrachten, welches durch einen Oxydationsvorgang in das genannte Toxin seitens der Bakterien übergeführt wird:

$$
\begin{array}{ccc}
\underset{\displaystyle \text{C(NH)}}{\overset{\displaystyle /\text{NH}_2}{\big|}} & & \underset{\displaystyle \text{C(NH)}}{\overset{\displaystyle /\text{NH}_2}{\big|}} \\
\underset{\displaystyle \text{NH—CH}_2\text{—CH}_2\text{—COOH}}{\big\backslash} & +3\,\text{O} = & \underset{\displaystyle \text{NH—CH}_3}{\big\backslash} \qquad + \text{H}_2\text{O} + 2\,\text{CO}_2
\end{array}
$$

Guanidinpropionsäure (Kreatin)   Methyl-guanidin

Es ist nach diesen Ausführungen ohne weiteres verständlich, daß in gewissen Stadien der Fäulnis begriffene Fleisch- oder andere Eiweißspeisen unter Umständen zu Vergiftungen Veranlassung geben können. Denn, wie bereits erwähnt wurde, gelangen die Ptomaïne zur Resorption und wirken daher auch vom Darm aus, wennschon nicht so stürmisch, wie bei direkter Einverleibung in die Säftemasse.

Es sind solche Intoxikationen mit verdorbenem Fleisch, Käse und namentlich mit Wurst, sogenannter Botulismus, meist mit sehr schweren Erscheinungen, wiederholt beobachtet worden [1]).

Die Toxine werden durch Abkochen derartiger Speisen keineswegs zerstört, wohl aber können sie aus denselben in die Kochflüssigkeit übergehen.

Sehr auffallend ist die Thatsache, daß auch in lebenden Tieren sehr wirksame Toxine bisweilen gefunden sind.

Schon lange waren in England Vergiftungen nach dem Genuß von Miesmuscheln (Mytilus edulis) beobachtet worden. In Deutschland wurde man auf diese Erscheinung aufmerksam, als im Oktober 1885 in Wilhelmshaven eine Massenvergiftung unter denselben Umständen beobachtet wurde [2]).

Bei den beteiligten Individuen traten, je nach der Menge der genossenen Muscheln, kurz danach, oder erst im Verlaufe von mehreren Stunden, Reaktionslosigkeit der Pupillen und bald darauf, ähnlich wie nach Kurarevergiftung, schwere Lähmungserscheinungen ein, die in einzelnen Fällen nach 2—3 Stunden mit dem Tode endigten.

Brieger hat aus den giftigen Muscheln ein Toxin rein dargestellt, welches von ihm analysiert und als Mytilotoxin beschrieben worden ist. Es hat die Zusammensetzung $C_6H_{15}NO_2$ und gehört vielleicht in die Cholingruppe, was namentlich auch dadurch wahrscheinlich wird, dass neben dem Mytilotoxin sehr viel ungiftiges Betaïn (Trimethylglykokoll) $HO — N(CH_3)$ [3]) aus den Muschelextrakten gewonnen wurde.

$$
\overset{\displaystyle |}{\text{CH}_2 — \text{COOH}}
$$

---

1) Vergl. die Handbücher der Toxikologie. „Ein Ptomaïn aus giftigem Käse" isolierte in neuerer Zeit Vaughan, Zeitschrift f. physiol. Chemie, Bd. 10, 1886, S. 146. „Ueber einige in der giftigen Wurst aufgefundene Basen" berichtet Alex. Ehrenberg, Zeitschrift f. physiol. Chemie, Bd. 11, 1887, S. 239.

2) Vergl. Brieger, Ueber Ptomaïne, III, S. 65. Vergl. auch M. Wolff, Die Lokalisation des Giftes in den Miesmuscheln, Virchow's Archiv, Bd. 103, 1886, S. 187.

3) Vgl. S. 71.

Daß die Bildung des Giftes in dem Körper der Tiere selbst vor sich geht, beweist die Thatsache, daß das stagnirende Wasser, in welchem die giftigen Muscheln gefunden werden, selbst ungiftig ist. BRIEGER nimmt an, „daß die Bildung des Muschelgiftes durch Fäulnisprozesse angeregt wird. Bei dem geringen Stoffwechsel und der Lebenszähigkeit der niederen Tiere überhaupt ist es begreiflich, wenn in den ersten Stadien perverser Umsetzungen in ihren Gewebsteilen, durch die vielleicht der Anstoß zur Bildung des Giftes gegeben wird, das Leben nicht erlischt". „Jene Umsetzungen werden in dem faulen Wasser eingeleitet, hören aber sofort wieder auf, wenn die Tiere in frisches Wasser versetzt werden", wonach man regelmäßig eine Entgiftung der Muscheln wahrnimmt.

Als BRIEGER gesunde Muscheln nur drei Tage außer Wasser gehalten hatte, konnte er aus ihnen Absude darstellen, welche Hunde unter Vergiftungserscheinungen tödteten.

Was die Methode anbelangt, nach welcher BRIEGER die Ptomaïne aus den Organen darstellte, so hat diese mit dem STAS-DRAGENDORFF-schen Verfahren, nach welchem vegetabilische Alkaloïde aus tierischen Geweben bei forensischen Untersuchungen isoliert werden, nichts gemein.

Die Methode von BRIEGER geht zunächst darauf hinaus, die Ptomaïne in Form von unlöslichen Quecksilberchlorid-Doppelsalzen aus ihren Lösungen niederzuschlagen, nachdem vorher durch successive Fällungen möglichst alle übrigen Stoffe entfernt sind.

Die fein zerhackten Massen werden zunächst mit schwach salz-säurehaltigem Wasser wenige Minuten lang ausgekocht. Dann wird filtriert und das Filtrat zur Syrupdicke eingedampft. Nimmt man diesen Syrup mit absolutem Alkohol auf, so kann man hierdurch die vorhandenen Eiweißstoffe und viele Salze im Rückstande lassen und so beseitigen. Die filtrierte alkoholische Lösung wird von weiteren fremden Stoffen durch Zusatz von alkoholischer Bleiacetatlösung gereinigt, welche die Ptomaïne nicht ausfällt.

Nach Entfernung des Bleies durch Schwefelwasserstoff und wiederholtem Eindampfen und Aufnehmen mit absolutem Alkohol werden die salzsauren Ptomaïne aus alkoholischer Lösung durch alkoholische Sublimatlösung als Quecksilberdoppelsalze gefällt.

Der so erhaltene Niederschlag enthält außer den fraglichen Ptomaïn-doppelsalzen immer noch andere Stoffe. Aber letztere sind in heißem Wasser unlöslich und bleiben daher beim Auskochen des Niederschlages zurück.

Das Quecksilberfiltrat wird durch Einleiten von Schwefelwasserstoff von dem Metall befreit und nach dem genauen Neutralisieren zur Trockene gedampft.

Nimmt man nunmehr den Rückstand mit absolutem Alkohol auf, so bedarf trotz aller vorausgegangenen Operationen die Lösung immer noch einer endgültigen Reinigung.

Die Ptomaïne werden nämlich jetzt durch Phosphormolybdänsäure gefällt und aus dem Niederschlag durch Bleiacetat in Freiheit gesetzt. Das Blei wird durch Schwefelwasserstoff entfernt, und endlich können die reinen Ptomaïne mit absolutem Alkohol aufgenommen werden.

Die Trennung der einzelnen Basen von einander geschieht durch die Darstellung ihrer Doppelsalze mit Goldchlorid, Platinchlorid oder ihrer

Pikrinsäureverbindungen, welche meist ziemlich abweichende Lösungsverhältnisse besitzen.

Aus den Platin- oder Golddoppelsalzen erhält man endlich die salzsauren Ptomaïne durch Entfernung der Metalle mittels Schwefelwasserstoff, während sich aus den Pikraten die Pikrinsäure leicht eliminiren läßt durch Aufnahme der Ptomaïnpikrate in Wasser, Ansäuern mit Salzsäure und Ausschütteln der Flüssigkeit mit Aether, welcher die Pikrinsäure vollständig aufnimmt.

Zur Darstellung speziell der Diamine aus wäßrigen Extrakten von Organen oder aus Harn haben in neuerer Zeit BAUMANN und UDRANSKY [1]) eine bequemere Methode angegeben.

Diese besteht in der Ueberführung der Diamine in ihre Benzoylverbindungen, welche in Wasser ganz unlöslich und sehr beständig sind.

Handelt es sich zum Beispiel um die Gewinnung von Kadaverin und Putrescin aus einer fauligen Eiweißlösung, so wird die Flüssigkeit bis auf ein kleines Volumen abdestilliert, wobei nur das Indol, das Skatol und die Phenole übergehen.

Wird der filtrierte Rückstand mit dem gleichen Volumen 10-proz. Natronlauge unter allmählichem Zugeben von Benzoylchlorid geschüttelt, so scheiden sich die Benzoësäureäther der Diamine als undeutlich krystallinische Niederschläge aus.

Dieselben werden erst nach mehrtägigem Stehen abfiltriert, mit Wasser gewaschen, bis dasselbe völlig klar abläuft, abgepreßt, in absolutem Alkohol gelöst und wieder mit Wasser gefällt. Schließlich werden sie nochmals in wenig warmen Alkohol aufgenommen und in die 20-fache Menge Aether eingegossen, aus welchem die Benzoylverbindung des Putrescins beim Abkühlen herauskrystallisiert (Schmp. 176°), während diejenige des Kadaverins gelöst bleibt und erst nach dem Verdunsten des Aethers in Krystallen gewonnen wird (Schmp. 130°).

Die beiden Benzoyldiamine werden in alkoholischer Lösung erst durch zweitägige Einwirkung von konzentrierter Salzsäure auf dem Wasserbade vollkommen zersetzt. Unter Bindung der Basen an Salzsäure wird Benzoësäure abgespalten. Sie fällt bei der Verdünnung der Flüssigkeit mit Wasser aus und wird durch Ausschütteln mit Aether völlig entfernt.

Die alkoholischen Lösungen der Diamine geben mit alkoholischem Platinchlorid gelbe krystallisierende Doppelsalze, die wäßrigen Lösungen dagegen mit Pikrinsäure schön krystallisierende Pikrate. Durch Natronlauge in Freiheit gesetzt, geben die Diamine, namentlich beim Erwärmen, den eigentümlichen Geruch, welchen auch das Sperma erzeugt.

Unter gewissen pathologischen Verhältnissen kann auch im Darmkanal Ptomaïnbildung stattfinden, wennschon dieser Vorgang sehr selten ist.

Da beim Einführen von Ptomaïnen in den Darmkanal von Tieren diese Stoffe zur Resorption und zur Ausscheidung mit dem Harn gelangen, haben BAUMANN und UDRANSKY [2]) fast bei allen gewöhnlichen

---

1) BAUMANN und UDRANSKY, Zeitschr. f. physiol. Chem., Bd. 13, 1889, S. 564.

2) BAUMANN und UDRANSKY, a. a. O., S. 583 u. 586.

Infektionskrankheiten den Harn auf Ptomaïne untersucht, aber stets mit negativem Erfolge.

Auch in den Darmentleerungen bei verschiedenen Erkrankungen konnten BAUMANN und UDRANSKY keine Spur dieser Körper ermitteln. In einem Falle bei Darmverschluß, wo nach 8 Tagen die erste Entleerung erfolgte, war dieselbe — ebenso wie der Harn — frei von Diaminen.

Dagegen scheinen bei zwei, allerdings sehr differenten pathologischen Zuständen regelmäßig Ptomaïne im Harn und in den Fäkalien vorhanden zu sein.

Es ist dies die Cholera[1]) und ferner die sogenannte Cystinurie[2]), eine chronische Stoffwechselanomalie, bei welcher keine anderen pathologischen Veränderungen hervortreten, als daß der Schwefel der Proteïnsubstanzen nicht, wie in der Norm, vollkommen als Schwefelsäure oder als Aetherschwefelsäure im Harn erscheint, sondern, zum Teil wenigstens, in einer sehr schwer löslichen, schwefelhaltigen organischen Verbindung, dem Cystin:

$$\begin{array}{ccc}
CH_3 & & CH_3 \\
| & NH_2 & NH_2 \quad | \\
C \big\langle \quad \big\rangle C & = & \text{Disulfid der Amido-Aethylidenmilchsäure }[3]). \\
| \quad S\!-\!\!-\!\!-\!\!-\!S & & | \\
COOH & & COOH
\end{array}$$

Doch hat die Ausscheidung des Cystins eine andere Bedeutung, als die gleichzeitig vorhandene Ptomaïnurie. Denn die Untersuchung der Fäkalien von derartig Kranken ergab ebenso konstant einen Ptomaïngehalt, als das Cystin darin vermißt wurde. Sein Auftreten im Harn muß also auf abnorme innere Stoffwechselvorgänge bezogen werden.

Nach den vorliegenden Beobachtungen scheint die Anschauung gerechtfertigt, daß bei der Cholera sowohl, wie bei der Cystinurie im Darminhalt Mikroorganismen besonderer Art thätig sind, welche die Richtung der Fäulnisprozesse in abnormer Weise beeinflussen, so daß schnell Produkte erzeugt werden, die seitens der gewöhnlichen Darmbakterien erst beim Zutritt der Luft und auch dann viel langsamer aus den stickstoffhaltigen Nährsubstraten gebildet werden.

Dieser pathologischen Beobachtung entspricht die von BRIEGER[4])

1) Vergl. BRIEGER, Berliner klin. Wochenschrift, 1887, S. 819. Auch in einem Falle von Dysenterie und in einem anderen von heftiger Cholerine hat in neuester Zeit Roos geringe Mengen von Diaminen in den Faeces nachgewiesen. Zeitschr. f. physiol. Chem., Bd. 16, 1892, S. 192.

2) BRIEGER und STADTHAGEN, Berliner klin. Wochenschrift, 1889, Nr. 16 und Archiv f. pathol. Anat., Bd. 115, Heft 3. BAUMANN und UDRANSKY, Ueber das Vorkommen von Diaminen, sogenannten Ptomaïnen, bei Cystinurie, Zeitschr. f. physiol. Chem., Bd. 13, 1889, S. 562 und Bd. 15, 1891, S. 77.

3) Vergl. KÜLZ, Zur Kenntnis des Cystins, Zeitschr. f. Biol., N. F. Bd. 2, 1884, S. 1, wo sich die ältere Litteratur angegeben findet. BAUMANN, Ueber Cystin und Cysteïn, Zeitschr. f. physiol. Chem., Bd. 8, 1883, S. 300. BAUMANN und GOLDMANN, Zeitschr. f. physiol. Chem., Bd. 12, 1888, S. 261. BAUMANN und BRENZINGER, Zur Kenntnis des Cystins und Cysteïns, Zeitschr. f. physiol. Chem., Bd. 16, 1892, S. 552.

4) BRIEGER, Zur Kenntnis der Stoffwechselprodukte des Cholerabacillus, Berliner klin. Wochenschrift, 1887 u. 1888 sowie Archiv f. patholog. Anatomie, Bd. 115, S. 486.

gefundene Thatsache, daß in Reinkulturen des Cholerabacillus, sowie in den Kulturen der FINKLER-PRIOR'schen Mikrobe der Cholerine [1]) das Auftreten von Pentamethylendiamin bereits nach 24 Stunden in sehr erheblicher Menge nachweisbar ist. Derartige Kulturen verbreiten deshalb, wie die frischen Reiswasserstühle und der Athem der Cholerakranken, den spermaähnlichen Geruch, welcher den Diaminen im freien Zustande eigen ist.

Daß die schweren Erscheinungen der Cholera durch das Tetra- oder Pentamethylendiamin verursacht werden, ist bei der physiologischen Indifferenz dieser Ptomaïne ausgeschlossen. Es müssen demnach durch die Mikroben der Cholera im Darmkanal noch andere Stoffe giftiger Art erzeugt werden.

BRIEGER fand in der That in Cholerakulturen, welche er erst nach einigen Wochen untersuchte, neben Putrescin und Kadaverin noch das giftige Methylguanidin und ferner auch einige spezifische Toxine, von denen das eine Tiere unter stetiger Herabsetzung der Temperatur tötet. Abgesehen von diesen Basen enthalten die Cholerakulturen außer Indol stets auch Nitrite [2]). Giebt man zur Flüssigkeit verdünnte Schwefelsäure, so wird die salpetrige Säure frei und wirkt auf das Indol unter Bildung von rotem Nitrosoindol [3]). Diese sogenannte Cholerareaktion ist keineswegs für die Produkte des Kommabacillus charakteristisch, da auch andere nicht pathogene Fermentorganismen Indol neben Nitriten aus Proteïnsubstanzen erzeugen.

In der Absicht, womöglich das giftige Prinzip anderer Infektionskrankheiten zu isolieren, hat BRIEGER[4]) weiterhin auch die Produkte untersucht, welche sich in den Kulturen des KOCH-EBERTH'schen Typhusbacillus, sowie der ROSENBACH'schen Mikrobe des Tetanus vorfinden.

Als BRIEGER den Typhusbacillus auf sterilisiertem Traubenzucker oder auf Stärke züchtete, bildete er daraus nur Gährungsmilchsäure neben Aethylalkohol.

Dagegen gestaltet sich seine Einwirkung auf sterilisirtem Fleischbrei ganz abweichend von den gewöhnlichen bakteriellen Zersetzungen. Denn von einer Indolbildung, dem Entstehen anderer aromatischer Produkte oder von Schwefelwasserstoff ist zu keiner Zeit, selbst nach 8 Wochen, etwas zu bemerken.

Die nach 8—14 Tagen vorgenommene Untersuchung auf Ptomaïne ergab wiederholt die Anwesenheit eines sehr giftigen basischen Pro-

---

1) Vergl. O. BOCKLISCH, Ueber Ptomaïne aus Reinkulturen von Vibrio Proteus (FINKLER und PRIOR), Ber. d. Deutschen chem. Ges., Bd. 20, 1887, S. 1441.

2) Vergl. S. 88.

3) E. SALKOWSKI, Ueber das „Cholerarot" und das Zustandekommen der Cholerareaktion, Virchow's Archiv, Bd. 90, 1887, S. 366. Vergl. auch BRIEGER, Physiol. Centralblatt, Bd. 1, S. 648 und Virchow's Arch., Bd. 90, S. 614.

4) BRIEGER, Ueber Ptomaïne, III, S. 81. Vergl. auch „Zur Kenntnis des Tetanin und des Mytilotoxin", Archiv f. pathol. Anat., Bd. 112, 1888, S. 549 sowie Bd. 115, 1889, S. 483. Ferner: „Zur Kenntnis der Bildung von Ptomaïnen und Toxinen durch pathogene Bakterien", Sitzungsberichte d. Berl. Akad. d. W., Januar 1889.

duktes, dessen Menge aber stets eine sehr geringe war. Diese „Typho-toxin" genannte Base, Meerschweinchen oder Mäusen einverleibt, be-wirkt bei diesen Tieren bald einen lähmungsartigen, lethargischen Zustand, in welchem sie, nachdem starke Diarrhöen vorausgegangen sind, nach 24—48 Stunden sterben. Neben dem Typhotoxin finden sich unter Umständen auch ungiftige Ptomaïne, wie z. B. das Neuridin, in dem Nährsubstrat.

Im Gegensatz zu den Typhuskulturen entwickelt die auf sterili-siertem Fleischbrei gezüchtete Tetanus-Mikrobe in Massen die Produkte der stinkenden Fäulnis.

Nach 8 Tagen enthält die Kultur neben recht viel Ammoniak eine schön krystallisierende Base, das Tetanin, von der Zusammensetzung $C_{13}H_{30}N_2O_4$, welches, verschiedenen Tieren einverleibt, den gleichen Symptomenkomplex vermittelt, den wir beim Menschen als das Krank-heitsbild des Tetanus zusammenfassen. Die Tiere gehen unter klonischen und tonischen Krämpfen von heftiger Intensität zu Grunde. Nament-lich bei vergifteten Meerschweinchen kommen die für den Tetanus des Menschen so charakteristischen Stöße sowie der Opisthotonus recht deutlich zu Augenschein.

Von anderen Ptomaïnen sind aus den Tetanuskulturen isoliert worden das Putrescin, sowie ein Toxin von der Zusammensetzung $C_5H_{11}N$, welches zuerst Lähmung bewirkt, dann aber, wie das Tetanin, unter Krämpfen zu Tode führt, doch bedarf es hierzu relativ großer Gaben.

In der Voraussetzung, daß die in die Säftemasse gelangten patho-genen Bakterien auch dort chemische Gifte aus gewissen Organbestand-teilen abspalten, untersuchte BRIEGER[1]) den amputierten Arm eines Tetanuskranken und konnte in der That aus diesem ebenfalls das Tetanin rein darstellen.

Größere Quantitäten von pathogenen Toxinen aus frischen Kadavern zu erhalten, ist a priori nicht zu erwarten, da jedenfalls der Tod er-folgt, sobald das für den Organismus erträgliche Maximum der Toxin-bildung erreicht ist.

Bis vor ganz wenigen Jahren galten die von BRIEGER isolierten Toxine als die einzigen giftigen Stoffwechselprodukte der pathogenen Fermentorganismen.

Doch mußte es schon auffallen, daß in den Kulturen des Milzbrand-bacillus von Toxinen nur das Methylguanidin gefunden wurde, welches die furchtbare Wirkung der Anthraxmikroben kaum erklären konnte.

Hierzu kam noch, daß auch in den Nährflüssigkeiten des LÖFFLER-schen Diphtheriebacillus Toxine nicht nachgewiesen werden konnten, trotzdem die filtrierte und bakterienfreie Flüssigkeit hervorragend gif-tige Eigenschaften zeigte. LÖFFLER[2]) versuchte selbst das giftige Prinzip seiner Kulturen zu isolieren und stellte die Behauptung auf, daß es sich um einen Körper aus der Klasse der Proteïnsubstanzen handle. Zu demselben Resultat gelangten die französischen Forscher

---

1) BRIEGER, Ueber das Vorkommen von Tetanin bei einem an Wund-starrkrampf erkrankten Individuum, Berlin. klin. Wochenschrift, 1888, Nr. 17.

2) LÖFFLER, Deutsche mediz. Wochenschrift, 1890, Nr. 5 u. 6.

Roux und Yersin [1]), welche die Reinkulturen der Diphtheriemikrobe im Pasteur'schen Institut untersuchten. Hierauf haben Brieger und Fränkel [2]) diesen Stoff aus den Nährlösungen des Löffler'schen Bacillus zuerst dargestellt und näher charakterisiert. Es ist in der That eine nicht diffusible Proteïnsubstanz, welche sich aus der durch Thonzellen filtrierten Flüssigkeit zwar nicht mittels Kochsalz, wohl aber durch Ammoniumsulfat aussalzen läßt. Mit Hülfe der Dialyse wird die Fällung vom Salz befreit und dann aus wäßriger Lösung durch Alkohol als leichtes, weißes, krümliges Pulver gefällt. Seine neutrale Lösung koaguliert nicht beim Kochen, ist fällbar durch Kohlensäure, Ferrocyankalium und Essigsäure und durch alle übrigen Fällungsmittel der Eiweißstoffe, mit alleiniger Ausnahme der Salpetersäure. Sämtliche Farbenreaktionen der Eiweißstoffe treten ein. Die elementare Zusammensetzung der schwefelhaltigen Substanz entspricht etwa derjenigen der Albumosen und Peptone.

Brieger und Fränkel bezeichnen die Substanz als „Toxalbumin". Ihre Unfähigkeit, in wäßriger Lösung zu koagulieren, die Indifferenz gegen die Kochsalzsättigung sowie gegen Salpetersäure, endlich ihre Zusammensetzung verweisen sie in die Gruppe der Deuteroalbumosen, von denen viele durch Salpetersäure erst bei gleichzeitiger Sättigung ihrer Lösung mit Kochsalz ausgefällt werden.

Diese Albumose der Diphtheriekulturen ist, in sehr geringen Mengen direkt in die Säftemasse gebracht, ungemein giftig und ruft bei empfänglichen Tieren dieselben Erscheinungen hervor, welche sonst die Löffler'schen Mikroben veranlassen, namentlich auch die charakteristischen Lähmungen. Der Tod erfolgt allerdings erst spät, nach Wochen oder Monaten.

Beim Erhitzen auf 60 ° wird die Substanz toxisch unwirksam. Sie verträgt aber das Eindunsten ihrer Lösung bei 50 °, selbst bei Gegenwart von freier Salzsäure.

Ebenso wie die Diphtheriekulturen scheinen fast alle Nährlösungen der pathogenen Bakterien giftig wirkende Proteïnsubstanzen zu enthalten, auch diejenigen, welche energisch wirksame Toxine liefern.

Nachdem zuerst Hankin [3]) aus den Anthraxkulturen eine giftige Eiweißsubstanz isoliert hatte, ist auch dieser Befund von Brieger und Fränkel [4]) bestätigt worden. Sydney-Martin [5]) stellte kürzlich fest, daß diese Stoffe der Milzbrandkulturen Albumosen sind und sich in eine Proto- und Deuteroalbumose scheiden lassen. Beide Substanzen wirken toxisch auch dann, wenn sie der Siedehitze ausgesetzt waren.

Giftige Proteïnstoffe enthalten auch die Typhus-, Tetanus- und Cholera-

---

1) Roux und Yersin, Contribution à l'étude de la diphthérie, Annales de l'Institut Pasteur, 1889, S. 273.

2) Brieger und Fränkel, Untersuchungen über Bakteriengifte, Berlin. klin. Wochenschrift, 1890, S. 241 und S. 268.

3) E. Hankin, British Medical Journal, Juli 1890.

4) Brieger und Fränkel a. a. O.

5) Sidney-Martin, Die chemischen Produkte des Wachsthums von Bacillus anthracis und ihre physiologische Wirkung, Proc. Roy. Soc. London, Bd. 48, 1890, S. 78.

kulturen. Sie zeigen aber nach Brieger und Fränkel, im Gegensatz zu den bisher genannten Toxalbumosen, den Charakter der Globuline[1]).

Zu den Toxalbumosen müssen endlich gewisse Bestandtheile des Koch'schen Tuberculins gezählt werden [2]), welche sich den Extrakten der Koch'schen Kulturen durch viel Alkohol oder durch Aussalzen mittels Ammoniumsulfat entziehen lassen. Die Fällung besteht vorwiegend aus Deuteroalbumosen. Ferner fand Kühne regelmäßig in der Lösung nicht aussalzbares Pepton und Tryptophan, welche er in den Kulturen auch aus reiner Protalbumose sich bilden sah.

Einige von diesen Eiweißgiften scheinen in noch bedeutend geringeren Dosen, als die basischen Toxine, eine furchtbare Wirkung zu entfalten, so daß ihr Effekt vielleicht nicht als ein direkter, sondern als ein nach Art der Enzymwirkung zustande kommender aufzufassen ist.

Sehr bemerkenswert ist die Thatsache, daß, im Gegensatz zu den Toxinen, die toxischen Proteinsubstanzen, vom Magen aus einem Tiere einverleibt, unwirksam sind. Dies haben Tizzoni und Cattani[3]) wenigstens für den giftigen Eiweißkörper der Tetanuskulturen festgestellt. Durch die Verdauungssekrete scheinen demnach die Toxalbumine und Toxalbumosen entgiftet zu werden.

Abgesehen von diesen Produkten des bakteriellen Stoffwechsels sind t o x i s c h   w i r k e n d e   P r o t e ï n s u b s t a n z e n   auch in gewissen T i e r e n   u n d   P f l a n z e n   gefunden worden.

So ist namentlich die Eiweißnatur der Schlangengifte in neuerer Zeit durch eingehende Untersuchungen definitiv erwiesen worden. Die Sekrete der verschiedenen Schlangen sind nicht völlig gleich zusammengesetzt, manche enthalten giftige Globuline, andere wieder Toxalbumosen, primäre sowohl, als auch Deuteroalbumosen. Auch leicht diffusible Toxo-Peptone scheinen in einigen dieser Flüssigkeiten gefunden zu sein. Die rein dargestellten Stoffe, von denen meist verschiedene in demselben Sekret vorhanden sind, erweisen sich ebenso giftig, wie die nativen Drüsensäfte. Nur die globulinartigen Körper unter ihnen werden durch Kochen mit Wasser koaguliert und büßen damit ihre toxischen Eigenschaften völlig ein, während die Wirkung der Toxalbumosen und Toxopeptone hierdurch höchstens abgeschwächt wird. Bisher wurden eingehend untersucht die Sekrete der Stiefelschlange (Copper-head), der Klapperschlange (Crotalus adamanteus), der Moccasinschlange (Toxicophis piscivorus[4]), ferner der Brillenschlange (Naja tripudians) und der indischen Viper (Daboia Russellii)[5]).

---

1) Vergl. auch Kitasato, Experimentelle Untersuchungen über das Tetanusgift, Zeitschr. f. Hygiene, Bd. 10, 1891, S. 267.

2) M. Hahn, Berliner klin. Wochenschrift, 1891, S. 741. Hunter, Brit. Med. Journal 1891. Besonders vergl. W. Kühne, Zeitschr. f. Biol. N. F. Bd. 11, 1893, S. 24.

3) Tizzoni und Cattani, Untersuchungen über das Tetanusgift, Archiv f. exper. Path. und Pharm., Bd. 27, 1891, S. 432.

4) Mitchell und Reichert, The Med. News, April 1883 sowie „Researches upon the venoms of poisonous serpents", Washington 1886.

5) Wolfenden, Journ. of Physiology, Bd. 7, 1886, S. 327 und 357 sowie besonders A. Kanthack, The nature of cobra poison, Journ. of Physiology, Bd. 13, 1892, S. 272.

Ferner enthält das Blutserum mancher Fische giftige Proteïnsubstanzen, wie dies Mosso [1]) wenigstens für die Muräniden sichergestellt hat. Mosso hat die Eiweißstoffe des Blutserums dieser Tiere mittels Ammoniumsulfat ausgesalzen und mit einer gesättigten Lösung dieses Salzes völlig ausgewaschen, ohne daß eine Entgiftung dieser Substanzen eintrat. Ebensowenig wurde die Giftigkeit des Blutserums vermindert, als dasselbe mittels Alkohol gefällt wurde. Hierdurch ist erwiesen, daß alkaloïdartige Stoffe nicht die Ursache der Giftwirkung sein können. Nach dem Auflösen der ausgeschiedenen Eiweißstoffe in Wasser, zeigten dieselben ihre unveränderten toxischen Eigenschaften. Dagegen wird durch Kochen sowie durch die Einwirkung von Magensaft die Giftigkeit dieser Serumbestandteile völlig aufgehoben. Führt man daher das native Serum dieser Fische einem Hunde durch den Magen ein, so ist es, wie die verschluckten Schlangengifte und bakteriellen Toxalbumine, unwirksam. Auch im übrigen verhält es sich dem Vipergift durchaus analog. Bringt man wenige Decigramm des Fischserums Hunden subcutan bei, so gehen diese unter den Symptomen der Asphyxie schnell zu Grunde, während ihr Blut nicht gerinnt, Erscheinungen, welche auch nach Schlangenbiß regelmäßig zu konstatieren sind.

Offenbar anderer Art ist das sehr starke Gift in der weiblichen Geschlechtsdrüse gewisser tropischer Fische, namentlich der Gymnodonten, welches auch vom Darmkanal aus wirkt, so daß Hunde nach dem Genuß derartiger Fische, wie der in J a p a n heimischen Tetrodonarten sowie des Fugu, unter Krämpfen binnen einer halben Minute sterben [2]). Nach den neueren Untersuchungen von Miura [3]) ist der Eierstock der Fische im atrophischen Zustande ungiftig. Das diffusible Gift läßt sich mittels Alkohol den reifen Eiern entziehen und ist vermutlich eine ptomaïnartige Substanz.

Dagegen gehört hierher das von Kobert [4]) untersuchte Gift in der Säftemasse der Malmignatte (Lathrodactus tredecimguttatus), einer in R u ß l a n d vorkommenden großen Spinne. Dieses Toxalbumin vermag Hunde oder Katzen unter Lähmungserscheinungen schnell zu töten. Bei innerer Darreichung ist dieses Gift der Spinnen, wie das der Schlangen und das Blut der Muraeniden, ganz unschädlich, auch durch Kochen mit Wasser wird es zerstört.

Endlich ist zu erwähnen, daß g i f t i g e P r o t e ï n s u b s t a n z e n a u c h i m P f l a n z e n r e i c h aufgefunden sind. Sidney-Martin und Wolfenden [5]) isolierten aus dem Samen von Abrus precatorius, der sogenannten

---

1) A. Mosso, Die giftige Wirkung des Serums der Muräniden, Arch. f. exper. Pathol. und Pharm., Bd. 25, 1888, S. 111. U. Mosso, Recherches sur la nature du venin qui se trouve dans le sang de l'anguille, Arch. de Biol. ital., Bd. 12, 1889, S. 229.

2) Vergl. Levin, Lehrbuch der Toxikologie, 1885, S. 422.

3) Miura und Takesaki, Zur Lokalisation des Tetrodongiftes, Virch. Arch., Bd. 122, 1890, S. 92. Vergl. auch Takahashi und Inoko, Experimentelle Untersuchungen über das Fugugift, Arch. für exper. Pathol. u. Pharmak., Bd. 26, 1890, S. 401 u. S. 453.

4) Kobert, Ueber die giftigen Spinnen Rußlands, Centralblatt f. d. med. Wissenschaften, 1888, Nr. 28.

5) Sidney - Martin und Wolfenden, Proceed. Roy. Soc. London, Bd. 46, 1889, S. 94 und S. 100.

Paternostererbse, ein Globulin und eine Albumose. Wurden diese Substanzen in Mengen von 10 mg Ratten oder Tauben subcutan beigebracht, so gingen die Tiere unter Symptomen, wie sie Schlangenbisse erzeugen, schnell zu Grunde. Der Tod erfolgt unter bedeutender Abnahme der Temperatur, welche bis auf 13° C sinkt. Die Sektion ergiebt Blutaustritt und Petechien in den Organen, während die Blutgerinnung aufgehoben ist. Erhitzt man das Globulin oder die Albumose auf 85°, so werden beide entgiftet. Aehnlich wirkende Eiweißsubstanzen aus Pflanzen haben auch KOBERT und STILLMARK[1]) beschrieben.

Um auf die bakterielle Umformung der Eiweißstoffe zurückzukommen, so vermögen die Fermentorganismen noch in einer anderen Richtung die Eiweißmoleküle umzugestalten. Es bezieht sich dies auf die Bildung von Farbstoffen.

Schon lange ist beobachtet worden, daß sich Wundeiter blau färben kann. LUECKE[2]) hat diesen von FORDOS „Pyocyanin" genannten Farbstoff zuerst näher untersucht.

Er ist löslich in Alkohol und in Chloroform. Beim Zusatz von verdünnter Schwefelsäure zur Chloroformlösung wird die obere Flüssigkeit nach dem Durchschütteln rot, indem sich offenbar schwefelsaures Pyocyanin bildet, welches in die wäßrige Lösung übergeht. Der rote Farbstoff absorbiert das Licht zwischen D und F im Spektrum. Setzt man Alkalien zur abgehobenen wäßrigen Flüssigkeit bis zur neutralen Reaktion, so wird das Pigment wieder blau. Aus der Lösung in Chloroform ist das Pyocyanin in Krystallen gewonnen worden, welche Stickstoff enthielten. Beim Aufbewahren seiner wäßrigen oder alkoholischen Lösung geht es allmählich in einen gelben Farbstoff über, der ebenfalls krystallisiert[3]) und sich mit Alkalien violett färbt.

Die Bildung des Pyocyanins erfolgt durch die Thätigkeit einer besonderen Mikrobe, des Bacillus pyocyaneus. Nach Untersuchungen von GESSARD[4]) bildet dieser Mikroorganismus unter besonderen Umständen, namentlich bei seiner Züchtung auf Eieralbumin, keinen blauen, sondern einen grün fluorescierenden Farbstoff. Auch die bisweilen beobachtete Blaufärbung der Milch ist auf die Einwirkung eines ähnlichen Fermentorganismus zurückzuführen[5]).

Während die Natur der genannten Pigmente dunkel ist, beobachtete zuerst ZOPF[6]) bei gewissen Bakterienkulturen auf eiweiß- oder leimhaltigen Nährsubstraten die Produktion schöner Farbstoffe, welche er als Lipochrome erkannte und nach der auf S. 69 angegebenen Methode isolierte.

1) Vergl. STILLMARK, Ueber Ricin, etc., Inaug.-Diss. Dorpat 1888.

2) LUECKE, Langenbeck's Archiv für Chirurgie, Bd. 3, 1862, S. 135. GIRARD, Deutsche Zeitschr. f. Chirurgie, Bd. 7, S. 389. Vergl. auch LEDDERHOSE ebendas., Bd. 18, 1888, S. 201.

3) FORDOS, Compt. rend., Bd. 56, S. 1128.

4) C. GESSARD, Annal. de l'Institut Pasteur, 1890, S. 88 und Compt. rend., Bd. 110, 1890, S. 418.

5) F. NEELSEN, Studien über die blaue Milch, 1880. REISET, Compt. rend. Bd. 96, 1883, S. 682 u. 745. Einen ähnlichen Farbstoff beobachtete RÖHMANN auf faulendem Fibrin, Zeitschr. f. klin. Med., Bd. 8, 1884, S. 43.

6) W. ZOPF, Botanische Zeitung, 1889, Nr. 5 u. 6.

Im Anschluß an diese Untersuchungen hat ferner OVERBECK [1]) Lipochrombildung aus sterilisiertem Eiweiß durch zwei Fermentorganismen wahrgenommen, von denen der eine aus einem Gänsemagen, der andere aus Leitungswasser isoliert wurde. Nur die letzte Mikrobe entwickelte sich auch auf 10-proz. Rohrzucker, den sie in Milchsäuregärung versetzte.

Bemerkenswert ist der Befund von ZOPF und OVERBECK, daß beim Zusammenbringen dieser Lipochrome oder auch der getrockneten Bakterienkulturen mit konzentrierter Schwefelsäure sich die Bildung blauer Krystallgruppen mikroskopisch wahrnehmen läßt.

Bedeutend einfacher, als die digestiven Veränderungen der Proteïnsubstanzen, gestalten sich d i e V e r d a u u n g s v o r g ä n g e d e r K o h l e - h y d r a t e im Darmkanal.

Die Monosaccharide erleiden durch die Verdauungsvorgänge offenbar keinerlei Veränderungen, sie sind direkt zur Resorption geeignet.

Dagegen beherrscht die höheren Kohlehydrate im Darmkanal die Tendenz zur Hydratation. Sie werden zunächst in kleinere Moleküle und endlich in die einfachen Zucker gespalten.

Diese Umformung der Saccharokolloïde sowie der Doppelzucker kommt durch zwei Enzyme zustande, durch das Ptyalin und durch das Invertin, welche zwar nach derselben Richtung wirken, aber ein durchaus getrenntes Arbeitsfeld besitzen.

Das Ptyalin ist nach dem früher Mitgeteilten bei allen Tieren im Pankreassaft vorhanden, daneben findet es sich, wenigstens beim Menschen, auch im Mundspeichel sowie spurweise im Darmsaft. Es besitzt die Fähigkeit, die Stärke und das Glykogen durch Hydratation zu zersetzen und in Zucker überzuführen. Dieselbe Wirkung ist auch der Diastase des keimenden Getreides eigen, doch sind beide Enzyme keineswegs identisch, denn das Optimum der Ptyalinwirkung liegt bei etwa 40° C, während die Diastase am besten bei 55° ihre verzuckernde Eigenschaft entfaltet [2]).

Neben dem Ptyalin findet sich, wenn auch sehr spärlich, im Pankreassaft das Invertin, welches dagegen im Darmsaft reichlich vorhanden ist. Dieses Enzym zeigt sich völlig wirkungslos gegen die Polysaccharide, besitzt dagegen jene Eigenschaft, die dem Ptyalin fehlt, nämlich energisch die Doppelzucker unter Bildung der Monosaccharide zu zersetzen.

Von den kolloïden Kohlehydraten ist als Nährstoff bei weitem am wichtigsten die Stärke. Die Verzuckerung derselben bei der Einwirkung des Speichels ist zuerst von LEUCHS im Jahre 1831 gefunden worden.

Diese enzymatische Umformung der Stärke gestaltet sich in mehrfacher Beziehung anders, als ihre Verzuckerung durch Kochen mit Schwefelsäure.

---

1) A. OVERBECK, Zur Kenntnis der Farbstoffproduktion bei Spaltpilzen, Halle 1891 (Nova Acta d. K. Lpd. Ak., Bd. 55).

2) Ueber das abweichende Verhalten des Ptyalins und der Malzdiastase vergl.: CHITTENDEN und MARTIN, Untersuchungen aus dem Laboratorium für physiolog. Chemie zu New-Haven (Yale-College), 1884/85, S. 117. Ein Verfahren zur Reingewinnung von Diastase aus Malz hat LINTNER angegeben. Vergl. Journal f. prakt. Chem., Bd. 34, 1886, S. 378 und Bd. 36, 1887, S. 481.

Denn während die siedenden Mineralsäuren den Gesamtbetrag der ihnen exponierten Stärke in Traubenzucker überführen, scheint es nach den Untersuchungen von Musculus und Gruber [1]), sowie von Mering [2]) und Anderen sicher, daß bei der Einwirkung der pflanzlichen Diastase auf Stärke ein Teil des Stärkemoleküls als nicht weiter veränderliches Dextrin übrig bleibt, welches indessen durch Ptyalinwirkung, wenn auch nur schwierig, in Zucker übergeführt werden kann. Dies hat namentlich v. Mering dadurch bewiesen, daß er aus Dextrin, welches durch lange Einwirkung von pflanzlicher Diastase auf Stärke entstanden war, den Zucker durch Hefegärung entfernte. Diastase erwies sich auch dem zuckerfreien Dextrin gegenüber als völlig unwirksam, während nach dem Zusatz von Speichel bald wieder Zucker nachweisbar wurde.

Die Einwirkung der pflanzlichen Diastase auf Stärke findet ersichtlich ihre Analogie in der tryptischen Verdauung der Eiweißstoffe. Auch hier läßt sich, wie wir gesehen haben, nicht das ganze Eiweißmolekül in Amidosäuren überführen, vielmehr bleibt ein Rest als Antipepton intakt, welcher erst beim Kochen mit verdünnten Mineralsäuren ebenfalls in krystallinische Produkte zerfällt.

Wie bei der Behandlung mit siedendem Wasser oder verdünnten Mineralsäuren, entsteht auch bei der enzymatischen Umwandlung der Stärke zunächst ihr einfaches Hydrat, die lösliche Stärke oder das Amidulin.

Letzteres erst erleidet in der Folge eine Spaltung in Erythrodextrin [3]) und in Zucker, wobei wahrscheinlich bei weitem der größte Teil des Stärkemoleküls im Erythrodextrin erhalten bleibt. Nach den Beobachtungen von Musculus und Gruber liefert dann das Erythrodextrin weiterhin noch drei Achroodextrine von verschiedenem Rotationsvermögen, indem bei jeder Spaltung, neben einem neuen Dextrin von geringerem Molekulargewicht, als seine Muttersubstanz, Zuckerbildung erfolgt.

Ferner haben die meisten Untersuchungen ergeben, daß im Gegensatz zur Schwefelsäurewirkung durch die diastatischen Fermente nicht Dextrose erhalten wird, sondern die von bakteriellen Einflüssen frei gehaltene enzymatische Spaltung mit der Bildung der Maltose abschließt.

Die Einwirkung des Ptyalins auf die Stärke läßt sich demnach durch folgendes Schema veranschaulichen, in welchem allerdings die unbekannten quantitativen Verhältnisse nicht berücksichtigt sind:

---

1) Musculus und Gruber, Ein Beitrag zur Chemie der Stärke, Zeitschr. f. physiol. Chem., Bd. 2, 1878, S. 177.

2) von Mering, Ueber den Einfluß diastatischer Fermente auf Stärke. Dextrin und Maltose, Zeitschr. f. physiol. Chem., Bd. 5, 1881, S. 185.

3) Musculus und A. Meyer haben angegeben, daß Erythrodextrin nur ein Gemisch sei von sehr viel Dextrinen mit etwas löslicher Stärke und nur diesem Umstande seine Rotfärbung mit Jod verdanke. (Vergl. „Ueber Erythrodextrin", Zeitschr. f. physiol. Chem., Bd. 4, 1880, S. 451.) Indessen ist dieser Punkt keineswegs klargestellt. Jedenfalls giebt es nach meiner Erfahrung Achroodextrinpräparate, welche sich nach dem vorsichtigen Vermischen mit sehr wenig Stärkelösung durch Jod nicht rot, sondern sogleich tief blau färben.

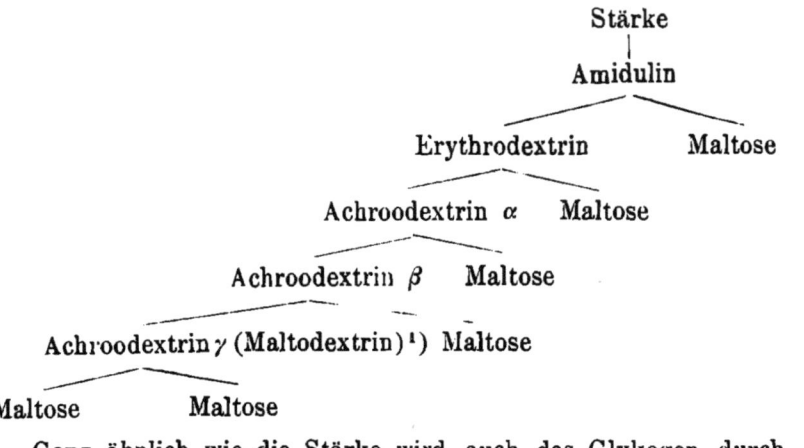

Stärke
|
Amidulin

Erythrodextrin   Maltose

Achroodextrin α   Maltose

Achroodextrin β   Maltose

Achroodextrin γ (Maltodextrin)[1]) Maltose

Maltose   Maltose

Ganz ähnlich wie die Stärke wird auch das Glykogen durch das Ptyalin verändert, so daß bei künstlichen Verdauungen mit Speichel aus beiden Kohlehydraten schließlich, neben mehr oder weniger Achroodextrin, vorwiegend Maltose entsteht, während bei Verwendung von künstlichem Pankreassaft, infolge seines Invertingehaltes, die Maltose langsam in Traubenzucker übergeführt wird.

HAMMARSTEN[2]) hat bei künstlichen Verdauungsversuchen gefunden, daß die Zeit, welche vergeht, bis der menschliche Mundspeichel Stärke verzuckert, je nach der Form der Stärke, eine sehr verschiedene ist. Während Roggen - oder Maisstärke schon nach 2—6 Minuten etwas Zucker liefern, bedarf es hierzu für rohe Kartoffelstärke 2—4 Stunden. Doch ist diese Verschiedenheit lediglich bedingt durch die ungleiche Entwickelung der Cellulosehüllen, welche die Stärkekörner einschließen und dem Vordringen des Speichels einen ungleichen Widerstand entgegensetzen. Dies folgt aus der Beobachtung, daß nach der Herstellung von Stärkekleister aus Kartoffel- oder Roggenstärke sich durchaus kein Unterschied mehr geltend macht, so daß auch beim Kauen sämtlicher Getreidekörner schon nach 1 — 4 Minuten ein wenig Zucker gebildet wird.

Diese Thatsachen versetzen uns nunmehr in die Lage, die Schicksale der Kohlehydrate bei ihrer Einführung in den Darmkanal zu verfolgen.

Der Mundspeichel könnte wohl infolge seines Ptyalingehaltes die Stärke und das Glykogen verändern, aber die Zeit seiner Einwirkung während des Kauens ist viel zu kurz für eine in Betracht kommende Zuckerbildung. Denn sobald die stärkehaltigen Speisen in den Magen befördert sind, hört die Einwirkung des Ptyalins schnell auf, weil sie

---

1) Das Achroodextrin γ ist augenscheinlich mit dem sogenannten Maltodextrin identisch, welches zuerst von HERZFELD (Ber. d. Deutsch. chem. Gesellsch., Bd. 12, 1879, S. 2120 und Bd. 13, 1880, S. 3469) isolirt und später von BROWN und MORRIS, wenn auch mit einigen Differenzen, anerkannt ist. Vergl. BROWN u. MORRIS, Ueber Maltodextrin, Ber. d. Deutsch. chem. Gesellsch., Bd. 19, 1886, S. 433, wo sich die ältere Litteratur über diesen Gegenstand angegeben findet.

2) HAMMARSTEN, Jahresberichte f. d. ges. Medizin (Virchow-Hirsch), 1871.

durch den sauren Magensaft sistiert wird [1]). Daher erklärt es sich, daß selbst nach reichlichem Genuß von Stärkekleister nur Spuren von Zucker im Magen vorhanden sind [2]). Die chemische Funktion des Speichels ist also beim Menschen ganz unwesentlich. Vielmehr ist hier die Bedeutung des Speichels nur eine mechanische, indem der Bissen durch denselben angefeuchtet und so das Schlucken erleichtert wird.

Erst nach längerem Verweilen der Stärke im Magen wird ein kleiner Teil derselben durch die allmählich auftretende Milchsäuregärung zersetzt, nachdem hierbei ganz vorübergehend Erythrodextrin und Traubenzucker gebildet wurden [3]). Denn wie bereits S. 132 erörtert ist, vermag das Bacterium lactis sich auch im sauren Magensaft zu halten und hier in beschränkter Weise seine Wirkung zu entfalten.

Durch den Zufluß der alkalischen Sekrete werden dann im Dünndarm die Bedingungen der Ptyalinwirkung wiederhergestellt.

Zwar ist das Ptyalin des Speichels während seines Aufenthaltes im sauren Magensaft nicht nur in seiner Wirkung gehindert, sondern auch zerstört worden [4]). Aber dieser Verlust ist ohne Belang, denn das Ptyalin ist ja viel reichlicher, als im Speichel, im Pankreassaft enthalten und wirkt daher jetzt, nach dem Zutritt desselben, energisch auf die noch unveränderte Stärke oder auf das Glykogen ein, so daß die Umwandelung des größten Teils dieser Kohlehydrate in Maltose bald geschehen ist, während zugleich das im Pankreas- und Darmsaft vorhandene Invertin die Maltose in Traubenzucker überführt. Gleich der Maltose werden auch die mit der Nahrung direkt eingeführten Doppelzucker, der Rohr- und der Milchzucker, in die betreffenden Monosaccharide durch das Invertin gespalten.

Die Verzuckerung der Stärke sowie der übrigen kolloïden Kohlehydrate und die Invertirung der Doppelzucker wird unterstützt durch gewisse Mikroorganismen des Darminhalts, von denen einige außer Invertin [5]) auch diastatische Enzyme absondern. So fand WORTMANN [6]), daß Bakterium Termo nicht nur Stärkelösung, son-

————
1) CHITTENDEN und GRISWOLD, Ueber die diastatische Wirkung des Speichels, Ref. in den Ber. d. Deutsch. chem. Gesellsch., Bd. 15, 1882, S. 736. CHITTENDEN und SMITH, Die diastatische Funktion des Speichels unter verschiedenen Bedingungen, Untersuchungen aus dem Laboratorium für physiol. Chem. zu New-Haven (Yale-College), 1884/85, S. 1. C. A. EWALD und BOAS, Beiträge zur Physiologie und Pathologie der Verdauung, Virchow's Archiv, Bd. 104, 1886, S. 271.

2) BRÜCKE, Ueber die Kohlehydrate und die Art, wie sie verdaut und aufgesaugt werden, Sitzungsber. d. Wiener Akademie, April 1872. Vergl. auch die Versuche von EWALD und BOAS über das Verhalten von Stärke im Magen normaler Menschen. EWALD und BOAS, a. a. O.

3) BRÜCKE sowie EWALD und BOAS a. a. O. Vergl. auch VON MERING, Ueber die Abzugswege des Zuckers aus der Darmhöhle, Arch. f. Anat. und Physiol., 1877.

4) Vergl. CHITTENDEN und GRISWOLD sowie EWALD und BOAS a. a. O.

5) Vergl. S. 75.

6) J. WORTMANN, Untersuchungen über das diastatische Ferment der Bakterien, Zeitschr. f. physiol. Chem., Bd. 6, 1882, S. 287. Vergl. auch LAUDER BRUNTON und MACCADYEN, Die Fermentwirkung der Bakterien, Proceed. Roy. Soc. London, Bd. 46, 1889, S. 542.

dern auch Stärkekörner genau in derselben Weise zu verändern vermag, wie dies von der Diastase bekannt ist. Das von der Mikrobe produzierte Enzym läßt sich durch Alkohol fällen und ist nach seiner Lösung in keimfreiem Wasser von der Diastase nicht zu unterscheiden. Dieser Verzuckerung seitens der geformten Fermente folgen dann aber dem Organismus kaum nützliche weitere Umformungen des gebildeten Zuckers, aus welchem sowohl Milchsäure, Essigsäure und ihre nächsten Homologen, als auch Alkohol unter Entwickelung von Kohlendioxyd, Wasserstoff und Grubengas hervorgehen [1]).

Unter den kolloïden Kohlehydraten nimmt den Verdauungssäften gegenüber die Cellulose eine Ausnahmestellung ein. Ihrer Unlöslichkeit auch außerhalb des Körpers entsprechend, wird sie durch keines der Verdauungssekrete im geringsten verändert.

Dennoch ist es sicher, daß auch dieses indifferente Kohlehydrat im Darmkanal durch bakterielle Einflüsse wenigstens teilweise gelöst wird. Dies geht namentlich daraus hervor, daß bei Pflanzenfressern ein bedeutender Bruchteil verfütterter Cellulose, selbst in der Form von Sägespänen und Papier, in den Fäkalien nicht mehr aufzufinden ist [2]).

Diese Thatsache ist durch künstliche Versuche von VICTOR HOFMEISTER [3]) bestätigt worden, welcher fand, daß die von frisch geschlachteten Pferden entnommene nicht desinfizierte Darmflüssigkeit Cellulose in der Form von sogenannter Rohfaser, welche aus jungem, zu Heu gemachtem Grase dargestellt war, bis zu 78 Proz. zu lösen vermag und zwar im Verlaufe einer Zeit, während welcher die Nahrung im Darmkanal des Pferdes normalerweise verweilt. Eine Zuckerbildung war hierbei nicht zu bemerken, wiewohl sich feststellen ließ, daß die Cellulose nicht unverändert aufgelöst wurde. Dagegen nahm HOFMEISTER eine reichliche Gasentwickelung und ein Sauerwerden der Flüssigkeit wahr.

Die bei der Gärung der Cellulose durch Darmbakterien entstehenden Produkte sind von TAPPEINER [4]) näher untersucht worden. Er brachte entfettete Watte in 1-proz. Fleischextraktlösung und infizierte die Mischung mit einem Tropfen Panseninhalt.

Nach einigen Stunden schon begann Gasentwickelung, welche etwa 4 Wochen andauerte. TAPPEINER fand hierauf den größten Teil der Baumwolle verschwunden, während die saure Flüssigkeit Essigsäure und deren Homologe, bis zur Valeriansäure, enthielt. Die entwickelten Gase bestanden aus Kohlensäure und Methan, welche bei noch längerer Einwirkung der Mikroorganismen auf Kosten der organischen Säuren vermehrt wurden.

---

1) Ausführliche Untersuchungen dieser Gase sind namentlich ausgeführt worden von PLANER, Sitzungsberichte der Wiener Akad., Bd. 42, 1860 sowie von TAPPEINER, Zeitschr. f. Biol., N. F. Bd. 1, 1883, wo sich die übrige Litteratur angegeben findet.

2) Die betreffende Litteratur findet sich bei W. VON KNIERIEM, Ueber die Verwertung der Cellulose etc., Zeitschr. f. Biol., N. F. Bd. 3, 1885, S. 67 sowie HENNEBERG und STOHMANN ebendas. S. 613.

3) VICTOR HOFMEISTER, Ueber Celluloseverdauung beim Pferde, Archiv f. wissensch. u. prakt. Tierheilkunde, Bd. 11, 1885, Heft 1 und 2.

4) TAPPEINER, Untersuchungen über die Gärung der Cellulose, insbesondere über deren Lösung im Darmkanale, Zeitschr. f. Biol., N. F. Bd. 2, 1884, S. 52 und Bd. 6, 1888, S. 105.

Es ist wahrscheinlich, daß in der gleichen Weise, wie bei diesem künstlichen Versuch von TAPPEINER, die Lösung und die Zersetzung der Cellulose im Darmkanal vor sich geht, wennschon diese Umsetzungen sich hier viel schneller abspielen müssen.

Daß die Natur der einwirkenden Fermentorganismen auf die Art der Cellulosevergärung einen wesentlichen Einfluß übt, ist durch Versuche von HOPPE-SEYLER [1]) gezeigt worden, welcher bei andauernder Gärung von Cellulose in der Form von Filtrierpapier durch die Mikroben des Flußschlammes ebenfalls eine Bildung von Kohlensäure und Methan wahrnahm, wobei aber keine Fettsäuren entstanden, sondern sich ein intermediär auftretender dextrinartiger Körper nachweisen ließ.

Die Veränderung der Fette im Darmkanal ist vorwiegend physikalischer Natur, während chemische Umsetzungen wohl stattfinden, aber quantitativ in den Hintergrund treten. Denn im Gegensatz zu allen übrigen Nährstoffen werden die Fette im Darmkanal nur teilweise in Lösung gebracht, da zu ihrer Resorbierbarkeit schon eine feine Verteilung in den Flüssigkeiten des Darmtraktes genügt.

Die Fette unserer Nahrung sind niemals frei von beigemischten freien Fettsäuren. Selbst reinstes Olivenöl ist nicht neutral, was sich leicht durch den Farbenwechsel demonstrieren läßt, der beim Zusammenbringen desselben mit völlig neutraler alkoholischer Rosolsäure eintritt.

Um ein neutrales Fett zu erhalten, bleibt nur übrig, sich dasselbe künstlich zu bereiten. Käufliches Olivenöl wird zu diesem Zweck kurze Zeit in einer Tiegelschale mit wenig Barytwasser gekocht und nach dem Erkalten, soweit dasselbe unverseift geblieben ist, mit Aether ausgezogen. Die ätherische Lösung wird in einem Scheidetrichter von dem Barytwasser und den unlöslichen Barytseifen getrennt und in einer verschlossenen Flasche aufbewahrt. In dieser Lösung bleibt das Oel unbegrenzt lange neutral, offenbar deshalb, weil eine Ansiedelung von Fermentorganismen ausgeschlossen ist. Läßt man dagegen von dem neutralen Oel den Aether abdunsten, so findet man nach wenigen Tagen infolge bakterieller Einwirkung [2]) freie Fettsäuren darin gebildet.

Der Gehalt der Nahrungsfette an freien Fettsäuren ist für die feine Verteilung derselben, welche sie in den Flüssigkeiten des Darmkanals benötigen, durchaus günstig.

Denn die künstlich neutralisierten Fette werden beim Schütteln mit schwach alkalikarbonathaltigen Flüssigkeiten, wie sie der Darminhalt birgt, nicht emulgiert, während diese Operation sehr leicht gelingt mit allen natürlichen flüssigen Fetten, und zwar lediglich deshalb, weil diese freie Fettsäuren enthalten.

Diese Erscheinung tritt um so leichter ein, je saurer ein Fett ist, und bei einem gewissen Säuregrad erfolgt, wie GAD [3]) gezeigt hat, eine ausgiebige Zerstäubung der Fette von selbst, ohne jede mechanische Einwirkung, falls man den Alkaligehalt der wäßrigen Flüssigkeit passend gewählt hat.

---

1) HOPPE-SEYLER, Ueber die Gärung der Cellulose mit Bildung von Methan und Kohlensäure, Zeitschr. f. physiol. Chem., Bd. 10, 1886, S. 401.

2) Vergl. HUGO SCHULZ, Zur Kenntnis der Oxydation der Fette. Pflüger's Archiv, Bd. 15, 1877, S. 403.

3) JOH. GAD, Arch. f. Anat. und Physiol., 1878, S. 187.

Die Emulgierung der sauren Fette durch Sodalösungen erklärt sich aus der Löslichkeit der freien Fettsäuren in den neutralen Fetten. In einer solchen Lösung befinden sich die Fettsäuremoleküle überall zwischen den Fettmolekülen. Tritt nun ein derartiges saures Fett mit einer Sodalösung in Berührung, so bildet das Natriumkarbonat mit den freien Fettsäuren Seifen, während die neutralen Fette vollkommen unverändert bleiben. Infolgedessen befinden sich nunmehr überall zwischen den Molekülen der Fette in Wasser lösliche Seifenmoleküle, wodurch die ganze Fettmasse in kleinste Partikel auseinandergesprengt werden muß, ein Vorgang, welcher durch die sich entwickelnde Kohlensäure noch befördert wird. Die Indifferenz der völlig neutralen Fette gegen Sodalösungen wird hieraus ohne weiteres verständlich.

Der saure Chymus, welcher die Fette unverändert läßt, wird durch den Zufluß der alkalischen Sekrete der BRUNNER'schen Drüsen, der Galle und des Pankreassaftes neutralisiert und dann alkalisch.

In dieser Flüssigkeit würden die fettsäurehaltigen Fette der Nahrung, die mittlerweile geschmolzen sind, schon ohne weiteres langsam emulgiert werden. Aber diese Erscheinung wird noch bedeutend beschleunigt durch die nunmehr sich einstellende Wirkung des Steapsins, des fettspaltenden Enzyms des Pankreassaftes, wodurch der fetthaltige Speisebrei sehr bald mit feinsten Fetttröpfchen durchsetzt wird und daher ein milchartiges Ansehen gewinnt.

Der Nachweis der fettspaltenden Wirkung des Pankreassaftes kann leicht in der Weise geführt werden, daß man zu 20 ccm Milch etwa 3 Tropfen gesättigter Sodalösung giebt, die Flüssigkeit in zwei Hälften teilt und zu jeder ein wenig Trockenpankreas nach KÜHNE hinzufügt. Beide Mischungen stellt man direkt oder nach der Desinfektion mittels Chloroform oder Thymol in den Brütofen, nachdem jedoch in der einen Flüssigkeit durch Aufkochen die Fermente zerstört wurden. Giebt man zu dieser Kontrollprobe nach halbstündigem Verweilen bei Körpertemperatur neutrale Lakmustinktur, so wird sie blau gefärbt, während sich in der anderen Mischung die Anwesenheit freier Fettsäuren durch Rotfärbung des Lakmus zu erkennen giebt.

Bei künstlichen Versuchen ist die Wirkung des fettspaltenden Enzyms keineswegs so imponierend, wie diejenige der beiden anderen im Pankreassaft vorhandenen Enzyme, des Trypsins und des Ptyalins. Aber es ist hierbei zu bemerken, daß schon die Spaltung einer geringen Menge von Fett genügt, um selbst große Fettmassen zu emulgieren.

Endlich ist zu bemerken, daß an der Fettspaltung in den unteren Darmpartien sich auch Mikroorganismen beteiligen, welche aber die frei gewordenen Fettsäuren sogleich weiter in solche von niedrigerem Kohlenstoffgehalt zersetzen [1]).

Von einer Einwirkung der Verdauungssäfte auf die Nukleïne ist nichts bekannt, durch den Magensaft werden sie weder gelöst, noch irgendwie verändert.

Der Pankreassaft dagegen scheint die Nukleïne ebenso wie der alkalische Darmsaft zu lösen, ohne daß sich dabei Veränderungen derselben beobachten lassen. Nach BÓKAY soll ein bedeutender Anteil der

---

1) Vergl. HÉDON u. VILLE, Compt. rend. Soc. Biol. 1892, S. 308. GRÖGER, Ueber das Ranzigwerden von Fetten, Zeitschr. f. angew. Chem., 1889, S. 62.

in den Darmkanal eingeführten Nukleïne nicht zur Resorption gelangen [1]).

Entsprechend ihrer Konstitution, v e r h a l t e n s i c h d i e L e c i - t h i n e d e n V e r d a u u n g s s ä f t e n gegenüber ähnlich wie die Fette. Durch das Steapsin werden sie gespalten in Glycerinphosphorsäure, freie Fettsäuren und Cholin. — Dieselben Produkte liefert nach den Untersuchungen von HASEBROEK [2]) die Einwirkung der Fäulnisbakterien auf die Lecithine, wenn man den atmosphärischen Sauerstoff vollkommen ausschließt. Bei andauernder Einwirkung der Mikroben (ohne Luftzutritt) zerfällt dann weiterhin das Cholin unter Bildung von Kohlensäure, Methan und Ammoniak. Daß unter diesen Umständen giftige Cholinderivate nicht entstehen, zeigte ein Versuch von HASEBROEK. Als er mehrere Kubikcentimeter der filtrierten neutralen Flüssigkeit, welche die Fäulnisprodukte des Cholins enthielt, einem Kaninchen unter die Haut injizierte, hatte dies nicht die geringsten Veränderungen im Wohlbefinden des Tieres zur Folge. Daß dagegen bei Zutritt von Sauerstoff durch bakterielle Einflüsse das Cholin leicht in das giftige Neurin und Muskarin übergeht, ist bereits besprochen worden.

1) A. BÓKAY, Ueber die Verdaulichkeit des Nukleïns und Lecithins, Zeitschr. f. physiol. Chem., Bd. 1, 1877, S. 161.

2) HASEBROEK, Ueber das Schicksal des Lecithins im Körper, und eine Beziehung desselben zum Sumpfgas im Darmkanal, Zeitschr. f. physiol. Chem., Bd. 12, 1888, S. 148.

Fünfter Abschnitt.

Die Resorption und die nächsten Schicksale der resorbierten Nährstoffe.

Die Resorption der Nährstoffe beginnt im Magen und kann daselbst unter Umständen schon eine erhebliche Ausdehnung annehmen [1]). Im allgemeinen hat sich ergeben, daß die Nahrungsstoffe nicht wesentlich länger im Darmkanal verweilen, als bis sie das zur Resorption geeignete digestive Stadium erreicht haben.

Deshalb fällt auch nur ein geringer Anteil der Nahrungsstoffe im unteren Teil des Dünndarms und im Dickdarm der bakteriellen Zersetzung anheim. Dieses Verhältnis gestaltet sich für den Organismus dadurch noch günstiger, daß die Mikroben, wie vorher ausgeführt wurde, ja zunächst ganz wie die Verdauungsenzyme auf die Nährstoffe einwirken, indem sie dieselben durch die Ueberführung in den löslichen Zustand oder durch gewisse einfache Spaltungen der Resorption zugänglich machen und somit selbst ihrer weiteren Einwirkung entziehen.

Mag diese zunächst erfolgende Auflösung und einleitende Spaltung der Nährstoffe seitens der Darmbakterien für den Organismus nützlich erscheinen, die weiteren bakteriellen Zersetzungen, welche über die Bildung der Peptone, der Zucker oder über die einfache Fettspaltung hinausgehen, bedeuten für den Organismus einen Verlust, denn die Nahrungsstoffe dürfen erst in den Geweben zersetzt werden, wenn die in ihnen aufgespeicherte Spannkraft zur vollen Ausnutzung gelangen soll.

Aber nicht nur durch die schnelle Aufsaugung der resorptionsfähig gewordenen Nährstoffe wird die Einwirkung der Bakterien im Darmkanal eingeschränkt. Auch der Mangel an Wasser hemmt bald die Thätigkeit der Mikroben. Denn die Resorption desselben erfolgt ziemlich ausgiebig im Dickdarm, wo die Fermentorganismen der Zeit nach erst zur vollen Entwicklung gelangen könnten.

Endlich wirkt der Darmfäulnis entgegen noch die Anhäufung gewisser, von den Bakterien selbst erzeugter Produkte, namentlich der Phenole und der reichlich gebildeten organischen Säuren, welche das ebenfalls entstehende Ammoniak bald nicht mehr zu neutralisieren vermag, so daß der Dickdarminhalt eine mehr oder weniger saure Reaktion annimmt.

---

1) H. Tappeiner, Ueber Resorption im Magen, Zeitschr. f. Biologie, Bd. 16, 1880, S. 497. von Anrep, Die Aufsaugung im Magen des Hundes, Du Bois' Archiv, 1881, S. 504.

Die ältere physikalische Auffassung der Resorption als einer Diffusionserscheinung ist gänzlich verlassen worden. Die Aufnahme der Nahrungsstoffe seitens der Darmwand scheint vielmehr in der Hauptsache durch eigentümliche vitale Vorgänge in den Zellen der Darmschleimhaut zu geschehen [1]), welche in letzter Instanz auf chemische Affinitäten zurückgeführt werden müssen [2]).

Daß bei der Resorption die Osmose nicht das Wesentliche ist, geht schon daraus hervor, daß sogar ungelöste Substanzen, wie die Fetttröpfchen, zur Aufsaugung gelangen. Ferner ist durch eingehende Versuche festgestellt, daß nicht einmal das Wasser [3]) sowie die Salze bei ihrem Verschwinden aus dem Darmkanal den Diffusionsgesetzen folgen.

Als GUMILEWSKI und RÖHMANN [4]) im Laboratorium von HEIDENHAIN Lösungen von verschiedenen Salzen und Nährstoffen in THIRY-VELLA'sche Darmfisteln brachten, konnten sie feststellen, daß die festen Bestandteile ganz unabhängig vom Wasser zur Resorption gelangten. Ferner wurde festgestellt, daß die Schnelligkeit der Resorption durchaus nicht im Verhältnis steht zur Diffusion. Denn während Natriumsulfat 15mal so schnell diffundiert, als Rohrzucker, gelangt letzterer 10mal so schnell, als das Natriumsulfat, zur Resorption.

Die Resorptionswege sämtlicher in den Flüssigkeiten des Darmtraktes gelöster Nährstoffe sind die Blutkapillaren der Darmwand, in welche die Proteïnstoffe oder deren Verdauungsprodukte, die einfachen Zucker sowie die Salze durch unbekannte Vorgänge nach dem Passieren der Darmepithelien hineingelangen, um weiterhin der Pfortader zuzuströmen.

Dies folgt zunächst aus dem Nachweis, daß die genannten Substanzen den zweiten noch vorhandenen Weg aus dem Darm zur Säftemasse, nämlich die Lymphbahnen, nicht beschreiten.

Die gesamte Lymphe des Mesenteriums muß bekanntlich durch den Ductus thoracicus strömen, bevor sie in die Blutbahn übergeht. Bei Hunden gelingt es nun, eine Kanüle in das obere Ende des Brustganges einzuführen und die Lymphe auf diese Weise nach außen abzuleiten. Wird einem so operierten Hunde, welcher sich lange Zeit erhalten läßt, die Eiweißnahrung völlig entzogen, oder derselbe andererseits reichlich mit Eiweißstoffen gefüttert, so hat dies, nach den Befunden von ZAWILSKI [5]), auf die Menge und die Beschaffenheit der ausfließenden Lymphe nicht den geringsten Einfluß, was doch der Fall sein müßte, wenn die Lymphbahnen die Abzugswege der Eiweißnahrung vorstellten. Der Chylus

---

1) HOPPE-SEYLER, Physiologische Chemie, 1877, S. 348.
2) R. HEIDENHAIN, Beiträge zur Histologie und Physiologie der Dünndarmschleimhaut, Pflüger's Archiv, Bd. 43, 1888, Supplementband, S. 63.
3) R. HEIDENHAIN, a. a. O., S. 61.
4) GUMILEWSKI, Ueber Resorption im Dünndarm, Pflüger's Archiv, Bd. 39, 1886, S. 556. RÖHMANN, Ueber Sekretion und Resorption im Dünndarm, Pflüger's Archiv, Bd. 41, 1887, S. 411. Vergl. auch G. LEUBUSCHER, Studien über Resorption seitens des Darmkanales, Jena 1885.
5) ZAWILSKI, Dauer und Umfang des Fettstromes durch den Ductus thoracicus nach Fettgenuß, Arbeiten aus dem physiol. Institut zu Leipzig, 1876.

ist, abgesehen von seinem Fettgehalt, bei jeder Ernährungsart offenbar nichts anderes, als das in die Lymphbahnen übergetretene Blutplasma [1]).

Diesen Beobachtungen entspricht eine andere, ebenfalls im Laboratorium von LUDWIG durch SCHMIDT-MÜLHEIM [2]) festgestellte Thatsache, daß nämlich nach dem Verschluß des Ductus thoracicus durch eine Ligatur verfütterte Proteïnstoffe ebenso gut resorbiert werden, als bei normalen Hunden. Denn sie verschwinden aus dem Darm, und der im Harn ausgeschiedene Stickstoff ist gleich dem Stickstoffquantum der verfütterten Eiweißmenge.

In gleicher Weise hat sich feststellen lassen, daß auch die resorbierten Zucker den Weg durch die Lymphbahnen nicht einschlagen.

Denn VON MERING [3]) fand bei Hunden, welche reichlich Stärke und Traubenzucker oder auch lediglich ausgewaschenes Fibrin als Nahrung erhalten hatten, den Zuckergehalt der aus einer Brustgangfistel ausfließenden Lymphe nicht anders, als bei hungernden Tieren. Die Zuckermengen schwankten zwar zwischen 0,06 und 0,16 %, waren aber unabhängig von der Art des Futters sowie von der Ernährung überhaupt. Dagegen ergab sich, daß der Zuckergehalt des Chylus demjenigen des betreffenden Blutserums unter allen Umständen völlig gleich kam.

Andererseits hat sich in der That nachweisen lassen, daß der Nahrungszucker den Weg durch die Blutkapillaren der Darmwand und weiter durch die Pfortader einschlägt, denn der Zuckergehalt des Pfortaderblutes ist nicht konstant und wird durch die Gegenwart von Nahrungszucker im Darm beeinflußt. VON MERING [4]) sah bei Einführung von Zucker in den Darm den Zuckergehalt des Pfortaderblutes bis zu 0,4 % ansteigen, während im nüchternen Zustande „das Blut, welches zur Leber geht und von ihr kommt, vor dem in anderen Stromgebieten kreisenden rücksichtlich seines Zuckergehaltes nichts voraus hat".

Im Gegensatz zu allen übrigen Nahrungsstoffen benutzen die Fette, wie dies die Untersuchung des nach außen abgeleiteten Chylus unzweifelhaft ergiebt, als Resorptionswege die Lymphbahnen [5]). Sie unterscheiden sich ja auch von allen übrigen Nahrungsstoffen durch ihre Eigenheit, im ungelösten Zustande, als Emulsion feinster Tröpfchen, resorbierbar zu sein.

Durch die anatomische Struktur der Darmzotten wird es bedingt, daß bei der Resorption der in Wasser gelösten Nährstoffe, falls die Aufsaugung lediglich durch die Blutkapillaren geschehen soll, die in den Darm eingeführten Flüssigkeitsmengen ein gewisses Maß nicht überschreiten dürfen [6]).

---

1) Vergl. VON LESSER, Eine Methode, um große Lymphmengen vom lebenden Hunde zu gewinnen, Arbeiten aus dem physiolog. Institut zu Leipzig, 1871.

2) SCHMIDT-MÜLHEIM, Gelangt das verdaute Eiweiß durch den Brustgang ins Blut? Du Bois' Archiv, 1877, S. 549.

3) VON MERING, Ueber die Abzugswege des Zuckers aus der Darmhöhle, Du Bois' Archiv, 1877, S. 379. Vergl. auch BLEILE, ebendas., 1879, S. 59.

4) VON MERING, a. a. O., S. 412 u. 413.

5) Vergl. ZAWILSKI, a. a. O.

6) Vergl. hierüber HEIDENHAIN, a. a. O., S. 51.

Wird plötzlich der Darm mit viel konzentrierter Zuckerlösung überschwemmt, so kann die Aufsaugung des Wassers und mit ihm auch die Resorption des Zuckers durch die Blutkapillaren allein Not leiden, und es gelangt unter diesen Umständen, wie GINSBERG [1]) gezeigt hat, auch ein Teil der Zuckerlösung in die Chylusbahnen.

Der Resorption der Proteïnsubstanzen, so nahm man früher an, müßte ausnahmslos eine Peptonisation im Darmkanal vorausgehen. Die Bedeutung der Eiweißverdauung war nach dieser Anschauung darin zu suchen, daß sie die nicht diffusiblen nativen Eiweißkörper in die diffusiblen Peptone umwandele, welch letztere dann osmotisch die Darmwand durchwanderten, um in die Blutbahn zu treten. Entgegen dieser älteren Anschauung wurde bereits erwähnt, daß die Resorbierbarkeit eines Nährstoffs von seinem osmotischen Verhalten keineswegs abhängig ist. Da selbst ungelöste Fetttröpfchen zur Aufsaugung gelangen, muß diese Möglichkeit auch für gelöste, nicht diffusible Stoffe zugegeben werden.

Weiter aber ist es sichergestellt, daß die Eiweißkörper mit wenigen Ausnahmen, auch ohne vorausgegangene Peptonisierung, im genuinen oder denaturierten Zustande die Darmwand passieren können [2]).

Dies muß aus Versuchen von VOIT und BAUER [3]) geschlossen werden, bei denen gelöste Eiweißstoffe, nämlich Myosin oder Syntonin aus Rindsmuskeln sowie Albuminat aus Eierweiß, in beiderseitig doppelt unterbundene Darmschlingen von Hunden gebracht wurden, aus welchen vorher die Verdauungsenzyme möglichst vollständig entfernt waren, so daß eine Peptonisation daselbst, wenigstens schnell und im größeren Umfange, unmöglich erfolgen konnte. Aus diesen Darmschlingen, in denen sich übrigens zu keiner Zeit auch nur Spuren von Albumosen oder Peptonen nachweisen ließen, sahen VOIT und BAUER die eingebrachten Eiweißkörper im Verlaufe von ein bis vier Stunden resorbiert werden.

Bringt man ferner die genannten Eiweißstoffe in sorgfältig ausgespülte Darmfisteln von Menschen oder Tieren, wo der Zutritt von Verdauungsenzymen in das betreffende Darmstück völlig ausgeschlossen ist, so sind auch hier, wie zuerst CZERNY und LATSCHENBERGER [4]) gezeigt haben, die Eiweißstoffe nach kurzer Zeit verschwunden.

Diese Erfahrungen haben in den Nährklystieren, zu welchen die Untersuchungen von VOIT und BAUER [5]) sowie namentlich auch die von EICHHORST [6]) aufforderten, bereits eine praktische Anwendung gefunden.

---

1) S. GINSBERG, Ueber die Abfuhrwege des Zuckers aus dem Dünndarm, Pflüger's Archiv, Bd. 44, 1889, S. 306.

2) Diese Ansicht ist zuerst von BRÜCKE vertreten worden. Vergl. dessen Abhandl. in den Sitzungsber. der Wiener Akademie, Bd. 37, 1859 und Bd. 59, 1869.

3) C. VOIT und J. BAUER, Ueber die Aufsaugung im Dick- und Dünndarm, Zeitschr. f. Biologie, Bd. 5, 1869, S. 562.

4) CZERNY und LATSCHENBERGER, Virchow's Archiv, Bd. 59, 1874, S. 161.

5) a. a. O.

6) H. EICHHORST, Ueber die Resorption der Albuminate im Dickdarm, Pflüger's Archiv, Bd. 4, 1871, S. 570.

Nach diesen Befunden werden gelöstes Muskelfleisch und Acidalbumin (saurer Fleischsaft) sowie auch andere gelöste native Eiweißstoffe, welche man per clysma injiziert, seitens der Dickdarmschleimhaut
aufgesaugt. Bei hungernden Menschen und Tieren ist hiernach stets eine
vermehrte Harnstoffausscheidung zu beobachten, und bald setzen sich
dieselben auch bei dieser Ernährungsweise wieder in Stickstoffgleichgewicht. Daß aber im Dickdarm keine bemerkenswerte Peptonisation der
nativen Eiweißkörper stattfindet, haben Kontrollversuche von EICH-
HORST [1]) ergeben.

Ferner ist es für unsere Frage von Wichtigkeit, daß sich gelöste
Eiweißstoffe, mit gewissen Ausnahmen, in erstaunlichen Mengen nach
Eröffnung einer Vene direkt in die Blutbahn von Hunden einführen
lassen, ohne daß eine Ausscheidung derselben mit dem Harn erfolgt.
Derartige Versuche sind ausgeführt worden mit Vitellin aus Kürbis-
samen, Albuminat aus Eieralbumin, sowie mit Syntonin, das aus Froschmuskeln, aus Myosin, Fibrin oder Eieralbumin bereitet war [2]). Ebenso
hat man völlig blutkörperchenfreies Serum aus Lamm- oder Pferdeblut
Hunden einverleibt, ohne Albuminurie zu erzeugen [3]).

Diese Beobachtungen sprechen für die Anschauung, daß die injizierten Eiweißstoffe keine Fremdkörper in der Blutbahn sind, denn als
solche würden sie vom Organismus ausnahmslos sehr schnell mit dem
Harn entfernt werden.

Die Nieren erfüllen ihre Aufgabe, die Zusammensetzung des Blutes
zu überwachen, indem sie alles Fremdartige und Ueberschüssige ausscheiden, so prompt, daß man zur Prüfung, ob ein Eiweißstoff direkt
resorbierbar ist, denselben nur ins Blut zu injizieren braucht.

Hierbei haben die bisherigen Untersuchungen ergeben, daß von
Proteïnsubstanzen nicht direkt assimilierbar sind: das genuine Eieralbumin [4]), das Kaseïn [5]), das Hämoglobin [6]) und ferner nach Unter-

1) EICHHORST, a. a. O., -S. 582.
2) CHR. LEHMANN, Virchow's Arch., Bd. 30, 1864, S. 593. R. NEU-
MEISTER, Verhandl. der Physik.-med. Gesellsch. zu Würzburg, 1889, S. 72
sowie „Zur Physiologie der Eiweißresorption etc.", Zeitschr. f. Biol., N. F.
Bd. 9, 1890, S. 315.
3) STOKVIS, Hühnereiweiß und Serumeiweiß und ihr Verhalten im
tierischen Organismus, Centralblatt f. die medizin. Wissensch., 1864, S. 596.
PONFICK, Virchow's Archiv, Bd. 62, 1875, S.· 278. J. FORSTER, Zeitschr.
f. Biologie, Bd. 2, 1875, S. 518. R. NEUMEISTER, a. a. O.
4) Die ersten Angaben hierüber stammen von BERZELIUS, dann von
Cl. BERNARD, Leçon sur les propriétés physiol. et les altérations pathol.
des liquid. de l'organisme, Tom. II, p. 459—462. Dieselben Beobachtungen
machte dann STOKVIS, Centralblatt f. d. med. Wissensch., 1864, S. 597
und CHR. LEHMANN, Virchow's Archiv, Bd. 30, 1864, S. 598. Weitere
Bestätigungen dieser Erscheinung lieferten PEIPER, CREITE, BECHAMP und
BALTUS, SOSATH, KNIPERS, S. FORSTER, P. SNYERS und R. NEUMEISTER,
Verhandl. der Physik.-med. Gesellsch. zu Würzburg, 1889, S. 72.
5) RUNEBERG, Deutsch. Arch. f. klin. Mediz., Bd. 23, 1879, S. 68.
BECHAMP und BALTUS, Compt. rend., 1878, Bd. 86, S. 1448. CALMETTES,
Arch. de physiol., Bd. 2, 1870, S. 29. R. NEUMEISTER, Sitzungsber. der
Physik.-med. Gesellsch. zu Würzburg, 1889, S. 73.
6) PONFICK, Virchow's Arch., Bd. 62, 1875, S. 328 und Berliner klin.
Wochenschr., Bd. 20, 1883, S. 389.

suchungen von KLUG [1]) auch das Glutin, da sie bei künstlicher Einführung in die Blutbahn nicht einmal in den geringsten Mengen vertragen werden. Dagegen gelangt, wie bereits erwähnt wurde, denaturiertes Eieralbumin, in der Form von Syntonin oder Albuminat, direkt ins Blut gespritzt, nicht zur Ausscheidung, sondern wird assimiliert. Das als Nahrung genossene Eieralbumin wird hiernach erst nach seiner Umformung in Syntonin resorbierbar. Es scheinen unter normalen Verhältnissen die Epithelien der Magenschleimhaut die Fähigkeit zu besitzen, das genuine Eiweiß von der Resorption auszuschließen, bis seine Denaturierung geschehen ist.

Dagegen hat man beobachtet, daß diese auswählende Funktion der Darmepithelien Not leidet, wenn man den Darm mit rohen Hühnereiern überladet. Unter diesen Umständen gelangt nämlich das native Eieralbumin auch auf dem natürlichen Wege in die Blutbahn, um in gleicher Weise, wie bei der künstlichen Einspritzung, durch die Nieren schnell entfernt zu werden. Die sehr zahlreichen Versuche in dieser Richtung [2]) konnten eine Albuminurie nach überreichlichem Eiweißgenuß stets nur nach der Zufuhr von rohen Hühnereiern konstatieren.

Uebrigens scheint die Denaturierung durch den Magensaft nicht das einzige Mittel zu sein, welches dem Organismus zu Gebote steht, um das native Eieralbumin, ohne vorausgegangene Spaltung in Albumosen, in eine resorptionsfähige Form zu bringen.

Dies muß aus Beobachtungen geschlossen werden, nach welchen rohes Eiweiß auch aus Darmschlingen sowie vom Rectum aus resorbiert und assimiliert wurde, namentlich bei Zugabe von Kochsalz [3]). Allerdings ist die Schnelligkeit der Resorption des Eieralbumins unter diesen Umständen, gegenüber allen anderen nativen Eiweißstoffen, eine auffallend geringe.

Es wäre zu untersuchen, ob in den Fällen, wo nach plötzlicher Einführung von großen Mengen Eieralbumin in den Darm Albuminurie beobachtet wird, dieser Stoff überhaupt den normalen Resorptionsweg der Eiweißstoffe beschreitet, oder ob er nicht vielmehr, gleich dem Traubenzucker in dem GINSBERG'schen Versuch, durch die Chylusbahnen in die Säftemasse tritt und deshalb der zu seiner Assimilierung notwendigen Umformung entgeht.

Das Kaseïn ist schon durch sein Verhalten im Magensaft von einer direkten Resorption ausgeschlossen. Denn es wird durch denselben

---

1) F. KLUG, Pflüger's Archiv, Bd. 48, 1891, S. 122.

2) TÉGART, Thèse, Paris 1845. BROWN-SÉQUARD bei THESSIER, Thèse, Paris 1856. BEQUEREL u. BARRESWIL, Union méd., 1857, Nr. 144. HAMMOND, Journ. de physiol., 1858, S. 416. CL. BERNARD, Leçons sur les propriétés physiol. des liquides, Bd. 2., Paris 1859. CHR. LEHMANN, Virchow's Arch., Bd. 30, 1864, S. 593. STOKVIS, Centralbl. f. d. med. Wissensch., 1864, S. 596. FERRET, Thèse, Paris 1876. LANDOIS, Lehrbuch der Physiologie, 1885, S. 367. VON NOORDEN, Deutsch. Archiv f. klin. Medizin, 1885, S. 367. GR. STEWART, Clinical Lectures, Bd. 2, Edinburgh 1888.

3) VOIT, Sitzungsber. der Münchener Akademie v. 5. Dez. 1868. VOIT und BAUER, a. a. O. EICHHORST, a. a. O., S. 583. C. A. EWALD, Ueber die Ernährung mit Pepton- und Eierklystieren, Zeitschr. f. klin. Medizin, Bd. 12, 1887, S. 407. A. HUBER, Ueber den Nährwert der Eierklystiere, Deutsch. Arch. f. klin. Medizin, Bd. 27, 1891, S. 495.

schnell in den festen Zustand übergeführt, aus welchem seine Wiederauflösung nur unter einer Spaltung in Syntonin und in unlösliches
Nukleïn erfolgen kann [1]).

Hieraus wird nunmehr die physiologische Bedeutung der Labgerinnung verständlich, welche offenbar den Organismus vor einem Eindringen unveränderten Kaseïns unter allen Umständen schützen soll,
ohne daß die auswählende Funktion der Darmepithelien hierbei in Anspruch genommen zu werden braucht [2]).

Was endlich das Hämoglobin anbelangt, so wird es im Magen ebenso schnell, wie das Kaseïn zersetzt. Nur das abgespaltene Eiweiß ist
resorbierbar, während das Hämatin zwar in Lösung bleibt, aber von
der Resorption anscheinend ausgeschlossen ist, da es in großer Menge
in den Faeces sich vorfindet.

Spritzt man Hämoglobin direkt ins Blut, so erscheint es wenigstens
bei Einführung geringerer Mengen nicht im Harn, wird aber dennoch
nicht assimiliert, sondern, wie früher ausgeführt wurde, in der Leber
festgehalten und zersetzt, indem sein Hämatin die Gallenpigmente
vermehrt [3]).

Die Eiweißstoffe der Nahrung sind, in die Säftemasse gelangt, hier
wenig beständig, gleichviel, ob sie auf dem normalen Resorptionswege in die Blutbahn treten oder künstlich injiziert werden [4]).

Soviel Nahrungseiweiß auch dem Organismus auf natürliche Weise
einverleibt wird, nach dem Verlaufe von etwa zwölf Stunden ist dasselbe größtenteils zersetzt. Man schließt dies mit Recht aus dem
Befund, daß der im Laufe dieser Zeit im Harn ausgeschiedene Stickstoff dem der genossenen oder injizierten Eiweißstoffe gleich kommt.
Daß in dieser kurzen Zeit größere Mengen des Nahrungseiweißes organisiert werden, um gegen zerfallendes Gewebeeiweiß ausgetauscht zu
werden, ist durch gewisse Beobachtungen ausgeschlossen. Ein solcher
Austausch findet nur in sehr beschränktem Umfange statt. Der Harnstickstoff stammt im wesentlichen direkt aus dem Stickstoff des Nahrungseiweißes. In welcher Weise dieser Zerfall der Eiweißkörper innerhalb
der Gewebe vor sich geht, ist vollkommen unbekannt, nur das scheint
sicher, daß im Gegensatz zur sekretiven Verdauung Albumosen und
Peptone hierbei nicht entstehen [5]).

Da der Organismus die ausgesprochene Tendenz besitzt, die Zusammensetzung seiner Säftemasse konstant zu erhalten, kann nicht angenommen werden, daß die resorbierten oder künstlich injizierten
Eiweißstoffe sich im Blute verteilen. Es werden vielmehr die neu hin-
zugekommenen Eiweißstoffe jedenfalls schnell und vollkommen in gewissen
Organen zurückgehalten und vielleicht dort umgeformt, um dann nach
Maßgabe ihres Verbrauches wieder in die Blutbahn überzutreten.

Viel beständiger als das Nahrungseiweiß sind im Organismus jene
Eiweißstoffe, welche bei Bluttransfusionen vom Menschen zum Menschen,

---

1) Vergl. S. 195.
2) Vergl. R. Neumeister, Zeitschr. f. Biolog., N. F. Bd. 9, 1890,
S. 312.
3) Vergl. S. 173.
4) Forster, Zeitschr. f. Biol., Bd. 2, 1875, S. 531.
5) Vergl. R. Neumeister, Zeitschr. f. Biol., N. F. Bd. 9, 1890,
S. 363 u. f.

oder von einem Tier auf ein anderes derselben Species übertragen werden. Das entnommene Blut wird zu diesem Zwecke vor der Injektion stets defibriniert und hierauf durch Leinwand filtriert. Führt man die Operation sorgfältig aus, so erscheinen weder die Eiweißstoffe des Serums, noch das Hämoglobin im Harn. Letzterer Befund steht nicht im Gegensatz zu dem oben Mitgeteilten, denn der Blutfarbstoff wird für die Säftemasse erst dann zum Fremdkörper, wenn er den Leib der farbigen Zelle verläßt und ins Plasma übertritt.

Man hat nun beobachtet, daß, im Gegensatz zu den künstlichen Injektionen direkt assimilierbarer Eiweißstoffe, nach Bluttransfusionen der Harnstickstoff nicht wesentlich über die Norm vermehrt ist. Das neu hinzugekommene Blut wird ganz allmählich zersetzt, und erst nach einer Reihe von Tagen besitzt der Organismus wieder seine ihm zukommende Blutmenge [1]).

Die Ursache dieses abweichenden Verhaltens ist offenbar darin zu suchen, daß es sich bei Bluttransfusionen gar nicht um die Einbringung von Nahrungseiweiß in die Säftemasse handelt, sondern um die Transplantation eines organisierten lebenden Gewebes in einen anderen Organismus. Denn es scheint das Blut durch das Defibrinieren weder in seinen chemischen Bestandteilen, noch in seinen Lebenseigenschaften wesentlich verändert zu werden.

Kann nach unseren Ausführungen an der direkten Assimilierbarkeit der meisten nativen Eiweißstoffe nicht mehr gezweifelt werden, so erscheint trotzdem die Frage gerechtfertigt, ob zu einer solchen direkten Aufsaugung seitens der Darmwand überhaupt Gelegenheit gegeben ist und ob nicht bei der energischen Wirksamkeit der Verdauungssäfte die Peptonisation zu schnell erfolgt, als daß ein derartiger Modus der Resorption in Frage kommen könnte.

Indessen geben die künstlichen Verdauungsversuche meist eine falsche Vorstellung von dem zeitlichen Verlauf und den Produkten der natürlichen digestiven Prozesse.

Es gelingt leicht, einen künstlichen Magensaft zu bereiten, welcher eine entsprechende Fibrinmenge im Verlaufe von etwa zwei Stunden fast vollkommen in Albumosen und Peptone überführt. Oft kann man nach dieser Zeit weder Syntonin, noch einfach gelöstes Eiweiß mehr nachweisen. Ebenso läßt sich aus Trockenpankreas ein Extrakt herstellen, welches nach der genannten Zeit aus Fibrin nicht nur reichlich Pepton, sondern auch bereits Leucin und Tyrosin gebildet hat.

Bedenkt man, daß im Magen und Darm die Verhältnisse für die Wirksamkeit der Verdauungsenzyme noch günstiger liegen, wegen der hier erfolgenden Entfernung der gebildeten Verdauungsprodukte durch die Resorption, so sollte man annehmen, daß die genossenen Eiweißstoffe sehr schnell gelöst werden und dann der Peptonisation kaum entgehen könnten.

Trotzdem hat die Untersuchung des Magen- und Darminhaltes mit Fleisch gefütterter Tiere gelehrt, daß die natürliche Verdauung viel langsamer vor sich geht, als man es nach den Erfahrungen mit künstlichen Verdauungssäften erwarten mußte.

---

1) Tschiriew, Arbeiten aus dem physiol. Institut zu Leipzig, 1874, S. 292. Vergl. namentlich auch Forster, Zeitschr. f. Biologie, Bd. 2, 1875, S. 496 u. S. 508. Albertoni, Arch. de biol. ital. 2, 1882, S. 165.

Im Magen mit Fleisch gefütterter Hunde fand SCHMIDT-MÜLHEIM [1]) noch in der 9. Stunde einen ungelösten Anteil, sowie ferner einfach gelöstes Eiweiß, wenn auch Albumosen stets vorhanden waren. Neuere Versuche von ELLENBERGER und HOFMEISTER [2]) haben dieses Resultat bestätigt. Sie fütterten 7 Schweine je mit 500 g Pferdefleisch, nachdem die Tiere 7 Tage lang stickstofffreie Kost erhalten hatten. Die 7 Versuchstiere wurden jedes zu verschiedener Stunde nach der Fütterung getötet. Im Magen und Dünndarm wurde das ungelöste und gelöste Eiweiß sowie die Summe von Albumosen und Peptonen bestimmt.

Es ergab sich, daß selbst nach 12 Stunden noch immer ein Teil des Fleisches völlig unverändert im Magen vorhanden war. Nach 2 Stunden dagegen waren von dem verfütterten Fleisch 25% aus dem Darmtrakt verschwunden, während nur 3% der verfütterten Fleischmenge als Albumosen und Peptone vorgefunden wurden.

Daß die Anwesenheit eigentlicher Peptone im Magen- sowohl wie im Darminhalt von Hunden stets eine recht unbedeutende ist, kann keinem Zweifel unterliegen.

Nach dieser Richtung haben in neuerer Zeit EWALD und GUMLICH [3]) den normalen menschlichen Mageninhalt nach Fleischgenuß untersucht. Pepton konnten auch diese Forscher stets nur in ganz unwesentlichen Mengen nachweisen.

Die tiefe Eiweißspaltung, deren das Trypsin fähig ist, kommt nach mehrfachen und übereinstimmenden Untersuchungen für die Vorgänge im Darm kaum in Betracht. Man findet daselbst entweder keine, oder doch nur unwesentliche Mengen krystallinischer Verdauungsprodukte [4]). Selbst SHERIDAN LEA [5]), welcher übrigens zur Annahme neigt, daß die eiweißzersetzende Eigenschaft des Trypsins auch im Darm wesentlich zur Geltung komme, fand bei Verfütterung von Fleisch an Hunde im günstigsten Falle nur etwa 1 g Leucin und 0,3 g Tyrosin. Trotzdem waren 6 Stunden vorher nicht weniger als 500 g Fleisch von den Tieren verzehrt worden.

Die so energische Einwirkung des Pankreassaftes auf Eiweiß scheint somit nur insofern von physiologischer Bedeutung zu sein, als derselbe die Lösung der bis in seinen Bereich noch nicht in die Darmflüssigkeit übergegangenen Eiweißsubstanzen bewerkstelligt.

Endlich ist zu erwähnen, daß auch die Erfahrungen, welche man bei der Ernährung jener Hunde gemacht hat, denen das Pankreas exstirpiert wurde, gegen die Notwendigkeit einer ausgiebigen Peptonisierung der Eiweißnahrung sprechen.

Die Eiweißverdauung hat somit mehrfache Aufgaben zu erfüllen.

---

1) SCHMIDT-MÜLHEIM, Du Bois' Archiv, 1879, S. 39.

2) ELLENBERGER und V. HOFMEISTER, Die Verdauung von Fleisch bei Schweinen, Du Bois' Archiv, 1890, S. 280. Vergl. auch V. HOFMEISTER, Deutsche Zeitschr. f. Tiermedizin und vergl. Pathol., Bd. 16, 1890, S. 226.

3) C. A. EWALD und GUMLICH, Ueber die Bildung von Pepton im menschlichen Magen etc., Berliner klin. Wochenschr., 1890, Nr. 44, S. 1016. Siehe auch R. NEUMEISTER, Sitzungsber. der Physik.-mediz. Gesellsch. zu Würzburg, 1889, S. 70.

4) SCHMIDT-MÜLHEIM, Du Bois Archiv, 1879, S. 39.

5) SHERIDAN LEA, Journ. of Physiol., Bd. 11, 1890, S. 226.

Sie bringt zunächst die direkt assimilierbaren Eiweißstoffe als solche, oder als Syntonin in Lösung, während sie die nicht unmittelbar resorbierbaren Proteïnsubstanzen in der Weise umformt, daß aus ihnen resorbierbare Stoffe entstehen, sei dies nun durch eine einfache Denaturierung, wie beim Eieralbumin, oder durch die Abspaltung eines nicht assimilierbaren Stoffes, wie beim Hämoglobin.

Außerdem aber wird anscheinend ein welchselnder, entweder größerer oder geringerer Anteil der Eiweißstoffe in Albumosen und Peptone gespalten.

Der Zweck dieser Einrichtung ist unbekannt. Da aber Versuche ergeben haben, daß die Aufsaugung der Albumosen und Peptone bedeutend schneller erfolgt, als diejenige der einfach gelösten Eiweißstoffe, läßt sich annehmen, daß die Peptonbildung für die Ausnutzung der Eiweißnahrung dann zur Notwenigkeit wird, wenn Eiweißstoffe in größeren Mengen zur Aufnahme gelangen. Denn unter diesen Umständen könnte ein Teil der nur langsam resorbierbaren nativen Eiweißstoffe den Dünndarm passieren und in den unteren Darmpartien leicht der bakteriellen Zerstörung anheimfallen.

Dagegen muß es für den Organismus ersichtlich von Vorteil sein, wenn bei wenig reichlicher Eiweißnahrung dieselbe möglichst unverändert zur Resorption gelangt, weil die Eiweißstoffe ja eine größere Summe von Spannkraft repräsentieren, als die Peptone.

Unsere Vermutung, daß bei spärlicher Eiweißnahrung auch die Verdauungssäfte verhältnismäßig schwächer auf dieselbe einwirken, als auf große Eiweißmassen im Darm, wird vielleicht gestützt durch einen Befund von LEWASCHEW und HEIDENHAIN [1]), welche feststellten, daß die Pankreasdrüse von Hunden um so weniger Trypsinogen enthält, je länger man die Tiere fasten läßt, so daß der Fermentgehalt mit steigender Hungerzeit bis auf ein Minimum sinkt.

Ist es demnach wahrscheinlich, daß die Ausdehnung der Peptonisation stets dem Bedürfnis entspricht und durch irgend welche Einrichtungen reguliert wird, so ist doch nicht zu leugnen, daß diese Anschauung mehr auf allgemeinen Beobachtungen, als auf direkten Versuchen beruht. Aber es ist vorläufig keine Methode bekannt, mit deren Hilfe sich die Ausdehnung der Peptonisation im Darm unter verschiedenen Ernährungsverhältnissen exakt feststellen ließe, weil in den Gang der Auflösung und Verdauung bereits im Magen die Resorption der gebildeten Produkte eingreift. Was man quantitativ bestimmen kann, ist doch nur immer der jeweilig vorhandene Inhalt des Darmkanales. Ob aber das aus ihm verschwundene Eiweiß als solches, als Albumosen oder als Pepton resorbirt wurde, entzieht sich jeder Kontrolle [2]).

Seit einigen Jahren ist man von ärztlicher Seite dazu geschritten, künstlich hergestellte Albumosen- und Peptonpräparate an herab-

---

1) LEWASCHEW, Ueber die Bildung des Trypsin im Pankreas und über die Bedeutung der BERNARD'schen Körnchen in seinen Zellen, Pflüger's Archiv, Bd. 37, 1885, S. 32.

2) Außer den bereits angeführten Autoren haben den Umfang der Eiweißverdauung im Magen quantitativ zu verfolgen versucht: A. CAHN, Zeitschr. f. klin. Medizin, Bd. 12, 1887, S. 34 und ROTHSCHILD, Inaug.-Dissert., Straßburg 1886. Siehe auch Mediz. Centralblatt, 1887, S. 324.

gekommene Kranke zu verabreichen. Ob sich hierdurch eine bessere Ernährung, als mit fein geschabtem Muskelfleisch erzielen läßt, ist indessen sehr fraglich.

Für Gesunde ist jedenfalls festgestellt, daß die Albumosen und Peptone keinen größeren Nährwert besitzen, als die nativen Eiweißstoffe, der Stoffwechsel wird hierdurch in keiner Weise geändert. Selbst das Verhältnis des Harnstoffs zum Gesamtstickstoff des Harns bleibt nach Untersuchungen von HORTON - SMITH [1]) dasselbe, gleichgiltig, ob die Ernährung mit peptonisierter oder mit gewöhnlicher Milch erfolgt.

Infolgedessen kann von physiologischer Seite die therapeutische Peptonernährung kaum befürwortet werden, was namentlich von KRUKENBERG [2]) betont worden ist. Auch die gebräuchliche Verabreichung von Pepsin - und Pankreatinpräparaten erklärt BUNGE [3]) geradezu für „zwecklos".

Sehr merkwürdig ist es nun, daß die Albumosen und Peptone vor ihrer Aufnahme in den Blutstrom noch eine eigentümliche Umformung in der Darmwand erfahren müssen, um assimilierbar zu werden. Hierfür sprechen eine Reihe von Beobachtungen und Versuchen.

Zunächst lassen sich niemals auch nur Spuren von Albumosen oder Peptonen im Blute, im Chylus, oder in irgend einem Organe nachweisen, auch dann nicht, wenn man diese Verdauungsprodukte sehr reichlich in den Darmkanal oder in abgebundene Darmschlingen von Tieren einführt [4]).

Man läßt zu diesem Versuch das Blut des betreffenden Tieres aus der Carotis abfließen, fängt dasselbe in dem doppelten Volumen von 3 proz. Ammoniumsulfatlösung auf, um die Gerinnung zu verhindern, und schüttelt zur Auflösung der Blutkörperchen mit Aether. Nach der Entfernung des Aethers im Scheidetrichter wird die Blutflüssigkeit mit Ammoniumsulfat vollends gesättigt und von den ausgeschiedenen Proteïnstoffen das völlig farblose Filtrat mit Hilfe der Luftpumpe abgesaugt. Hierauf dampft man unter beständigem Umrühren die salzgesättigte Flüssigkeit zu einem dicken Brei ein, saugt von den ausgeschiedenen Salzkrystallen die Flüssigkeit völlig ab und wiederholt diese Operation, bis das Blutwasser bis auf 3—5 ccm konzentriert ist. Daß diese Lösung das gesamte, etwa im Blute vorhanden gewesene Pepton enthalten müßte, ergiebt sich aus Kontrollversuchen, bei denen äußerst geringe Peptonmengen zu viel Blut gegeben und in dieser Weise zweifellos nachgewiesen wurden.

In der aus dem Blute der Versuchstiere erhaltenen Flüssigkeit dagegen fällt die Biuretprobe völlig negativ aus, während im Darm noch sehr reichlich eingeführte Verdauungsprodukte sich vorfinden, welche in gesättigte Ammoniumsulfatlösung übergehen.

Aelteren Vorstellungen Rechnung tragend, mußte man daran denken, ob die Peptone vielleicht in der Leber verändert würden und deshalb im Gesamtblute nicht mehr nachweisbar sind. Dies ist aber auch nicht der Fall. Denn läßt man ein Tier, dessen Darm Pepton

1) HORTON-SMITH, The Journ. of Physiol., Bd. 12, 1891, S. 42.

2) KRUKENBERG, Chem. Untersuchungen zur wissenschaftl. Medizin, Bd. 1, 1886, S. 57 und Bd. 2, 1888, S. 235.

3) BUNGE, Lehrbuch, 1889, S. 156.

4) R. NEUMEISTER, Ueber die Einführung der Albumosen und Peptone in den Organismus, Zeitschr. f. Biolog., N. F. Bd. 6, 1888, S. 277.

reichlich enthält, aus der Pfortader verbluten, so gelangt man, in Bezug auf den Peptonnachweis, ebenfalls zu einem negativen Resultat [1]).

Ferner verschwinden die Peptone keineswegs, wenn man sie in eben noch nachweisbarer Menge dem defibrinierten Blute eines Hundes zusetzt und die Blutflüssigkeit in einem künstlichen Kreislaufe durch die lebensfrische Leber des betreffenden Tieres hindurchleitet [2]).

Kein anderes Resultat wird erreicht, wenn man weiter noch so wenig Pepton- oder Albumosenlösung sehr langsam in eine Mesenterialvene von lebenden Hunden einströmen läßt, so daß die Flüssigkeit die Leber durchsetzen muß [3]). Die Verdauungsprodukte werden nicht assimiliert, sondern erscheinen prompt im nächsten Harn. Diese Versuche sind in neuester Zeit durch SHORE [4]) im Laboratorium von HEIDENHAIN mit den verschiedensten Abänderungen wiederholt und durchaus bestätigt worden.

SHORE ließ etwa 1 g Pepton im Verlaufe von $1 - 1^1/_2$ Stunden sowohl durch die Leber, als auch in einen Ast der Milzarterie von lebenden Hunden einströmen, so daß die Injektionsflüssigkeit nach der Milz auch die Leber durchsetzen mußte. Es ergab sich, daß die Milz eines 12 kg schweren Hundes im Verlaufe von 10 Minuten nicht einmal 0,1 g Pepton umzuwandeln vermag. Denn das Pepton gelangte in allen Versuchen ausnahmslos zur Ausscheidung durch die Nieren, auch wenn es zur Vorsicht in dem defibrinierten Blute desselben Tieres gelöst worden war.

Bringt man sorgfältig gereinigte Albumosen oder Peptone in geringer Menge mit Umgehung der Darmwand direkt ins Blut, so verhalten sie sich hier wie Fremdkörper. Sie erscheinen nicht nur prompt im Harn [5]), sondern wirken in größeren Mengen sogar giftig [6]). Man findet die Gerinnbarkeit des Blutes, wie durch die Toxalbumine, aufgehoben, beziehungsweise beträchtlich verlangsamt. (Nur die Protalbumose und das Antipepton zeigen keinen Einfluß auf die Blutgerinnung, KÜHNE a. a. O.). Ferner wird der Blutdruck derart herabgesetzt, daß die Tiere daran zu Grunde gehen können, was namentlich leicht bei jungen Individuen eintritt. Die Sektion ergiebt Sugillationen

---

1) R. NEUMEISTER. Zur Frage nach dem Schicksal der Eiweißnahrung im Organismus, Sitzungsber. der Physik.-mediz. Gesellsch. zu Würzburg. 1889, S. 66.

2) NEUMEISTER, Zeitschr. f. Biol., N. F. Bd 6. 1888, S. 287.

3) R. NEUMEISTER, Sitzungsber. d. Physik.-mediz. Gesellsch. zu Würzburg. 1889, S. 68.

4) SHORE, Ueber das Schicksal der Peptone im Lymphsystem. The Journal of Physiol., Bd. 11, 1890. S. 528 und Verhandl. des X. intern. mediz. Kongresses, 1891, 2. Bd. S. 31.

5) F. HOFMEISTER, Ueber das Schicksal des Peptons im Blute, Zeitschr. f. physiol. Chem., Bd. 5, 1881, S. 127. R. NEUMEISTER, Zeitschr. f. Biol., N. F. Bd. 6. 1888, S. 283 und Bd. 9, 1890, S. 318.

6) SCHMIDT-MÜLHEIM, Du Bois' Archiv 1380, S. 50 u. 54. FANO, ebendas., 1881, S. 277. W. KÜHNE und POLLITZER, Verhandl. des Naturhist.-med. Vereins zu Heidelberg, N. F. Bd. 3. 1885, S. 292. R. NEUMEISTER, Zeitschr. f. Biol., N. F. Bd. 6. 1883, S. 284. SHORE, Ueber die Wirkung des Peptons bei der Einbringung ins Blut und in die Lymphe, The Journ. of Physiol., Bd. 11, 1890, S. 561.

und selbst größere Blutaustritte in verschiedenen Organen. Daß diese giftigen Eigenschaften den Albumosen und Peptonen selbst zukommen, und nicht etwa beigemischten fremden Substanzen, darf nach den Untersuchungen von SALKOWSKI [1]) als erwiesen gelten.

Ihre toxische Wirkung müssen die Albumosen und Peptone durch ihre Umformung in der Darmwand verlieren, denn man bemerkt an diesen Verdauungsprodukten durchaus keine giftigen Eigenschaften, wenn sie vom Darm aus in beliebigen Mengen in die Blutbahn treten [2]).

Die in eine Arterie oder Vene injizierten Albumosen oder Peptone sind schon nach wenigen Minuten nicht mehr im Blut, wohl aber in der Harnblase zu finden. Werden aber Hunden große Peptonmengen schnell in eine Vene gespritzt, so sinkt der Blutdruck so energisch, daß die Harnsekretion sistiert wird [3]). Aber auch in diesem Falle verschwinden die Peptone nach einigen Minuten vollkommen aus dem Blute. Sie treten in die Lymphgefäße über [4]), von wo aus sie bei sehr großer Anhäufung gegen den Darm zur Ausscheidung gelangen können, wie sich durch Versuche an hungernden Hunden erweisen läßt. Dieselbe Erscheinung beobachtet man nach reichlichen Peptoninjektionen ins Blut von Kaninchen, denen die Ureteren unterbunden sind [5]).

Daß ins Blut gespritzte größere Peptonmengen der Ausscheidung anheimfallen, würde gegen die Assimilierbarkeit der Peptone überhaupt nichts beweisen. Allerdings kann man die unmittelbar assimilierbaren Proteïnsubstanzen in auffallend großen Mengen in eine Vene einströmen lassen, ohne daß auch nur Spuren davon durch die Nieren entfernt werden. Aber es wäre wohl denkbar, daß sich die Peptone und Albumosen anders als die übrigen Proteïnsubstanzen verhalten, und daß bei ihrer direkten Einführung in die Blutbahn die quantitativen Verhältnisse durchaus ins Gewicht fallen. Denn auch die Injektion von Traubenzucker wird bis zu einer gewissen Grenze vertragen; überschreitet aber das eingeführte Quantum 0,25 $^0/_0$ der Blutmenge, so tritt nach den Untersuchungen von CL. BERNARD [6]) der Ueberschuß bald mit dem Harn zu Tage. Es wäre nun nicht unmöglich, daß sich die Peptone und Albumosen in dieser Beziehung nicht den übrigen Proteïnsubstanzen, sondern dem Traubenzucker anreihen. Aber selbst wenn man nur halb so viel Albumosen oder Peptone, als Zucker vertragen wird, und noch viel weniger, ins Blut spritzt, erscheinen sie im Harn.

Die im Darmkanal aus der Eiweißnahrung entstehenden Peptone und Albumosen sind somit zweifellos Fremdkörper in der Säftemasse, was nicht nur aus den mitgeteilten Versuchen hervorgeht, sondern auch aus dem Befunde, daß diese Stoffe, wenn sie unter pathologischen Verhältnissen entweder unverändert die Darmwand passieren oder in den Geweben durch bakterielle Einflüsse entstehen, nicht im Organismus zurückgehalten werden, sondern mit dem Harn zu Tage treten.

1) E. SALKOWSKI, Ueber das Peptotoxin BRIEGER's, Virchow's Archiv, Bd. 124, 1891, S. 409 und Deutsch. mediz. Wochenschrift, 1891, Nr. 29 u. 31.

2) Vergl. R. NEUMEISTER, Zeitschr. f. Biol., N. F. Bd. 9, 1890, S. 350.

3) SCHMIDT-MÜLHEIM, a. a. O.

4) SHORE, The Journ. of Physiol., Bd. 11, 1890, S. 528.

5) R. NEUMEISTER, Sitzungsber. der Physikal.-med. Gesellsch. zu Würzburg, 1889, S. 71.

6) CL. BERNARD, Vorlesungen über Diabetes, übersetzt von C. POSNER, Berlin 1878.

Endlich liegen eine Reihe von Beobachtungen vor, durch welche erwiesen ist, daß die Peptone in der That irgend eine Umformung in der Darmwand erfahren, bevor sie in die Blutbahn treten. C. Ludwig und Salvioli[1]) isolierten eine Dünndarmschlinge vom Hunde mit ihrem Mesenterium, welches nach der Methode der künstlichen Durchblutung behandelt wurde. Die Darmschlinge wurde durch Ausspülen gehörig gereinigt, mit einer Peptonlösung beschickt und an den Enden durch eine Ligatur geschlossen. Sie zeigte während des ganzen Versuchs peristaltische Bewegungen. Der Blutstrom trat in eine Mesenterialarterie ein, während er aus der zugehörigen Vene wieder abfloß. Als nach einiger Zeit der Darminhalt untersucht wurde, war das Pepton aus demselben verschwunden, aber auch in dem künstlichen Kreislauf war es nicht vorhanden. Es hatte demnach auf seiner Wanderung vom Darmlumen zum Blute, also in der Darmwand, eine Umformung erfahren, so daß es den Peptonreaktionen nicht mehr zugänglich war. Dagegen verschwand das Pepton nicht, wenn es bei einem Kontrollversuch dem durchgeleiteten Blute hinzugefügt wurde, also die Darmwand nicht zu passieren hatte.

Schon beim einfachen Zusammenbringen von gehörig abgewaschenen lebensfrischen Darmstücken mit Peptonen oder Albumosen, welche in dem fibrinfreien und zweckmäßig verdünnten Blut des betreffenden Tieres gelöst werden, bemerkt man ein Verschwinden der Verdauungsprodukte nach ganz kurzer Zeit und zwar in verhältnismäßig bedeutenden Mengen, wenn man durch einen langsamen Luftstrom dafür sorgt, daß die Blutflüssigkeit in steter Bewegung bleibt, so daß alle Teile derselben mit der Darmschleimhaut in fortwährende Berührung treten. Hierbei ist zu bemerken, daß die Peptone keineswegs als solche in der Darmwand aufgespeichert werden[2]).

Eine ähnliche Beobachtung stammt von Franz Hofmeister[3]). Er zerlegte den peptonhaltigen Magen eines eben getöteten Hundes in zwei annähernd gleiche Teile und brachte den einen Teil sofort, den anderen dagegen erst nach zwei Stunden zur Untersuchung. Es ergab sich nun, daß der frisch untersuchte Teil ganz erheblich mehr Pepton enthielt, als der aufbewahrte, in welchem das Pepton gänzlich verschwinden konnte. Diese umwandelnde Eigenschaft der Magenschleimhaut wurde aber sofort zerstört, wenn letztere einen Moment auf 60° erwärmt wurde.

Die Veränderung der Peptone bei diesen Versuchen muß im wesentlichen auf unbekannte vitale Kräfte zurückgeführt werden, welche in den Epithelien der Schleimhaut ihren Sitz zu haben scheinen.

Es ist durch F. Hofmeister[4]) behauptet worden, daß die vom Darm aus resorbierten Peptone von den Leukocyten des adenoïden Gewebes der Darmschleimhaut sowie von denen der Mesenterialdrüsen aufgenommen und in Eiweiß umgewandelt werden. Diese Annahme, welche vielfach Anklang gefunden hat, muß indessen als widerlegt gelten.

1) Gaetano Salvioli, Du Bois' Archiv, 1880, Supplem., S. 112.

2) Vergl. R. Neumeister, Zeitschr. f. Biol., N. F. Bd. 9, 1890, S. 324.

3) F. Hofmeister, Das Verhalten des Peptons in der Magenschleimhaut, Zeitschr. f. physiol. Chem., Bd. 6, 1882, S. 69.

4) F. Hofmeister, Archiv f. exper. Pathol. und Pharmak., Bd. 19, 1885, S. 32, Bd. 20, 1885, S. 291 und Bd. 22, 1887, S. 306. Vergl. auch J. Pohl, ebendas., Bd. 25, 1888, S. 31.

Hiergegen spricht allein schon die vorher erörterte Thatsache, daß die Lymphbahnen gar nicht die Resorptionswege der Eiweißstoffe und ihrer Verdauungsprodukte bilden. Ferner hat HEIDENHAIN [1]) berechnet, daß die Menge der in der Darmwand und in den Mesenterialdrüsen vorhandenen Leukocyten für diese Funktion unmöglich genügen kann. Namentlich sprechen gegen die Anschauung von HOFMEISTER folgende Thatsachen: Es ist bekannt, daß ein großer Hund von 34 kg sich nur dann im Stickstoffgleichgewicht zu halten vermag, wenn er täglich bei Ausschluß jeder anderen Nahrung mindestens 274 g Eiweiß (auf Trockensubstanz berechnet) erhält. Die Ueberführung dieser Eiweißmenge auf dem Wege der Lymphbahnen in die Säftemasse ist aber ausgeschlossen. Dies folgt aus dem Nachweis, daß der Hundechylus unter allen Umständen nur 2,1 Proz. an Eiweiß enthält. Um 274 g trockenes Eiweiß nach der Resorption auf den Lymphbahnen dem Blute zuzuführen, müßten in 24 Stunden 12 454 g Flüssigkeit durch den Ductus thoracicus des Hundes fließen, während in Wirklichkeit nur etwa der 10. Teil dieser geforderten Menge beobachtet wird [2]). Endlich ist es wenig begreiflich, daß die Leukocyten nur in der Darmwand und in den Mesenterialdrüsen diese peptonumwandelnde Fähigkeit besitzen sollen, während den Lymphzellen in anderen Organen, z. B. im Blut und in der Milz, diese Eigenschaft nachweislich völlig abgeht. Als SHORE [3]) bei einem Hunde in ein Lymphgefäß des Hinterfußes im Verlaufe von 30 Minuten nur 0,049 g Pepton, in Lymphserum gelöst, einströmen ließ, vermochte er das Pepton in 20 Minuten in dem aus einer Fistel fließenden Chylus des Ductus thoracicus nachzuweisen. Es konnten somit innerhalb einer halben Stunde die zahlreichen Lymphzellen, mit denen die Injektionsflüssigkeit in Berührung trat, nicht einmal 5 Centigramm Pepton umwandeln.

Ueber die Natur der Peptonumformung seitens der Schleimhautepithelien der Darmwand ist etwas Sicheres nicht bekannt. Sie ist, wie schon angedeutet wurde, auf eine Rückverwandlung in Eiweiß bezogen worden, ohne daß jedoch genügende Gründe für diese Ansicht erbracht werden konnten.

Bedenkt man, daß die Peptone im Organismus, ebenso wie die unverändert resorbierten Eiweißstoffe schnell zersetzt werden, so kann auf den ersten Blick eine Rückverwandelung in wirkliches Eiweiß kaum zweckmäßig erscheinen, vielmehr sollte man dann an eine weitere Spaltung der Peptone in kleinere Moleküle denken, eine Anschauung, welche von BRÜCKE [4]), von VOIT [5]) sowie besonders von FICK [6]) vertreten worden ist. Durch die neueren Ernährungsversuche mit Pepton ist es

1) HEIDENHAIN, Pflüger's Archiv, Bd. 43, 1888, S. 73.
2) ZAWILSKI, Arbeiten aus dem physiol. Institut zu Leipzig, 1876, S. 161.
3) SHORE, a. a. O.
4) BRÜCKE, Sitzungsber. d. Wiener Akad., Bd. 37, 1859, S. 131 und Bd. 59, 1869, S. 612. Vergl. auch BRÜCKE's Vorlesungen über Physiologie, Bd. 1, 1881, S. 363.
5) C. VOIT, Zeitschr. f. Biologie, Bd. 5, 1869, S. 561 und Bd. 8, 1872, S. 356. Vergl. auch dessen Urteil in Hermann's Handbuch, Bd. 6 (I), 1881, S. 393.
6) A. FICK, Pflüger's Archiv, Bd. 5, 1871, S. 40. Vergl. auch dessen Compendium der Physiologie des Menschen, 1882, S. 332 und S. 351.

indessen wahrscheinlicher geworden, daß in der That aus den Peptonen und Albumosen durch Polymerisation wieder bei Siedehitze gerinnbare, eiweißartige Substanzen entstehen, deren Zersetzung nach Maßgabe des Bedürfnisses stattfindet, ein Vorgang, welcher mit Bezug auf die Kohlehydrate nicht ohne Analogie wäre.

Das Nahrungseiweiß, gleichviel in welcher Form es zur Resorption gelangt, dient dem Organismus im wesentlichen durch seinen Zerfall als Kraftquelle. Ein gewisser, wenn auch geringer Bruchteil desselben wird aber auch verwendet, um so viel Körpereiweiß zu bilden, als täglich durch den Zerfall der älteren Zellen den Organen verloren geht. Dieser Ersatz des Organeiweißes kann wahrscheinlich einmal erfolgen durch Umformungen der direkt resorbierten Eiweißstoffe, dann aber auch durch eine Verwendung der in der Darmschleimhaut entstandenen noch unbekannten Umwandelungsprodukte der Peptone. Letztere Möglichkeit muß aus Fütterungsversuchen gefolgert werden, bei denen es gelungen ist, durch Fütterung mit eiweißfreien Peptonen oder Albumosen Eiweißansatz im Tierkörper zu erzielen.

Aeltere, wenig überzeugende Versuche [1]) dieser Art stammen von MALY sowie von PLOSZ, von denen ersterer eine Taube, letzterer einen Hund längere Zeit mit eiweißfreien Peptonen ernährt haben. Diese Angaben sind aber in neuerer Zeit von ZUNTZ [2]), POLLITZER [3]), GERLACH [4]) und E. PFEIFFER [5]), welch letzterer an sich selbst experimentierte, bestätigt worden. Alle diese Versuche erstrecken sich zwar nur auf 10 bis 15 Tage, doch scheint es nach ihnen sicher, daß die Albumosen und Peptone Stickstoffansatz bewirken und deshalb, wenigstens auf die angegebene kurze Zeit, in jeder Beziehung die gewöhnliche Eiweißnahrung vertreten können. Eine andere Frage bleibt es, ob dieses auf die Dauer möglich ist. ZUNTZ hält die Albumosen und Peptone nicht für geeignet, das Fleisch dauernd zu ersetzen, weil sich bei seinen Versuchstieren bald Widerwille und Reizungserscheinungen seitens des Darmes geltend machten, was auch GERLACH bei Versuchen mit Pankreaspepton sowie E. PFEIFFER beobachteten.

Die weiteren Schicksale der in die Säftemasse gelangten Eiweißstoffe sind sehr dunkel. Die geläufige Anschauung, daß die Eiweißstoffe bei ihrer

---

1) P. PLOSZ, Pflüger's Archiv, Bd. 9, 1874, S. 323. Derselbe und A. GYERGYAI, ebendas., Bd. 10, 1875, S. 545. MALY, Pflüger's Archiv, Bd. 9, 1874, S. 609 und ferner ADAMKIEWICZ, Die Natur und der Nährwert des Peptons, Berlin 1877. Vergl. gegen diese Versuche die Bemerkungen von VOIT in Hermann's Handbuch der Physiologie, Bd. 6 (I), S. 121 u. S. 394.

2) ZUNTZ, Pflüger's Archiv, Bd. 37, 1885, S. 313.

3) POLLITZER, Pflüger's Archiv, Bd. 37, 1885, S. 301.

4) GERLACH, Die Peptone in ihrer wissenschaftlichen und praktischen Bedeutung, 1891, S. 65.

5) E. PFEIFFER, Berliner klin. Wochenschrift, Bd. 32, 1885, Nr. 30. Versuche mit gleichfalls positivem Erfolge am Menschen wurden ferner ausgeführt von J. MUNK, Deutsche med. Wochenschrift, 1889, Nr. 2 sowie von O. DEITERS, Ueber die Ernährung mit Albumose-Pepton, Inaug.-Diss., Berlin 1892.

Zersetzung zunächst in Amidosäuren zerfallen, wird höchstens gestützt durch den Befund von Radziejewski [1]), daß sich aus den meisten Organen ein wenig Leucin gewinnen läßt. Tyrosin dagegen ist niemals unter normalen Verhältnissen in den völlig frischen Geweben nachweisbar.

Spaltungsprodukten der Proteïnsubstanzen begegnen wir erst dann wieder im Organismus, wenn sie, bereits auf dem Ausscheidungswege begriffen, als Vorstufe des Harnstoffs auftreten.

Als ein Produkt der Eiweißzersetzung in den Geweben muß nach den neueren Forschungen die Fleischmilchsäure betrachtet werden, welche nach Untersuchungen von Gaglio [2]), im Laboratorium von Ludwig und Drechsel, im Blute von Hunden während der Verdauung nach Fleischfütterung regelmäßig in einer Menge von 0,3—0,5 pro Mille gefunden wird. Im Hungerzustande sinkt der Gehalt des Blutes an Milchsäure bedeutend, ohne indessen völlig zu verschwinden. So fand Gaglio im Blut von Hunden nach 48-stündigem Fasten noch 0,17 pro Mille Milchsäure.

Als von demselben Forscher Hundeblut im künstlichen Kreislauf durch eine überlebende Niere geleitet wurde, stieg der Gehalt des Blutes an Milchsäure ganz beträchtlich, nämlich bis auf 0,66 pro Mille. Besondere Versuche ergaben, daß diese Zunahme des Milchsäuregehaltes nicht etwa auf eine Ausspülung schon vorhandener Laktate in der Nierensubstanz bezogen werden konnte. Es mußte die Milchsäure vielmehr während der Durchblutung der Niere erst in dem Gewebe entstanden sein.

Auch Durchströmungsversuche mit der Lunge ergaben in dieser Beziehung positive Resultate. Der Milchsäuregehalt des Blutes stieg hierbei bis auf 0,68 pro Mille.

Daß die Blutkörperchen bei dieser Milchsäurebildung in den Geweben nicht entbehrt werden können, ergab ein vergleichender Versuch, in welchem durch eine Lunge erst Blut, dann Serum und dann wieder Blut geleitet wurde. Als hierauf die Flüssigkeiten zur Untersuchung kamen, konnte nur in den beiden Blutportionen, nicht aber im Serum eine Steigerung des Milchsäuregehaltes festgestellt werden.

Ueber die Herkunft dieser in den Geweben gebildeten Milchsäure haben namentlich die Befunde von Minkowski [3]), nach Leberexstirpation bei Gänsen, Licht verbreitet.

Es ist bekannt, daß bei den Vögeln der mit der Nahrung eingeführte Stickstoff im wesentlichen als Harnsäure zur Ausscheidung gelangt, gleichviel ob dieser Stickstoff in der Form von Proteïnstoffen, Amidosäuren, Harnstoff, oder aber als Ammoniumkarbonat aufgenommen wurde.

1) Radziejewski, Virchow's Archiv, Bd. 36, S. 1 und Canstatt's Jahresber. d. Med., Bd. 1, 1866, S. 98.

2) Gaglio, Die Milchsäure des Blutes und ihre Ursprungsstätten, Du Bois' Archiv, 1886, S. 400. Vergl. auch Wyssokowitsch, Arch. f. Anat. u. Physiol., 1887, Supplem. S. 91. Berlinerblau, Arch. f. exp. Pathol. und Physiol. Bd. 23, 1887, S. 333. Irasava, Zeitschr. f. physiol. Chem., Bd. 17, 1892, S. 349. Dass die Milchsäure des Muskels nicht aus Glykogen oder Zucker stammen kann, zeigte auch Monari, Arch. de biol. ital. 13, 1890, S. 15.

3) Minkowski, Ueber den Einfluß der Leberexstirpation auf den Stoffwechsel, Arch. f. exper. Pathol. u. Pharmak., Bd. 21, 1886, S. 41.

Bei entleberten Gänsen dagegen sinkt die Ausfuhr der Harnsäure bis auf unbedeutende Mengen, während nunmehr der Harnstickstoff größtenteils in der Form von Ammoniak erscheint. Dabei reagiert der Harn neutral oder sauer, denn das Ammoniak ist nicht etwa als Karbonat, sondern als Laktat im Harn vorhanden. Die Menge der nach Leberexstirpation im Harn auftretenden Milchsäure ist stets dem zugleich vorhandenen Ammoniak äquivalent.

Hieraus läßt sich schließen, daß die Bildung der Harnsäure im Organismus des Vogels im wesentlichen in der Leber zustande kommt, wobei als Material das milchsaure Ammoniak eine bedeutsame Rolle spielt.

Auch vom chemischen Standpunkte aus bietet die Bildung der Harnsäure aus Milchsäure, Ammoniak und Kohlensäure keine Schwierigkeiten, da es HORBACZEWSKI [1]) gelang, die Harnsäure durch Erhitzen von Trichlormilchsäure-amid mit Harnstoff darzustellen.

Es ist sehr bemerkenswert, daß die Menge der mit dem Harn der entleberten Tiere ausgeschiedenen Milchsäure von der Zufuhr der Kohlehydratnahrung völlig unabhängig ist, dagegen mit größerer Einfuhr von Eiweißnahrung sogleich ansteigt. Hiernach muß die Milchsäure als ein Produkt des Eiweißzerfalles betrachtet werden.

Den Befunden von MINKOWSKI bei entleberten Gänsen entspricht die Thatsache, daß auch beim Menschen in Fällen schwerer pathologischer Veränderung der Lebersubstanz, namentlich bei akuter gelber Leberatrophie und bei Phosphorvergiftung, reichliche Mengen von Milchsäure im Harn gefunden werden. Daß in diesen Fällen der Ammoniakgehalt, den Milchsäuremengen entsprechend, auf Kosten des Harnstoffs vermehrt ist, läßt sich mit größter Wahrscheinlichkeit annehmen. Auffallenderweise sind die Ammoniakmengen in derartigen Harnen noch nicht bestimmt worden [2]).

Die bisher angeführten Thatsachen berechtigen zu der Anschauung, daß auch bei den Säugern unter anderem milchsaures Ammoniak als Produkt des Eiweißzerfalls gebildet wird, welches der Leber zuströmt, hier zu kohlensaurem Ammoniak oxydiert und sogleich weiter in Harnstoff übergeführt wird. Daß zu einer derartigen Oxydation und Synthese die Leber befähigt ist, haben die mehrfach bestätigten Durchblutungsversuche von SCHRÖDER (vergl. S. 9), völlig erwiesen. Ist durch pathologische Veränderungen, wie bei der Leberatrophie, die oxydierende Funktion des Lebergewebes aufgehoben, so wird das Ammoniumlaktat nicht weiter verändert und daher als solches eliminiert.

Dieses Resultat vermochte in neuerer Zeit ARAKI [4]) im Laboratorium von HOPPE-SEYLER auch künstlich zu erreichen, indem er bei Hunden, Kaninchen und Hühnern im Blute dadurch Sauerstoffmangel

1) HORBACZEWSKI, Ueber eine neue Synthese und die Konstitution der Harnsäure, Monatshefte f. Chemie, Bd. 8, 1887, S. 201.

2) Nur in einigen Fällen von Lebercirrhose ist gegenüber dem Harnstoff ein vermehrter Ammoniakgehalt des Harns festgestellt. Vergl. HALLERVORDEN, Archiv f. exper. Pathol. u. Pharm., Bd. 12, S. 274 und FAWITZKY, Deutsch. Arch. f. klin. Med., Bd. 45, 1889, S. 439.

4) ARAKI, Ueber die Bildung von Milchsäure im Organismus bei Sauerstoffmangel, Zeitschr. f. physiol. Chem., Bd. 15, 1890, S. 335 und 546, Bd. 16, 1891, S. 453 und Bd. 17, 1892, S. 311.

erzeugte, daß er diese Tiere in einer sauerstoffarmen Atmosphäre atmen ließ oder die Verarmung des Blutes an Sauerstoff durch vorsichtige Vergiftung mit Kohlenoxyd herbeiführte.

In allen diesen Fällen erschienen bald bedeutende Mengen von Milchsäure im Harn, die durch Ammoniak abgesättigt waren.

Ebenso findet sich im Harn von Fröschen, welche mit Strychnin oder Kurare vergiftet sind, regelmäßig Milchsäure, weil auch bei diesen Vergiftungszuständen die Atmung Not leidet [1]). Endlich ist erwähnenswert, daß auch der direkt nach dem Anfalle entleerte Harn von Epileptikern regelmäßig Milchsäure enthält, eine Folge der stattgehabten Respirationsstörung.

Auch die Versuche von ARAKI stützen, gleich denen von MINKOWSKI, die Auffassung, daß die Milchsäure ein Eiweißabkömmling ist, denn diese Säure erschien unter den angegebenen Verhältnissen auch dann im Harn von Hunden, wenn die Tiere 10 Tage gehungert hatten.

Im Anschluß an die Befunde von ARAKI fand endlich ZILLESSEN[2]) nach Unterbindung der Leberarterie bei Hunden und Kaninchen regelmäßig Milchsäure im Harn. Diese Thatsache ist offenbar darauf zu beziehen, daß die sauerstoffarme Leber das ihr zuströmende milchsaure Ammoniak nicht ausgiebig zu Ammoniumkarbonat zu oxydieren vermag, weshalb auch die Harnstoffbildung ausbleibt, das Laktat in abnormer Menge ins Blut übergeht und mit dem Harn zu Tage tritt.

Uebrigens nahm bei diesen Versuchen von ZILLESSEN der Milchsäuregehalt des Urins von der Operation an stetig ab, was nach den Sektionsbefunden dahin zu erklären ist, daß der Leber auf kollateralen Bahnen allmählich wieder mehr Sauerstoff zugeführt wurde.

Aus den vorerwähnten Versuchen von GAGLIO geht hervor, daß die Milchsäure sowohl im Nieren-, als auch im Lungengewebe entsteht. Im Organismus scheint die größte Menge der ins Blut tretenden Laktate aus den Muskeln zu stammen, deren Säuerung bei der Thätigkeit und in der Totenstarre längst auf die Bildung von Milchsäure zurückgeführt worden ist, von welcher geringe Mengen zunächst nicht gebunden erscheinen und deshalb das Dikaliumphosphat in das saure Monokaliumphosphat überführen.

Der konstante Gehalt der toten Muskeln an Laktaten ist leicht festzustellen. ZILLESSEN vermochte die Bildung von Milchsäure aber auch im lebenden Muskel nachzuweisen, wenn er den arteriellen Zufluß eines bestimmten Muskelgebietes eine Zeit lang absperrte, dann die Ligatur wieder löste und das in den Muskeln vorhandene Blut aus der entsprechenden Vene auffing.

In diesem Blut waren regelmäßig beträchtliche Milchsäuremengen vorzufinden, welche sich während der Stauung in den Muskeln angesammelt hatten und nunmehr zur Ausspülung gelangten.

Da in einem abgesperrten Muskelgebiet sich bald Sauerstoffmangel geltend macht, ist es erklärlich, daß die Menge der Laktate je nach dem Grade der Sauerstoffabsperrung ansteigt. Dieser zunehmende

---

1) Vergl. hierüber ARAKI, a. a. O., Bd. 15, S. 361 u. S. 367, wo auch die älteren Untersuchungen über diesen Gegenstand von MARCUSE, NEBELTHAU und WERTHER besprochen werden.

2) ZILLESSEN, Ueber die Bildung von Milchsäure in den Organen bei gestörter Cirkulation und bei der Blausäurevergiftung, Zeitschr. f. physiol. Chem., Bd. 15, 1891, S. 387.

Laktatgehalt des Blutes ist aber sowohl auf eine verminderte Oxydation und Zerstörung der Milchsäure, als auch auf eine vermehrte Bildung derselben infolge der gesteigerten Spaltungsvorgänge im Muskel zu beziehen, welche ja ganz allgemein bei Abnahme der Oxydationsprozesse in den Zellen stärker in den Vordergrund treten [1]).

Daß außer dem milchsauren Ammoniak noch andere, aber in geringen Mengen vorhandene Blutbestandteile, wie zum Beispiel das Aceton, als Endprodukte des Eiweißzerfalles in den Geweben betrachtet werden müssen, ist sicher. Endlich ist zu erwähnen, daß, mit Bezug auf die Resultate der Eiweißzersetzung durch siedende Salzsäure [2]), wahrscheinlich auch im Organismus ein gewisser Bruchteil des Harnstoffs direkt aus dem Eiweißmolekül abgespalten wird, ohne intermediäre Vorstufen zu durchlaufen.

Wir wenden uns nunmehr zur Resorption der Kohlehydrate.

Erfahren die Albumosen und Peptone vor ihrem Eintritt in die Blutkapillaren der Darmwand in der That eine Umwandelung in eiweißartige Stoffe, so müßte hierin eine Schutzvorrichtung gesehen werden, welche es verhindert, daß die leicht löslichen Albumosen und die zudem noch diffusiblen Peptone, je nach ihrem Auftreten im Darmkanal, die Zusammensetzung der Säftemasse in schnell wechselnder Weise beeinflussen.

In Bezug auf leichte Löslichkeit und die Fähigkeit der Diffusion gleichen aber den Peptonen die einfachen Zucker. Auch sie würden, in größerer Menge resorbiert, die konstante Zusammensetzung der Säftemasse wesentlich stören müssen. Deshalb erscheint eine Einrichtung geboten, welche den Zuckergehalt des Blutes reguliert. Aber diese Schutzvorrichtung befindet sich, im Gegensatz zu den Albumosen und Peptonen, für die Zucker erst jenseits der Darmwand, sie wird durch das Lebergewebe gebildet.

Es wurde bei der Frage nach den Resorptionswegen des Zuckers erwähnt, daß der Zuckergehalt des Pfortaderblutes zwar im nüchternen Zustande dem Zuckergehalte des Gesamtblutes gleich ist, daß derselbe aber bei Einführung von Zucker in den Darm bedeutend ansteigen kann [3]). Dagegen weiß man durch Untersuchungen beim Menschen und den verschiedensten Tieren, daß der Zuckergehalt des übrigen Blutes eine ganz bestimmte Grenze nie überschreitet, welche etwa bei 0,2 Proz. liegt [4]). Diese beiden Thatsachen sind offenbar nur so in Einklang zu bringen, daß die Leber den ihr vom Darm aus zuströmenden Zucker zurückhält, falls seine Menge die angegebene Grenze zu überschreiten droht.

Zahlreiche Fütterungsversuche an ausgehungerten Tieren [5]) haben

---

1) Vergl. S. 88.
2) Vergl. S. 27.
3) v. MERING, Ueber die Abzugswege des Zuckers aus der Darmhöhle, Du Bois' Archiv, 1877, S. 413.
4) CL. BERNARD, Leçons sur le diabète, Paris 1877. ABELES, Wiener med. Jahrbücher, 1875. v. MERING, a. a. O., S. 398. Vergl. auch J. SEEGEN, Die Zuckerbildung im Tierkörper, Berlin 1890, S. 107.
5) Vergl. die unten angeführten Fütterungsversuche von PAVY und TSCHERINOFF sowie ferner HERGENHAHN, Zeitschr. f. Biol., N. F. Bd. 9,

in der That ergeben, daß die Leber den überschüssigen Nahrungszucker in ihren Zellen aufspeichert, indem sie ihn durch Polymerisation in Glykogen überführt. Die hiernach in der Leber vorgefundenen Glykogenmengen sind viel zu groß, als daß sich ihre Herkunft in anderer Weise erklären ließe [1]. Macht man ferner die Leber eines Kaninchens durch achttägiges Hungern völlig glykogenfrei und läßt in eine Mesenterialvene des Tieres sehr langsam einige Gramm reinen Traubenzuckers, in sorgfältig defibriniertem Kaninchenblut gelöst, einströmen, so findet man reichlich Glykogen in der Drüse vor, ohne daß Zucker in den Harn übergeht [2]. Dagegen tritt schnell Glykosurie ein, wenn man die gleiche Zuckermenge unter denselben Kautelen in eine Jugularvene bringt. Eine Glykogenablagerung beobachtete ferner LUCHSINGER [3], als er traubenzuckerhaltiges Blut (2 Proz.) in einem künstlichen Kreislauf durch eine frisch ausgeschnittene Hundeleber leitete.

Andererseits liegt nichts näher, als die Annahme, daß die Leberzellen auch umgekehrt die Fähigkeit besitzen, das abgelagerte Glykogen allmählich wieder in Zucker zu spalten und davon an das Lebervenenblut genau so viel abzugeben, als nach Bedarf zerstört werden muß. Den Anstoß, nach der einen oder der anderen Richtung zu wirken, erhält das Zellprotoplasma durch eine noch so geringfügige Zunahme oder Abnahme des Blutzuckers, indem jede Entfernung von der Norm als Reiz auf die Leberzellen sich geltend macht, welche somit zu vollkommenen Regulatoren für den Zuckergehalt im Blute werden.

Die Erkenntnis dieser Leberfunktion, welche der Oekonomie der resorbierten Kohlehydrate dient, ist im wesentlichen CL. BERNARD [4] zu verdanken.

Aus dem Umstande, daß sie im Gegensatz zu CL. BERNARD in der völlig frischen Leber keinen Zucker nachzuweisen vermochten, haben in den sechziger Jahren einige Autoren, namentlich PAVY [5], die Richtig-

1890, S. 221. PRAUSNITZ, ebendas., Bd. 8. 1890, S. 389 und KÜLZ, Festschrift für C. LUDWIG, Marburg 1890, S. 104. C. VOIT, Zeitschr. f. Biol., N. F. Bd. 10, 1892, S. 247.

1) ERWIN VOIT, Die Glykogenbildung aus Kohlehydraten, Zeitschr. f. Biol., N. F. Bd. 7, 1889, S. 543.

2) CL. BERNARD, Leçons de physiologie expér. (7.), Paris 1855. SCHÖPFER, Arch. f. exp. Pathol. u. Pharmak., Bd. 1, 1872, S. 78. G. HEIDENHAIN, Beiträge zur Lehre des Diabetes mellitus, Königsberg 1874. Neuerdings haben ferner C. VOIT und LUSK gezeigt, daß auch die subkutane Zufuhr von Traubenzucker beim Kaninchen eine Anhäufung von Glykogen in der Leber bis zu 8 % hervorzurufen vermag, Zeitschr. f. Biol., N. F. Bd. 10, 1892, S. 288.

3) LUCHSINGER, Experimentelle und kritische Beiträge zur Physiologie und Pathologie des Glykogens, Dissert. Zürich 1875, S. 62.

4) CL. BERNARD, Nouvelle fonction du foie, Paris 1853 und zahlreiche spätere Abhandlungen desselben, namentlich: Critique expérimentale sur le mécanisme de la formation du sucre dans le foie, Compt. rend., Bd. 85, 1877.

5) PAVY, On the alleged sugar forming function of the liver, London 1861 und Untersuchungen über Diabetes mellitus, übersetzt von LANGENBECK, 1864. RITTER und MEISSNER, Zeitschr. f. rationelle Medizin, Bd. 24, 1865, S. 65. M'DONELL, Observations on the function of the liver, Dublin 1865. EULENBURG und STÄDELER, Züricher Mitteilungen, 1867.

keit der CL. BERNARD'schen Lehre in Abrede gestellt, indem sie die Umwandelung des Glykogens in Zucker lediglich als einen postmortalen Vorgang erklärten, bewirkt durch die Wirkung eines im absterbenden Lebergehalte frei werdenden Fermentes. Diese Anschauung ist indessen durch CL. BERNARD [1]) sowie durch eine Reihe anderer Forscher, ja durch PAVY [2]) selbst, durchaus widerlegt worden. Die Leber, einem lebenden Tiere schnell entnommen und sogleich in siedendes Wasser verbracht, enthält in der That Zucker, dessen Menge 0,2—0,6 Proz. beträgt. Diese Zuckermenge vermehrt sich allerdings schnell beim Liegenlassen des ausgeschnittenen Organs [3]), aber keineswegs durch einen postmortalen Vorgang, sondern in Gegenteil, weil das überlebende Protoplasma der Leberzellen noch weiter umsetzend auf das Glykogen einwirkt, während der gebildete Zucker nicht durch die Cirkulation fortgeführt wird.

In neuerer Zeit hat endlich J. SEEGEN [4]) versucht, die Abkunft des Blutzuckers in anderer Weise als CL. BERNARD zu erklären. Der Blutzucker soll nach SEEGEN lediglich aus dem Nahrungseiweiß stammen, das Leberglykogen dagegen diene wahrscheinlich der Fettbildung. Die Versuche, welche SEEGEN für seine Theorie anführt, haben indessen zwar zahlreiche und gründliche Widerlegungen [5]), aber bisher keine Bestätigung erfahren.

Das Glykogen hat somit für den Stoffwechsel der Tiere eine ähnliche Bedeutung, wie die Stärke für den Stoffwechsel der Pflanze. Beide Polysaccharide repräsentieren einen Ueberschuß an Zucker, welcher als Reservenährmaterial in den Organen abgelagert wird. „Durch die Glykogenbildung wird momentan überflüssiges Material aufgespeichert, bis es entweder vom Organismus verbraucht oder in eine festere Verbindung, in das Fett übergeführt werden kann. Durch die Ablagerung der aufgenommenen Kohlehydrate in Form von Glykogen wird der Organismus von momentan unnötigen Stoffen entlastet und zugleich verhütet, daß der leicht diffundierbare Zucker unverändert und unbenützt mit dem Harn sich wieder entfernt" [6]).

Doch sind die arbeitenden Organe, die Muskeln und Drüsen, nicht

---

1) CL. BERNARD, Critique expérimentale sur la fonction glycogénique du foie, Compt. rend., Bd. 84, 1877. Vergl. auch DALTON, Sugar formation in the liver, Transaction of the New York Academy, 1871.

2) PAVY, On certain points connected with diabetes, Croonian Lectures, 1878.

3) Vergl. PRAUSNITZ, Ueber die Abnahme des Glykogens nach dem Tode, Zeitschr. f. Biol., N. F. Bd. 8, 1890, S. 411.

4) J. SEEGEN, Die Zuckerbildung im Tierkörper, ihr Umfang und ihre Bedeutung, Berlin 1890 sowie: Studien über Stoffwechsel im Tierkörper, Berlin 1887, worin eine Reihe von früheren Abhandlungen zusammengefaßt sind.

5) Vergl. meine Kritik der SEEGEN'schen Versuche, welche die Bildung von Zucker aus Pepton behaupten, in der Zeitschr. f. Biolog., N. F. Bd. 9, 1890, S. 346—361, wo sich auch die ältere Litteratur über diese Frage angeführt findet.

6) ERWIN VOIT, Die Glykogenbildung aus Kohlehydraten, Zeitschr. für Biologie, N. F. Bd. 7, 1889, S. 551. Vergl. auch C. VOIT, Zeitschr. f. Biol., N. F. Bd. 10, 1892, S. 291.

auf das Leberglykogen als Zuckerquelle allein angewiesen, weil in diesen Geweben selbst Nahrungszucker als Glykogen abgelagert wird, welches wahrscheinlich sogar in erster Linie stets neu ersetzt werden muß [1]). Der Darmzucker passiert wahrscheinlich, je nach dem Zuckerbedürfnis der übrigen Organe, die Leber und wird hier erst abgelagert, nachdem die Glykogendepots in den Muskeln und Drüsen, wenigstens für den nächsten Bedarf, genügend gefüllt sind [2]). Umgekehrt geht im Hungerzustande der Verbrauch des Leberglykogens dem Schwinden des Muskelglykogens voraus [3]), indem nach Maßgabe des Glykogenverbrauchs in den Muskeln, das Leberglykogen in Zucker umgesetzt und den Muskeln zugeführt wird. Daß die Muskeln in der That fähig sind, selbständig Glykogen zu bilden und dieses Kohlehydrat nicht etwa als solches aus der Leber beziehen müssen, dafür spricht ein Versuch von KÜLZ [4]), welcher nachwies, daß nach subkutanen Zuckerinjektionen eine Zunahme des Muskelglykogens auch bei entleberten Fröschen zustande kommt. Ferner scheint KÜLZ eine Glykogenbildung im künstlich durchbluteten Muskel durch allmählichen Zusatz von Traubenzucker zur Blutflüssigkeit erreicht zu haben [5]).

Die Glykogenmengen, welche der Organismus infolge dieser zuckerpolymerisierenden Fähigkeit der Leber-, Zucker- und Drüsenzellen aufzuspeichern vermag, wechseln je nach der Tiergattung und können bei zweckmäßiger Ernährung, namentlich auch bei Säugetieren recht bedeutend werden. So fand PAVY [6]) bei Hunden, welche andauernd mit

---

1) Vergl. O. MEYER, Ueber den Glykogengehalt embryonaler und jugendlicher Organe, Diss., Breslau 1884. Aus dieser unter EHRLICH's Leitung ausgeführten Untersuchung geht hervor, daß im bebrüteten Ei schon am 2. Tage in der Anlage des Herzens sowie in den Gefäßen Glykogen nachweisbar ist. Später tritt auch an den entstehenden Muskelplatten, im Darmepithel sowie im Gehirn und Rückenmark Glykogen auf. Erst am 15. Tage beginnt auch in der Leber eine Glykogenablagerung, die allerdings weiterhin, wenigstens bei Hundeembryonen, eine bedeutende Steigerung erfahren kann. Vergl. DEMANT, Zeitschr. f. physiol. Chem., Bd. 11, 1887, S. 142. Es scheint demnach die Anwesenheit von Glykogen in den Leberzellen weniger notwendig zu sein, als im übrigen Organismus.

2) Weiterhin freilich findet dann eine größere Glykogenaufspeicherung zunächst nur in der Leber statt. Im übrigen Körper beginnt sie erst wieder zu steigen, nachdem der Glykogengehalt der Leber schon eine gewisse Höhe erreicht hat. Vergl. PRAUSNITZ, Ueber den zeitlichen Verlauf der Ablagerung und des Schwindens des Glykogens, Zeitschr. f. Biol., N. F. Bd. 8, 1890, S. 399.

3) S. ALDEHOFF fand im Laboratorium von KÜLZ nach 6 Hungertagen bei einem Kaninchen zwar die Leber glykogenfrei, doch in der Muskulatur noch 0,56 g Glykogen, Zeitschr. f. Biol., N. F. Bd. 7, 1889, S. 137. Zu demselben Resultat gelangte auch E. HERGENHAHN, ebendas., Bd. 9, 1890, S. 225.

4) KÜLZ, Bildet der Muskel selbständig Glykogen? Pflüger's Archiv, Bd. 24, 1881, S. 64. Vergl. hierüber auch SCHMELZ, Zeitschr. f. Biol., N. F. Bd. 7, 1889, S. 180, PRAUSNITZ, Zeitschr. f. Biol., N. F. Bd. 8, 1890, S. 411.

5) KÜLZ, Zeitschr. f. Biol., N. F. Bd. 9, 1890, S. 237.

6) PAVY, The influence of diet on the liver, citirt nach SEEGEN, Die Zuckerbildung etc., S. 196.

Brot und Kartoffeln gefüttert waren, in der Leber 17 Proz. Glykogen, ebenso viel und selbst bis zu 27 Proz. bei Kaninchen, welche ausschließlich Stärke und Rohrzucker erhalten hatten. Tscherinoff [1]), welcher mit Hühnern experimentierte, erhielt aus der Leber nach 3-tägiger Fütterung von Rohrzucker und Fibrin 12,8 Proz., nach Beibringung von Rohr- und Traubenzucker 14,7 Proz. Glykogen. Bei der Annahme, daß hiernach auch die Leber des Menschen imstande ist, wenigstens 10 Proz. Glykogen aufzunehmen, würde sie bei einem Gewicht von 1 1/2 k etwa 150 g resorbierten Nahrungszucker zurückhalten können. Mindestens die gleiche Glykogenmenge, als die Leber, soll die Muskulatur und der übrige Organismus beherbergen können [2]).

Die Gesamtmenge des im menschlichen Organismus unter Umständen zur Ablagerung kommenden Glykogens dürfte daher wohl auf 300 g veranschlagt werden können [3]).

Käme eine weitere Zuckermenge zur Resorption, so müßte sich der Zucker im Blute in abnormer Menge anhäufen, wenn nicht in diesem Falle die Nieren den überschüssigen Zucker sofort zur Ausscheidung brächten [4]).

Der oft behauptete geringe Zuckergehalt des normalen Harns ist im höchsten Grade unwahrscheinlich, um so mehr, als noch niemand Zucker aus dem Harn von Gesunden in Substanz dargestellt hat [5]). Nur nach absichtlicher überreicher Zuckerzufuhr läßt sich bei gesunden Menschen und Tieren eine Glykosurie beobachten.

Die älteren Angaben hierüber gehen weit zurück, eingehend ist diese Erscheinung von Worm-Müller [6]) untersucht worden. Derselbe fand den zunächst gelassenen Harn von verschiedenen, völlig gesunden Personen nach dem Genuß von 50 g Traubenzucker oder 200 g Honig, unter Zuführung von Wasser und Wein, regelmäßig mehr oder weniger zuckerhaltig. Auch nach Injektionen von Zuckerlösungen in den Dickdarm von Hunden hat Eichhorst [7]) Glykosurie auftreten sehen, selbst

---

1) Tscherinoff, Ueber die Abhängigkeit des Glykogengehaltes der Leber von der Nahrung, Ber. der Wiener Akad., Bd. 51, II, S. 412 und Virchow's Archiv, Bd. 47, 1869, S. 113.

2) R. Böhm, Pflüger's Archiv, Bd. 23, 1880, S. 51. Erwin Voit erhielt aus der Leber einer Gans 21,6 g Glykogen (10,51 %), während sich aus der Muskulatur und den Eingeweiden des Tieres zusammen 22,57 g gewinnen ließen, wobei aber noch der Glykogengehalt der Haut, der Knochen und des Fettgewebes vernachlässigt wurde, Zeitschrift für Biol., N. F. Bd. 7, 1889, S. 546 u. 547.

3) Bunge, Lehrbuch der physiol. Chem., 1889, S. 339.

4) Vergl. S. 250 sowie L. v. Brasol, Wie entledigt sich das Blut eines Ueberschusses an Traubenzucker? Du Bois' Archiv, 1884, S. 211.

5) Vergl. hierüber Seegen, Die Zuckerbildung im Tierkörper etc., S. 236 und Sitzungsber. der Wiener Akad., Bd. 64.

6) Worm-Müller, Die Ausscheidung des Zuckers im Harne des gesunden Menschen nach Genuß von Kohlehydraten, Pflüger's Archiv, Bd. 34, 1884, S. 591. Hier finden sich auch die älteren Versuche von C. Schmidt, J. Vogel, Cl. Bernard und anderen besprochen. Vergl. auch F. Hofmeister, Arch. f. exper. Pathol. und Pharmak., Bd. 25, 1889, S. 240. F. Moritz, Deutsch. Arch. f. klin. Med., Bd. 46, 1890, S. 267 sowie C. Voit, Zeitschr. f. Biol., N. F. Bd. 10, 1892, S. 265.

7) Eichhorst, Pflüger's Archiv, Bd. 4, 1871, S. 601 und S. 612.

wenn die zuckerhaltigen Flüssigkeiten, wie bei Milchinjektionen, wenig konzentriert waren. Es scheint somit die gleichzeitige starke Wasserzufuhr bei dieser Erscheinung von Bedeutung zu sein.

Durch die vorher erwähnten Versuche von GINSBERG [1]) läßt sich diese Zuckerausscheidung genügend erklären. Der Zucker hat in diesen Fällen teilweise seinen normalen Resorptionsweg durch die Blutkapillaren der Darmwand verfehlt und ist, ohne die Leber zu passieren, von den Lymphbahnen aus in abnormer Menge ins Blut gelangt, dessen Zuckerüberschuß schnell in den Harn befördert wurde. Für diese Auffassung spricht auch die Beobachtung, daß bei der Einführung von viel Rohrzucker dieser lediglich als solcher, nicht invertiert im Harn erscheint [2]). Der Darmsaft hat also auf diesen Zucker wegen der abnorm schnellen Resorption gar nicht einwirken können.

Unter normalen Verhältnissen reicht die Fähigkeit des Organismus, den im Darm aus der Stärke gebildeten Nahrungszucker als Glykogen aufzuspeichern, völlig aus. Außerdem reizen übergroße Zuckermengen den Darm und werden schon deshalb in der Regel nicht resorbiert, sondern diarrhöisch entfernt.

Die Thatsache der Glykogenbildung in den Geweben bedarf noch einiger Bemerkungen.

Es ist schon durch CL. BERNARD und seitdem durch eine Reihe von Forschern festgestellt worden, daß eine Glykogenablagerung in der Leber nicht allein nach der Fütterung mit Kohlehydraten stattfindet, sondern auch bei glykogenfrei gemachten Hunden und Hühnern erfolgt, wenn dieselben andauernd ausschließlich mit Leim- [3]) oder Eiweißstoffen [4]) ernährt werden.

Dieser Befund ist nach der Anschauung von PFLÜGER [5]) nur so zu erklären, daß die Proteïnsubstanzen der Nahrung bei ihrer Zersetzung

---

1) Vergl. S. 241. Für die Erklärung dieser Zuckerausscheidung ist es von Wichtigkeit, daß bei Leberkranken die Assimilationsgrenze für Zucker nicht herabgesetzt ist (KRAUS und LUDWIG, Klinische Beiträge zur alimentären Glykosurie, Wiener klin. Wochenschrift, 1891, Nr. 46 u. 48). Dies spricht gegen die Anschauung, daß auch der übermäßig in den Darm gebrachte Zucker durch die Kapillargefäße zur Aufsaugung gelangt und nur deshalb nicht assimiliert wird, weil die Leberzellen ihn nicht bewältigen können.

2) WORM-MÜLLER, a. a. O., S. 586. Dies scheint wenigstens für den Menschen zu gelten. Beim Kaninchen findet sich nach der Einführung großer Rohrzuckermengen in den Magen meist ebenfalls nur Rohrzucker, bisweilen aber auch neben diesem Traubenzucker. Vergl. C. VOIT, Zeitschrift f. Biol., N. F. Bd. 10, 1892, S. 270.

3) SALOMON, Virchow's Arch., Bd. 61, 1874, S. 350. LUCHSINGER, Beiträge zur Physiol. und Pathol. des Glykogens, Zürich 1875, S. 30. VON MERING, Pflüger's Archiv, Bd. 14, 1876, S. 279.

4) NAUNYN, Arch. f. exper. Pathol. u. Pharmak., Bd. 3, 1875, S. 94. VON MERING, Pflüger's Arch., Bd. 14, 1876, S. 281. WOLFFBERG, Zeitschr. f. Biolog., Bd. 12, 1876, S. 277. FEIM, Arbeiten aus dem physiol. Laboratorium der Würzburger Hochschule, 1878, S. 332. KÜLZ, Festschrift für CARL LUDWIG, Marburg 1890, S. 93.

5) PFLÜGER, Ueber die synthetischen Prozesse und die Bildungsart des Glykogens im tierischen Organismus, Pflüger's Archiv, Bd. 42, 1888, S. 144.

in den Geweben in gewisse, nicht näher bekannte, zum Teil stickstofffreie Stoffe zerfallen, aus denen sich synthetisch Zucker bildet, der
dann in der Leber oder auch in anderen Organen als Glykogen abgelagert wird. Da die Fleischmilchsäure nunmehr als Eiweißabkömmling erkannt worden ist [1]), wäre vielleicht an diese Zwischenstufe bei
der Glykogenbildung aus Eiweiß zu denken, wennschon Fütterungsversuche mit Gärungsmilchsäure, als Natriumlaktat gegeben, in dieser
Beziehung zu einem negativen oder wenigstens zweifelhaften Resultat
führten [2]).

Für die Möglichkeit der Glykogenbildung aus Eiweiß im Tierkörper
sprechen übrigens noch andere Beobachtungen. So ist bekannt, daß
bei der schweren Form des Diabetes [3]) oder beim Diabetes, welcher
bei Tieren nach Phloridzinvergiftung regelmäßig auftritt [4]), selbst bei
reiner Fleischdiät oder im Hungerzustande eine sehr hochgradige Ausscheidung von Zucker beobachtet werden kann, welche demnach nur in
der zugeführten Eiweißnahrung, bezw. im Organeiweiß seine Quelle hat.

Wird mit der Annahme einer synthetischen Zuckerbildung in den
Geweben die Glykogenablagerung auch bei reiner Eiweißnahrung verständlich, so muß doch bemerkt werden, daß auch die Umsetzung eines
Teils des vom Darm aus resorbierten Zuckers nicht ohne weiteres, durch
einfache Polymerisation, erfolgen kann [5]).

Durch Fütterung und subcutane Einspritzung von Lävulose bei Kaninchen und Hühnern ist nämlich festgestellt, daß auch diese Zuckerart, ebenso
gut wie der Traubenzucker, als Material zur Bildung des Leberglykogens
dienen kann [6]). Andererseits aber bestehen alle Glykogenablagerungen,
gleichgiltig, aus welchem Material sie in der Leber entstanden sind,
stets aus derselben Substanz, welche als polymeres Anhydrid der Dextrose betrachtet werden muß, denn das Glykogen, auch aus Lävulose
hervorgegangen, zerfällt immer bei der Hydratation glatt auf in Traubenzucker [7]). Aus diesen beiden Thatsachen folgt mit Notwendigkeit,
daß die Leberzellen die Eigenschaft besitzen, entweder die Lävulose

---

1) Vergl. S. 245 u. folg.

2) LUCHSINGER, Beiträge zur Physiologie und Pathologie des Glykogens,
Zürich 1875. RÖHMANN Beiträge zur Physiologie des Glykogens, Pflüger's
Archiv, Bd. 39, 1886, S. 40.

3) SEEGEN, Beiträge zur Kasuistik der Melliturie, Virchow's Archiv,
Bd. 21, 1861. KRATSCHMER, Sitzungsber. der Wiener Akad., Bd. 66, 1872.
VON MERING, Deutsch. Zeitschr. f. prakt. Mediz., 1877, Nr. 18 und 40,
KÜLZ, Arch. f. exp. Path. u. Pharmak., Bd. 6, 1877, S. 140.

4) VON MERING, Ueber Diabetes mellitus, Verhand. des IV. Kongr.
f. innere Medizin, 1887. Durch Phloridzin werden Hunde vorübergehend
diabetisch, so daß sie alles Glykogen verlieren. Läßt man die Tiere
hierauf hungern, so werden dieselben durch erneute Phloridzingaben wieder
hochgradig diabetisch. Die weitere Litteratur findet sich bei CREMER
u. RITTER, Zeitschr. f. Biol., N. F. Bd. 10, 1892, S. 459.

5) Vergl. ERWIN VOIT, Die Glykogenbildung aus Kohlehydraten,
Zeitschr. f. Biol., N. F. Bd. 7, 1889, S. 551.

6) Hierüber sind in neuester Zeit sehr eingehende Untersuchungen
im Laboratorium von C. VOIT angestellt worden. Zeitschr. f. Biol., N. F.
Bd. 10, 1892, S. 257 u. 288.

7) K. MAYDL, Ueber die Abstammung des Glykogens, Zeitschr. f.

in Traubenzucker umzuwandeln, aus dem dann die Glykogenbildung stattfindet, oder aber den links drehenden Fruchtzucker direkt in Dextroseanhydrid überzuführen [1]). Auf jeden Fall muß hierbei die Ketongruppe der Lävulose zu einer Aldehydgruppe umgeformt werden.

Die Glykogenablagerungen in den Geweben sind, ihrer Bedeutung als Reservematerial entsprechend, wenig stabil. Alle Umstände, welche das Glykogen als Kraftquelle in Anspruch nehmen, bringen es bald zum Verschwinden, falls ein genügend schneller Ersatz durch Nahrungszufuhr nicht geleistet werden kann.

Schon starkes Abkühlen eines gut genährten Kaninchens bewirkt nach einigen Stunden den völligen Schwund des Leberglykogens [2]), welches unter diesen Umständen der Wärmeproduktion dienen muß.

Läßt man ein Tier hungern, so wird im wesentlichen zuerst das Leberglykogen verbraucht, bevor das Organfett stark angegriffen wird. Die Leber eines Kaninchens wird regelmäßig nach 7—8-tägigem Hungern, die eines Huhnes nach 6-tägiger Karenz gänzlich, oder fast gänzlich, glykogenfrei befunden [3]). Viel länger behalten die Kaltblüter infolge ihres trägen Stoffwechsels ihr Glykogen.

Da bei den meisten Krankheiten die Aufnahme der Nahrung Not leidet, wird es verständlich, daß hier wohl ein Verbrauch von Reservematerial stattfindet, dagegen eine Ablagerung von Glykogen nur schwer zustande kommt. Daher findet man in den Lebern kranker Menschen und Tiere, namentlich nach vorausgegangenem Fieber, wenig oder gar kein Glykogen, was sich schon äußerlich an der dunklen Farbe und dem geringen Umfang des Organs zu erkennen giebt.

Daß bei gleichzeitiger Muskelarbeit der Schwund des Glykogens in der Leber von Hungertieren früher eintritt, als in der Ruhe, ist durch eine Reihe von sorgfältigen Versuchen festgestellt worden [4]). Dies ererklärt sich aus dem stärkeren Glykogenverbrauch in der arbeitenden Muskulatur [5]), für welchen von der Leber her durch stärkeren Glykogenumsatz fortwährend Ersatz geleistet wird.

Wie zuerst Cl. Bernard gezeigt hat, wird die Glykogenbildung und Glykogenzersetzung, wie alle vegetativen Funktionen in den Geweben, vom Nervensystem beeinflußt.

Hierauf bezieht sich wahrscheinlich, wenigstens teilweise, die That-

---

physiol. Chemie, Bd. 3, 1879, S. 196. Hier findet sich auch die ältere Litteratur angegeben. Vergl. auch C. Voit, Zeitschr. f. Biol., N. F. Bd. 10, 1892, S. 262.

1) C. Voit, a. a. O. S. 289.

2) E. Külz, Ueber den Einfluß der Abkühlung auf den Glykogengehalt der Leber, Pflüger's Arch., Bd. 24, 1881, S. 46. Vergl. auch Böhm und Hoffmann, Beiträge zur Kenntnis des Kohlehydratstoffwechsels, Arch. f. exper. Pathol. u. Pharmak., Bd. 8, 1878, S. 295.

3) Hergenhahn, Ueber den zeitlichen Verlauf der Bildung und Anhäufung des Glykogens, Zeitschr. f. Biol., N. F. Bd. 9, 1890, S. 225.

4) Külz, Ueber den Einfluß angestrengter Körperbewegung auf den Glykogengehalt der Leber, Pflüger's Archiv, Bd. 24, 1881, S. 14. Hier findet sich die ältere Litteratur.

5) Vergl. Eduard Manché, Findet während der Thätigkeit des Muskels ein Verbrauch von Glykogen statt? Zeitschr. f. Biol., N. F. Bd. 7, 1889, S. 164.

sache, daß durch die Wirkung einiger Gifte, wie Phosphor, Arsen[1]), Kohlenoxyd[2]), Amylnitrit, Nitrobenzol[3]), Kurare[4]) und Strychnin[5]), das gesamte Leberglykogen zum Verschwinden gebracht wird, wobei zu bemerken ist, daß nach Strychninvergiftung bei Hunden kein Diabetes auftritt[6]), weil hier wahrscheinlich der entstehende Zucker als Kraftquelle für die tetanischen Krämpfe verbraucht wird.

In ähnlicher Weise, wie ein Teil dieser Gifte, wirkt vielleicht auch eine Ueberladung des Blutes mit Kohlensäure. Als ARAKI[7]) Hunde oder Hühner in einer Atmosphäre atmen ließ, deren Sauerstoffgehalt bedeutend verringert war, sah er Milchsäure, Traubenzucker und beim Erhitzen gerinnendes Albumin in den Harn übergehen. Waren aber die Tiere krank oder seit einer Reihe von Tagen im Hungerzustande, so wurde bei dem Sauerstoffmangel im Harne wohl Milchsäure[8]) und Albumin, aber kein Traubenzucker gefunden, was auf den bestehenden Glykogenmangel in diesen Fällen bezogen werden muß.

Endlich wird durch Verletzung gewisser Gehirnteile, namentlich der Spitze des Calamus scriptorius, das gesamte Leberglykogen in Traubenzucker umgesetzt, welcher dann im Harn erscheint[9]). Eine solche Leber verliert indessen nur für kurze Zeit die Fähigkeit, den Nahrungszucker als Glykogen aufzuspeichern, schon nach wenigen Stunden ist diese Schädigung wieder ausgeglichen. Bei Hungertieren bleibt der Zuckerstich (Piqûre) unwirksam[10]), ebenso bei Fröschen nach der Exstirpation der Leber.

Der fragliche Einfluß von Seiten des Nervensystems sowie der meisten der genannten Gifte ist wahrscheinlich ein vasomotorischer und beruht jedenfalls auf gesetzten Circulationsstörungen in der Leber, die

---

1) LUCHSINGER, Experimentelle und kritische Beiträge zur Physiologie und Pathologie des Glykogens, Dissert. Zürich 1875, S. 86.

2) SENFF, Ueber den Diabetes nach der Kohlenoxydatmung, Dorpat 1869. Vergl. auch ARAKI, Die Vergiftung mit Kohlenoxyd, Zeitschr. f. physiol. Chemie, Bd. 15, 1891, S. 351.

3) SAIKOWSKY, Ueber die Arsenwirkung auf den Organismus, Centralbl. für die mediz Wissenschaften, 1865. KONKOFF, Jahresberichte der Tierchemie, 1876, S. 198.

4) CL. BERNARD, Leçons sur le diabète et la glycosurie animale, Paris 1877. Vergl. auch ARAKI, a. a. O. S. 358.

5) DEMANT, Ueber den Einfluß des Strychnin und Kurare auf den Glykogengehalt der Leber und der Muskeln, Zeitschr. f. physiol. Chemie, Bd. 10, 1886, S. 441.

6) DEMANT, a. a. O. S. 446. Bei Fröschen ist dagegen nach Strychninvergiftung Glykosurie beobachtet (ARAKI, a. a. O. S. 361), doch nur so lange, als deren Lebern Glykogen enthielten (LANGENDORF, Du Bois' Archiv, 1886).

7) ARAKI a. a. O. S. 364.

8) Vergl. S. 255 u. 256.

9) CL. BERNARD, Leç. sur le syst. nerv., I, p. 401. Vergl. auch ECKHARD, Beiträge zur Anat. u. Physiol., Bd. 4, 1869, S. 1. Auch bei Fröschen läßt sich künstlicher Diabetes erzeugen. Vergl. W. KÜHNE, Ueber den künstlichen Diabetes bei Fröschen, Dissert. Göttingen 1856.

10) Vergl. LUCHSINGER, a. a. O. S. 72. Hier findet sich die ältere Litteratur.

ganz allgemein, welcher Art sie auch seien, eine vermehrte Zuckerbildung aus dem Leberglykogen anregen.

Denn eine solche tritt auch ein durch Einleiten von Wasser oder physiologischer Kochsalzlösung in eine Mesenterialvene [1]), durch die Unterbindung der Darmarterien [2]), oder endlich durch alle möglichen Operationen, welche die Bauchhöhle oder gar die Leber betreffen. Dies ist - namentlich bei den Zuckerbestimmungen des Lebervenenblutes zu berücksichtigen, welche, gegenüber den aus anderen Gefäßbezirken, schon bei sehr geringen Insulten stets zu hoch ausfallen [3]).

Man kennt auch Stoffe, welche konservierend auf den Glykogengehalt der Leber einwirken. Als glykogenschützende Substanz ist namentlich seit lange das Glycerin bekannt [4]). Seine Wirkung ist viel schwächer bei direkter Einführung in die Säftemasse, als wenn es nach der Resorption vom Darm aus in seiner ganzen Menge die Leber passieren muß [5]). Während die früheren Forscher die Beeinflussung der Glykogenablagerung durch das leicht oxydable Glycerin aus der Ersparnis an Zucker oder, wie LUCHSINGER, aus einer Umformung von Glycerin in Glykogen zu erklären versucht haben, scheint es nach den neueren Befunden von RANSOM sicher, daß es sich hierbei lediglich um einen hemmenden Einfluß des Glycerins auf das Protoplasma der Leberzellen handelt. Dies folgt aus der Thatsache, daß bei gut genährten Tieren sowohl der Zuckerstich, als auch die glykogenumsetzenden Gifte nach Glyceringaben wirkungslos sind. Ferner läßt sich beobachten, daß die irgendwie künstlich herbeigeführte Mellituriе durch Glyceringaben bald sistiert werden kann.

Außer dem Glycerin bewirkt nach den Beobachtungen von RÖHMANN [6]) auch in den Darm gebrachtes Ammoniumkarbonat eine verminderte Glykogenumsetzung. Eine Erklärung dieser Thatsache ist vorläufig nicht zu geben. Daß es sich nicht um eine Alkaliwirkung handelt, beweist die völlige Indifferenz des Natriumkarbonats in dieser Beziehung [7]). Nur mag daran erinnert werden, daß durch die Ein-

---

1) BOCK u. HOFFMANN, Du Bois' Archiv, 1871, S. 550.

2) A. SLOSSE, Die künstliche Verarmung der Leber an Glykogen, Du Bois' Archiv, 1890, Supplementb., S. 162.

3) ABELES, Zur Frage der Zuckerbildung in der Leber, Wiener mediz. Jahrbücher, 1887, S. 383.

4) WEISS, Sitzungsb. der Wiener Akad., Bd. 67, 1873.

5) LUCHSINGER, Experimentelle und kritische Beiträge zur Physiologie und Pathologie des Glykogens, 1875, S. 38, und namentlich RANSOM, Ueber den Einfluß von Glycerin auf die Leber, Journ. of Physiology, Bd. 8, 1887, S. 99.

6) RÖHMANN, Beiträge zur Physiologie des Glykogens, Pflüger's Archiv, Bd. 39, 1886, S. 21. Ein gleicher Effekt wie durch Ammoniumkarbonat scheint sich ferner durch alle Stoffe erzielen zu lassen, welche im Organismus zu kohlensaurem Ammoniak verbrannt werden. NEBELTHAU untersuchte nach dieser Richtung das . milchsaure, citronensaure und ameisensaure Ammon, ferner Asparagin, Benzamid und Formamid, Zeitschr. f. Biol., N. F. Bd. 10, 1892, S. 158.

7) KÜLZ, Bewirkt Injektion von kohlensaurem Natron in die Pfortader Schwund des Leberglykogens? Pflüger's Arch., Bd. 24, 1881, S. 48, und RÖHMANN, a. a. O.

führung des kohlensauren Ammoniaks in den Darmkanal die Leberzellen zu ihrer harnstoffbildenden Funktion [1]) gezwungen werden.

Die Frage, ob die Doppelzucker auch als solche die Darmwand passieren und dann in der Leber Glykogen bilden können, oder aber vor ihrer Resorption im Darmkanal bis auf die einfachen Zucker gespalten werden müssen, ist erst in der jüngeren Zeit einer eingehenden Untersuchung [2]) gewürdigt worden.

Fütterungen von ausgehungerten Kaninchen und Hühnern mit Rohrzucker haben ergeben, daß hiernach die Leber dieser Tiere 12—13 Proz. Glykogen enthält. Da aber, im Gegensatz zum Traubenzucker und der Lävulose, nach subkutaner Einführung von Rohrzucker nur ein ganz unbedeutender Glykogengehalt der Leber gefunden wird, dessen Herkunft in diesem Falle sich aus erspartem Eiweiß herleiten läßt, scheint die Leber nicht imstande zu sein, den Rohrzucker ohne vorherige Invertierung zu assimilieren. Ebenso wie der Rohrzucker verhält sich die Maltose.

Der Milchzucker weicht insofern von den eben genannten Doppelzuckern ab, als er weder bei Einführung von der Haut aus, noch auch in den Magen verbracht, zu einer bedeutenden Glykogenbildung führt. Allerdings findet sich auch nach der Verfütterung von viel Milchzucker eine gewisse Glykogenmenge in der Leber, welche bis zu 3,6 Proz. ansteigen kann. Aber dieses Resultat ist nicht unzweideutig; es ist möglich, das in der Leber vorgefundene Glykogen aus dem Eiweißzerfall abzuleiten und durch eine ersparende Wirkung des Milchzuckers zu erklären. Andererseits scheint es mir denkbar, dass nur die im Milchzucker enthaltene Dextrose zur Glykogenbildung verwendet wird, während die bei der Invertierung im Darm entstandene Galaktose nach der Resorption der sofortigen Zerstörung anheimfällt. Die trotzdem auffallend geringe Ansammlung von Leberglykogen erklärt sich vielleicht aus dem Umstande, dass der Milchzucker im Darm besonders langsam invertiert wird und deshalb seine Komponenten stets immer nur sehr allmählich in die Säftemasse gelangen. Hierbei bleiben natürlich die oben besprochenen übermäßigen Zuckergaben außer Betracht, welche leicht in einen abnormen Resorptionsweg gedrängt werden [3]).

Die Galaktose ist zur Glykogenbildung ungeeignet. Nach den Resultaten von Fütterungs- und Injektionsversuchen scheint den Leberzellen nicht die Eigenschaft zuzukommen, die Galaktose in Traubenzucker überzuführen, sie wird offenbar nach der Resorption sofort verbrannt.

Die Möglichkeit einer direkten Aufsaugung der kolloïden Kohlehydrate und ihrer Verwendung zur Glykogenbildung ist kaum genügend untersucht [4]), scheint aber nach dem geschilderten Verhalten der Doppelzucker sehr unwahrscheinlich. Dagegen ist es fraglich, ob die Vor-

---

1) Vergl. S. 10 und 15.

2) C. Vorr, Ueber die Glykogenbildung nach Aufnahme verschiedener Zuckerarten (nach Versuchen von Jac. Otto, Abbott, Lusk und Fritz Voit), Zeitschr. f. Biol., N. F. Bd. 10, 1892, S. 245.

3) Vergl. S. 262.

4) Eine Angabe über das Vorkommen eines dextrinartigen Körpers im Pfortaderblute findet sich bei von Mering, Du Bois' Archiv, 1877, S. 413. Cl. Bernard sowie Drosdorff geben ferner an, Rohrzucker im Blut der Vena portae gefunden zu haben. Vergl. Zeitschr. f. physiol. Chem., Bd. 1 1877, S. 226.

bereitung der höheren Kohlehydrate sowie der Doppelzucker zur Resorption durch die sekretive Verdauung erfolgen muß, oder vielleicht vom Organismus auch in anderer Weise geleistet werden kann.

Als RÖHMANN[1]) Stärkelösung und ferner Rohrzucker in THIRY-VELLA'sche Darmfisteln von Hunden brachte, sah er diese Kohlehydrate mit ziemlicher Schnelligkeit verschwinden. Berücksichtigt man, daß der Darmsaft, welcher nur Spuren von Ptyalin enthält, die Stärke nur sehr langsam in Zucker überführt, welcher bisweilen nicht einmal nachweisbar war, so scheint die Möglichkeit nicht ausgeschlossen, daß vielleicht auch die Epithelien der Darmschleimhaut die Fähigkeit besitzen, die etwa unverdaut gebliebene Stärke während der Resorption irgendwie umzuformen, so daß sie assimilierbar und zur Glykogenbildung verwendbar wird.

Auch die kaum gestörte Aufsaugung von Stärke bei pankreaslosen Hunden scheint für diese Möglichkeit zu sprechen.

Wie endlich der in den Geweben aus dem Glykogen entstehende Traubenzucker zu Kohlensäure und Wasser verbrannt wird, ist unbekannt. Doch wird allgemein angenommen, daß dies nicht direkt geschieht, sondern daß der Oxydation eine Spaltung des Zuckers vorausgeht.

Vielleicht zerfällt der Zucker hierbei in Milchsäure, welche dann im Organismus sowohl aus Eiweiß, als auch aus den Kohlehydraten sich bilden könnte[2]). Aber auch die Möglichkeit einer Umsetzung des Zuckers in Kohlensäure und Alkohol, welch letzterer dann sogleich weiter verbrannt wird, ist nicht ohne weiteres von der Hand zu weisen[3]), weil, nach Befunden von HOPPE-SEYLER und RAJEWSKY[4]), beim Destillieren völlig frischer tierischer Organe mit Wasser stets Spuren von Alkohol ins Destillat übergehen.

Auf der Annahme einer primären Spaltung des Zuckers vor seiner Oxydation beruht die ziemlich allgemein angenommene Theorie des Diabetes. Diese primäre Spaltung des Zuckers soll durch Einflüsse des pathologisch veränderten Centralnervensystems beim Diabetes aufgehoben oder wenigstens gestört sein. In der That lassen sich hiermit alle Erscheinungen dieser chronischen Stoffwechselstörung, welche im zweiten Teile dieses Lehrbuches besprochen wird, ungezwungen in Einklang bringen.

Die Resorption der Fette wird dadurch eingeleitet, daß diese Nährstoffe durch die früher erörterten Vorgänge im Dünndarm bald eine Emulgierung in feinste Tröpfchen erfahren, welche direkt zur Aufnahme seitens der Darmwand geeignet sind. Es wird zweifellos bei weitem die Hauptmasse der Fettnahrung im unzerlegten Zustande resorbiert. Nur ein kleinerer Anteil der Fette unterliegt durch das

---

1) RÖHMANN, Ueber Sekretion und Resorption im Dünndarm, Pflüger's Arch., Bd. 41, 1887, S. 424. Hier findet sich die ältere Litteratur angeführt.

2) Hierfür sprechen Beobachtungen von WISLICENUS und von ARAKI, Zeitschr. f. physiol. Chem., Bd. 17, 192, S. 384.

3) Vergl. hierüber HENRI HIRSCHBERG, Der Zucker als Nahrungs- und Heilmittel, Jena 1889.

4) HOPPE-SEYLER und RAJEWSKY, Pflüger's Archiv, Bd. 11, 1875, S. 122.

Steapsin des Pankreassaftes einer Spaltung in Glycerin und Fettsäuren, welcl. letztere, an Alkali gebunden, als Seifen zur Aufsaugung
gelangen.

Es wurde auch bereits erwähnt, daß die Galle auf die Resorption
der Fette unverkennbar einen fördernden Einfluß besitzt. Andererseits
aber mußte festgestellt werden, daß auch beim völligen Ausschluß dieses
Sekretes die Fettaufsaugung keineswegs sistiert ist.

Bei Ableitung der Galle nach außen werden mäßige Fettmengen
noch resorbiert, während nur größere Fettmassen unter diesen Umständen nicht zur Aufnahme gelangen und leicht zu Verdauungsstörungen
Veranlassung geben.

Es fragt sich, wodurch diese digestiven Störungen, welche die
reichliche Einführung von Fettnahrung bei Ausschluß der Galle im Ge-
folge hat, bedingt werden.

Man kann sich vorstellen, daß unter normalen Verhältnissen, also
bei Gegenwart von Galle, die Aufsaugung der Fette so schnell erfolgt,
daß eine Fettspaltung durch das Pankreassekret, sowie namentlich weit-
gehende bakterielle Zersetzung derselben, in größerem Umfange nicht
stattfinden können. Im anderen Falle dagegen geschieht die Aufsaugung der Fette nur langsam. Es werden daher jetzt durch die spaltende
Wirkung der Mikroben aus den nicht resorbierten Fetten in den unteren
Dünndarmpartien bald so viel flüchtige freie Fettsäuren unter Gasentwickelung gebildet, daß sie durch das Alkali der Darmsekrete nicht
mehr neutralisiert werden können und somit zu einer starken Reizung
der Darmwand Veranlassung geben. Hierzu kommt, daß bei mangel-
hafter Resorption der Fette auch die übrigen Nahrungsstoffe, namentlich die Eiweißkörper, in den Fäulnisprozeß hineingezogen werden. Die
nicht aufgesaugten Fette bilden über den Partikeln der Nahrungsmittel
unlösliche Schichten, welche das Eindringen der Verdauungssäfte in
die Eiweißstoffe und Kohlehydrate sehr erschweren, so daß auch ein
Teil dieser Stoffe ungelöst bleibt und somit der Fäulnis anheimfällt.
Der besonders üble Geruch der Fäkalien von Gallenfistelhunden,
welche reichlich mit fettem Fleisch gefüttert werden, wird hieraus verständlich.

Diejenigen Bestandteile der Galle, welche die Fettresorption befördern, sind zweifellos die Cholate. Wir sahen, daß diese imstande
sind, die unlöslichen Kalk- und Magnesiaseifen, selbst bei alkalischer
Reaktion des Darminhaltes, mit Leichtigkeit aufzulösen [1]). Hierauf
läßt sich die resorptionsbefördernde Einwirkung der Galle gegenüber
den Fetten wohl zum Teil zurückführen. Indessen muß dieser Umstand doch nur nebensächlich erscheinen. Die Bedeutung der Galle
für die Fettaufsaugung ist im wesentlichen zu suchen in einem eigentümlichen Einfluß der Cholate auf die Epithelien der Darmschleimhaut,
infolgedessen diese Elemente in ihrer fettaufsaugenden Funktion unterstützt werden.

In welcher Weise diese Wirkung der Cholate sich geltend macht,
ist noch unbekannt, wiewohl hierüber eine Reihe mechanischer Hypothesen, namentlich von WISTINGHAUSEN [2]), sowie schon früher von

---

1) Vergl. S. 178.
2) VON WISTINGHAUSEN, Du Bois' Archiv, 1873.

Schiff [1]) aufgestellt worden sind. Da die Unhaltbarkeit aller dieser Anschauungen bewiesen ist [2]), können sie hier übergangen werden. Nicht anders verhält es sich mit der vitalistischen Hypothese von Zawarykin [3]), nach welcher die ausgewanderten Leukocyten der Darmschleimhaut durch ihre amöboïden Bewegungen die Fetttröpfchen im Darmlumen aufsuchen, sich einverleiben und dann durch die Darmwandung gleichsam hindurchlootsen. Auch diese Vermutung ist namentlich durch die Untersuchung von Heidenhain [4]) vollkommen widerlegt worden.

Nur die Theorie von Thanhofer [5]) muß hier Erwähnung finden, weil sie auch durch eine Beobachtung von Wiedersheim [6]) Unterstützung gefunden hat. Es sollen nach Thanhofer durch eine mechanische Zellthätigkeit der Darmepithelien, mit Hilfe von Protoplasmafortsätzen, an der Darmwand Flüssigkeitsstrudel erzeugt werden, durch welche die feinen Fetttröpfchen in die Epithelien hineingerissen werden. Wie weit diese Anschauung berechtigt ist, muß durch zukünftige Untersuchungen entschieden werden.

Außer der Galle kommt für die Frage der Fettresorption infolge seines Steapsingehaltes auch der Pankreassaft in Betracht.

Wie bereits ausgeführt wurde, kann man sich leicht davon überzeugen, daß die Fette unserer Nahrung auch ohne Beihilfe des Steapsins mit schwach alkalischen Flüssigkeiten eine Emulsion zu bilden imstande sind. Nach dieser Beobachtung ist man im voraus geneigt, die Notwendigkeit des Pankreassaftes für die Fettresorption zu leugnen.

In der That verhält es sich in dieser Beziehung mit dem Pankreassaft ganz ähnlich, wie mit der Galle. Seine Gegenwart im Darm ist für die Aufsaugung der Fette förderlich, aber durchaus nicht unumgänglich notwendig. Es scheint die Form der Fettnahrung, bei der Frage nach der Bedeutung des Pankreassekretes für die Fettaufsaugung, wesentlich mitzusprechen.

Bis in die jüngste Zeit waren die Meinungen, ob der Pankreassaft zur Fettaufnahme seitens der Darmwand entbehrlich oder notwendig sei, sehr geteilt.

Während eine Reihe von neueren Forschungen, mit Bezug auf die Beobachtungen von Cl. Bernard [7]), die letztere Anschauung vertraten,

----

1) Schiff, Ueber die Rolle des pankreatischen Saftes, Moleschott's Untersuchungen zur Naturlehre, Bd. 2, 1857.

2) Vergl. Gröper, Ein Beitrag zur Lehre von der Fettresorption, Du Bois' Archiv, 1889, S. 505.

3) Zawarykin, Ueber die Fettresorption im Dünndarm, Pflüger's Archiv, Bd. 31, 1883, S. 231. Vergl. auch Schäfer, Pflüger's Archiv, Bd. 33, 1884, S. 513.

4) Heidenhain, Beiträge zur Histologie und Physiologie der Dünndarmschleimhaut, Pflüger's Arch., Bd. 43, 1888, S. 85.

5) von Thanhofer, Beiträge zur Fettresorption und histologischen Struktur der Dünndarmzotten, Pflüger's Archiv, Bd. 8, 1874, S. 391.

6) Wiedersheim, Ueber die mechanische Aufnahme der Nahrungsmittel in der Darmschleimhaut, Festschrift der 56. Versammlung deutscher Naturforscher und Aerzte zu Freiburg, 1883. Vergl. auch Wiemer, Pflüger's Archiv, Bd. 33, 1884, S. 532.

7) Cl. Bernard, Recherches sur les usages du suc pancréatique, Compt. rend., Bd. 28, 1849 sowie: Mémoire sur le pancréas, Compt. rend., 1856, I. Suppl.

wurde andererseits, unter Hinweis auf gewisse Versuche von BIDDER und SCHMIDT [1]) sowie von FRERICHS [2]), die Entbehrlichkeit der Steapsinwirkung betont.

Erst durch das Gelingen der Pankreasexstirpation bei Hunden durch MINKOWSKI und v. MERING [3]) ist auch über diese Frage mehr Klarheit verbreitet worden.

Durch diese Operation ist festgestellt, daß der Ausfall des Pankreassaftes, wenigstens bei Hunden, kaum die ausgiebige Resorption des Milchfettes verhindert, wogegen alle übrigen Fette unter diesen Umständen ganz ungenügend zur Aufsaugung gelangen. Eine vermehrte Resorption der letzteren macht sich aber sofort wieder bemerkbar, wenn der Fettnahrung Rinds- oder Schweinspankreas zugesetzt wird.

Eine Erklärung dieses abweichenden Verhaltens des Milchfettes, gegenüber allen anderen Fettarten, ergiebt sich aus der ausnahmsweis großen Beständigkeit der Fettemulsion, welche von den Butterkügelchen gebildet wird.

Uebersättigt man eine gewöhnliche Fettemulsion mit wenig Säure, so wird dieselbe zwar nicht augenblicklich zerstört, aber der feine Fettstaub ballt sich momentan zu viel größeren Oeltröpfchen zusammen, welche sich allmählich oberhalb der wäßrigen Flüssigkeit ansammeln und zusammenlaufen. Ganz dasselbe ist der Fall, wenn man vor dem Ansäuern auf eine Fettemulsion Pankreassaft hat einwirken lassen, nur bildet sich in diesem Falle oberhalb der angesäuerten Flüssigkeit eine weiße, rahmartige Schicht, welche aus abgeschiedenen freien Fettsäuren mit eingesprengten großen Fetttropfen besteht. Von einer größeren Resistenz der Pankreasemulsionen gegen das Ansäuern, als sie die gewöhnlichen Fettemulsionen besitzen, kann man sich, entgegen einer Angabe von CL. BERNARD, nicht überzeugen.

Ganz anders verhält sich die Milch. Bringt man dieselbe durch Lab zur Gerinnung und löst das Gerinnsel in Pepsin-Salzsäure, so bildet die trübe eiweiß- oder peptonhaltige Flüssigkeit zugleich eine saure Fettemulsion, welche sehr beständig ist. Auch das Alkalisieren durch Soda mit nachfolgendem Wiederansäuern vermag diese Emulsion nicht zu zerstören. Erst nach tagelangem Stehen wird die Flüssigkeit unter Bildung einer oberen Rahmschicht, welche aus feinem Fettstaub besteht, klar.

Wir haben bei unseren bisherigen Betrachtungen angenommen, daß der Inhalt des Dünndarms alkalisch reagiere. Dies ist aber nicht unter allen Umständen und durchweg der Fall. Bisweilen findet man nur den Darmsaft unmittelbar an der Darmwand alkalisch, während das Innere des Chylus, noch vom Magen her, bis ins Jejunum hinunter seine saure Reaktion bewahrt hat. Daher erklärt sich die wiederholt gemachte Beobachtung, daß der Gesamtdünndarminhalt nach der Durchmischung sauer reagiert.

---

1) BIDDER und SCHMIDT, Die Verdauungssäfte und der Stoffwechsel, 1852.

2) FRERICHS in Wagner's Handwörterbuch der Physiologie, 1846, Artikel „Verdauung".

3) Vergl. S. 150.

Es finden sich Angaben von SCHMIDT-MÜLHEIM [1]), MUNK [2]) und von CASH [3]), welche gerade nach reichlicher Fettfütterung bei Hunden eine saure Reaktion des Dünndarminhalts feststellen konnten, aber A. EWALD [4]) welcher beim Menschen die gegenteilige Beobachtung machte, giebt zu bedenken, ob die Befunde der sauren Reaktion unter den angegebenen Verhältnissen nicht darauf zurückzuführen sind, daß durch die Spaltung eines Teils der Fette im oberen Teil des Dünndarms das Alkali bereits verbraucht und dann übersättigt worden ist.

Diese Verhältnisse werden bei Ausfall des stark sodahaltigen Pankreassekretes noch mehr zu Ungunsten der alkalischen Reaktion sich verschieben, so daß nach der Pankreasexstirpation bei Hunden im Dünndarm meist saure Reaktion vorherrscht.

Nunmehr ist es begreiflich, daß nach dieser Operation die Emulgierung und somit auch die Resorption der Fettnahrung im allgemeinen Not leidet, während nur bei Milchgenuß die Emulsion der Butterkügelchen durch das mangelnde Alkali fast unbeeinflußt bleibt.

Giebt man aber mit der Fettnahrung an pankreaslose Hunde zerhacktes Rindspankreas, so kommt die Wirkung des Steapsins auch in der organisch sauren Darmflüssigkeit zur Geltung, und ein Teil der Fette wird gespalten, um in den unteren Partien des Dünndarms doch noch zur Seifenbildung und zur Resorption zu gelangen.

Eine Bindung sämtlicher Fettsäuren an Alkali ist zur Aufsaugung derselben keineswegs erforderlich, denn wie MUNK [5]) gezeigt hat, sind auch frisch abgeschiedene freie Fettsäuren emulgierbar. Bei Gegenwart von nur sehr wenig Natriumkarbonat, welches lange nicht hinreicht, um alle freien Fettsäuren zu binden, werden sie bei Körpertemperatur, wenn auch nicht so momentan, wie die Neutralfette, in eine staubfeine Emulsion übergeführt, welche zur Aufsaugung geeignet ist. Ferner vermögen die Cholate die fein verteilten freien Fettsäuren aufzulösen und so der Resorption zugänglich zu machen.

Ein dominierender Einfluß des Pankreassaftes auf die Reaktion des Dünndarminhaltes und somit auch auf die Fettresorption, wie er offenbar beim Hunde stattfindet, scheint keineswegs bei allen Tieren im gleichen Maße vorhanden zu sein. Daß bei den Herbivoren der lange Dünndarm über einen größeren Vorrat an alkalischem Sekret verfügt, als der Pankreassaft dieser Tiere, liegt sehr nahe.

Hieraus erklären sich vielleicht die Befunde von TEICHMANN [6]), welcher, abweichend von den MINKOWSKI'schen Beobachtungen, neuerdings im Laboratorium von HEIDENHAIN durch mikroskopische Untersuchungen der Dünndarmschleimhaut von Kaninchen feststellen konnte,

---

1) SCHMIDT-MÜLHEIM, Du Bois' Archiv, 1879, S. 56.

2) J. MUNK, Zur Frage der Fettresorption, Zeitschr. f. physiol. Chem., Bd. 9, 1885, S. 572.

3) CASH, Ueber den Anteil des Magens und des Pankreas an der Verdauung des Fettes, Du Bois' Archiv, 1880, S. 323.

4) A. EWALD, Klinik der Verdauungskrankheiten, 1890, I, S. 215.

5) J. MUNK, Du Bois' Archiv, 1879, S. 372. Mit 20 ccm einer 0,25-proz. Sodalösung kann man nach MUNK 1—2 g Fettsäuren bei 35—36 ⁰ C in eine milchweiße Emulsion überführen.

6) TEICHMANN, Mikroskopische Beiträge zur Lehre von der Fettresorption, Dissert. Breslau 1891.

daß bei diesen Tieren die Fettresorption nach Unterbindung des D. pancreaticus nicht merklich gestört wird. Ja selbst bei gleichzeitigem Ausschluß der Galle durch eine Ligatur des D. choledochus konnte die Aufsaugung von Fetten in jeder Form, welche mittels einer Schlundsonde in den Magen gebracht wurden, zweifellos beobachtet werden, wenn auch die Resorption unter diesen Umständen stark beinträchtigt war.

Daß übrigens auch beim Menschen ohne Gegenwart von Pankreassaft im Darmkanal die Möglichkeit einer genügenden Fettresorption nicht ausgeschlossen ist, hat Friedrich Müller [1]) mitgetheilt, welcher Gelegenheit hatte, einen Patienten mit einer Pankreasfistel nach dieser Richtung hin zu kontrolliren. Dieser Befund läßt sich mit den gegenteiligen Beobachtungen anderer Autoren [2]) vielleicht durch die Annahme in Einklang bringen, daß in den letzteren Fällen auch die Absonderung des Darmsaftes Not litt, so daß bei der andauernd sauren Reaktion des Darminhaltes keine Fettemulgierung zustande kam. In der That ist mangelhafte Fettresorption bei Ulcerationen im Duodenum ohne Pankreaserkrankung beobachtet worden [3]).

Wir sahen, daß sowohl für die Peptone und Albumosen, als auch für die Zucker Einrichtungen im Organismus bestehen, durch welche verhindert wird, daß größere Mengen dieser Nährstoffe plötzlich in die Säftemasse treten und deren Zusammensetzung alterieren.

Eine entsprechende Schutzvorrichtung wird bei den Fetten vermißt, offenbar deshalb, weil die unlöslichen Fetttröpfchen die Konsistenz der Säftemasse nicht verändern und andererseits auch wegen ihrer Kleinheit zu einer Verstopfung von Kapillaren nicht Veranlassung geben können.

Dagegen wird der Zutritt der Seifen zur Säftemasse, gleich dem der Peptone und Zucker, reguliert. Es geht dies aus den Befunden von Munk [4]) hervor, welche durch Walther Bestätigung erfahren haben. Bringt man nämlich in den Magen von Tieren fettfreie Seifen, so gelangen dieselben, wie zuerst Radziejewski [5]) nachwies, ausgiebig zur Resorption. Ein Teil wird von den Blutkapillaren aufgesaugt und dann wahrscheinlich in der Leber deponirt [6]). Ein anderer Teil aber schlägt, gleich den Fetten, den Weg durch die Chylusbahnen ein. Diese Seifenmengen treten indessen nicht als solche in den Brustgang, sondern werden vorher zu Neutralfetten umgewandelt. Denn der aus einer Brustgangfistel fließende Chylus weist hiernach keine andere Beschaffenheit auf, als nach Fettfütterung, namentlich sind auch die stets im Chylus vorhandenen geringen Seifenmengen nicht vermehrt. Werden anstatt

---

1) F. Müller, Untersuchungen über den Icterus, Zeitschr. f. klin. Medizin, Bd. 12, 1887. Vergl. auch Sauter, Inaug.-Dissert., Berlin 1874.
2) Ziehl, Carcinom des Pankreas und Vorkommen von Fettkrystallen im Stuhlgang, Deutsche mediz. Wochenschr., 1883, S. 538. Le Nobel, Ein Fall von Fettstuhlgang mit gleichzeitiger Glykosurie, Deutsches Arch. f. klin. Medizin, 1888, S. 288.
3) Vergl. Ewald, Klinik der Verdauungskrankheiten, 1890, I, S. 181.
4) Munk, Virchow's Arch., Bd. 80, 1880, S. 17 sowie Du Bois' Arch., 1890, Suppl., S. 116. Vergl. auch von Walther, ebendas., S. 329.
5) Radziejewski, Centralbl. f. d. mediz. Wissensch., 1866, No. 23 und Virchow's Arch., Bd. 56.
6) O. Frank, Du Bois Archiv, 1892, S. 497.

der Seifen freie Fettsäuren verfüttert, so ändert auch dieses an der Zusammensetzung des Chylus nichts.

Besonders unerklärlich ist bei diesem Vorgange, woher das zur Fettsynthese erforderliche Glycerin genommen wird, wovon bei reichlicher Seifenzufuhr bedeutende Mengen notwendig sind. Man muß geradezu annehmen, daß in dem adenoïden Gewebe der Darmwand oder in den Lymphdrüsen des Mesenteriums aus gewissen Zellbestandteilen Glycerin abgespalten wird.

Daß bei dieser Fettbildung aus Fettsäuren oder Seifen vielleicht auch die Darmepithelien eine gewisse Rolle spielen, scheint aus verschiedenen Beobachtungen hervorzugehen, nach welchen sich bei Einfuhr von Seifen oder freien Fettsäuren in den Darm, allerdings unter gleichzeitiger Zugabe von Glycerin, bald in den Epithelzellen mikrochemisch Fetttropfen nachweisen lassen.

Derartige Befunde sind zuerst von PEREWOZNIKOFF [1]) mitgeteilt worden, welcher an einen nüchternen Hund freie Fettsäuren und Glycerin verfütterte und hierauf aus dem Darmepithel genau dieselben mikroskopischen Bilder erhielt, als wenn er Neutralfette verfüttert hatte.

Diese Wahrnehmung PEREWOZNIKOFF's wurde später durch WILL [2]) und durch A. EWALD [3]) bestätigt, welche fanden, daß selbst von ausgeschnittenen Därmen ein Gemisch von freien Fettsäuren oder von Seifen mit Glycerin aufgesaugt und zu Fett vereinigt wurde.

Es sind durch MUNK [4]) sowie durch F. MÜLLER [5]) auch darüber Untersuchungen angestellt worden, wie sich die Resorptionsverhältnisse derjenigen Fette gestalten, welche nur im gespaltenen Zustande zur Aufsaugung gelangen können, weil sie, infolge ihres über der Körpertemperatur liegenden Schmelzpunktes, im Darm nicht flüssig und daher auch nicht emulgiert werden.

MUNK konnte in dieser Beziehung feststellen, daß Hammeltalg vom Schmelzpunkt 49° von Hunden zu mindestens 90 Proz. ausgenutzt wird, was F. MÜLLER und ferner ARNSCHINK [6]) bestätigten. Doch fanden letztere übereinstimmend, daß aus einem Gemisch von Fetten mit verschiedenen Schmelzpunkten diejenigen von niederem Schmelzpunkt bedeutend leichter und auch vollständiger resorbiert wurden, als die mit hohem Schmelzpunkt.

Dies gilt auch für den Menschen, wie MUNK und ROSENSTEIN [7]) durch

---

1) PEREWOZNIKOFF, Zur Synthese des Fettes, Centralbl. f. d. mediz. Wissensch., 1876.

2) WILL, Vorläufige Mitteilung über Fettresorption, Pflüger's Archiv, Bd. 20, 1879, S. 255.

3) A. EWALD, Ueber Fettbildung durch die überlebende Darmschleimhaut, Du Bois' Archiv, 1883, Suppl., S. 302.

4) J. MUNK, Zur Lehre von der Resorption, Bildung und Ablagerung der Fette im Tierkörper, Virchow's Archiv, Bd. 95, 1884, S. 407.

5) F. MÜLLER, Ueber Fettresorption, Sitzungsber. der Physik.-med. Gesellsch. zu Würzburg, 1885.

6) ARNSCHINK, Versuche über die Resorption verschiedener Fette aus dem Darmkanal, Zeitschr. f. Biol., N. F. Bd. 8, 1890, S. 434.

7) J. MUNK u. ROSENSTEIN, Ueber Darmresorption nach Beobachtungen an einer Lymphfistel beim Menschen, Du Bois' Archiv, 1890, S. 376 und 581.

Beobachtungen an einer am Oberschenkel befindlichen Lymphfistel feststellen konnten. Die ausfließende Lymphe gewann in der 2. Stunde nach dem Genuß fetthaltiger Nahrung durch feinen Fettstaub regelmäßig das Aussehen einer gesättigten weißen Milch.

Wurde dagegen bei 53° schmelzender Walrat unter Ausschluß jeder weiteren Fettnahrung verabreicht, so nahm die Lymphe erst in der 5.—6. Verdauungsstunde ein leicht milchiges Aussehen an. Es ergab sich ferner, daß die Lymphe 15 Proz. von der im verabreichten Walrat enthaltenen Palmitinsäure enthielt, aber nicht an Cetylalkohol gebunden, sondern als Triglycerid.

Es war also im Darmkanal eine langsame Spaltung des Walrats eingetreten, worauf nach der Resorption der Palmitinsäure das Glycerid derselben synthetisch entstanden war [1]).

Die resorbierten Fette können, soweit sie nicht als Wärme- oder Kraftquelle bald verbraucht werden, auch direkt als Fettgewebe in den Organen abgelagert werden.

Diese Beweisführung ist keineswegs überflüssig, denn es wäre denkbar, daß die Nahrungsfette in der Säftemasse lediglich dem Zerfall geweiht seien, während das Organfett sich aus anderen Nahrungsstoffen, aus Eiweiß oder Kohlehydraten, umbildete.

MUNK [2]) ließ zu diesem Versuch einen Hund so lange hungern, bis er völlig fettfrei geworden war, ein Stadium, welches nach etwa 20 Tagen eintrat und sich durch ein Ansteigen der Stickstoffausfuhr im Harn, infolge des stärkeren Zerfalles von Organeiweiß, sicher zu erkennen gab. Wurden dem Hunde nunmehr reichliche Fette oder auch freie Fettsäuren gereicht, so erfuhr die starke Stickstoffausscheidung sogleich wieder eine bedeutende Einschränkung. Nach einigen Tagen fortgesetzter Fettfütterung fand sich in den Organen des getöteten Tieres reichlich Fett angesetzt, welches nur aus dem Nahrungsfett stammen konnte.

Werden ferner an fettfrei gemachte Hunde pflanzliche Fette, namentlich Rüböl vom Schmelzpunkt 23° verfüttert, welch letzteres den ihm eigentümlichen Glycerinester der Erukasäure enthält, so findet man hierauf die pflanzlichen Fette mit ihrem charakteristischen niederen Schmelzpunkt sowie auch das Triglycerid der Erukasäure in den tierischen Geweben wieder [3]). Unter denselben Umständen gelang es MUNK, eine reichliche Ablagerung von Hammeltalg bei hungernden Hunden zu bewirken. Er gewann aus den Geweben der getöteten Tiere durch Auslassen etwa 1 kg Fett, welches erst bei 40° zu schmelzen begann, während der Schmelzpunkt des normalen Hundefettes bei 20° liegt.

1) Eine ähnliche Beobachtung machte bereits früher MINKOWSKI, Arch. f. exper. Pathol., Bd. 21, 1886, S. 373.

2) J. MUNK, Ueber die Bildung von Fett und Fettsäuren im Tierkörper, Du Bois' Arch., 1883, S. 273 sowie: Zur Lehre von der Resorption, Bildung und Ablagerung der Fette im Tierkörper, Virchow's Arch., Bd. 95, 1884, S. 407. Vergl. auch LEBEDEFF, Ueber Fettansatz im Tierkörper, Mediz. Centralbl., 1882, S. 129 und Zeitschr. f. physiol. Chem., Bd. 6, 1882, S. 149.

3) RADZIEJEWSKI (bei W. Kühne), Virchow's Arch., Bd. 43, S. 286.

Sechster Abschnitt.

Der Bedarf an Nahrung und die Bedeutung der Nährstoffe für den Organismus.

Aus dem Begriff der Nahrungsstoffe ergiebt sich, daß die Wertigkeit derselben in mehrfacher Beziehung differieren kann. Zunächst bilden die organischen Nahrungsstoffe durch die Möglichkeit ihrer Spaltung und Oxydation in den Geweben Kraftquellen. Sie stehen demnach in einem Gegensatz zu den Mineralsalzen und dem Wasser, welche unverbrennlich sind und keinerlei Spannkraft repräsentieren.

Nach einem anderen Gesichtspunkt lassen sich die Nahrungsstoffe scheiden, je nachdem sie zum Ersatz primärer Zellbestandteile dienen können oder hierzu ungeeignet sind. Nur die primären Zellbestandteile, als Nahrung genossen, können entweder direkt oder, nachdem sie gewisse Umformungen erfahren haben, wieder zu primären Zellbestandteilen werden. Verfüttert man dagegen sekundäre Zellbestandteile, also namentlich Fette, Kohlehydrate oder albuminoïde Stoffe, so bilden diese stets wieder nur sekundäre Zellbestandteile, welche allerdings zum Teil in der Form von Glykogen oder Fett als Reserve-Kraftquellen in den Zellen abgelagert werden können.

Aus diesen Gesichtspunkten ergiebt sich eine Einteilung der Nahrungsstoffe nach ihrer physiologischen Bedeutung:

I. Die echten Eiweißstoffe. Sie sind Kraftquellen, ferner Ersatzmittel sowohl für primäre, als auch für sekundäre Zellbestandteile.

II. Die albuminoïden Stoffe, die Fette und die Kohlehydrate. Sie sind Kraftquellen. Als Ersatzmittel können sie lediglich für sekundäre Zellbestandteile dienen.

III. Die Mineralsalze und das Wasser. Sie sind keine Kraftquellen, dagegen Ersatzmittel für primäre Zellbestandteile.

Die Schicksale der resorbierten Nukleïne und Lecithine sind nicht genügend aufgeklärt, als daß sie mit Sicherheit der 1. oder 2. Gruppe zugeteilt werden könnten, während die Cholestearine wahrscheinlich nur als schwer zersetzbare Endprodukte des Stoffwechsels, nicht als Nährstoffe zu betrachten sind [1]).

---

1) Vgl. S. 72 und 176.

Die Bedeutung der echten Eiweißstoffe ist nach dem Mitgeteilten eine vor allen anderen Nährstoffen hervorragende, denn auch bei Abwesenheit der übrigen organischen Nährstoffe, vermögen sie, falls nur Wasser und die Mineralsalze nicht fehlen, das Individuum zu erhalten. Andererseits aber werden sie, als alleinige Ersatzmittel der wichtigsten primären Zellbestandteile, unter keinen Umständen in der Nahrung entbehrlich.

Im Organismus pflegt man nach Voit[1]) zu unterscheiden zwischen dem „Organeiweiß", welches im wesentlichen die lebenden Zellen bildet, und zwischen dem nicht organisierten „cirkulierenden Eiweiß", das in den Säften gelöst ist und zu welchem sich stets die aus dem Darm in die Säfte tretende Eiweißnahrung gesellt.

Durch das fortwährende Absterben der älteren Zellen wird deren Eiweißmaterial disponibel und an den Säftestrom als cirkulierendes Eiweiß abgegeben, während eine entsprechende Menge des letzteren für das Wachsthum der jungen Zellen organisiert wird.

Die Menge des in 24 Stunden abschmelzenden Organeiweißes ist gering. Sie beträgt nach den Bestimmungen von C. Voit bei einem großen hungernden Hund täglich nicht ganz 1 Proz. des vorhandenen lebenden Zellmaterials[2]). Aus gewissen, noch zu besprechenden Beobachtungen läßt sich indessen schließen, daß unter normalen Ernährungsverhältnissen dieser Uebergang des Organeiweißes in den Säftestrom noch bedeutend geringer ist und wohl kaum die Hälfte des im Hunger umgesetzten Quantums betragen dürfte[3]).

Bei hungernden Männern von normalem Körpergewicht (70—75 k) hat sich aus den meisten Beobachtungen (vergl. S. 290) im fortgeschrittenen Inanitionsstadium eine tägliche Eiweißzersetzung im Mittel von ungefähr 33 g (entsprechend einem Stickstoffverlust von 5,25 g) bestimmen lassen. Nimmt man, wie beim Hunde, so auch hier an, daß diese Umsetzung des Organeiweißes durch den Hungerzustand über das Doppelte gesteigert ist, so würden in der Norm vom Eiweiß der Gewebe des erwachsenen Menschen etwa 16 g täglich gelöst werden, um in die Säfte überzutreten. Das gleiche Quantum muß durch Organisation von cirkulierendem Eiweiß zum Neuaufbau von Zellen täglich angebildet werden.

Man könnte sich vorstellen, daß die durch den Zerfall der älteren Zellen disponibel werdenden Eiweißstoffe stets für das Wachstum der jungen Zellen verwendet werden und daher eine Zuführung von Eiweißkörpern in der Nahrung dem Organismus überhaupt nicht nötig wäre.

Die Erfahrung hat indessen gelehrt, daß für den Menschen außer den zu Organeiweiß werdenden 16 g sogar noch ein weiteres bedeutendes Quantum an Nahrungseiweiß erforderlich ist, welches niemals zu Organeiweiß wird, sondern gleich den Kohlehydraten und Fetten lediglich als Kraftquelle dient.

---

1) C. Voit, Physiologie des allgemeinen Stoffwechsels und der Ernährung, in Hermann's Handbuch der Physiologie, Bd. 6, 1881, I, S. 301.

2) C. Voit, a. a. O. S. 302.

3) Dies folgt aus vergleichenden Stoffwechseluntersuchungen im Hunger und bei einseitiger Ernährung mit Leim. Vergl. C. Voit, Zeitschrift f. Biologie, N. F. Bd. 7, 1889, S. 284 u. 285.

Es ist sehr bemerkenswert, daß auch dieser, nicht zur Organisation bestimmte Anteil der Eiweißnahrung, nur bis zu einer gewissen Grenze durch die stickstofffreien Nahrungsstoffe ersetzt werden kann, woraus geschlossen werden muß, daß gewisse Funktionen des Organismus nur durch die Spannkräfte zerfallender Eiweißstoffe geleistet werden können. Der Zerfall des cirkulierenden Säfteeiweißes erfolgt sehr schnell. Wenigstens ist jener Anteil desselben, welcher täglich neu hinzukommt durch die Abschmelzung aus den Organen sowohl, als auch durch die nicht zur Anbildung von Organeiweiß verwendete Eiweißnahrung, schon im Verlaufe von 16 Stunden vollkommen zersetzt [1]). Dies ergiebt sich aus der Thatsache, daß selbst nach der eiweißreichsten Mahlzeit die während der angegebenen Zeit ausgeschiedene Stickstoffmenge dem in der Nahrung aufgenommenen Quantum etwa gleich kommt.

Da die Eiweißstoffe im allgemeinen 16 Proz. Stickstoff enthalten, läßt sich aus dem Stickstoffgehalt des Harns die Größe des Eiweißumsatzes annähernd berechnen, indem man die Menge des gefundenen Harnstickstoffs mit 6,25 multipliziert. Doch ist hierbei zu bemerken, daß nicht der gesamte, sondern nur der bei weitem größte Teil des vom Organismus ausgeschiedenen Stickstoffs im Harn zu finden ist. Außer dem Harn kommt in dieser Beziehung noch der Kot in Frage. Der Verlust auf anderen Wegen ist unter normalen Verhältnissen so gering, daß er vernachlässigt werden kann.

Andere multiplizieren den gefundenen Harnstickstoff mit 6,45, indem sie für die meisten Eiweißstoffe einen Gehalt von 15,5 Proz. Stickstoff annehmen. Diese Methoden der Berechnung des umgesetzten Eiweißes aus dem Stickstoffgehalt des Harns können leider nicht als vollkommene betrachtet werden, weil hierbei auf die stickstoffhaltigen Extraktivstoffe nicht Rücksicht genommen wird, von welchen namentlich beim Genuß gewisser vegetabilischer Nahrungsmittel, in der Form von Amidosäuren, ein ziemlich beträchtlicher Anteil des Harnstickstoffs herstammen kann.

Bei normaler Ernährung eines Individuums wird im allgemeinen ebenso viel Eiweiß im Körper zersetzt, als zur Resorption gelangt. D e r O r g a n i s m u s b e f i n d e t s i c h i m S t i c k s t o f f g l e i c h g e w i c h t. Hierbei muß ersichtlich die Menge des im Harn und Kot erscheinenden Stickstoffs dem mit der Nahrung eingeführten Stickstoff gleich sein.

Nach Voit [2]) braucht ein erwachsener Mann von normalem Körpergewicht (70 — 75 k) bei anstrengender (10-stündiger) körperlicher Arbeit täglich im Mittel 118 g Eiweiß zur Erhaltung seines Stickstoffgleichgewichtes, falls er daneben noch 56 g Fett und 500 g Kohlehydrate aufnimmt. In einem solchen K o s t m a ß sind etwa 18,3 g Stickstoff (118 : 6,45) und mindestens 328 g Kohlenstoff enthalten.

Das Stickstoffgleichgewicht braucht keineswegs mit Kohlenstoffgleichgewicht verbunden zu sein, wie sich aus der folgenden Tabelle, welche die B i l a n z der täglichen Einnahmen und Ausgaben eines Menschen bei reichlicher gemischter Kost darstellt, ersehen läßt [3]).

---

1) L. Feder, Der zeitliche Ablauf der Zersetzung im Tierkörper, Zeitschr. f. Biol., Bd. 17, 1882, S. 531.

2) C. Voit, Handbuch, S. 518 u. 497. Vergl. auch C. Bowie, Zeitschrift f. Biol., Bd. 15, 1879, S. 459.

3) Voit, Handbuch, S. 513.

Einnahme			Ausgabe		
Nahrungsstoffe	Stickstoff	Kohlenstoff	Exkrete	Stickstoff	Kohlenstoff
Eiweiß 137 g	19,5 g	|	Harn	17,4 g	12,6
Fett 117 „	—	315,5 g	Faeces	2,1 „	14,5
Kohlehydrate 352 „	—		Respiration	—	248,6
				19,5 g	275,7

Es sind demnach (315,5 — 275,7) 39,8 g Kohlenstoff im Körper zurückgehalten worden, während Stickstoffgleichgewicht bestand.

Dagegen ergiebt die Bilanz eines anderen Stoffwechselversuches von RANKE, an sich selbst, Stickstoff- und zugleich Kohlenstoffgleichgewicht [1]).

Einnahme			Ausgabe		
Nahrungsstoffe	Stickstoff	Kohlenstoff	Exkrete	Stickstoff	Kohlenstoff
Eiweiß 100 g	15,5 g	53 g	Harn	14,4 g	6,16 g
Fett 100 „	—	79 „	Faeces	1,1 „	10,84 „
Kohlehydrate 250 „	—	93 „	Respiration	—	208,00 „
		225,0 g		15,5 g	225,0 g

Von den 118 g Eiweiß der VOIT'schen Tagesration kommen nach den Untersuchungen von PETTENKOFER und VOIT im Mittel nur etwa 103—105 g zur Resorption, während der Rest, also 12,7 — 11 Proz., unbenutzt im Kot zur Ausscheidung gelangt.

Im VOIT'schen Kostmaß ist angenommen, daß die Nahrungsstoffe in der Form von fettem Fleisch, unter Zusatz von Kartoffeln und Brot zur Aufnahme gelangen. Erfolgt dagegen die Ernährung in anderer Weise, so wechseln damit auch die Mengen der nicht zur Resorption gelangenden Eiweißstoffe, je nachdem sie in den Nahrungsmitteln den Verdauungssäften leichter oder schwerer zugänglich sind. Die Ausnutzung der Nahrungsmittel ist demnach keine gleichmäßige.

Am vollkommensten wird das Eiweiß des Fleisches resorbiert (Rückstand 2 — 3 Proz.) [2]), weniger vollständig die Eiweißstoffe der Milch (Rückstand 6—12 Proz) [3]), während die Eiweißkörper der Vegetabilien

1) v. RANKE, Arch. f. Anat. u. Physiol., 1862, S. 311.
2) RUBNER, Zeitschr. f. Biol., Bd. 15, 1879, S. 115.
3) RUBNER und GERBER, a. a. O. CAMERER, Zeitschr. f. Biol., Bd. 16, 1880, S. 491. UFFELMANN, Pflüger's Arch., Bd. 29, 1882, S. 354. PRAUSNITZ, Ueber die Ausnutzung der Milch im menschlichen Darmkanal, Zeitschrift f. Biol., N. F. Bd. 7, 1889, S. 533. Hier findet sich auf S. 539 eine Tabelle, welche in Prozenten diejenigen Mengen von Trockensubstanz, organischer Substanz, Stickstoff und Asche angiebt, welche beim Genuß der verbreitetsten Nahrungsmittel vom Körper unverwertet durch den Kot ausgeschieden werden.

wenigstens beim Menschen mehr oder weniger unvollkommen zur Aufsaugung gelangen. Zwar bleiben vom Proteïn des Mehles aus Cerealien und Leguminosen nur etwa 10 Proz. im Darm zurück [1]), dagegen ist dies bei dem Eiweiß der Kartoffeln [2]) bis zu 32, bei denen der nicht gemahlenen Linsenkörner [3]) und des Kleienbrotes [4]) bis zu 42 Proz. der Fall.

Bei sorgfältigen Stoffwechselbestimmungen muß demnach, behufs Feststellung des Stickstoffgleichgewichtes, von der Menge der aufgenommenen Eiweißstoffe die Menge der nicht resorbierten Eiweißnahrung abgezogen werden, welche sich aus dem Stickstoffgehalt des Kotes berechnen läßt. Hierbei ist zu berücksichtigen, daß in den Faeces, neben den der Resorption entgangenen Eiweißstoffen, sich auch andere stickstoffhaltige Materialien befinden, welche zu den Ausgaben des Organismus gezählt werden müssen. Es sind dies namentlich die Residuen der eiweiß- und schleimhaltigen Verdauungssäfte.

RIEDER [5]) hat in vergleichenden Versuchsreihen mit stickstofffreier und gemischter Nahrung für den Menschen festgestellt, daß etwa 71 Proz. des Kotstickstoffs der nicht resorbierten Nahrung entstammen, während 29 Proz. von den Exkreten des Darmkanals herrühren.

Wären demnach bei gemischter Kost unter täglicher Zuführung von 118 g Eiweiß im 24-stündigen Kot 3,24 g Stickstoff gefunden worden, so würden davon nur 2,30 g (= 14,8 g Eiweiß) aus der nicht resorbierten Eiweißnahrung und 0,94 g (= 5,8 g Eiweiß) aus den Darmsekreten stammen. Die Menge des resorbierten Eiweißes ergiebt sich nunmehr aus der Differenz zwischen 118 und 14,8 = 103,2.

Sind andererseits in 24 Stunden 15,6 g Harnstickstoff gefunden, so wären hierzu noch 0,94 g Kotstickstoff zu addieren, um die Gesamtstickstoffausgabe von 16,5 = 103,2 g Eiweiß zu erhalten.

Fast zu demselben Kostmaß wie VOIT gelangten bei ihren Stoffwechselbestimmungen (im Laboratorium. von PFLÜGER) BLEIBTREU und BOHLAND [6]). Sie fanden in 25 Untersuchungen bei einer Anzahl männlicher Individuen von normalem Körpergewicht, die sich angestrengt körperlich beschäftigten, täglich im Mittel 16,92 g Harnstickstoff, woraus sich durch Multiplikation mit 6,25 die Menge des r e s o r b i e r t e n und zersetzten Eiweißes auf 105,75 g berechnet. Da bei diesen Untersuchungen den betreffenden Individuen eine willkürliche Auswahl der Nahrung sowie deren Quantität überlassen war, so erfahren die von VOIT aufgestellten Ernährungsgrundsätze auch hierdurch volle Bestätigung.

Die Gewichtsmengen der verschiedenen stickstofffreien Nährstoffe können indessen bei einem gleichblei-

---

1) STRÜMPELL, Deutsches Arch. f. klin. Medizin, 1876, S. 108 und Centralblatt f. d. mediz. Wissensch., 1876, S. 47. WOROSCHILOFF, Berliner klin. Wochenschrift, 1873, S. 90 (Ref.) MALFATTI, Sitzungsber. d. Wiener Akad., Bd. 110, 1884.

2) RUBNER, Zeitschr. f. Biol., Bd. 16, 1880, S. 119.

3) STRÜMPELL, a. a. O.

4) G. MEYER, Zeitschr. f. Biol., Bd. 7, 1871, S. 23. RUBNER, Zeitschr. f. Biol., N. F. Bd. 1, 1883, S. 71.

5) RIEDER, Zeitschr. f. Biol., N. F. Bd. 2, 1884, S. 378.

6) BLEIBTREU und BOHLAND, Ueber die Größe des Eiweißumsatzes bei dem Menschen, Pflüger's Arch., Bd. 38, 1886, S. 1.

benden Quantum an Eiweißnahrung relativ wechseln und sich gegen einander vertreten. Das von VOIT angenommene Verhältnis der Kohlehydrate zu den Fetten rechnet mit der Thatsache, daß die Kohlehydratnahrung bedeutend billiger ist, als die Fettnahrung, und daß ferner 500 g Kohlehydrate, selbst in der verhältnismäßig ungünstigen Form von Kartoffeln, gerade noch vom menschlichen Darmkanal gut vertragen werden. Zur Aufnahme dieser 500 g Kohlehydrate müßten allerdings $2\frac{1}{2}$ Kilo Kartoffeln genossen werden, da letztere nur 20 Proz. Stärke enthalten.

In den Kostsätzen der Wohlhabenden wird sich im allgemeinen die relative Menge der Fette gegenüber den Kohlehydraten vermehrt finden, so daß erstere gegenüber den Kohlehydraten nicht, wie beim Arbeiter, im Verhältnis von 1 : 10, sondern in dem von 1 : 3—4 vorhanden sind.

Auch lediglich mit Fett oder andererseits mit Kohlehydraten allein kann der Organismus neben gehöriger Eiweißnahrung gut bestehen, wenn man erstere Stoffe nach ihren Wärmewerten sich vertreten läßt. Daß endlich bei einseitiger Zuführung von Eiweißnahrung in entsprechend gesteigerter Menge die stickstofffreien Nährstoffe, wenigstens eine Zeit lang, gänzlich entbehrt werden können, wurde bereits angedeutet.

Durch kalorimetrische Bestimmungen[1]) ist festgestellt, daß 100 g Fett bei ihrer Verbrennung die gleichen Wärmemengen liefern, wie 221 g Stärkemehl oder wie 201 g (peptonisiertes) Eiweiß. Bei der Aufstellung der letzteren Zahl ist schon berücksichtigt, daß die Eiweißstoffe nur unvollständig zur Verbrennung gelangen und die Reste derselben in der Form der stickstoffhaltigen Harnbestandteile noch eine gewisse Summe von Spannkraft repräsentieren. Um den wahren Wärmewert der Eiweißstoffe für den Organismus zu bestimmen, mußte man also vom Wärmewert derselben die Verbrennungswärme der entsprechenden Harnmenge, sowie die zur Lösung des Harnstoffs erforderliche Wärme abziehen[2]).

Bei diesem Vergleich der verschiedenen Nährstoffe in Bezug auf ihren Wärmewert ist das Eiweiß im peptonisierten Zustande in Rechnung gezogen worden. Die Verbrennungswärmen der nativen Eiweißstoffe sind etwas höher, als die des Peptons. Und zwar hat man als Wärmewert für die animalischen Eiweißstoffe im Mittel 4,233 (große) Kalorien gefunden, für die vegetabilischen dagegen nur 3,960 Kalorien[3]). Soll jedoch eine für das native Nahrungseiweiß allgemein giltige

---

1) Die ersten Bestimmungen der Verbrennungswärmen von Nährstoffen und Nahrungsmitteln sind von FRANKLAND mit einem von LEWIS THOMPSON angegebenen Kalorimeter ausgeführt worden (FRANKLAND, Phil. Mag., Bd. 32, 1866, S. 182). Später wurde die Methode wesentlich verbessert durch STOHMANN (Journ. f. prakt. Chem., N. F. Bd. 19, 1879, S. 142). Neuere Untersuchungen nach dieser Richtung stammen von VON RECHENBERG (ebendas., Bd. 22, 1880, S. 1 u. 244), DANILEWSKY (Pflüger's Arch., Bd. 36, 1885, S. 230) sowie von RUBNER, Zeitschr. f. Biol., N. F. Bd. 3, 1885, S. 250 u. 337.

2) Vergl. hierüber namentlich die citierten Abhandlungen von RUBNER.

3) Eine große Kalorie ist diejenige Wärmemenge, welche notwendig ist, um 1 Kilogramm Wasser von 0^{0} C auf 1^{0} C zu erwärmen. Eine große Kalorie ist gleich 1000 kleinen Kalorien.

Zahl aufgestellt werden, so empfiehlt es sich nach Rubner [1]), als Verbrennungswert für 1 g Eiweiß 4,124 Kalorien zu berechnen, in der begründeten Annahme, daß in der normalen Eiweißnahrung des Menschen 60 Proz. animalische und 40 Proz. vegetabilische Eiweißstoffe beteiligt sind.

Der Verbrennungswert von 1 g Fett beträgt im Mittel 9,312 Kalorien, während für 1 g Kohlehydrat der Wärmewert der Stärke, als des verbreitetsten Nährstoffes dieser Gruppe, mit 4,116 Kalorien anzunehmen ist.

Es war wohl denkbar, daß diese kalorimetrisch gefundenen Werte der stickstofffreien Nährstoffe sich bei ihrer gegenseitigen Vertretung im Tierkörper doch anders gestalten könnten. Rubner hat deshalb auch die Vertretungswerte der verschiedenen Nährstoffe durch Tierversuche bestimmt. Es ergab sich indessen, daß die hierdurch ermittelten sogenannten „i s o d y n a m e n" W e r t e d e r N ä h r s t o f f e „nur höchst unbedeutend von den nach direkten kalorimetrischen Bestimmungen berechneten abweichen" [2]), so dass man wohl auch letztere Werte direkt bei der Berechnung der Kostmaße verwenden kann.

Demnach müßte man nach Voit [3]) bei Verwendung von Fett ohne Beigabe von Kohlehydraten zur Erhaltung des Stickstoffgleichgewichtes 118 g Eiweiß und 282 g Fett reichen, während bei Verwendung von Kohlehydrat allein 118 g Eiweiß und 624 g Stärkemehl erforderlich sein würden.

Wie auch das Voit'sche Kostmaß des Arbeiters modifiziert wird, in jedem Fall muß in demselben die Nahrung einen Wärmewert von etwa 2843 (großen) Kalorien repräsentieren [4]).

Zu dieser Zahl gelangt man nach Rubner durch folgende Berechnung. Es liefern:

118 g Eiweiß	(× 4,1)	484	Kalorien
56 „ Fett	(× 9,3)	521	„
500 „ Kohlehydrate	(× 4,1)	2050	„
		3055	Kalorien.

Rubner hat indessen auch die von anderen Autoren [5]) gefundenen und nur wenig von den Voit'schen Zahlen abweichenden Werte berücksichtigt.

Nach Playfair beträgt die Zahl der in der Nahrung eines Mannes aufzunehmenden Kalorien: 3133
　　　nach Moleschott: 3159
　　　nach E. Wolff: 3031, aus welchen Angaben sich mit der
Zahl von Voit　3055
　　im Mittel　3094 Kalorien berechnen.

---

1) Vergl. Rubner, Kalorimetrische Untersuchungen, Zeitschr. f. Biol., N. F. Bd. 3, 1885, S. 374.

2) Rubner, Die Vertretungswerte der hauptsächlichsten organischen Nahrungsstoffe im Tierkörper, Zeitschr. f. Biol., N. F. Bd. 1, 1883, S. 384.

3) C. Voit, Zeitschr. f. Biol., N. F. Bd. 7, 1884, S. 243.

4) Rubner, Kalorimetrische Untersuchungen, Zeitschr. f. Biol., N. F. Bd. 3, 1885, S. 379.

5) Die Litteraturangaben finden sich bei Voit, Handbuch, S. 519 und folg.

Dieser so erhaltene Wert ist aber nur die Bruttowärme. Es ist dabei nicht berücksichtigt, daß ein Teil der Nahrungsstoffe unresorbiert den Körper verläßt. Rubner hat diesen Verlust bei gemischter Kost zu 8,11 Proz. der Bruttowärme bestimmt. Man hat demnach noch 251 Kalorien abzuziehen, so daß verbleiben

$$\begin{array}{r} 3094 \\ -\ 251 \\ \hline 2843 \end{array}$$ Kalorien, als Kraftverbrauch eines

arbeitenden Mannes in 24 Stunden.

Wollte sich daher ein Arbeiter lediglich mit Eiweiß ernähren, so müßte er nach der Berechnung von Rubner $\frac{2843}{4,124} = 687$ g davon genießen, um darin 2843 Kalorien aufzunehmen. Aber selbst wenn der arbeitende Mann bedeutend weniger reines Eiweiß verzehrte, würde man nicht sogleich eine Störung des Stickstoffgleichgewichts bemerken, falls es sich um einen sehr fettreichen Organismus handelt. Denn in diesem Falle kann das Körperfett, solange noch ein Ueberschuß davon vorhanden ist, durch seinen Zerfall und seine Oxydation die zur Erhaltung des Organismus fehlenden Kalorien liefern.

Auf dieser Theorie beruhen im wesentlichen die sogenannten Entfettungskuren, namentlich von Banting und Oertel, welche demnach, trotz der Zufuhr bedeutender Eiweißquantitäten, eigentlich Hungerkuren sind, da ihre Kostmaße im höchsten Falle nur etwa 1500 Kalorien repräsentieren, meist jedoch noch einen bedeutend geringeren Wärmewert darstellen.

Abweichend vom Voit'schen Kostmaß darf indessen, ohne Störung des Stickstoffgleichgewichts, die Menge des Nahrungseiweißes, auch bei arbeitenden Männern, bedeutend unter 118 g sinken, wenn man die angegebenen Mengen der stickstofffreien Nahrungsstoffe entsprechend steigert, vorausgesetzt, daß diese Stoffe in einer Form gegeben werden, welche, wie z. B. Weißbrot oder Reis, der Darm gut verträgt und die dabei ausgiebig zur Resorption gelangen [1]). Demnach können die stickstofffreien Nährstoffe mit Recht als „Sparmittel" für die Eiweißnahrung gelten. Nach Voit kann bei sehr reichlicher Zuführung von Kohlehydraten, aber auch von Fetten, die zur Erhaltung des Körpers notwendige Eiweißmenge bis auf 65, ja bis auf 50 g herabsinken, ohne daß hierdurch eine Störung des Stickstoffgleichgewichts zu befürchten ist. F. Hirschfeld [2]) giebt sogar an, daß es ihm gelungen sei, sich bei einem Körpergewicht von ca. 70 kg während 15 Tagen mit einer Ernährung von ca. 40 g Eiweiß, 360—400 g Kohlehydraten und 170 g Fett im Stickstoffgleichgewicht zu erhalten. Doch scheint nach Voit [3]) dieser Versuch nicht mit allen Kautelen durchgeführt zu sein.

1) Der Einfluß der Kohlehydrate auf die Größe des Eiweißzerfalls ist in neuerer Zeit besonders von Lusk untersucht worden. Vergl. Lusk, Ueber den Einfluß der Kohlehydrate auf den Eiweißzerfall, Zeitschr. f. Biol., N. F. Bd. 9, 1890, S. 459.

2) F. Hirschfeld, Untersuchungen über den Eiweißbedarf des Menschen, Pflüger's Arch., Bd. 41, 1887, S. 564.

3) C. Voit, Zeitschr. f. Biol., N. F. Bd. 7, 1889, S. 271.

Ferner erfordert die Wahrung des Stickstoffgleichgewichtes eine bedeutend geringere Menge an Nahrungseiweiß als 118 g, wie an Nährstoffen überhaupt, falls das Individuum nur geringe körperliche Arbeit leistet oder ein geringeres Körpergewicht besitzt[1]). PFLÜGER und BOHLAND[2]) fanden in 32 Versuchen bei einer Reihe von männlichen Personen, welche sich in der Ruhe befanden und meist ein normales Körpergewicht besaßen, täglich im Mittel 12,672 g Harnstickstoff, woraus sich unter Vernachlässigung des Kotstickstoffs ein täglicher Eiweißumsatz von 79,2 g berechnet.

Es sind seit den grundlegenden Untersuchungen von VOIT eine große Reihe von Stoffwechselbestimmungen ausgeführt worden, bei denen es gelang, mit bedeutend weniger Eiweiß das Stickstoffgleichgewicht zu bewahren, als den von VOIT aufgestellten Zahlen entspricht[3]). Diese Thatsachen finden indessen eine völlig genügende Erklärung aus dem einen oder dem anderen der oben angeführten Verhältnisse[4]).

Das Stickstoffgleichgewicht bleibt im allgemeinen auch erhalten, wenn bedeutend mehr Eiweiß eingeführt wird, als erforderlich ist zum Neuaufbau von Zellen sowie zur Bestreitung ihrer Funktionen.

Denn in diesem Falle wird der Ueberschuß an cirkulierendem Eiweiß nicht etwa im Organismus aufgespeichert, sondern es tritt ein der vermehrten Zufuhr entsprechend gesteigerter Zerfall des cirkulierenden Eiweißes ein. Der gesamte Stickstoff der gesteigerten Eiweißnahrung gelangt fast ebenso schnell im Harn zur Ausscheidung, als bei normaler Ernährung. Die Eiweißzersetzung kann unter diesen Umständen, wenigstens beim Hunde, 15 mal so groß werden, als im Hungerzustande[5]). Ein besonders gesteigerter Eiweißumsatz läßt sich auch

---

1) Stoffwechseluntersuchungen an Kindern von 2—11 Jahren liegen vor von W. CAMERER, Zeitschr. f. Biolog., Bd. 18, 1882, S. 488 sowie von SOPHIE HASSE, ebendas., S. 553. Aus diesen Untersuchungen scheint hervorzugehen, daß mit steigendem Alter der Kinder die für 1 Kilo Körper notwendige Menge von Nahrungseiweiß stetig abnimmt. Die jüngsten Kinder haben demnach den regsten Stoffwechsel.

2) PFLÜGER und BOHLAND, Pflüger's Archiv, Bd. 36, 1885, S. 166. Daß diese Personen keine Arbeit leisteten, ergiebt sich aus der Abhandlung von BLEIBTREU und BOHLAND, ebendas., Bd. 38, 1886, S. 26 u. 27.

3) BENEKE, Schriften der Ges. zur Beförder. der ges. Naturwissensch. zu Marburg, Bd. 11, 1878, S. 277. FLÜGGE, Beiträge zur Hygiene, Leipzig 1879, S. 93. CRAMER, Die Ernährungsweise der sog. Vegetarier, vom physiologischen Standpunkt aus betrachtet, Zeitschr. f. physiol. Chem., Bd. 6, 1882, S. 357. B. SCHEUBE, Arch f. Hygiene, Bd. 1, 1883, S. 352. NAKAHAMA, Arch. f. Hygiene, Bd. 8, 1888, S. 78. KELLNER und MORI, Zeitschr. f. Biol., N. F. Bd. 7, 1889, S. 102. KUMARUGA, Virchow's Arch., Bd. 116, 1889, S, 370.

4) Vergl. C. VOIT, a. a. O. S. 243 u. f.

5) C. VOIT, Handbuch, S. 105 u. 302. Der Mensch leistet in dieser Beziehung allerdings wesentlich weniger. (Vergl. RUBNER, Zeitschr. f. Biol., Bd. 15, 1879, S. 122.) BLEIBTREU beobachtete bei abnorm gesteigerter Eiweißzufuhr während der sogen. WEIR-MITCHELL'schen Kur als Maximum einen täglichen Eiweißumsatz von 182 g. Pflüger's Arch., Bd. 41, 1887, S. 407.

konstatieren, wenn man assimilierbare Eiweißstoffe in großen Mengen
direkt in eine Vene strömen läßt[1]). Es werden offenbar die eiweiß-
zersetzenden Kräfte durch eine größere Eiweißzufuhr zu erhöhter
Thätigkeit angeregt.

VOIT[2]) vergleicht diese auffallende Vermehrung der Eiweißzersetzung
durch die Gewebszellen mit der gesteigerten Alkohol- und Kohlensäurebildung durch die Hefezellen bei einem vermehrten Zufluß von Zuckerlösung. Dieser Vergleich scheint namentlich auch dadurch begründet,
daß keineswegs allein eine vermehrte Eiweißzufuhr, sondern ganz allgemein alle Verhältnisse die Eiweißzersetzung steigern, durch welche
der intermediäre Saftstrom eine Vermehrung erfährt. So erklärt sich
nach VOIT der vermehrte Eiweißzerfall nach reichlichem Wassertrinken
sowie die Beobachtung, daß kleinere Warmblüter, bei denen eine verhältnismäßig raschere Cirkulation besteht[3]) und bei welchen demnach durch gleiche Gewichtsteile der Organe in gleicher Zeit mehr Blut
strömt, auch einen relativ gesteigerten Eiweißumsatz zeigen, als größere
Tiere. Während also ein Hund von 3 kg Gewicht etwa 3 g Harnstoff
täglich ausscheidet, erscheinen bei einem Hund von 33 kg nicht etwa
33 g Harnstoff, sondern nur 13 g.

Diese Thatsache geht namentlich sehr deutlich aus einer von VOIT[4])
aufgestellten Tabelle hervor, in welcher das Gewicht der Muskulatur
als Maßstab für die Organmasse und für den Eiweißreichtum eines
Körpers benutzt wird. VOIT hat für hungernde Säugetiere folgende
mittleren Werte gefunden:

	Körpergewicht in Kilo	Muskelmasse am Körper in Kilo	Täglicher Harnstoff auf ein Kilo Muskel	Dauer eines ganzen Kreislaufs (entsprechend 26—28 Herzschlägen) in Sekunden nach VIERORDT
Pferd				31,5
Mensch	70,00	29,40	0,65	
Hund	10,12	4,53	1,63	16,7 (Körpgw.: 9,1 kg)
Katze	2,50	1,13	3,37	
Kaninchen	1,00	0,51	3,53	7,8 (Körpgw.: 1,9 kg)
Eichhörnchen				4,4

Wegen der raschen Zerstörung des genossenen Eiweißes ist es also
nicht möglich, durch beliebig gesteigerte Gaben von fettarmem Fleisch
den Körper wesentlich eiweißreicher zu machen. Allerdings beobachtet
man bei überreicher reiner Fleischnahrung anfangs eine geringe Störung
des Stickstoffgleichgewichts zu Gunsten des Organismus, indem etwas
Eiweiß zum Ansatz gelangt. Aber selbst bei der größten Menge einer
solchen Nahrung währt dieser Zustand nur 4—5 Tage, dann setzt sich
der Organismus wieder dauernd ins Stickstoffgleichgewicht.

---

1) FORSTER, Zeitschr. f. Biol., Bd. 2, 1875, S. 531.
2) Handbuch, S. 294, 295 u. 302.
3) VIERORDT, Die Erscheinungen und Gesetze der Stromgeschwindig-
keiten des Blutes, 1858, S. 142.
4) VOIT, Handbuch, S. 87. Vergl. auch RUBNER, Ueber den Einfluß
der Körpergröße auf Stoff- und Kraftwechsel, Zeitschr. f. Biolog., N. F.
Bd. 1, 1883, S. 536.

Dagegen haben Fütterungsversuche gelehrt, daß ein Ansatz von Organeiweiß bewirkt wird durch gesteigerte Beigaben von stickstofffreien Nährstoffen zu einer überreichlichen Eiweißkost. Unter diesen Umständen beobachtet man bei vielen Individuen eine allmählich erfolgende Zunahme des Körpergewichts, welche allerdings nicht lediglich durch Eiweißansatz, sondern zugleich auch durch eine reichlichere Fettablagerung bedingt ist.

Die stickstofffreien Nährstoffe sind demnach nicht nur Sparmittel in dem Sinne, daß sie geeignet sind, die Menge der notwendigen Eiweißnahrung einzuschränken, sondern sie vermögen auch den normalen Zerfall des Organismus stetig ein wenig herabzusetzen, wenn sie in überreichlichen Mengen genossen werden, wiewohl sich dies im täglichen Eiweißumsatz kaum bemerkbar macht.

Die Steigerung des Körpergewichtes durch Ablagerung von Eiweiß und Fett wird in der landwirtschaftlichen Fütterungslehre als „Mästung" bezeichnet. Auch beim Menschen ist zu therapeutischen Zwecken eine derartige Ernährungsweise in Gebrauch, welche als WEIR-MITCHELL'sche Mast- und Kräftigungskur bekannt ist [1]).

Es ist bemerkenswert, daß für den Eiweißansatz im Organismus von den stickstofffreien Nährstoffen die Kohlehydrate von größerer Wirkung sind, als die Fette [2]). Als Mastfutter eignet sich demnach eine Zusammenstellung von Nahrungsmitteln, welche reich ist an Eiweiß und Kohlehydraten. Fettes Fleisch ist hiergegen von geringer Wirkung. Dies ist um so auffallender, als zur Erhaltung des Stickstoffgleichgewichts die Verhältnisse gerade umgekehrt liegen, denn wir sahen, daß in dieser Beziehung erst 249 g Kohlehydrate 100 g Fett isodynam sind.

Sinkt die Menge der genossenen Eiweißstoffe unter eine gewisse Grenze, welche VOIT, wie angegeben wurde, für den erwachsenen arbeitenden Mann auf 50 g berechnet hat, so ist trotz reichlicher Ernährung mit Fetten oder Kohlehydraten die Menge der im Organismus zerfallenden Eiweißstoffe bedeutender, als die Menge des resorbierten Nahrungseiweißes, wodurch somit eine Störung des Stickstoffgleichgewichts bedingt wird.

Zwar kann zunächst noch der Bedarf an Eiweiß, welches für das stetig abschmelzende Organeiweiß neu in die Zellen eintreten muß, gedeckt werden. Aber für jene nur durch die Spannkräfte zerfallender Eiweißstoffe zu leistenden Funktionen fehlt das normale Material, welches nunmehr notdürftig aus einer vermehrten Einschmelzung des Körpereiweißes geliefert wird. Dieser tägliche Verlust der Organe an Eiweiß ist allerdings ein beschränkter, da das lebende Eiweiß den zersetzenden Kräften einen bedeutenden Widerstand entgegensetzt. Trotzdem muß ersichtlich bei einer derartigen ungenügenden Eiweißzufuhr der Organismus allmählich zu Grunde gehen und zwar um so früher, je mehr gleichzeitig auch die Aufnahme der stickstofffreien Nährstoffe beschränkt ist, wodurch die Einschmelzung von Organeiweiß offenbar befördert wird.

---

1) Vergl. hierüber: KÜHNER, Kranken-Diätetik für praktische Aerzte, 1892, S. 79.

2) VOIT, Handbuch, S. 143.

Läßt man ein Thier hungern, so ist am ersten Tage gegen vorher die Stickstoffausscheidung nicht wesentlich vermindert, dann aber fällt sie bis etwa zum vierten oder fünften Hungertage in einer steilen Kurve ab. Von diesem Zeitpunkt an ist die Menge des Harnstickstoffs sehr gering und bleibt lange Zeit konstant, wenn man von einer sehr allmählich auftretenden stetigen Verminderung, welche dem sinkenden Körpergewicht entspricht, absieht. Erst kurz vor dem Tode tritt oft wieder, aber nicht regelmäßig, eine deutliche Steigerung der Eiweißzerzetzung ein. Dieses „prämortale" Ansteigen der Stickstoffausscheidung bezeichnet die Zeit, wo alles Fett im Organismus verbraucht ist und nunmehr die vitalen Funktionen lediglich aus zerfallendem Organeiweiß hervorgehen müssen.

Die ersten Tage der Hungerzeit, bis zum Eintritt des annähernd konstanten Minimums der Stickstoffausscheidung, können nicht zur eigentlichen Hungerperiode gerechnet werden, denn während dieser Zeit gelangt der Ueberschuß des noch vorhandenen cirkulierenden Eiweißes zum Verbrauch. Die vor dem 5. Hungertage umgesetzten Eiweißmengen sind in vielen Fällen wesentlich abhängig von dem größeren oder geringeren Eiweißgehalt des Organismus, was demnach besonders bei gemästeten Individuen, gegenüber solchen bei magerer Kost gehaltenen, hervortreten wird.

Um diese verschiedene Gestaltung des Eiweißzerfalls an den ersten Hungertagen zu demonstrieren, hat Voit eine größere Anzahl von Versuchen an ein und demselben Hunde angestellt und, je nach der Ernährungsweise des Tieres vor der Hungerperiode mit einer überreichlichen, mittleren oder spärlichen Fleischkost, für die tägliche Harnstoffausscheidung in Gramm erhalten:

Hungertag	Reihe 1	Reihe 2	Reihe 3
1.	60,1	26,5	13,8
2.	24,9	18,6	11,5
3.	19,1	15,7	10,2
4.	17,3	14,9	12,2
5.	12,3	14,8	12,1
6.	13,3	12,8	12,6
7.	12,5	12,9	11,3
8.	10,1	12,1	10,7
9.		11,9	10,6
10.		11,4	

Erst vom 5. Hungertage an ist mit Sicherheit alles zum Zerfall gelangende Eiweiß abgeschmolzenes Organeiweiß, welches allmählich im gelösten Zustande als cirkulierendes Eiweiß in den Säftestrom tritt. Die Menge des letzteren beträgt im Hungerzustande, wie schon angeführt wurde, nach den Bestimmungen von Voit täglich etwa 1% des noch vorhandenen Organeiweißes.

Nach Voit wird demnach das Organeiweiß nicht als solches an Ort und Stelle in den Organen zerstört, sondern es geht vorher erst in cirkulierendes Eiweiß über [1]). Für diese Ausdehnung läßt sich na-

---

1) Diese Ueberführung des organisierten in cirkulierendes Eiweiß, und somit der Eiweißzerfall überhaupt, findet sich unter pathologischen

mentlich anführen, daß die Organe hungernder Tiere keineswegs gleichmäßig an Masse abnehmen [1]). So konnte man am Gehirn und Rückenmark, aber auch am Herzen verhungerter Tauben, Katzen oder Kaninchen kaum eine Gewichtsabnahme konstatieren, wenn die betreffenden Organe von gleich schweren, aber normal ernährten Tieren, damit verglichen wurden. Bei dem regen Stoffwechsel gerade im Nervensystem und im Herzen ist für diese Thatsache kaum eine andere Erklärung zu finden, als dass während des Hungerns diese Organe auf Kosten der übrigen, namentlich der stark verminderten Milz und Leber ernährt worden sind, indem zwar in allen Geweben des Organismus täglich ein bestimmter Bruchteil des Organeiweißes verflüssigt wird, aber in jenen Organen, welche am meisten thätig sind, zum Teil wieder zur Ablagerung gelangt.

Diesen Befunden bei verhungerten Tieren schließt sich eine andere sehr ähnliche Beobachtung an [2]). Es ist bekannt, daß die Lachse bei ihren Wanderungen stromaufwärts niemals Nahrung aufnehmen. Dennoch wachsen während dieser Zeit, welche 6 bis $9^{1}/_{2}$ Monate dauert, die Eierstöcke der weiblichen Tiere ganz erstaunlich, während die Muskulatur sichtlich schwindet. Es scheint zweifellos, daß bei diesen Fischen während der Hungerzeit die Eiweißstoffe der Muskeln auf dem Wege der Saftbahnen allmählich in die Ovarien übergeführt und dort abgelagert werden.

Die Widerstandsfähigkeit der verschiedenen Individuen gegen die Nahrungsentziehung oder Inanition wird durch verschiedene Faktoren beeinflußt.

Aus ihrem relativ intensiveren Eiweißumsatz erklärt sich die Thatsache, daß kleinere Tiere den Hunger weniger lange ertragen, als größere. Hiervon sind jedoch die jugendlichen Individuen ausgenommen, welche unter allen Umständen im Hungerzustande bald zu Grunde gehen, was wohl aus dem verhältnismäßig großen Eiweißbedarf der wachsenden Organe zu erklären ist. Kinder sterben bereits nach 3—5

Verhältnissen bisweilen enorm gesteigert. Dies ist namentlich der Fall bei der Phosphorvergiftung, beim Diabetes, im Fieber, und bei tiefen Respirationsstörungen (Vergiftung mit Kohlenoxyd) [1]). Eine weniger bedeutende Steigerung wird wahrgenommen nach Zuführung von Natriumkarbonat, Kochsalz oder Salmiak [2]), Benzoësäure oder Salicylsäure [3]), Chloroform [4]) und Chloralhydrat [5]).

Dagegen vermag das Chinin den Eiweißumsatz erheblich einzuschränken [6]).

1) Voit, Handbuch, S. 97 u. 98, wo sich die ältere Litteratur findet. Vergl. auch Lukjanow, Zeitschr. f. physiol. Chem., Bd. 13, 1889, S. 339.

2) Vergl. F. Miescher, Arch. f. Anat. u. Physiolog., 1881, Anat. Abt., S. 193.

---

1) Vergl. S. 88.
2) Jac. Mayer, Zeitschr. f. klin. Med., Bd. 3, 1881, S. 82, und Voit, Handbuch, S. 157—165.
3) Carl Virchow, Zeitschr. f. physiol. Chem., Bd. 6, 1881, S. 78 sowie Kumagawa, Virchow's Arch., Bd. 113, 1888, S. 134.
4) E. Salkowski, Virchow's Arch., Bd. 115, 1889, S. 339.
5) Taniguti, Virchow's Arch., Bd. 120, 1890, S. 121.
6) Prior, Pflüger's Arch., Bd. 34, 1884, S. 237 und Kumagawa, a. a. O Vergl. auch Voit, Handbuch. S. 178 u. 310.

Tagen den Hungertod, nachdem sie etwa $^1/_4$ ihres Körpergewichtes eingebüßt haben.

Weiter halten fette Tiere die Entziehung der Nahrung ungleich länger aus, als fettarme, wenn auch fleischreichere Organismen. Denn bei letzteren wird von Anfang an mehr Eiweiß zersetzt, und ferner reichen sie nicht lange mit ihren Fettvorräten. — Verhältnismäßig früh bemerkt man daher bei mageren Tieren das „prämortale" Ansteigen der Stickstoffausscheidung, den Zeitpunkt, wo nunmehr lediglich Körpereiweiß den vitalen Funktionen dienen muß. Bei sehr fettreichen Tieren dagegen fällt diese Erscheinung meist ganz fort, dem entsprechend findet sich selbst nach dem Hungertode, infolge des starken Eiweißverlustes, bei ihnen im Körper noch Fett.

Bei Ruhe und in warmer Luft wird wenig Fett oxydiert und deshalb auch der Hungerzustand länger ertragen, als bei körperlichen Anstrengungen, namentlich in der Kälte. Hieraus, sowie aus der verlangsamten Cirkulation ihres Blutes, erklärt es sich, daß die durch ihr Fell und starkes Fettpolster gegen die Abkühlung wohl geschützten Winterschläfer 6—7 Monate lediglich auf Kosten von aufgespeichertem Reservematerial leben können.

Um über die mögliche Lebensdauer der verschiedenen Tiere im Hungerzustande ein Urteil zu gewinnen, verdienen nach den obigen Ausführungen nur diejenigen Angaben Beachtung, bei denen es sich um völlig ausgewachsene und fettreiche Individuen handelt. Der Gewichtsverlust kann bei verhungerten Tieren sehr bedeutend sein und etwa bis auf die Hälfte des ursprünglichen Gewichtes sinken. Der Tod erfolgt regelmäßig unter starkem Absinken der Körpertemperatur. FALCK [1]) beobachtete einen alten fetten Hund, welcher erst am 61. Tag der Inanition zu Grunde ging. Sein Anfangsgewicht betrug 21,2 k, das Endgewicht 10,3 k. Das Tier hatte demnach an seinem Körpergewicht 51,1 Proz. eingebüßt. BIDDER und SCHMIDT [2]) erhielten eine ausgewachsene fette Katze von 2,5 k Körpergewicht 18 Tage ohne Nahrungszufuhr. Sie hatte nach dem Tode 48,2 Proz. von ihrem Körpergewicht verloren. Für große, kräftige Kaninchen sind als längste Hungerzeit 19 Tage bekannt [3]). Das betreffende Tier wog allerdings noch nach dem Tode 1400 g und hatte während des Hungerns von dem Stickstoff seines Körpers über 45 Proz. im Harn ausgeschieden. Für Meerschweinchen werden als äußerste Karenzzeit 6 Tage angegeben [4]).

Geisteskranke Menschen, welche die Nahrungsaufnahme verweigerten, hat man bis zu 42 Tagen hungern sehen, wobei sie nur bisweilen etwas Wasser zu sich nahmen [5]).

---

1) F. A. FALCK, Beiträge zur Physiologie etc., Stuttgart 1875.

2) BIDDER und SCHMIDT, Die Verdauungsgröße und der Stoffwechsel, 1852.

3) RUBNER, Ueber den Stoffverbrauch im hungernden Pflanzenfresser, Zeitschr. f. Biol., Bd. 17, 1881, S. 214.

4) CHOSSAT, bei VOIT, Handbuch, S. 101.

5) AD. SCHUSTER fand bei einem hungernden Mann täglich 14,2 g Harnstoff = 6,6 g Harnstickstoff, VOIT, Untersuchungen der Kost, 1877, S. 151. Nach Beobachtungen von TUCZEK schieden zwei **weibliche** Geisteskranke, die ein Körpergewicht von 65, bezw. 54 kg aufwiesen

Beobachtungen an derartigen männlichen Kranken von normalem Körpergewicht sowie an sogenannten Hungerkünstlern [1]) haben, abgesehen von den ersten Hungertagen, eine ziemlich konstante Stickstoffausscheidung von etwa 6,5 g täglich festgestellt, welche dann sehr langsam, dem sinkenden Körpergewicht parallel laufend, abnahm, so daß gegen das Ende der etwa 30 Tage lang durchgeführten Hungerperioden nur gegen 4 g Harnstickstoff täglich zur Ausscheidung gelangten. Der mittlere Stickstoffverlust während der eigentlichen Hungerzeit beträgt demnach im Mittel etwa 5,25 g.

Aus Untersuchungen an Hunden hat sich ergeben, daß ein hungerndes Tier, so lange es noch Fett zuzusetzen hat, $2^1/_2$ mal so wenig Organeiweiß zersetzt, alses vorher, neben stickstofffreien Stoffen, Nahrungseiweiß einführen mußte, um sich gerade im Stickstoffgleichgewicht zu erhalten.

Dieses Gesetz gilt offenbar auch für den hungernden Menschen. Denn während der eigentlichen Hungerperiode gelangen bei diesem im Mittel täglich 5,25 g Harnstickstoff zur Ausscheidung, welchen $(5,25 \times 6,25)$ 32,81 g zerfallendes Körpereiweiß entsprechen. Multipliziert man diese Zahl mit 2,5, so erhält man die zur Erhaltung des Stickstoffgleichgewichts nötige Eiweißmenge von 82,0 g, wobei man zu berücksichtigen hat, daß es sich hierbei um ruhende Männer handelt, für welche, wie vorher angeführt wurde, im Mittel eine Zufuhr von 79,2 g Nahrungseiweiß gefordert wird.

Aus der Beobachtung, daß auch bei andauernder einseitiger Ernährung mit magerem Fleisch die Carnivoren aufs Beste gedeihen [2]),

und 21, bezw. 16 Tage hungerten, im Mittel täglich 9,14 g Harnstoff (= 4,2 g Harnstickstoff) bezw. 9,2 g Harnstoff (= 4,4 g Harnstickstoff) aus. Mediz. Centralbl., 1885, S. 69.

1) Paton und Stockmann beobachteten einen Franzosen (Jacques), welcher 30 Tage lang unter guter Bewachung fastete. Derselbe wog am 1. Fasttage 62 kg und verlor während der 30 Hungertage 10 kg an Körpergewicht. Die Stickstoffausscheidung wurde während des fast konstanten Minimums im Mittel auf 5,2 g täglich bestimmt. Proc. Roy. Soc. Edinburgh, 1889, S. 121.

Ganz entsprechende Beobachtungen machte Luciani am Hungerkünstler Succi. Letzterer schied bei einem Körpergewicht von 63,5 kg, welches allmählich bis auf 50,5 kg sank, am 10. Tage 6,7 g und am 20. Tage 4,3 g Harnstickstoff aus. Vergl. Luciani, Das Hungern. Studien und Experimente am Menschen. Uebersetzt von O. Fränkel, 1890. Bedeutender ist allerdings der Eiweißzerfall bei dem Hungerkünstler Cetti gefunden worden. J. Munk sah dessen Stickstoffausscheidung während der 10-tägigen Hungerperiode nur bis auf 10 g täglich sinken. Munk erklärt diese Abweichung daraus, daß bei Cetti ein fettarmer (tuberkulöser) Organismus vorlag, der also lediglich von seinem Organeiweiß zehren mußte, während der Eiweißzerfall noch durch reichliches Wassertrinken beschleunigt wurde. J. Munk, Berliner klinische Wochenschrift, 1887, S. 428.

2) Dies ist von Pflüger auch für den Hund bewiesen worden. Ein solcher wurde 8 Monate lang ausschließlich mit fast fettfreiem Fleisch ernährt und blieb hierbei trotz schwerer Arbeit bei Gesundheit und Kraft. Vergl. Pflüger's Arch., Bd. 50, 1891, S. 99.

ist schon zu folgern, daß der Tierkörper nicht nur imstande ist, das Nahrungseiweiß in Organeiweiß zu verwandeln, sondern daß er auch die Eiweißstoffe nach Bedürfnis in alle übrigen organischen Zellbestandteile umzuformen vermag.

Wie bereits früher ausgeführt wurde, müssen im tierischen Organismus nicht nur die albuminoïden Substanzen, sondern auch das Glykogen aus Eiweiß hervorgehen können. Denn völlig ausgehungerte Tiere, welche nach der Inanition andauernd und reichlich mit Eiweißstoffen ernährt wurden, zeigen, in diesem Stadium getötet, Glykogenablagerungen in fast allen Organen. Ebenso ist auch eine direkte Zuckerbildung aus Eiweiß bei den schweren Diabetesformen des Menschen sowie bei hungernden Tieren nach Vergiftung mit Phloridzin festgestellt worden [1]).

Die Albuminoïde entstehen sogar regelmäßig nur aus den genossenen Eiweißstoffen. Selbst bei den Fleischfressern, welche, im Gegensatz zu den Herbivoren, stets Leimstoffe und Elastin mit der Nahrung aufnehmen, werden diese Materialien keineswegs zum Aufbau der Stützgewebe verwendet, sondern in ihrer ganzen Menge gespalten und oxydiert. Denn bei einer Ernährung mit eiweißfreiem Leim, auch wenn davon die größte Menge gereicht sowie das Maximum an Fett hinzugefügt wird, findet sich unter allen Umständen nicht nur der gesamte Stickstoff des verfütterten Leims, sondern sogar mehr Stickstoff im Harn, als im verfütterten Leim enthalten war. Der Leim wird demnach nicht im Körper abgelagert, sondern sehr schnell und vollkommen zersetzt [2]).

Weiter aber entstehen im Organismus auch Fette sowie Lecithine und Nukleïne aus Eiweißstoffen, letztere beiden unter Zutritt von Phosphaten. Diese verschiedenen Zellbestandteile werden durch direkte Abspaltung, Umformung oder aber auch synthetisch aus zunächst entstehenden Spaltungsprodukten der Eiweißstoffe gebildet.

Stoffwechselversuche, welche den Uebergang von Eiweiß in Fett im Tierkörper darthun, sind von PETTENKOFER und VOIT [3]) mitgeteilt worden. Sie fütterten Hunde im Respirationsapparat mit großen Mengen reinen Muskelfleisches von bekanntem Stickstoffgehalt. Wiewohl nun dieser ganze Stickstoff im Harn und Kot zur Ausscheidung gelangte, wurde ein großer Teil des im Muskeleiweiß enthaltenen Kohlenstoffs nicht wieder aus dem Körper eliminiert. Diese Beobachtungen sind offenbar durch die Annahme zu erklären, daß sich bei dem Zerfall des Nahrungseiweißes die stickstoffhaltigen Bestandteile desselben von einem stickstofffreien Atomkomplex abtrennen, welch letzterer nicht zerstört, sondern im Körper zurückgehalten wird. Da es nun im Tierkörper keinen anderen Stoff giebt, in welchem eine so große Menge Kohlenstoff angesetzt werden kann, als das Fett, so schließen PETTENKOFER und VOIT, daß aus dem Eiweiß Fett entstanden war und dieses nicht weiter zersetzt worden ist. Zum Teil konnte diese Ablagerung des stickstofffreien Eiweißrestes wohl auch als Glykogen erfolgen, aber nicht vollständig, dagegen sprachen die quantitativen Verhältnisse.

---

1) Vergl. S. 262 u. 263.
2) VOIT, Handbuch, S. 124 u. 391.
3) PETTENKOFER u. VOIT, Ann. d. Chem. u. Pharm., 1862, 2. Suppl.-Bd., S. 52 u. 361; Zeitschr. f. Biol., Bd. 5, 1869, S. 106, Bd. 6, 1870, S. 371, Bd. 7, 1871, S. 489. VOIT, Handbuch, S. 249.

Diese Möglichkeit der Zurückhaltung eines stickstofffreien Restes des Eiweißmoleküls in der Form von Glykogen oder Fett ist offenbar von Wichtigkeit für die Oekonomie des Organismus, denn hierdurch werden die in der Eiweißnahrung aufgespeicherten Spannkräfte, welche bei dem schnellen Zerfall des cirkulierenden Eiweißes nicht vollkommen zur Verwendung gelangen konnten, für spätere Bedürfnisse aufgespart[1]).

In pathologischen Zuständen scheint diese Fettbildung aus Eiweiß eine Steigerung erfahren zu können. Seit lange ist es bekannt, daß nach gewissen Intoxikationen die Zellen der verschiedensten Organe fettig entarten können, wobei augenscheinlich das Fett aus dem Organeiweis hervorgeht. Umfangreiche fettige Degeneration, namentlich der Leber, wird besonders nach Phosphorvergiftung, aber auch nach einer solchen mit Arsen und Antimon sowie bei der akuten Leberatrophie beobachtet.

Es ist behauptet worden, daß unter dem Einflusse der angeführten Schädlichkeiten die Fette aus anderen Geweben in die degenerierten Organe einwanderten[2]). Ein Fetttransport und eine Fettbildung aus Eiweiß scheinen in der That unter diesen Umständen neben einander auftreten zu können[3]). Daß aber durch Fetteinwanderung allein die Fettdegeneration zu erklären sei, stimmt wenig zu der Thatsache, daß sie nach Phosphorvergiftung auch bei stark ausgehungerten Tieren beobachtet wird, welche nur noch sehr wenig Fett besitzen. J. BAUER[4]) fand bei einem Hund, welcher nach 12-tägigem Hunger mit Phosphor vergiftet wurde, den Fettgehalt der Muskeln enorm vermehrt und ebenso in der getrockneten Leber 30 Proz. Fett gegen 10 Proz. der normalen Hundeleber. Auch die bedeutende Zunahme des Harnstickstoffs bis auf das Doppelte und selbst Vierfache der Norm unter diesen Verhältnissen stimmt zu dem Ursprung des Fettes aus dem massenhaft zerfallenden Organeiweiß.

Ferner tötete LEO[5]) von 12 Fröschen 6 und bestimmte deren Fettgehalt. Die restierenden 6 Frösche wurden mit Phosphor vergiftet und erst nach Ablauf des 3. Tages getötet. Der Leichenbefund der Phosphortiere zeigte, wenn auch bei weitem nicht in so bedeutendem Maße, wie bei den Warmblütern, die der Phosphorvergiftung charakteristischen Erscheinungen, mäßige Fettleber und trübe Muskulatur. Der Fettgehalt der zusammen verarbeiteten Frösche ergab eine wesentliche Zunahme gegenüber den 6 beim Beginn des Versuches getöteten gesunden Tieren sowie im Vergleich zu 6 weiteren, nicht vergifteten Fröschen, welche ebenfalls 3 Tage ohne Nahrung belassen waren. Es fand sich, daß 0,5 g oder 13,2 Proz. Fett unter dem Einfluß der Phosphorvergiftung im Körper neu gebildet waren.

---

1) Vergl. C. VOIT, Zeitschr. f. Biol., N. F. Bd. 10, 1892, S. 292.

2) LEBEDEFF, Woraus bildet sich das Fett in Fällen der akuten Fettbildung? Pflüger's Arch., Bd. 31, 1883, S. 11.

3) LEO, Fettbildung und Fetttransport bei Phosphorintoxikation, Zeitschr. f. physiol. Chem., Bd. 9, 1885, S. 483 u. 486.

4) Die älteren Untersuchungen über die Befunde nach Phosphorvergiftung, namentlich von STORCH, J. BAUER und CAZENEUVE, finden sich in VOIT's Handbuch, S. 184 und 248 besprochen. Vergl. auch STOLNIKOW, Vorgänge in den Leberzellen, insbesondere bei der Phorphorvergiftung, Arch. f. Anat. u. Physiol., 1887, Suppl. S. 1.

5) LEO, a. a. O. S. 480.

Eine Fettbildung aus Eiweiß wird auch durch Beobachtungen an nährenden Muttertieren mindestens wahrscheinlich gemacht. Subbotin[1]) fand, daß bei Hündinnen der Fett- und Zuckergehalt der Milch keineswegs abnimmt, wenn die Tiere einseitig mit magerem Fleisch ernährt werden. Im Gegenteil, es wird nach diesem Forscher bei einer derartigen Ernährung sogar eine besonders fettreiche Milch produziert. Dies bestätigt auch Kemmerich[2]), welcher eine Hündin 22 Tage lang mit magerem, ausgekochtem Fleisch ernährte. In der Milch, welche während dieser Zeit von dem Tiere abgesondert wurde, befand sich etwa 10 mal so viel Fett, als mit dem Futter aufgenommen werden konnte. Allerdings ist bei diesen Versuchen die Möglichkeit nicht ausgeschlossen, daß die Tiere bei der reichlichen Eiweißnahrung das Milchfett aus ihrem Körperfett produzierten.

Besonders beweisende Beobachtungen liegen bei niederen Tieren zur Beurteilung dieser Frage vor. Fr. Hofmann[3]) teilte eine Quantität Fliegenmaden auf einer Wage in zwei Hälften. In der einen Hälfte wurde unmittelbar der Fettgehalt bestimmt. Die andere Hälfte ließ er zuvor auf defibriniertem Blut von bekanntem Fettgehalt sich entwickeln. Die Untersuchung ergab, daß die Fettmenge in den ausgewachsenen Maden 10 mal so groß geworden war, als das Fettquantum in denselben vor dem Beginn des Versuches und in dem Blute zusammengenommen. Es hatte sich also zweifellos im Organismus der Maden Fett aus Eiweiß gebildet.

Pflüger[4]) hat in neuester Zeit behauptet, „daß die Lehre von der Entstehung des Fettes aus Eiweiß im Körper der Tiere jeder Begründung entbehre". Seine gegen die verschiedenen Untersuchungen erhobenen Einwände sind indessen zum Teil sicher nicht gerechtfertigt, zum anderen Teil entziehen sie sich vorläufig der Beurteilung.

Aber selbst wenn die oben mitgeteilten Beweise für die Fettbildung aus Eiweiß im Tierkörper nicht existierten, kann doch die Bildung von Glykogen oder Traubenzucker aus Eiweiß ebensowenig bestritten werden, wie der bald zu erwähnende Uebergang von verfütterter Stärke in Körperfett, womit zugleich auch die Möglichkeit der Fettbildung aus Eiweiß im Tierkörper bewiesen ist.

---

1) Subbotin, Arch. f. pathol. Anat., Bd. 36, 1866, S. 561.

2) Kemmerich, Centralblatt f. d. medizin. Wissensch., 1866, Nr. 30, und 1867, Nr. 127.

3) Fr. Hofmann, Zeitschr. f. Biol., Bd. 8, 1872, S. 159.

4) Pflüger, Ueber die Entstehung von Fett aus Eiweiß im Körper der Tiere, Pflüger's Arch., Bd. 51, 1892, S. 229. Hiermit im Zusammenhang bekämpft Pflüger die von Voit aufgestellte Theorie, nach welcher bei reichlicher Eiweißnahrung durch eine Zugabe von Kohlehydraten der stickstofffreie Rest des Eiweißmoleküls als Körperfett zur Ablagerung gelangen kann. Pflüger behauptet, daß die Fette des Organismus unter allen Umständen allein aus den stickstofffreien Nährstoffen stammen. Eine Fettmast bei entsprechender Zufuhr von Eiweiß und Stärke geschieht, „nicht weil das Eiweiß selbst sich in Fett verwandelte, sondern weil ersteres fettbildende Stoffe erspart". „Von dem Eiweiß wird also das Kohlehydrat, nicht umgekehrt von dem Kohlehydrat das Eiweiß vor der Zersetzung geschützt." Vergl. Pflüger, Ueber Fleisch- und Fettmästung, Pflüger's Arch., Bd. 52, 1892, S. 1, sowie: Die Ernährung mit Kohlehydraten und Fleisch etc., ebendas., S. 239.

Diese Umformung eines Teils des Eiweißmoleküls zu Fett in den tierischen Organen ist um so auffallender, als es bisher im allgemeinen nicht gelungen ist, auf künstlichem Wege die höheren Fettsäuren oder gar Glycerin aus Eiweiß abzuspalten [1]). Ebenso entstehen bei der gewöhnlichen Eiweißfäulnis, wie früher ausgeführt wurde, lediglich die niederen Glieder der Fettsäurereihe, namentlich Buttersäure, Valeriansäure und Kapronsäure. Nur unter gewissen äußeren Bedingungen scheinen auch durch bakterielle Zersetzung [2]), gerade so wie in den tierischen Organen, höhere Fettsäuren aus zerfallenden Eiweißstoffen hervorgehen zu können. Man hat nämlich vielfach beobachtet, daß tierische Teile, namentlich Muskelfleisch, welche lange Zeit im strömenden Wasser liegen, eine eigentümliche fettartige Umwandlung erfahren. Während die Eiweißstoffe schwinden, bilden sich aus ihnen neben anderen löslichen Stoffen die Kalkseifen der Stearin- und Palmitinsäure, welche als feste Masse zurückbleiben, die als Adipocire oder Leichenwachs bezeichnet wird [3]). Namentlich auf feuchten Begräbnisplätzen, wo eine langsame Zersetzung unter geringem Sauerstoffzutritt vor sich geht, ist eine derartige Umwandlung der Leichenteile bemerkt worden.

Ob auch bei der Reifung gewisser Käsesorten durch Pilzwirkung aus dem Kaseïn eine Bildung von Fett eintritt, oder ob dasselbe sich nur relativ vermehrt findet, ist nicht entschieden [4]).

Für die Möglichkeit der Bildung von Nukleïnen und Lecithinen aus Eiweiß im Tierkörper spricht die bereits vorher mitgeteilte Beobachtung von MIESCHER über die Ernährungsverhältnisse der Rheinlachse [5]). Da die weiblichen Lachse auf ihrer Wanderung stromaufwärts keine Nahrung aufnehmen und ihre Eierstöcke trotzdem während dieser Zeit um das 19- bis 27-fache an Gewicht zunehmen, bleibt nach MIESCHER nur die Annahme übrig, daß die in den Ovarien sehr reichlich vorhandenen Nukleïne und Lecithine aus dem geschwundenen Muskeleiweiß, unter Zuhilfenahme von Phosphaten, synthetisch aufgebaut worden sind. Denn der Gehalt der Muskeln an Nukleïnen und Lecithinen ist viel zu gering, als daß hierdurch der Bedarf der Eierstöcke an diesen Stoffen gedeckt werden könnte. Ja, es erscheint fraglich, ob die Nukleïne der Gewebe überhaupt jemals direkt durch die Nukleïne der Nahrung ergänzt werden, oder ob sie nicht vielmehr immer erst durch eine Synthese aus Eiweiß und Phosphaten im Tierkörper entstehen müssen. Für letztere Annahme spricht jedenfalls die schwere Löslichkeit der Nukleïne in den Flüssigkeiten des Darmtraktes sowie ihre mangelhafte Resorption [6]).

1) Nur ERWIN VOIT teilt einen Versuch mit, bei welchem durch Einlegen von 43 g Eiweiß in Kalkmilch nach 12 Monaten 0,8 g höhere Fettsäuren entstanden waren. E. VOIT, Versuche über Adipocire-Bildung, Ges. für Morphol. u. Physiol., München 1889.

2) Vergl. NÄGELI, Sitzungsber. der Münchener Akad., 1879, S. 287.

3) Die zahlreichen Beobachtungen hierüber finden sich bei C. VOIT. Handbuch, S. 245. Vergl. ferner K. B. LEHMANN, Ein Beitrag zur Frage nach der Entstehung des Leichenwachses aus Eiweiß, Sitzungsber. der Physik.-mediz. Ges. zu Würzburg, 1888, S. 19.

4) Vergl. VOIT, Handbuch, S. 246.

5) Vergl. S. 288.

6) A. BÓKAY, Ueber die Verdaulichkeit des Nukleïns und Lecithins, Zeitschr. f. physiolog. Chem., Bd. 1, 1877, S. 161.

Auch die Gegenwart von Xanthinbasen, als solcher, zur Bildung der Kernnukleïne, ist nicht nötig, sie müssen aus anderen in den Eiern vorhandenen Stoffen hervorgehen können. Dies beweist der Befund von Kossel [1]), welcher im Dotter der unbebrüteten Hühnereier nur Paranukleïne fand, welche bei ihrer Spaltung lediglich Phosphorsäure lieferten. Xanthinbasen sind in den frischen Vogeleiern nicht nachweisbar. Da nun aber die Trockensubstanz der Hühnerembryonen 0,28 Proz. Guanin sowie 0,66 Proz. Hypoxanthin enthält, muß man schließen, daß während der Bebrütung aus den Paranukleïnen und unbekannten stickstoffhaltigen Stoffen sich Kernnukleïne bilden.

Eine Nukleoalbuminbildung aus Eiweiß muß in den Milchdrüsen angenommen werden, da das Kaseïn der Milch sonst nirgends im Organismus angetroffen wird. Man könnte sich vorstellen, daß diese Synthese in den Drüsenzellen durch einfaches Zusammentreten von Nukleïnen der Nahrung mit den Eiweißstoffen des Serums vor sich gehe. Indessen wird die Entstehung auch des Nukleïns selbst aus Eiweiß und Phosphaten im Tierkörper wahrscheinlicher, wenn man die großen Mengen des täglich gebildeten Kaseïns (manche Kühe lieferten in 25 Liter Milch bis zu 720 g Kaseïn täglich) in Betracht zieht, dessen Nukleïngehalt kaum als solcher mit der vegetabilischen Nahrung aufgenommen werden dürfte.

Die nutritive B e d e u t u n g   d e r   L e i m s t o f f e geht aus dem schon Mitgeteilten (vergl. S. 291) genügend hervor. Sie sind ungeeignet, irgend welche Zellbestandteile zu ersetzen, dagegen haben sich das Kollagen und der Leim als die vorzüglichsten Sparmittel für Eiweißstoffe erwiesen.

Denn im Gegensatz zu den stickstofffreien Nährstoffen, vermag der Leim auch jenen nicht näher bekannten Funktionen zu dienen, welche sonst nur noch aus den Spannkräften der zerfallenden Eiweißstoffe hervorgehen können. Und zwar leistet in dieser Beziehung der Leim etwa halb so viel, als die gleiche Menge Eiweiß.

Hieraus folgt, daß man bei einseitiger Ernährung mit Leimstoffen ein Tier erhalten kann, wenn zu seiner Nahrung gerade nur so viel Eiweiß hinzugefügt wird, daß der Verlust des täglich abschmelzenden Organeiweißes gedeckt wird.

Durch die Eigentümlichkeit der Leimstoffe, die Eiweißnahrung, soweit letztere als Kraftquelle in Betracht kommt, vollkommen ersetzen zu können, ist es möglich, die unter normalen Verhältnissen täglich in Verlust geratenden Mengen an Organeiweiß zu bestimmen. Denn die Harnstickstoffausscheidung im Hungerzustande kann hierfür nicht als Maßstab dienen, unter diesen Umständen wird ja stets mehr Eiweiß zerstört, als dem bei normaler Ernährung abschmelzenden Organeiweiß entspricht.

Voit [2]) fand, daß ein großer Hund im Hungerzustande zur Zeit des konstanten Minimums täglich 5,3 g Stickstoff von seinem Körper

1) Kossel, Weitere Beiträge zur Chemie des Zellkerns, Zeitschr. f. physiol. Chem., Bd. 10, 1886, S. 249 sowie Arch. f. Anat. u. Physiol., 1885, S. 346. Dasselbe konstatierte Tichomiroff an Insekteneiern, Zeitschr. f. physiol. Chem., Bd. 9, 1885, S. 530, in denen während der Bebrütung auch eine Bildung von Lecithinen konstatiert wurde.

2) Voit, Zeitschr. f. Biol., N. F. Bd. 7, 1884, S. 284.

einbüßte. Wurde nunmehr der Hund auf einseitige Leimnahrung gesetzt, so sank der tägliche Stickstoffverlust vom Körper sogleich bis auf 2,1 g. Letztere Zahl giebt also lediglich diejenige Stickstoffmenge an, welche dem zerfallenen Organeiweiß entstammte, zu dessen Ersatz der Leim nicht geeignet ist. Hiernach scheint vom Organeiweiß im Hungerzustande mehr als doppelt so viel, wie bei normaler Ernährung, in Zerfall zu geraten.

Es lag der Gedanke nahe, ob die Eigenschaft des Leims, als weitgehendes Sparmittel für die Eiweißstoffe dienen zu können, im wesentlichen auf seinem Stickstoffgehalt beruhe.

Deshalb wurden Versuche angestellt, wie sich in dieser Beziehung die Amidosäuren, besonders das aus vielen Pflanzen, namentlich Wicken, Bohnen, Erbsen und Kartoffeln, leicht zu gewinnende Asparagin (Monamid der Asparaginsäure), verhalten.

WEISKE[1] fand in der That, daß Asparagin bei Hammeln, Schafen, Ziegen und Gänsen eiweißersparend wirkt, indem es durch seinen Zerfall sowohl den Eiweißansatz im Körper, als auch die Milchproduktion fördert. Dieses Resultat konnten N. ZUNTZ[2]) und J. POTTHAST[3]) auch für das Kaninchen bestätigen. Dagegen soll das Asparagin bei Hunden und Ratten nach Untersuchungen von J. MUNK[4]) sowie von VOIT und POLITIS[5]) keine eiweißersparende Wirkung ausüben.

Vorläufig ist demnach anzunehmen, daß in Bezug auf die Verwertung der genossenen Amidosäuren sich die Pflanzenfresser und die Carnivoren nicht in gleicher Weise verhalten.

Außer den Amidosäuren in den pflanzlichen Nahrungsmitteln käme in dieser Frage allenfalls noch das Kreatin in Betracht, welches im Muskelsaft in ziemlicher Menge enthalten ist und die wesentlichste der stickstoffhaltigen Substanzen der Fleischbrühe und des Fleischextraktes bildet.

Das Kreatin entsteht offenbar bei der Zersetzung gewisser Muskelbestandteile. Da diese Base in ihrer ganzen Menge als Kreatinin im Harn erscheint[6]), muß sie als wertloses Endprodukt des Stoffwechsels

---

1) H. WEISKE (zum Teil mit KENNEPOHL und B. SCHULZE), Ueber die Bedeutung des Asparagins für die tierische Ernährung, Zeitschr. f. Biol., Bd. 15, 1879, S. 261, Bd. 17, 1881, S. 417. Ferner: Versuche über das Verhalten verschiedener Amidkörper im tierischen Organismus, Zeitschr. f. Biol., N. F. Bd. 2, 1884, S. 277.

2) N. ZUNTZ, Verhandlungen der Physiolog. Gesellsch. zu Berlin, Juli 1882, und Arch. f. Anat. u. Physiol., 1882, S. 424.

3) J. POTTHAST, Pflüger's Arch., Bd. 32, 1883, S. 280.

4) J. MUNK, Der Einfluß des Asparagins auf den Eiweißumsatz und die Bedeutung desselben als Nährstoff, Virchow's Arch., Bd. 94, 1883, S. 436 und Bd. 98, 1884, S. 364. Vergl. auch MAUTHNER, Zeitschr. f. Biol., N. F. Bd. 10, 1892, S. 507.

5) C. VOIT und POLITIS, Ueber die Bedeutung des Asparagins als Nahrungsstoff, Mediz. Centralblatt, 1884, S. 378 sowie Zeitschr. f. Biol., N. F. Bd. 10, 1892, S. 492. Vergl. auch S. GABRIEL, Zur Frage nach der Bedeutung des Asparagins als Nahrungsstoff, Zeitschr. f. Biol., N. F. Bd. 11, 1893, S. 115 sowie C. VOIT, ebendas., S. 125.

6) G. MEISSNER, Zeitschr. f. rationelle Medizin, Bd. 31, 1868, S. 283 und ältere Untersuchungen desselben sowie C. VOIT, Zeitschr. f. Biolog., Bd. 4, 1868, S. 77.

betrachtet werden. Demnach war von vornherein nicht zu erwarten, daß die Beigabe von Kreatin zur Nahrung eine Eiweißersparung bewirken könnte. Dies ist aber auch durch exakte Versuche bestätigt worden. Sowohl Kemmerich [1]), als auch namentlich Rubner [2]) konnten feststellen, daß der Fleischextrakt die Lebenszeit hungernder Tiere nicht zu verlängern vermag und daß alle Bestandteile des Muskelsaftes fast unverändert, d. h. ohne Verlust an Spannkraft, den Organismus verlassen.

Außer den für die Ernährung wertlosen Extraktivstoffen enthält der Fleischextrakt fast nur noch die Mineralsalze des Muskelgewebes. Wegen der darin vorhandenen Salze die Fleischbrühe zu genießen, wäre unnötig, da diese Nährstoffe in allen Nahrungsmitteln in genügender Menge vorhanden sind. Der Fleischextrakt wird überhaupt nicht als Nahrungsmittel genommen, sondern gehört neben dem Thee, Kaffee und den Gewürzen zu den sogenannten Genußmitteln, welche durch gewisse wohlschmeckende oder angenehm riechende Bestandteile eine vermehrte Sekretion der Verdauungssäfte hervorrufen und ferner einen wohlthätigen, allgemein belebenden Einfluß auf das Nervensystem ausüben. Die Behauptung von Kemmerich [3]), der zufolge die im Fleischextrakt enthaltenen Kalisalze noch speziell eine vermehrte Herzaktion anregen sollen, scheint durch die Untersuchungen von Bunge [4]) vollkommen widerlegt zu sein.

Wie schon hervorgehoben werden mußte, vertauschen die beiden Hauptgruppen der stickstofffreien Nährstoffe gegen einander, je nach der Ernährungsweise, ihre nutritive Bedeutung. Sind reichlich Eiweißstoffe in der Nahrung vorhanden, so ersetzen sich die Fette und die Kohlehydrate nach ihren isodynamen Werten. In diesem Falle vermögen die Fette mehr als doppelt so viel zu leisten, als die Kohlehydrate.

Dagegen sind in Bezug auf die Fähigkeit, Eiweißstoffe in der Nahrung zu ersparen, die Kohlehydrate wirksamer als die Fette.

Dies zeigt sich unter anderem auch in der Gestaltung des Eiweißumsatzes bei hungernden Hunden, wenn den Tieren während der Inanition entweder reines Fett, oder aber Kohlehydrate gereicht werden.

Durch Fettgaben kann man unter diesen Verhältnissen nicht immer eine deutliche Verminderung der täglichen Stickstoffausscheidung bewirken, wenn diese auch im allgemeinen herabgesetzt ist, wie sich aus der bedeutend längeren Lebensdauer fetter Tiere, gegenüber fettarmen, bei völligem Hunger klar erkennen läßt.

Dagegen erzielt jede Zufuhr von Kohlehydraten im Hungerzustande sogleich ein auffallendes Absinken des Eiweißumsatzes, welcher hierdurch im Mittel um 9 Proz., im günstigsten Falle um 15 Proz. herabgesetzt werden kann [5]). Mehr, wie durch Fettgaben, kann endlich

---

1) Kemmerich, Pflüger's Arch., Bd. 1, 1868, S. 120.

2) Rubner, Ueber den Einfluß der Extraktivstoffe des Fleisches auf die Wärmebildung, Zeitschr. f. Biolog., N. F. Bd. 2, 1884, S. 265. Vergl. ferner Georgios Politis, Zeitschr. f. Biolog., N. F. Bd. 10, 1892, S. 496.

3) Kemmerich, Pflüger's Arch., Bd. 2, 1869, S. 49.

4) Bunge, Pflüger's Arch., Bd. 4, 1871, S. 235 und Zeitschr. f. Biologie, Bd. 9, 1873, S. 130. Vergl. auch K. B. Lehmann, Arch. für Hygiene, Bd. 3, 1885, S. 249.

5) Voit, Handbuch, S. 130.

durch ausschließliche Darreichung von Kohlehydraten, bei im übrigen ohne Nahrung gelassenen Tieren, der Eiweißverlust vom Körper vermindert und damit auch der Hungertod hinausgeschoben werden.

Aus der verhältnismäßig größeren eiweißersparenden Wirkung der Kohlehydrate erklärt sich nach VOIT auch die Thatsache, daß die Pflanzenfresser, welche im allgemeinen viel bedeutendere Mengen von diesen Stoffen verzehren, leichter Eiweiß ansetzen, als die Fleischfresser, die außer Eiweiß fast nur Fette genießen.

Ein Uebergang von Fetten in Glykogen [1]) oder Traubenzucker [2]) scheint im Organismus nicht stattzufinden, dagegen ist d i e U m f o r - m u n g v o n g e n o s s e n e r S t ä r k e i n K ö r p e r f e t t erwiesen.

Diese Metamorphose kann sich unter gewissen Verhältnissen im großen Maßstabe vollziehen, wie Fütterungsversuche [3]) an Herbivoren und Carnivoren, ferner auch an Gänsen sicher dargethan haben.

Der Nachweis des Ueberganges von verfütterter Stärke in Körperfett läßt sich unter anderem zweckmäßig so führen, daß man zwei möglichst gleich schwere Tiere von demselben Wurf, deren Körper im allgemeinen einen annähernd gleichen Eiweiß- und Fettgehalt aufzuweisen pflegen, zunächst aushungert und sodann das eine Exemplar tötet, um das noch vorhandene Eiweiß- und Fettquantum seines Körpers zu ermitteln.

Das überlebende Tier wird jetzt eine Reihe von Tagen sehr reichlich mit einem abgewogenen Körnerfutter ernährt, dessen Fett-, Eiweiß- und Stärkegehalt ebenfalls genau bekannt ist. Ferner wird die Menge der nicht resorbierten Fette und Eiweißstoffe durch die Analyse des gesammelten Kotes festgestellt. Nachdem das Gewicht des Versuchstiers erheblich zugenommen hat, wird auch dieses getötet und sein Fett und sein Eiweißgehalt bestimmt. Unter der begründeten Voraussetzung, daß beide Tiere während der Hungerperiode annähernd gleichviel Fett und Eiweiß eingebüßt hatten, läßt sich die Zunahme an beiden Körperbestandteilen für das gemästete Tier aus der Differenz gegenüber dem ausgehungerten Tier berechnen.

Das neugebildete Organeiweiß kann nur aus dem verfütterten Nahrungseiweiß stammen. Als Quellen des angesetzten Körperfettes

---

1) Vergl. hierüber: von MERING, Zur Glykogenbildung in der Leber, Pflüger's Arch., Bd. 14, 1877, S. 282.

2) Von J. SEEGEN ist allerdings eine Zuckerbildung aus emulgiertem Fett durch die überlebende Leber behauptet worden, aber diese Versuche SEEGEN's machen so, wie sie geschildert werden, durchaus keinen überzeugenden Eindruck. Vergl. SEEGEN, Die Zuckerbildung im Tierkörper, Berlin 1890, S. 151.

3) SOXHLET, Versuche über die Fettbildung im Tierkörper, Zeitschr. des Landwirtsch. Vereins in Bayern, August 1881. B. SCHULZE, Ueber Fettbildung im Tierkörper, Landwirtschaftliche Jahrbücher, 1882, I, S. 57, Ref. im Med. Centralblatt, 1882, S. 708. N. TSCHERWINSKY, Landwirtschaftliche Versuchsstationen, Bd. 29, 1883, S. 317. STANISL. CHANIEWSKI, Ueber Fettbildung aus Kohlehydraten im Tierorganismus, Zeitschr. f. Biol., N. F. Bd. 2, 1884, S. 179. MEISSL, STROHMER und von LORENZ, Untersuchungen über den Stoffwechsel des Schweins, Zeitschr. f. Biol., N. F. Bd. 4, 1886, S. 63. J. MUNK, Die Fettbildung aus Kohlehydraten beim Hunde, Virchow's Arch., Bd. 101, 1886, S. 91.

dagegen sind in erster Linie das verfütterte Fett und der Rest des verabreichten Körnereiweißes [1]) heranzuziehen.

Man hat nun gefunden, daß die Mengen des Fettes und der Eiweißstoffe in den Körnern bei weitem nicht hinreichen konnten, um das neuentstandene Körperfett aus sich hervorgehen zu lassen. Es müssen daher auch die Kohlehydrate der Nahrung zur Fettbildung beigetragen haben. Da der Anteil des aus Stärke neugebildeten Fettes sehr bedeutend, nämlich bis zu 86,7 Proz.[2]) des überhaupt angesetzten Fettes, gefunden worden ist, kann an der Beweiskräftigkeit dieser Versuche nicht gezweifelt werden.

Auch durch die Bestimmung der täglich ausgeschiedenen Kohlensäure ist diese Frage zu entscheiden.

Man ernährt ausgehungerte oder zum Fettansatz besonders disponierte Tiere im Respirationsapparat reichlich mit abgewogenem, sehr fettarmem Körnerfutter, dessen Gehalt an Gesamtkohlenstoff sowie an Eiweiß- und Kohlehydraten bekannt ist. Aus der Differenz des täglich aufgenommenen und ausgeschiedenen Stickstoffs wird das angesetzte Eiweißquantum ermittelt. Die expirirte Kohlensäure ergiebt nur im wesentlichen die Menge des wieder eliminierten Kohlenstoffs der Nahrung, denn ein Teil desselben verläßt auch in den organischen Harnbestandteilen den Körper und ist aus dem gefundenen Harnstickstoff annähernd zu berechnen.

Der zurückgehaltene Kohlenstoff wird zunächst als Bestandteil des angesetzten Eiweißes in Rechnung gebracht (Eiweiß = 52 Proz. C). Man hat aber gefunden, daß unter diesen Umständen noch weitere bedeutende Mengen an Kohlenstoff im Organismus deponiert werden, welche offenbar als Fett im Körper zurückbleiben. Die Menge des zurückgehaltenen Kohlenstoffs betrug in einem Falle [3]) (junges Schwein der Yorkshire-Rasse) mehr als $1/_4$ k täglich und ist demnach viel zu groß, als daß die Annahme gerechtfertigt wäre, der Kohlenstoff sei in der Form von Glykogen abgelagert worden. Das Körperfett muß zweifellos in diesem Falle in großer Menge aus der verfütterten Stärke hervorgegangen sein, auch wenn man annimmt, daß alles Nahrungsfett (nicht einmal 8 g pro die) resorbiert und angesetzt wäre.

Aus der universellen nutritiven Bedeutung der Eiweißstoffe ergiebt sich, daß die in denselben aufgespeicherten Spannkräfte bei ihrem Freiwerden jeder Form der tierischen Leistungen zu genügen vermögen.

Weniger auf der Hand liegt die Verwendbarkeit der Kohlehydrate und Fette für die verschiedenen Funktionen des tierischen Organismus.

Daß sie bei ihrer Spaltung und Oxydation der Wärmebildung zu dienen geeignet sind, ist ohne weiteres zuzugeben. Dagegen fragt es sich, ob die stickstofffreien Nährstoffe auch als Quellen

---

1) Nach HENNEBERG können aus 100 Teilen Eiweiß 51,4 Teile Fett hervorgehen, Landwirtsch. Versuchsstationen, Bd. 20, S. 393. Dieser Berechnung liegt indessen eine chemische Basis nicht zu Grunde. Vergl. HOPPE-SEYLER, Lehrb., S. 1005.

2) CHANIEWSKI, a. a. O. S. 191.

3) MEISSL und STROHMER, Ueber die Bildung von Fett aus Kohlehydraten im Tierkörper, Monatshefte f. Chem., Bd. 4, 1883, S. 801 sowie Sitzungsber. d. Wiener Akad., Bd. 88, Juli 1883. Vergl. auch RUBNER, Ueber die Fettbildung aus Kohlehydraten im Körper des Fleischfressers, Zeitschr. f. Biol., N. F. Bd. 4, 1886, S. 272.

der Muskelkraft in Betracht kommen. Während die ältere Anschauung, besonders von Liebig [1]) vertreten, diese Annahme zurückwies, unterliegt es zur Zeit keinem Zweifel, daß die Muskelarbeit auch durch den Zerfall der stickstofffreien Stoffe geleistet werden kann.

Besonders bahnbrechend war für die Erkenntnis dieser Thatsache der Versuch von Fick und Wislicenus [2]). Die beiden Forscher bestiegen das Faulhorn in einem Zeitraum von 6 Stunden. Während des Marsches sowie in den vorausgegangenen 17 Stunden war von ihnen nur stickstofffreie Nahrung, nämlich Fett und Zucker, genossen worden. Der in der Zeit des Aufstiegs gelassene Urin wurde gesammelt und mit dem Harn, welcher in den nächsten 6 Stunden nach der Bergbesteigung zur Ausscheidung gelangte, vereinigt. Die Stickstoffbestimmung in den beiden Harnen ergab, daß bei Wislicenus die Menge des umgesetzten Eiweißes 37 g betrug, während sie bei Fick nur etwas größer war, nämlich auf 38,28 g festgestellt wurde.

Aus dem Verbrennungswert des Eiweißes läßt sich berechnen, daß 37 g Eiweiß im allerhöchsten Falle 250 Kalorien liefern, welchen etwa 106 000 Kilogrammmeter Arbeit entsprechen.

Als Betrag der geleisteten Muskelarbeit dagegen erhält man zunächst schon über 148 000 Kilogrammmeter, wenn man die Höhe des Faulhorns (1956 m) mit dem Körpergewicht von Wislicenus (76 k) multipliziert. Dazu kommt aber noch eine Herz- und Respirationsarbeit von 30 000 Kilogrammmeter. Ferner wird bei jedem Schritt sowie bei jeder Kopf- und Armbewegung ein Teil der geleisteten Arbeit in Wärme umgesetzt, welche verloren geht. Helmholtz hat berechnet, daß nur $^1/_5$ von der Verbrennungswärme der zersetzten Stoffe in äußere Arbeit verwandelt wird. Unter Berücksichtigung aller dieser Thatsachen muß die Arbeitsleistung Wislicenus' im mindesten Falle auf 368 000 Kilogrammmeter veranschlagt werden. Hieraus folgt, „daß die Verbrennung von Proteïnstoffen nicht die ausschließliche Kraftquelle des Muskels sein kann, da in den beiden Beobachtungen mehr (als 3mal so viel) von meßbarer äußerer Arbeit geleistet wurde, als das Aequivalent der Wärmemenge beträgt, welches sich aus der Eiweißverbrennung berechnen läßt".

Ferner hat Voit [3]) durch eine Reihe von Stoffwechseluntersuchungen festgestellt, daß hungernde fettreiche Hunde, oder aber auch solche, welche sich bei einer bestimmten reinen Fleischkost gerade im Stickstoffgleichgewicht befanden, verhältnismäßig nur wenig mehr Eiweiß

---

1) Liebig, Chemische Briefe, 1857 sowie namentlich: Ueber die Gärung und die Quelle der Muskelkraft, Liebig's Annal., Bd. 153, 1870, S. 1 u. S. 157.

2) Fick und Wislicenus, Ueber die Entstehung der Muskelkraft, Vierteljahrsschr. d. Züricher naturforsch. Gesellsch., Bd. 10, 1865, S. 317. Zu dem gleichen Resultat wie Fick und Wislicenus gelangten in ähnlichen Versuchen Parkes, Proc. Roy. Soc., Bd. 20, 1872, S. 402 sowie W. North, ebendas., Bd. 36, 1883, S. 11.

3) Diese Versuche Voit's, welche zum Teil in Gemeinschaft mit Pettenkofer ausgeführt wurden, stammen im wesentlichen aus den Jahren 1860—70. Sie finden sich mit der übrigen umfangreichen Litteratur zusammengestellt in Hermann's Handbuch, Bd. 6, 1881, I, S. 187 u. folg.

umsetzten, wenn sie täglich 8 Stunden im Tretrade laufen mußten, als wenn sie sich in der Ruhe befanden.

Der gesteigerte Eiweißzerfall während der Bewegung war in keinem Falle so bedeutend, daß er durch die geleistete Muskelarbeit bedingt sein konnte.

Dagegen ergab die Bestimmung der expirierten Kohlensäure mit Hilfe des Respirationsapparates in vielen Versuchen an Menschen und Tieren, daß der Gaswechsel infolge von Muskelarbeit ausnahmslos bedeutend zunahm [1]), und zwar in einem Verhältnis, welches der Arbeitsleistung entsprach.

Hieraus muß geschlossen werden, daß die stickstofffreien Nährstoffe als Arbeitsmaterial des Muskels nicht nur geeignet sind, sondern sogar in erster Linie zur Verwendung gelangen. Denn da nach Voit selbst im Hungerzustande die Muskelaktion keine entsprechende Vermehrung der Stickstoffausscheidung bewirkte, scheinen die Eiweißstoffe nur im äußersten Notfalle als Quellen der Muskelkraft herangezogen zu werden. Letztere wird selbst in der Inanition, solange dies möglich ist, vom Körperfett aufgebracht.

Auch Fick [2]) bekennt sich zu dieser Anschauung. Nach ihm ist der Muskel eine wesentlich aus eiweißartigen Körpern „aufgebaute Maschine, in welcher als krafterzeugendes Brennmaterial stickstofffreie Verbindungen verbrennen". „Da die Muskelmaschine unzweifelhaft durch stickstofffreies Brennmaterial geheizt werden kann, wird dies überall das angemessene Brennmaterial für dieselbe sein."

Die nach der Muskelarbeit regelmäßig zu beobachtende mäßige Zunahme des Eiweißumsatzes erklärt sich ungezwungen aus dem lebhafteren Zell- und Stoffwechsel der thätigen, gegenüber den ruhenden Organen.

Daß in erster Linie für die Muskelarbeit stickstofffreie Stoffe in Anspruch genommen werden, wird auch durch anderweitige Beobachtungen gestützt.

Jeder Muskel deponiert im ruhenden Zustande ein gewisses Quantum Glykogen als Kraftvorrat, welchen man nach körperlichen Anstrengungen bald schwinden sieht. So fand Külz [3]) bei gut genährten Hunden, welche 5—7 Stunden einen beladenen Wagen gezogen hatten, die Leber fast regelmäßig glykogenfrei. Da ferner auch beim Tetanisieren isolierter Froschmuskeln, gegenüber ruhenden, ein auffallend

---

1) Diese Thatsache war schon Lavoisier 1789 bekannt und ist später vielfach bestätigt worden. Vergl. die Litteratur hierüber bei Voit, Handbuch, S. 200. Auch im venösen Blut ist eine Kohlensäurezunahme nach dem Tetanisieren der betreffenden Muskelpartien nachgewiesen worden. Vergl. Sczelkow, Sitzungsber. der Wiener Akad., Bd. 45, 1862, S. 171 sowie M. von Frey, Arch. f. Anat. u. Physiol., 1885, S. 519 u. 533.

2) A. Fick, Kompendium der Physiologie des Menschen, 1891, S. 33 sowie Fick und Wislicenus, a. a. O.

3) Külz, Ueber den Einfluß angestrengter Körperbewegung auf den Glykogengehalt der Leber, Pflüger's Arch., Bd. 24, 1881, S. 41. Hier findet sich die ältere Litteratur über diesen Gegenstand, aus welcher besonders die Arbeiten von O. Nasse (Pflüger's Arch., Bd. 2, 1869, S. 97, und Bd. 14, 1877, S. 473) hervorzuheben sind.

schnelles Verschwinden ihres Glykogengehaltes wahrgenommen wird [1]), scheint in der That dieser Stoff bei der Muskelthätigkeit in erster Linie verbraucht zu werden. Erst nach seinem Verschwinden treten die Fette und endlich die Eiweißstoffe als Quellen der Muskelaktion ein.

Hierzu stimmt auch die Beobachtung, daß Menschen, deren Beruf große körperliche Anstrengungen erfordert, sich während dieser Zeit reichlich mit Fetten oder Kohlehydraten zu ernähren pflegen. TIEGEL [2]) berichtet, daß die japanischen Läufer während ihrer großen Touren fast nur Reis, alle 2—3 Stunden in großen Mengen, zu sich nehmen, während sie an den Rasttagen vorwiegend Fleischspeisen genießen.

Der scheinbar so wohlbegründeten Anschauung, daß die Eiweißstoffe des Muskels erst dann als Energiequelle eintreten, wenn es an Kohlehydraten und Fetten mangelt, sind in neuester Zeit ARGUTINSKY [3]), ein Schüler PFLÜGER's, und letzterer selbst [4]) entgegengetreten. Es sollen nach den Versuchen dieser Forscher gerade umgekehrt in erster Linie die Eiweißstoffe, falls sie in hinreichend großer Menge gefüttert werden, die ausschließliche Quelle der Muskelaktion bilden.

Inwieweit diese Auffassung PFLÜGER's imstande ist, die Beweiskraft der so zahlreichen und gründlichen älteren Beobachtungen zu erschüttern, läßt sich vorderhand nicht entscheiden.

Nach J. MUNK [5]) und F. HIRSCHFELD [6]) erklären sich die Resultate ARGUTINSKY's aus dem Umstande, daß die aufgenommene Nahrung im Verhältnis zur geleisteten Arbeit einen ungenügenden Wärmewert repräsentierte. In diesem Falle wird in der That unter allen Umständen vom Körper gezehrt und muß neben Fett auch Muskelsubstanz als Kraftquelle in Zersetzung geraten, wie bereits ältere Versuche gelehrt haben [7]).

Dagegen betont auch HIRSCHFELD auf Grund seiner Versuche an sich selbst, daß durch die kräftigste Muskelthätigkeit weder bei eiweißreicher noch bei eiweißarmer Nahrung, wenn sie nur an sich reichlich ist, um die erforderlichen Wärmewerte zu decken, eine entsprechend gesteigerte Stickstoffausscheidung angeregt wird.

---

1) Vergl. namentlich die Abhandlungen von W. MARCUSE, Pflüger's Arch., Bd. 39, 1886, S. 425 sowie von E. MANCHÉ, Zeitschr. f. Biol., N. F. Bd. 7, 1889, S. 163, wo sich eine eingehende Kritik der älteren Litteratur findet.

2) E. TIEGEL, Von den japanischen Läufern, Pflüger's Arch., Bd. 31, 1883, S. 607.

3) ARGUTINSKY, Muskelarbeit und Stickstoffumsatz, Pflüger's Arch., Bd. 46, 1889, S. 552. Vergl. auch O. KRUMMACHER, ebendas., Bd. 47, 1890, S. 454.

4) PFLÜGER, Die Quelle der Muskelkraft, vorläufiger Abriß, Pflüger's Arch., Bd. 50, 1891, S. 98.

5) J. MUNK, Ueber Muskelarbeit und Eiweißzerfall, Verhandl. der Physiolog. Gesellsch. zu Berlin, 1890, Nr. 12 und Arch. f. Anat. u. Physiol., 1890, S. 557.

6) F. HIRSCHFELD, Ueber den Einfluß erhöhter Muskelthätigkeit auf den Stoffwechsel des Menschen, Virchow's Arch., Bd. 111, 1890, S. 501.

7) Vergl. O. KELLNER, Landwirtschaftl. Jahrbücher, Bd. 8, 1879, S. 701 und Bd. 9, 1880, S. 651. Eine eingehende Kritik dieser Versuche von KELLNER findet sich bei VOIT, Handbuch, S. 197—199.

Von einem Nährwert der Cellulose (Rohfaser) kann natürlich nur die Rede sein, falls dieses Kohlehydrat durch die Vorgänge im Darm in wesentlicher Menge zur Lösung gelangt. Daß dies bei den Pflanzenfressern in reichlichem Maße der Fall ist, wurde früher mitgeteilt (vergl. S. 234).

Aber auch bei diesen Tieren wird die nutritive Bedeutung der Cellulose, im Gegensatz zu der Ansicht von HENNEBERG und STOHMANN[1]) sowie von KNIERIEM[2]) und einer Reihe anderer Forscher[3]), bestritten. Denn auf Grund seiner Stoffwechselversuche am Schaf spricht WEISKE[4]) der Rohfaser jeden Nährwert ab, was um so mehr Beachtung verdient, als auch E. WOLFF[5]) für das Pferd dasselbe behauptet.

Man muß daher annehmen, daß die niederen Fettsäuren, in welche ein bedeutender Prozentsatz der Cellulose bei ihrer Gärung im Darmkanal der Herbivoren nachweislich zerfällt und von denen nur ein geringer Anteil in den Exkreten zur Ausscheidung gelangt[6]), durch die Wirkung der Darmbakterien bald eine weitere Spaltung in Kohlensäure und Grubengas erfahren. Von diesen Gasen könnte vielleicht das Methan, falls es überhaupt zur Resorption gelangte, in den Geweben verbrannt werden und somit eine Kraftquelle repräsentieren. Dies ist aber nach mehreren übereinstimmenden Befunden nicht der Fall. Die in den Kreislauf gelangten brennbaren Gase, namentlich der Wasserstoff und das Methan, werden durch die Lungen in ihrer ganzen Menge exhaliert und scheinen demnach für den Stoffwechsel völlig indifferent zu sein[7]).

Die auffallend differierenden Resultate, zu welchen die einzelnen Untersuchungen in Betreff des Nährwertes der Cellulose geführt haben,

---

1) HENNEBERG und STOHMANN, Beiträge zu einer rationellen Fütterung der Wiederkäuer, Braunschweig 1860 und 1864. Ferner: Ueber die Bedeutung der Cellulose-Gärung für die Ernährung der Tiere, Zeitschr. f. Biolog., N. F. Bd. 3, 1885, S. 613.

2) W. VON KNIERIEM, Ueber die Verwertung der Cellulose im tierischen Organismus, Zeitschr. f. Biol., N. F. Bd. 3, 1885, S. 67.

3) HENNEBERG und TH. PFEIFFER, Journal f. Landwirtschaft, Bd. 38, 1890, Heft 2 sowie F. LEHMANN und H. VOGEL, ebendaselbst.

4) H. WEISKE, Ist die Cellulose ein Nahrungsstoff? Chem. Centralbl., 1884, S. 385. H. WEISKE (mit B. SCHULZE und E. FLECHSIG), Kommt der Cellulose eiweißersparende Wirkung bei der Ernährung der Herbivoren zu? Zeitschr. f. Biol., N. F. Bd. 4, 1886, S. 373.

5) E. WOLFF (mit SIEGLIN, KREUZHAGE u. MEHLIS), Grundlagen für die rationelle Fütterung des Pferdes, Landwirtsch. Jahrbücher, 1887, Suppl. III, S. 49. Vergl. auch N. ZUNTZ, Verhandlungen der Gesellsch. Deutsch. Naturforscher und Aerzte, Bd. 63, 1890 (Bremen), II, S. 561.

6) E. WILSING, Ueber die Mengen der vom Wiederkäuer in den Entleerungen ausgeschiedenen flüchtigen Säuren, Zeitschr. f. Biologie, N. F. Bd. 3, 1885, S. 625.

7) B. TACKE, Ueber die Bedeutung der brennbaren Gase im tierischen Organismus, Ber. d. Deutsch. chem. Gesellsch., Bd. 17, 1884, S. 1827. E. HERTER und POURITZ, Ueber die physiolog. Wirkung des Methan, Ber. d. 8. internat. mediz. Kongresses zu Kopenhagen, 1886, S. 77 (Ref. i. d. Ber. d. Deutsch. chem. Gesellsch., 1888, Nr. 7, S. 304).

erklären sich nach ZUNTZ [1]) vielleicht aus dem verschiedenartigen Bau des Verdauungskanals der Pferde und der Wiederkäuer, indem hiermit im Zusammenhange die Erreger der Cellulosegärung bei den verschiedenen Tierarten eine wesentlich abweichende Beschaffenheit des Speisebreies vorfinden.

Abgesehen von ihrem noch zweifelhaften Nährwert, erfüllt indessen die Cellulose bei den Pflanzenfressern jedenfalls im Darm eine wichtige Aufgabe. Sie verleiht einerseits dem Darminhalt eine lockere Beschaffenheit und regt andererseits die Peristaltik stetig an, wodurch die Fortbeförderung der Kotballen ermöglicht wird.

Denn als KNIERIEM [2]) Kaninchen mit einem cellulosefreien, aber völlig ausreichenden Futter ernährte, gingen die Tiere regelmäßig an Verstopfungen und Entzündungen des Darms zu Grunde. Bei der Sektion fand sich namentlich der Blinddarm mit Kot angefüllt, welcher die Konsistenz eines Glaserkittes besaß und fest an den Wandungen und Falten der Schleimhaut haftete, während der Darminhalt eines normal gefütterten Kaninchens ziemlich locker ist und beim Rückbiegen des Darms fast vollständig abfällt. Diese lockere Konsistenz wird nur durch die Rohfaser veranlaßt, welche dadurch die Kommunikation zwischen dem After und dem Magen offen hält, während bei den verendeten Kaninchen kaum eine solche bestehen konnte. Daß diese Auslegung die richtige ist, zeigt die Thatsache, daß Hornspähne, zu einer cellulosefreien Nahrung gegeben, die Rohfaser ersetzen können; die Tiere gehen hiernach nicht an Darmentzündung zu Grunde.

Ein fermentatives Spaltungsprodukt der Kohlehydrate ist d e r A e t h y l a l k o h o l. Physiologisch unterscheidet er sich von allen natürlichen Nährstoffen durch seine Einwirkung auf das Nervensystem, weshalb seine Besprechung vorwiegend die Aufgabe pharmakologischer und hygienischer Lehrbücher ist.

Als Genußmittel, in der Form von Wein und Bier, leistet der Alkohol jedenfalls Vorzügliches. Dagegen kann seine Bedeutung als Nährstoff nur eine sehr beschränkte sein, da größere Dosen nicht ohne Funktionsstörungen vertragen werden. In Mengen, welche den Organismus nicht schädigen, scheint der Alkohol nach den meisten Untersuchungen und Beobachtungen, gleich den Kohlehydraten und Fetten, etwas Eiweiß ersparen zu können. Dies folgt sowohl aus vergleichenden Beobachtungen des Stickstoffumsatzes [3]), als auch durch den Befund von ZUNTZ und BERDEZ [4]) sowie von GEPPERT [5]), daß die Oxydationsvorgänge im Körper unter dem Einfluß des eingeführten Alkohols kaum eine nennenswerte Steigerung erfahren.

1) N. ZUNTZ, Bemerkungen über die Verdauung und den Nährwert der Cellulose, Pflüger's Arch., Bd. 49, 1891, S. 477.

2) W. VON KNIERIEM, Ueber die Verwertung der Cellulose im tierischen Organismus, Zeitschr. f. Biol., N. F. Bd. 3, 1885, S. 80.

3) J. MUNK, Arch. f. Anat. u. Physiol., 1879, S. 163. L. RIESS, Zeitschr. f. klin. Med., Bd. 2, 1880, S. 1. H. KELLER, Zeitschr. f. physiol. Chem., Bd. 13, 1889, S. 132. MOHILANSKY, Einfluß vom Alkohol auf den Stoffwechsel, Inaug.-Diss. Petersburg 1889.

4) ZUNTZ und BERDEZ, Ueber die Einwirkung des Alkohols auf den Stoffwechsel des Menschen, Arch. f. Anat. und Physiol., 1887, S. 178.

5) GEPPERT, Einwirkung des Alkohols auf den Gaswechsel des Menschen, Arch. f. exp. Pathol. u. Pharmak., Bd. 22, 1887, S. 367.

Der Alkohol muß demnach im Organismus auch zur richtigen Zeit verbrennen, was von Bunge [1]) für jede Substanz gefordert wird, welche unter den Begriff der Nahrungsstoffe fallen soll.

Nimmt man hierzu noch, daß der weit überwiegende Teil des Alkohols im Organismus zerstört wird [2]), so sprechen alle Thatsachen dafür, daß der Alkohol in geringen Dosen sich genau wie ein natürlicher Nährstoff verhält.

Dem Aethylalkohol schließt sich das Glycerin an, welches bei der Fettspaltung im Darmkanal stets in geringer Menge gebildet wird.

Stoffwechselversuche unter Beigabe von Glycerin haben gezeigt, daß auch dieser Alkohol, in geringen Mengen gegeben, seinem Wärmewert entsprechend Fett zu ersparen vermag [3]). Dagegen wirken größere Glycerinmengen protoplasmazerstörend und rufen, unter Steigerung des Eiweißzerfalls, regelmäßig bedeutende Krankheitserscheinungen hervor [4]).

Nicht weniger wichtig, als die bisher besprochenen organischen Nährstoffe, sind für den Bestand des Lebens die Mineralsalze, welche wir unter den primären Zellbestandteilen aufgeführt haben.

Der Organismus enthält nur etwa 0,1 Proz. Aschenbestandteile, wenn man von dem sehr kalkreichen Skelett absieht. Mit Einschluß des letzteren dagegen berechnet sich der Aschengehalt des Gesamtkörpers auf 4,7 Proz.

Die große Bedeutung und die Unentbehrlichkeit der Mineralbestandteile in der Nahrung ergiebt sich schon aus der von Forster [5]) gefundenen Thatsache, daß Tauben und Hunde, denen künstlich salzarm gemachte Nährstoffe, wie geschmolzenes Fett und ausgelaugtes Fleisch in reichlicher Menge gereicht werden, durchaus nicht länger leben, als hungernde Tiere.

Und zwar scheint für das Gedeihen der tierischen Organismen die Aufnahme sämtlicher Aschenbestandteile ohne Ausnahme in einer gewissen Menge notwendig zu sein, so daß auch hier, wie bei der Pflanzenernährung, das von Liebig [6]) gefundene „Gesetz des Minimums" gilt, nach welchem die Pflanze, bei der ungenügenden Gegenwart nur eines ihrer normalen Aschenbestandteile, auch alle übrigen Nährstoffe, welche vielleicht in reichlichster Menge auf einem Boden vorhanden sind, nicht verwerten kann.

An dem Mangel der Mineralstoffe in der tierischen Nahrung leiden zuerst in bemerkenswerter Weise die nervösen Centralorgane, indem sich lähmungsartige Erscheinungen, Muskelzittern, wachsender Stumpf-

---

1) Bunge, Lehrbuch, 1889, S. 124.

2) Bodländer, Pflüger's Arch., Bd. 32, 1883, S. 398. F. Strassmann, Untersuchungen über den Nährwert und die Ausscheidung des Alkohols, Pflüger's Arch., Bd. 49, 1891, S. 315.

3) L. Arnschink, Der Einfluß des Glycerins auf die Zersetzungen im Tierkörper, Zeitschr. f. Biol., N. F. Bd. 5, 1887, S. 430.

4) J. Munk, Virchow's Arch., Bd. 76, 1879, S. 119, Bd. 80, 1880, S. 39. Horbaczewski und Kanera, Monatshefte f. Chemie, Bd. 7, 1886, S. 105.

5) J. Forster, Zeitschr. f. Biol., Bd. 9, 1873, S. 297.

6) J. Liebig, Die Chemie in ihrer Anwendung auf Agrikultur und Physiologie, 1876, S. 332.

sinn und auch Sehstörungen geltend machen. Erst verhältnismäßig spät werden auch die vegetativen Funktionen in Mitleidenschaft gezogen [1]). Daß ein wachsendes Individuum der Zufuhr von Mineralstoffen bedarf, ist ohne weiteres klar. Dagegen wird für den ausgewachsenen Organismus die Notwendigkeit des Neuersatzes der Aschenbestandteile, welche ja in den Geweben keine Zersetzung erfahren, nur aus der Beobachtung verständlich, daß die Absonderung des Urins nicht erfolgt, ohne daß wenigstens ein kleiner Teil der Chloralkalien und Phosphate der Säfte im Harnwasser mitgerissen wird, wodurch allmählich eine Verminderung der Mineralstoffe des Organismus eintreten muß.

Dies geschieht, trotzdem die Aschenbestandteile vom Körper hartnäckig zurückgehalten werden. Letztere Fähigkeit des Organismus ist aus der Beobachtung zu schließen, daß im Salzhunger und in der vollkommenen Inanition der Gehalt des Harns an Mineralstoffen schnell auf ein Minimum sinkt, und daß ferner nach den Befunden FORSTER's die Organe von Tieren, welche an Salzmangel zu Grunde gingen, nur eine geringe Abnahme der anorganischen Stoffe zeigen. Man muß also folgern, daß der Organismus selbst eine sehr geringe Verminderung seiner Aschenbestandteile nicht zu ertragen vermag.

Die Funktionen der Nährsalze im Protoplasma sind gänzlich unbekannt. Das Kochsalz spielt vielleicht eine Rolle bei den osmotischen Prozessen zwischen Blut und Gewebsflüssigkeiten [2]), die phosphorsauren Alkalien scheinen wichtige Bestandteile der Säfte und Gewebe zu sein. Etwas klarer ist die Bedeutung der kohlensauren Alkalien. Sie binden offenbar im Blute einen Teil der in den Säften produzierten Kohlensäure und unterstützen wahrscheinlich die Oxydationsvorgänge in den Zellen, während endlich die Kalk- und Magnesiasalze für die Knochenbildung von größter Wichtigkeit sind.

Es wurde oben bemerkt, daß bei salzfreier Nahrung gehaltene Tiere nicht länger leben, als hungernde Individuen. Auffallend ist es nun, daß erstere sogar regelmäßig viel früher zu Grunde gehen, als Tiere, welche sich in vollkommener Inanition befinden.

Die mit ausgelaugtem Fleisch und Fett gefütterten Hunde FORSTER's befanden sich nach 26 bis 30 Tagen so elend, daß sie bei der Fortsetzung des Versuches in kurzer Zeit umgekommen wären, wogegen Hunde bei völligem Hunger etwa 60 Tage am Leben bleiben.

Die Ursache dieser auffallenden Erscheinung ist nach BUNGE [3]) eine chronische Säurevergiftung, welche durch den Schwefelgehalt der Eiweißstoffe veranlaßt ist.

Bei der Zersetzung und Oxydation des Nahrungseiweißes in den Geweben geht nämlich der Schwefel desselben in Schwefelsäure über; während unter normalen Verhältnissen diese Schwefelsäure im Momente der Entstehung sogleich an die basischen Salze der Nahrung gebunden wird, ist dies bei einer Ernährung mit salzfreiem Material nicht möglich, und es entzieht nun die Schwefelsäure in dem Maße, als sie sich bildet, den Zellen gewisse basische Bestandteile, was auf die Dauer dem Organismus verderblich wird.

1) J. FORSTER, a. a. O.
2) VOIT und BAUER, Zeitschr. f. Biol., Bd. 5, 1869, S. 536.
3) BUNGE, Zeitschr. f. Biol., Bd. 10, 1874, S. 130.

Diese Erklärung Bunge's hat durch Untersuchungen von Lunin [1]) eine Bestätigung erfahren.

Lunin fütterte zunächst 5 ausgewachsene Mäuse mit einer fast aschefreien Nahrung, welche aus ausgewaschenem Kaseïn und Rohrzucker bestand, wobei die Tiere zum Trinken nur destilliertes Wasser erhielten. Sie gingen sämtlich zwischen dem 11. und 21. Tage zu Grunde.

Fügte aber Lunin zu dieser Nahrung so viel reine Soda hinzu, daß auf 1 Aequivalent Schwefel des Kaseïns 1 Aequivalent Natrium kam und sich somit im Organismus nur saures schwefelsaures Natron, aber keine freie Schwefelsäure bilden konnte, so lebten 5 Mäuse unter sonst gleich gebliebenen Bedingungen auffallend länger, nämlich 23 bis 36 Tage.

Um den Einwand zu entkräften, daß die Tiere nicht infolge der Neutralisation der Schwefelsäure länger lebten, sondern weil sie überhaupt einen Aschenbestandteil in der Nahrung erhielten, gab Lunin 7 Mäusen zu ihrem Futter ganz dieselbe Menge Natrium wie vorher, diesmal aber als Chlornatrium. Auch diese Tiere starben, wie die zuerst erwähnten, zwischen dem 6. und 20. Tag.

Die Mäuse lebten also mit Chlornatrium, das heißt mit zwei Aschenbestandteilen, dem Chlor und dem Natrium, kürzere Zeit, als mit einem Aschenbestandteil, dem Natrium und nicht länger, als bei der Fütterung mit eiweißfreier Nahrung. Die Ursache des Todes bei einer Ernährung mit ausgewaschenem Fleisch scheint also in der That die schädliche Wirkung der Schwefelsäure zu sein.

Es war bei diesen Versuchen aufgefallen, daß die Tiere auch bei der, wie oben angegeben, mit Natriumkarbonat versetzten aschefreien Nahrung doch noch auffallend früh zu Grunde gingen.

An den äußeren Verhältnissen lag dieses nicht, da sich Lunin überzeugte, daß Mäuse bei einer Ernährung mit Milch, welche auf dem Dampfbade bis fast zur Trockene eingedampft war, in demselben Käfig sehr gut gediehen und sich beliebig lange erhalten ließen.

Er stellte deshalb eine künstliche Kost zusammen, welche aus einer völlig genügenden Menge salzfreien Kaseïns und Zucker bestand und ferner die anorganischen Salze genau in demselben quantitativen Verhältnis zum Eiweiß und zu einander enthielt, wie sie in der Milch vertreten sind, so daß also in der dargereichten Nahrung alle Stoffe genügend vertreten waren, welche uns als zum Leben notwendig bis heute bekannt sind.

Auffallenderweise gingen auch hierbei die Tiere zwischen dem 20. und 31. Tage regelmäßig zu Grunde. Sie lebten also nicht länger, als mit den organischen Milchbestandteilen unter alleinigem Zusatz von Natriumkarbonat, was später durch ähnliche Versuchsreihen von Socin [2]) bestätigt wurde.

Die Ursache dieser bemerkenswerten Erscheinung ist keineswegs aufgeklärt. Entweder sind in der Milch außer Kaseïn, Fett, Milchzucker und den Salzen noch andere unbekannte Stoffe vorhanden, welche für die Ernährung unentbehrlich sind, oder, was wahrscheinlicher ist, es fehlt in einer derartig zusammengesetzten Nahrung die normale Verbindung der Mineralbestandteile mit den organischen Nährstoffen, welche durch

1) N. Lunin, Ueber die Bedeutung der anorganischen Salze für die Ernährung des Tieres, Zeitschr. f. physiol. Chem., Bd. 5, 1881, S. 31.

2) Socin, Zeitschr. f. physiol. Chem., Bd. 15, 1891, S. 100.

das Ausfällen und Auslaugen des Kaseïns zerstört wurde. Man kann sich vorstellen, daß gewisse Aschenbestandteile nur in einer derartigen innigen Verbindung mit Eiweißstoffen für den Organismus in gehöriger Weise verwendbar sind.

In der Nahrung braucht man im allgemeinen für die Zufuhr von Mineralstoffen nicht besonders zu sorgen, da sie in allen Nahrungsmitteln völlig genügend, meist sogar in bedeutendem Ueberschuß vertreten sind, so daß täglich eine erhebliche Salzmenge, als momentan für den Organismus unverwertbar, mit dem Harn zur Ausscheidung gelangt.

Im allgemeinen herrscht deshalb auch in der Tierwelt keine Neigung zu einer besonderen Aufnahme von Mineralstoffen.

Nur nach Kochsalz ist beim Menschen ein Bedürfnis vorhanden. Ebenso, wie der Mensch, verhalten sich in dieser Beziehung gewisse Pflanzenfresser, von den Haustieren namentlich die Rinder, Schafe und Ziegen. Dasselbe Verlangen nach Steinsalz ist von den Hirschen, Rehen, Gemsen und Antilopen bekannt und seit den ältesten Zeiten von den Jägern zum Anlocken des Wildes benutzt worden.

BUNGE [1]) hat diese Erscheinung sehr eingehend untersucht, und führt sie auf einen reichlichen Genuß von Kalisalzen zurück, welch letztere sich, im Gegensatz zur Fleichnahrung, in allen Vegetabilien, namentlich aber in den Kartoffeln, im Klee und im Wiesenheu in bedeutender Menge vorfinden.

Die Kalisalze, zum Beispiel das phosphorsaure oder kohlensaure Salz, setzen sich, in wäßriger Lösung mit Kochsalz zusammengebracht, so um, daß neben Chlorkalium das Natronsalz der betreffenden Säure, also phosphorsaures oder kohlensaures Natron entsteht.

Nach BUNGE soll diese Reaktion sich auch in der Säftemasse abspielen, sobald Kalisalze zur Resorption gelangen. Angenommen, es handelt sich um die Aufnahme von Kaliumkarbonat ins Blut, so entstünden durch diese Umsetzung Chlorkalium und Natriumkarbonat $(CO \genfrac{}{}{0pt}{}{OK}{OK} + 2\,ClNa = CO \genfrac{}{}{0pt}{}{ONa}{ONa} + 2\,ClK)$. Statt des in die Reaktion tretenden Chlornatriums enthält also nunmehr das Blut zwei zur normalen Zusammensetzung desselben nicht — oder jedenfalls nicht in so großer Menge — gehörige Salze, welche schnell durch die Nieren entfernt werden. Hierdurch wird aber das Blut an Chlor und Natrium ärmer, ein Verlust, welcher nur durch Wiederersatz von außen gedeckt werden kann. Daß Menschen und Tiere, welche von kalireicher Nahrung leben, ein Verlangen nach Kochsalz tragen, ist somit verständlich. In der That ist ein verhältnismäßig größerer Kochsalzkonsum der Bevölkerung da festgestellt, wo die Kartoffel das vorherrschende Nahrungsmittel bildet.

Auch experimentell ist diese Frage von BUNGE studiert worden. Durch den Genuß von 18 g Kali, als Phosphat oder Citronat allmählich im Laufe eines Tages eingenommen, vermochte er seinem Körper mehr als 6 g Kochsalz zu entziehen.

Der Theorie von BUNGE bereiten indessen von LANDSTEINER [2]) aus-

---

1) BUNGE, Zeitschr. f. Biol., Bd. 9, 1873, S. 104, Bd. 10, 1874, S. 110 u. 295, sowie Lehrbuch d. physiol. Chem., 1889, S. 107—121.

2) K. LANDSTEINER, Ueber den Einfluß der Nahrung auf die Zusammensetzung der Blutasche, Zeitsch. f. physiol. Chemie, Bd. 16, 1892, S. 13.

geführte Untersuchungen einige Schwierigkeiten. Dieser fütterte $3\,^1/_2$ Monate lang von einer großen Anzahl (30) noch nicht erwachsener Kaninchen die eine Hälfte lediglich mit Kuhmilch, die andere dagegen nur mit Wiesenheu. Während in der Kuhmilch auf 1 Aequivalent Natron nur 0,7 bis 3,7 Aequivalente Kali kommen, entfielen in dem verfütterten Heu auf 1 Aequivalent Natron 9,6 Aequivalente Kali, so daß die beiden Gruppen von Tieren Kali und Natron in sehr differenten Mengen zu sich nahmen. Dennoch war nach der Beendigung des Versuches der Kali- und Natrongehalt des Blutes bei allen Tieren annähernd derselbe. Es scheint hiernach also nicht möglich, durch eine anhaltende Kalizufuhr einem Kaninchen größere Quantitäten Natron zu entziehen.

Indessen kann man gegen diese Befunde einwenden, daß die Differenzen in der Zusammensetzung der Blutsalze nicht so bedeutend zu sein brauchen, daß sie durch die Analyse nachweisbar sind. Denn auch bei am Salzhunger gestorbenen Tieren ist ja, wie oben ausgeführt wurde, eine Abnahme der Mineralstoffe in den einzelnen Organen kaum festzustellen.

Ferner ist gerade das Kaninchen, neben dem Hasen, eines der wenigen pflanzenfressenden Tiere, welche kein Verlangen nach Kochsalz tragen und es unberührt lassen, wenn sie Gelegenheit haben, davon aufzunehmen. Es ist denkbar, daß bei diesen Tieren Einrichtungen bestehen, welche eine Umsetzung der Natronsalze des Blutes mit den Kalisalzen der Nahrung nicht zustande kommen lassen. Man müßte untersuchen, wie sich die Blutasche anderer Pflanzenfresser, etwa der Schafe, nach einer derartigen differenten Ernährungsweise verhält. Aeltere Versuche hierüber liegen allerdings vor [1]), aber dieselben sind nicht mit einer analysierten Nahrung planmäßig durchgeführt worden. Eher scheint gegen die Anschauung von BUNGE die Einwendung von HOPPE-SEYLER [2]) gerechtfertigt, daß Störungen der Verdauung und des Stoffwechsels durch kalireiches Futter, ohne Zufuhr von Kochsalz, bis jetzt nicht festgestellt sind, wenn auch ein günstiger Einfluß des Steinsalzes auf das Gedeihen des Rindviehes und der Schafe von Tierzüchtern behauptet wird.

Die Bedeutung der Kalksalze in der Nahrung für das Knochenwachstum ist namentlich von FORSTER [3]) und ERWIN VOIT [4]) besonders geprüft worden.

Sie benutzten hierzu junge Hunde, welche unter Darreichung von kalkfreiem Wasser nur mit Fleisch und Fett gefüttert wurden, worin

---

1) JARISCH, Wiener mediz. Jahrbücher, 1871, S. 435, u. 1877, S. 1. Vergl. hierüber auch die Angaben von A. MÜNTZ, Sur la repartition du sel marin suivant les altitudes, Annal. de Chemie et de Physique, 1891, Bd. 24, S. 137.

2) HOPPE-SEYLER, Lehrbuch d. physiol. Chem., 1881, S. 963.

3) J. FORSTER, Zeitschr. f. Biol., Bd. 9, 1873, S. 369.

4) ERWIN VOIT, Zeitschr. f. Biol., Bd. 16, 1880, S. 55. Vergl. auch A. BAGINSKY, Ueber den Einfluß der Entziehung des Kalkes etc., Arch. f. Anat. u. Physiol., 1881, S. 357, sowie: Zur Pathologie der Rhachitis, Virchow's Arch., Bd. 87, 1882, S. 301. SEEMANN, Zeitschr. f. klin. Mediz., 1882, S. 1 u. 152.

nachweisbar einem wachsenden Tiere nicht genügend Kalksalze zugeführt werden.

Bei diesen Hunden machten sich früher oder später die Anzeichen einer mangelhaften Skelettausbildung bemerkbar, und es entwickelten sich allmählich die Symptome der Rhachitis, welche auch durch die spätere Sektion in allen ihren charakteristischen Erscheinungen konstatiert werden konnte.

Ebenso wurde bereits von CHOSSAT[1]) und später von C. VOIT[2]) festgestellt, daß ausgewachsene Tauben, welche ein Jahr lang lediglich mit gewaschenen Weizenkörnern und destilliertem Wasser ernährt wurden, hiernach Knochen besaßen, welche ungemein leicht zerbrachen, während die Schädel und das Brustbein zu ganz dünnen, siebartigen Plättchen zusammengeschrumpft waren, überhaupt das ausgeprägte Bild der Osteoporose darboten.

Auch die Rhachitis der Kinder ist bisweilen auf einen Mangel an Kalksalzen in der Nahrung bezogen worden. Dies ist nun wohl kaum jemals der Fall. Denn die Milch der Frauen und aller Tiere, namentlich aber die Kuhmilch, enthält, neben einer angemessenen Menge aller übrigen Mineralstoffe, bei weitem mehr Kalksalze, als fast alle anderen Nahrungsmittel.

Während zum Beispiel der Kalkgehalt des Weizens sich auf 0,06 Proz. berechnet, die Erbsen und das Eiweiß etwa die doppelte Menge davon enthalten, steigt der Kalkgehalt der Frauenmich auf 0,24 und derjenige der Kuhmilch sogar auf 1,5 Proz.

Andererseits haben die oben mitgeteilten Versuche von FORSTER und ERWIN VOIT gelehrt, daß die rhachitische Erkrankung in der That auf eine mangelhafte Ablagerung der Kalksalze im Skelett bezogen werden muß.

Es liegt die Annahme nahe, daß bei rhachitischen Kindern die Resorption der Kalksalze infolge chronischer Darmkatarrhe Not leidet, vielleicht aber bilden auch Ernährungsstörungen im Knochengewebe selbst das ursächliche Moment.

Mit besonderem Interesse ist in einer umfangreichen Litteratur seit einigen Decennien d i e F r a g e behandelt worden, i n w e l c h e r F o r m d a s E i s e n i n u n s e r e n O r g a n i s m u s g e l a n g t, ohne daß es bis jetzt gelungen wäre, diesen Vorgang in allen seinen Punkten genügend aufzuklären.

Das Eisen findet sich als primärer Zellbestandteil in jedem Protoplasma, außerdem bildet es bei den höheren bluthaltigen Tieren einen Elementarbestandteil des für die Atmung so wichtigen Hämoglobins.

Dementsprechend sind die Eisenmengen in den Aschen der Wirbellosen bedeutend geringer, als in den unverbrennlichen Rückständen der blutbesitzenden Tiere.

Die Eisenquantitäten ganzer Tiere hat zuerst BOUSSINGAULT[3]), später auch BUNGE[4]) bestimmt. Letzterer fand zum Beispiel in der

1) CHOSSAT, Comptes rendus, Bd. 14, 1842, S. 451.

2) C. VOIT, Ber. d. Versammlung Deutsch. Naturforscher zu München, 1877, S. 243.

3) BOUSSINGAULT, Compt. rend., Bd. 64, 1872, S. 1353.

4) BUNGE, Zeitschr. f. Biol., Bd. 10, 1874, S. 319.

Asche einer 19 Tage alten Katze pro Kilo 0,047 g Eisen. Hieraus berechnet sich der Eisengehalt des menschlichen Organismus, das Körpergewicht zu 70 k angenommen, auf 3,2 g.

Zunächst soll bemerkt werden, daß in unseren Nahrungsmitteln kein anorganisches Eisen nachweisbar ist, zu welch letzterem natürlich auch die Eisensalze organischer Säuren sowie das Eisenalbuminat gerechnet werden müssen [1]).

Das Eisen, welches sich regelmäßig aus den Aschen aller animalischen und vegetabilischen Nahrungsmittel extrahiren läßt, ist in diesen Materialien selbst in der Form eisenhaltiger organischer Verbindungen enthalten.

Nur diese komplizierten Stoffe stellen also in der Norm auch die Vorstufen des Hämoglobins dar [2]).

BUNGE, welcher sich mit dieser Frage am eingehendsten beschäftigt hat, ist es gelungen, eine derartige genetische Beziehung zum Hämoglobin für das Hämatogen nachzuweisen.

Dieses eisenhaltige Nukleïn ist in dem Dotter der Vogeleier die einzige eisenhaltige Verbindung. Denn nach der Abscheidung durch künstlichen Magensaft (vergl. S. 41) erweisen sich alle übrigen Bestandteile des Eidotters als eisenfrei.

Da die Eier kein Hämoglobin enthalten, und da ferner während der Bebrütung nichts von außen hinzukommt, muß durch Umformungen irgend welcher Art das Eisen des Hämatogens in das des Hämoglobins übergehen. Daß es sich hierbei im wesentlichen um eine Umlagerung von Atomgruppen unter Eliminierung von Phosphorsäure handelt, dafür spricht die Zusammensetzung des Hämatogens. Denkt man sich nämlich den Phosphor als Phosphorsäure aus dem Hämatogen abgespalten, so bleibt ein Molekül zurück, welches denselben Eisengehalt hat, wie das Hämoglobin, nämlich 0,34 Proz. [3]).

Wie im Vogelei, so kann auch im tierischen Organismus das als Nahrung genossene Hämatogen nach seiner Resorption das Material zur Hämoglobinbildung abgeben.

Dies folgt mit Notwendigkeit aus Untersuchungen, welche in neuerer Zeit SOCIN [4]) im Laboratorium von BUNGE ausgeführt hat.

Er fütterte eine Anzahl Mäuse lediglich mit hartgekochtem Eidotter, welchem etwas eisenfreie Stärke, Cellulose (vergl. S. 304) und Wasser zugesetzt wurde. Von diesen Tieren lebten einige 100 Tage und wurden hierauf wegen des Abschlusses der Versuche getötet. Da diese Mäuse bis zu 2 g an Körpergewicht zugenommen hatten, ist zweifellos die Annahme gerechtfertigt, daß sie auch Hämoglobin aus dem Hämatogen, der einzigen ihnen zugeführten Eisenverbindung, neu gebildet haben.

Ferner hat SOCIN [5]) durch die Beobachtung der Eisenausschei-

---

1) Vergl. S. 28.

2) Vergl. BUNGE, Ueber die Assimilation des Eisens, Zeitschr. f. physiol. Chem., Bd. 9, 1885, S. 49.

3) JAQUET, Beiträge zur Kenntnis des Blutfarbstoffs, Zeitsch. f. physiol. Chem., Bd. 14, 1889, S. 289.

4) SOCIN, In welcher Form wird das Eisen resorbiert? Zeitschr. f. physiol. Chem., Bd. 15, 1891, S. 133—156.

5) a. a. O. S. 105—114. Die Beweiskraft dieser Versuche ist aller-

dung im Harn nach Eidotterfütterung einen vermehrten Eisenumsatz festgestellt und somit auch eine Resorption des Hämatogens wahrscheinlich gemacht.

Er überzeugte sich in oft wiederholten Versuchen, daß filtrierter Harn von Hunden bei gewöhnlicher Fleischnahrung nur quantitativ unbestimmbare Spuren von Eisen enthält. Dagegen ließ sich nachweisen, daß während einer sehr reichlichen Aufnahme von Eidottern der Eisengehalt des Harns entschieden zunahm, so daß im Verlauf von zwei Tagen bis zu 12 mg Eisen durch die Nieren zur Ausscheidung gelangten. In anderen Fällen stieg nach Dotterfütterung der Eisengehalt des Harns weniger auffallend, war aber gegen die Norm immer noch zweifellos gesteigert.

Man kann sich vorstellen, daß bei einer derartigen Ernährungsweise ein Ueberschuß von Hämatogen zur Resorption gelangte, welcher dann zum Teil im Harn eliminiert wird.

Während seiner Wanderung durch den Tierkörper muß jedoch das Hämatogen irgend welche Zersetzungen erfahren, wobei das Eisen in einen nicht näher bekannten organischen Atomkomplex übertritt. Denn im Harn ist das Eisen, falls man nicht Eisensalze künstlich in die Blutbahn bringt, lediglich in organischen Verbindungen enthalten, welche nicht zu den Proteïnstoffen gehören.

Leider ist es nicht angängig, zur Bestimmung der Resorptionsgröße des Hämatogens und ähnlicher Verbindungen, einen etwa verminderten Eisengehalt des Kotes, gegenüber dem eingeführten Hämatogeneisen, in Betracht zu ziehen. Denn es hat sich herausgestellt, daß die in den Faeces vorhandenen Eisenmengen sehr häufig die mit der Nahrung eingeführten Eisenquantitäten übertreffen [1]).

Diese Thatsache findet ihre wahrscheinlichste Erklärung in der Annahme, daß die Ausscheidung des in der Nahrung resorbierten, aber momentan für den Organismus nicht verwendbaren, organisch gebundenen Eisens nur zum Teil durch den Harn erfolgt, zum anderen, und vielleicht größeren Teil dagegen durch das Blut der Darmwand zuströmt, um hier von den Schleimhautepithelien ins Lumen des Verdauungskanals befördert zu werden.

Auf der Bahn der Gallengänge findet die in Rede stehende Eisenausscheidung nicht statt, dazu ist der Eisengehalt der Galle viel zu gering; dieser genügt ja nicht einmal, um den Verbleib des Hämatineisens bei der Bilirubinbildung zu erklären (vergl. S. 172 u. 181). Zudem sind die geringen Eisenquantitäten der Galle anorganischer Natur. Sie stehen nach unserer früheren Ausführung mit den normalen Stoffwechselvorgängen kaum in direkter Beziehung.

Dem Hämatogen mehr oder weniger nahe stehende Eisenverbindungen scheinen in der Nahrung weit verbreitet zu sein. Auch in der Milch sind derartige Stoffe nachweisbar, doch tritt

---

dings von KOBERT bestritten worden, weil durch übermäßige Dosen von Eidottern die Darmschleimhaut krank gemacht wird. Vergl. KOBERT. Petersburger medizin. Wochenschrift, 1891, Nr. 49, S. 440.

1) BIDDER und SCHMIDT, Die Verdauungssäfte und der Stoffwechsel, 1852, S. 41. FORSTER, Zeitschr. f. Biol., Bd. 9, 1873, S. 297. DIETL u. HEIDLER, Sitzungsber. der Wiener Akad., Bd. 71, 1875, S. 420.

ihre Menge darin sehr zurück. Dies ist um so auffallender, als Bunge[1]) durch vergleichende Analysen die sehr bemerkenswerte Thatsache feststellen konnte, daß alle übrigen Bestandteile der Milchasche fast genau in denselben Gewichtsverhältnissen vertreten sind, wie in der Gesamtasche der Säuglinge. Auf 100 Gewichtsteile Asche kommen nämlich:

	I.		II.	
	Neugeborener Hund	Milch der Mutter im Verlaufe von 14 Tagen gesammelt	4 Tage alter Hund	Milch von fremden Hündinnen
K$_2$O	11,42	14,98	8,5	10,7
Na$_2$O	10,64	8,80	8,2	6,1
CaO	29,52	27,24	35,8	34,4
MgO	1,85	1,54	1,6	1,5
P$_2$O$_5$	39,45	34,22	39,8	37,5
Fe$_2$O$_3$	0,72	0,12	0,34	0,14
Cl	8,35	16,90	7,3	12,4

Es werden demnach dem Säugling alle Salze, wenn man von dem überschüssigen Chlorgehalt absieht, fast genau in dem Verhältnis zugeführt, wie er ihrer zu seinem Wachstum bedarf.

Hierdurch wird offenbar höchst zweckmäßig die größtmöglichste Sparsamkeit erzielt, indem der mütterliche Organismus nichts abgiebt, was von dem Säugling nicht verwertet wird.

Ganz anders, als die Salze, verhalten sich die organischen Eisenverbindungen der Milch. Ihre Menge ist in diesem Sekret 6mal so gering, als in der Asche des neugeborenen Säuglings.

Diesen Widerspruch erklärt Bunge durch die Einrichtung, „daß der Säugling seinen Eisenvorrat für das Wachstum der Organe schon bei der Geburt mit auf den Lebensweg bekommt". Denn wie Bunge[2]) durch eine weitere Reihe von Analysen gezeigt hat, ist bei Tieren, welche sich in den ersten Wochen ausschließlich von Muttermilch nähren, der prozentische Eisengehalt des Gesamtorganismus bei der Geburt am höchsten. Während z. B. ein neugeborenes Kaninchen auf 100 g Körpergewicht 18,2 Milligramm Eisen enthält, nimmt infolge des Wachstums des Tieres der prozentische Eisengehalt von der Geburt an stetig ab und ist am 24. Tage bis auf 3,2 Milligramm pro 100 g Körpergewicht gesunken. Hiermit stimmen auch die Befunde von Zalesky[3]), welcher in der völlig blutfrei gemachten Leber eines neugeborenen Hundes relativ 4- bis 9mal so viel Eisen fand, als bei ausgewachsenen Tieren.

---

1) Bunge, Zeitschr. f. Biol., Bd. 10, 1874, S. 295, Arch. f. Anat. u. Physiol., 1886, S. 539, Zeitschr. f. physiol. Chem., Bd. 13, 1889, S. 399, Bd. 16, 1892, S. 173, Bd. 17, 1893, S. 63. Vergl. auch Mendes de Leon, Arch. f. Hygiene, Bd. 7, 1886, S. 286.

2) Bunge, Zeitschr. f. physiol. Chem., Bd. 16, 1892, S. 177.

3) St. Zalesky, Zeitschr. f. physiol. Chem., Bd. 10, 1886, S. 453.

Erst mit der beginnenden Aufnahme der eisenreichen Vegetabilien[1]) beginnt beim Kaninchen der prozentische Eisengehalt wieder zu steigen, ohne daß er jedoch seine Höhe im Moment der Geburt je wieder erreichte.

Bei Meerschweinchen dagegen, welche gleich am ersten Tage Vegetabilien fressen, läßt sich keine so bedeutende Abnahme im prozentischen Eisengehalt des Körpers erkennen. Diese Tiere brauchen und erhalten keinen Eisenvorrat, welcher bestimmt wäre, die geringe Eisenmenge der Milch zu ergänzen.

BUNGE erklärt diese Einrichtung der Eisenaufspeicherung aus der schwierigen Assimilation der organischen Eisenverbindungen. „Würde die Hauptmenge dieser Stoffe durch die Milchdrüse abgegeben, so könnte sie im Verdauungskanale des Säuglings noch vor der Resorption ein Raub der Bakterien werden. Gelangt sie dagegen durch die Placenta in den Organismus des Kindes, so ist sie demselben definitiv gesichert.“

Die Fleischfresser, welche von Wirbeltieren leben, nehmen in der Nahrung reichlich Hämoglobin auf. Dasselbe wird durch den Magen- und Pankreassaft sehr leicht in Eiweiß und Hämatin gespalten.

Es fragt sich, ob letzteres resorbiert wird und, nach seiner synthetischen Regeneration zu Hämoglobin, für die Blutbildung von neuem Verwendung finden kann.

Eine besondere Neigung des Organismus, sich dieses Hämatin der Nahrung anzueignen und für den Bedürfnisfall aufzuspeichern, scheint nicht zu bestehen, denn nach hämoglobinhaltiger Nahrung findet es sich massenhaft in den Faeces[2]).

In neuester Zeit hat allerdings KOBERT[3]) angegeben, daß nach der Einnahme von Hämoglobin und Hämatin eine Zunahme des Eisens im Harn zu beobachten ist. Aber das wahrgenommene Ansteigen des Harneisens ist in Bezug auf die absolute Menge des Metalls viel zu gering, als daß es nicht als zufällig angesehen werden müßte. Diese Mitteilungen KOBERT's und seines Schülers BUSCH[4]) machen durchaus keinen beweisenden Eindruck.

---

1) Eine Zusammenstellung des Eisengehaltes verschiedener Vegetabilien findet sich bei BUNGE, Zeitschr. f. physiol. Chem., Bd. 16, 1892, S. 174.

2) HOPPE-SEYLER, Lehrbuch, 1877, S. 339.

3) KOBERT, Ueber resorbierbare Eisenpräparate, Petersburger mediz. Wochenschr., 1891, Nr. 49.

4) CH. BUSCH, Ueber die Resorbierbarkeit einiger organischer Eisenverbindungen, Arbeiten d. pharmakolog. Instituts zu Dorpat, Bd. 7, 1891, S. 40. Als besonders zur Resorption tauglich werden durch KOBERT von ihm in eigentümlicher Weise dargestellte Reduktionsprodukte des Hämoglobins empfohlen, welche er als Hämogallol und Hämol bezeichnet. Derartige Präparate sollen dementsprechend auch besonders geeignet sein, die Anämie der Chlorotischen zum Schwinden zu bringen. Doch „fällt es“ KOBERT vorläufig selbst „nicht ein, auf die beobachteten wenigen Fälle (von „geheilter“ Chlorose) einen zwingenden Beweis für den Nutzen des Präparates zu gründen; sie sollen nur zeigen, daß es (im Gegensatz zu den gebräuchlichen Hämoglobinpräparaten) nichts schadet.“ KOBERT, a. a. O., S. 441.

Als Heilmittel gegen die Chlorose ist seit lange nicht organisch gebundenes Eisen, besonders in der Form der Eisensalze organischer Säuren, sowie des Eisenalbuminats, angeblich mit Erfolg [1]), verwendet worden.

Man beabsichtigt mit dieser Maßnahme, dem Organismus Materialien zu einer vermehrten Hämoglobinbildung zuzuführen. Hierbei wird vorausgesetzt, daß im Körper Einrichtungen bestehen, durch welche aus Eiweißstoffen und den zur Resorption gelangten Eisensalzen Blutfarbstoff synthetisch gebildet werden kann.

Gegen die Möglichkeit einer derartigen komplizierten Synthese ist an und für sich gewiß nichts einzuwenden, wenn man bedenkt, daß der Organismus auch Nukleïne aus Eiweiß und Phosphorsäure zu bilden vermag.

Dagegen ist es unwahrscheinlich, daß der Tierkörper eine keineswegs einfache Fähigkeit besitzen soll, welche zu bethätigen unter natürlichen Verhältnissen ganz außerhalb seiner Aufgaben liegt und welche er daher auch keineswegs durch Anpassung erworben haben kann.

Die Verwendbarkeit des anorganischen Eisens zur Hämoglobinbildung seitens des Organismus hat daher von diesem Gesichtspunkte aus wenig für sich.

Hierzu kommt noch, daß außer seiner angeblichen Heilkraft gegen die Chlorose keinerlei Thatsachen bekannt sind, welche das anorganische Eisen zur Hämoglobinbildung geeignet erscheinen lassen.

---

1) Es erscheint fast sicher, daß alle Angaben über den günstigen Einfluß der Eisenpräparate bei Chlorose auf einen Mangel an Kritik beruhen, indem die beobachteten Heilungen lediglich auf die stets mit der Eisenmedikation verbundene Aufbesserung der diätetischen und hygienischen Verhältnisse zu beziehen sind. Nach „guten Beweisstücken für den therapeutischen Erfolg der Eisenmedikation" sucht man — entgegen einer noch jüngst von KUNKEL (Pflüger's Arch., Bd. 50, S. 3) aufgestellten Behauptung — vergebens.

Nach SCHMIEDEBERG (Grundriß der Arzneimittellehre, 1888, S. 271 u. 272) „kommt eine eigentliche Eisenwirkung in therapeutischer Beziehung nicht in Betracht." „Der Nutzen des Eisens bei der Behandlung der Chlorose ist mehr als zweifelhaft." „Trotz des festgewurzelten Glaubens fehlen für eine solche Annahme die auf erfahrungsmäßiger Grundlage beruhenden Beweise."

BUNGE (Zeitschr. f. physiol. Chem., Bd. 9, 1885, S. 58) stellt sich vor, daß die therapeutische Wirkung der Eisensalze vielleicht doch existiere, aber dann eine indirekte sei, indem die eingegebenen Eisensalze das Hämatogen und ähnliche Verbindungen vor einer bakteriellen Zersetzung im Darmkanal schützten. Als unmittelbar zerstörendes Agens wirkt nämlich auf diese organischen Substanzen der Schwefelwasserstoff, weil er sie bei längerer Einwirkung ihres Eisens beraubt. Sind aber Eisensalze zugegen, so werden diese in erster Linie den sich entwickelnden Schwefelwasserstoff in Beschlag nehmen und ihn daher unschädlich machen.

Diese Hypothese BUNGE's erscheint indessen ebenso unnötig, als unberechtigt, so lange weder der therapeutische Erfolg der Eisenmedikation, noch eine abnorme Bildung von Schwefelwasserstoff im Dünndarm der Chlorotischen festgestellt ist.

Als der Annahme einer Resorption der Eisensalze entgegenstehend, ist auf deren Giftigkeit hingewiesen worden. Spritzt man nämlich diese Stoffe, auch in nicht ätzender neutraler Form, Tieren ins Blut, so beobachtet man, wie fast nach allen Metallvergiftungen, Sinken des Blutdrucks und akut auftretende Lähmungserscheinungen, welchen sich schwere Darmaffektionen und im weiteren Verlauf oft parenchymatöse Nephritis anschließen [1]).

Diese Befunde sind indessen kaum geeignet, die Annahme einer Resorption der Eisensalze zu widerlegen. Letztere könnten, ähnlich wie dies von den Peptonen bekannt ist, vom Darm aus in die Säftemasse tretend auf diesem Wege, durch Umsetzungen irgendwelcher Art, unschädlich gemacht werden, indem sie vielleicht in eine organische Eisenverbindung übergehen.

Es ist weiter gegen die Aufnahme der Eisensalze in die Säftemasse geltend gemacht worden, daß sie, in mäßigen Dosen und in nicht ätzender Form in den Magen eingeführt, niemals eine Steigerung des Harneisens veranlassen, während subkutan beigebrachte oder ins Blut gespritzte Eisenpräparate sehr bald unverändert im Harn nachweisbar werden [2]).

Man hat auf diese Beobachtungen hin angenommen, daß die Darmepithelien die Eigenschaft besitzen, die Eisensalze von der Resorption auszuschließen. Dieser Schluß ist indessen nicht notwendig, wenn man sich wieder vorstellt, daß die Eisensalze auf ihrem normalen Resorptionswege in eine organische Eisenverbindung umgewandelt werden. Sie würden hierdurch nicht nur entgiftet, sondern zugleich auch vor der schnellen Ausscheidung durch die Nieren bewahrt bleiben.

Bei Resorptionsversuchen mit Eisensalzen muß in Betracht gezogen werden, daß gesteigerte Eisendosen, namentlich in ungeeigneten Präparaten eingegeben, die Darmepithelien anätzen. In diesem Falle treten die Eisensalze ins Blut und gelangen dann auch in den Harn [3]).

Wie weit sich letzteres auch auf die neuerdings von KUNKEL [4]) mitgeteilten Befunde bezieht, bleibt dahingestellt.

Als dieser in mehrfachen Versuchen von zwei weißen Mäusen die eine 5—6 Tage lang mit Brot, die andere mit derselben Nahrung, der einige Tropfen Eisenchlorid zugesetzt waren, fütterte, ergab sich regelmäßig, daß die Leber des unter Zusatz von Eisenchlorid genährten Tieres beim Einlegen in verdünntes Schwefelammonium nach 2—3 Stunden intensiv schwarz gefärbt wurde, während eine normale Leber ihre Farbe beträchtlich weniger veränderte.

Uebrigens würde die Thatsache, daß die Eisensalze selbst bei völlig intaktem Darmkanal zur Resorption gelangen, um dann in der Leber abgelagert zu werden, für ihre Verwendbarkeit zur Hämoglobinbildung nicht das Geringste beweisen. Denn dieselbe Erscheinung der Resorption beobachten wir auch, wenn Spuren von Kupfer-, Blei- und Arsensalzen

---

1) MEYER und WILLIAMS, Arch. f. exper. Pathol. und Pharmak., Bd. 13, 1880, S. 70.

2) Die umfangreiche Litteratur hierüber findet sich bei SOCIN, Zeitschrift f. physiol. Chem., Bd. 15, 1891, S. 23.

3) KOBERT, Arch. f. exp. Pathol. u. Pharmak., Bd. 16, 1883, S. 378. CAHN, ebendas., Bd. 17, 1884, S. 141.

4) KUNKEL, Zur Frage der Eisenresorption, Pflüger's Arch., Bd. 50, 1891, S. 11.

mit der Nahrung zur Aufnahme kommen. Diese Stoffe werden in der Leber festgehalten und schließlich, wenigstens zum Teil, durch die Galle eliminiert, in welcher sich, neben dem regelmäßig vorhandenen Eisen, nicht gar selten auch geringe Mengen von anderen Schwermetallen finden [1]).

Wir sahen vorher, daß es nicht möglich ist, durch quantitative Bestimmungen des Eisens im Kote aus einem etwaigen Verlust die Resorption des Hämatogeneisens zu kontrollieren, weil auch die Ausscheidung der für den Organismus unverwendbaren Eisenverbindungen, anscheinend sogar in ihrer Hauptmenge, gegen das Darmlumen erfolgt.

Derselbe Umstand verhindert es ersichtlich auch, die Frage nach der Resorbierbarkeit des anorganischen Eisens durch Stoffwechselversuche zu entscheiden.

Spritzt man Tieren Eisensalze ins Blut, so erscheinen sie allerdings, wie oben bemerkt, teilweise im Harn. Ein anderer Teil des Eisens aber wird in der Leber festgehalten [2]), von wo aus allmählich seine Ausscheidung gegen das Lumen des Verdauungskanals stattfindet [3]).

Als Ausscheidungswege dieser vorläufig in der Leber deponierten Fremdkörper scheinen einerseits die Gallerkanäle zu dienen, denn man hat den Eisengehalt der Galle hiernach ansteigen sehen [4]), andererseits aber kommt, und zwar ganz besonders, als Transportweg die Blutbahn in Betracht [5]). Man muß letzteres aus der Beobachtung schließen, daß nach Injektionen von Schwermetallsalzen ins Blut der Darminhalt viel reichlicher diese Stoffe enthielt, als sie die Galle in der beobachteten Zeit dorthin hätte befördern können.

Es scheint somit, daß alle bisher bekannten Thatsachen über das Verhalten der Eisensalze im Organismus ungeeignet sind, die Frage nach der angeblichen Verwendbarkeit dieser Stoffe zur Hämoglobinbildung zu klären, ja man muß zugeben, daß sie diese Angelegenheit kaum berühren.

Es ist deshalb daran gedacht worden, durch geeignete Fütterungsversuche die in Rede stehende Frage zu fördern, in der Weise, daß man jungen, noch stark wachsenden Tieren eine Nahrung zuführt, welche keine organischen Eisenverbindungen, dagegen einen künstlichen Zusatz von Eisensalzen enthält. Würden die Tiere dabei gedeihen, so könnte die notwendig gewordene Vermehrung des Hämoglobins nur unter synthetischer Verwendung des anorganischen Eisens stattgefunden haben.

1) Vergl. S. 181.

2) Vergl. R. Gottlieb, Ueber die Ausscheidungsverhältnisse des Eisens, Zeitschr. f. physiol. Chem., Bd. 15, 1891, S. 371. Ebenso wie das injizierte Eisen, werden andere Schwermetalle unter diesen Umständen in der Leber deponiert. Namentlich ist dies bekannt vom Quecksilber, E. Ludwig, Wiener klinische Wochenschr., 1890, Nr. 28—30; vom Kupfer, Ellenberger und Hofmeister, Arch. f. Tierheilkunde, Bd. 9 1883 und vom Mangan, Caen, Arch. f. exp. Path. u. Pharmak., Bd. 18, 1884, S. 129.

3) Buchheim und Mayer, Inaug.-Dissert. Dorpat 1850 sowie besonders Gottlieb, a. a. O. Auch ins Blut gespritzte Mangansalze, Cahn, a. a. O. sowie Wismuthsalze, Meyer und Steinfeld, Arch. f. exp. Path. u. Pharmak., Bd. 20, S. 40, gelangen schließlich in den Darmkanal.

4) Novi, Le fer dans la bile, Arch. de Biol. ital., Bd. 13, 1890, S. 242.

5) Vergl. R. Gottlieb, a. a. O., S. 385.

Aber bei der Ausführung dieses Versuches stieß Socin [1]) auf bedeutende Schwierigkeiten.

Er ernährte eine größere Anzahl Mäuse mit einem Kuchen, welchen er nach dem Prinzip des Voit'schen Kostmaßes aus eisenfreiem Blutserum, eisenfreiem Fett, Stärke, Traubenzucker und ebensolcher Cellulose zusammengestellt hatte. Ferner wurden noch alle Nährsalze genau in dem Verhältnis hinzugefügt, wie dies in der gewöhnlichen Kost der Fall ist.

Die Mäuse fraßen die Speise, welche stets frisch bereitet wurde, sehr gern bis zu ihrem Tode. Trotzdem verloren sie bedeutend an Körpergewicht und gingen sämtlich, spätestens nach 30 Tagen, zu Grunde.

Aber durchaus nicht länger lebten auch Mäuse, welche in derselben Nahrung einen Eisenzusatz erhalten hatten, gleichviel, ob dies in der Form von anorganischen Salzen, Hämoglobin oder Hämatogen geschah, während unter denselben Verhältnissen lediglich mit Eidotter ernährte Tiere sich beliebig lange, sicher aber 100 Tage, sehr wohl befanden und an Körpergewicht zunahmen.

Die künstliche Nahrung war demnach keine genügende und dennoch war in dem dargereichten Futter alles enthalten, was überhaupt als zum Leben notwendig bekannt ist. „Es mußte unbedingt in der Nahrung etwas gefehlt haben, aber dieses Etwas ist uns zur Stunde noch vollständig unbekannt." Vielleicht konnten die in dem dargereichten Blutserum vorhandenen Salze dem Bedürfnis nicht genügen, während die künstlich zugesetzten Aschenbestandteile zur Assimilierung und Ernährung ungeeignet sind (vergl. S. 307).

Bunge [2]) hat in neuester Zeit einen ähnlichen Weg angedeutet, welcher vielleicht ausführbar ist und zum Ziele führen dürfte.

Bei saugenden Kaninchen ist, wie oben ausgeführt wurde, am 24. Tage der relative Eisengehalt des Körpers am geringsten. Das Körpergewicht kann während dieser Zeit bei den Tieren bis auf das 6-fache wachsen. Dementsprechend würde der prozentische Eisengehalt bis auf $1/6$ sinken. „Das ist der Moment, wo der bei der Geburt mitgegebene Eisenvorrat erschöpft ist. Nun beginnt die Aufnahme der eisenreichen Pflanzenkost und dementsprechend wächst jetzt die absolute Eisenmenge genau proportional dem Körpergewicht, so daß die relative Eisenmenge konstant bleibt. Wollte man nach Ablauf der Säuglingsperiode fortfahren die jungen Kaninchen ausschließlich mit Milch zu ernähren, so müßten sie anämisch werden", falls man nicht assimilierbare Eisenverbindungen, z. B. Hämatogen oder einfach Eidotter hinzufügt. Man kann nun untersuchen, ob die Eisensalze oder aber auch das Hämoglobin geeignet sind, das Hämatogen zu ersetzen.

---

1) Socin, In welcher Form wird das Eisen resorbiert, Zeitschr. f. physiol. Chem., Bd. 15, 1891, S. 93. Aehnliche Erfahrungen wie Socin, machte schon früher H. von Hösslin an Hunden, welche er mit einem künstlichen Futter unter Zusatz von Salzen und Eisenalbuminat zu ernähren versuchte. Vergl. H. von Hösslin, Zeitschr. f. Biol., Bd. 18, 1882, S. 612.

2) Bunge, Zeitschr. f. physiol. Chem., Bd. 16, 1892, S. 173 und Bd. 17, 1893, S. 63.

Als des letzten der Nährstoffe hätten wir endlich noch des
Wassers zu gedenken, dessen fortwährender Verlust täglich neu
ergänzt werden muß.

Außer im Protoplasma der Zellen, bildet das Wasser auch in den
tierischen Flüssigkeiten quantitativ bei weitem den Hauptbestandteil.
Speziell im menschlichen Körper beträgt der Wassergehalt bedeutend
mehr als die Hälfte des Gesamtgewichtes, nämlich im Mittel etwa
60 Proz. [1].
Bei den verschiedenen Tieren gestaltet sich das quantitative Verhältnis des Wassers zur Trockensubstanz von dem des Menschen und
unter einander abweichend [2]. Von den Wirbeltieren sind die Amphibien
und Fische am wasserreichsten.

Auch mit dem Lebensalter schwankt der Gehalt des Organismus
an Wasser, indem besonders neugeborene, aber auch junge Tiere, mehr
davon enthalten, als erwachsene.

Ferner ist der Wassergehalt des Körpers auch abhängig von seinem
Ernährungszustande [3]. Wohlgenährte Individuen sind verhältnismäßig
wasserärmer, als schlechtgenährte. Dies findet im wesentlichen darin
seine Erklärung, daß die abgelagerten Fette fast wasserfrei sind [4].

Der tägliche Wasserverlust des Körpers ist sehr bedeutend, indem nach PETTENKOFER und VOIT [5] bei mittlerer Ernährung täglich zur Ausscheidung gelangen:

	bei Ruhe	bei Arbeit
im Harn	1212 g	1155 g
im Kot	110 „	77 „
in der Perspiration	931 „	1727 „
	2253 g	2959 g

das sind nicht weniger als 5—6 Proz. des ganzen im Körper befindlichen Wassers.

Diese Wassermengen müssen täglich in den Nahrungsmitteln oder
als solche neu ersetzt werden. Indessen ist dieser Ersatz nicht vollkommen durch Einfuhr von außen geboten. Denn es entsteht im Körper
selbst eine gewisse Wassermenge durch die Oxydation des Wasserstoffs
der zerfallenden Nährstoffe. Dieses so für den Organismus gewonnene
Wasserquantum ist im günstigsten Falle nicht ganz auf $1/_2$ kg zu ver-
anschlagen.

Unter Berücksichtigung, daß alle Stoffwechselvorgänge und die gesamte Ernährung nur bei einem genügenden Wassergehalt des Organismus
in normaler Weise sich vollziehen können, sollte man glauben, daß der
Hunger unter gleichzeitiger Entziehung des Wassers weniger lange ertragen wird, als die Inanition bei beliebiger Wasserzufuhr.

---

1) E. BISCHOFF, Zeitschr. f. rat. Mediz., Bd. 20, 1863. W. A. VOLK-
MANN, Ber. d. Sächs. Gesellsch. d. Wissensch., Nov. 1874.
2) v. BEZOLD, Verh. d. physik.-med. Gesellsch. zu Würzburg, 1857.
3) BISCHOFF und VOIT, Die Gesetze der Ernährung des Fleischfressers, 1860, S. 211 und 214.
4) Der Wassergehalt fetter und magerer Tiere ist eingehend untersucht worden von LUDWIG PFEIFFER, Zeitschr. f. Biologie, N. F. Bd. 5,
1887, S. 370.
5) PETTENKOFER und VOIT, Zeitschr. f. Biologie, Bd. 2, 1866, S. 490.

Dies ist indessen nur der Fall, wenn hungernde Tiere bei hoher Temperatur und unter körperlichen Anstrengungen gehalten werden. Unter normalen Verhältnissen dagegen nehmen Hungertiere häufig von dem dargebotenen Wasser gar nichts auf [1]). Denn es wird unter diesen Umständen im Hungerzustande vom Körper nicht mehr Wasser abgegeben, als dem Gewebeverlust entspricht, so daß der prozentische Wassergehalt des Körpers derselbe bleibt. Hieraus läßt sich schließen, daß der Durst mit Hunger leichter zu ertragen ist, als der einseitige Durst unter Aufnahme von viel trockenen Nahrungsmitteln.

Die Nahrung ist bei den Kulturvölkern insofern eine gemischte, als d i e N a h r u n g s m i t t e l sowohl dem Tierreich, als auch dem Planzenreich entnommen werden.

Daß aber der Mensch gleich den carnivoren Tieren sich sehr wohl an eine reine Fleischkost gewöhnen kann und dabei gut gedeiht, beweist die Ernährungsweise der Polarvölker und der Nomaden, zu welch letzteren Jahrtausende lang auch unsere Vorfahren gehört haben.

Andererseits ist aber auch zweifellos eine einseitige Ernährung des Menschen mit Vegetabilien unter Umständen möglich. Dies ergiebt sich schon aus der Thatsache, daß in den tierischen und pflanzlichen Nahrungsmitteln quantitativ fast die gleichen Nährstoffe vertreten sind [2]).

Die eiweißartigen Substanzen des Pflanzen- und Tierreichs haben für die Ernährung im wesentlichen die gleiche Bedeutung [3]). Von den stickstofffreien Stoffen überwiegen allerdings bei den Pflanzen die Kohlehydrate gegenüber den Fetten bedeutend, während dies Verhältnis im Tierkörper das umgekehrte ist. Aber die Fette und Kohlehydrate können sich ja in der Nahrung, wie oben ausgeführt wurde, bei genügender Eiweißzufuhr, nach ihren isodynamen Werten vertreten.

Neben einem Ueberschuß an Kohlehydraten enthält ferner ein großer Teil der pflanzlichen Nahrungsmittel absolut und relativ nur wenig Eiweiß, wie zum Beispiel die Kartoffeln, die Rüben, die grünen Gemüse und das Obst. Dies macht allerdings im speziellen Falle gegenüber den animalischen Nahrungsmitteln einen Unterschied. Indessen vermag man durch richtige Auswahl auch in den Vegetabilien eine genügende und richtige Menge von Eiweiß neben stickstofffreien Stoffen zu bieten.

Eine erhebliche Differenz zwischen manchen pflanzlichen Nahrungsmitteln und den animalen kann dagegen in ihrer schon (S. 279) erwähnten Ausnutzungsfähigkeit seitens des menschlichen Darmkanals hervortreten.

RUBNER [4]) fand, daß allerdings der Reis und manche Gebäcke aus Mehl, allenfalls auch Mais und einige Leguminosen sich nicht viel weniger günstig wie die meisten animalischen Nahrungsmittel in Bezug

---

1) Vergl. VOIT, Handbuch des Stoffwechsels, S. 99 u. S. 568.

2) Vergl. C. VOIT, Ueber die Kost eines Vegetariers, Zeitschr. f. Biologie, N. F. Bd. 7, 1889, S. 239.

3) Vergl. J. RÜTGERS, Haben vegetabilische Eiweißstoffe den gleichen Nährwert für den Menschen wie die animalischen? Zeitschr. f. Biologie, N. F. Bd. 6, 1888, S. 351.

4) RUBNER, Zeitschr. f. Biol., Bd. 15, 1879, S. 115; Bd. 16, 1880, S. 119; N. F Bd. 1, 1883 S. 45.

auf die Ausnutzungsfähigkeit verhalten. Dagegen gestalten sich die Resorptionsverhältnisse bei der Ernährung mit Kartoffeln, Schwarzbrot, Wirsing und gelben Rüben bedeutend ungünstiger, was namentlich dann in die Wagschale fallen muß, wenn diese Vegetabilien zugleich arm an Eiweißstoffen sind.

Von dem Eiweiß der Kartoffel werden zum Beispiel nur 68 Proz. resorbiert. Da nun die sehr wasserreiche Kartoffel neben 20 Proz. Stärke und 0,1 Proz. Fett überhaupt nur 2 Proz. Eiweiß enthält, so müßte man den Darm enorm belasten, wenn auch nur 90 g resorbierbaren Eiweißes lediglich in diesem Nahrungsmittel aufgenommen werden sollten. Die Berechnung ergiebt, daß man zu diesem Zweck 5882 g, also über 11½ Pfd. Kartoffeln genießen müßte, was in der That bei irischen Arbeitern beobachtet sein soll.

Die Ursache der mangelhaften Ausnutzung der pflanzlichen Nahrungsmittel letzterer Art, gegenüber den erstgenannten Vegetabilien und den animalischen Nahrungsmitteln, ist wohl darin zu suchen, daß deren Eiweißstoffe und Stärkekörner in feste Gehäuse aus mehr oder weniger verholzter Cellulose eingeschlossen sind, welche von den Verdauungssäften behufs Lösung der Nährstoffe durchdrungen werden müssen. Hierzu ist aber eine längere Zeit erforderlich, als diese Nahrung im menschlichen Darm zu verweilen pflegt, aus welchem sie bei ihrem bedeutenden Volumen, eine Folge des großen Wasser- und Cellulosegehaltes, zu rasch verdrängt und entleert wird.

Durch das Kochen der in Frage stehenden Vegetabilien wird die Schwierigkeit ihrer Ausnutzung nur teilweise beseitigt, denn die oben mitgeteilten Erfahrungen gelten durchweg nur für derartig behandelte Materialien.

Unter Berücksichtigung aller dargelegten Verhältnisse kommt man zum Schluß, daß durch geeignete Auswahl gewisser Vegetabilien in der That auch bei ausschließlicher Pflanzenkost ein dauernd leistungsfähiger Körper erhalten werden kann. Dies beweisen allein die Erfahrungen ganzer Volksklassen[1]): die Japaner, welche zum Teil lediglich Reis und Gemüse mit Bohnenkäse essen[2]), die Italiener, welche Mais mit anderen Vegetabilien verzehren, die rumänischen und die siebenbürgischen Feldarbeiter[3]), welche nur Mais und Bohnen genießen, sowie die oberbayrischen und schwäbischen Bauern, welche von Nudeln mit Obst und Sauerkraut leben.

Ferner aber können offenbar auch die weniger gut ausnutzbaren Vegetabilien, wie Schwarzbrot, Kartoffeln, grüne Gemüse, in nicht zu großer Menge genossen, mit Vorteil benutzt werden und zwar unter gehörigem Zusatz von Eiweißträgern, welche am bequemsten dem Tierreich entnommen werden.

Eine derartig gemischte Kost läßt sich am leichtesten in geeigneter Weise zusammenstellen, ist nicht zu voluminös und bietet im ganzen, gegenüber der rein animalischen oder einseitig vegetarischen Ernährungsweise mehr Abwechselung.

Von den sogenannten „Vegetarianern" wird bekanntlich auf eine

---

1) Vergl. C. Voit, a. a. O., S. 280.
2) B. Scheube, Die Nahrung der Japaner, Arch. f. Hygiene, Bd. 1, 1884, S. 352.
3) W. Ohlmüller, Zusammensetzung der Kost der Siebenbürgischen Feldarbeiter, Zeitschr. f. Biolog., N. F. Bd. 2, 1884, S. 393.

rein pflanzliche Ernährungsweise Gewicht gelegt. Soweit die gegen den Fleischgenuß vorgebrachten Gründe ästhetischer Art sind, entziehen sie sich unserer Beurteilung. Dagegen entbehrt die bisweilen aufgestellte Behauptung, daß die animalische Nahrung dem Menschen schade, jeder thatsächlichen Begründung [1]).

Speziell für die europäischen Kulturvölker wäre auch vom sozialen Standpunkt aus die rein vegetarische Ernährungsweise eminent unpraktisch. Denn die zu einer derartigen Kost geeigneten Vegetabilien sind in Europa viel zu teuer, man kann für denselben Preis eine weit größere Menge gemischter und dabei ausnutzungsfähigerer Nahrung herstellen [2]).

Zum Schluß soll hierunter eine von Voit [3]) aufgestellte Tabelle mitgeteilt werden, aus welcher hervorgeht, daß keins unserer gebräuchlichen Nahrungsmittel, sei es nun animalischer oder vegetabilischer Art, für sich allein einem arbeitenden Manne die tägliche Nahrung in richtiger Zusammenstellung (18,3 g N + 328 g C, vergl. S. 278) bietet. Um zweckmäßige Nahrung zu erhalten, ist demnach eine Kombination der verschiedenen Nahrungsmitel durchaus erforderlich.

Man müßte nämlich, um dem Organimus täglich 18,3 g Stickstoff und 328 g Kohlenstoff zuzuführen, von den folgenden Nahrungsmitteln in Grammen genießen:

	Für 18,3 g Stickstoff	Für 328 g Kohlenstoff
Käse	272	1160
Erbsen	520	910
Fettarmes Fleisch	538	2629
Weizenmehl	796	824
Eier (18 Stück)	905	(43 Stück) 2231
Mais	989	801
Schwarzbrot	1430	1346
Reis	1868	896
Milch	2905	4652
Kartoffeln	4575	3124
Speck	4796	450
Weißkohl	7625	9318
Weiße Rüben	8714	10650
Bier	17000	13160

Hierbei ist angenommen, daß die Ausnutzung aller genannten Nahrungsmittel eine gleiche ist, während in der That die ungünstigen Resorptionsverhältnisse namentlich beim Schwarzbrot, den Kartoffeln, dem Weißkohl und den Rüben noch eine weitere Steigerung der Quantitäten bedingen würden.

---

1) Vergl. hierüber die Monographie von Bunge, Der Vegetarianismus, Berlin (Hirschwald) 1885.

2) P. Cramer, Die Ernährungsweise der sogenannten Vegetarier, vom physiologischen Standpunkt aus betrachtet. Zeitschr. f. physiolog. Chem., Bd. 6, 1882, S. 384.

3) C. Voit, Handbuch, S. 497.

Sachregister.

21*

Hämoglobinurie 173, 244.
Hämosiderin 174.
Hammeltalg, Verhalten bei der Resorption 274, 275.
Harn, Unabhängigkeit der H-sekretion vom Nervensystem 124.
Verbrennungswärme 281.
Harnsäure, ihre Beziehungen zu den Nukleïnbasen 43.
als Endprodukte des Eiweifszerfalls bei Vögeln 254, 255.
Künstliche Synthese 255.
Harnstickstoff, als Mafs für den Eiweifsumsatz 278.
Form der Ausscheidung des H. bei den Vögeln 254, 255.
Harnstoff, synthetische Darstellung durch WÖHLER 2.
alkalische Gärung desselben 76, 77, 84.
Synthese in der Leber 10, 15.
Entstehung durch direkte Abspaltung aus Eiweifs 27, 257.
Hauptzellen 127.
Haut, Ikterus nach Verbrennung der H. 173.
Hefegärung 54, 56, 57, 59, 75, 79, 87, 90, 97.
Hefennukleïn 41.
Helixarten, Verdauung auf Kosten von Reservematerial bei H. 112.
Eiweifsverdauung bei H. 117.
Hemialbumose 201.
Hemigruppen des Eiweifsmoleküls 200, 201.
Hemipepton 199, 201.
Hepatogener Ikterus 179.
Hepatopankreas 117.
Herbivoren 4 (vergl. auch Wiederkäuer).
Verdauungsmodus 120.
Speichel 122.
Kochsalzbedürfnis 308, 309.
Heteroalbumose 186.
Hexobiosen 58.
Hexosen 52.
Hippursäure.
Synthese derselben in den Nieren 15.
Spaltung durch das Histozym 105.
Bildung im Tierkörper 214.
Histozym 105.
Holothurien 120.
Holzfaser, siehe Cellulose.
Homogene Membranen 21.
Hornfäden der Fischflossen 50.
Horngebilde 45.
Hornscheiden der Nerven 45.
Hüfner's Reaktion auf Glykocholsäure 160.
Hunger-Zustand, Einfufs auf den Glykogengehalt der Organe 264.
Zuckerausscheidung im H. nach Phloridzinvergiftung 263.
Hungerkünstler 290.
Hungernde Menschen, Menge des täglich zerfallenden Organeiweifses 277.
Verhalten im allgemeinen 289, 290.
Hungertiere, Verhalten im allgemeinen 287.
Verhalten zum Zuckerstich 265.
„ bei der Phosphorvergiftung 292.
„ „ „ Arbeit 300.

Fütterung von II. mit Rohrzucker 267.
„ „ „ „ stickstoffreier Kost 297.
„ „ „ „ Fetten 275.
Wasseraufnahme 320.
Hyaline 37.
Hyalogene 34, 37.
Hydratation (Hydrolyse) 24, 74, 92, 184, 190, 191, 196.
Hydrobenzamid 12.
Hydrobilirubin 167, 171.
Darstellung und chemisches Verhalten 175.
Hydrochinon, Bildung im Tierkörper 214.
Hydrocellulose 62, 63.
Hydromedusen, Verdauung bei denselben 102, 115.
Hydroparacumarsäure 207.
Hydrozimmtsäure, siehe Phenylpropionsäure.
Hyochoalsäuren 161.
Hyoglykocholsäure 161.
Hyphomyceten, im Magen unter pathologischer. Verhältnissen 133.
Hypopus 112.
Hypoxanthin 40, in der Leber 106.

Ikterus, nach Arsenwasserstoffvergiftung 170, nach Hämoglobininjektionen in das Blut 173, nach Verbrennungen der Haut 173, hämatogener 178, 179, hepatogener (Resorptionsikterus) 179.
Inanition, siehe Hunger.
Indigo 208, 209.
Indikan 212.
Indol 26, bei der Eiweifsfäulnis 208—210.
Indoxyl 212.
Indoxylschwefelsaures Kali, siehe Indikan.
Infektionskrankheiten, Uebertragung auf verschiedene Species 114.
Das giftige Princip der I. 224.
Infusorien 113, 115.
Insekten, Atmung und Blut derselben 11—12.
Verdauung 118.
Insektivore Pflanzen 109.
Interstitielle Verdauung 101.
Intracellular wirkende Enzyme 77, 109.
Intramolekulare Atmung 91.
Inulin 63.
Inversion oder Invertierung der Doppelzucker 59.
Invertierende Enzyme 59, 84, aus Fermentorganismen 75, 233.
in Leberextrakten 15.
Einwirkung auf die Doppelzucker 230.
Invertin der Hefe 75, des Darmsaftes 84, 146, 230.
Invertzucker 59.
Immunität, Anmerk. 114.
Iridium, katalytische Wirkung des I. 82.
Isocholestearin 72.
Isodyname Werte der Nährstoffe 282, 297.
Isomerie der einfachen Zucker 52.
Ixodes 112.

Jodcholsäure 162.
Jodstärke 62.

Druckfehlerverzeichnis.

S. 218, Bezeichnung der Anmerkungen, lies: 1, 2, 3.

S. 219, Bezeichnung der Anmerkungen, lies: 1, 2, 3.

S. 271, Zeile 4 von unten, lies: Chymus.

S. 324, Amidoessigsäure—Amidulin des Registers ist zu stellen vor Ammoniak, S. 323.

Frommannsche Buchdruckerei (Hermann Pohle) in Jena. — 109G